数字金融
刑法原理

Principles of Criminal Law
in Digital Finance

齐文远　童德华　主编

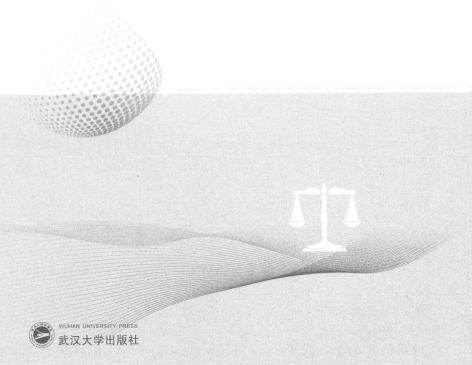

WUHAN UNIVERSITY PRESS
武汉大学出版社

图书在版编目(CIP)数据

数字金融刑法原理/齐文远,童德华主编.—武汉:武汉大学出版社,2024.6

ISBN 978-7-307-24381-1

Ⅰ.数… Ⅱ.①齐… ②童… Ⅲ.数字技术—应用—金融体系—金融法—研究—中国 Ⅳ.D922.280.4

中国国家版本馆 CIP 数据核字(2024)第 086352 号

责任编辑:陈 帆 责任校对:鄢春梅 版式设计:马 佳

出版发行:武汉大学出版社 (430072 武昌 珞珈山)
 (电子邮箱:cbs22@whu.edu.cn 网址:www.wdp.com.cn)
印刷:武汉中科兴业印务有限公司
开本:720×1000 1/16 印张:31 字数:516千字 插页:2
版次:2024 年 6 月第 1 版 2024 年 6 月第 1 次印刷
ISBN 978-7-307-24381-1 定价:136.00 元

本项目受2024年中央高校基本科研业务费项目"数字金融安全的挑战及重大风险问题的刑事治理"资助

作者简介

齐文远

　　法学博士，中南财经政法大学刑法学教授，博士生导师。曾任中南财经政法大学党委副书记，中国刑法学研究会副会长，湖北省法学会副会长。丹麦哥本哈根大学访问学者，湖北省新世纪高层次人才工程人选，享受国务院政府特殊津贴。受聘担任中国人民大学国际刑法研究所、山东大学刑事司法与刑事政策研究中心特约研究员，北京师范大学刑事法律科学研究院、河南大学兼职教授。

　　本书主编并负责导论、第二章写作。

童德华

　　法学博士，中南财经政法大学刑法学、国家安全学教授，博士生导师。中南财经政法大学廉政研究院副院长，刑事合规研究中心主任，意大利比萨大学访问学者。兼任武汉市法学会常务理事、中国刑法学研究会常务理事、湖北省刑法学研究会副会长。研究方向为刑法现代化原理、刑法立法、刑法解释学、法人犯罪治理。

　　本书主编并负责第五章、第六章、第八章写作。

陆　敏

法学博士，贵州财经大学法学院副教授，硕士生导师，研究刑法学和经济犯罪。主持、参与多项国家级、省部级、厅级课题研究，并在《江西社会科学》《湖南师范大学社会科学学报》《学术交流》《贵州民族研究》《社会科学家》等重要刊物发表论文数篇。

负责本书第七章写作。

王一冰

中南财经政法大学法学硕士，中南财经政法大学刑法学博士生。

负责本书第三章写作。

赵莹莹

天津师范大学法学硕士，中南财经政法大学刑法学博士生。

负责本书第四章写作。

刚青卓玛

西南政法大学法学硕士，中南财经政法大学刑法学博士生。

负责本书第一章写作。

目　　录

6

导　论

一、研究缘起

本研究是中南财经政法大学学科建设项目"互联网金融犯罪治理"的升级版。2019 年，我们获得了学校资助，得以开展互联网金融相关问题的刑法研究。如果说刑法研究背后的推动力是司法机关对刑事案件的查处，就不得不承认，在实践中我们接触此类案件的机会并不多，所以在研究之初我们对互联网金融以及互联网金融犯罪都知之甚少。但是，研究过程使得我们意识到互联网金融发展具有重要性和远景性，最终，我们还是在比较紧张的情况下出版了报告文集《互联网金融犯罪治理》。这本书的出版要感谢刑法学界的一些专家、学者。在出版该书之前，武汉大学莫洪宪教授，吉林大学张旭教授、徐岱教授，西南政法大学梅传强教授，上海社会科学院涂龙科教授对我们当时的研究报告提出了很有针对性的意见，囿于当时的认知，这些学者提出的一些问题没有得到全面的处理，例如如何区分互联网金融和传统金融？但是这些问题敦促我们对互联网金融犯罪治理保持连续的思考。

数字经济的兴起使我们意识到数字金融的重要意义，特别是"无现金时代"即将到来，或许已经到来了，既彰显了数字金融和互联网金融之间的联系，也表明了它们之间的差异，因此我们将研究主题转移到数字金融犯罪问题上。在我们看来，这个问题今后将与危害国家安全犯罪、金融犯罪、网络信息犯罪和侵犯公民人格犯罪、侵犯财产犯罪等犯罪高度重叠，我们姑且把这种犯罪现象称为"莲花现象"，即被行为人的主观动机驱动所实施的一个犯罪，如花蕊一样被多种其他犯罪行径构成的花托或者花瓣所包裹，以至于传统刑法理论很难对该行为予以精细划分。至少在今天的很多现象，已经表明数字金融犯罪让传统刑法理论捉襟见肘。

打破常规是开展数字金融刑法研究的必由之路。这本书体现了这种构想。

首先，本书的写作班子老中青结合，但更多还是发挥了青年学者的智慧。这本著作既体现了我们对传统刑法原理的守正，也体现出我们希望用新生代学者的视角审视新的时代问题，实现理论创新。其一，时代永远属于年轻人，他们必将用自己的思想重新创造属于他们的历史；其二，数字金融是网络技术、计算机技术与金融结合的新生事物，数字金融犯罪则是数字金融衍生出的新现象；其三，青年学者对于新事物更具有敏感性，他们敢于尝试新技术，乐于运用新产品，善于开发新程序。上述原因注定新生代学者在研究数字金融刑法原理方面有着得天独厚的优势。

其次，有机融合数字金融的基本原理与传统刑法解释理论。基于司法视角研究数字金融犯罪，是遵循传统刑法解释学原理，还是变革刑法解释学原理，抑或创新传统刑法解释学原理，显然是一个重大的问题。"对刑法解释而言，我们不仅要重塑一个更切实的目标，而且还要为这个目标的实现建构一套可行的方案。"（童德华和资琳，2009）我们认为，传统刑法解释学理论是现代化产物，它镶嵌于社会现代化进程之中，凝结了人类上千年的智慧，很难轻易被否定，所以坚持传统刑法解释学的原理十分必要。但是，我们又不能指望社会发展迁就刑法理论，并用刑法原理对社会发展指指点点。从唯物辩证法的角度来看，刑法解释学原理必须与时俱进，必须不断接受社会发展带来的冲击，方能展示刑法理论本身应有的实用性。"刑法观念的发展变化与其所处的社会现实、时代特征是紧密相联的。"（齐文远和夏凉，2015）为了体现刑法的实用性属性，我们唯有将现今金融的发展模式合理有效地嵌入刑法解释，才能将技术理性和价值理性合二为一。为此，本书试图有效实现我们一直以来倡导的理论研究宏旨，即跨越政策与刑法的鸿沟，走第三条道路，结合形式刑法解释学与实质解释学各自的优势，将金融相关因素最大限度地纳入刑法解释学，一方面避免刑法解释的机械性、无效性和无力感；另一方面为刑法解释提供生动的素材，注入技术性因素。例如，在解释学中，我们也不是简单依循中间化道路，而是明确主张客观解释论，即对刑法的理解要以现代社会的客观需要为唯一导向；在法益论中，则突破利益法益观和秩序法益观的争议，并结合现实情势明确主张金融安全法益；在主体方面，更是结合金融发展，重点关注和研究与"影子银行"相关的单位或者组织，对其基本经营方式进行了介绍，并基于合规管理的视角，揭示了其中可能诱发刑事风险的不合规的问题，厘定了构成犯罪主体的合理范围。

二、研究转型

数字金融刑法是打击数字金融犯罪的重要法律依据，保护金融安全的需要是打击数字金融犯罪的现实依据。金融是国家经济的核心部分，金融领域的创新对金融发展甚至经济发展的推动作用不可限量。但是，金融创新具有两面性。一方面，金融创新有利于提高金融效率、防控金融风险；另一方面，金融创新也意味着规避金融监管、容易诱发金融风险。因此，一些不法分子就乘机钻政策的漏洞，利用金融创新的名义实施各种名目的违法犯罪行为(赵长明，2023)，例如发行虚拟货币的行为会严重影响我国正常的金融秩序及货币体系。

金融业简单说就是处理资金存储、贷款和划拨的行业，所以，金融行业是资金富集的领域，金融领域因此也一直是经济犯罪高频发生的领域。最高人民法院的审判数据显示：2015—2022年，全国法院审结的金融机构从业人员犯罪案件为3594件。其中，涉及的金融机构以银行占比最高(58.07%)，保险机构次之(17.64%)；非法吸收公众存款罪、诈骗罪占比较高，分别为22.43%和17.08%；风险类型以业务经营类案件占比最高(43.32%)，其次为内部腐败类案件和交易诈骗类案件，占比分别为31.69%和24.99%。在有涉案金额记录的2838件案件中，涉案金额在1亿元以上的案件占比为6.73%；涉案金额在1万元(含)以上、1000万元(含)以下的案件占比为74.35%。

数字金融犯罪是互联网金融犯罪的升级版，也是未来金融犯罪最主要的形态。数字金融已通过多种渠道渗透到人们的生活之中，随之衍生出花样繁多的数字金融犯罪，诸如利用数字金融进行集资诈骗、众筹融资、P2P诈骗、挪用资金、洗钱等互联网金融犯罪时有发生。相较于传统金融犯罪，数字金融犯罪具有犯罪区域跨界化、犯罪类型新型化、犯罪方法智能化、犯罪结果即时化等特点，这导致我们不得不面对数字金融犯罪技术性强、隐蔽度高、传统止损方法无力等问题。根据一些学者(高鸿和宁昊，2023)的研究，随着数字金融的发展，当前金融犯罪案件表现出了如下值得警惕的特征：第一，违法犯罪风险集中化趋势明显，首先是向开展数字金融业务的新型金融机构，特别是小型网络贷款公司、民间贷款公司集中。其次是利用数字金融的便捷性向业务关联性犯罪(非法吸收公众存款罪、诈骗罪、信用卡诈骗罪、侵犯公民个人信息罪)与职务关联性犯罪(违法发放贷款罪、职务侵占罪、挪用资金罪、受贿罪、贪污罪、挪用公款罪）集中，并成为两大核心风险点。第二，数字金融犯罪的手段更隐蔽、社会危害性更大。首先是与数字金融有关联的业务行为，其合法性与非法性问题交织，导致犯罪界限难以把握；其次是与数字金融有关联的职务行为，其腐败问题从"明腐败"向"暗腐败""微腐败""同盟型腐败"迁移，加大了腐败犯罪风险被及时发现的技术难度。第三，数字金融犯罪形态呈现链条化延展趋势，与数字金融相关联的犯罪不断增长并进一步触发新的风险。行为人通过非法侵入计算机信息系统，得以实施非法获取计算机信息系统数据、非法控制计算机信息系统等与数字金融业务存在关联性的犯罪，并形成上下游犯罪的闭环链条。首先，数字金融犯罪逐渐从金融犯罪领域扩展到网络信息安全领域；其次，数字金融犯罪常常在上游衍生出侵犯公民个人信息的犯罪，这些行为又容易在下游衍生出电信网络诈骗犯罪；再次，数字金融犯罪容易诱发内外勾结现象，洗钱的审查难度下降，但洗钱犯罪的查处难度增加。第四，数字金融犯罪使金融犯罪新型化、牵连化现象持续增多。随着数字金融的发展，新型金融犯罪不断出现。虚拟货币成为新型犯罪结算工具，传销犯罪网络化趋势明显，洗钱犯罪行为手段隐蔽性不断提高，此外利用数字金融支付的犯罪类型增多，如涉诈、涉赌、涉洗钱等非银行支付现象频发，且犯罪手段复杂多样。第五，数字金融犯罪导致犯罪对象进一步集中。首先，一些不谙世事的年轻人幻想一夜暴富，往往成为网络贷款诈骗的受害人，或者成为帮信犯罪的行为人；其次，一些老年人因为缺乏必要的认知，也很容易成为金融犯罪分子的重要目标。第六，数字金融生成的海量电子数据加大了案件筛查难度，也提高了案件调查难度。总之，数字金融犯罪具有广泛和全面的渗透性，极大地解构了传统犯罪的罪名体系，引发了传统刑法学原理的系统性危机（陈雪梅和李兰英，2021）。现代金融犯罪，尤其是数字金融犯罪，值得学界重视和研究。本书旨在检讨传统刑法学原理运用于数字金融犯罪过程中遇到的问题和争议，并在此基础上为数字金融犯罪的治理提供一套更具有现实意义和合理性的刑法学原理及其方法。

三、研究范畴

数字金融刑法解释，从广义上看就是针对数字金融犯罪的构成要件、刑罚适用中的情节的含义进行阐明的过程。考虑到刑罚适用中存在的问题并不多，所以，本书主要针对数字金融犯罪的构成要件进行解释。问题是，哪些犯罪需要纳入金融犯罪的视域，哪些犯罪需要纳入数字金融犯罪的视域进行解释？

当前，对于可以将哪些犯罪纳入数字金融犯罪的范畴存在诸多争议，理论上对此有广义说、狭义说和最狭义说之争议（张成虎、武博华，2019）。

广义的数字金融犯罪泛指一切借助现代信息技术和互联网手段进行的，危害经济领域内正常交易秩序和管理秩序、侵害公私财产所有权、情节严重的行为，包括网络赌博，网络传销，网络炒汇、炒金，利用地下钱庄实施非法活动，非法集资，网上制假售假，利用互联网金融出售、非法提供、非法获取公民个人信息等。

狭义的数字金融犯罪是针对传统金融业务系统实施的，危害金融领域内正常交易秩序、管理秩序，侵害公私财产所有权，情节严重的行为。其类型有三：一是针对传统金融业务的互联网化实施的犯罪行为，包括网络银行业务、网络保险业务以及网络证券等电子银行业务，所涉及的犯罪罪名包括洗钱犯罪、挪用资金犯罪、职务侵占犯罪、盗窃犯罪、诈骗犯罪、信用卡犯罪等，其本质是传统金融犯罪的网络异化。二是针对金融计算机系统实施侵犯、破坏的犯罪行为，如非法进入互联网金融平台盗取资金或者对计算机系统造成损害的犯罪；非法获取互联网金融企业和客户金融信息，并对其账户进行非法资金划拨或者硬性上账的犯罪；伪造或变造金融凭证；明知他人实施侵入、非法控制计算机信息系统的违法犯罪行为而为其提供程序、工具，致使互联网金融企业重要信息系统及其重要环境发生重大故障和事故。三是利用互联网金融账号转移其他犯罪行为的违法收入所得，并进行洗钱犯罪的行为。

最狭义的数字金融犯罪是利用数字金融化催生出的创新性金融业态与服务模式，危害经济金融领域内正常交易秩序、管理秩序，侵害公私财产所有权，情节严重的行为。创新性金融业态与服务模式包括网络借贷、第三方支付、众筹融资、互联网银行、互联网消费金融、互联网供应链金融、互联网理财和互联网金融信息服务等。其中涉及的罪名包括涉嫌擅自设立金融机构犯罪、非法吸收公众存款犯罪、非法经营犯罪、集资诈骗犯罪、擅自发行股票和公司及企业债券犯罪等。本书采用第一类。

上述观点似乎存在很大争议，但需要注意的是，数字金融已经打破了线上和线下的界限，已经消除了数字技术手段和数字目的行为之间的沟壑，是一种全场景性的犯罪现象，所以，继续拘泥于上述观点，无助于我们更全面、更深入理解数字金融的生活意义和数字金融犯罪的现实危害性。我们需要对数字金融和数字金融犯罪做深入检讨和认识。在此必须承认两个前提性论断。

第一，金融具有创新性，因此金融本身就是一个难以界定的领域。数字金融是传统金融的延续和拓展。金融的核心是资金流动。金融活动涉及资金的吸收、存储和管理，以及将这些资金分配到不同的领域，以促进经济的发展和资源的优化配置。通常，金融机构(如银行、证券公司、保险公司等)通过提供特定的金融服务，对个人和企业提供资金支持和指导，实现其投资和融资目标。这种模式是以实体金融机构为中心展开的。实体金融机构的资金安全也因此获得了国家的重视，其凭借国家资金和制度的扶持可以建立"资金库"开展业务，如储户将资金交付给金融机构，实体金融机构吸纳资金后，充实资金库，并将资金借贷给需要资金的个人和企业。数字金融则是通过互联网、信息技术手段与传统金融服务业态相结合的新一代金融服务，当前数字金融主要包括互联网支付、移动支付、网上银行、金融服务外包及网上贷款、网上保险、网上基金等服务。数字金融具有去中心化特征，从而改变了传统金融服务模式。例如，任何人或者单位在技术上都可以建立"资金池"，不断吸纳和充实资金池，并将资金池的资金出借给需要资金的单位或者个人。这种模式的好处在于，它在客户与客户之间搭建了一个更直接、更便捷的资金交易途径，为资金需求者提供更大范围的选择。但其潜在的危险很多，首先，从宏观层面看，实体金融机构可以受到国家的严格监管，但是数字金融在实体金融机构和用户之间悄然建立了一堵隔离墙，用户可以绕过实体金融机构，甚至可以设立虚拟金融机构来从事营利活动，从而导致国家监管出现漏洞，这不利于国家维护金融安全。其次，从微观层面看，在客户与银行的交往中，银行是一个较可信的、具有较充盈的资金保证的单位，客户利益受损的可能性很低；但是，数字金融的客户面对的是抗风险能力很低的自然人或者单位，而且其信用究竟如何也无从知晓，因此客户的资金安全受到损害的风险大幅度提高。

第二，金融犯罪与金融创新如影随形，所以金融犯罪的界定并非易事。进一步考虑到数字金融的技术综合性和数字金融犯罪的跨界性，因此，对数字金融犯罪的范畴达成一致意见显然是一项难以企及的目标。在此，我们仅仅提出数字金融刑法解释的基本范畴。

数字金融犯罪，是指违反国家规定，非法侵入或者破坏金融数据系统，或者非法取得、利用、破坏、篡改金融数据，或者利用数字化技术从事金融活动，从而侵犯他人权益、破坏金融市场秩序、妨害金融监管制度，危害国家安全和金融安全的犯罪活动。但不包括金融机构工作人员的渎职犯罪。

数字金融在本质上与传统金融别无二致。现代金融业务主要是基于信用货币的发行、保管而展开的经济活动及金银买卖。数字金融并未改变金融的本质和作用，仅仅改变了金融业务的技术及经营模式。数字金融的核心要素是：其一，通过云计算、搜索引擎以及社交网络对信息进行处理；其二，在互联网上发布、匹配资金需求，简化供需双方的沟通和交易成本，传统的商业界限和安全界限被超越；其三，以移动支付为基础，减少现金流，货币理论和实践因此受到影响。数字金融与传统金融的经营模式差异也为数字金融犯罪的发酵提供了土壤。

第一，传统金融重视中高端客户，而数字金融则重视传统金融所忽视的长尾客户。这种变化其实表明数字金融犯罪的潜在受害者范围更宽泛，其可能产生的社会危害更大。

第二，传统金融的驱动因素强调金融业与客户的直接沟通，并在此期间收集金融关联信息，进行风险分析，最终完成交付服务，这是一种过程驱动。数字金融则充分利用客户的机构化信息，对风险进行分析，最终完成营销，是一种数据驱动。因此，它对信用尤为依赖，伪造各类电子证明文书、编造虚假信息的行为都将受到严惩。此外，基于征信而派生出信息数据的采集和利用，增强了金融数据的重要性，也增强了保护金融数据安全的重要性。

第三，传统金融主要是通过实体网点提供实体服务来开展经营，但数字金融有去实体化的趋势，它利用无形的网络服务提高客户的满意度。这意味着"非接触式"服务类型增多，但不接触交易更容易产生漏洞，也使欺诈行为发生的方式增多。这也是网络诈骗较过去更多的原因之一。

第四，传统金融在交易中受到严格的监管，如资金需求方需要进行抵押登记和贷后管理，但是数字金融主要依赖征信证明，不需要担保抵押，容易出现过度消费、超前消费问题，因此也留下了约定最终无法履行的风险，增加了个人或者机构信用破产的可能性。①

第五，在我们看来，数字金融犯罪有四个基本范畴值得关注。其一，金融数字化与传统金融犯罪的形变；其二，金融数据化与网络信息

---

① 参见刘超等编著：《金融监管学》，中国铁道出版社有限公司 2019 年版，第 289~290 页。

犯罪的合流；其三，金融数据化与传统财产犯罪的结合；其四，金融数据化对金融犯罪监管的影响。

四、衷心感谢

这本书是研究团队成员辛苦付出的成果，它的出版是有关单位、部门大力扶持、积极支持的结果。在这里，我们要特别感谢中南财经政法大学的领导和学科建设办公室。中南财经政法大学的领导们一直都秉持法学学科与经济学、管理学等学科融通的发展理念，学科建设办公室根据当代人文社会科学研究范式的发展趋势，以问题为导向推动学校的学科融合，他们敏锐地意识到金融法治的现实意义，意识到在大数据背景下研究互联网犯罪治理的时代意义和价值，因此多年来一直支持本研究。在研究前期，我们的成果并不凸显，然而学科办领导和工作人员依然不放弃，他们积极献言献策，为我们提供经费保障，保证研究队伍不解散、研究领域有拓展。我还要感谢贵州财经大学陆敏副教授，她是我指导过的博士研究生，博士毕业后到西部地区重要的财经高校工作。在工作中，她不仅承担着繁重的教学任务，而且还承担了单位多个重要课题的项目调研工作。在这种情况下，她依然克服多重困难，参与研究和写作，并按时按计划地完成了写作任务。还要感谢我指导的博士研究生王一冰、赵莹莹和刚青卓玛，他们读书任务重、科研压力大，为了完成研究和写作，放弃了暑假和多个节假日的休息时间，以理想的方式完成了各自的任务。还要感谢在读的硕士研究生何秋洁、尚凡洁、张紫妍、沈凌晨、邱塑、秦天乐、程泽栋、程佳慧、李娜娜、肖玲、黄鸽等。他们在后期以严谨的方式对书稿进行校对，纠正其中的错别字。尽管校对书稿是对研究生进行的一种学术训练方式，但是，今天的师生关系如何定位困惑着很多教师和学生，因此，学生为他人校对书稿似乎已经成为一种情谊行为。值得庆幸的是，这些出生于 2000 年之后、具有鲜明个性的同学并没有抱怨，而是在课业本身较重的情况下抽空认真完成校对。对此，我甚感欣慰，也对他们表示由衷的感谢。

齐文远

2023 年 12 月

第一章 数字金融刑法解释原理

第一节 数字金融刑法解释理论基础

一、刑法解释的含义

解释是法律适用的重要方式，任何法律都需要通过解释才得以适用。刑法解释，是对刑法规范含义的阐明。刑法规范是刑法立法经过提炼之后的具有一定抽象性、概括性的命令。不同的人基于不同的立场对规范可能有不同的理解，故此刑法需要解释。金融刑法同样需要解释，其解释的意义在于，借助刑法的基本精神和一般解释原理，合理地理解金融刑法规定，明确金融刑法的规制目的及其范围，为司法适用确立金融活动中的犯罪行为与非犯罪行为、此种犯罪行为与彼种犯罪行为，进而确定重罚还是轻罚，从而实现刑法保护金融法律规范的效力和维持金融秩序稳定，促进其健康发展的任务。

刑法解释的必要性在某种意义上也树立了金融刑法解释的目标和任务。首先，金融刑法条文由语言组成，以文字为表达形式，语言文字本身所具有的模糊性决定了它需要解释。其次，金融刑法条文简明扼要，具有高度的抽象性与类型化特征，现实中的具体个案与金融刑法条文之间存在一定的距离，需要通过刑法解释保障条文的有效适用。最后，金融刑法具有一定的稳定性，但金融创新却是不可避免的现实情况，这导致金融活动处在不断的发展变革中，为了使金融刑法适应社会发展，贯彻刑法"惩罚犯罪、保护人民"的立法宗旨，就离不开对金融刑法的解释。

二、刑法一般解释的种类

以不同的划分标准为依据，刑法解释可以从如下几个方面进行分类。

（一）立法解释、司法解释和学理解释

这种划分方法是以解释的主体为依据。其中，立法解释和司法解释被认为是有权解释，学理解释被认为是无权解释。

1. 立法解释

立法解释是由立法机关对刑法所作的解释，在我国是由全国人民代表大会及其常务委员会对刑法所作的解释。立法解释主要是对刑法规范含义的必要解释，或者为解决最高人民法院和最高人民检察院所作的司法解释的原则性分歧而进行的解释。立法机关的解释主体即国家立法机关，加之《宪法》第 67 条第 4 项将解释法律规定为全国人大常委会的法定职权之一，故立法解释与刑法规范一样具有普遍的约束力。一般认为，刑法实践中的立法解释包括如下情形：

（1）在刑法的起草说明或修订说明中所作的解释。如 1997 年 3 月 6 日全国人大常委会副委员长王汉斌所作的《关于〈中华人民共和国刑法〉（修订草案）的说明》。

（2）在刑法中对有关术语的专条解释。如《刑法》总则第五章第 91 条至第 99 条关于"公共财产""公民私人所有的财产""国家工作人员""司法工作人员""违反国家规定""首要分子""告诉才处理"等概念的解释。

（3）全国人大常委会以决议形式对刑法条文含义的解释。如关于《刑法》第九章渎职罪主体适用问题的解释，关于《刑法》第 313 条的解释，关于《刑法》第 384 条第 1 款的解释（2002 年 4 月），关于《刑法》第 228、342、410 条（占用农用地）的解释，关于《刑法》第 93 条第 2 款（国家工作人员）的解释，关于《刑法》第 294 条第 1 款的解释，关于《刑法》有关信用卡规定的解释，等等。

2. 司法解释

司法解释是指最高司法机关依据法律授权对刑法条文进行的解释。司法解释亦被称为授权解释，在一定范围内具有普遍的约束力。在我国，司法解释包括最高人民法院对法院在审判工作中具体应用刑法问题所作的解释、最高人民检察院对检察院在检察工作中具体应用刑法问题所作的解释。以下两点值得注意：

（1）司法解释并不限于某一个司法机关单独发布的解释，还包括其联合其他司法机关甚至执法机关联合发布的有关解释。如最高人民法院联合最高人民检察院发布的司法解释，最高人民法院、最高人民检察院、公安部、司法部以及其他单位联合发布的司法解释也不少见。

（2）司法解释有较为规范的形式。近些年，司法解释一般表述为"关于××刑事案件适用法律若干问题的解释"，但实践中并不限于冠名解释的文件，在很多时候，指导性案例、座谈会纪要、指导意见、批复、答复等规范性文件都可以被视为司法解释的有机组成部分。

3. 学理解释

学理解释，是指有权对刑法进行立法解释和司法解释的机构之外的机关、团体和个人对刑法条文含义的阐释。立法解释、司法解释有法律上的约束力，属于"有权解释"。学理解释没有法律上的约束力，所以又被称为"无权解释"。但是，学理解释一般是由国家宣传机构、社会组织、科研部门、学者、专家及司法工作者所作的解释或者提供的法律论证意见。这种解释虽然不具有法律效力，但因为专业人士所具有的业务能力以及科学素养，其理解更具有专业性和权威性，更容易获得社会认可，所以不可轻视学理解释。它们可以推动刑事立法和司法，为立法提供理论支撑，为司法提供参考。

（二）文理解释和论理解释

此种分类方法以刑法解释的方法为依据，在科学、严谨的解释方法指导下可以得出恰当、可信的解释结论。

1. 文理解释，是对条文的字、词、句、概念、术语，从字面含义上进行的解释。文理解释既不广于字面含义，又不窄于字面含义，是不偏不倚的解释。

2. 论理解释，是根据立法精神，联系实际，从刑法条文的逻辑上所作的解释。论理解释通常分为当然解释、扩张解释和限制解释。

（1）当然解释，即刑法虽未明确规定，但按情理应包含在刑法规定的内容之中，如偷税受到两次行政处罚又偷税的构成偷税罪，那么偷税三四次甚至更多的，当然也应构成偷税罪。

（2）扩张解释，即超出刑法条文字面含义所作的解释。例如破坏交通工具罪的工具，除了刑法列举的汽车、火车、轮船、电车、飞机，还包括大型的拖拉机、索道车。

（3）限制解释，即对刑法条文作小于字面意思的解释。如伤害罪，就应当作限制解释，不能说殴打致人鼻孔出血就构成伤害罪。

上述刑法解释分类的意义值得商榷。所谓的文理解释，即对法律条文字面含义的解释，这种方法近乎对刑法进行形式解释，由于缺乏解释上的目的导向，因此严格来说，文理解释实际上是不存在的。而论理解释有实质解释的色彩，但是扩张解释和限制解释，究竟是解释方法还是解释后果，在罪刑法定的语境下似乎还有讨论的必要。① 假定它们被认为是解释方法，那么这种解释方法本身的实践意义是值得怀疑的，因为它并没有明确应当采取何种方式去扩大或者缩小解释对象的外延。

(三)体系解释、历史解释、比较解释、目的解释、合宪性解释

此种划分方法以解释理由为划分标准②，刑法解释过程中并非只能采取一种解释理由，通常会采取多种解释理由，此处列举的并非所有的解释理由，如文理解释也是重要的解释理由之一，由于上文已对其含义进行论述，此处不再赘述。此处列举的解释理由是几种较为常见的解释理由。

(1)体系解释，即以体系性的眼光，结合刑法相关条文的规定，确定条文的规范意旨。对刑法规范中具体条文的理解离不开对刑法规范整体的把握，而对整体规范的理解也需要在对部分条文的理解中完成，"法律条文只有当它处于与它有关的所有条文的整体之中才显出其真正的含义，或它出现的项目会明确该条文的真正含义"③。通过体系解释，更能实现罪与罪之间的平衡协调，保障刑法正义价值的实现。还应当注意到，体系解释具有关联性的特征。不仅要关注刑法条文内部的体系性，还应当在合宪性的基础上关注法秩序的统一性，在整个法律框架中进行合理解释，实现法律条文之间的协调性。

(2)历史解释，即依据刑法条文的制定历史背景及发展沿革进行解释。历史解释是通过对历史参考资料的考察探寻刑法条文的真实含义，通过历史溯源，结合立法当下的社会背景以及法律概念、法条规定的历史流变，对刑法条文进行解释。在以历史解释为解释理由的过程中，通常使用的历史资料包括：立法时的相关社会背景等资料，立法草案说明，在立法草案的起草、审议、讨论等环节的相关意见，立法机关的审

---

① 参见程红：《形式解释论与实质解释论对立的深度解读》，《法律科学(西北政法大学学报)》2012 年第 5 期；罗世龙：《形式解释论与实质解释论之争的出路》，《政治与法律》2018 年第 2 期。

② 参见张明楷：《刑法学》，法律出版社 2021 年版，第 42~48 页。

③ [法]亨利·莱维·布律尔：《法律社会学》，许钧译，上海人民出版社1987 年版，第 70 页。

议意见或相关部门意见。

（3）比较解释，即在与域外的相关立法、判例、理论等资料的比较中探寻法条真意。需要注意的是，在进行比较解释的过程中，不能忽视我国刑法规定与国外刑法规定在实质内容上存在的差异。当我国刑法规定与国外规定一致时，参考国外的立法理论、司法判例无疑具有一定的借鉴意义。但是也要注意规定存在差异的方面，既不能简单地得出比较双方的刑法规定存在差异因而不需要借鉴的结论，也不能在存在差异时直接照搬国外的规定与观点，而是应当在比较规定的差异性并结合我国理论与司法实际的基础上借鉴适用。

（4）目的解释，即以解释的目标为解释理由。在进行刑法解释时，结合刑法目的进行解释。依据解释目的的不同，目的解释分为主观解释与客观解释，将在下文中进行详细介绍。

（5）合宪性解释，即刑法解释应当在宪法法律体系下进行，刑法解释结论不得与宪法相违背，合宪性解释同时也是对刑法条文的合宪审查。

可以看出，刑法解释理由并不单一，多种解释理由可以同时适用。那么，当不同的解释理由得出的结论并不统一时，就面临解释位阶的问题。文理解释具有决定性意义，其决定性意义在于，刑法坚持罪刑法定原则，在进行刑法解释时，应当从条文的语义出发进行解释，不得超出刑法用语的可能含义。此外，在刑法解释理由中一般认为，合宪性解释与目的解释也具有决定性意义。[1] 目的解释的决定性意义在于，在不同解释理由得出的结论不一致时，应当选择与刑法的法条目的相一致的解释结论。合宪性解释的决定性意义则在于，在法秩序统一性原理下，应当将符合宪法的解释置于首位。

第二节　数字金融刑法解释基本原则

一、合目的性原则

目的解释是根据解释的目标进行的分类，是"在语义解释不能满足需要的情况下，超越法律文本的语言边界，进一步诉诸规范目的的一种

---

[1]　参见张明楷：《刑法学》，法律出版社 2021 年版，第 43 页。

解释方法"①，包括主观解释、客观解释。目的解释是在法律文本无法提供适正、合理的解释的情况下，诉诸规范目的的解释方法，因此对于语义解释具有补充性。

目的解释是随着法学思潮的变化，尤其是概念法学向利益法学的转向而发展的。受启蒙思潮下理性主义的影响，概念法学将建构体系性的概念作为法学研究的宗旨，以注释法律为法学研究的基本方法。在概念法学影响下，人的主体性地位得到了肯定，法学研究借助概念逐步建立统一的规则体系，以概念勾画出国家权力的边界。② 在概念法学影响下，刑法解释试图构建体系化的概念框架，"法律必须是客观的，也就是说，它必须自我展现。因此，解释的全部前提条件都必须存在于法律自身之中，或者存在于一般知识之中"③。但受制于封闭的概念体系，刑法解释难以适应日益发展的社会实践。随着利益法学取代概念法学，目的解释逐渐兴起。利益法学不再简单拘泥于阐述法律文本，而是突出立法根据在法律解释中的重要地位，④ 以法律规范的目的为法律解释的依据，有效解决刑法规范的稳定性与不断变化的社会现实之间的冲突。由于存在对刑法目的解释中"目的"的认识差异，出现了主观解释论与客观解释论之争。

1. 主观解释论与客观解释论

主观解释论与客观解释论的分歧源自哲学诠释学。诠释学曾提出一个问题，在解析作品时，关注点应当是作者还是作品？分析的是作者创作作品的意图抑或是从作品出发分析作品的意义？从作者出发解析作者原意的解释被称为主观解释，从作品出发解析作品本身意义的解释也就被称为客观解释。⑤ 在刑法领域中，以立法原意为目的的解释被称为主观解释，以解释法律文本的规范意义为目的的解释被称为客观解释。

主观解释以立法者立法时主观上的立法原意为刑法解释的目的。换

---

① 陈兴良：《刑法教义学中的目的解释》，《现代法学》2023 年第 3 期。
② 参见石聚航：《刑法目的解释研究》，法律出版社 2022 年版，第 17～18 页。
③ ［德］弗里德里希·卡尔·冯·萨维尼、雅各布·格林：《萨维尼法学方法论讲义与格林笔记》，杨代雄译，法律出版社 2008 年版，第 8 页。
④ 参见陈兴良：《刑法教义学中的目的解释》，《现代法学》2023 年第 3 期。
⑤ 参见曲新久：《刑法解释的若干问题》，《国家检察官学院学报》2014 年第 1 期。

言之，就是阐明立法时立法者的意思。主观解释论者认为，在法律文本存在多义、难以确定其真实含义时，应当追溯法律文本的立法过程，"立法者的规范目的是规范的正当性基础，不应漠视与背离"①，通过详细研究立法资料来确定立法意旨，以此为根据解释法律。"实际上，立法意图对于刑法解释是非常重要的，因为立法意图只是在很少的情况下才过时，司法活动的绝大部分情况是立法意图完全足以担当目的解释基准的'目的'，这时对立法目的的探寻就是非常必要的。"②有观点认为主观解释就是探求历史上立法者在立法时的主观目的的解释方法，等同于历史解释。③ 但一般认为，历史解释侧重点在于从法律文本的历史演变过程中探寻其现今意义，主观解释则并不强调法律文本沿革在解释中的重要意义。但是，不能因为主观解释以"主观"为名就认为主观解释不具有客观性，主观解释追求的是探究立法者的立法原意，在这一层面上主观解释具有一定的客观性。

客观解释是指解释客观存在的刑法规范本身的意思，又或者是根据现实的客观需要解释刑法。客观解释注重法律与社会的关系，主张目的解释中的"目的"应当是法律文本的规范目的，探求法律文本在当下社会背景中的客观含义，而不是立法者在制定法律时的主观意思。也就是说，法律文本经过制定公布之后就是静止不变的，但社会却处于不断的发展变更过程中，故应当借助客观解释赋予法律以灵活性，④ 对刑法规范应当顺应社会发展作合乎现实需要的解释，满足刑法打击犯罪的需求。刑法解释的目的不单单是探寻立法时的目的，更应当是结合社会现实探索法律的真实含义。"只要社会永远处在不断的发展变化之中，那么所有法律解释，当然刑法也不例外，就应适应这种新的社会现实。"⑤但是，解释者在运用客观解释作为解释方法的过程中，不可避免会掺杂解释者的主观性，所以也有观点认为客观解释才是真正的"主观解释"。

主观解释论与客观解释论的争议点在于：

---

① 王华伟：《网络时代的刑法解释论立场》，《中国法律评论》2020 年第 1 期。
② 陈兴良主编：《刑法方法论研究》，清华大学出版社 2006 年版，第 130 页。
③ 参见王凯石：《刑法适用解释》，中国检察出版社 2008 年版，第 225 页。
④ 参见黄硕：《刑法中主、客观解释之争及其走向》，《政法论丛》2022 年第 6 期。
⑤ 中山研一：《刑法的基本思想》，姜伟、毕英达译，国际文化出版公司 1988 年版，第 97 页。

其一，立法原意。

主观解释以立法原意为核心，旨在探求立法者的"主观"要旨。那么，如何确定立法者，何为立法原意就成了不得不讨论的问题。我国的立法架构下，以全国人民代表大会及其常务委员会为立法机关，立法者并非某个独立的自然人，而是由全国人大代表组成的机构。然而，法律草案又是由个人执笔的，即立法机关的意志是由个人体现的。同时，由于我国欠缺对立法原意进行详尽阐述的权威文本，故有学者认为立法原意难以确定。① 即使存在立法原意，其也可能在制定之初，或在社会发展过程中逐渐展示出缺陷。还有学者认为，立法者并非独立自然人，其立法原意难以揣测，加之立法具有滞后性，对于立法时尚未出现的犯罪情形，立法者不可能存在立法原意，所以所谓的"立法原意"并不存在。② 刑法文本一经制定完成就具有独立性，无法找准与立法时相一致的立法原意，即立法原意无法被探寻，这在实践和事实上已被证明。③ 也有观点认为，立法是国家有目的性的活动，从立法活动具有一定的立法意图这一层面来说，立法原意是存在的。但是，立法原意的认定面临着实体与程序上的双重难题。从实体上而言，立法原意这一概念具有模糊性，其是指立法者的立法目的，还是指立法者在立法当时对条文的理解，抑或是立法者对条文适用场景的设想，难以明确立法原意的具体内涵。从程序上而言，解释者采取怎样的程序证明自己的解读就是立法原意，如何设立证明标准也是一个难题。④ 也有学者对此进行了反驳，认为立法原意具有重要价值，"每一在给定文本中需要充分确定的东西，只有参照作者与他最初的公众共有的语言才能确定；在一段给定的文本中每一词的意义，只有参照它与周围的词的共存才能确定"⑤。立法原意是客观存在而且可被探知的，立法原意中立法目的等具体内容可以从

① 参见王华伟：《网络时代的刑法解释论立场》，《中国法律评论》2020 年第1 期。
② 参见陈洪兵：《双层社会背景下的刑法解释》，《法学论坛》2019 年第 2 期。
③ 参见黄硕：《刑法中主、客观解释之争及其走向》，《政法论丛》2022 年第6 期。
④ 参见李立众：《刑法解释的应有观念》，《国家检察官学院学报》2015 年第5 期。
⑤ 梁慧星：《民法解释学》，中国政法大学出版社 2003 年版，第 53 页。

法律规范的表述、发展历史脉络、立法情境、相关解释文件中探究。[①]

其二，规范目的。

客观解释着眼于法律文本的规范目的，否定立法意图的约束，主观解释论者认为客观解释论才是"主观解释"。在主观解释论者看来，法律文本是立法原意的客观形式，文本本身不具有独立意义。也就是说，法律文本不应具有立法原意之外的含义，法律文本的独立含义是解释者赋予的。[②] 而客观解释则将解释者的意思纳入法律目的，是解释者的任意解释，有违罪刑法定原则。客观解释以客观目的为解释目的，客观目的是法律文本的客观目的，以法律文本为主体，具有拟人化的特征。所以，客观目的是由解释者加入的，在这一层面上客观目的也被称为"解释者的目的"。虽然客观解释具有灵活性，保障了刑法体系的开放性，但仍不能忽视，客观解释赋予法官以解释自由，从而具有侵害法适用的统一性与客观性的可能。[③] 客观解释论者则反驳道，客观解释并未违反罪刑法定原则，相反，其是对罪刑法定原则的严格执行。罪刑法定原则下"法"的理解应当立足于法律文本，契合时代背景与社会一般人在当下的价值观念，故解析当下社会背景下一般人所知悉的刑法规范意义的客观解释并未违反罪刑法定原则。[④] 刑法规范一经制定就脱离立法者而存在，所以对刑法规范的解释只能客观上从法条可能语义、一般人的预测可能性中发现立法目的，在维持法益保护与自由保障的平衡的情况下解释刑法，因此，客观解释较之主观解释更具有安定性。[⑤]

2. 第三条道路

在主观解释论与客观解释论之外，还有第三种观点主张既要运用主观解释，又要运用客观解释，这是一种综合或者折中的解释理论，其中又产生了一些分歧。

[①] 参见陆一敏：《网络时代刑法客观解释路径》，《国家检察官学院学报》2022年第2期。

[②] 参见李立众：《刑法解释的应有观念》，《国家检察官学院学报》2015年第5期。

[③] 参见劳东燕：《刑法中目的解释的方法论反思》，《政法论坛》2014年第3期。

[④] 参见陆一敏：《网络时代刑法客观解释路径》，《国家检察官学院学报》2022年第2期。

[⑤] 参见陈洪兵：《双层社会背景下的刑法解释》，《法学论坛》2019年第2期。

（1）活的主观解释论。主张将立法者的规范目的作为规范的正当性基础，并融入吸收客观解释中的活性原则。该观点认为，应当坚持以立法者的规范目的为正当性基础，主观解释与客观解释均应当坚持罪刑法定原则，不能突破民众的预测可能性。主观解释强调法律的实证性，客观解释则突出法律的正当性，二者在深层逻辑层面具有一致性。因此，在不过于僵化地理解立法原意的条件下，主观解释与客观解释具有融合的可能性，即以主观解释为基础，吸收客观解释的活性原则，并对活性解释进行一定的限制。一是以罪刑法定原则为边界，将活性解释限制在语义可能范围内，二是以罪名的规范目的为边界，进行限缩性的目的解释，三是以经过考察的立法原意为边界，活性解释不得与立法机关在修订法律时的立法说明等可考察的立法原意相抵牾。①

（2）主观的客观解释论。主张在客观解释的基本解释方法中，以主观解释中对刑法条文的语言原意解释为限定。该观点指出，主观解释有其突出的基因优势，即法律是由人类创造的规则，立法过程中蕴含着立法人的价值取向与评价，探寻立法原意对于维护罪刑法定原则具有重要意义。客观解释则更具有现实性，能够赋予刑法规范以活力，利于实现个案正义。主观解释具有原则性价值，客观解释则更具有现实性。随着社会的发展，尤其是网络时代的到来，国家基于社会现实，急需动用刑法手段打击网络犯罪，司法部门与刑法学界也对动用刑法治理网络犯罪充满期待。客观解释可以满足治理新型犯罪的需求，因而成为当下优先适用的解释方法。但由于客观解释摆脱了立法原意的束缚，在解释过程中常常渗入解释者的主观意图，故而客观解释在网络时代具有扩大解释的倾向。因此，该观点主张以客观解释为主，进一步挖掘刑法规范在网络社会的现实意义，同时注意与立法者的立法意图相结合，在适用客观解释的同时贯彻立法本意，坚守罪刑法定原则，约束刑法的处罚范围。②

二、合理性原则

刑法解释学是一门高深的学问。自有刑法以来，法律家和法学家都

---

① 参见王华伟：《网络时代的刑法解释论立场》，《中国法律评论》2020 年第 1 期。

② 参见刘艳红：《网络时代刑法客观解释新塑造——"主观的客观解释论"》，《法律科学（西北政法大学学报）》2017 年第 3 期。

在思考和研究如何做好刑法解释。

启蒙运动推动了理性主义的发展，提出了三个重要命题：一是所有的真问题都能得到解答；二是所有的答案都是可知的；三是所有的答案都是具备兼容性的，即真的答案之间并不会产生矛盾。① 基于此，普世命题的正确答案被认为掌握在自然科学家的手中，依照可靠方法才能得到解答。也就是说，受早期科学主义影响，真理性与科学性被等同。丰特耐尔提出了一个著名论断："一部政治、道德或批评著作，其至文学著作，从各方面考虑，如果出自一位几何学家之手，会更完美。"②随着哲学社会科学的发展，人们逐渐发现，"社会认识和社会科学不仅应当是描述性的，而且应当是规范性的"。③ 现代理论范式中隐含着从真实性诉求向合理性诉求的转向，此种转向在法学研究中有着充分体现。

19 世纪与 20 世纪初的法学解释被看作简单的逻辑推理。在实证主义浪潮的影响下，概念法学家尝试建构"法律公理体系"，主张法学具有实证性与自治性，否认在实在法之外存在更高级别的自然法体系，立足于法学概念演绎推理出一套逻辑缜密的体系。④ 但是，概念法学的逻辑演绎方法受到了责难。批评者指出，法律具有经验性特征，法律适用应当让目光在法律规范与案件事实之间流转，以便实现二者的对接。利益法学派更是认为目的性因素才是法学的核心，概念不过是其形式表征。"法律解释的终极目标只能是：探求法律在今日法秩序下的标准意义(即今日的规范性意义)，而只有同时考虑历史上的立法者的规定意向及其具体的规范想法，而不是完全忽视它，才能确定法律在法秩序上的标准意义。"⑤在客观逻辑推理之外，目的成为法学判断合理性的重要考量因素。自 20 世纪 60 年代以来，在法律解释中，纯粹逻辑推理的刑法解释学发生了转向，刑法解释开始普遍承认解释中事实与价值的双重判断，合理性诉求成为刑法解释学中的根本性问题。"法官所进行的法

① 参见[英]以赛亚·伯林：《浪漫主义的根源》，吕梁、洪丽娟、孙易译，凤凰出版传媒集团、译林出版社 2011 年版，第 28~29 页。

② 迈克尔·费伯：《浪漫主义》，翟红梅译，译林出版社 2019 年版，第 33 页。

③ 欧阳康主编：《社会认识方法论》，武汉大学出版社 1998 年版，第 52 页。

④ 参见赵静：《法学的科学性问题研究》，《北方法学》2022 年第 6 期。

⑤ [德]卡尔·拉伦茨：《法学方法论》，陈爱娥译，商务印书馆 2003 年版，第 199 页。

律解释必须符合某种真理或可接受性的标准，具体来说就是符合某种一般性规则或者正当的基本法律伦理原则，借由规则来证立其个案判决。这就是法学中蕴含的理性要素。"①

三、有效性原则

毫无疑问，解释者能否正确理解立法者的意思，本身是值得怀疑的。特别是对那些稳定性较强的刑法典而言，当代人如何以现有的经验和价值观去发现过往的历史，这是一个重大的挑战，而且过往的价值观在当代是否还有其意义，也值得怀疑。正是基于这个理由，我们不仅始终反对主观解释，而且鉴于其本身的缺陷，其并不能通过所谓的综合理论获得完善。在数字金融发展背景下，刑法本身面对的是新型问题，与传统金融有很大差异，所以，本书主张客观解释，即对刑法的理解和解释要以符合现实需要为前提。

数字金融的发展对社会的改变是显而易见的。其不仅包含了数字技术支持下推出的创新性金融服务产品，如移动支付、P2P 网贷等，还包含了传统金融模式在数字技术下的发展，如数字银行、数字证券等。我国传统金融机构供给不足的矛盾突出，以银行为主的金融机构具有较高的服务门槛，偏远地区人群、低收入人群、中小企业等群体难以获得金融服务。随着数字技术的发展，手机、电脑等智能设备得以普及，云计算助力下计算能力进一步加强，为数字金融的高速推广提供了基础条件。加之得益于我国较为开放的监管环境，金融创新产品能够迅速落地。因此，数字金融在我国得到了迅猛发展，并形成了良好的数字金融生态系统。依托大科技平台，借助大数据可以便捷地收集金融投资者的行为习惯、社会关系、兴趣偏好等数据足迹。与传统金融机构仅依托抵押担保判断金融投资者的信用状况的模式相比，数字金融机构在抵押担保数据外，额外掌握了金融投资者的行为数据等信息，有利于进一步降低信息不对称，对防控金融风险起到了积极作用。

数字金融发展迅猛，具有传播广、速度快、复合度高的特点。以移动支付为例，支付宝在提供第三方支付之外，还可提供基金、证券等理财业务，具有高度的复合性。与此相对应，新型数字金融犯罪也不断涌现，面临着解释难题。例如，随着区块链技术与金融的联系愈加紧密，

---

① 赵静：《法学的科学性问题研究》，《北方法学》2022 年第 6 期。

加密货币存在着发生剧烈涨跌波动的风险，"与世界通用法币锚定以保持价格相对稳定的加密资产代币"即稳定币应运而生。稳定币逐渐成为犯罪人的犯罪工具，但由于对稳定币的属性认定存在争议，财产说、非财产说、数据说等观点众说纷纭，因此对相关犯罪存在认定为诈骗罪、非法获取计算机信息系统数据罪、洗钱罪、非法经营罪等多种情形，造成了司法适用的混乱。因此，为明晰金融活动罪与非罪、此罪与彼罪的界限，合理进行刑法解释具有重要意义。在数字金融犯罪的解释立场上，应当采取客观解释的立场。刑法解释，是为了解析在当前背景下刑法所具有的规范意义。随着数字金融的发展，不仅出现了许多依托数字技术的新型数字金融犯罪，传统金融犯罪也在与数字技术的结合中呈现出新型特征，合理进行刑法解释的需求不断增加。一方面，以刑法立法本意对数字金融犯罪进行规制显然已经捉襟见肘。数字金融在技术加持下发展迅猛，以大数据等数字技术为驱动，以集成电路芯片为支撑，在摩尔定律①预测的技术轨迹下，数字金融的功能速率增长极快，新型数字金融行为模式层出不穷。以稳定币为例，作为区块链技术与金融相结合形成的新兴产物，难以通过语义解释对其进行准确定性。另一方面，难以通过立法及时规制数字金融犯罪。法律具有滞后性，在数字金融呈现出犯罪隐蔽性强、犯罪手段技术性强、智能性高、犯罪形态呈链条化延展、犯罪传播快、跨界性明显、风险具有集中化趋势等特征的背景下，难以通过立法及时应对数字金融犯罪的多元变化。因此，应当以客观解释为立场，探寻刑法条文在数字金融犯罪背景下的规范意义。

　　有人担心客观解释会造成"法官造法"的问题发生。② 在立法与司法相互独立的情景下，这种担心虽然有一定道理，但是必须承认，任何法律都存在漏洞，刑法也不例外。对刑法进行解释，应当尊重刑法，以端正的态度对待刑法。尊重刑法的人就不会否认刑法可能存在法律漏洞。③ 法律漏洞是指根据现有的法律体系，存在着违反立法计划的不圆

---

　　① 摩尔定律：集成电路上可以容纳的晶体管数目在大约每经过 18 个月到 24 个月便会增加一倍。换言之，处理器的性能大约每两年翻一倍，同时价格下降为之前的一半。

　　② 参见林亚刚：《刑法学教义（总论）》，北京大学出版社 2014 年版，第 33 页。

　　③ 参见李立众：《刑法解释的应有观念》，《国家检察官学院学报》2015 年第 5 期。

满状态。法律漏洞以开放性和隐蔽性两种方式存在。开放性法律漏洞属于明显的法律漏洞，指的是法律应当规定而没有规定的漏洞，如我国《刑法》规定了拐骗儿童罪，却没有对社会危害性更大的掠夺儿童行为作出规定。隐蔽性法律漏洞，是指法律虽然作了规定，但是法律规定的要件存在缺失或者限制，以至于具体规范与案件事实难以进行有效对接或者匹配。如《刑法》第 17 条第二款规定的相对负刑事责任年龄人承担刑事责任的 8 种犯罪，究竟是指行为人触犯的罪名还是指其实施的犯罪行为？[①] 如果割裂立法和司法的关系，否定法官在解释法律中应有的主观能动性，必然会造成刑法适用的僵化，这不利于刑法及时有效地解决社会问题。立法具有稳定性和滞后性，社会具有发展性和变动性，如果否定司法解释者的主观能动性，刑法适用就无法针对新情况进行规制，从而只能指望通过完善立法的方式解决问题，最终陷入立法万能的怪圈，刑法也就很难实现自身的目的和完成自身的任务。

以洗钱犯罪为例，随着数字货币的发展，加密货币创新了洗钱犯罪的行为方式。数字货币分为电子数码代币、加密货币、法定数字货币三种，而加密货币基于其易于流通与不受央行监管的特性，更容易滋生洗钱犯罪风险。以加密货币为工具，洗钱犯罪的置入、分流、整合阶段的行为方式都被颠覆：其一，置入阶段。在将通过上游犯罪非法获得的法定货币转化为加密货币的过程中，因为加密货币具有匿名性，所以洗钱犯罪的主体难以确定。在区块链分布式账本功能的作用下，加密货币通过隐藏代码实现了赃款的不可溯源性。其二，分流阶段。依托加密货币的去中心化特征，借助双离线接触式支付模式，以混币、翻洗等手段将加密货币在不同网络地址之间转移，所置入的原始资金也就难以溯源。其三，整合阶段。利用加密货币所具有的多样性特征，将洗净的加密货币转化为多种形式，并存储在多个金融账户中，进一步提升追溯难度。可以看出，加密货币作为创新性产物，已经颠覆了洗钱犯罪的全流程行为方式。在此背景下，就需要以客观解释立场对洗钱犯罪的构成要件进行合理解释。例如，置入行为将货币代码在不同单位间流转，以匿名化的方式流转加密货币所有权，以更为隐蔽的方式"掩饰、隐瞒"犯罪所得及其收益，应当解释为"以其他方法掩饰、隐瞒犯罪所得及其收益的来源和性质的"中的"其他方法"。再如，在分流阶段，加密货币借助

---

① 参见资琳主编：《法理、文本与案例》，中国法制出版社 2021 年版，第309~310 页。

"去中心化"特征实现了平行化分流，在认定分流方式是否属于"其他支付结算方式"时，应当对加密货币分流的各种渠道进行认定，在分流各节点加大追溯力度。[1] 可以看出，在数字金融犯罪背景下，采取客观解释立场才能顺应社会发展，实现刑法的规范意义。

四、合逻辑性原则

法律解释不应当是解释者围绕法律文本进行的独白，更应当关注其中的合理性诉求，构建法律文本的公共性理解。[2] 但是，数字金融刑法的合理解释，最终必须建立在合逻辑性的基础上。在逻辑推理上，还应当从哲学原理、刑法学理、金融道理、社会情理四个角度出发，实现对数字金融刑法的公共性理解。

（一）哲学原理

哲学原理体现的是自然科学与社会科学的普遍性规律，数字金融刑法学至少集合了自然科学、经济学、管理学和法学的知识。但是，这些知识不是简单的机械式组合，而是通过一定方式的有机融合。因此，我们不能简单根据数字科学、金融学或者法学的知识理解和阐述数字金融刑法。唯有通过现代哲学原理，我们方能找到数字科学、金融学和法学有机结合的方式和规律，从而为刑法解释提供更深厚、更扎实的理论基础。

（二）刑法学理

数字金融刑法的落脚点是刑法，因此数字金融刑法解释不可能脱离现有刑法的解释框架和方法。从解释框架上来看，主要是刑法解释的要件以及体系。例如某种数字金融行为涉嫌某一具体犯罪，为了实现事实涵摄的合理性，必须对规范的内容根据刑法基本犯罪构成原理进行分解，如犯罪客体、犯罪客观方面、犯罪主体和犯罪主观方面，有时候还涉及对犯罪构成原理的修正，如未完成形态、共同犯罪、罪数等，对此都应根据相应的刑法原理进行合理说明。在解释方法上，主要是分析确定采取何种方法比较妥当。我们并不赞同传统的文理解释和论理解释的

---

①　参见赵炳昊：《数字时代加密货币洗钱犯罪的防治》，《中国刑事法杂志》2022 年第 5 期。

②　参见郭春镇：《法律解释的公共性》，《中国法学》2023 年第 1 期。

分类方法，而且对论理解释的类型也表示怀疑。在我们看来，最有效的解释类型莫过于目的解释，而且我们对于客观解释深表赞同，即"法律的目的解释只能是基于当下的社会结构和社会文明程度，根据当前维护社会秩序和保障人权的需要，考虑到刑法条文具有的规范行为的性质，对刑法进行客观的解释"①。

(三) 金融道理

数字金融刑法的中心内容是金融犯罪，因此金融是数字金融刑法解释的焦点。2017 年最高人民法院发布《关于进一步加强金融审判工作的若干意见》，强调金融审判工作应当遵循金融规律，"以金融服务实体经济为价值本源，依法审理各类金融案件"。刑法解释学必须立足于相应的场域，并根据相应场域的客观要求展开。一方面，由于学科之间的隔阂，从事法学研究的人很少接触金融工作，对金融的范畴、体系、工具、交易方式等都不免存在一些似是而非的想象，这不利于得出合理的刑法解释结论。另一方面，基于金融活动内容多变、形式多样的特点，为保障刑法典的相对稳定性，金融犯罪刑事立法大量采取空白罪状的方式，刑法与金融法之间规定上的不匹配一直是金融刑法规制难以解决的难题。如《刑法》第 180 条第 3 款规定，"内幕信息、知情人员的范围，依照法律、行政法规的规定确定"，以此保障刑法客观上适应金融犯罪治理的需要。空白罪状规定模式下，数字金融刑法解释不得不参考前置法规定，以金融道理为解释指引。所以，数字金融刑法必须遵从金融的基本道理，在解释的时候不能停留于刑法人对于自由和秩序的抽象理解，而要根据金融工作的重要性、金融监管的意义和方向选择解释立场，同时依据金融制度的规范保护目的，确定金融刑法解释的基本规则，使刑法目的解释具有现实张力。

(四) 社会情理

数字金融刑法解释要考量刑法的社会保护机能和人权保障机能，不能唯规范是从，不能唯教条是瞻。"现代法治，归根结底应该是人性之治、良心之治，绝不应归结为机械的规则之治。"②以社会情理作为数字

---

① 童德华：《外国刑法导论》，中国法制出版社 2010 年版，第 12 页。

② 陈忠林：《"常识、常理、常情"：一种法治观与法学教育观》，《太平洋学报》2007 年第 6 期。

金融刑法的解释基础之一，是将人民群众最普遍的行为规则认识、最大的利益共识与最基本的价值认识融入刑法解释，推进依法治国与以德治国的有机统一。因此，数字金融刑法解释必须遵从公正和公平的法律原则，兼顾考虑如下法律事实：其一，要从金融创新和金融风险防范的关系视角理解金融刑法规范的保护目的和范围；其二，要从提高金融效率和进行金融监管的关系视角理解刑法介入的范围和深度；其三，要从保护金融资产和保障消费者合法权益的视角理解金融行为的法律性质和现实意义。只有这样，刑法解释才能将金融机构的利益和国家利益、金融消费者利益统一起来。

总之，数字金融刑法解释以客观解释为立场，以合理性诉求为导向，应当遵循以下三大要求：一是以哲学原理、刑法学理、金融道理、社会情理四大原理为基础；二是以人民性导向、风险为本原则、安全发展理念为价值引领；三是建构穿透规则、合规规则、审慎规则、动态规则四大具体适用规则，以此提供数字金融刑法合理解释的可行性方案。

第三节　当代数字金融刑法解释目标预设与规则建构

一、数字金融刑法解释目标预设

公平是法律的基本价值，保护人民利益是我国法律公平的价值所在。《数字中国建设整体布局规划》强调，数字中国建设是中国式现代化建设的重要引擎，是构筑国家竞争新优势的有力支撑。金融业是现代经济发展的血脉与核心，为数字中国发展贡献了金融力量。数字金融变革了金融服务业态与运行方式，实现了金融业全流程、全要素更新，对我国的数字经济乃至数字中国建设具有重要战略意义。然而，作为新兴的金融发展模式，数字金融在发展过程中也导致了金融犯罪模式的更新，P2P、偷换二维码、花呗诈骗、数字货币洗钱等新兴数字金融犯罪层出不穷。数字金融监管滞后，数字化的作案方式客观上也加大了数字金融犯罪的侦破难度。可以看出，数字金融发展是一把"双刃剑"，在革新金融发展模式的同时，也带来新的监管与治理难题。因此，应当合理把握数字金融的发展空间，既要为数字金融的健康发展提供合理的发展空间，又要对其进行一定的规制，维护金融安全。数字金融刑法研究，不能拘泥于法律视角或政治视角，而是应当同时观照经济系统对刑法保障的诉求，结合金融领域的独特价值理念，为数字金融刑法解释提供价值引领。

(一)保护人民利益导向

我国的金融建设坚持"以人民为中心"的价值取向,人民性是我国社会主义制度下金融工作的本质特征。金融业的高质量发展只有在与满足人民群众美好生活需要有机融合后才能得到稳步推进,人民性因此被称为数字金融刑法解释的重要导向。

数字金融在有效激活数字经济外,更重要的意义在于引发了一场普惠金融革命。传统金融业发展存在"二八定律":20%的金融客户占有了80%的金融需求量,并创造出80%的金融业利润。也就是说,传统金融具有高度的集中化、精英化倾向,金融服务由少部分人享受。加之传统金融对实体银行具有高度的依赖性,中小企业、低收入人群、偏远地区人群等弱势群体难以享受金融服务。因此,传统金融服务与社会投资需求之间形成了一定空当。其一,从融资来看,基于信息不对称难题,传统金融模式下银行业金融融资多以资产抵押为贷款前提,我国银行贷款中约80%流向了国有企业与上市公司。然而,恰巧是难以获得贷款的20%的非国有、非上市企业是我国经济增长与雇佣多数劳动力的重要力量,[①] 尤其是中小企业,更加难以通过银行获得间接融资,融资难、融资贵成为阻碍中小企业发展的一大难题。其二,从投资来看,传统金融模式下,投资者进行金融投资既要面临交易前的逆向选择,还要承担交易后的道德风险。除此之外,大多数群众仅有闲散的余钱,难以找到适配的低门槛、零散的理财产品。其三,从金融服务覆盖面来看,金融网点多覆盖于大中城市,偏远地区不仅金融网点稀少,且除了存款业务之外难以提供其他的金融服务。因此,在传统金融供给不足、矛盾突出的背景下,数字化成为普惠金融的重要转型方向。依托数字技术,数字金融呈现出草根性,金融服务不断下沉,数字支付、互联网流动资金贷款、数字人民币等多场景、多层次、低门槛、个性化的服务方式持续展开,数字普惠金融生态逐渐丰富。

普惠金融又被称为包容性金融,强调要建立能有效、全方位地为社会的所有阶层群体提供可持续性金融服务的金融体系。数字金融的"草根"特性对于推进普惠金融建设具有重要意义,形成了数字普惠金融格

[①] 参见郭雳:《中国式影子银行的风险溯源与监管创新》,《中国法学》2018年第3期。

局。人民银行现行普惠金融指标包含使用情况、可得性、质量三个维度,① 以此为基础,我国数字普惠金融主要体现在以下三个方面:第一,数字金融强化了金融服务的可得性。其一,随着智能设备的普及,依托手机、电脑等智能设备提供金融服务的数字金融摆脱了对实体金融网点的依赖,有效发挥了科技平台的"长尾效应",推动金融服务深入至广大偏远地区。截至 2017 年 3 月,支付宝的农村市场用户就已突破1.63 亿,极大地提升了金融服务的可得性。其二,数字金融以大数据替代抵押资产进行风险评估,有效解决了中小企业的融资难题。第二,数字金融能提供多样且适当的产品。其一,数字金融具有低门槛性、便利性的特点,提升了金融消费者的可负担性。例如,数字支付大大便利了群众的生活,对于许多人而言,数字支付已在日常生活中取代了现金支付。并且,数字支付不仅可以与证券、基金等投资理财产品相结合,还能与"蚂蚁花呗"等在线信贷服务相结合,为群众提供多样化的金融产品。《中国普惠金融指标分析报告(2021)》指出,2021 年银行业金融机构总共办理非现金支付业务 4395.06 亿笔,金额 4415.56 万亿元,同比分别增长 23.90% 与 10.03%,移动支付呈现适用广泛、发展迅速的特点。其二,依据群众在使用数字支付业务过程中形成的"数字足迹",金融机构可以为其提供个性化、低成本的金融服务。第三,数字金融发展具有商业可行性与可持续性。数字金融与传统金融之间并非互斥关系,二者呈现出互补特征。数字金融不仅催生了一批新兴的金融科技公司与服务,还刺激了传统金融机构的数字化转型,传统金融机构与金融科技公司在技术、风险管理、金融产品知识等方面具有可持续合作的空间。

应当注意的是,数字金融虽体现出明显的普惠性,但其对公平价值的实现仍具有一定的负面效应。特别是对数字技术的高度依赖,会形成金融资源公平供给与获取的新阻碍。第一,"算法歧视"的隐忧。算法可以通过深度挖掘数据,提升决策的智能化、自动化水平。借助云计算等算法技术,数字金融的智能化水平显著提升。然而,依据技术哲学,算法技术内含一定的目的,其中的价值判断并非总是科学的、良善的。经由算法演绎后得到的结果,可能对部分群体而言是不公平的,即算法

---

① 参见中国人民银行金融消费权益保护局:《中国普惠金融指标分析报告(2021)》,第 1 页。

歧视。一方面，数字金融中的算法技术可能内含逐利性的价值判断，进而形成内生性的算法歧视；另一方面，算法歧视具有弱智能性，信息收集的不完整可能导致其得出歧视性的结论。如智能投顾就可能包含算法歧视内容，基于设计者的逐利目的，小额投资者难以获得适配的产品。第二，"数字鸿沟"的阻碍。数字金融虽然摆脱了对实体金融机构的依赖，但"数字金融的运行依然要以地理空间为依据，数字金融对地理空间的穿透效应只是相对的穿透"[①]。基于通信基础建设的不均衡性，数字金融服务的获得、质量同样展现出区域异质性，仅依靠数字金融服务难以打通金融服务覆盖的"最后一公里"。要为老年用户与通信薄弱地区的群众提供金融服务，仍需通过与替代性的代理机构相结合等方案进行。第三，"信息茧房"的束缚。数字金融的重要贡献在于有效缓解了信息不对称的难题，但基于大数据的收集，金融消费者所获取的信息皆是经过筛选的符合其兴趣的个性化信息，长此以往，消费者将难以获得全方位的信息数据，甚至可能主动拒绝接收新信息，其消费需求、决策被信息提供者操纵，反而加剧了信息不对称的情况。

数字金融的普惠性特征与人民美好生活需要相契合，是金融人民性的重要体现。数字金融刑法解释应当坚持人民性的价值导向，有效发挥法益保护机能与保障人权机能。一方面，数字金融刑法解释以维护金融安全为目的。数字金融的普惠性显著缩小了城乡间的多维性差异，促进了包容性增长。对于有效降低交易成本、推进普惠金融、合法合规开展的新兴数字金融交易模式，应当依法予以保护。但随着数字金融的发展，数字金融犯罪的涉众性进一步增强，违反规范的行为较为隐蔽，社会危害性更趋严重，法益侵害性明显扩散，需要发挥刑法的法益保护机能维护金融安全。数字金融刑法解释应当立足于总体国家安全观，以金融安全为抓手，在系统性思维指引下规范数字金融发展，在大安全框架下维护数字金融安全。另一方面，数字金融刑法解释应注重保障金融消费者的合法权益。我国金融刑法的规定以维护金融管理秩序为主要目的，展现出明显的"压制型法"特征，金融消费者的投资利益保护被弱化。数字金融的人民性要求数字金融刑法以消费者权益保障为重要面向，金融机构应当通过建立健全内控机制、消费者权益保障全流程管控机制等措施规范交易行为，构建维护金融安全与保障金融消费者合法权益并重的数字金融刑法解释体系。数字金融刑法在罪刑法定原则的指引下，一方面，对涉及侵犯消费者个人信息罪、虚假广告罪、强迫交易罪等侵犯消费者权益的犯罪予以严厉打击；另一方面，发挥刑法的工具性价值，与民法、经济法、行政法等法律法规相结合，形成综合治理结构，打破算法歧视、信息鸿沟、信息茧房等技术壁垒，保障金融领域公平、公正、诚实交易，凸显金融的人民性价值。

（二）防控金融风险导向

"金融是国家重要的核心竞争力，金融安全是国家安全的重要组成部分。防范化解金融风险特别是防止发生系统性金融风险，是金融工作的根本性任务。"[1]风险为本原则是开展金融活动的重要原则之一。《金融机构反洗钱和反恐怖融资监督管理办法》第 18 条就明确指出，中国人民银行及其分支机构应当遵循风险为本和法人监管原则。数字金融具有双重面向，既包含金融科技等依托数字技术发展的新兴数字金融服务这一面向，又包含传统金融借助数字技术创新其金融服务的面向。可以看出，数字金融依托数字技术实现了金融业的全流程、全要素革新。然而，在关注数字金融发展潜力的同时，还应注意到数字金融发展背后隐藏的巨大风险。

探讨数字金融隐藏的风险，首先应当关注金融风险的形成机理。金融风险的成因，主要包括两点：第一，金融具有脆弱性。金融系统的业务模式本身决定了其具有脆弱性、不稳定性的特点。其一，金融业务模式呈现出高负债经营、资产负债期限上的不匹配、信息不对称的特点；其二，信贷模式具有的道德危机加剧了金融业的不稳定性；其三，金融领域个体理性与合体谬误并存，即使单个金融消费者是理性的，也不能保证金融消费者总体参与的金融活动不陷入疯狂。第二，金融风险具有传染性。金融机构之间具有极强的关联性，不仅是业务上的关联性，还有信息上的关联性。此种密切的关联使得金融业呈现出金融波动溢出效应，即某一金融机构或金融市场所遭受的冲击会导致不同机构与市场间的共同变动，从而形成连锁反应。因此，传统金融风险呈现出"太大而不能倒"的特征。

然而，数字金融在推进金融业发展的过程中，同样也增加了金融风

---

[1]　习近平：《深化金融供给侧结构性改革　增强金融服务实体经济能力》，《人民日报》2019 年 2 月 24 日，第 1 版。

险的诱因。第一，金融脆弱性增强。金融创新丰富了金融层次，大量撇开流动性的新金融工具的发明，都展示出金融脆弱性的强化。第二，金融风险传染性强化。生态化混业经营、纵深跨界发展的业务模式增强了金融机构间的互联性，金融风险的传播速率也极大提升。

　　数字金融仍未改变金融的本质，但数字技术的介入加强了金融的高杠杆性，增加了系统性风险的强度。也就是说，数字金融风险呈现出传统金融风险与数字金融新增风险共振的"双风险"特征，具体面临以下风险：第一，流动性风险。流动性风险是指虽然具有资产偿付能力，但不确定能否以合理价格借入资金或出售资产以偿付债务的风险。传统金融流动性风险表现为挤兑赎回、期限错配等风险。数字金融则发挥"长尾效应"，极大拓展了金融消费者的对象范围，但其难以吸引到高净值客户，客户群体以电商企业、小额投资者为主，具有风险厌恶特征，挤兑赎回等流动性风险依然严峻。第二，信用风险。信用风险是指金融活动中面临的交易对方不确定能否履行合同义务等风险。传统金融利用抵押资产等方式降低信用风险，数字金融依靠其开放性、虚拟性特征，以大数据为支撑，打破地理障碍，创新了纯信用担保的交易模式，但也相对地加剧了交易主体身份、交易真实性等交易活动信息验证难度，对信用风险具有放大效应。第三，系统性风险。系统性风险是指对正常开展金融服务存在影响，进而可能对实体经济造成巨大负面冲击的金融风险。传统金融具有"大而不能倒"的特征，即大型商业银行具有规模效应，一旦受到冲击，将引发一系列的金融风险。数字金融的变革改变了这一局面，而呈现出"太互联而不能倒"与"太快而不能挽救"的特征。一方面，数字金融具有跨界特征，数字金融风险可实现跨机构、跨行业、跨市场和跨境传染，混业经营等互联互通模式更是加剧了金融风险的传染性，即使是小型金融机构受到冲击，也可能因其互联性造成严重的风险后果。另一方面，数字金融交易速度极快，金融错误也会以极快的速度传导，难以通过普通手段予以挽救。

　　也就是说，数字金融面临数字风险与金融风险以及二者叠加之后的风险情形。其一，数字风险。算法风险、区块链风险等数字技术风险在数字金融中均有体现，尤其是数字金融以数据为主要生产要素，数据安全风险成了数字金融面临的重大风险之一。其二，传统金融风险。信用风险、流动性风险在数字金融中均有体现。其三，数字金融叠加风险。数字与金融的结合导致金融风险触点增多，风险更具有复杂性、易变性、内生性，更容易形成系统性风险。

数字金融的高风险性在数字金融犯罪中亦有体现，数字金融犯罪显示出了系统性刑事风险的高度集聚与现实化。一是大量数字金融机构与金融市场风险敞口息息相关；二是数字金融机构的失败容易引发多米诺骨牌式的连锁反应；三是此种反应容易通过非理性恐慌快速传播。① 数字金融犯罪治理的最佳路径在于有效预防化解各类金融犯罪风险，防止金融违法、犯罪行为发生。也就是说，风险管控是金融法与刑法同向性的关键体现。我国的金融体系正在由管制体系向监管体系转型，管制体系背景下的金融活动以国家为主导，以行政手段为特殊主体提供特殊保护，尤其是在市场准入阶段；监管体系则更突出市场的主导地位，通过对市场主体行为的有效规范，确保信息能够透明、公开。随着金融监管体系的转型，我国金融刑法也应当从"压制型法"转向"回应型法"。② 受我国早期计划经济体制的影响，我国金融刑法规定呈现"压制型法"特征，从权力本位出发，以维护国家金融管理秩序为主要目的。压制型金融刑法之下，我国对金融风险的规制过于依赖刑法，非刑罚制裁措施被虚置，金融风险防控过度依赖刑法强制力，呈现出"泛刑化"趋势。数字金融背景下，金融体系已日趋完善，金融市场创新化、自由化发展趋势明显，同时，数字金融风险更加突出，风险本位原则呼吁灵活的管制手段。党的二十大报告强调，"依法将各类金融活动全部纳入监管，守住不发生系统性风险底线"。数字金融刑法应当转变治理路线，采取"回应型法"模式，充分体现将法律作为社会控制机制的灵活性与开放性，③ 把握好数字金融发展与维护金融安全之间的平衡关系。在数字金融风险本位原则指引下，尤其是数字金融"双风险"共振的特殊背景下，数字金融刑法应当与非刑法制裁措施相结合，将刑罚手段作为数字金融风险防控的"最后手段"，同时积极探索替代性规制手段，在刑法介入之前有效防范化解风险，提升维护金融安全的能力。

---

① 参见王海桥：《信息化背景下金融犯罪的治理结构转变》，《中州学刊》2021 年第 5 期。

② 参见梅传强、张永强：《金融刑法的范式转换与立法实现——从"压制型法"到"回应型法"》，《华东政法大学学报》2017 年第 5 期。

③ 参见邓建鹏、张夏明：《区块链金融司法治理的困境及其化解——以稳定币相关司法文书为视角》，《武汉大学学报（哲学社会科学版）》2023 年第 2 期。

（三）维护金融安全导向

金融压抑理论由美国经济学家麦金农（Ronald I. Mckinoon）首创，他认为发展中国家存在政府对金融过度管制的情形，进而抑制了储蓄增长，致使资源配置效率低下。① 麦金农认为，金融压抑主要体现为：金融工具形式单一，货币化程度低；金融体系存在区分城市、农村的"二元结构"；金融机构单一，缺乏完善的金融市场；货币与实际资本难以替代。金融压抑的形成，根源于发展中国家落后的经济基础，国家通过市场准入、干预限制存贷款利率等手段积极推动经济增长。

我国的金融压抑主要体现为金融活动需经由严格的特许制度审批，由金融机构提供，或者在经监管机构批准的金融市场中开展。通过事前审批控制，经监管机构许可的金融机构才能提供融资服务，商业银行在我国的金融体系中也就获得了核心地位。出于保持经济增长的目的，我国的银行存贷款业务受到利率管制，只能在央行规定的基准利率范围内上下浮动。加之中国人民银行确定的基准利率较市场利率更低，在总体上就形成了金融压抑的局面。在此背景下，我国的投资需求与融资需求皆未能得到良好的满足，投资者难以获得良好的投资渠道，融资者则面临"融资难、融资贵"的困局。

面对金融压抑的困局，麦金农认为只有采取开放金融市场、实行金融自由化的金融深化路线才能解决金融压抑难题。虽然金融深化理论对经济发展具有储蓄效应、收入效应、投资效应、就业效应等正效应，但不能忽视的是，其同样具有冲击金融体系稳定性，导致经济滞涨，造成破坏性资本流动及债务危机等负面效应。② 但仅依靠金融深化政策难以实现金融高质量发展，只有金融创新才能破解金融压抑的困局。

数字金融以金融创新为主要手段，推动了金融高质量发展：其一，金融创新缓解融资约束。数字金融的低门槛性、草根性为企业拓宽了融资渠道，增加了资金供给规模，降低了对银行信贷的压力。其二，金融创新革新金融服务。金融产品、场景、数据的全方位创新缓解了信息不对称，能够为金融消费者提供更精确、个性化、高质量的金融服务。其

---

① 参见曹龙骐主编：《金融学》，高等教育出版社2019年版，第393～395页。

② 参见曹龙骐主编：《金融学》，高等教育出版社2019年版，第396～397页。

三，金融创新提升交易安全性。算法工具的革新提升了金融运行效率，区块链技术的分布式账本优势加强了数字金融的抗风险能力，提升了交易安全性。但应当认识到，金融创新，尤其是金融科技在我国的快速发展离不开我国宽松化监管模式的支持。随着淘宝等网购平台的兴起，我国第三方支付业务迅速发展，2013 年支付机构处理业务量为 371 亿笔，金额为 18 万亿元，2017 年业务量已增长至 3193 亿笔，金额增长至 169 万亿元。然而，由于该时期缺乏统一资金清算平台，主要采取支付机构与银行直连的代理清算模式，滋生了资金流向不透明、资金结算违规等各类问题。但是，我国监管部门并未因此直接否定网购平台发展模式，而是采取宽松化的监管态度，在对此业务模式进行科学分析后，开展了"断直连"工作，将网联平台作为银行与支付机构的中介平台，有效推动了第三方支付业务的健康发展，网络支付资金清算业务实现了规范化、透明化、集中化发展。我国网联清算平台支付业务量由 2018 年的 1284.77 亿笔增长至 2021 年的 6827.60 亿笔，支付金额由 2018 年 57.91 万亿元增长至 461.46 万亿元。① 可以看出，我国对数字金融的发展持支持或宽松化态度，通过适当地放宽监管约束，激发数字金融的创新活力，推动我国数字金融生态体系建设。

在鼓励金融创新积极发展的同时，还要注意金融安全的维护，坚持安全发展理念，防控数字金融风险，尤其是技术风险。金融安全是"一国能够抵御各种内外冲击、保持金融制度和金融体系正常运行的一种状态或能力"②，不仅关涉国家安全，而且金融的脆弱性以及金融风险的潜在性、累积性特征都决定了金融安全保障的重要地位。金融创新具有的积极意义不容忽视，但不得不承认，一方面，金融创新确实存在反向增强金融脆弱性、提升金融遭受系统性风险的可能性、拓展金融风险传染性的特性；另一方面，法律规制相较于金融创新具有滞后性，补漏型的规制措施欠缺预见性。我国对金融创新的法律规制更多地表现为事后追责与惩治，难以及时对违规金融创新采取有效预警措施。尤其是刑法，对于违规金融创新导致的新型犯罪行为难以进行合理规制，如果不采取客观解释的立场对其进行合理解释，极易形成规制真空地带，放纵

① 参见中国人民银行金融稳定分析小组编：《中国金融稳定报告（2022）》，中国金融出版社 2023 年版，第 112 页。
② 廖峥嵘：《总体国家安全观视野下的中国金融安全：挑战与思考》，《国家安全研究》2022 年第 2 期。

新型违法犯罪。因此，在金融犯罪的解释中，应当坚持安全发展理念，注意把控支持金融创新与维护金融安全之间的平衡。

一方面，要坚持鼓励金融创新的基本方针政策。金融创新是破解我国金融压抑困局的一大利器，具有提升金融服务质效、赋能实体经济、助推金融业高质量发展的重要功能。中国人民银行《金融科技发展规划（2022—2025年）》强调，"金融科技作为技术驱动的金融创新，是深化金融供给侧结构性改革、增强金融服务实体经济能力的重要引擎"。为保障金融创新的健康发展，我国监管部门正在积极探索"监管沙盒"模式。"监管沙盒"由英国金融管理局首创，通过在真实市场环境中为金融产品与服务设置"安全空间"，赋予新兴金融产品与服务测试机会，在确保风险可控的基础上鼓励创新。我国的"监管沙盒"可以将金融科技公司与监管部门共同置于沙盒之中，在金融创新产品的适用中探索其本质，一旦发现其具有不可控风险后就划定管控红线对其进行必要约束。"监管沙盒"模式的探索表明我国对金融创新采取宽松化的监管方式，为金融创新的健康发展留出了一定的自由空间。刑法作为补充法，在面对金融创新时不应过度介入，在金融创新产品尚未得到准确定性，或者因金融制度缺陷导致金融创新领域出现一定的管理混乱情形时，不宜轻易动用刑法手段对其进行规制，可以先行借助民事、行政手段对其进行处理，待金融领域对该金融创新产品进行准确定位、金融法规与金融监管措施健全后再对其进行刑法规制，以渐进性的制裁措施为金融创新留出合理的自由发展空间。

另一方面，应积极应对金融创新中的犯罪行为，在总体国家安全观视角下维护金融安全。其一，保障信息数据安全。金融创新以数据为主要生产要素，金融科技公司在创新过程中掌握大量公民个人信息，在算法技术的支持下，大量数据的积累对于金融安全甚至是国家安全都具有重要意义。因此，在鼓励金融创新的同时，应当对金融创新中涉及的收集、利用、交易、泄露数据的行为进行全面规制。一是利用信息数据实施的情报信息类犯罪，既包括侵犯公民个人信息罪等危害公民信息安全犯罪；也包括内幕交易、泄露内幕信息罪，违规披露、不披露重要信息罪，操纵证券、期货市场罪，利用未公开信息交易罪等危害金融安全犯罪；还包括为境外窃取、刺探、收买、非法提供国家秘密、情报罪，非法获取国家秘密罪，故意泄露国家秘密罪等危害国家安全犯罪。二是为获取、利用、破坏信息数据等采取的信息系统类犯罪，包括非法侵入计算机信息系统罪，非法获取计算机信息系统数据、非法控制计算机信息系统罪，破坏计算机信息系统罪等犯罪行为。其二，保障金融安全。对假借金融创新之名实施的金融犯罪应予以严厉打击。数字金融极大地丰富了金融服务模式，其跨界性推动了混业经营模式的发展，甚至形成了"金融超市"型综合服务平台。但应当注意到，不少金融犯罪行为以"金融创新"为幌子实施，例如，不少网贷平台以 P2P 形式为幌子，但其并非纯粹的信息中介平台，而是以诈骗为目的吸收新贷以偿还旧贷，并在筹集资金后逃离，涉及集资诈骗犯罪。再如，当下存在大量以稳定币等加密货币为媒介实施的洗钱犯罪，其去中心化特征更是加大了洗钱犯罪的侦破难度。因此，对涉及集资诈骗罪、洗钱罪等危害金融安全的金融创新行为应当予以严厉打击。

二、数字金融刑法解释的具体规则

数字金融带来了金融业发展模式的结构性变化，对数字金融刑法的解释不得不关注其外部因素。"仅仅从解释学的内在哲学方法论上寻找突破，而不关注刑法适用的外部因素及其影响，可能还不足以找准网络时代刑法解释论向前发展的方向。"①数字金融将数字技术融入金融领域，数字技术与金融知识的专业性决定了对数字金融犯罪的解释不能仅仅从刑法本身出发。以金融法等"第一次法"领域中的法治经验为基础，作为相应行为进入刑法领域后的参考基础，不仅有利于对新兴数字金融犯罪行为进行准确定位，还有利于维护法秩序的统一性，益于实现数字金融刑法的合理解释目标。

(一) 穿透规则

金融法律法规中有大量关于穿透规则的规定，按照规定形式划分，主要包括两大类：一类是对穿透规则进行原则性的规定，如国家金融监督管理总局颁布的《汽车金融公司管理办法》第 33 条规定汽车金融公司应当"遵循诚实信用、公开公允、穿透识别、结构清晰的原则"；再如《金融控股公司关联交易管理办法》第 5 条第 2 款规定"金融控股公司承担对金融控股集团关联交易管理的主体责任，按照实质重于形式和穿透原则，准确、全面、及时识别关联方和关联交易"；还如《金融控股公司监督管理试行办法》第 5 条规定"对金融控股集团的资本、行为及风

---

① 王华伟：《网络时代的刑法解释论立场》，《中国法律评论》2020 年第 1 期。

险进行全面、持续、穿透监管"。另一类是对穿透规则的具体适用进行规定，如国务院办公厅关于《国有金融资本出资人职责暂行规定》第14条要求财政部门"对所出资国有及国有控股金融机构实施资本穿透管理"，要求纳入母公司管理或被母公司实际控制的子公司应当由其母公司落实国有金融资本管理制度；再如财政部关于《金融机构国有股权董事议案审议操作指引（2023年修订版）》第四章以穿透管理为名进行了专章规定；还如《金融控股公司监督管理试行办法》第12条规定"中国人民银行对金融控股公司的资本合规性实施穿透管理"，即向上对金融控股公司的资金来源进行核查，向下对金融控股公司投资的控股金融机构资金来源进行核查。

通过考察金融法律法规中对穿透规则的规定，可以看出穿透规则主要具有四重含义：第一，将"穿透"作为与"实质重于形式"相并列的金融管理原则，如《金融控股公司关联交易管理办法》第9条规定了依照实质重于形式与穿透原则认定金融控股公司中关联方的具体情况。第二，将"穿透"作为金融资产风险分类、金融资本合规性管理等具体金融活动的适用规则，如《商业银行表外业务风险管理办法》规定商业银行开展代理投融资服务类表外业务时依照穿透原则向上识别最终投资者，向下识别底层资产。第三，将"穿透"作为监管规则，即实行"穿透式"监管，如《商业银行理财业务监督管理办法》第7条规定"银行业监督管理机构应当对理财业务实行穿透式监管"。第四，将"穿透"作为管理规则，如《金融控股公司监督管理试行办法》第12条第4款规定"中国人民银行对金融控股公司的资本合规性实施穿透管理"。

穿透规则从本质上来讲，是要发挥"事实发现"这一核心功能，通过刺破金融服务的主体架构与产品特质，解码复杂的金融产品与糅合的经营主体。穿透规则的适用要遵守"实质重于形式"原则，其中的实质是指金融实质，形式则是法律形式。[①] 也就是说，在对金融活动进行判断时要以其金融实质而不是其表面的法律形式为依据。穿透规则在数字金融刑法解释中具有适用的必要性：其一，数字金融业务模式具有复合性。数字金融服务由分业经营向混业经营转变，部分数字金融平台更是呈现出综合性"金融超市"模式，其金融业务覆盖网贷、保险、证券等领域，对数字金融犯罪中犯罪主体的确定，或者是对犯罪模式的分析都

---

① 参见任怡多：《金融科技穿透式监管的逻辑机理与制度构建》，《苏州大学学报（法学版）》2022年第2期。

需要运用穿透规则。例如，部分 P2P 平台虽然打着信息中介的幌子，但却实施私设资金池等犯罪行为，对其具体业务形态进行穿透后可发现其实质上是非法集资平台。其二，数字金融风险具有复杂性。如前所述，数字金融背景下的金融风险不仅包括传统金融具有的信用风险、流动性风险，还在数字化背景下呈现出严峻的系统性风险。数字金融"双风险"共振模式下，维护金融安全需要将穿透规则融入数字金融的管理、监管，甚至是刑法解释之中。

穿透规则在刑法解释中的适用，主要包括两个方面：一方面，刑法具有"第二次调整法"的特征，应当通过在监管、管理等过程中适用穿透规则，努力守住不发生系统性金融风险这一底线，保障金融安全，在前置法阶段防范化解风险。穿透规则通过主体穿透与产品穿透，从主体上穿透至所有相关的金融参与主体，在产品方面则是以产品的性质而非发行产品的金融机构作为是否纳入监管的依据。[1] 借助穿透原则，可以有效提升金融市场透明度，在前置阶段减少发生内幕交易、操纵证券、期货市场等金融犯罪的机会。例如，数字金融背景下证券市场出现了大量运用算法选择投资策略、传送指令、选择时机的程序化交易，借助程序化交易，大量多层嵌套或利用技术遮盖特点实施的违法违规行为大量涌现。[2] 需要通过传统程序化交易模型与关联交易，实质判断是否存在证券欺诈、恶意操纵等行为，保障金融市场的公平竞争。再如，对于申请设立金融控股公司的平台，应当对其内部开展的具体业务进行穿透，依照其具体开展的银行、证券、保险等金融活动类型进行监管，强化防火墙建设，防范化解风险。但是应当注意，穿透规则的融入具有公权力的色彩，肆意行使则不利于金融法律秩序的确立，有损金融服务提供者与消费者的利益，所以应当对穿透规则的适用范围予以限制，并借助比例原则等进一步对其进行合理限缩。

另一方面，应当将穿透规则作为数字金融刑法的具体解释规则。其一，数字金融犯罪的穿透式认定。数字金融犯罪具有高度的复合性，应当借助穿透规则帮助"事实发现"，以所获知的真实信息与事实发现为基础认定数字金融犯罪。尤其对于以金融创新为名规避监管、掩盖风险

---

①　参见宋寒亮：《风险化解目标下互联网金融监管机制创新研究》，《大连理工大学学报(社会科学版)》2022 年第 2 期。

②　参见吕桐戣：《程序化交易穿透式监管：问题检视与路径优化》，《南方金融》2023 年第 4 期。

进而实施制度套利的金融违法违规行为，应当对其实际法律关系进行穿透，确定该金融行为的实质效力与各方权利义务关系。例如，数字金融机构常常以金融科技为名实施金融犯罪行为，对金融科技产品，应当将其资金来源、中间环节以及最终投向进行穿透，以穿透后的业务性质认定其是否符合数字金融犯罪的构成要件。再如，数字金融犯罪链条具有延长化的特点，存在大量关联交易，此时就需要运用穿透规则确定关联交易人，以此作为数字金融犯罪中共同犯罪的解释规则。其二，将穿透规则作为刑事司法调查取证的重要措施。① 数字金融犯罪具有隐蔽性特征，调查取证难度高。将穿透规则融入取证过程，对于依法打击数字金融犯罪具有良好成效。一是资金穿透，即对资金的来源与去向进行追溯，进而厘清资金的往来链条与网络结构。通过资金穿透，可以准确判断 P2P 平台是否具有非法设立资金池的行为。二是股权穿透，即穿透股权代持等幌子而确立实际股权控制人与股权结构，以此明确犯罪主体与最终受益人。三是网页穿透，即穿透涉案数字金融服务提供者的网站或数字金融犯罪嫌疑人访问的网页等数据，可以获知其犯罪模式或获取其实施犯罪的相关证据。除此之外，还有一系列穿透数据以调查取证的"穿透式取证"方式，在绘制数字金融犯罪架构、计算犯罪数额等方面具有重要实践意义。

（二）合规规则

合规规则在金融法律法规中主要有两种规定方式：第一，原则性规定。如《银行业金融机构函证业务自律管理规范》第 4 条指出，"银行函证业务自律管理的原则是依法合规、公平公正、公开透明、防范风险、促进发展"。第二，具体性规定。如《中国人民银行金融消费者权益保护实施办法》第 11 条规定，在银行、支付机构开展考核评价时，应当将"业务合规性"作为综合考核标准之一。

目前，合规规则在金融领域已有较为广泛的适用，不仅中国银保监会办公厅专门就合规监管问题发布了《关于加强金融租赁公司融资租赁业务合规监管有关问题的通知》，而且合规规定涉及银行、证券、保险、外汇等各项领域，例如《证券法》第 140 条规定"证券公司的治理结构、合规管理、风险控制指标不符合规定的，国务院证券监督管理机构应当

---

① 参见刘品新、唐超琰：《穿透式取证：涉众型经济犯罪的法律应对》，《法律适用》2022 年第 1 期。

责令其限期改正";《保险法》第 85 条要求"保险公司应当聘用专业人员，建立精算报告制度和合规报告制度";《中国银保监会非银行金融机构行政许可事项实施办法》第 164 条规定，财务公司申请开办外汇业务的，以"依法合规经营"为申请条件之一;《征信业务管理办法》第 22 条第 2 款提出"征信机构应当对信息使用者接入征信系统的网络和系统安全、合规性管理措施进行评估"。

数字技术的融入，颠覆了金融业的发展模式，也刺激金融犯罪产生异化。数字金融犯罪视域下，合规规则具有纳入刑法解释具体规则的必要性：其一，刑法理论在应对数字金融犯罪方面存在知识缺陷。金融行业具有明显的专业性特征，数字技术的融入进一步提高了其知识门槛。而数字金融犯罪是典型的法定犯，其不法构成的判定依赖于前置法规定。但是，在数字金融犯罪复杂性、多变性的背景下，相关刑事立法多采取宽泛性的规定，缺乏类型化规定，因此需要借助数字金融领域的规范标准确定构成要件行为标准。其二，数字金融犯罪干预的早期化与刑法"第二次调整法"的定位相抵触。借助数字技术，数字金融犯罪展示出行为方式多样化，危害结果严重化且扩散化，传统金融风险与数字金融风险更是呈现出"共振效应"。面对数字金融犯罪的新特征，出于秩序维护或是舆论平息等政策性理由，刑法以干预早期化方式对数字金融犯罪进行了积极应对。如《防范和处置非法集资条例》第 23 条第 2 款规定，"行政机关对非法集资行为的调查认定，不是依法追究刑事责任的必经程序"。然而，此类规定与刑法的从属性存在矛盾，会抑制金融创新，不利于数字金融这一新兴事物的健康发展。但合规规则在刑法解释中的适用有效缓解了上述矛盾。

将合规规则纳入数字金融刑法解释规则，根据金融法律法规中的合规规则和金融机构合规管理计划，确定合规行为与不合规行为，将合规行为明确排除在构成要件行为之外，在不合规行为中准确、合理确定构成要件的行为，充分体现刑法中危害行为的机能，能够帮助企业及时规避数字金融风险，有效防控及治理数字金融犯罪。

其一，以合规为刑法规范具体化规则。受立法技术限制，数字金融刑法规定具有规范性与概括性特征，加之数字金融领域的专业性限制，数字金融刑法的禁止性内容既依赖于刑法规定，又离不开金融法律法规与企业内部自律准则的规定。刑事合规所提供的风险预防模式指明了刑法的适用路径，尤其是在数字化背景下，更需要树立合规优先的理念，依赖刑事合规确立刑法应当干预的风险界限，明确合规行为与不合规行为之间的界限。

其二，以合规自律监管预防数字金融犯罪。数字金融的低门槛特征推进了数字普惠金融的发展，数字金融已渗透到民众的日常生活中。与此同时，数字金融风险的传染性增强，数字金融犯罪链条延长，调查取证难度增加，事后保障型的刑事治理模式难以满足金融安全保障需求，尤其是对于金融科技，相关法律规制更是一直处于"补漏"状态。然而，数字金融犯罪一旦发生，对金融安全与金融消费者权益保障造成的危害将是难以消除的。因此，数字金融背景下，金融中介机构将面临越来越多的信息披露刑事合规风险，应当加强事前准入机制规制与事中合规建设、执行。合规自律监管侧重企业经营模式，企业可以在经营过程中及时主动发现违法犯罪行为并进行自我净化，以低成本、低负担、高效率的方式防范化解金融风险。如《金融机构反洗钱和反恐怖融资监督管理办法》第 26 条指出，"根据金融机构合规情况和风险状况，中国人民银行及其分支机构可以采取监管提示、约见谈话、监管走访等措施"，有效预防洗钱犯罪、非法集资犯罪的发生。企业合规作为企业的内部监管模式，赋予了企业依法构建预防违法犯罪机制的责任，实现了由消极特殊预防向积极特殊预防的转变，通过激励企业积极构建合规治理机制，推进国家与企业的共同治理，预防及减少金融领域企业及其员工的刑事风险。① 企业刑事合规计划有利于促进企业内控机制形成，推动行业自律机制建设，及时有效防控、预警金融违规行为，通过数字金融犯罪事前预防与事后惩处共同推进的模式，有效抑制数字金融犯罪。

其三，以合规优化法治化营商环境。将合规规则融入刑法解释，重要价值之一在于形塑企业合规经营文化，以内化的自律机制控制外部风险，借助完善市场准入规则等措施强化金融市场公平竞争机制，优化营商环境。如《财政部关于进一步加强国有金融企业财务管理的通知》指出，金融企业不良资产对外转让应当坚持"依法合规、公开透明、洁净转让、真实出售"原则，这对于国有金融企业合规文化的树立有重要意义。

其四，对数字金融犯罪的刑法扩张化保障予以适当限缩。在数字金融刑法干预早期化、归责扩大化、处罚严厉化的背景下，合规等预防性手段有助于金融机构的自我保护，"合规体系可以被解释为防止刑事可

---

① 参见童德华：《刑事合规司法效果的厘定及其刑法证成》，《政治与法律》2023 年第 2 期。

罚性的保护盾牌"①。借助合规规则与合规管理计划，降低企业及相关人员的违法可能性，建立合规守法企业文化，树立工作人员的法律信仰，影响责任刑与预防刑的裁量。

(三) 审慎规则

审慎规则在金融法律法规中的适用主要有四种表达形式：其一，宏观审慎管理。如《银行间债券市场债券借贷业务管理办法》第 11 条第 2 款规定：中国人民银行可根据宏观审慎管理需要，要求债券结算服务机构对上述业务参数进行评估调整。《中央银行存款账户管理办法》第 7 条第 7 项也规定了中国人民银行内设机构可以申请开立业务专用账户用以实施宏观审慎管理等活动。其二，审慎经营规则。如《中华人民共和国银行业监督管理法》第 21 条指出：银行业金融机构的审慎经营规则，由法律、行政法规规定，也可以由国务院银行业监督管理机构依照法律、行政法规制定。同时，该条还划定了审慎经营规则的主要内容，即风险管理、内部控制、资本充足率、资产质量、损失准备金、风险集中、关联交易、资产流动性等内容。其三，审慎监管原则。如《证券法》第 119 条规定，国务院证券监督管理机构应当依照法定程序与法定要求，根据审慎监管原则对证券公司的设立申请作出批准或不批准的决定。其四，审慎规则的具体适用。如《汽车金融公司管理办法》第 24 条要求汽车金融公司审慎合理地安排债券发行计划。

审慎规则在金融法律法规中具有多种类的表达形式，但从实质上来说，审慎规则主要包含两个层面：一是宏观审慎监管。宏观审慎监管着眼于金融体系内在的周期特征对实体经济周期波动的放大效应与金融风险的传染性特征，以防范系统性风险为主要目标，采取自上而下的监管措施。党的十九大报告指出健全货币政策与宏观审慎政策"双支柱"调控框架后，中国人民银行内设了宏观审慎管理局。2021 年 12 月 31 日，中国人民银行以"宏观、逆周期、防传染"理念为指引发布《宏观审慎政策指引(试行)》，进一步增强防范化解系统性风险能力。二是微观审慎监管。微观审慎监管更注重强调单个金融机构稳健运行的重要性，通过引导问题金融机构及时恢复至符合监管要求的运营水平，以自下而上的

---

① 李晓龙：《数字化时代的网络金融刑事合规》，《南京大学学报(哲学·人文科学·社会科学)》2021 年第 5 期。

监管方式有效维护金融消费者的合法利益。① 虽然宏观审慎监管与微观审慎监管在工作重点、任务要求等方面存在差异，但应当注意到，二者在防范化解风险目标上具有内在一致性。二者的风险监管工具存在兼容性，而且这两个层面的政策要求是相辅相成的，也就是说，稳定有效的金融市场体系应当同时满足系统性风险可控与个体金融机构稳健运行的双重条件。

可以看出，审慎规则的主要目标在于防范化解风险，实现金融稳定与金融服务实体经济双重职责的有机统一。数字金融背景下，金融脆弱性增加，金融风险传染性强化，流动性风险、信用风险与系统性风险在"共振效应"下更加凸显金融风险复杂化特征，因此审慎规则的确立具有重要意义。数字金融犯罪以维护金融安全为根本目标，以保障金融稳定为重要面向。刑法设专节规定了破坏金融管理秩序罪，凸显了保障金融秩序稳定的重要意义，例如，我国对金融机构的设立设置了严格的市场准入机制，擅自设立金融机构罪的设置就是以刑法手段保障金融市场稳定的方式之一。将审慎规则融入刑法解释，主要具有两方面价值：一是以审慎规则为指引，划定金融科技的自由发展空间，确定刑法介入的界限；二是以审慎规则为抓手，挖掘数字金融公平价值，重申数字金融刑法的人权保障导向。

其一，审慎规则划定了刑法介入金融科技的界限。金融科技是数字金融发展的重要驱动力，2020 年中国支付清算协会发布的《商业银行及非银行支付机构金融科技业务发展情况调查报告》指出，已有 60% 的银行制定金融科技业务发展规划并开展相关实践。目前，部分商业银行成立了独立的金融科技子公司，大量银行与阿里、腾讯等企业开展了战略合作。与此同时，大量以金融科技为名实施的数字金融犯罪也在频频发生。金融科技在我国的健康发展离不开我国宽松化的监管政策，但金融科技背后隐藏的数字金融犯罪风险同样不容忽视。需要将审慎规则融入刑法解释，明确刑法的"第二次调整法"属性。一方面，鼓励金融创新。通过监管沙盒、智能监管等创新化的监管方式，在风险可控的前提下赋予金融科技灵活的发展空间。另一方面，以刑法手段保障金融稳定。《中华人民共和国银行业监督管理法》第 46 条强调，"严重违反审慎经

---

① 参见范从来、林键、程一江：《宏观审慎管理与微观审慎监管：金融监管政策协同机制的构建》，《学术月刊》2022 年第 9 期。

营规则，构成犯罪的，依法追究刑事责任"。数字金融刑法对金融科技不能过于放纵，应当坚持客观解释立场，以合理解释为目标，对符合刑法构成要件的数字金融犯罪予以精准打击。

其二，审慎规则重申了数字金融刑法的人权保障导向。我国以共同富裕为本质要求，我国的金融以人民性为本质特征。同样，审慎规则本身内含着人民性要求，其在金融领域的适用是为了保障人民群众的根本利益，为了保障人民群众共享稳定的金融体系。[1] 数字金融要坚持金融为民的导向，发展数字普惠金融。数字金融刑法解释要充分吸收审慎规则中的人民性内涵，金融刑法领域不仅存在国家与金融机构、金融市场间的纵向管理法律关系，还包括平等金融主体之间的横向金融关系，金融刑法治理不仅是为了维护金融秩序，更是为了保障金融安全，保障人民群众的根本利益。因此应当在金融安全法益观的指引下进行刑法解释，保障金融消费者的合法权益。

(四) 动态规则

动态规则在金融法律法规中同样有广阔的使用空间，例如《保险资金参与金融衍生产品交易办法》第 18 条规定保险机构参与衍生品交易，应当建立动态风险管理机制；再如《金融控股公司监督管理试行办法》第 45 条指出，中国人民银行可以根据风险评估结果动态调整对金融控股公司的监管要求；还如国务院办公厅关于《国有金融资本出资人职责暂行规定》第 14 条要求财政部门应对国有产权变动实行全流程动态监管。除此之外，《汽车金融公司管理办法》《金融机构客户尽职调查和客户身份资料及交易记录保存管理办法》中均有动态规则的相关规定。除了上述法律规定之外，动态规则作为一种价值理念在金融领域也有着广泛运用，灵活监管与适度监管就是动态规则在监管领域适用的重要体现。

数字金融不仅包括金融科技等新兴金融服务方式，还包括传统金融服务在数字技术支持下的创新。数字技术为金融业带来了多层次、全流程的革新，因此更呼吁动态规则的适用。一方面，需要在数字金融产品的不同发展阶段对其动态进行准确定性。依托区块链、大数据、云计算等数字技术，数字金融产品因其运营模式的差异而存在定性差异。例

---

[1] 参见刘志洋、马亚娜、岳琳琳：《宏观审慎监管对财富分配不平等的影响研究——兼论金融监管与共同富裕的关系》，《金融监管研究》2022 年第 12 期。

如，以太坊经过升级之后，诚实节点质押以太币将会获取区块链系统奖励收益这一新型分红模式使得以太币"不仅具有功能型代币性质，还将具有理财或投资属性，其法律属性可能由虚拟商品向证券转化"。① 另一方面，对数字金融的动态监管才能实现金融安全与金融效率的最大化。② 数字金融生态体系具有动态、多变的特征，对其进行金融监管难以维持适度水平，监管不足与监管过度不仅不利于维护金融安全，还可能损害金融效率。因此，数字金融监管应当突出灵活性、长效性，融入科技手段实现智能动态监管。不仅应当根据数字金融产品的发展阶段动态调整监管程度，还应当根据其内容与变化动态调整监管方式。例如，《金融机构反洗钱和反恐怖融资监督管理办法》将非银行支付机构、网络小额贷款公司等数字金融机构纳入监管范围，就是对反洗钱与反恐怖融资监管的动态调整。

动态规则在数字金融刑法解释中的适用，主要体现在与宽严相济刑事政策的结合之中。数字金融刑法解释应当随着数字金融犯罪形势的变化而变化，既要维护金融安全，加强对数字金融犯罪的刑事调控，又要优化营商环境，为数字金融发展留置合理的自由空间。一方面，当严则严，坚守罪刑法定原则，及时规制新型数字金融犯罪。数字金融犯罪行为方式新颖，在数字技术高传播速率的加持下，受害群体广泛，社会危害性严重，不及时规制不利于维护金融安全。尤其是总体国家安全观之下，数字金融犯罪不仅包括传统金融犯罪，其以数据为主要生产要素、以数字技术为支撑的特征使得数字金融犯罪还囊括故意泄露国家秘密罪、破坏计算机信息系统罪等衍生型犯罪；不仅关涉金融安全，其囊括的数据风险、信息风险等衍生性风险更是关涉信息安全、国家安全等。面对P2P、替换二维码、盗用"花呗"等新型数字金融犯罪层出不穷的现实情形，需要采取客观解释立场对符合相应构成要件的数字金融犯罪行为进行合理解释。以P2P为例，我国P2P业务发展鼎盛时期，存在上千家的P2P网络借贷平台。虽然此类平台具有一定的道德、业务风险，但我国监管机构并未在一开始就对其予以严格限制，而是给予其一定的时间发展。自2016年起，我国监管机构对P2P网贷平台所具有的创新性与风险性充分了解之后，对其进行了准确定位，将P2P网贷平

---

① 邓建鹏：《区块链的法学视野：问题与路径》，《学术论坛》2023年第3期。

② 参见张晓燕、姬家豪：《金融科技与金融监管的动态匹配对金融效率的影响》，《南开管理评论》2023年第1期。

台定位为信息中介，并对其进行有效规范。因此，当下面对 P2P 与类 P2P 平台，需要紧密关注其是否存在非法设立资金池、违规充当信用中介的情形，对符合构成要件的行为以非法集资罪等罪名予以严厉打击，维护总体国家安全。

另一方面，当宽则宽，为数字金融留置合理发展空间。数字金融产品处于不断发展创新之中，其业务模式也在不断调整。因此，数字金融业务的性质并非静态的，而是随着其业务模式的发展而变化。我国对数字金融发展持宽松化的监管态度，面对变动发展的数字金融实践，传统的静态监管体制难以实现有效监管，新时代背景下应加速监管转型，依托大数据、云计算平台等基础设施构建智能化动态监管体系，以数字技术赋能金融效率。例如人民银行自 2020 年以来积极建构银行风险监测指标体系，从扩张性风险、同业风险、流动风险、信用风险、综合风险五个方面构建风险监测体系，对银行业的风险实施动态监管，在抓早抓小"治未病"方针引领下动态性构建预警银行纠偏机制。数字金融治理应当坚持系统观点，建设囊括银行业风险预警指标体系、公募基金流动性压力测试、保险业稳健性评估、重点区域风险压力测试等多方面多层次的系统性风险监测评估机制，对数字金融风险及时纠偏，维护金融稳定。在法秩序统一性指引下，刑法应当坚持从属性原则，在尚未对数字金融产品或业务进行准确定性之时，刑法不应盲目介入，从而为数字金融的健康发展留置自由空间。

（五）解释规则运用

基于法秩序统一性的原理，对于刑法条文中金融犯罪规范构成要件要素的解释，应当与有关金融法律规定中的定义保持一致，不能偏离金融法律规定确定的边界。

在法秩序统一性原理的指引下，刑法条文中规范构成要件要素与金融法律规定保持一致是基本原则，但并不绝对，也存在例外情形。但是，例外情形只局限于限缩刑法适用范围的场合，而不能超出文义扩张其适用范围。即从社会危害性、追诉必要性的立场出发，将部分本符合金融法律规定的金融活动排除在刑法适用范围之外。《刑法》第 175 条之一规定的骗取贷款罪中，欺骗的对象仅限于金融机构。但由于我国没有任何法律明确规定金融机构的范围，随着地方金融组织的出现，对于本罪适用范围便出现争议，最突出的如骗取小额贷款公司的贷款，是否构成骗取贷款罪。主张构成犯罪的理由是，小额贷款公司属于刑法规定的金融机构。2021 年实施的最高人民法院《关于新民间借贷司法解释适用范围问题的批复》明确指出，"经征求金融监管部门意见，由地方金融监管部门监管的小额贷款公司、融资担保公司、区域性股权市场、典当行、融资租赁公司、商业保理公司、地方资产管理公司等七类地方金融组织，属于经金融监管部门批准设立的金融机构，其因从事相关金融业务引发的纠纷，不适用新民间借贷司法解释"。

该批复认定地方金融组织属于金融机构，当然具有法律效力。为此，有观点进一步从法秩序统一性原理出发，认为刑法上的金融机构应当涵盖批复中涉及的地方金融组织，因此骗取小额贷款公司贷款的行为当然构成骗取贷款罪，否则就违反了法秩序统一性原理。但是主张骗取贷款罪中小额贷款公司是金融机构的观点之中，有的却反对在违法发放贷款罪中将小额贷款公司认定为金融机构。其认为，小额贷款公司与商业银行虽然同属于金融机构，但在资金来源、监管标准等方面差异显著，尤其是在资金来源方面，商业银行的放贷资金来自社会公众的存款，而小额贷款公司的资金来源主要是自有资金和贷款资金，从防范不当金融风险的法益出发，骗取商业银行贷款行为与骗取小额贷款公司贷款行为不具有相当性。通过限缩解释的方法将小额贷款公司排除在《刑法》第 175 条之一等规定的金融机构之外，并不意味着小额贷款公司的财产权得不到刑法保护，对于以非法占有为目的诈骗小额贷款公司贷款的，仍然可以适用合同诈骗罪。①

上述观点并不合理，也不符合司法实践的基本情形，在实践当中，一般将小额贷款公司视为金融机构。在一些司法裁判中，虽然也有辩护观点提出，小额贷款公司不是金融机构，但这种观点很少被采纳。

判例一：被告单位 F 公司成立于 1997 年 5 月，被告人甲系该公司法定代表人、董事长，负责全面经营管理。2012 年起，受市场环境影响，F 公司的经营出现困难，为缓解资金紧张的局面，继续维持经营，甲一方面以 F 公司及其本人的名义和徐某、张某等个人名义向多家银行及小额贷款公司借款供 F 公司使用；另一方面利用多家银行与 F 公司存在合作关系，在 F 公司承担连带保证责任或提供质押担保的情况下，开展为 F 公司的下游经销商户提供经营性贷款的业务，隐瞒 F 公司的实际经营及负债状况，指派 F 公司业务人员与下游经销商户私下达成协议，

---

① 参见张晓津：《金融安全的刑法保护边界》，《政法论坛》2023 年第 6 期。

以先进货后付款、给商户无息使用部分资金或由 F 公司承担合作期间贷款利息等不同条件，诱使多名商户以其个人或商号名义向银行或小额贷款公司贷款供 F 公司使用。被告单位 F 公司及被告人甲以下游经销商户名义向银行及小额贷款公司贷款总计人民币 14505.7 万元，实际向商户发货总计人民币 7990817.43 元，剩余人民币 137066182.57 元未按照办理贷款时向银行及小额贷款公司承诺的用途使用。经营期间，F 公司以下游经销商户名义向银行及小额贷款公司还款总计 32605046.95 元，2014 年 10 月 F 公司资金链断裂，停止还贷和供货。审理中，涉案辩护方提出，乾元联合小贷公司不是非银行性金融机构，F 公司向乾元联合小贷公司借款属于民事上的民间借贷行为，不属于骗取贷款罪的范畴；司法机关认定，乾元联合小贷公司系 2012 年 3 月经北京市金融工作局批准设立，经营范围为在海淀区范围内发放贷款，根据《北京市小额贷款公司试点实施办法》的有关规定，小额贷款公司具有金融机构的功能和作用，监管机构也是参照金融机构对其进行监管。法院认为，被告单位北京 F 有限公司及直接负责的主管人员被告人甲，隐瞒公司经营已经陷入困境的实际情况，指使其下游经销商户虚构事实、谎报贷款用途，以欺骗手段取得银行及其他金融机构贷款，情节特别严重，其行为已构成骗取贷款罪。①

判例二：被告人甲系 T 公司法定代表人、江苏 H 公司股东。2006 年 9 月 30 日，江苏 H 公司与靖江行政中心筹建办签订建设工程施工合同，由江苏 H 公司承包建设靖江市行政中心主体工程。同年 11 月 19 日，江苏 H 公司将上述工程内部承包给被告人甲。2009 年 12 月，该工程竣工。2010 年 12 月，被告人甲以靖江市行政中心主体工程需流动资金为由，向 V 公司申请贷款。甲谎称其在靖江行政中心筹建办享有人民币 4000 万元工程款债权，并申请以该债权作为质押担保。后被告人甲加盖伪造的"靖江市行政中心筹建办公室""江苏省第 H 筑安装有限公司"印章出具虚假的"确认函""应付货款确认书""债权转让协议"，谎称通过协议约定江苏 H 公司将靖江行政中心筹建办未结应收款 4000 万元转让给甲，靖江行政中心筹建办将于 2011 年 12 月 31 日前结清，并付至 V 公司账户，且冒签其妻乙名字出具虚假的"个人连带保证承诺书"，由 T 公司担保，从 V 公司取得 3000 万元贷款，后将其中 1000 万

---

① 参见北京市海淀区人民法院刑事判决书：（2016）京 0108 刑初 1131 号。

元汇至乙个人账户。2011 年 1 月，被告人甲通过江苏 H 公司收取靖江行政中心筹建办所付工程款 1400 万元，未将该款项用于偿还 V 公司。在约定的还款期限届满后，被告人甲未归还 V 公司 3000 万元贷款本金及利息，致使上述款项至今无法追回。2013 年 3 月 20 日，被告人甲被抓获归案。

V 公司于 2012 年 4 月向泰州市中级人民法院提起民事诉讼，要求甲偿还本息等，T 公司、乙承担连带清偿责任。泰州市中级人民法院于 2012 年 11 月作出（2012）泰中商初字第 0021 号民事判决。后当事人不服提出上诉，江苏省高级人民法院于 2013 年 9 月作出（2013）苏商终字第 0018 号民事判决，认定涉案债务属于甲、乙夫妻共同债务，判令甲和乙共同承担 V 公司的还款责任，T 公司作为保证人承担连带保证责任。被告人甲对其通过私刻印章形成虚假材料从 V 公司取得 3000 万元贷款的事实无异议。审理中，被告人的辩护人称，V 公司没有取得金融许可证，不属于金融机构。审判机关认为，小额贷款公司应依法认定为《刑法》第 175 条之一规定的"其他金融机构"。①

小额贷款公司是由自然人、企业法人与其他社会组织投资设立，不吸收公众存款，经营小额贷款业务的有限责任公司或股份有限公司。之所以认为应当将小额贷款公司认定为金融机构，主要理由如下：其一，小额贷款公司是 2008 年 5 月中国银行业监督管理委员会、中国人民银行颁布的《关于小额贷款公司试点的指导意见》中所规定的一种新型金融机构，其中虽未明确规定小额贷款公司的性质，但中国人民银行 2009 年 11 月颁布的《金融机构编码规范》已将小额贷款公司列入了金融机构编码的范围。其二，小额贷款公司业务受金融监管。小额贷款公司的设立，需经省级地方政府金融主管部门批准，并报中国银行业监督管理委员会派出机构和中国人民银行分支机构备案，设立的审批程序要经金融主管部门的许可。此外，小额贷款公司由地方政府金融主管部门监管，并纳入信贷征信系统，接受金融主管部门的监督管理。因此，小额贷款公司在设立依据和许可程序以及业务的管理方式上，均符合金融机构的性质。其三，小额贷款公司也从事发放贷款的经营业务，具有金融业务的基本属性。小额贷款公司所发放的贷款与银行等金融机构发放的贷款本质上相同，应当受到法律的同等保护。将小额贷款公司纳入金融

①　参见江苏省泰州市中级人民法院刑事判决书：（2014）泰中刑二终字第 0068 号。

机构的范围，有利于保护银行或者其他金融机构的贷款资金的安全，有利于促进金融创新、盘活社会资金，有利于维护国家金融管理制度。其四，小额贷款公司虽然不是正式意义上的金融机构，但是，小额贷款公司的产品定价更灵活，有助于其提高服务意愿，增加金融供给。因此，最高人民法院印发的《关于新民间借贷司法解释适用范围问题的批复》明确了小额贷款公司等 7 类地方金融组织，属于经金融监管部门批准设立的金融机构，不适用新民间借贷司法解释，这表明其金融机构的主体地位在规范意义上已经得到认可。

第二章　数字金融刑法研究的实践逻辑

第一节　数字金融

金融刑法主要是关于数字金融犯罪、刑事责任及其法律后果的法律规范的总称。在司法实践中需要阐明的基本范畴问题有二，一是何为数字金融，二是何为数字金融犯罪及其基本类型。

一、金融

"金融很重要，是现代经济的核心。金融搞活了，一招棋活，全盘皆活。"①金融在资源配置中占据核心地位，金融政策更是宏观调控的重要杠杆，金融虽有其独特的运行规律，但其在实质上集中体现了一国乃至全球的经济运行状况。厘清金融犯罪的准确内涵，首先需要明晰何为金融？

"金融"一词并非我国自古以来就存在的词语，该词最早出现于1915 年出版的《辞源》。该书写道："今谓金钱之融通为金融"，"各种银行、票号、钱庄曰金融机关"。

其实，"金融"一词在西方的使用早于东方，不少工具书中直接将金融与 finance 相对应，将两者直接进行简单互译。在《新帕尔格雷夫经济学大辞典》中，金融被定义为"资本市场的运营和资本资产的供给与定价"。然而，finance 的内涵、用法并不唯一，存在宏观、中观、微观三个层面的含义。在宏观层面上，指称货币的事务、管理以及金钱有关

---

① 《金融很重要，是现代经济的核心。金融搞好了，一招棋活，全盘皆活》，http：//cpc.people.com.cn/big5/n1/2019/0827/c367206-31319958.html? ivk _ sa = 1024320u，最后访问日期：2023 年 8 月 28 日。

的财源等；在中观层面上，包含货币流通、信用授予、银行服务、投资运作等内容；在微观层面上，则被诠释为与资本市场有关的运作机制以及股票等金融资产行情的形成。① 同样，金融在我国的内涵与外延也在不断拓展。20 世纪前半叶，金融在各类教科书中常被定义为"货币资金的融通"，即将金融定义为以借贷为基本形式，利用中介进行的资金融通。随着社会的不断发展，"金融"的含义也在不断演进。1990 年出版的《中国金融百科全书》将"金融"界定为"货币流通和信用活动以及与之相关的经济活动的总称"。

金融内涵的界定，与金融范畴的形成与发展息息相关。在古代，货币与信用属于两个相互独立的范畴，不仅实物货币不属于信用产品，金属铸币也不需要依附于信用而存在。直至西欧产生现代银行之后，银行券逐步代替铸币履行支付与流通功能。在第一次世界大战之后，贵金属铸币在发达资本主义国家逐渐退出流通，自此，货币与信用两个范畴逐渐统一，在货币范畴与信用范畴的长期渗透融合中形成了新范畴，即金融范畴。我国自 19 世纪末才出现代意义的银行，在一战之后，现代银行迅速发展，1935 年的法币改革完全排除了银元的正式流通，我国的金融范畴最终形成。

传统金融范畴作为在货币范畴与信用范畴不断渗透下形成的新范畴，其功能被局限为信用中介，但在金融的发展过程中，其范畴不断覆盖投资、保险等领域，并不断实现发展升级。投资由最初的个人或多人出资求利的模式升级为以股票交易为特征的资本市场；同样，保险也由与贷款业务同处一个金融机构的形式转换为独立的存在形式，并与个人储蓄、投资等形式相结合，在金融市场上占据举足轻重的地位；除此之外，信托、租赁等形式基本或全部被金融覆盖，成为重要的金融领域。

现代金融体系与局限于银行业开展的货币金融业务的传统金融并不相同，是一个庞大复杂的系统，其包括五大构成要素：其一，由货币制度所规范的货币流通；其二，金融机构，通常被区分为银行与非银行金融机构，以银行、证券、保险三大机构为主，并逐渐发展出互联网金融等新兴金融机构；其三，金融市场，作为金融机构积极参与、发行与交易的重要场所，金融市场一般包括资本市场、货币市场、保险市场、外汇市场、衍生型金融工具市场等；其四，金融工具，即金融机构中和金

---

① 参见黄达、张杰编著：《金融学》，中国人民大学出版社 2020 年版，第106 页。

融市场上交易的对象，包括银行票据、保单、期货、期权以及金融衍生工具的标准合约等；其五，金融制度和调控机制，即国家对金融运行的管理制度以及在金融领域的宏观调控政策。①

金融是现代市场经济运行的命脉。党的十九大报告强调要"深化金融体制改革，增强金融服务实体经济能力"。2020年10月，中国人民银行为维护金融稳定修改银行法。在《中华人民共和国中国人民银行法（修订草案征求意见稿）》第1条中，明确以"维护金融稳定，促进金融服务实体经济"为立法目的。2022年政府工作报告提出"设立金融稳定保证基金，运用市场化、法治化方式化解风险隐患，牢牢守住不发生系统性风险的底线"。党的二十大报告高屋建瓴地指出，"深化金融体制改革，建设现代中央银行制度，加强和完善现代金融监管"。2023年3月，中共中央、国务院印发《党和国家机构改革方案》，要求组建中央金融委员会，以此加强党中央对金融工作的统一领导，维持金融稳定与加强顶层设计；组建国家金融监督管理总局，对证券业之外的金融业实行统一监管。不难看出，金融工作一直是我国政府工作的重点之一。随着金融的不断发展，金融与经济不再是简单的"经济决定金融，金融反作用于经济"的关系，金融已成为经济的一部分，而且是经济的"核心部分"，现代经济呈现出金融经济的重要特征，离开了金融的经济，将不是现实的经济，离开了经济的金融，也难以被认为是现实的金融。

二、数字金融

（一）数字经济与数字金融

数字金融的发展离不开数字经济的兴起，二者之间具有耦合关系。数字经济为数字金融的发展提供数据要素这一基础，促进数据要素配置的优化；数字金融则激发数字经济活力，推进经济业态创新。②

《中华人民共和国国民经济和社会发展第十四个五年规划和2035年远景目标纲要》第五编以"加快数字化发展 建设数字中国"为题，突出强调了在数字时代进行数字化转型的重要性，并在该编第十六章凸显"打

---

① 参见黄达、张杰编著：《金融学》，中国人民大学出版社2020年版，第111页。

② 参见郭钏、黄娴静、覃子岳：《数字经济与数字金融耦合协调发展研究》，《现代财经（天津财经大学学报）》2023年第5期。

造数字经济新优势"的重要要求，明确提出"充分发挥海量数据和丰富应用场景优势，促进数字技术与实体经济深度融合，赋能传统产业转型升级，催生新产业新业态新模式"的新要求。在数字经济的勃兴势不可挡的背景下，2021年10月，证监会发布《证券期货业科技发展"十四五"规划》，全文内容紧扣"推进行业数字化转型发展"与"数据让监管更加智慧"两大主题，提出完善"科技治理体系""数据治理体系""标准化工作体系"三大体系。2022年，中国人民银行组织编制了《金融科技发展规划（2022—2025年）》，提出推进金融数字化转型的重要目标，强调要"以深化金融数据要素应用为基础，以支撑金融供给侧结构性改革为目标，以加快推进金融机构数字化转型为主线，从健全科技治理体系、夯实数字基础底座、加强技术创新引领、激活数字化经营动能、强化创新审慎监管、践行数字普惠金融等方面精准发力，加快健全适应数字经济发展的现代金融体系，为构建新发展格局贡献金融力量"。2022年1月，中国银保监会发布了《中国银保监会办公厅关于银行业保险业数字化转型的指导意见》，提出了"以数字化转型推动银行业保险业高质量发展，构建适应现代经济发展的数字金融新格局，不断提高金融服务实体经济的能力和水平，有效防范化解金融风险"的总体要求。

在上述政策指引下，我国数字金融在有效激活数字经济方面的重要功能不可忽视。第一，缓解信息不对称难题，促进资金融通。数字金融的实质，是借助技术手段缓解传统金融的信息不对称难题,[①] 以多样的金融产品激活数字经济。例如，小额商业贷款借助大数据实现了商业用户与消费者之间的信用贷款，京东白条仅需信用数据而无需任何抵押，就可为消费者提供贷款。再如股权众筹，由筹资人将项目的规划、期限、资金等内容进行披露，众筹平台经审核、筛选后发布，投资者可直接参照相关信息选择是否进行投资。第二，激发数字金融生态系统活力。以数字技术为支撑，我国的数字金融发展已全面融入传统金融体系，金融支付、股权众筹、数字保险、互联网小贷等金融模式的革新表明数字金融已扎根于我国的金融系统内部，并推动了金融业各领域的革新，赋予了我国数字金融生态系统以生机。第三，促进经济结构转型，推进高质量发展。我国经济增长转型期的主力军是以轻资产、共享性为特征的新经济企业，数字金融依托大数据，缓解信息不对称难题，对具

---

① 参见李继尊：《关于互联网金融的思考》，《管理世界》2015年第7期。

备发展潜力的新经济企业提供信贷支持，推动了新经济模式的发展。

数字金融具有数字化背景下的新特征，对传统金融模式造成了一定的冲击。但数字金融与传统金融更多地表现为融合互补关系。数字金融在数字技术的支撑下可以有效解决信息不对称难题，促进金融资源的合理配置，影响传统金融供给，弥补传统金融难以服务低收入人群与中小微企业的普惠难题，① 共同推进数字经济发展。

(二)数字金融的发展

金融业的发展与科技创新具有天然的紧密联系，我国科技发展的日新月异也带来了金融业的革命性变局。互联网的发展与数字经济的兴起，无不推进了我国现代金融业的变革。目前，理论中存在互联网金融、金融科技、数字金融三个较为相似的概念，甚至存在概念混用的情形。但是，上述概念的侧重点存在差异，有必要对其进行区分。

互联网金融，即现代金融业利用互联网技术与信息通信技术实现货币、资金融通的新金融业务模式。2017 年 7 月，中国人民银行等十部委联合印发了《关于促进互联网金融健康发展的指导意见》②，将互联网金融定义为"互联网技术和信息通信技术实现资金融通、支付、投资和信息中介服务的新型金融业务模式"。可见，互联网金融主要表现为以互联网为工具，与现代金融业相结合的发展模式。互联网金融以众筹平台、P2P 网贷平台等方式为主要商业模式，其伴随着互联网的兴起得到了如火如荼的发展。然而，一方面，在 2015 年"e 租宝"等事件之后，国家监管部门加大了对互联网金融的专项整治力度。2016 年 4 月，国务院办公厅印发的《互联网金融风险专项整治工作实施方案》，将 P2P 网络借贷、股权众筹业务、第三方支付业务、通过互联网开展资产管理及跨界从事金融业务、互联网金融领域广告等内容作为重点任务予以整治。2017 年，《关于促进互联网金融健康发展的指导意见》在鼓励创新的基础上，明确了互联网金融的监管责任与业务边界。另一方面，随着

---

① 参见孙灵燕：《数字金融对传统金融业的变革性影响与转型路径》，《东岳论丛》2023 年第 3 期。

② 中国人民银行、工业和信息化部、公安部、财政部、国家工商总局、国务院法制办、中国银行业监督管理委员会、中国证券监督管理委员会、中国保险监督管理委员会、国家互联网信息办公室联合印发《关于促进互联网金融健康发展的指导意见》。

技术更替，数字经济悄然兴起，数字金融与金融科技的表述也逐渐代替了"互联网金融"一词。

数字金融泛指"传统金融机构与互联网公司利用数字技术实现融资、支付、投资和其他新型金融业务模式"。① 学界普遍认为，余额宝开张的 2013 年是中国的数字金融元年，2004 年支付宝体系的正式上线是我国数字金融发展的起始点。但有一点，数字金融的发展应归功于金融科技的运用，所以金融科技又属于"技术驱动的金融创新"。②

目前，因为数字金融、互联网金融、金融科技三个概念具有相似性，时有混用情形发生。有学者认为互联网金融属于广义的数字金融范畴，二者之间区分度最大、显示度最高的本质特征在于区块链的介入以及由此引发的范式革命；③ 也有学者认为，数字金融是互联网金融与金融科技的进阶产物；④ 还有学者主张互联网金融作为金融科技发展到一定阶段的产物，属于金融科技的过渡阶段，而数字金融与金融科技在驱动技术、运行主体、对金融业的影响等方面均具有同质性，二者的内涵正在由存在细微差异逐渐趋同，且在本质上均是金融。⑤ 另外，有学者将数字金融定义为既涵盖互联网金融的交易功能，又彰显了金融科技的技术导向的金融模式。⑥ 从实质上来看，互联网金融是以互联网为平台开展的金融业务，金融科技与数字金融则是以数字经济为背景，利用智能技术开展的新型金融业务。互联网金融与金融科技都强调用新兴技术为金融服务的发展提供解决方案，强调科技与金融的连接发展。⑦ 数字

① 黄益平、黄卓：《中国的数字金融发展：现在与未来》，《经济学（季刊）》2018 年第 4 期。
② 该定义来源于中国人民银行印发的《金融科技发展规划（2022—2025 年）》。
③ 参见丁晓蔚：《从互联网金融到数字金融：发展态势、特征与理念》，《南京大学学报（哲学·人文科学·社会科学）》2021 年第 6 期。
④ 参见许多奇：《论数字金融规制的法律框架体系》，《荆楚法学》2021 年第 1 期。
⑤ 参见黄靖雯、陶士贵：《以金融科技为核心的新金融形态的内涵：界定、辨析与演进》，《当代经济管理》2022 年第 10 期。
⑥ 参见韦颜秋、邱立成：《数字金融、资产规模与商业银行风险承担》，《贵州社会科学》2022 年第 6 期。
⑦ 参见谢平、刘海二：《金融科技与监管科技》，中国金融出版社 2019 年版，第 7~9 页。

金融则兼具金融与科技双重属性，① 不仅具有以数字技术为支撑促进金融服务发展的侧面，还具有传统金融以数字技术赋能金融服务的侧面，其双重面向使得其概念更为中性，涵盖面也更为广泛。

三、数字金融的基本特征

数字金融作为我国新型金融业务模式，具有双重面向，有效实现了我国金融领域全要素全流程革新，其发展主要具有以下五大新特征：

第一，以智能数字技术为支撑。数字金融的发展依托于智能数字技术的不断进步，主要包括以下内容：其一，依托大数据，通过大数据采集、清洗、存储、分析、可视化算法等技术创新，处理与分析大量的包括市场数据、客户信息等金融数据。以大数据为支撑，数字金融以用户"数据足迹"为主要内容，实现了纯信用抵押贷款，极大地推进了普惠金融发展。其二，借助云计算，通过超大规模分布式储存、数据虚拟隔离等技术帮助金融机构访问、共享计算资源，有效缓解金融领域信息不对称的情形。其三，应用区块链技术，以智能合约、分布式系统、加密算法、去中心化的分布式账本技术等技术创新，进一步提升数字金融安全性与抗风险能力。其四，推广人工智能与机器学习，打造通用型、行业性的人工智能开放平台，帮助预测市场趋势、评估金融风险、检测金融欺诈。其五，发展物联网技术，在传感器、高精度定位等技术支持下提供智能资产管理、智能支付、智能保险等技术。其六，运用虚拟现实与增强现实，以虚拟交易、AR 金融学习应用等方式提供生动的、沉浸式的客户体验。

第二，耗费成本低、运营速度快。数字金融有效依托数字智能技术，一方面，极大地降低了金融服务成本，由数字平台为欠缺信用基础的买卖双方搭建沟通桥梁，避免了增设营业网点需要耗费的运行成本与交易成本等资金投入，并以大数据为基础缓解了信息不对称问题；同时，金融的数字化运行具有溢出效应，② 在数字智能技术的助力下，可以缓解金融流动性约束与信贷约束，提升资金配置效率。另一方面，数字金融较之营业网点，能以标准化流程更迅捷地处理业务，依托大数据

① 参见赵志君、颜翀：《数字金融高质量发展问题研究》，《理论学刊》2023年第 2 期。

② 参见韦颜秋、邱立成：《数字金融、资产规模与商业银行风险承担》，《贵州社会科学》2022 年第 6 期。

为金融消费者提供个性化、智能化的金融服务；同时，数字金融的低门槛性、草根性推动了数字普惠金融发展，对于优化营商环境、保护中小企业发展、促进乡村振兴、实现共同富裕具有重要战略意义。

第三，提供综合性、跨边界的金融服务。一方面，数字金融可以突破时间与空间限制，扩大金融服务面，借助数字平台探索金融资源，使客户基础更广泛，有效拓宽了融资渠道，尤其是在提高直接融资比重方面具有重要战略意义；另一方面，数字金融突破分业经营、分业监管的金融格局，提供跨越银行、证券、保险等不同类别的金融服务，将原有的存贷款业务等拓展为"金融超市"等综合性业务，提升资源配置效率，提高资金运用率与周转率，不断探索创新性的金融服务模式。

第四，推进金融公平，发展普惠金融。普惠金融包含两方面的要求，既要为有金融需求的老年人、低收入人群、小微企业等社会各阶层、群体提供金融服务，还要保证所提供的金融服务在可负担的成本内适当、有效、便捷。数字金融恰好适应普惠金融的发展要求，在数字技术的赋能下，能够极大降低信息不对称程度，将金融服务覆盖至偏远地区等传统金融难以触及的服务盲区，满足居民家庭、中小微企业等主体的金融需求，不断拓宽金融适用的实际生活场景。以科技创新为驱动，数字普惠金融以其使用深度与数字化程度有效促进共同富裕。

第五，风险大且集中，监管难度高。一方面，在总体国家安全观视域下，数字金融的安全保障不再局限于金融管理秩序的稳定，更涉及政治安全、网络安全、公共安全等方方面面。数字金融作为依托数字技术发展的金融模式，既面临传统金融所具有的信用风险、流动性风险等传统风险，在数字化背景下还面临更为严峻系统性风险，除此之外，在数字技术支撑下还需承受数据风险、算法风险等特有的数字风险。也就是说，数字金融面临传统金融风险与数字金融风险共振的"双风险"难题，① 风险防控难度不断升级。另一方面，作为新兴的金融发展模式，数字金融的监管制度建设一般滞后于金融科技的发展，面对新兴的数字金融业务模式，现有的监管制度时常呈现出监管空白，容易滋生监管套利行为，如 P2P 平台创立早期的监管套利行为就为其后期的频繁"暴雷"埋藏了隐患。另外，现有的监管制度呈现出中心化特征，而以区块链技术为引领的数字金融去中心化特征凸显，因此监管难度较之传统金

① 参见韩贺洋、周全、韩俊华：《数字经济时代数字金融"双风险"演变机制分析》，《科学管理研究》2023 年第 3 期。

融大大提升，数字金融的跨界属性也在不断冲击分业监管的监管格局，监管转型势在必行。

第二节　数字金融犯罪

数字金融犯罪，概指违反国家规定，非法侵入或者破坏金融数据系统，或者非法取得、利用、破坏、篡改金融数据，或者利用数字化技术从事金融活动，从而侵犯他人权益、破坏金融市场秩序、妨害金融监管制度、危害国家安全和金融安全的犯罪活动。数字金融犯罪是犯罪的特殊形态，也是金融犯罪的发展形态。

一、金融犯罪的变化

金融是经济的"核心部分"，影响甚至决定了经济能否健康发展。2017 年 4 月 25 日，习近平总书记在主持中共中央政治局第 40 次集中学习时强调"维护金融安全，是关系我国经济社会发展全局的一件带有战略性、根本性的大事。金融活，经济活；金融稳，经济稳"。

但是，在明确金融具有的重要战略地位的同时，还应注意到，金融体系具有脆弱性，即一切融资领域都容易出现风险积聚，从而呈现脆弱、不稳定的状态。即使外部环境不变，内生的金融脆弱性同样具有自增强效应，导致"金融机构资产和负债两端流动性错配程度不断加深，越来越多的金融资产投向非实体经济部门，金融资产逐步脱离实体经济增长的支撑，风险不断累积"，[①] 甚至最后引发金融危机。为此，应当明确金融安全的重要性，加强金融监管，维护金融外部环境，保障金融秩序的稳定发展，以良好的金融秩序推动国家经济、社会的良性发展。作为"最后保障法"，刑法则通过规定金融犯罪，夯实维护金融安全的"最后一道防线"。

我国金融犯罪的发展历程与金融业的发展息息相关。1979 年《中华人民共和国刑法》(以下简称 1979 年《刑法》)制定实施时，我国仍实行计划经济体制，资金积累采取单一的国家统一积累模式，财政成为资源分配的主要渠道，金融再分配的空间极小；在经济增长机制中，起决定性作用的是供给要素的计划分配而非需求；对微观经济主体而言，企业

---

① 张元：《金融脆弱性的自增强效应分析》，《技术经济与管理研究》2015 年第 10 期。

的经营行为被限制在定额与超额完成计划这一范围内，欠缺自主经营的余地，居民家庭欠缺储蓄余力，地方政府在督促与执行计划之外也欠缺独立财权。基于此，我国欠缺规范意义上的金融市场，金融事业也一直处于被压抑的不发展状态。在此背景下，1979年《刑法》中仅规定了伪造国家货币罪、贩运伪造的国家货币罪、伪造有价证券罪、投机倒把罪等涉金融犯罪条文。

自1979年之后，我国开始向市场经济发展模式转型，金融体系逐步迈向市场化轨道，金融业得以迅速发展。随着金融业的蓬勃发展，破坏金融管理秩序的新型犯罪行为频发。1995年6月30日，全国人大常委会公布实施《关于惩治破坏金融秩序犯罪的决定》，对伪造货币、非法集资诈骗、金融票据诈骗、信用证诈骗等破坏金融管理秩序的犯罪行为予以修订或增设。在此基础之上，1997年《刑法》在刑法分则第三章"破坏社会主义市场经济秩序罪"中设专节规定了"破坏金融管理秩序罪"与"金融诈骗罪"两类犯罪，并在该章"妨害对公司、企业的管理秩序罪"中规定了虚报注册资本罪、欺诈发行股票、证券罪等，对金融领域的犯罪行为予以规制。

数字金融犯罪不再局限于传统金融犯罪，还包括数字金融运行过程中可能触及的信息类、数据类犯罪。总体国家安全观视阈下，数字金融犯罪的危害也不再局限于金融安全，还包括信息安全、技术安全、政治安全等国家安全。因此，在总体国家安全观视阈下，下文将数字金融犯罪侵犯的主要国家安全类型为分类标准，对数字金融刑法规范进行分类。但值得注意的是，数字金融犯罪下各种国家安全风险交织，不可进行人为割裂。在此标准下，数字金融刑法规范应当包括以下范畴：

一是危害金融安全犯罪。危害金融安全的数字金融犯罪刑法规范主要包括：第一，货币类犯罪。包括伪造货币罪，出售、购买、运输假币罪，金融工作人员购买假币、以假币换取货币罪，持有、使用假币罪，变造货币罪。第二，金融管理类犯罪。包括擅自设立金融机构罪，非法吸收公众存款罪，伪造、变造、转让金融机构经营许可证、批准文件罪，骗取贷款、票据承兑、金融票证罪，妨害信用卡管理罪，伪造、变造金融票证罪，高利转贷罪，窃取、收买、非法提供信用卡信息罪。第三，证券、期货类犯罪。包括伪造、变造国家有价证券罪，编造并传播证券、期货交易虚假信息罪，利用未公开信息交易罪，伪造、变造股票、公司、企业债券罪，操纵证券、期货市场罪，内幕交易、泄露内幕信息罪，擅自发行股票、公司、企业债券罪，诱骗投资者买卖证券、期货合约罪。第四，金融渎职类犯罪。包括背信运用受托财产罪，违规出具金融票证罪，吸收客户资金不入账罪，违法发放贷款罪，违法运用资金罪，对违法票据承兑、付款、保证罪。第五，外汇类犯罪。包括逃汇罪，骗购外汇罪。第六，洗钱犯罪，即洗钱罪。第七，金融诈骗罪。包括诈骗类犯罪：集资诈骗罪，贷款诈骗罪，票据诈骗罪，金融凭证诈骗罪，信用证诈骗罪，信用卡诈骗罪，有价证券诈骗罪，保险诈骗罪。

二是危害经济安全犯罪。包括违规披露、不披露重要信息罪，背信损害上市公司利益罪，非法经营罪，滥用管理公司、证券职权罪，非法经营同类营业罪，为亲友非法牟利罪，签订、履行合同失职被骗罪，国有公司、企业、事业单位人员失职罪，国有公司、企业、事业单位人员滥用职权罪，徇私舞弊低价折股、出售国有资产罪，挪用资金罪，挪用公款罪，虚报注册资本罪，合同诈骗罪，虚假出资、抽逃出资罪，妨害清算罪，虚假破产罪，虚假广告罪，提供虚假证明文件罪，提供证明文件重大失实罪，隐匿、故意销毁会计凭证、会计账簿、财务会计报告罪。

三是危害国家安全犯罪。包括为境外窃取、刺探、收买、非法提供国家秘密、情报罪，故意泄露国家秘密罪，过失泄露国家秘密罪，非法获取国家秘密罪，非法持有国家绝密、机密文件、资料、物品罪，帮助恐怖活动罪，伪造、变造、买卖国家机关公文、证件、印章罪，盗窃、抢夺、毁灭国家机关的公文、证件、印章罪，伪造公司、企业、事业单位、人民团体印章罪。

四是危害网络安全犯罪。包括侵犯公民个人信息罪，非法侵入计算机信息系统罪，非法获取计算机信息系统数据、非法控制计算机信息系统罪，提供侵入、非法控制计算机信息系统程序、工具罪，破坏计算机信息系统罪，拒不履行信息网络安全管理义务罪，非法利用信息网络罪，帮助信息网络犯罪活动罪，扰乱无线电通讯管理秩序罪。

五是危害人民安全犯罪。抢劫罪，盗窃罪，诈骗罪，抢夺罪，侵占罪，破坏生产经营罪，故意毁坏财物罪，使用虚假身份证件罪，盗用身份证件罪，掩饰、隐瞒犯罪所得、犯罪所得收益罪，拒不执行判决、裁定罪，开设赌场罪，非法处置查封、扣押、冻结的财产罪，打击报复会计、统计人员罪。

以上是总体国家安全观视域下数字金融犯罪涉及的刑法典与单行刑法规范的基本范畴，但不能忽视的是，数字金融犯罪具有易变、传播快的特征，随着数字金融业务模式的不断展开，数字金融犯罪手段也将不断更新，需要通过刑法解释将符合构成要件的数字金融犯罪行为纳入数字金融刑法范畴。也就是说，以总体国家安全观为引领，以数字金融发展为方向，数字金融刑法范畴还将随着数字金融发展而不断拓展。

二、数字金融犯罪的变化

(一)数字金融犯罪形成原因

数字金融在带来金融业革命性变局的同时，依托多样化的业务模式，也引发了一系列的数字金融犯罪。解析数字金融犯罪的成因，首先需要分析数字金融的主要商业模式，进而分析这些商业模式在催生数字金融犯罪方面的影响。我国的数字金融发展模式主要包括传统金融数字化、数字化居间服务、数字化金融服务以及数字化金融门户四大类，具体的发展模式如下：

第一，传统金融数字化。数字金融虽然对传统金融展示出了一定的冲击，但二者更多地表现为互补关系，传统金融的数字化是数字金融的一大发展方向。(1)数字银行。数字银行又称电子银行，依据 2006 年 3 月施行的《电子银行业务管理办法》，电子银行是指"商业银行等银行业金融机构利用面向社会公众开放的通讯通道或开放型公众网络，以及银行为特定自助服务设施或客户建立的专用网络，向客户提供的银行服务"。电子银行业务作为传统银行业务的有效补充，其业务类型包括利用计算机与互联网开展的网上银行业务、利用电话等声讯设备与电信网络开展的电话银行业务、利用移动电话与无线网络开展的手机银行业务以及客户借助电子设备与网络自助完成交易的自助银行业务。2013 年至 2019 年期间，中国银行业的平均离柜率已由 63.23% 增长至 89.77%。[①] (2)数字保险。数字保险即保险机构依托互联网，在数字赋能下采取的保险经营方式，包括订立合同、提供保险服务等，提升了保险销售与支付效率。依据艾瑞咨询《2019 年中国互联网保险行业研究报告》，截至 2018 年年底，互联网保险业务的收入金额较之 2012 年增长了近 17 倍。在数字技术的支持下，数字保险业务在差异化定制、小额资金 P2P 等方面展现出引领创新的可能性，人工智能技术在协助索赔人员防止欺诈行为、帮助保险公司准确预测、评估风险点方面具有重要

---

① 参见臧旭恒、董婧璇：《电子银行、金融便捷及家庭消费——基于异质性消费者的角度》，《山东师范大学学报(社会科学版)》2020 年第 5 期。

突破。① （3）数字人民币（DC/EP）。我国自 2014 年起就积极开展数字货币研究，试点地区范围也在不断扩张，截至 2022 年 8 月底，试点地区的数字人民币交易笔数累计为 3.6 亿笔，交易金额累计 1000.4 亿元。我国的数字人民币以不计息、零售型的数字化 M_0 为特征，能实现多场景应用，益于在不同支付平台间实现互联互通，实时监控货币流转情况，发挥金融服务实体经济的能力，减少货币政策传导不畅问题，充分释放数字经济红利。② （4）数字证券。证券行业在数字技术的加持下也获得了新发展，证券交易软件为用户提供个性化一对一服务等更为迅捷的证券服务，金融信息服务等新兴行业冉冉兴起，证券程序化交易与高频交易显著增长。数字证券的发展为反证券欺诈监测提供技术支持，有利于证券公司遵循投资者适当性管理制度。③

第二，数字化居间金融服务。依托互联网，一大批数字化居间金融服务业务得以开展。（1）第三方支付。狭义的第三方支付是指具有一定资金、信誉保障的非银行金融机构，借助通信、计算机与信息安全技术，与银行签约而在用户与银行之间建立连接的电子支付模式。广义上的第三方支付则是指非金融机构作为支付中介，提供网络支付、预付卡、银行卡收单等央行确定的其他支付业务。④ 第三方支付以独立支付与平台担保支付为主要类别，提高了社会资金使用率，进一步完善全社会金融功能。（2）P2P 网贷。P2P 网贷即个人或法人脱离银行等金融机构或融资媒介，通过独立的第三方网络平台相互借贷。P2P 网贷较传统银行融资具有资金融通便利、信贷审核快、小额信贷融资、信贷双方利差小等优势，对难以从传统银行获得资金融通的中小企业极具吸引力。⑤ 基于 P2P 网贷平台具有非法集资风险高等特性，我国将其定位为信息中介，禁止其设立资金池，并对其开展规范化整顿监管。（3）众筹

---

① 参见袁峰、许凌珠、邵祥理：《数据驱动的互联网保险产品创新风险管理研究》，《保险研究》2022 年第 3 期。

② 参见黄双双、黄志刚、王姗：《央行数字货币：影响及其挑战》，《广东财经大学学报》2021 年第 5 期。

③ 参见邢会强：《数字经济视角下的新〈证券法〉——修订解读、实施支撑与未来展望》，《浙江工商大学学报》2020 年第 4 期。

④ 参见曹龙骐主编：《金融学》，高等教育出版社 2019 年版，第 408～409 页。

⑤ 参见金祥义、张文菲：《互联网金融与企业出口扩张：基于 P2P 网贷模式的研究》，《兰州大学学报（社会科学版）》2023 年第 2 期。

平台。众筹是指项目发起人借助互联网平台为某项活动或项目募集资金的融资方式,① 以小额与大量为主要特征。众筹分为股权众筹与非股权众筹两种形式,极大地丰富了我国多层次资本市场的内涵,为初创企业开辟了新的融资渠道,但众筹的高风险性也要求对众筹平台进行适度责任配置。②

第三,数字化金融服务。数字化金融服务的主要表现形式是电商信贷,即在大数据技术的支持下,分析电商平台的真实交易与评价数据,以此为贷款依据,为顾客提供贷款融资服务。供应链金融正是当下电商信贷最主要的发展模式,通过将自身的良好信用能力在融资前延伸至供应链的上下游成员企业,整合供应链信用资源,实现全链条资金流管理,③ 苏宁云商运用 B2C 电商开展的供应链金融就是典型案例。

第四,数字化金融门户。数字化金融门户是在互联网上推销金融商品,提供金融产品第三方服务的平台,以"搜索+比价"为基本模式,主要发展模式为保险门户网站与第三方理财企业。④数字化金融门户主要通过互联网与手机操作,准入门槛低、操作便捷、信息公开及时,同时数字化金融门户使得平台无需直接销售金融产品,也不需要经由中间平台进行资金周转,极大地降低了平台的经营风险,陆金所、众安在线等是典型的数字化金融门户。

(二)数字金融犯罪的动力机制

通过对上述数字金融发展模式的分析可以发现,数字金融不仅以数字化形式创新了金融发展模式,还以数字技术为基础革新了传统金融的发展模式。数字金融的适用范围广泛,具有明显的普惠效能,发展潜力不容小觑。但与此同时,数字金融发展模式在诱发数字金融犯罪方面的影响同样不容忽视。

---

① 参见黄达、张杰编著:《金融学》,中国人民大学出版社 2020 年版,第277 页。

② 参见邢会强:《数字经济视角下的新〈证券法〉——修订解读、实施支撑与未来展望》,《浙江工商大学学报》2020 年第 4 期。

③ 参见于辉、李西、王亚文:《电商参与的供应链融资模式:银行借贷 VS 电商借贷》,《中国管理科学》2017 年第 7 期。

④ 参见刘超、谢启伟、马玉洁、高扬编著:《金融监管学》,中国铁道出版社有限公司 2019 年版,第 296 页。

其一，数字金融具有明显的利诱性，是刺激金融犯罪的主要驱动力量。数字金融的发展与经济虚拟化的客观环境有关。我们必须接受一种事实，在现实生活中，金融总是构成虚拟经济的主要部分。据统计，在20世纪初，全世界的金融衍生产品名义价值总额几乎为零，但是到了2006年，该价值总额已达370万亿美元，是全世界GDP的8倍多。到了2014年，这一倍数已经增长至20倍左右。① 可见，数字金融具有巨大的利诱性，容易成为经济犯罪的主要目标。

其二，数字金融架构复杂，容易为金融犯罪提供机会。一方面，数字金融带有明显的跨界性。数字金融具有跨行业、跨区域、跨机构、跨市场发展的特性，随着"金融超市"型金融机构的产生，综合性金融服务机构兴起，混业经营模式迅速发展。在我国分业监管模式下，数字金融混业经营模式极易出现监管真空、监管套利现象，滋生数字金融犯罪。另一方面，数字金融环节繁杂。为了实现永远在线、实时互动的目标，数字金融要在互联网平台的加持下，集合移动互联网客户端，以便客户充分利用碎片化时间。此外，为了触发非接触式交易的信用基础，还必须依托新的托管式支付方式。同时，以区块链为支撑，数字金融犯罪呈现出去中心化特征，区块链 ICO 等中心化金融活动造成了新型融资风险。在多层次、多环节的复杂数字金融架构下，每个环节都可能存在问题，都可能被别有用心的犯罪分子利用。

其三，数字金融以数据采集和分析为前提，所以必然伴随海量数据的产生。这些数据与客户的隐私权益和财产权益有关，一旦被泄露，信息权益人就容易成为电信网络诈骗的重要目标。此外，上万甚至上亿的个人信息也可汇集成为对国家经济进行分析、预测的信息来源，一旦被境外敌对势力掌握，国家传统安全、经济安全和金融安全等都可能受到冲击。因此，随着数据要素的开发利用，原本的金融风险上又交织了数据风险，数据确权、金融创新、数据监管、金融监管等风险交织下形成"太关联而不能倒"的困境，风险传导速度加快又形成"太快而不能倒"的难题，犯罪风险大大增加。②

其四，数字金融创新也是对规则的规避，势必导致规则不稳定、必要规则欠缺等问题，为金融犯罪创设了机会。基于我国的金融压抑特

① 参见曹龙骐主编：《金融学》，高等教育出版社 2019 年版，第 406 页。
② 参见许多奇：《论数字金融规制的法律框架体系》，《荆楚法学》2021 年第1 期。

征，我国早期采取包容监管模式，该模式下金融创新得到了快速发展。然而，金融监管较之于金融创新具有一定的滞后性，大量以金融科技为名的违法犯罪行为逃脱了金融监管。在当前数字金融背景下，金融创新的监管转型势在必行，如何在保留金融创新必要的自由空间前提下，对其进行智能审慎监管以避免滋生数字金融犯罪成为新的时代课题。

(三) 数字金融犯罪基本特征

可以看出，数字金融在激活数字经济的同时，也暗藏着数字金融犯罪风险。数字金融背景下，金融犯罪主要呈现出以下特征：

其一，数字金融犯罪具有隐蔽性。金融具有复杂性，其运作要求复杂的流程与专业技术，加之金融活动规模庞大、业务繁多、受众广泛，使得金融犯罪自诞生起就具有隐蔽性的特点。数字金融将金融与数字相结合，以互联网这一虚拟空间为背景，数字金融犯罪的隐蔽性更为凸显。在与数字技术的结合下，数字金融犯罪形式复杂多样，犯罪行为具有多环节、多层次、多阶段的特点，新型犯罪不断出现，进一步提高了数字金融犯罪的侦破难度。另外，数字金融犯罪中关联交易繁多，职务关联性犯罪"从'明腐败'向'暗腐败''微腐败''同盟型腐败'迁移"，[1]犯罪隐蔽性得以进一步加强。

其二，传播速度快，传播范围广。在数字技术加持下，信息传播速度呈爆炸式增长，使数字金融犯罪具有了其他经济犯罪所不具有的传播速度。[2] 同时，数字金融的跨界属性使得数字金融犯罪具有地域跨度广的特点，地域界限不断淡化，涉案人员之间关系松散。数字金融犯罪呈现出案发总量持续上升、涉众型犯罪增加、犯罪传播范围广、受害者群体不断扩大的特征。

其三，具有涉众性特征，犯罪手段技术性强。[3] 不同于以往单一、集中的传统金融犯罪团伙，数字金融犯罪的主体多为多元、分散的犯罪团伙，犯罪成本低、危害大、风险低。其借助数字技术，采取远程、非接触式的犯罪方法，犯罪手段技术性强，作案形式复杂多样，犯罪呈现

---

① 高鸿、宁昊：《金融犯罪的预防和控制分析》，《银行家》2023 年第 6 期。

② 参见董娟、李骁原：《互联网金融领域刑法规制探究》，《东南大学学报 (哲学社会科学版)》2019 年第 21 卷增刊。

③ 参见杜航、石坚：《大数据背景下互联网金融犯罪安全防范思路及对策》，《山西警察学院学报》2020 年第 4 期。

出产业化、组织化、多元化特征，极易发展为群体性事件。如 P2P 平台资金链断裂就引发了一系列的"爆雷"事件，对我国经济安全与社会稳定造成了严重影响。

其四，数字金融犯罪风险集中化趋势明显。数字金融风险向银行类金融机构与新型金融机构集中，犯罪活动多以数字金融为旗号开展，如以区块链金融为噱头创建民间理财信息平台，以高收益利诱金融消费者在平台上注册投标。数字金融犯罪向业务关联性犯罪(如非法吸收公众存款罪)与职务关联性犯罪(如违法发放贷款罪)集中，形成两大核心风险点。[1]

其五，犯罪类型新颖，犯罪形态呈链条化延展。传统金融采取"1+N"(1 个核心企业+N 个上下游企业)的服务模式，以核心企业的风控能力与信用水平为支撑为上下游小微企业提供金融服务。数字金融则延长产业链，形成"N+1+N"(N 个上游供应商+1 个核心企业+N 个下游分销商)的服务模式，在去中心化背景下将上下游小微企业作为独立个体。[2]随着产业链的延展，关联犯罪不断增加，金融犯罪延展至非法获取计算机信息系统数据罪等"与金融业务存在某种关联规范的犯罪，上下游犯罪形成闭环链条"。[3]

第三节　数字金融犯罪的刑法规制

一、数字金融刑法的渊源

自 20 世纪 60 年代以来，刑法分支学科的发展十分活跃，出现了财产刑法、环境刑法、网络刑法、经济刑法、金融刑法等概念。金融本属于经济范畴，金融刑法之所以能一枝独秀，主要是因为金融犯罪严重的社会危害性及其形式的复杂性。

金融的基础要素是货币。我国货币政策以保持货币币值的稳定为目标，并以此促进经济增长。这确立了现代金融的地位以及金融管制的意

---

[1]　参见高鸿、宁昊：《金融犯罪的预防和控制分析》，《银行家》2023 年第 6 期。

[2]　参见赵志君、颜翀：《数字金融高质量发展问题研究》，《理论学刊》2023 年第 2 期。

[3]　高鸿、宁昊：《金融犯罪的预防和控制分析》，《银行家》2023 年第 6 期。

义。随着数字经济的发展，数字金融横空出世并改变了我们的生活。数字金融导致金融生活化和场景化，传统金融活动的时间结构与空间结构被打破。数字金融一没有空间概念，金融产业和非金融产业的界限越来越模糊，场内金融交易和场外金融交易并驾齐驱，线上交易和线下交易相互交织；二没有时间概念，一天可以 24 小时不间断地进行，这大大增强了金融在生活领域和经营领域的渗透性。数字金融背景下数字技术覆盖金融全要素与全流程，引发金融运行模式与服务方式的革命性变化，也导致各类风险大大增加，犯罪的数量、结构和方式变化同样很大。为了实现稳健的金融政策，国家必须同形形色色的金融犯罪行为进行斗争，由此构成了我国金融附属刑法立法的现实基础。但是针对不同犯罪行为的立法方式却不一样。

数字金融刑法概指规定数字金融犯罪、刑事责任及其法律后果的法律规范的总称。数字金融刑法规范分别包含在刑法典、单行刑法和附属刑法之中。

1. 刑法典。我国学界一般认为，刑法典也就是《中华人民共和国刑法》，我国绝大多数与网络信息系统及与金融有关的犯罪都为《刑法》所规范。

2. 单行刑法。单行刑法是指以通令、决定、条例、办法等名称颁布的、规定某一类犯罪及其刑事责任、法律后果的刑事法律。在我国，《关于惩治骗购外汇、逃汇和非法买卖外汇犯罪的决定》就属于单行刑法。

3. 附属刑法。附属刑法是指在经济、行政等非专门刑事法律中附带规定的一些关于犯罪、刑事责任与刑罚的条款。

二、传统金融刑法的修正

1997 年东南亚金融危机肆虐，我国虽得益于一直以来谨慎的金融政策与防范金融风险的举措，并未受到直接冲击，但在本次金融危机中仍承受了极大的压力。此次金融危机的创伤尚未愈合之际，2008 年美国次贷危机爆发，在短期之内从美国席卷全球。在金融市场的多层次、衍生化背景下，房地产与金融创新相结合的模式引发了"次贷危机"的爆发。[1] 金融风波不断发生，其中暗藏着大量的金融犯罪行为。我国通过单行刑法、刑法修正案的模式，不断完善金融犯罪刑事立法。除了

---

① 参见张陆洋、孔玥：《美国次贷危机大系统因素分析——对中国防范金融风险的启示》，《金融论坛》2020 年第 2 期。

《刑法修正案(二)》,《刑法修正案(四)》和《刑法修正案(十)》,我国现有的其余 8 部刑法修正案均有涉及金融犯罪的规定。

一方面,通过新增罪名的方式完善金融刑法的规定,如全国人民代表大会常务委员会《关于惩治骗购外汇、逃汇和非法买卖外汇犯罪的决定》增设骗购外汇罪;《刑法修正案(五)》第 1 条增设妨害信用卡管理罪、窃取、收买、非法提供信用卡信息罪;《刑法修正案(六)》第 10 条增设骗取贷款、票据承兑、金融票证罪,第 12 条增设违法运用资金罪、背信运用信托财产罪;《刑法修正案(七)》第 2 条增设利用未公开信息交易罪。

另一方面,通过修正犯罪构成要素的方式完善金融刑法相关规定,其一,扩大犯罪主体范围,如《关于惩治骗购外汇、逃汇和非法买卖外汇犯罪的决定》将逃汇罪的犯罪主体由"国有公司、企业或者其他国有单位"扩展为"公司、企业或者其他单位";《刑法修正案(十一)》在第 192 条"集资诈骗罪"中增设单位犯本罪的情形。其二,增加具体金融犯罪的行为方式,如《刑法修正案(五)》在《刑法》第 196 条"信用卡诈骗罪"中增加了"使用以虚假的身份证明骗领的信用卡的"规定;《刑法修正案(十一)》在《刑法》第 160 条"欺诈发行证券罪"中增加了"控股股东、实际控制人组织、指使实施上述行为"的规定,在《刑法》第 182 条"操纵证券、期货市场罪"中增加了三种操纵证券、期货市场的情形。其三,扩展具体金融犯罪的对象范围,如 1999 年《刑法修正案》将《刑法》第 174 条"擅自设立金融机构罪""伪造、变造、转让金融机构经营许可、批准文件罪"的对象扩展至"证券交易所、期货交易所、证券公司、期货经纪公司、保险公司";《刑法修正案(三)》将《刑法》第 191 条"洗钱罪"的对象扩大到恐怖活动犯罪的违法所得及其产生的收益,《刑法修正案(六)》则将其进一步扩大至"贪污贿赂犯罪、破坏金融秩序犯罪、金融诈骗犯罪的所得及其产生的收益";《刑法修正案(七)》将《刑法》第 180 条"内幕交易、泄露内幕信息罪"、第 181 条"编造并传播证券、期货交易虚假信息罪""诱骗投资者买卖证券、期货合约罪"、第 182 条"操纵证券、期货市场罪"的对象范围扩展至期货交易所、期货交易的内幕信息、期货交易的虚假信息、期货交易价格等;《刑法修正案(十一)》将《刑法》第 160 条"欺诈发行证券罪"的对象扩大到"存托凭证或国务院依法认定的其他凭证"。其四,对金融犯罪法定刑、数额的种类和构罪标准作了修正,如原《刑法》第 186 条"违法发放贷款罪"和第 187 条"吸收客户资金不入账罪"以"造成较大损失""造成重大损失"等实害结果作为构罪条件,《刑法修正案(六)》改为发放贷款和吸收客户资金不入账"数额巨大或者造成重大损失的"作为构罪条件,即将单一的损失数额修改为"涉案数额"或者"损失数额",从而扩大了入罪范围;《刑法修正案(十一)》将《刑法》第175条之一"骗取贷款、票据承兑、金融票证罪"第一款"或者有其他严重情节"的规定删除;将《刑法》第176条"非法吸收公众存款罪"相对确定的罚金刑修改为无限额罚金刑,增设"数额特别巨大或情节特别严重"的法定刑,并增设第三款从宽处罚规定;将《刑法》第191条"洗钱罪"的比例罚金刑修改为无限额罚金刑,删除了单位犯罪中主管人员和其他直接责任人员的独立法定刑,对其按照自然人犯本条之罪处罚;修改《刑法》第192条"集资诈骗罪"法定刑。其五,主观要素的调整,如《刑法修正案(六)》删除了《刑法》第182条"操纵证券、期货市场罪"中"获取不正当利益或者转嫁风险"这一主观要件。其六,既遂形态的修正,如《刑法修正案(六)》将《刑法》第188条"违规出具金融票证罪"中"造成较大损失"(结果犯)修改为"情节严重"(情节犯)。

可以看出,随着金融市场的发展,相关金融犯罪的法律规定也在不断得到完善。据此,金融犯罪应当是发生在金融领域的,违反金融法律法规,危害既涉及货币,又涉及信用,同时包括货币与信用相结合的形式下生成、运作的商业保险、证券、投资、外汇、信托等所有交易行为集合的金融管理制度,破坏金融管理秩序,情节严重,应依照刑法受刑罚处罚的行为。有学者将金融犯罪进行了分类,将其划分为以下八类:危害货币管理秩序犯罪;危害金融机构管理秩序犯罪;危害信贷管理秩序犯罪;危害证券管理秩序犯罪;危害期货管理犯罪;危害金融票证管理秩序犯罪;危害外汇管理秩序犯罪;危害多种金融管理秩序的犯罪。①

三、数字金融犯罪的附属刑法规范

附属刑法是指"附带规定于民法、经济法、行政法等非刑事法律中的罪刑规范"。② 金融活动具有极强的专业性与易变性,在社会发展过程中其业务发展模式不断创新。为保障刑法的稳定性,满足惩处金融犯罪的需要,我国在金融法律中设置了大量附属刑法规定,且金融刑法前

---

① 参见卢建平:《完善金融刑法 强化金融安全——〈刑法修正案(十一)〉金融犯罪相关规定评述》,《中国法律评论》2021年第1期。
② 张明楷:《刑法学》,法律出版社2021年版,第19页。

置法外延已逐渐拓展至金融法规、金融规章制度。

（一）数字金融犯罪附属金融法律规范

在金融法律规范中采取附属刑法规定是我国金融附属刑法规范的主要模式。我国金融法律规定主要包括《中华人民共和国中国人民银行法》（以下简称《中国人民银行法》）、《中华人民共和国保险法》（以下简称《保险法》）、《中华人民共和国证券法》（以下简称《证券法》）、《中华人民共和国反洗钱法》（以下简称《反洗钱法》）、《中华人民共和国商业银行法》（以下简称《商业银行法》）、《中华人民共和国票据法》（以下简称《票据法》）等。从表现形式来看，数字金融附属刑法规范具有宽松化与列举式两种立法方式。

其一，宽松化附属刑法立法方式。在我国，有时候采取极为宽泛的模式规定附属刑法。例如《保险法》第 179 条规定："违反本法规定，构成犯罪的，依法追究刑事责任。"《证券法》第 219 条、《证券投资基金法》第 149 条也是如此规定。这种立法方式不仅表征了我国附属刑法虚化的现状，而且也提出了一些问题，第一，如何理解"违反本法规定"与"构成犯罪"的关系？即前者是后者的前提抑或后者是前者的结果。第二，"违反本法规定"，是违反该法全部条文规定，还是仅仅违反本法某些规定，但也符合"法律责任"部分的内容？

其二，列举式附属刑法立法方式。鉴于金融安全的重要性，在金融法律制度中，较为详细的附属刑法并不少见。例如，《人民银行法》作为金融刑法的前置法，明确规定以下行为构成犯罪，依法追究刑事责任：（1）第 42 条：伪造、变造人民币，出售伪造、变造的人民币，或者明知是伪造、变造的人民币而运输的。（2）第 43 条：购买伪造、变造的人民币或者明知是伪造、变造的人民币而持有、使用的。（3）第 46 条：违规实施《人民银行法》第 32 条的行为。①（4）第 48 条：违反《人民银行法》第 30 条第一款规定，提供贷款的；为单位和个人违规提供担保

---

① 《人民银行法》第 32 条：中国人民银行有权对金融机构以及其他单位和个人的下列行为进行监察监督：（1）执行有关存款准备金管理规定的行为。（2）与中国人民银行特种贷款有关的行为。（3）执行有关人民币管理规定的行为。（4）执行有关银行间同业拆借市场、银行间债券市场管理规定的行为。（5）执行有关外汇管理规定的行为。（6）执行有关黄金管理规定的行为。（7）代理中国人民银行经理国库的行为。（8）执行有关清算管理规定的行为。（9）执行有关反洗钱规定的行为。

的；擅自动用发行基金的。(5)第49条：地方政府、各级政府部门、社会团体和个人强令中国人民银行及其工作人员违反《人民银行法》第30条的规定提供贷款或者担保的。① (6)第50条：中国人民银行的工作人员泄露国家秘密或者所知悉的商业秘密的。(7)第51条：中国人民银行的工作人员贪污受贿、徇私舞弊、滥用职权、玩忽职守的。

再如，根据第十三届全国人大常委会第三十八次会议审议《中华人民共和国金融稳定法(草案)》规定，以下行为也可能构成金融犯罪：(1)第41条：滥用职权或者玩忽职守，造成金融风险或者金融风险隐患的；违反规定干预金融机构的经营活动或者人事任免，对金融风险的形成负有直接责任的；不积极主动化解风险，未及时实施处置措施，导致风险扩大的；在风险处置过程中推卸责任、不按照要求落实处置工作部署，造成危害后果的；违反规定泄露相关信息，或者散布不当言论、误导性信息，引发严重负面舆情或者市场风险的。(2)第42条：违反规定占用金融机构或者客户资金的；违反规定转移金融机构股权或者资产的；主要股东违反规定委托他人或者接受他人委托持有金融机构的股权，或者实际控制人掩盖实际控制权的。(3)第45条：违法编造并传播有关金融风险的虚假信息或者误导性信息，或者明知是虚假信息、误导性信息而进行传播的，等等。

还如，《商业银行法》第八章法律责任部分，第74条、第75条、第76条、第77条、第78条、第81条、第82条、第84条、第85条、第86条、第87条等都属于附属刑法；《银行业监督管理法》第43条、第44条、第45条、第46条、第49条也是数字金融犯罪的附属刑法规范；《票据法》第102条、第104条也属之。

(二)其他数字金融犯罪附属刑法规范

在金融法律规范之外，数字金融犯罪中前置法的外延存在扩大化的趋势。2010年《最高人民法院关于审理非法集资刑事案件具体应用法律若干问题的解释》第1条明确指出了"违反国家金融管理法律规定"，以国家金融管理法律规定为"非法性"的判断依据。2017年6月1日最高

---

① 《人民银行法》第30条：中国人民银行不得向地方政府、各级政府部门提供贷款，不得向非银行金融机构以及其他单位和个人提供贷款，但国务院决定中国人民银行可以向特定的非银行金融机构提供贷款的除外。中国人民银行不得向任何单位和个人提供担保。

检公诉厅《关于办理涉互联网金融犯罪案件有关问题座谈会纪要》中认为判断"非法性"的主要法律依据是"《商业银行法》《非法金融机构和非法金融业务活动取缔办法》等现行有效的金融管理法律规定",延续了以国家金融管理法律规定为判断依据的思路。2019 年最高人民法院、最高人民检察院、公安部《关于办理非法集资刑事案件若干问题的意见》则指出"非法性"的认定"应当以国家金融管理法律法规作为依据。对于国家金融管理法律法规仅作原则性规定的,可以根据法律规定的精神并参考中国人民银行、中国银行保险监督管理委员会、中国证券监督管理委员会等行政主管部门依照国家金融管理法律法规制定的部门规章或者国家有关金融管理的规定、办法、实施细则等规范性文件的规定予以认定",将前置法外延从国家金融管理法律规定扩展至法规、部门规章等规范性文件。故而,除上述国家金融管理法律规定外,还有如下两类规范性文件值得注意。

1. 金融法规

我国金融法规的表述主要有以下三种。

其一,很多法规明确规定了"构成犯罪的,依法追究刑事责任"的情形,如《储蓄管理条例》第 34 条明确规定了"构成犯罪的,依法追究刑事责任"的情形如下:(1)擅自开办储蓄业务的;(2)擅自设置储蓄机构的;(3)储蓄机构擅自开办新的储蓄种类的;(4)储蓄机构擅自办理本条例规定以外的其他金融业务的;(5)擅自停业或者缩短营业时间的;(6)储蓄机构采取不正当手段吸收储蓄存款的;(7)违反国家利率规定,擅自变动储蓄存款利率的;(8)泄露储户储蓄情况或者未经法定程序代为查询、冻结、划拨储蓄存款的;(9)其他违反国家储蓄法律、法规和政策的。再如《外汇管理条例》第 39 条、第 40 条、第 45 条、第 46 条、第 49 条、第 50 条的有关规定。还如《非法金融机构和非法金融业务活动取缔办法》第四章罚则中第 22 条、第 23 条、第 24 条、第 25 条、第 26 条、第 27 条分别对多种行为规定了"构成犯罪的,依法追究刑事责任"。《企业债券管理条例》第 33 条规定"对有本条例第二十六条、第二十七条、第二十八条、第二十九条、第三十条、第三十一条所列违法行为的单位的法定代表人和直接责任人员……构成犯罪的,依法追究刑事责任"亦是如此。还有《融资担保公司监督管理条例》第 36 条、第 44 条,《国有重点金融机构监事会暂行条例》第 24 条、第 25 条,《防范和处置非法集资条例》第 30 条、第 31 条、第 36 条、第 37 条等。

其二，部分法规采取了明确该行为可能构成何种犯罪的较为详细的规定方式，如《金融违法行为处罚办法》第 8 条采取"金融机构不得虚假出资或者抽逃出资……构成虚假出资、抽逃出资罪或者其他罪的，依法追究刑事责任"的规定方式，第 9 条、第 11 条、第 12 条、第 13 条、第 14 条、第 16 条、第 18 条、第 23 条、第 24 条、第 25 条、第 27 条、第 28 条亦是如此；同样，《中华人民共和国外资金融机构管理条例》第 42 条采取的也是"依照刑法关于擅自设立金融机构罪、非法吸收公众存款罪或者其他罪的规定，依法追究刑事责任"这种表述，第 43 条亦同。

其三，还有部分法规宽松化地单独规定一条，"构成犯罪的，依法追究刑事责任"。如《金融资产管理公司条例》采取了宽松化的立法方式，在第 33 条笼统规定"构成犯罪的，依法追究刑事责任"。《期货交易管理条例》第 79 条规定"违反本条例规定，构成犯罪的，依法追究刑事责任"。

2. 金融规章制度

在我国金融法律制度中，还有大量由金融监管部门、行业性组织发布的规章制度，这些规章制度中也不乏规定犯罪的内容。与金融法规一样，金融规章制度的规定形式也主要是三种。

其一，明确规定"构成犯罪的，依法追究刑事责任"的具体情形。如中国人民银行通过的《金融控股公司监督管理试行办法》，法律责任部分第 51 条、第 52 条分别规定了"涉嫌构成犯罪的，移送有关机关依法追究刑事责任"的不同情形。再如《国有重点金融机构监事会暂行条例》第 24 条、第 25 条，《金融消费者权益保护实施办法》第 64 条，《银行保险机构许可证管理办法》第 18 条，《银行卡清算机构管理办法》第 29 条、第 32 条、第 33 条，《中央银行存款账户管理办法》第 38 条，等等。

其二，明确规定行为可能构成何种犯罪的较为详细的规定方式。如《金融违法行为处罚办法》第 8 条规定"构成虚假出资、抽逃出资罪或者其他罪的，依法追究刑事责任"，第 9 条、第 11 条、第 12 条、第 13 条、第 14 条、第 16 条、第 18 条、第 23 条、第 24 条、第 25 条、第 27 条、第 28 条等也有规定。

其三，宽松化地在某条中规定"构成犯罪的，依法追究刑事责任"。如《银行业金融机构反洗钱和反恐怖融资管理办法》第 52 条规定"银行业金融机构或者其工作人员参与洗钱、恐怖融资等违法犯罪活动构成犯罪的，依法追究其刑事责任"；《商业银行理财子公司管理办法》第 58 条规定"银行理财子公司从事理财业务活动……涉嫌犯罪的，依法移送司法机关处理"；《商业银行理财业务监督管理办法》第 73 条、《证券经纪业务管理办法》第 47 条等亦同。

四、数字金融刑法规范意义

综上所述，我国金融刑法由如下内容构成：（1）刑法中关于金融犯罪的规范；（2）单行刑法、行政法和经济法中关于金融犯罪的规范；（3）金融活动的合规性规章制度，如行政法、经济法、行政规章和行业规范中关于金融活动资质、经营规定的规范。这些规范有三重意义。

第一重是为司法处理金融犯罪提供了法律依据。尤其是在数字金融背景下，数字与金融紧密结合，金融科技发展迅猛，带来了许多新问题，上述金融刑法规范就对司法认定起到了指引作用。如合理界定稳定币的法律属性就需要在前述法律依据的指引下进行。缺乏上述指引，不仅不能对金融犯罪风险进行防范化解，还容易导致金融产业发展陷入困局。

第二重是为从业者或者金融交易者提供必要指引。虽然金融法规和规章制度中的犯罪规范是否属于严格意义上的附属刑法可能还留有争议余地，但是从其功能看，至少其起到了一般预防的象征性作用，所以将其作为附属刑法未尝不可。此外，这些规定是由行业主管机关制定的，体现了其内在的现实性和必要性，也可能成为金融刑法在未来完善时需要考虑的内容。

第三重是为刑法解释提供资源。因为刑法具有"第二次调整法"的特征，很多内容必须参考前置法，尤其是金融犯罪方面的内容。如果不明确金融法规范与刑法规范的关系，必然导致金融法规范被弃而不用，不仅金融犯罪的立法目的无法得到合理证明，刑法的适用范围也会被不当扩大或者曲意限缩。总之，在涉及对金融犯罪构成要件的理解时，必须以金融法律规章制度为前提：一是在此范围内考察金融法律规范的保护目的，确定不同金融犯罪侵害的不同种类法益；二是根据金融规章制度和合规管理计划，确定合规行为与不合规行为，将合规行为明确排除在构成要件行为之外，在不合规行为中准确、合理确定符合构成要件的行为，充分体现刑法中危害行为的机能；三是根据金融业务的要求，确定不同主体的经营资质，深入阐释金融犯罪的主体理论，合理确定行为主体范围；四是根据金融法律规章中的注意义务的分类研究，更科学地把握金融犯罪主观要件，特别是推定规则的运用、过失的条件和可能存在的事实错误问题；五是根据金融业务的审慎规则、穿透规则等具体规则，发现金融犯罪参与者、关联性交易者，重构共同犯罪理论和罪数理论。

第三章　数字金融刑法的保护法益理论

第一节　法益理论与数字金融法益

重视数字金融刑法的法益研究是必要的，其一，这是刑法的任务之所在，我国学者普遍接受如下观点，即"刑罚的任务就在于保护法益"[①]；其二，这为我国刑法原理所决定。张明楷教授提出，"法益实际上是我国传统刑法理论上所说的犯罪客体"[②]。尽管这种观点可能会招致一些反对，但是，彻底将法益与犯罪客体切割开来是不现实的。相反，在犯罪客体、社会危害性理论中定义法益是较为稳妥的办法。

一、物质化的法益概念的确立

(一)违法性本质的争议与法益侵害

刑法理论上产生过多种学派，但旧派(古典学派)与新派(近代学派)是最基本的两大学派。自贝卡利亚的《论犯罪与刑罚》一书问世伊始，主张意志自由的前期旧派一枝独秀。然而随着欧洲大陆社会、经济的变化和犯罪率的上升，古典学派的理论难以应对新的犯罪现象，据此主张决定论与行为人主义的新派应运而生，一场与随后兴起的后期旧派的论战就此展开。旧派与新派之争在犯罪论领域发展为客观主义与主观主义的对立，最终以客观主义的胜出而告终。然而，关于违法本质及刑罚理解方法之差异，在客观主义内部产生了行为无价值与结果无价值的

---

① 黎宏：《刑法学总论》，法律出版社2016年版，第45页。
② 张明楷：《刑法学》，法律出版社2021年版，第78页。

对立。①

1. 结果无价值论

这种观点认为,刑法规范是为了保护一定法益而设定的,犯罪所表现的外部行为和行为所引起的法益侵害,显示了其结果的无价值性。为了说明犯罪未遂的可罚性,该说认为结果无价值不仅包括法益侵害,也包括法益侵害的危险。因而,刑法规范或者刑罚规范具有保护法益的意义。② 据此,结果无价值论关于违法性实质采取一种"法益侵害说"的立场,即违法性的实质是法益侵害及其危险;没有造成法益侵害及危险的行为,即使违反社会伦理秩序,缺乏社会的相当性,也不能成为刑法的对象。根据结果无价值论关于违法性的实质立场可知,结果无价值论采取的是一种"物的违法论",认为法益侵害及其危险是一种客观事实,即结果恶才是违法性的根据。然而,"法益侵害及其危险"并非不证自明。法益侵害说大多采取一种自由主义的国家观,以实现公民之间乃至公民与国家和社会之间利益的冲突调和,而将法益界定为具体的、与个人有紧密关联的利益,即采取一种物质化的法益观才能达到这一目标。③ 法益保护的抽象化、早期化显然与这种物质化的法益侵害原则相冲突。当前,我国刑法对非法获取国家事务、国防建设以及尖端科技数据的前一行为阶段——访问数据行为进行禁止,将侵入该领域计算机信息系统的行为规定为非法侵入计算机信息系统罪,以保障重要领域数据内容的保密性。例如,2016 年 5 月至 2017 年 8 月,时为 A 市某区社会养老保险管理局工作人员的被告人甲受该局同志乙的请托,为其登记灵活就业参保人员补缴社保信息的事项。甲为此伙同已经从该局离职的被告人丙,由丙利用其在该局工作期间掌握的该局业务的管理员账号,并借助"腾讯 QQ"即时通讯软件的远程协助功能非法侵入该局业务系统,违规登记了总计 411 名灵活就业参保人员补缴社保费用的信息。2017 年 7 月 23 日,A 市某区社会养老保险管理局在工作中发现有灵活就业参保人员违规补缴社保费用的情况,至此案发。经认定,A 市某区社会养老保险管理局使用的计算机信息系统属于国家事务领域的计算机信息

---

① 参见刘良强、刘梅:《从对立到融合:行为无价值论与结果无价值论的检视与抉择》,《中国刑警学院学报》2019 年第 2 期。

② 参见童德华:《外国刑法导论》,中国法制出版社 2010 年版,第 147 页。

③ 参见罗世龙:《机能行为无价值论之提倡——兼评结果无价值论与行为无价值论》,《刑事法评论》2016 年第 2 期。

系统。2018 年 4 月，被告人甲、丙主动到 A 市某区社会养老保险管理局承认了上述事实，并且协助该局联系 411 名违规参保人员办理了退保或者变更投保手续。同时，二被告人将违法所得 86 万余元全部退出并已返还给受害人，2019 年 6 月 26 日，二被告人经 A 市公安局某区分局民警传唤到所接受询问，如实供述了自己的罪行。最终法院认为，被告人甲、丙违反国家规定侵入国家事务领域计算机信息系统，其行为已构成非法侵入计算机信息系统罪。① 然而结果无价值论者为了贯彻其立场，不得不将明显难以用物质化的法益概念涵盖的内容贴上法益的标签，认为其符合物质化法益概念下的法益侵害原则。

韦尔策尔对此种"物的违法论"进行了批判，进而在目的行为论的基础上提出了行为无价值论。根据韦尔策尔的观点，只有作为一定行为人的行为时，才能认为该行为是违法的，行为人基于何种目标并采取何种行为、行为人以何种心情实施行为、此种场合行为人负有何种义务，所有这些与行为可能导致的法益侵害或者危险一起，决定了行为的违法，因而法益侵害并不能完全说明行为的违法性，结果无价值仅能作为人的违法行为的部分要素。韦尔策尔并不刻意区分法益与行为客体两个概念，认为法益具有作为物的对象的性质，构建了一种物质的法益概念，从而一定程度上扭转了法益概念的精神化。②

2. 行为无价值论

该理论认为，刑法的基本思想是保护社会伦理等价值，犯罪是由于行为人的行为违反了法的基本价值，刑法对其评价时，不仅要注重侵害的方向和客体，还要注重行为形态。由于违法性的根据在于行为本身的样态和行为人的主观恶性，进而行为的无价值是与结果无关系而独立存在的，结果的发生与否具有偶然性，故不能将其作为禁令的对象。然而，刑法不能处罚所有的不注意行为，而要以一定的结果无价值作为条件。这种一元的行为无价值论过分强调保护伦理规范，有忽视法益侵害结果之嫌，违背了客观主义的要求，也与未遂犯从宽处罚的规定和司法实践不一致。例如，2017 年 12 月，被告人甲和乙（另案处理）在 A 市某区的房屋被政府拆迁。其间，被告人甲伙同乙使用虚假的和已被注销的户籍信息申报征迁补偿，虚报安置人口 8 人，由甲签订征迁补偿协议，

---

① 参见《非法侵入计算机信息系统罪案例》，律师网，https：//lawyers. 66law. cn/s240516f075816_i1348884. aspx，最后访问日期：2023 年 10 月 8 日。

② 参见张明楷：《法益初论》，商务印书馆 2021 年版，第 98 页。

骗取安置还原房屋面积 239.74 平方米。经价格评估有限公司认定，239.74 平方米安置房屋价值839090元。截至案发，还原房屋尚未交付。因此，法院认为，被告人甲以非法占有为目的，伙同他人骗取国家财产，数额特别巨大，其行为已构成诈骗罪，但由于其认罪认罚、具结悔过，且系犯罪未遂，并具有自首情节，其在共同犯罪中起辅助作用，系从犯，依法对其减轻处罚。[①] 将结果无价值作为客观处罚条件的彻底的行为无价值一元论当前只是少数说，但即使一元的行为无价值论者否定结果无价值对不法的证成作用，他们也倾向于将法益作为行为无价值的上位概念。例如齐林斯基认为，法益作为法秩序承认和应当保护的法律价值，在价值体系中被确定下来。法益是评价判断的标准，是社会范围内具体对象和状态的首要评价的依据。[②]

有鉴于此，为了应对结果无价值论的批判并弥补自身不足，当前的行为无价值论都选择吸收结果无价值论的部分内容，形成了所谓的二元行为无价值论。根据侧重点的不同，二元论形成了三种不同的主张：第一，侧重结果无价值论的二元论，这种观点主张，行为无价值的意义在于限定处罚范围，行为无价值与法益侵害同时存在时才能肯定行为的违法性，结果无价值不能单独决定行为的违法性。第二，侧重行为无价值论的二元论，这种观点将行为无价值作为违法的基础，认为只要具备行为无价值，就具备了处罚的基础。但为了限定处罚范围，有时也要求结果无价值。第三，无侧重点的二元论，这种观点认为，不法通常是两种无价值的结合，假若在侵害犯中实现了结果无价值，发生了侵害结果，则成立犯罪既遂，如果仅存在行为无价值，缺乏结果无价值，则成立未遂犯。[③]

行为无价值论与结果无价值论关于违法性的判断各有利弊，因而将二者融合的二元论显然更具有理论上的自洽性。当前，日本的通说已然否定了将法益侵害说与结果无价值相连接的观点，认为刑法的目的是保

---

① 参见安徽省阜阳市颍东区人民法院刑事判决书：(2019)皖 1203 刑初 207号。

② 参见郭栋磊：《形式的法益之理论基础、功能及其解释效力——从形式的法益与实质的法益之关系中展开》，《中国政法大学学报》2021 年第 1 期。

③ 参见张明楷：《外国刑法纲要》，法律出版社 2020 年版，第 112~113 页。

护法益的观点亦可通过行为无价值论进行解释。① 不容否定的是，行为无价值论与结果无价值论的目的都是保护法益，实现公平公正，保障无罪的人不承担刑事责任。行为无价值论将遵守法规范作为前提，对法益进行前瞻性的保护，防止危害法益结果的发生。而结果无价值论将法益侵害作为违法性的唯一依据，认为只有对法益造成直接、现实的法益侵害或者威胁才可以科处刑罚，因而行为无价值与结果无价值具有相同的法益保护目的。

因此，无论采纳何种理论，法益概念发展至今已然成为刑法学中最基础的概念。刑法通说认为，法益概念不仅是刑罚正当化的前提，也是将特定行为入罪的实质标准。可以说，刑法的目的是通过保护法益，最终追求社会秩序的维护和安全的保护。为了实现该目的，有害的行为不外乎是法益侵害行为。刑法上有害的行为，是侵害了法益或者有产生侵害法益危险的行为，这应该被理解为社会的无价值行为。因此，有法益侵害或侵害危险性的行为，或者违反社会伦理规范的行为，都是刑法上的违法行为。以法益保护主义为中轴把握犯罪本质的立场是妥当的，但由于刑法的道德基础是必要的，所以犯罪的行为不单伴随着法益侵害，而且是违反社会伦理规范，在一般观念上不能容许的行为。②

总之，脱离社会伦理规范把握犯罪本质的法益侵害说是不妥当的，肯定刑法就是一部法益保护法在某种意义上是十分正确的。无论是将社会道义与法益进行内在结合还是外在结合，都不过是更好理解或者限定法益的一种方式。通过这样的理解，可以避免对行为无价值与结果无价值立场异质性的过分强调，将重点放在对当前通行法益概念的整理和其机能的发挥上。司法实践亦是如此，例如在甲违规出具金融票证一案中，③ A省某某实业有限公司（以下简称某某公司）开发的房地产项目于2015年初急需资金周转，但因不符合国家相关贷款政策，无法从银行申请获得贷款。2015年4月，某某公司法定代表人甲通过融资中介介绍，决定以非标准化债权资产方式融资（以下简称非标融资）4亿元。随后，甲通过某投资公司将某某公司的房地产项目包装为4亿元的理财产

---

① 参见雷一鸣：《前实证主义法益概念之提倡——兼对当下通行法益概念之检讨》，《人大法律评论》2013年第2期。

② 参见童德华：《犯罪本质的新诠释》，《湖北警官学院学报》2005年第3期。

③ 参见《最高人民检察院关于印发最高人民检察院第四十七批指导性案例的通知》检例第190号。

品，并联系 A 省某农商银行、B 省某农商银行出资购买。两家银行要求
某某公司为该 4 亿元理财产品提供担保，甲遂找到时任某×农商银行党委
书记、董事长的乙，希望某×农商银行为该 4 亿元理财产品出具保函提供
担保，同时承诺按照保函金额的 2%给予乙好处费。乙明知某×农商银行
经营范围不包括出具融资性保函，未通过调查审核，未经集体研究，私自
决定以某×农商银行的名义出具 4 亿元融资性保函。截至案发，某某公司
无力支付 4 亿元理财产品本金及收益，某×农商银行承担连带偿还责任。
乙明知某×农商银行无出具融资性保函资质，违反《中华人民共和国商业
银行法》等法律法规的规定，擅自决定以某×农商银行名义出具融资性保
函，其行为构成违规出具金融票证罪。尽管某×农商银行不具有出具融资
性保函的资质，但是其作为银行类金融机构，其出具保函的行为与其业务
经营范围紧密相关，且难以为善意第三人所明知，乙超越职权出具保函的
行为，不仅破坏了金融交易安全、银行信用，也给银行资金带来巨额损失
风险，侵害了违规出具金融票证罪所保护的法益。

（二）法益的概念及其类型

　　所谓法益，简而言之即法律所保护的利益，然而在刑法学中，大约
没有其他基础性概念如法益一般歧义纷呈。其概念内涵高度不明确，可
谓法益理论历来受到诟病和质疑之处。其定义从"需要由刑法加以保护
的人的利益"到"法所保护的社会秩序的抽象价值"，从"对于个体公民
之自由和宪法地位不可或缺的、具有价值的功能统一体"到"涉及某种
特定的自由状态及其存续条件的法律上之举动规范的总和"，从"法欲
保护其免遭损害的理想的社会状态"到为实现个人基本权利所必要的
"一切事实状况或者目标设定"，令人眼花缭乱，无所适从。[①]
　　法益保护是刑法的一项基本原则，由于该原则具有基础性地位，因
而法益概念必然触角宽泛，难以绝对明确。要求一项基本原则能够为一
切刑法问题的解决提供具体现成的答案并不现实，但其显然能够作为指
针随时拨正理论前行与实践发展的航向。[②] 例如，仅通过责任原则并不
能周密地为责任能力提供判断标准，但该原则为犯罪的成立确定了一个

---

　　① 参见陈璇：《法益概念与刑事立法正当性检验》，《比较法研究》2020 年第
3 期。
　　② 参见陈璇：《法益概念与刑事立法正当性检验》，《比较法研究》2020 年第
3 期。

基本的条件，即行为人具有避免引起法益侵害事态发生的能力时，才能要求其承担刑事责任。由于法益本身并不是纯粹存在论意义上的概念，而是基于法益功能的需要制造出来的一个规范性概念。因此，法益理论的真正问题不在于如何准确界定法益概念，而在于如何在法益概念类型化的基础上充分发挥其应有的机能。但大体可以肯定的是，法益概念应当具备以下五个特征。①

第一，法益必须与利益相关联。利益是能够满足人们需要的东西，如果一种状态是人们对某种秩序需求的反映，也属于利益的内容。需要说明的是，尽管"需求"具有主观性，但应当明确"利益"是一种客观的概念，并非任何人所需要的内容都可以成为法益。法应当保护何种利益，必然是由一般人的观念所决定的，而不能仅依据某些少数的特殊利益主体的观念决定。

第二，法益必须与法相关联。如果某种利益可以满足人类需要，但当这种利益并未受到法保护时，无论如何也不能将这种利益称为法益。而所谓的前实定的法益概念，或者说实质的法益概念，也只是表明这种利益在法律对其保护之前业已存在，例如人的生命、健康等。刑法对这种实质的法益通过具体条文进行确认并予以保护，这种实质的法益就具备了形式性，进而上升为法益，成为一种形式的法益概念。

第三，法益必须具有可侵害性。由于法益是犯罪行为所侵害或者威胁的利益，因此必须具有可侵害性，法益受到侵害或者威胁必须表现为一种事实上或者因果上的客观现象。如果法益不能受到事实上的侵害或者威胁，就无需受到刑法保护，因此价值观本身不是法益。这是因为，尽管利益是有价值的，但离开了客观利益的价值会表现为一种价值观，如果将价值观作为法益进行保护，一方面会导致刑法的处罚范围模糊不清，另一方面可能导致对行为是否构成犯罪以是否符合某种价值观为标准，这实际上放弃了法益保护。

第四，法益必须与人相关联。法是由人所制定和认可的，法与人的关系是其价值的基础，亦是其意义的基础，对其价值和意义的探究也应当以人为归宿，因此法的价值就是法对人的价值，任何忽视和抹杀人的法都是对法的价值的反动。因而刑法显然以保护"人"的利益为目的，由法所保护的法益必然应当与人相关联。

---

① 参见张明楷：《刑法学》，法律出版社 2016 年版，第 62~63 页。

第五，法益必须具有宪法依据。宪法是国家的根本法，也是全体法秩序的基石。由于用以填充法益内容的价值不仅应具有与法秩序相关联的规范性，也需要具有外在于刑事立法的超脱性，故而宪法就成为唯一的选择。因此刑法将什么作为利益予以保护，必须符合宪法的原则和要求，将宪法要求其保护的利益作为法益予以保护。

基于法益概念的特征，笔者认为，根据功能的不同，可将法益概念分为实质的法益概念与形式的法益概念两种类型。其中，实质的法益立足于刑法的目的，是行为所侵害或威胁的利益，除了满足形式的法益概念所要求的条件外，还要在内容上满足一定的条件，例如能够增进个体的自由发展，[①] 其功能主要体现为对法益体系的超越功能乃至自由保障的功能，考虑的是刑法应当保护什么利益。形式的法益则是立法者认为值得保护并将其作为受保护的举止规范的对象，其建立在实在法的基础之上，通过规范的涵摄和逻辑的演绎，实现法益内体系建构功能以及犯罪与具体行为的连接功能，讨论的是刑法正在保护什么利益。形式的法益概念主要用于对罪刑规范解释的指导，不能低估其在教义学上的意义。例如，在甲等三人诈骗医保基金案一案中，[②] 2015 年 1 月至 2016 年 7 月，被告人甲担任 A 省 B 市 C 县级市 H 医院院长，主持全面工作，分管财务工作。被告人乙担任 H 医院财务总监，分管医疗保险工作，协助分管财务工作。被告人丙担任 H 医院出纳、医生。被告人甲在召开全院大会时，向全院医务人员暗示可通过医生虚开处方、虚增住院天数等方式骗取医疗保险基金。随后，H 医院医生以虚开处方、虚增住院天数等方式，由护士录入检查及治疗项目，再由药房录入虚开药品数量骗取医疗保险基金。被告人乙负责具体骗取医疗保险基金账务整理、报账等事务，被告人丙配合支出、使用被骗医疗保险基金。骗取的资金用于支出 H 医院的招待费、差旅费、员工工资等。经司法会计鉴定，H 医院 2015 年 1 月至 2016 年 6 月通过上述方式骗取医疗保险基金共计176 万余元。至 2017 年 10 月 12 日，H 医院已全额退回上述医疗保险基金。2017 年 12 月 19 日，C 县级市人民法院作出一审判决，认定三被告

---

① 参见阿敏·英格兰德：《通过宪法振兴实质的法益理论》，马寅翔译，载赵秉志、帕夫利克等主编：《当代德国刑事法研究》2016 年第 1 卷，法律出版社 2017 年版，第 94~95 页。

② 参见最高人民检察院发布 7 起检察机关依法追诉诈骗犯罪典型案例之一：杨某某、黎某等 3 人诈骗医保基金案。

人犯合同诈骗罪，且系单位犯罪，判处被告人甲、乙、丙有期徒刑一年八个月至二年不等，缓期执行。C 县级市人民检察院认为一审判决定罪错误、量刑畸轻，于 2018 年 1 月 3 日向 B 市中级人民法院提出抗诉。2018 年 12 月 7 日，B 市中级人民法院作出判决，采纳了检察机关抗诉意见，依法撤销 C 县级市人民法院一审判决，认定三名被告人犯诈骗罪，判处被告人甲有期徒刑四年，并处罚金 5 万元；判处被告人乙有期徒刑三年，并处罚金 3 万元；判处被告人丙有期徒刑三年，缓刑三年，并处罚金 2 万元。

该案的争议焦点在于诈骗罪与合同诈骗罪的区别适用，其中难点是对医疗服务协议性质的准确界定。B 市检察机关认真研究法律政策，收集对照相关案例，邀请专家论证，根据相关司法解释和法学理论，并结合医疗服务协议的约定内容，认定该类协议不属于平等主体之间的民事合同，而是社会保障经办机构与医疗机构在基本医疗保险基金统筹、管理和支付过程中依法签订的行政合同。骗取医疗保险基金的行为侵害的法益并非市场经济秩序，因而其不符合合同诈骗罪的构成，应当认定为诈骗罪。B 市人民检察院加强审判监督，发挥形式法益概念的功能，纠正法律适用错误，取得了良好的法律效果。

尽管实质的法益概念与形式的法益概念功能不同，但对二者的理解是密不可分的：一方面，形式的法益概念中的具体法益也应当具有能称之为实质法益的内容，即形式的法益必须有来自宪法中规定的、作为人的基本权利的生活利益。因而我们在对数字金融犯罪法益进行解释时，只能确定具有实质内容的法益，而不能将任何一种利益都作为数据金融犯罪个罪的保护法益。另一方面，尽管法益内容本身在刑法制定之前业已存在，但实质法益的保护还需依赖刑法的规定。因此，如若数字金融法益中的部分内容受到了刑法保护，另一部分内容尚未受到刑法保护，那么，就已经通过刑法规制进行保护的部分个罪而言，刑法理论既要以数字金融犯罪的保护法益为根据对具体法条进行解释，又要反思该利益是否值得刑法保护；就尚未通过刑法进行保护的部分内容而言，应当以当前社会数字金融发展的现状为依据，考虑还有哪些内容需要得到刑法保护。因此，对实质法益概念的内涵和条件的掌握，需对形式的法益概念进行归纳，反之亦然。

(三) 法益的机能

法益自身是一个机能性的概念，只有它体现为某种功能时，才能基于这种功能对刑法的制定和运行产生效力。如上所述，根据功能的不同，可将法益概念分为实质的法益概念与形式的法益概念两种类型。实质的法益概念主要体现为对法益体系的超越功能乃至自由保障的功能，形式的法益概念则主要体现为法益内体系建构功能以及犯罪与具体行为的连接功能。因此，法益的立法检视机能和解释论机能可谓是法益的两大机能。

1. 法益的立法检视机能

法益的立法检视机能主要是实质的法益概念的机能，表现为对刑法保护对象的揭示、划定刑事立法的界限和标准，从而对刑事立法进行检验。① 当前，关于法益的立法检视机能，存在肯定说与否定说之争。肯定论肯定法益的立法检视机能，认为实质的法益概念可以划定可罚性的范围；② 否定论认为，由于法益概念的模糊性和空洞性，其不能承担反思犯罪化立法的任务，因而应当对这种概念予以舍弃。③ 笔者认为，尽管法益概念具有一定程度的抽象性是不可否认的，但并不意味着其不能被把握。法益保护作为一项法律原则，相应地法益概念必然具有抽象性，又由于语言本身的模糊性，法律概念的模糊性也不可避免，但可以通过一系列规则对法益的内容最大限度地明确化和具体化，不能以语言的模糊性否定对象的真实性。即便最大程度实现了用语的明确性，但这不过是形式上的明确性，而非刑法处罚界限上的明确性。明确作为刑法处罚根据的法益，则可以最大程度明确刑法的处罚界限。法益作为一种生活利益，显然是一种客观存在，对于法益的实质内容，可以从一般理性人的角度，按照经验性、社会性等进行理解和把握。因此，应当肯定法益的立法检视机能。关于法益的立法检视机能，具体来讲：

第一，法益具有批判和指导立法的机能。实质的法益概念通过发挥立法检视机能，为合理划定刑罚处罚范围提供指导。

一方面，法益理论指导废除没有保护法益的犯罪，具有限制立法的机能。例如，投机倒把罪属于经济犯罪，而经济犯罪的设置与一个国家

① 参见童德华、胡亚龙：《法益概念立法检视机能之衰落——以法益理论的流变为视角》，《湖北警官学院学报》2016 年第 6 期。
② 参见王杰：《法益立法批判机能的肯定及其实现路径》，《西部法学评论》2023 年第 1 期。
③ 参见冀洋：《法益保护原则：立法批判功能的证伪》，《政治与法律》2019 年第 10 期。

的经济体制息息相关。我国 1979 年《刑法》规定了投机倒把罪。投机倒把罪，顾名思义即是以买空卖空、囤积居奇、套购转卖等手段获取利润。"投机倒把"一词产生于计划经济色彩浓重的 20 世纪六七十年代。改革开放初期的中国，计划内部分实行国家统配价，超计划自销产品按市场价格出售，形成了特殊的"价格双轨制"。随着社会主义市场经济体制的确立，私人从事经济活动在一定程度上合法化，并非所有的私人经济活动都具有投机倒把的性质，不再需要设置投机倒把罪保护计划经济秩序，故而在 1997 年《刑法》中取消了"投机倒把罪"。然而，随着人类工业化和数字化技术的发展，风险社会已然到来，社会预防需要日渐迫切。基于刑法体系的扩张，法益概念的内涵也不断膨胀，尽管基于现实的需要，这一趋势具有正当性和合法性，但法益概念自身却陷入政策化、工具化的困境，其检视立法、限制刑罚的机能也随着其独立地位的丧失而日益衰落。① 德国学者罗克辛提出了法益原则具体化的九条准则，进而排除不能作为法益进行保护的情况：其一，如若某刑法条文恣意地、纯粹建立在意识形态之上，或者违反基本权利，那么该条文保护的不是法益；其二，某举动仅仅是不道德的，或者值得谴责的，不能直接认为该行为侵害了法益；其三，对自身人格尊严的侵犯，不属于法益侵害；其四，通常情况下感情伤害不属于法益侵害，只有在因为胁迫而产生了现实的恐惧时，才能作为刑法上的法益进行保护；其五，不能认为帮助或支持他人有意识的自陷风险侵犯了他人的法益；其六，象征性刑法在绝大多数情况下不具有法益保护功能；其七，不能将某种禁忌作为法益；其八，法益的抽象性应当具有限度，若保护的对象具有无法把握的抽象性，不能将其作为法益；其九，如若对某一集体法益的侵害，以侵害某种个人法益为前提，则不能将该集体法益作为某一特定规定保护的利益。② 由于当前对数字金融犯罪的法益定位与选择中，存在简单化的倾向和理解上的偏差，导致立法上存在将金融机构的安全利益等同于国家的金融安全利益的现象，"金融管理本位"观念严重，存在将金融秩序简单化为金融管制秩序的情况，因此应防止金融刑法沦为便利金融行政管理的工具。

---

　　① 参见童德华、胡亚龙：《法益概念立法检视机能之衰落——以法益理论的流变为视角》，《湖北警官学院学报》2016 年第 6 期。
　　② 参见[德]克劳斯·罗克辛：《对批判立法之法益概念的检视》，陈璇译，《法学评论》2015 年第 1 期。

另一方面，法益理论要求为保护法益增设新罪。社会发展的进程与人民利益不断增加的进程是正向对应的，随着人类工业化和数字化技术的发展，人们需要通过刑法保护的利益越来越多。其一，新事物的出现。例如，随着数字金融的发展，比特币等虚拟财产已然成为融资的新方式，许多重要数据则成为数字金融行业发展的生产资料，人们对虚拟财产和数据享有的利益显然已成为重要的法益，需要刑法予以保护。其二，轻微的法益侵害演变为严重的法益侵害。例如，随着信息技术的发展和人们生活方式的数字化，公民信息泄露广泛，网络上出现了公开兜售各类公民个人信息的广告，社会上甚至出现了搜集、出售公民个人信息的"专业户"，对公民个人隐私及人身、财产安全构成了严重威胁。据此，我国于 2009 年通过《刑法修正案（七）》，增设了侵犯公民个人信息罪，并于 2015 年通过《刑法修正案（九）》将该罪的主体由特殊主体修改为一般主体。再如，随着数字金融领域中证券、期货等金融工具的发展，利用未公开信息交易的行为严重破坏了金融秩序，需要予以刑罚处罚，2009 年《刑法修正案（七）》对这一行为进行了规制。其三，风险社会要求风险的预防。例如，在实践中，金融机构工作人员违规出具金融票证的行为往往涉案金额巨大，在某些相关案件中，尽管案发时行为人违规出具金融票证的行为尚未给金融机构造成经济损失，然而一旦造成现实经济损失则损害巨大，因而《刑法修正案（六）》将该罪由实害犯改为情节犯，对该行为的规制前置到结果发生前的危险发生阶段。

第二，法益具有使刑事立法整体上具有正当性的机能。刑法在法益理论的指导下将某种行为规定为犯罪并予以刑罚处罚，进而通过刑事立法对某种行为进行规范和禁止，有利于实现处罚范围的合理。刑法将某种行为规定为犯罪，其最终目的在于保护法益，进而维护统治阶级的意志和共同利益。表现有二：一方面，刑法不会处罚没有严重侵犯法益的行为，从而有利于实现刑法目的和处罚范围的合理；另一方面，在实质法益概念的指导下，刑法最大限度地保护了应当保护的法益，进而有利于法益主体的生存发展，最终有利于保证数字金融立法的正当性。例如，当前我国社会主义市场经济中，作为非公有制经济代表的小微企业是活跃市场经济的重要力量。然而小微企业由于缺少资信，往往难以满足银行的放贷条件。在面临资金流断裂导致企业破产危险的严峻问题下，许多小微企业经营者在非理性因素下选择采取欺骗手段取得银行贷款，尽管存在一些严重情节，但在其渡过经营困难时期并偿还贷款后，并没有给银行造成损失。在此种情况下，如若将经营者以骗取贷款罪进行追责，可能导致企业无法继续经营。考虑到小微企业融资难的现实问题，且这种情况并未严重侵害骗取贷款罪的保护法益，因而并不应当将其作为犯罪处理。据此，《刑法修正案(十一)》删除了该罪"或者有其他严重情节的"入罪条件，在保护了社会主义市场经济秩序的同时，防止由于刑事法网范围过大带来的不利后果。

2. 法益的解释论机能

法益的解释论机能主要是形式的法益概念的机能。对某个个罪规范所保护法益的理解不同，就必然导致对犯罪构成要件解释的差异，进而导致处罚范围的不同。不同于行为对象，尽管我国刑法分则存在章节的划分，为类罪的保护法益进行了相对明确的规定，但个罪的具体条文大多未明示其保护的具体法益，因而需要通过解释，来推导出个罪的保护法益。由于法益的解释论机能，因而在确定具体罪刑规范保护法益的内容时，应当注意以下两个方面。①

一是变更保护法益对犯罪构成要件的影响。"立法变更"和"时代变更"是保护法益变更的两种类型。"立法变更"指的是刑法立法明确规定变更具体犯罪的保护法益。例如私自开拆、隐匿、毁弃邮件、电报罪在1979年《刑法》中规定在渎职罪一章中，而现行刑法将该罪规定在侵犯公民人身权利、民主权利罪一章中，表现了刑法立法中该罪的保护法益，由邮电部门工作人员职能的有效发挥转变为公民通信自由权利。"时代变更"是指刑法条文本身没有变化，但由于时代变迁和社会发展的需要，刑法条文的目的已经改变的情况。在数字金融快速发展的背景下，当金融犯罪立法原本欲保护的法益已不适应金融功能的发挥时，应当基于社会需要，根据新的保护法益对个罪的构成要件进行解释，而不能按照立法原意欲保护的法益进行解释，即采取一种客观解释论的立场。

二是保护法益的多元化。通常情况下，一个罪刑规范仅有一个保护法益。但是，由于数字金融犯罪的自身特点，同一罪刑规范中数种类的保护法益并列或者主从竞合的情形并不少见。这种多元保护法益的形态可分为"重叠的并存形态"和"并列的并存形态"。② 其中，重叠的并存

①　参见熊亚文：《法益概念的解释论机能及其实现——兼论污染环境罪的法益判定与司法适用》，《西部法学评论》2016年第3期。

②　参见关哲夫、王充：《法益概念与多元的保护法益论》，《吉林大学社会科学学报》2006年第3期。

形态是指在一个刑法规范中复数的保护法益重叠地结合在一起的形态，其又可分为"对等关系"和"优劣关系"两种。对等关系表现为在某一具体个罪中保护的多元法益同样重要，例如，在数字金融犯罪领域高发的金融诈骗犯罪中，集资诈骗罪的保护法益是国家正常的金融管理秩序和公司财产的所有权。这里的国家正常的金融管理秩序和公司财产所有权显然具有同等重要的地位。优劣关系所保护的法益则有主次之分，例如，在数字金融犯罪中，吸收客户资金不入账罪的保护法益是国家对信贷资金业务的管理秩序和客户资金的安全，该罪显然将国家对信贷资金业务的管理秩序作为主要保护法益，而客户资金的安全为次要保护法益。并列的并存状态则是指在一个罪刑规范中由于行为、客体等规定内容的不同从而引起了法益保护的不同，是复数的保护法益并列存在且相互分离的形态。例如，关于传播淫秽物品罪的保护法益，从被害人的视角出发，如果行为人向未成年人传播淫秽物品，则侵犯了未成年人的身心健康利益，如果向成年人传播淫秽物品，则侵犯了他人不愿接触淫秽物品的权利。① 因此，在"优劣关系"的"重叠的并存形态"中，在确定刑法条文目的和解释构成要件时，应以主要法益的内容为标准，但不能无视次要法益在认识犯罪本质中的作用，而在"对等关系"的"重叠的并存形态中"，则需要对多元的法益予以同等重视。在"并列的并存形态"中，由于各个法益相互分离，因而法益的确定和解释论作用的发挥与一元的法益保护情况相同。

　　除了法益的立法检视和解释论机能外，法益还具有违法性评价机能和分类机能。其中，违法性评价机能是指法益所具有的，以其是否受到侵害和威胁作为行为违法性的判断依据的机能，上述结果无价值论和侧重结果无价值的二元行为无价值论显然都承认法益对行为违法性评价的意义。分类机能则是指法益作为犯罪的分类依据的机能。根据法益具体内容的不同，可将刑法分则规定的具体罪名进行分类。当前，随着城市建设的飞速发展，高楼住户数量不断激增，高空抛物事件接连不断。我国民事、行政领域针对高空抛物行为的规制成效不足，高空抛物罪应运而生。2020 年 10 月、2021 年 1 月，被告人甲两次将装有坚果壳、食物残渣、药物外包装、快递外包装等生活垃圾的塑料袋，从某小区 2 号楼 20 层抛下，将停放在 2 号楼西侧路边被害人乙及被害人丙的车辆砸损。

---

　　①　参见周详、齐文远：《犯罪客体研究的实证化思路——以传播淫秽物品罪的客体界定为例》，《环球法律评论》2009 年第 1 期。

其中，被害人甲的车辆损失经鉴定为人民币 1685 元。法院经审理后认为，被告人甲从建筑物抛掷物品，情节严重，其行为已构成高空抛物罪，依法应予刑罚处罚。需要承认的是，通过高空抛物手段构成的以危险方法危害公共安全罪与高空抛物罪极易混淆，对两者进行界分可通过法益进行考量。以危险方法危害公共安全罪侵犯的法益是公共安全，规定在我国刑法分则第二章危害公共安全罪中，高空抛物行为若要构成以危险方法危害公共安全罪，要求其危害性与放火、决水、爆炸等具有相当性，且具有导致危害后果发生的高度可能性，足以危及或损害不特定多数人的生命健康或重大公私财产安全；高空抛物罪侵犯的法益是社会公共秩序，规定在刑法分则第六章第一节扰乱公共秩序罪中，公共秩序应理解为不特定社会公众依照既定的行为规范、法律规定而共同实现的有条不紊的生活状态，体现的是一种稳定性、持续性、有序性的特质，构成此罪要求行为具有特定性、危害后果具有严重性。该案中甲的行为显然侵害了公共秩序，构成高空抛物罪。①

尽管基于法益概念的特征、类型及机能的共识，法益理论已然在犯罪论体系内外具有基础性的指导地位，但自法益概念诞生以来，围绕法益的争论从未消失，反而从不同面向愈演愈烈。当前，有关金融刑法以及基于金融领域的数字化发展，进而生成的数字金融刑法的法益研究，主要围绕两条主线展开。一是基于个人或团体主义立场和物质或精神化立场而产生的法益保护哲学根基选择的聚讼；二是基于法益机能的考量，确定数字金融法益实质内容的争锋。

二、物质化法益概念的松动

物质化的法益概念向精神化、抽象化发展并非一个新问题，法益概念的发展可谓是一个从具体到抽象的演进过程。19 世纪初期在启蒙主义人权思想的影响下，古典学派的刑法学家费尔巴哈认为，犯罪的本质是对权利的侵害，因此便提出了权利侵害说。由于无法运用权利观念来解释实定法上的所有犯罪，德国刑法学家比恩鲍姆在此基础上又提出了"财"的概念，尽管其并未对这一概念加以明确，但当时主要指的是有形的、物质的东西。宾丁在继承了比恩鲍姆"财"的概念之后，在其著作《规范论》中首次提出了"法益"概念，但这里的法益概念是一种形式

---

①　参见北京市第二中级人民法院刑事裁定书：(2022)京 02 刑终 93 号。

的法益概念，即法益只有被立法者所认可时，才能成为刑法保护的对象，具有"温和的实证主义倾向"。在新康德学派的价值哲学方法论影响下，自李斯特开始，物质化的法益概念开始松动，法益逐渐从具体的事物转变为价值的载体。李斯特将行为客体与保护客体相区别，认为行为客体是犯罪行为所侵害的外部对象，是客观存在的事物；而保护客体是受侵害的外部对象所体现的价值，也就是"生活利益"，只有这种价值才是所谓的法益。继李斯特之后，在新康德主义价值哲学的影响之下，德国学者霍尼希进一步发展了精神化的法益概念。他认为以往基于实证主义所展开的、具有实体内容的法益概念尝试都是失败的，因为立法者作出惩罚某种行为的决定时，是基于人们共同的价值判断，因此行为无价值与否的评价是与共同体的价值观相关联的。刑法规范存在的意义及目的性就在于通过刑罚惩罚的方式来保护共同体的价值观，在此意义上的共同体价值观就是刑法要保护的客体，而法益不外乎是将各个刑罚法规中被立法者承认的立法目的化约为形式化的统合范畴。① 受黑格尔与现象学派的影响，韦尔策尔试图恢复物质化的法益概念，以人的不法理论为中心，将法益与行为客体做相同理解。由于无法解决法益与行为客体不同一情形下，如何解释非物质化的法律保护客体问题，其努力显然并未成功。例如，在甲非法经营同类营业一案中，行为人的行为客体是工程项目，但行为侵害的法益则是国有公司、企业的财产权益以及国家对公司的管理制度。2010 年 2 月至 2018 年 3 月，被告人甲在先后担任投资公司副总经理、董事、总经理、董事长以及投资集团董事、副总经理期间，利用其负责项目招商工作、提前知晓招商项目信息及审核工程变更、工程款拨付的职务便利，采取挂靠其他有资质公司的方式，单独或伙同他人出资承揽经营与其任职公司同类营业的相关工程项目 14 个(其中两个项目未开工建设)，获取非法利润 230604996.22 元。②

进入 20 世纪后，随着工业化发展和风险社会的到来，法益作为现代刑法理论的基石，首先受到了冲击。受到新康德主义的影响，20 世纪初的诸多学者区分价值与现实，将法益作为文化财产的体现。20 世纪上半叶，在新黑格尔哲学的影响下，又有观点将刑法所保护的利益界

---

① 参见童德华、胡亚龙：《法益概念立法检视机能之衰落——以法益理论的流变为视角》，《湖北警官学院学报》2016 年第 6 期。

② 参见广西壮族自治区来宾市中级人民法院刑事裁定书：(2021)桂 13 刑终 76 号。

定为民族的文化与道德秩序，如迈尔认为维护民族道德是刑法的任务。传统的自由主义的法益理论主张从物质和实体的角度来把握法益的内涵，即便是李斯特之后出现的法益概念精神化，也并未完全脱离现实生活的支撑，法益内涵中仍然保留有相当的实然客体。进入风险社会之后，传统的法益概念逐渐显现出无法满足现实需求的困境，包括数字金融安全在内的非传统安全以及人类可持续发展的代际需求皆已突破了法益概念物质化、实体化的界限。刑法规范中不断出现的立法或解释都已经远远突破了法益的物质化限制，不断将刑罚目的的需求囊括其中，法益概念呈现出愈发精神化、抽象化的趋势。当然，这种趋势也受到了学界的批评。例如，罗克辛指出要摒弃"观念上的法益概念"，以宪法价值作为对法益概念的约束。由于社会预防目的的迫切，刑法体系出现了扩张和出位的趋势，为法益概念的精神化和抽象化披上了正当性和合法性的外衣，但法益概念自身却陷入政策化、工具化的困境，其检视立法、限制刑罚的机能也已随着自身独立体系地位的丧失而日益衰落。[1]

如上所述，德国学者曾尝试通过利益、文化价值、道德秩序以及宪法价值等独立于刑法的要素对法益概念进行界定，可以说，法益发展史上各种实质的法益概念，几乎是立足于犯罪行为的社会危害性对法益侵害进行认定。[2] 根据德日刑法学中盛行的社会行为论，认为人在社会环境中有不同的举动，但只有举动本身有意义，并且对社会也有意义时，才能被认为构成刑法上的行为。[3] 根据我国《刑法》第 13 条的规定，犯罪是严重危害社会的、依照法律应当受刑罚处罚的行为。如果行为没有严重的社会危害性，刑法则没有必要将其规定为犯罪并予以刑罚处罚。社会系统理论是生命系统自我再生系统理论在社会学中的具体体现，这种理论认为，社会系统是一种在一个封闭循环的过程中，不断地由沟通制造出沟通的自我制造系统，因而严重危害社会指的是使社会系统失

---

① 参见童德华、胡亚龙：《法益概念立法检视机能之衰落——以法益理论的流变为视角》，《湖北警官学院学报》2016 年第 6 期。

② 参见王钢：《法益与社会危害性之关系辩证》，《浙江社会科学》2020 年第 4 期。

③ 参见童德华：《外国刑法导论》，中国法制出版社 2010 年版，第 82 页。

效，妨害了社会系统解决自身存续问题。① 刑法作为社会共同体中的法律制度，对社会存续的维持则是其天然担负的功能，因而作为刑法目的的法益概念自然将社会维护作为其核心内容。据此，"所谓的社会危害性，就是指行为对社会系统的正常运转、对社会共同生活的妨害，而所谓的法益则是指，维持社会系统和社会共同生活的必要外在条件"②。以社会危害性理论对精神化的法益概念进行限制，立法者不能将任何精神化的法益概念作为刑法上的法益予以保护，而只能基于维持社会共同生活的需要进行判断。具体来讲，可从两方面予以考察：一是考察侵害某种精神化法益的行为在普遍化后是否会导致社会系统的失范；二是考察该行为是否具有被普遍效仿的可能性，进而是否有必要对其加以预防，进而最大限度地发挥法益精神化趋势下法益的立法检视机能。

三、物质化法益概念的逆反

在物质化的法益概念中，法益是一种具体的、与个人有紧密联系的利益。个人法益作为法益理论的最初表现形式，体现了在社会契约论指导下国家对个体提供的承诺与保护。然而，由于纯粹的个人利益无法满足由于国家、社会建构需要而衍生的利益保护要求，而超越个人利益的社会公共利益占据共同生活体的重要地位，亟需法益提供更加全面、完善的保护，因此物质化法益概念出现逆反，超个人法益（集体法益）就此诞生。刑法作为社会基本结构的组成部分，其功能随着社会转型发生变化。随着社会的工业化以及社会分工的专业化，人们更多地享受到现代科技带来的种种物质便利，而伴随科技便利出现的众多新生危险源，使得与风险共舞成为当下人类社会无法摆脱的宿命。随着社会风险的增加，民众对安全与秩序的需求也随之增长，尤其是在数字金融等新兴领域，强调国家权力介入在风险预防与控制上的积极作用，将刑法作为维护安全的手段。

超个人法益作为社会风险、预防性国家相关的范畴，强调刑法的社会功能。国家有义务保障善良公民的安全，安全的实现则以惩罚威胁公众安全之人为前提，因此国家安全、社会安全、市场经济秩序或社会管理秩序逐渐成为刑法的保护法益。这种超越个人而存在的人类"安全"

---

① 参见周刚、姜鸿：《卢曼社会系统理论视角下来华留学生群体舆情管理研究》，《常州大学学报（社会科学版）》2023 年第 3 期。

② 王钢：《法益与社会危害性之关系辩证》，《浙江社会科学》2020 年第 4 期。

或保障安全的制度，被认为是具有普遍妥当性的超个人法益。然而，如果刑法对超个人法益的保护缺乏合理边界，则可能存在矫枉过正的风险。[①] 一方面，可能导致刑法工具主义。由于风险具有不确定性和难以预测性，因而从立法技术上说，超个人法益的刑法保护需要降低个罪的成立标准，包括由具体的危险犯转化为抽象的危险犯，刑法进而成为一种预防复杂社会风险的工具，但也可能成为未知利好可能的干扰。这种优先以刑法作为风险控制工具的简单逻辑，可能滑向刑法工具主义。另一方面，可能导致对自由价值的侵害。刑法过于强调对超个人法益的保护，意味着物质化、具体的法益向精神化、抽象的法益转变，可能导致象征性刑法。强化对超个人法益的保护，也意味着对自由的限制，尽管刑法强化超个人法益保护的逻辑结果是更多限制自由并获取更大的安全，但事实并非绝对如此。如果采取一种刑法家长主义作风，将刑法视为制造安全的工具，可能带来更多的不安全，由此可能导致刑法自由价值与安全价值之间的关系过度紧张。

当下，在面对理论困境与实践难题之时，学界的常见思路是从个人法益理论中寻找解决之法并展开论证，而非在超个人法益理论内部寻求正解。对此，理论上形成了个人法益一元论和法益二元论的争论。

（一）个人法益一元论的立场及其存在的问题

个人法益一元论强调以个人法益保护为核心，根据是否承认集体法益，又可分为绝对的法益一元论和缓和的一元论。绝对的法益一元论是一元论的早期学说，这种观点将"国家为了个人而存在"作为法益理论的基础，认为法益是个人为了自由的自我实现所必需，立法者确认法益的对象必须服务于个人的自我实现，因而个人法益高于超个人法益，如果刑法规范没有直接保护个人法益，就不能作为核心刑法所规定的内容。这种观点教条化地将"古典刑法"中的个人自由主义作为其理想，将超个人法益从"核心刑法"的范畴中排除出去，几乎否定了超个人法益作为刑法保护对象的可能性。日本学者神山敏雄基于个人法益一元论的主张认为，经济犯罪可以细分为三种类型：一是侵害普通消费者、投资者的财产性、经济性利益的犯罪；二是侵害企业、公共机关等经济主体的财产性、经济性利益的犯罪；三是侵害国家的经济制度或行政秩

[①]　参见姜涛：《论集体法益刑法保护的界限》，《环球法律评论》2022 年第 5 期。

序、经济交易规则的犯罪。他提出只有前两种类型是真正的经济犯罪，
而第三种应当被归类为违反经济秩序的行为。①

然而，这种理解并不合理，难以解释复杂的数字金融犯罪问题。第
一，难以妥当解释当前我国刑法分则中几乎不存在当罚性疑问的部分数
字金融犯罪，例如，伪造货币罪、擅自设立金融机构罪、洗钱罪等罪
名。行为人在实施符合构成要件的行为时，犯罪的成立无法通过是否侵
犯个人法益判断。例如，在甲伪造货币罪一案中，② 自 2019 年 8 月开
始，被告人甲通过 QQ 学习伪造人民币的方法流程，购买了水印板、印
章、人民币电子模板、打印机、铜版油墨、防伪纸等工具材料，在其租
住的出租屋内伪造人民币。2020 年 5 月 28 日，公安机关在 A 处将甲抓
获归案，并当场缴获甲伪造的人民币（总面额为 6270 元，经鉴定均属于
假币），其中 100 元面额 41 张（成品 35 张、半成品 6 张）、50 元面额 31
张（成品 7 张、半成品 24 张）、20 元面额 21 张（成品 12 张、半成品 9
张）、10 元面额 15 张（成品 7 张、半成品 8 张）、5 元面额 10 张（均系半
成品）。法院认为甲犯伪造货币罪，判处有期徒刑三年，并处罚金 2000
元。在本案中，显然难以查证甲是否侵犯了个人法益，其罪名成立也无
需判断是否侵犯了个人法益。第二，混淆了数字金融犯罪与财产犯罪的
界限。传统财产犯罪以个人财产法益受到侵害或威胁为成立要件，然而
在操纵证券、期货市场罪，内幕交易、泄露内幕信息罪等操纵市场、影
响竞争等典型的数字金融犯罪中，通常并不确定是否存在个体的财产损
失，考虑到数字金融市场因果关系的间接性和风险的广泛扩散性，需要
数字金融刑法进行提前干预，加强对威胁金融安全行为的规制，在实际
损害发生之前进行干预。例如，在甲操纵证券市场罪一案中，③ 2013 年
2 月 1 日至 2014 年 8 月 26 日，被告人甲担任××公司龙华西路营业部
经纪人，并受邀担任"谈股论金"电视节目嘉宾。其间，甲在其亲属
"乙""丙""丁"名下的证券账户内，预先买入"利源精制""万马股份"等
15 只股票，并在随后播出的"谈股论金"电视节目中通过详细介绍股票
标识性信息、展示 K 线图或明示股票名称、代码等方式，对其预先买

---

① 参见［日］神山敏雄：《经济刑法の概念》，载神山敏雄等编：《新经济刑法
入门（第 2 版）》，成文堂 2013 年版，第 7 页。转引自马春晓：《中国经济刑法法益：
认知、反思与建构》，《政治与法律》2020 年第 3 期。

② 参见广东省东莞市中级人民法院刑事裁定书：（2021）粤 19 刑终 148 号。

③ 参见上海市第一中级人民法院刑事判决书：（2017）沪 01 刑初 49 号。

入的前述 15 只股票进行公开评价、预测及推介，再于节目在上海电视台首播后 1 至 2 个交易日内抛售相关股票，人为地影响前述股票的交易量与交易价格，非法获取利益。经审计，甲买入前述股票交易金额共计2094.22 万余元，卖出股票交易金额共计 2169.7 万余元，非法获利75.48 万余元。法院认为，被告人甲身为证券公司工作人员，违反规定买卖或持有证券，并通过公开评价、预测或者提出投资建议，在相关证券交易中非法获利 75 万余元，情节严重，其行为已构成操纵证券市场罪，应处 5 年以下有期徒刑或者拘役，并处罚金。在该案中，甲的行为显然威胁了金融安全，但并不确定是否造成个体的财产损失。第三，不利于数字金融市场的发展完善。金融安全需要合理的金融秩序做保障，基于个人法益一元论，将仅侵害金融管理秩序而缺乏具体被害人的行为从数字金融犯罪中排除出去，这种做法不利于市场经济体制的发展完善。例如，在甲逃汇案一案中，A 市 B 区人民法院认为，原审被告单位甲公司违反国家规定，虚构转口贸易，致使境内的外汇被非法转移至境外，数额巨大，其行为已构成逃汇罪。原审被告人乙作为甲公司、丙公司直接负责的主管人员，违反国家规定，虚构转口贸易，致使境内的外汇非法转移至境外，数额巨大，其行为亦构成逃汇罪。甲公司逃汇的行为严重侵害了我国的外汇安全，但如果因缺乏具体被害人而将这种行为从金融犯罪中排除出去，显然不利于市场经济体制的发展完善。①

基于个人法益一元论存在的问题，缓和的一元论一方面承认集体法益的概念，另一方面主张通过充分延展"个人"概念，将部分集体法益纳入一元论体系，认为集体法益为保护个人法益而存在，通过在集体法益中嵌入个人法益因素并以此作为刑法保护集体法益的"门槛"，进而防止集体法益的工具性扩张。② 相较于早期的个人法益一元论，这类观点的优势在于承认数字金融刑法保护的集体法益，但同时通过对个人法益保护的限制，促进数字金融刑法对投资者或消费者利益的保护。由于这种观点主张集体法益必须能够还原为个人法益才能为刑法所保护，③因此集体法益始终从属于个人法益，缺乏自身的独立性，因而这种观点

---

① 参见上海市第二中级人民法院刑事裁定书：（2019）沪 02 刑终 1278 号。

② 参见孙国祥：《集体法益的刑法保护及其边界》，《法学研究》2018 年第 6期。

③ 参见张明楷：《论实质的法益概念——对法益概念的立法批判机能的肯定》，《法学家》2021 年第 1 期。

本质上仍属于法益一元论。行为对集体法益的侵害或威胁并非数字金融犯罪成立的充分条件，是否侵犯了背后的个人法益才是决定性因素。

"还原为个人法益"这一标准看似立场正确，强调对个人自由和个人利益的保护，但在观念和运作上都极为模糊。事实上，任何行为事件几乎都可以从不同角度评价为对个人利益是有损害的，这不仅难以清楚阐述个人法益与集体法益之间的建构性关联，也不能提供集体法益适格性的规范标准。最终，虽然一个延展的个人概念使得个人法益更具容纳空间，但也使其判断标准更加模棱两可，逐渐失去最初的判断性。① 以非法吸收公众存款罪为例，并非只有给存款人造成直接经济损失的才能构成该罪，但根据"法益还原理论"，当集体法益不能"还原"为个人法益时，刑法就不能介入，行为不能构成犯罪。的确，个人法益很重要，但我们没有理由不承认超个人法益的独立地位。因此，这一分析方式不足以实现刑法维护社会主义市场经济秩序和国家数字金融安全的任务，存在数字金融刑法难以有效适用的难题。

（二）法益二元论阐述及提倡

法益二元论认为超个人法益不必隶属于个人法益，也无需还原为个人法益，其具有独立被刑法保护的价值，将超个人法益具象化后仍能够发挥相应的立法检视机能和解释论的机能。我国 1997 年《刑法》颁布以来，金融刑法增设了隐匿、故意销毁会计凭证、会计账簿、财务会计报告罪，妨害信用卡管理罪，利用未公开信息交易罪等罪名，这些罪名显然并非以具体的个人法益为规范保护目的，而是为了保护社会共同体共享的超个人法益。对于此类罪名来讲，显然只有"法益二元论"才能对新型犯罪预防和超个人法益保护的合理性进行证立。② 笔者认为，"法益二元论"可谓基于风险社会背景下的理性选择，就数字金融法益的特性来讲，肯定超个人法益的独立性不仅有利于实现预防性保护的刑事政策，推动法益理论的现代发展，回应科技进步、社会发展对刑法秩序建构、安全塑造等机能发挥的新要求，而且在为检验刑法立法提供理论框架的同时，能够为指导司法提供解释理由。以甲非法经营案为例，③ 自

---

① 参见马春晓：《中国经济刑法法益：认知、反思与建构》，《政治与法律》2020 年第 3 期。

② 参见李冠煜：《论集合法益的限制认定》，《当代法学》2022 年第 2 期。

③ 参见江苏省仪征市人民法院刑事判决书：（2012）仪刑初字第 0072 号。

2009 年 3 月 22 日至 2009 年 5 月 31 日，被告人甲用申领的 2 台 POS 终端机，以虚构交易等方式向信用卡持有人直接支付现金，套现金额达人民币 438754 元。2009 年 9 月到 2010 年 6 月 9 日期间，被告人甲与同案人乙共同使用 POS 终端机，以虚构交易的方式向信用卡持有人直接支付现金 6550096 元。在此期间，被告人吴某明通过收取手续费的方式累计非法获取人民币 50000 元。甲使用 POS 终端机虚构交易违法套取现金，通过向信用卡持有人收取少量手续费的方式获利，其行为扰乱金融市场秩序，危害金融安全。即使认为本案中的金融市场秩序能够还原为信用卡所在银行储户的集体财产，进而认为其行为构成犯罪，但这导致超个人法益被个人法益架空，割裂了形式的法益概念和实质的法益概念。反之，根据"法益二元论"的指导，鉴于金融市场秩序的整体性，要综合考察甲的行为遍布的地域大小、持续时间、波及人数、行为次数、经营数额、获利数额等各种情节，通过构建整体情节要素与超个人法益损害的规范关联，以判断侵害金融市场秩序的严重程度，进而认定其行为构成非法经营罪。

对于个人法益一元论对法益二元论提出的质疑，即法益二元论破坏刑法人本主义的思考方式，以及法益二元论以国家意识形态来左右法益保护的必要性，我国也有学者提出了充分的解释和说明。[1] 也就是说，法益二元论事实上也是旗帜鲜明的人本法益论，其诠释了与一元论不同的"人之图像"。随着现代科技的发展，金融发展也已然进入数字金融时代，以孤立的个人为观察对象的人类图像已然改变，个人自由愈加依赖国家与社会的保障。个人法益对个人的自由发展进行充分保护，但个人法益一元论中孤立的个人图像显然不能担当起集体法益（超个人法益）的主体角色，而超个人法益则为个人自由发展的社会条件进行保护，即二元论的法益主体图像不仅包括"我"，也包括"我们"。此外，如上所述，现代法治国家的宪法已然为个人法益和超个人法益的生成奠定了基础。根据宪法的精神，国家以个人为目的，而非以自身为目的，因而只要是具有实体内容的，符合宪法要求的超个人法益，亦可以发挥立法检视机能，所以并未忽视对个人法益保护的必要性。

---

① 参见马春晓：《现代刑法的法益观：法益二元论的提倡》，《环球法律评论》2019 年第 6 期。

(三)超个人法益保护的合理限制

需要承认的是,由于超个人法益相较于个人法益而言通常具有抽象性,因而对超个人法益进行独立的刑法保护时,可能存在为了保障数字金融安全而过度干预自由的风险,因此应当采取措施以最大限度实现"秩序与自由的最佳平衡"。从立法限制上讲,可分为实体限制与程序限制。就立法限制的实体限制来说,首先,有效识别集体法益。集体法益在具备法益概念基本特征的基础上,其涵摄范围应主要包括对人们的社会生活有重要价值、且有助于社会高效运转的社会制度,保障人类基本生活的生态环境,以及为个人人格自由发展所必需的社会性条件。其次,刑法对集体法益的保护应当遵循比例原则,在运用非刑法制裁措施可以实现同样的法益保护效果时,就不宜动用刑法。最后,注重明确性的限制,即对法益的侵害必须借助违反具体的规范体现出来,超个人法益的抽象性对规范的明确性提出了更高的要求,立法上应当注意对行为主体、行为方式、行为对象、损害后果、主观罪过等作出较为明确的规定,从而为民众提供明确的行为指引。从程序限制上讲,则应当进行充分的调研和专家论证,在关注数字金融国际化趋势的同时,进行充分的立法评估,最大限度地实现秩序与自由的平衡。

从司法限制上讲,一方面,法律适用应当充分考虑允许对集体法益的轻微损害,例如,2019 年最高法、最高检、公安部印发《关于办理非法集资刑事案件若干问题的意见》,明确对于非法集资案件要坚持宽严相济的刑事政策,做到惩处少数、教育挽救大多数。对于法益仅有轻微损害,情节轻微的,可以免除处罚;情节显著轻微、危害不大的,不作为犯罪处理。另一方面,在对数字金融刑法进行解释时,不能忽视个人法益的限制作用。例如,司法实践中对于各种金融诈骗犯罪,在定罪量刑时应当关注被害人是否有实际的经济损失,以及依据被害人是否对个人法益进行处分的判断,厘清高风险的投资行为和金融诈骗犯罪之间的界限。

第二节　数字金融安全法益的生成与发展

一、金融安全之"秩序法益观"的生成

金融刑法作为刑法的子系统,是金融犯罪和刑罚的规范体系。由于

刑法的目的在于保护法益,因而金融刑法以及基于数字化发展而生成的数字金融刑法所确定的法益成为金融刑法重要的犯罪标准,也成为数字金融法益的研究主线之一。根据马克思的观点,"法律应该以社会为基础"。① 刑法具有补充法的地位,因而数字金融刑法处于数字金融法治体系的后端,数字金融刑法保护法益的发展路径需从国家经济转型与金融法治的双重维度进行考察。

(一)金融刑法创立与货币信用法益的首次选定

为了短期内解决旧中国遗留下来的经济恶性波动,保证把有限的资源集中到重点建设上,以顺利度过经济困难时期,新中国成立初期采取一种计划经济体制,表现为政府对所有的生产、分配和消费进行决策和事先计划,其核心是国家对经济的全面统制。脱胎于计划经济的金融体制是一种"动员性金融模式",即国家实行大一统的金融体制,国家对中国人民银行这一全国唯一银行进行资金安全的隐性担保,利用全民储蓄的动员机制为企业输血,最大限度地集中全社会的金融资源迅速建立工业化体系。② 在计划经济体制下,以动员性金融模式为中心的经济运行模式单一,独立的社会金融活动几乎不存在,因此金融刑法的立法需求并不凸显,金融刑法保护法益的类型简单,货币信用可谓唯一的法益内容,在国家尚不具备颁布刑法典条件的情况下,我国于1951年颁布了《中华人民共和国妨害国家货币治罪暂行条例》,对伪造、变造货币、贩运、使用假币以及以散布流言或其他方法破坏国家货币信用的行为进行规制,并将破坏国家货币信用的行为规定为独立的罪名,为中国金融刑法的发展奠定了基础。

1954年我国第一部宪法明文确认计划经济体制为国家的法定经济体制。1956年三大改造后,我国计划经济体制基本形成,直至1979年《刑法》颁行之时这一体制仍未发生变化。尽管1978年我国开始实行改革开放,试图将中国的经济体制从计划经济体制转变为市场经济体制,但由于金融体制改革在整体经济改革中的滞后性,金融活动仍主要局限于货币金融且并未实现规模化,货币信用仍旧是金融刑法选择的法益内容。1979年《刑法》将金融刑法纳入经济刑法体系,将相关犯罪规定在

---

① 《马克思恩格斯全集》第6卷,人民出版社1961年版,第292页。

② 参见丁骋骋:《中国金融"做对了什么":我国金融体制变迁的内在逻辑(1949—2019)》,《经济社会体制比较》2020年第4期。

破坏"社会主义市场经济秩序罪"一章中，主要涉及伪造国家货币罪、贩运伪造的国家货币罪等罪名，此外，根据有价证券作为金融领域的金融工具这一现实，增设了伪造有价证券罪。

(二) 金融刑法发展与"金融秩序法益观"的建立

改革开放后，我国明确了要以经济建设为中心，经济体制机制发生了根本性转变，开始采取一种管制与自由、计划与市场相结合的"双轨制"转型经济体制，逐步从计划经济转向市场经济。金融作为现代经济的核心，随着经济体制的转变也进行了体制改革，其线索有二：一是"计划金融"转变为"市场金融"，即在实现财政金融分离的基础上，确立以中国人民银行为中央银行，以中建农工等商业银行为主体的银行体系；以信托、保险等金融机构为主体的金融组织体系；以股票、证券、国债等市场为基础的金融市场体系，以银监会、保监会和证监会为主体的监管体系。二是"封闭性金融"转向"开放型金融"，改革开放后所推行的市场化金融改革为外资参与我国金融活动提供了基本条件，中国金融改革日益融入世界金融发展。[1]

随着对外开放的扩大和金融体制改革的逐步深入，各类新型金融失序行为不断涌现，1979 年《刑法》明显与金融改革与发展的现实背景脱节，在刑法典之外进行单行刑法的补充规定，不失为补充金融刑法的应对性选择。在《中国人民银行法》等一系列金融前置性法律颁布的同时，1995 年 6 月，全国人大常委会会议通过了《关于惩治破坏金融秩序犯罪的决定》，将其作为金融体制改革保障法颁行，使"金融秩序"法益成为犯罪化的首要依据，下设"金融管理秩序"和"金融交易秩序"两个法益子系统，"金融管理秩序"将金融市场之外的秩序管理作为主要内容，将货币信用秩序、金融准入秩序和金融机构的运行和管理秩序作为法益的基本表现形式，以维护金融体制的垄断性和规范性。"金融交易秩序"的实质内容则是金融交易市场之中的秩序管理，该决定将金融管理秩序犯罪与金融诈骗犯罪作为主要规制内容，建立起明确的罪名体系，正式确立"金融秩序法益观"。

1997 年《刑法》基于新型金融工具引入、金融机构改革以及多元金融体系形成的现实，在《关于惩治破坏金融秩序犯罪的决定》这一单行

---

① 参见殷孟波、翁舟杰：《中国金融改革的背景与路径选择》，《财经科学》2008 年第 7 期。

刑法的基础上，更新金融刑法体系，在金融秩序法益观指导下，进一步扩大了刑法的规制范围，主要表现有二：一是加强对间接金融秩序的保护，例如，增设高利转贷罪，强化对金融准入秩序的保护；再如，设置吸收客户资金不入账罪、违规出具金融票证罪等，加强对金融机构管理秩序和金融业务安全的保护。二是加强对直接金融秩序的保护。例如，增设伪造、变造股票、公司、企业债券罪，保障金融工具安全；再如，设置内幕交易罪、编造并传播证券交易虚假信息罪、诈骗投资者买卖证券罪等罪名，在金融管理秩序的基础上加强对金融交易秩序的保护。由于社会的飞速发展，金融领域逐步进入数字化时代，金融刑法成为刑法修正的核心领域，通过十二次刑法修正案增设了六种新罪。[1]

(三)"金融秩序法益观"的检视和反思

仔细研探，所谓的金融秩序法益，事实上是将以国家行政管理制度为核心形成的管理秩序，当作包括金融诈骗犯罪在内的所有金融犯罪的保护法益。从"政府—市场"二元视角看，这种观点显然是站在政府端对金融秩序进行界定，追求的是一种市场参与者服从行政管理的有序状态，如此一来，政府成为此种法益的当然享有主体。如上所述，这种法益观的形成有其特殊的时代背景。在中国经济转型初期，基于计划经济中"动员性金融模式"的运作惯性，以国家信用为金融风险背书的国有银行仍是吸收社会资金的主要渠道，构成金融体系的基础，而随着对外开放的扩大和金融体制改革的逐步深入，各类新型金融失序行为不断涌现，不可避免地推动了管制型金融体系的形成。在此基础上确立的金融秩序法益观，其关注点在于政府的管理型利益，进而重点保护管制秩序。客观来说，金融秩序法益观在计划经济向市场经济过渡的早期有其合理性，但是在"市场在资源配置中起决定性作用"的转型背景下，我国金融体系正在由管制模式向监管模式转变，政府与市场的关系已经发生重大转变，国家金融管理的重心由金融市场准入机制转向金融市场交易机制，更加突出市场的主导地位，因为只有更加尊重市场规律，才能更好地发挥政府在金融市场交易活动中的重要作用。因此，强调金融管制的金融秩序法益观的弊端日益显现，已然不适应我国当下的经济发展需要。

---

[1]　参见魏昌东：《中国金融刑法法益之理论辨正与定位革新》，《法学评论》2017 年第 6 期。

　　首先，强调金融管制的金融秩序法益观背离了金融刑法法益定位的基本要求。秩序表现为在自然和社会演进过程中存在的某种程度的连续性、确定性和一致性。① 如上所述，法益必须与利益相关联。金融秩序表现为金融系统内各要素正常运作的一种状态，如果一种状态是人们对某种秩序需求的反映，那么它也属于利益的内容，但不宜将以管制秩序为重点的金融秩序直接解释为数字金融法益本身。由于现代金融在经济发展和国民生活中具有重要意义，仅以违反金融秩序来评价金融犯罪行为并不周延，有些金融犯罪的危害性不仅表现为破坏国家金融秩序，而且还会严重威胁国家金融安全。一方面，某些金融欺诈类犯罪本质上是具有"自体恶"的自然犯，而不是基于法律规定而表现出社会危害性的法定犯。另一方面，随着数字金融的发展，某些信息系统类犯罪、情报信息类犯罪行为在数字金融活动中滋生，严重危害国家金融安全，也随之被纳入金融犯罪的范畴。此外，金融秩序法益的内容缺乏明确性，其定位过于抽象，容易模糊秩序罚与刑事罚之间的界限，进而违反刑法的谦抑性与法定化的犯罪原理，偏离法益的选择要求。

　　其次，强调金融管制的金融秩序法益观忽视了金融交易双方的平等性。金融秩序法益观采取一种金融管制本位主义，导致了"一边倒"的刑法价值选择倾向，通过强调金融准入秩序，单方面维护金融机构的垄断利益，而在金融交易活动中，极易导致通过选择性的保护方式，忽视对金融法益关系相对人的权益保护，产生国家与金融机构利益优越于金融关系相对人权益的结果。主要表现为：其一，导致立法的单边保护主义倾向。例如，在金融秩序法益观的指导下，广泛设置侵害金融准入秩序的犯罪，导致刑法极易沦为维护金融垄断的工具；再如，在贷款诈骗罪和保险诈骗罪的构成要件设定中，直接将金融机构滥用金融权力损害金融相对人利益的行为排除出刑法的规制范围；对欺诈骗保、欺诈存款等已经广泛存在的金融机构及其工作人员实施的欺诈行为，也未进行充分的刑法保护，忽视这类行为对金融安全造成的严重损害。其二，导致刑法对金融交易秩序维护能力的不足。尽管随着金融刑法体系的修正完善，金融刑法已然开始重视对金融交易秩序和安全的保护，但"一边倒"的刑法价值选择倾向，导致司法实践在金融交易秩序维护能力上的

---

　　① ［美］E. 博登海默：《法理学——法律哲学与法律方法》，邓正来译，中国政法大学出版社 1999 年版，第 219 页。

不足，难以承担维护金融交易安全与秩序的使命，最终导致金融交易公平的缺失。其三，弱化金融的经济功能。在这种法益观的指导下，刑法在保护金融秩序时，会将金融机构的安全利益与国家的金融利益画等号，忽视乃至否定金融相对人的利益保护问题，严重扭曲金融市场化和主体利益平等化的市场交易本质，弱化了金融在国民经济中的重要作用，进而导致"影子银行""地下金融"等现象盛行。

再次，强调金融管制的金融秩序法益观容易导致"倒置式"的治理结构。建设中国特色社会主义法治体系是全力推进法治中国建设的重要内容，是实现国家治理体系和治理能力现代化的重大战略部署。刑法作为中国特色社会主义法律体系中的重要内容，具有部门法律的补充性特征，只有当一般部门法不足以抑止某种危害行为，不能充分保护某种法益时，才由刑法进行规制，而强调金融管制的金融秩序法益观容易导致"倒置式"的治理结构。

一方面，容易导致刑法对金融市场活动的过度干预，加大治理成本。如上所述，刑法是其他部门法的保障法，故其所保护的法益内容，应当是从社会危害的视角进行实质限制后选择出的重要法益。如果从强调金融管制的立场上将某种与金融安全关联较小的金融秩序作为刑法的保护法益，就会导致单纯为了便于行政管理而动用刑法的现象，产生金融犯罪圈不当扩大的结果。典型的诸如《刑法修正案(十一)》之前的骗取贷款罪，该罪的立法原意在于保护银行及其他金融机构的资金安全，但该罪的成立并不要求必须给银行或者其他金融机构造成资金的重大损失，因此具有严重情节的也可成立本罪。据此，根据金融秩序法益观的指导，在司法实践中强调对金融管制秩序的保护，只要行为人以欺骗手段取得了贷款，便构成该罪，而不问行为人骗取贷款的行为是否真正危及金融机构的贷款资金安全，这导致该罪规制范围不当扩大。据此，《刑法修正案(十一)》删除了"或者有其他严重情节"的犯罪成立条件，仅保留了"给银行或者其他金融机构造成重大损失"的犯罪成立条件。

另一方面，在金融监管手段上容易形成对刑法治理的依赖，降低治理效率。由于强调金融管制的金融秩序法益观过于强调金融活动参与者对行政管束的服从，因而容易处罚单纯的行政不服从行为。金融秩序建立在一系列由金融管理法律、法规和部门规章组成的规则体系基础上，这是由于在此类规则体系中，全国人大及其常委会通过的法律规定相对抽象，实践中行政机关牵头制定的行政法规和部门规章通常发挥真正的裁判指导功能。尽管下位法是根据上位法制定的，但为了满足便利行政管理的需要，事实上作为下位法的行政法规和部门规章中掺杂了大量管理性规定。严格意义上对这类管理性规定的违反至多只属于行政违法，但管理性规定和实体性规定混合立法，导致司法者通常不易区分和辨别。又由于此种金融秩序法益观强调对金融的管制，因而司法实践往往认为违反此类金融管理规则就是扰乱金融秩序，从而导致司法论证过程建立在"金融管理法律法规就是金融秩序"的前提之上。据此，假若行为人的行为违反金融管理法律、法规和部门规章，就认为其扰乱金融秩序，那么将一部分单纯的行政违法行为作为犯罪的处理的结果将不可避免。例如，在擅自设立金融机构罪，擅自发行股票、公司、企业债券罪等罪名中，司法实践中常以"未经国家有关主管部门批准"为由认定其行为扰乱了金融秩序，但现实中相关人员为了获得"国家有关主管部门批准"，除了要符合实体性规定外，还需满足诸多管理性规定。在"未经国家有关主管部门批准"的情形中，如果一刀切地认定所有行为均扰乱了金融秩序，必然会出现动用刑罚对单纯的行政不法行为进行处罚的情形，忽视前置法的评价能力，进而极易形成对刑法治理的依赖，引发金融犯罪上游治理的恶性循环，降低治理效率。

复次，强调金融管制的金融秩序法益观不利于促进金融改革创新，在当前数字金融快速发展的背景下，出现了 P2P 网贷、第三方支付、众筹、大数据金融、信息化金融机构和互联网金融门户等新型数字金融商业模式。但如上所述，由于金融秩序法益观的产生受计划经济体制的影响，其追求的是一种金融管制的服从，市场参与者应当服从行政管理，强调严把市场准入关。数字金融具有代替传统金融的功能，但由于某些数字金融业务难以符合审批条件，仍处于"灰色地带"，因此融资失败风险被放大，往往被刑法予以否定评价，进而被认定为非法集资犯罪。除此之外，诸如高利转贷罪、证券与期货类金融犯罪等以保障金融活动行政审批为目的的"秩序类"金融犯罪，在强调金融管制的金融秩序法益观指导下，也存在限制市场自由、减少经济增益的弊端。过于严格规范数字金融活动，不符合金融市场运行规律和经济建设的实际，在一定程度上遏制了金融领域的冒险创新精神，最终不利于促进金融改革创新和国家经济发展。

最后，强调金融管制的金融秩序法益观不符合现代金融法治构建的价值目标。金融监管关系和平等主体之间的金融关系是现代金融法的调整需求来源，公法与私法规范的"二元规范结构"一直主导着金融法的发展。① 在计划经济时期乃至向市场经济转型的初期，金融交易风险由国家背书保证，这虽然有利于金融市场的快速形成，促进金融秩序法益观的形成与盛行，但这种单一的"秩序法益观"已然不适应当下数字金融快速发展的现实和中国金融法治的改革目标，亟待调整。当下中国金融法律体系与理论正处于深刻转型与完善之中，金融法功能的调整和转型方向的选择显然是重中之重。金融法制规制金融监管关系和金融交易关系，其目标在于防范系统风险和危机，保护投资者、存款人、被保险人等，并提高效率，进而确立了维护金融安全、提高金融效率和保障金融公平的价值目标。② 这种强调金融管制的单一"秩序法益观"，显然与现代金融法治构建的价值目标不合。例如，在甲信用卡诈骗罪一案中，③ 2007 年 12 月，甲向上海市交通银行申领太平洋双币信用卡一张。2008 年 2 月，被告人乙向甲借用该信用卡，在明知自己没有还款能力的情况下，持该信用卡通过消费、提现等方式累计透支本金人民币 2 万余元。其间，交通银行多次通过拨打电话、制发通知书等方式进行催讨，被告人乙超过 3 个月仍不归还。2012 年 3 月 25 日，被告人乙主动至公安局投案，如实交代上述事实，并退赔涉案全部赃款。关于该案，有观点基于单一的秩序法益观，主张金融管制本位，单方面强调对金融机构的保护，认为甲违反规定将信用卡借与乙使用，而乙基于此实施了恶意透支的行为，二者应当共同承担刑事责任。从金融资产安全的法益视角来看，在本案中，持卡人甲并无共同的犯罪故意，只有实际使用人乙通过个人的恶意透支行为侵害了金融机构的金融资产安全，应当仅对使用人乙以恶意透支型信用卡诈骗罪论处。

二、数字金融法益观的实体化与社会化发展

金融秩序法益观在内容上的空洞以及从政府端对金融秩序进行界定，进而在价值取向上对国有金融机构的偏向性保护，导致作为次要法益的财产利益更加凸显，难以有效发挥法益解释论的机能。在晚近的相关研究中，要求走出金融秩序法益观立场的呼声越来越高，主张将与金

① 参见王保树：《金融法二元规范结构的协调与发展趋势——完善金融法体系的一个视点》，《广东社会科学》2009 年第 1 期。

② 参见魏昌东：《中国金融刑法法益之理论辨正与定位革新》，《法学评论》2017 年第 6 期。

③ 参见上海市静安区人民法院刑事判决书：（2012）静刑初字第 242 号。

融市场机制相关且先于金融秩序的实体性利益作为金融刑法的保护法益的观点正日益被学界所支持。就具体观点来说，主要包括金融消费者、投资者的权益说、金融信用利益说、主体间信任关系说、金融安全法益说五种观点，尽管这五种观点所立足的领域和具体内容不尽一致，但具有相同的构建方向：一是倡导利益的实体性，即不再认可金融犯罪的保护法益是行政管理部门形式上的管制秩序，而是努力探寻可从秩序中寻找或者还原的实体性利益。二是强调利益的社会性，否定将行政管理部门或者某一个体作为金融刑法的保护法益主体，而是认为金融刑法的保护法益涉及的是社会的利益，具有超个人的特性。三是主张金融刑法保护法益的利益外在性，即金融刑法保护法益并非来自法律系统本身，而是源自金融系统，这样的利益先于管制或监管的金融秩序。笔者认为，上述观点的构建方向值得肯定，但在此方向上的具体观点都失之偏颇。

（一）金融消费者、投资者的权益说

金融消费者、投资者的权益说指出金融刑法的保护法益应以现实利益和一定的可期待的具体利益为中心，将金融犯罪的保护重点落在金融消费者、投资者的利益上，认为具体消费者、投资者的权益是现代金融刑法的保护法益。① 也就是说，金融刑法的保护法益内容虽然包括了金融消费者和投资者利益、社会利益、国家利益等多种利益，但金融消费者和投资者的利益是核心，② 然而该观点存在明显不足。

首先，认为金融犯罪的保护法益是金融消费者或投资者的利益，是对金融犯罪保护法益实质内容的不当限缩。将金融犯罪的保护重点定位于金融消费者、投资者的现实利益与一定的可期待利益，事实上是将金融犯罪的保护法益理解为特定主体的财产安全。如果认为特定主体的财产安全是金融犯罪的保护重点，那么金融刑法与传统财产犯罪则会出现混同，金融刑法就会失去独立规定的意义，只要强化传统刑法中的财产犯罪的惩治即可实现保护特定主体财产利益的目的。

其次，认为金融犯罪的保护法益是金融消费者或者投资者的利益，有违平等保护原则。如上所述，在金融秩序法益观的指导下，我国刑法

---

① 参见张小宁：《"规制缓和"与自治型金融刑法的构建》，《法学评论》2015年第4期。

② 参见刘博涵：《重塑金融刑法：法理基础与实现路径》，《新疆大学学报（哲学社会科学版）》2022年第2期。

在立法和司法实践中存在单方面维护金融机构垄断利益的倾向，因而在金融交易活动中，极易导致通过选择性的保护方式，忽视金融法益关系相对人的权益保护，产生国家与金融机构利益优于金融关系相对人权益的结果，因此刑法当前更加关注金融活动中消费者或投资者的利益。但就整个金融刑法体系保护的法益是什么而言，应主要取决于现实需要，即整个金融系统需要刑法保护什么，而不能取决于刑法想要保护什么。① 据此，设置包括金融诈骗犯罪在内的金融犯罪并非仅为了保护金融机构的财产，也不是泛泛地防范金融消费者或者投资者资金的安全风险，保护特定主体的财产安全。这是由于金融活动本身具有高风险性，但高风险往往也与高收益相结合，因此资金风险不可避免。金融机构所从事的金融业务是具有商业性质的活动，一方面，金融机构作为金融市场中的一方主体，刑法无法确保其处于稳赚不赔的地位；另一方面，金融系统也并不需要刑法只保护某一方的财产利益。基于此，为了金融市场的正常稳定运行，刑法也不应当在一般意义上对金融消费者或者投资者的利益给予更高的刑法保护，否则便有违刑法的平等保护原则，既不利于市场交易平等，也不利于市场在资源配置中发挥主导作用。

再次，认为金融犯罪的保护法益是金融消费者或者投资者的利益，混淆了同类法益和具体法益的界限。金融消费者或金融投资者的利益，主要表现为金融交易参与者的利益。应当承认，具体的金融犯罪，特别是在金融诈骗犯罪中，确实不少主要关涉的是金融交易一方的利益。例如，集资诈骗罪、票据诈骗罪等金融诈骗犯罪中，主要涉及的是金融交易一方（如金融投资者、金融机构或者金融消费者等金融活动参与人）的利益，但金融诈骗行为同样也损害了交易双方的交换利益。立法机关在对骗贷犯罪进行解读时亦指出，骗取贷款的行为主要存在于贷款人与金融机构的金融交易活动中，但骗用银行等金融机构的贷款，不仅是对金融秩序的扰乱，亦危及金融安全。② 正如有观点指出，"在刑法上，信贷诈骗也同投资诈骗一样，不可单独理解为个人之间交换利益的问题。倘若这里仅将供贷方和受贷方的财产视为唯一的法益，这也有

① 参见劳东燕：《金融诈骗罪保护法益的重构与运用》，《中国刑事法杂志》2021年第4期。
② 参见黄太云：《立法解读：刑法修正案及刑法立法解释》，人民法院出版社2006年版，第128页。

失妥当"①。这是由于金融活动是一种商事活动，并非单纯的民事行为，金融安全事关国家安全中的非传统安全，属于经济安全的一部分，也并非单纯的交易安全。

最后，认为金融犯罪的保护法益是金融消费者或者投资者的利益，无法满足国家金融监管制度保护的需要。例如，金融准入制度作为国家金融监管的必要制度，尽管具有一定的行政管理色彩，但其背后所维护的利益是金融安全，亦具有刑法保护需要，但金融消费者或者投资者的利益显然难以涵盖金融监管制度需要保护的情况。例如，在甲擅自设立金融机构一案中，② 甲为获取非法利益而擅自设立金融机构的行为严重危害了金融安全。2013 年以来，被告人甲笼络、组织大批社会闲散人员及刑满释放人员，长期在 A 市 B 区周边乡镇开设地下赌场牟取暴利，并逐步发展形成以甲为组织领导者，被告人乙、丙等为骨干成员的黑社会性质组织。为攫取非法经济利益，甲以非法所得擅自设立金融机构，长期从事高利放贷等非法金融活动，严重破坏了社会经济秩序，威胁金融安全，其行为构成了擅自设立金融机构罪。再如，如果金融机构在未充分履行好信用卡使用人信用核查义务的情形下，授权给不具备信用卡使用资质的人使用信用卡，那么金融机构的行为在本质上创造并增加了其损失资金的风险。在保护金融消费者利益观点的指导下，通常认为这种行为属于被害人自陷风险的行为，因此不能将金融消费者恶意透支的行为作为信用卡诈骗罪处理。然而这种观点的问题同样在于将金融犯罪局限于金融交易主体的利益，忽视了信用卡秩序本身对金融安全的重要意义，无法满足国家金融监管制度保护的需要。例如，司法实践中存在一些不法分子，处心积虑通过各种非法手段诈骗或违规套取金融机构的信贷资金，其以支付好处费为诱饵，伙同外省市不法信贷中介批量组织人员，再将这些人员包装成为具备申请信用卡、信用贷资质的人，以他们的名义申请信贷资金，进而实施贷款诈骗、信用卡诈骗等犯罪，严重扰乱金融管理秩序，危害金融机构信贷资金安全。③ 在此种情况下，金融机构资金被诈骗的风险大大增加，如果此时对金融机构的信用核查义

---

① ［德］克劳斯·梯德曼：《德国经济刑法导论》，周遵友译，《刑法论丛》（第34 卷），法律出版社 2013 年版，第 8 页。

② 参见陕西省汉中市中级人民法院刑事裁定书：(2019)陕 07 刑终 222 号。

③ 参见《捍卫经济金融安全维护市民合法权益》，搜狐网，http://news.sohu.com/a/723667002_121106832，最后访问日期：2023 年 10 月 4 日。

务提出过高要求，显然无法满足国家金融监管制度和金融安全保护的需要。

(二) 金融信用利益说

金融信用利益说认为，从"秩序法益观"到"利益法益观"是中国金融刑法立法的应然转向，指出金融犯罪本质上是对金融信用的侵害。金融信用是国家经济运行基础的支撑，应当将金融刑法的保护法益落脚到金融信用利益，其具有超个人法益的特征，不同于包括金融机构、金融消费者和金融活动参与者在内的金融市场主体的个体利益。[①]

金融交易是一种跨时间、跨空间的人际价值交换，信用可谓交易双方金融交易活动成功的关键，因而就金融的基本逻辑来讲，认为金融犯罪的保护法益是"金融信用利益"，这显然把握住了金融的本质。应当承认的是，与金融秩序法益观和金融消费者、投资者的权益说相比，"金融信用利益"这一观点的优势更为明显。一是内涵相对更明确。"金融秩序"这一概念相对金融信用而言较为抽象，内涵难以明确。不同于上述金融消费者、投资者的权益说将金融刑法的保护法益定位于市场主体的个体利益，金融信用利益说则认为应将金融刑法的法益定位于金融信用利益，这种观点既符合金融犯罪法益的"超个人法益"之特征，且相较于秩序，信用利益概念更加具体，内涵更为明确，更有利于发挥法益的立法检视机能。二是更有利于犯罪化与去罪化的双向展开。在金融秩序法益观的指导下，对金融活动的管制极易形成金融行为犯罪化的单向扩张，而金融信用法益观相较于金融秩序法益观更具有犯罪化合理性的自省机能，有利于犯罪化与去罪化评价的双向展开。然而，该观点仍存在可商榷之处。

首先，金融信用法益说无法克服金融秩序法益观存在的问题。如上所述，从金融信用说的外观看，强调秩序向利益的保护转移与当前主流的金融刑法法益发展相契合，而且将金融刑法的法益界定为信用利益也与金融的本质相一致。值得注意的是，尽管信用利益的内涵相较于秩序概念来说更为明确，但其内涵仍然具有模糊性，也难以为犯罪化提供明确的实质判断标准。即使是持金融信用利益法益说的学者，仍认为在犯罪化的方向和重点上，应以违反金融市场交易监管秩序取代违反金融市

---

① 参见钱小平：《中国金融刑法立法的应然转向：从"秩序法益观"到"利益法益观"》，《政治与法律》2017 年第 5 期。

场准入秩序，并将金融信用利益作为违反金融市场交易监管秩序犯罪化的实质性标准。[1] 正如有的学者指出的，主张金融信用法益说的观点不过是尝试转移金融监管秩序的重心，并通过金融信用利益进行明确，将侵害或威胁金融信用利益作为犯罪化的实质标准，并未改变金融秩序法益观的底色。[2] 事实上，金融信用利益与金融监管秩序之间的重合性较高，它们的区别主要在于侧重点不同：金融信用利益侧重描述"信用"这一支撑现代金融交易活动的基石，而金融监管秩序则侧重描述"秩序"这一维持现代金融市场平稳运行的前提。无论是金融信用还是金融监管秩序，都不过是一种中间法益，它们与金融安全是形式与实质的关系，因此金融信用法益说无法克服金融秩序法益观存在的问题。

其次，金融信用利益说不完全符合数字金融市场的刑法保护需求。持金融信用利益说的学者认为，中国金融市场正面临从管制模式向监管模式的转型，因而以违反金融监管秩序取代违反金融市场准入秩序应当成为犯罪化的方向和重点，主张这一学说的内部又分为提高侵害金融市场准入秩序犯罪的标准[3]和废除侵害金融市场准入秩序的罪名[4]两种观点。以非法吸收公众存款罪和擅自设立金融机构罪为例，认为应当提高侵害金融市场准入秩序犯罪标准的观点认为，违反金融行业准入制度的行为是否构成犯罪，在判断时必须结合行为是否存在其他滥用金融信用工具或破坏金融信用的行为，应当增设"严重扰乱金融信用的"的构成要件要素，将其纳入现行犯罪的构成要件；认为应当废除侵害金融市场准入秩序罪名的观点则认为，应当废止擅自设立金融机构罪、非法吸收公众存款罪等罪名。

然而，这种在金融信用利益说指导下具体观点的合理性让人质疑，其明显忽视了当今金融市场数字化发展的现实背景，不完全符合数字金融市场的刑法保护需求。数字金融作为一种基于"二次脱媒"后的新的

---

[1]　参见钱小平：《中国金融刑法立法的应然转向：从"秩序法益观"到"利益法益观"》，《政治与法律》2017 年第 5 期。

[2]　参见江海洋：《金融脱实向虚背景下非法吸收公众存款罪法益的重新定位》，《政治与法律》2019 年第 2 期。

[3]　参见魏昌东：《中国金融刑法法益之理论辩正与定位革新》，《法学评论》2017 年第 6 期。

[4]　参见钱小平：《中国金融刑法立法的应然转向：从"秩序法益观"到"利益法益观"》，《政治与法律》2017 年第 5 期。

金融业态,其风险类型更加复合。科技变革和数字化发展正在逐渐改写金融行业的交易规则,与此同时,金融风险相伴相生且不断转型和变异。随着"互联网+"概念的广泛提出,数字金融在这种背景下正迅速崛起,金融系统进行着近现代金融市场诞生以来最宏大和最深刻的技术创新,大数据、云计算、人工智能、区块链等不断迭代,创新的科技发展甚至开始从根本上改变了现行金融业务模式和监管框架。① 随着互联网的普及和移动支付的快速发展,越来越多的金融活动参与者需要更加灵活、便捷和高效的金融交易体验,金融消费者接受先进科技的意愿和能力也逐渐增强。市场需求成为数字金融发展的重要推动力量,新型的金融产品、金融平台、金融组织、金融业态及其所包含的数字网络效应,向社会公众进行跨时间和跨区域的渗透扩散速度亦有所加快。对数字金融安全稳定具有重要影响的科技企业,却可能因其本身未从事金融业务而难以被纳入现有的金融监管体系,进而产生数字金融监管漏洞。具有隐蔽性、突发性、传染性和负外部性特征的金融风险,在数字技术和网络风险的叠加与聚合下,传递速度可能会更快,波及面也可能会更广。信用风险作为金融风险的一个重要方面,应当予以重视,但也不可罔顾其他方面的风险,在传统金融转向数字金融的背景下更是如此。因而就非法吸收公众存款罪以及擅自设立金融机构罪而言,尽管可将其归入保护金融市场准入秩序类犯罪,但不可轻言废除。根据当下数字金融的发展情况和风险现状,技术安全可谓数字金融安全的重要保障,与数字金融体系运行安全,以及数字金融体系内的资金安全和数据安全息息相关。只有符合技术安全的互联网平台才有资格进入金融行业,而市场准入秩序可以为刑法保障数字金融安全提供正当性依据,废除设置一定市场准入标准的事前监管显然不合适。至于行为人的行为是否构成犯罪及是否具有需罚性,需要结合具体案件中行为人的行为与具体构成要件进行实质判断。

最后,体现为社会成员信赖金融体制的金融信用利益的临界点难以把握。从社会成员的视角来看,金融信用利益可以解释为对金融体制的信赖,而这种信赖显然属于人类的一种现象。对金融体制的信赖并非个人人格或自我负责的私生活,而是类似于名誉这样的属于社会生活基础的心灵、精神现象,显然值得刑法保护。尽管金融信用或者说对金融制

---

① 参见杨东:《监管科技:金融科技的监管挑战与维度建构》,《中国社会科学》2018 年第 5 期。

度的信赖具有真实性，也可能受到行为影响，但这种信用或者信赖的破坏必须反射在个人的心理上。严格来讲，刑法难以直接进入个人内心进行保护，其所能做的只能是在个人内心外部，改变或消除可能对内心世界有影响的外在情状。[1] 就金融信用或对金融的制度性信赖而言，主要在于政府、法律对金融制度的规范，且因为其有客观化标准，因而不需要依赖交往经验或人格特质就能轻易成为信赖对象，而制度规范从真实到落实的连接点在于，作为不同角色的人能够作出合乎规范的期待行为。当角色未作出合乎规范的期待行为时，可能会产生期待和实际之间的落差，然而这种落差并非立即会转化为"不信赖"。若落差保持在某种限度或者频率之内，人们会认为是一种纰漏而非常态，进而选择继续信赖，如果超出某种限度，人们就会改变行为模式，选择不再信赖。因此，对金融制度的信赖与不信赖之间有一个阈值，只有到达临界点才会出现不信赖，然而如何把握这个临界点，则取决于具体的社会结构和历史。此外，不同社会成员关于信赖的临界点也并不完全一致。因此，金融信用利益说也难以为金融犯罪司法实践提供有效指导。例如，在甲金融凭证诈骗案中，[2] 被告人甲在 2012 年至 2016 年 1 月，冒充某农村信用合作联社工作人员，以高利息为诱饵，利用先后伪造的《A 省农村信用合作社整存整取定期储蓄存单》共 199 张，分别骗取乙等三十多名被害人现金共计人民币 1357 万元。法院经审理认为，被告人甲假冒信用社工作人员，伪造银行储蓄存单实施金融凭证诈骗，数额特别巨大，其行为已构成金融凭证诈骗罪，应依法惩处。甲的行为显然危害了金融安全，但其行为是否造成三十多名被害人从此不再信赖金融凭证，以及金融凭证的信用是否受到了严重损害，显然难以判断。

(三)金融风险防控化解说

基于金融信用法益存在的问题，有学者提出了金融风险防控化解说。根据该说，虽然金融信用或者说对金融制度的信赖难以量化，但通过转换视角，可以由果寻因地考察何时、何种金融制度信用会被破坏，以及损害金融信用的阈值在何处。金融领域作为一个研究较为深入的专业领域，其中有很多现成可用的金融风险测量模型，通过运用这些金融

---

[1] 　参见钟宏彬：《法益理论的宪法基础》，（台北）元照出版公司 2012 年版，第 265 页。

[2] 　参见湖南省澧县人民法院刑事判决书：（2016）湘 0723 刑初字第 252 号。

学模型对风险进行测量，可以判断金融行为是否引发了非正常的风险。在数字金融背景下，可以认为金融信用被破坏是由于一种非正常的风险。该说认为金融风险具有两面性，其消极面向在于，由于金融市场可能出现自我调节失灵的情况，因而需要政府进行必要管制；其积极面向在于金融市场具有风险性的固有特征，从风险角度切入增强了把握金融市场规律和本质的准确性。基于对非法吸收公众存款罪法益的研究，该说认为此罪的规范保护目的是防范和化解非正常金融风险。[1] 笔者认为，这种观点认识到防范化解金融风险对保障金融安全的重要意义，其对风险的量化显然有利于使司法实践建立在有效的数据结果之上，值得肯定。然而这种以金融学的风险测量模型为根据而主张的金融风险防控化解说，单向强调防范化解风险，忽视了自由的保障，极易导致不同社会子系统风险概念的混淆，以及社会系统功能的紊乱。

一方面，法律系统中的"风险"与金融学中的"风险"概念不能混用。金融学中的"风险"不仅种类繁多，且大小不一，是一个可以通过计算模型量化的实证性概念，对其进行量化研究分析主要是从财产损失风险的角度进行的风险计算和测量，进而发现一些新的金融风险量化与资产组合管理的理论视角与实践经验。[2] 而法律系统中的"风险"概念是一个规范性的概念，只存在"禁止的风险"和"允许的风险"两种类型。金融学中的"高风险"和"低风险"与刑法中的"禁止的风险"和"允许的风险"并无绝对的对应关系。例如，根据风险量化模型的计算，有些金融投资的风险很高，为了优化资产组合管理，并不建议投资和持有此类金融资产，但刑法并不禁止此类行为。反之，金融市场的低风险行为可能属于法律系统中"禁止的危险"，例如金融市场中的内幕交易行为属于低风险的市场交易行为，通常能获得比正常投资更高的收益，然而这种行为却是被法律禁止的行为。此外，将金融学中的风险防控化解作为金融刑法的保护法益，也可能导致仅根据是否造成投资者财产损失的标准判断金融犯罪是否成立的现象。

另一方面，强调风险的防控化解可能导致个案风险转化成为社会系统性风险。如上所述，由于金融系统中的风险通常与收益相关联，将与

---

[1] 参见江海洋：《金融脱实向虚背景下非法吸收公众存款罪法益的重新定位》，《政治与法律》2019年第2期。

[2] 参见彭选华：《金融风险价值量化分析》，厦门大学出版社2015年版，第4页。

收益相关联的风险量化，并不能为刑法中风险提供绝对有效的指导。又由于刑法作为统治阶级对被统治阶级实行专政的工具，通过追究犯罪人的刑事责任和适用刑罚为统治阶级服务，因而对风险防控化解的强调也可能导致司法实践为了消除所谓的金融风险，而通过刑法处理那些被误认为"金融风险"的"政治风险"。如果说金融系统中的风险概念与收益相关，那么政治学中的风险则主要与稳定相关，这是由于政治风险的本质是由政治因素引起的跨国经营环境发生剧烈变化的可能性，其风险的原因包括政治体系、国家稳定、社会动荡、法律环境等。① 因此，如果司法实践中误将政治风险的防控化解作为金融刑法的保护法益，则可能导致根据金融活动是否严重影响社会稳定，来判断行为人的行为是否构成所涉犯罪。例如，将行为人非法吸收公众存款引发的群众上访、投资者围堵司法机关等破坏社会稳定的后果，作为是否追究行为人非法吸收公众存款行为刑事责任的根据，而随意动用刑法回应社会维稳的需求，既不利于政治系统社会治理能力和金融系统抗风险能力的提升，也可能导致个案风险向社会系统风险的转化，将当前的风险推向未来。

(四) 主体间信任关系说

主体间信任关系说同样认为金融信用是金融刑法的保护重点，但这种观点采取一种主体间的法益观，认为源于主体性的法益观是上述既有观点的体系性缺陷，提出金融犯罪的保护法益是金融市场参与者围绕金融市场形成的主体间信任关系，并指出这种信任关系是一种自发秩序，并非专属于特定个体，但是存在于主体之间的"看不见的"利益。这种观点指向信用风险，即市场参与者围绕金融市场形成的信任关系遭到破坏的风险。②

基于物质化的法益概念，在传统法益论的观点看来，法益必然属于特定主体，一切法益都能够也应当归属于特定主体。正是这种想当然的观点，一方面，使得像社会、国家这种缺乏确定指向的抽象存在，更多地作为新型法益主体出现，进而出现了超个人的法益概念。另一方面，由于超个人法益相较于个人法益而言通常具有抽象性，因而对超个人法

---

① 参见杨国亮：《对外投资合作中的政治风险：现有研究的综述及其扩展》，《经济管理》2012 年第 10 期。

② 参见蓝学友：《互联网环境中金融犯罪的秩序法益：从主体性法益观到主体间性法益观》，《中国法律评论》2020 年第 2 期。

益进行独立的刑法保护时，可能存在过度干预自由的风险，据此法益还原理论被提出，即通过超个人法益能否还原为个人法益，进而判断其能否作为刑法的保护法益。虽然法益还原理论通过一个延展的个人概念使得个人法益更具容纳空间，但也使其判断标准更加模棱两可，逐渐失去最初的判断性。这导致法定犯的理论始终难以取得突破性进展，甚至导致法益在刑法教义学中的基础地位受到威胁。传统法益论的观点所具有的主体导向性特点，建立在自然犯法益的构想上。例如，在故意杀人罪、故意伤害罪、盗窃罪等传统自然犯中，人的生命、身体健康、财产等是这类犯罪所要保护的法益，而这类法益总是能归属到特定的个体之上，因而这类传统的自然犯采取主体性法益观并无问题。据此，这类传统自然犯的主体法益观被很自然地被照搬进法定犯的法益论构建之中。由于金融市场建立在人与人之间的交往之上，即使一群孤立的个体在空间上聚集在一起，但如若彼此之间不进行交往，也无法形成市场。也就是说，金融市场是由多次个体间的交往关系组成的，并非由一个个孤立的个体组成。因此，在金融犯罪这类法定犯中，刑法所要保护的并非特定主体的利益，而是一种主体间的法益。例如，在甲公司高利转贷一案中，① 甲公司使用虚假的产品购销合同，虚构事由，以 8.528% 的年利率套取 H 银行贷款人民币 500 万元，贷款期限一年，后甲将其中 400 万元以 2% 的月利率转贷给乙公司，约定借款期限 11 个月。甲公司于 2012 年 11 月 2 日归还银行贷款本金人民币 2531973.02 元，后于 2013 年 5 月 2 日还清剩余银行贷款。甲公司的违法所得数额为人民币 336023.48 元。法院认为，甲公司以转贷牟利为目的，套取金融机构信贷资金后再高利转贷他人，违法所得 336023.48 元，已经达到《刑法》第 175 条规定的违法所得数额较大标准，依法构成高利转贷罪。在该案中，甲公司归还了 H 银行的贷款及利息，H 银行并无资金损失，乙公司获得了甲公司转贷资金的帮助，甲公司则获得了转贷的利息，似乎并没有特定主体的利益受到损害，然而，这种行为显然损害了一种主体间性的金融安全利益，应当通过刑法予以规制。

需要承认的是，无论是站在政府端确立的金融秩序法益观，还是站在市场端提出的金融消费者、投资者的权益说和金融信用利益说，抑或试图在政府端与市场端之间取得折中的金融风险防控化解说，本质上都

① 参见江苏省高级人民法院刑事裁定书：（2020）苏刑申 264 号。

受到了主体法益观的束缚，导致上述四种观点各有缺陷：金融秩序法益
观站在政府端容易惩罚单纯的行政不服从行为，背离了我国金融改革的
方向；站在市场端的金融消费者、投资者的权益说和金融信用利益说，
则始终难以对秩序与利益之间的关系进行妥当处理，容易仅关注"看得
见"的利益；金融风险防控化解说试图在政府端和市场端进行折中，但
在风险认定时关注特定市场主体的金融行为有无造成特定主体利益损失
的风险，最终将两端的缺陷集于一身。① 因此，采取一种主体间性的法
益观显然能够克服上述观点既有的体系性缺陷，但由于该说同样将法益
落脚到"信用"法益上，因而也存在上述金融信用利益说的缺陷，笔者
在此不再赘述。

(五) 金融安全法益说

金融安全法益说认为应适时调整金融犯罪的保护法益，从秩序法益
观向安全法益观转变，将维护金融安全作为金融刑法的首要目标，即现
代金融刑法的保护法益应当是金融安全。② 所谓金融安全是指一国的金
融发展具有抵御国内外各种风险的能力，主要包括金融体制不遭受破
坏、金融财富不会大量流失、金融体系运行大体正常。金融安全中隐含
着国家和社会利益，刑法必然要保障金融安全，将其上升为法益而纳入
保护范围。③ 笔者认为，相比较而言，认为金融刑法的保护法益是金融
安全，是当前数字金融发展背景下最合理的选择，但需要说明的是，基
于数字金融固有的风险性特征，笔者这里主张的金融安全法益并非绝对
的金融安全，而是一种在总体国家安全观指导下的相对的金融安全，需
要在金融安全的基础上，进行行为社会危害性的考察，同时兼顾对金融
效率和金融平等的保护。当前，学术界已经有部分学者提出金融犯罪的
保护法益是金融安全，但该主张尚未得到理论界的广泛认同。④ 其中一
个重要原因是学界尚未充分理解金融安全法益，对其分析仍不充分，就

---

① 参见蓝学友：《互联网环境中金融犯罪的秩序法益：从主体性法益观到主
体间性法益观》，《中国法律评论》2020 年第 2 期。
② 参见孙国祥：《金融犯罪的保护法益》，《国家检察官学院学报》2022 年第
6 期。
③ 参见董秀红：《金融安全的刑法保护》，法律出版社 2015 年版，第 53 页。
④ 参见李娜：《论金融安全的刑法保护》，武汉大学出版社 2009 年版，第 81
页；孙国祥：《金融犯罪的保护法益》，《国家检察官学院学报》2022 年第 6 期。

如何厘清金融安全与金融效率、金融平等关系的认知也不清晰，这些都需要进一步分析和论证。

例如，在甲信用卡诈骗罪一案中，① 被告人甲于 2010 年 6 月持自己的身份证复印件向 H 银行申领信用卡一张，2010 年 7 月 4 日至 2011 年 1 月 4 日，被告人甲持该卡消费、取现，经银行多次催收，于 2011 年 2 月、4 月和 5 月先后向银行还款 300 美元、200 美元和 100 美元，共计拖欠银行本金美元 35855.51 元(折合人民币 232537.32 元)，经银行多次催收，超过 3 个月仍不归还。2011 年 6 月 16 日被告人甲被公安机关抓获，到案后如实交代了上述犯罪事实。案发后，被告人甲于 2011 年 7 月、10 月先后向银行还款 500 美元、300 美元。根据最高人民法院、最高人民检察院《关于办理妨害信用卡管理刑事案件具体应用法律若干问题的解释》第 6 条规定，"持卡人以非法占有为目的，超过规定限额或者规定期限透支，并且经发卡银行两次催收后超过 3 个月仍不归还的，应当认定为刑法第一百九十六条规定的恶意透支"。在本案中，甲在银行催收后只归还部分欠款，这种部分还款行为能否使银行的前期催收失效存在争议。笔者认为，从金融安全与金融效率、金融平等关系的认知来看，不能认为只要甲有还款行为，就认为银行的前期催收失效，否则会产生两个不利后果：一是关于一定金额没有统一的认识，实践中可能因理解不同导致司法不统一；二是同样会出现恶意持卡人通过定期归还一定金额的欠款来逃脱刑责的问题，而银行则疲于催收，对持卡人长期高额的透支不还行为无法用刑罚威慑，造成金融安全和金融秩序的隐患。

三、总体国家安全观指导下金融安全法益的证成

如上所述，整个金融刑法体系保护的法益是什么，应主要取决于现实需要，即整个金融系统需要刑法保护什么，而不能取决于刑法想要保护什么。金融安全是国家安全的重要组成部分，特别是随着数字金融的发展，风险的潜在性、累积性以及数字金融本身的脆弱性都要求刑法对金融安全进行充分保护。对于金融领域来讲，金融安全本身不仅具有法益属性和价值终极性，可以涵盖所有金融法益，而且能够承担金融刑法法益的功能。根据我国《宪法》和《国家安全法》的规定，维护金融安全

① 参见上海市第一中级人民法院刑事裁定书：(2012)沪一中刑终字第 76 号。

显然也是现代刑法的使命。尽管金融安全法益也存在一定程度的抽象性问题，但在总体国家安全观指导下的数字金融安全法益的观点，相较于上述其他学说具有显著优势，因此，应当将数字金融安全作为现代数字金融犯罪的保护法益。

（一）数字金融体系需要刑法对金融安全加以保护

金融安全是国家安全的重要组成部分，特别是随着数字金融的发展，风险的潜在性、累积性以及数字金融本身的脆弱性要求刑法对金融安全进行充分保护。

首先，金融安全是国家安全的重要组成部分。习近平总书记深刻指出："金融是国家重要的核心竞争力。"[1]"金融活，经济活；金融稳，经济稳；经济兴，金融兴；经济强，金融强。经济是肌体，金融是血脉，两者共生共荣。"[2]"金融安全是国家安全的重要组成部分，是经济平稳健康发展的重要基础。维护金融安全，是关系我国经济社会发展全局的一件带有战略性、根本性的大事。"[3]金融业对国家经济发展意义重大，金融安全代表着国家体系与金融制度的平稳运行，是进而获得政治安全、经济安全与军事安全的一种能力和目标，没有金融安全，国家的经济发展成果将丧失意义与保障。随着数字经济发展和经济全球化，金融领域的竞争成为国际竞争的重要片区。总体来看，我国金融发展形势良好，风险总体可控，但受到国际国内经济下行压力的综合影响，我国金融发展仍面临较大风险和挑战，需要发挥刑法对金融安全的保障作用。

其次，数字化风险与传统金融风险的叠加凸显了金融安全保护的迫切性。在数字化发展的背景下，金融领域数字化对当前的金融监管制度提出新的挑战，金融系统性风险不断变异。当前，系统性金融风险呈现

---

① 《习近平总书记在全国金融工作会议上的重要讲话为我国金融工作健康发展指明方向》，央视网，https：//news.cri.cn/xiaozhihezuo/20170718/2f6bdfbf-f6f5-b7e0-7768-543f4046ea7a.html？eqid=f77980e20017d68d000000036461bd07，最后访问日期：2023年8月20日。

② 《新华网评：让金融与经济更好地"共生共荣"》，新华网，https：//baijiahao.baidu.com/s？id=1626530088943498594&wfr=spider&for=pc，最后访问日期：2023年8月5日。

③ 中共中央党史和文献研究院编：《习近平关于总体国家安全观论述摘编》，中央文献出版社2018年版，第95页。

四大特征：一是传染性强。现代金融市场依靠数字化的实时交易，金融业务之间的内联性加大，风险更易传导至其他地区的金融机构和金融市场。二是传递速度快。数字金融背景下的金融机构倒闭会更迅速地波及其他金融机构，使相关人员和单位猝不及防，难以及时展开有效救援措施。三是造成的损失严重。系统性风险一旦演变为金融危机，整个金融系统都会陷入瘫痪，其他相关系统随即陷入混乱或停滞。四是顺周期性。顺周期性内生于金融系统的特征，金融的发展在经济上升时期快于其他部门，金融的下滑在经济下降时期也快于其他部门，进而放大对实际经济的冲击。[1] 此外，金融全球化导致金融犯罪的全球化，金融系统数字化导致巨额资金流动可以通过多种形式迅速实现，资金流向和网络犯罪难以定位，犯罪分子的犯罪活动更加游刃有余。

最后，金融安全需要得到保护具有经验实在性。安全是每个人都能够感受和把握的，尽管个人对安全的具体需求不尽一致，但金融安全的基本需要高度相同。安全与每个人的利益息息相关，并非一个空洞的概念，且安全利益作为刑法中的保护法益早有先例，例如危害公共安全罪将公共安全利益作为保护法益。从经验上看，金融风险具有累积性，一旦单个金融犯罪所形成的风险累积到一定程度，金融安全隐患就难以避免。正如习近平总书记指出的："金融风险有的是长期潜伏的病灶，隐藏得很深，但可能爆发在一瞬之间。"[2]

(二) 金融安全能够承担金融刑法法益的功能

对于金融领域来讲，金融安全本身具有法益属性和价值终极性，可以涵盖所有金融法益，能够承担金融刑法法益的功能。具体来讲：

一方面，金融安全具有法益属性。如上所述，从实质的法益概念来讲，法益具有检视立法的机能；从形式的法益概念来说，法益具有解释论的机能。由此可见，成为金融刑法的法益，要求具备利益价值性。正如有观点指出的，"金融制度、金融秩序和金融安全是由表及里的三个层次，前者分别是后者的屏障。金融制度是外在的规则，金融秩序既是状态的表征，又是制度的直接效果，而金融安全是内在的状态，是金融

---

[1]　参见张炳辉：《金融安全概论》，中国金融出版社 2018 年版，第 171 页。

[2]　参见《〈习近平关于总体国家安全观论述摘编〉（二）：维护重点领域国家安全》，国家经济安全研究院网，http：//naes. bjtu. edu. cn/index. php？ m＝content&c＝index&a＝show&catid＝23&id＝827，最后访问日期：2023 年 8 月 6 日。

刑法的核心价值和利益。利益只能被发现进而被保护，而不能被建构"①。金融安全作为理性思维的产物，是现实状态的反映，是客观存在的不以个人意志为转移的重要利益，尽管具有一定的抽象性但并不虚无。金融安全是指一国的金融发展具备抵御国内外各种风险的能力，因而其中必然蕴含着国家和社会利益。因此，金融安全具有利益价值性的法益属性。

另一方面，金融安全具备金融刑法所保护利益的价值终极性。金融安全是一个极具弹性和张力的概念，包括宏观的国家金融安全、中观的区域金融安全和微观的个体金融安全，也是一种可以根据时空和标准界定的相对状态，可以根据现实需要在"绝对安全"和"绝对不安全"之间划定临界点，进而确定金融刑法保障金融安全的范围。此外，金融安全可以涵盖所有的金融法益。一方面，金融安全是金融管理秩序目标之所向，显然可以直接使用金融安全法益取代金融秩序法益；另一方面，金融安全作为外延最广的金融法益，在数字金融背景下，可以涵盖某些没有违反金融管理秩序但严重危害金融安全的行为。从金融安全的维度来看，包括货币维度、债务维度、信息维度、资产维度、市场维度和监管维度六大维度。② 从金融安全的影响因素来看，可分为内在因素和外在因素，内在因素包括国家经济安全、金融行业安全、金融市场安全、金融创新安全，外在因素则包括国际金融体系因素、国际资本流动因素、经济制裁、网络攻击、政治攻击、领土争端、恐怖袭击和军事干预。③所有与这些因素相关的金融安全问题都可纳入金融安全的范畴。事实上，金融安全具有多层性和集束性，无论上述金融法益学说所侧重的金融秩序、金融消费者、投资者的资金安全，还是金融信用，事实上都内嵌于金融安全中。因此，金融安全具有宽广的保护跨度，具备金融刑法所保护利益的价值终极性，更适应数字金融时代的发展和金融法律的要求。

据此，金融安全作为金融刑法的保护法益，能够承担金融刑法法益的功能，且优势明显。第一，有助于克服刑法对金融制度的严重依赖性。金融安全法益更能反映金融刑法体系的包容性，有助于金融管理制度价值多元问题的解决，回归法益的价值性。第二，有利于强调民事侵

---

① 董秀红：《金融安全的刑法保护》，法律出版社 2015 年版，第 55 页。

② 参见张炳辉：《金融安全概论》，中国金融出版社 2018 年版，第 12~14 页。

③ 参见张炳辉：《金融安全概论》，中国金融出版社 2018 年版，第 5~9 页。

权行为和行政违法行为与刑事犯罪行为之间的明确划分。立足于金融安全体系和全局，刑法中规制的侵害金融安全的行为应当是严重侵害金融安全的行为，如若是单纯违反行政管理秩序和侵犯个人法益的行为，经过行为累积也不足以危害金融安全，则不构成金融犯罪。第三，有利于实现刑法的谦抑性，金融安全强调违反金融法规和破坏金融管理秩序的行为只是金融犯罪的特征而非本质，因此只有严重危害金融安全的行为才能构成犯罪，有利于实现刑法的谦抑性。

(三) 维护金融安全是现代刑法的使命

如上所述，金融刑法的保护法益具有流变性，随着时代的发展而变化。在当前的数字金融背景下，金融安全的重要性凸显，事关经济安全和国家安全，如果刑法将金融安全作为金融刑法的保护法益，能更加有效地预防和打击金融犯罪，进而保障金融安全稳定。

就我国法律政策层面而言，宪法作为国家的根本法和治国安邦的总章程，明确了刑法维护国家安全的任务,[1] 而《国家安全法》明确将金融安全作为国家安全的重要组成部分，强调了国家应当健全金融宏观审慎管理和金融风险防范、处置机制，防范化解系统性、区域性金融风险，对外部金融风险的冲击进行防范和抵御。[2] 此外，党和国家也明确将维护金融安全作为治国理政的大事。[3] 尽管《宪法》《国家安全法》以及党和国家的政策已然为刑法保护金融安全奠定了基础，但相关规定都是原则性的。金融安全的保护需要整个法律体系协同进行，刑法作为其他法律的保障，在维护金融安全的任务分配中可谓肩负重任。一方面，刑法为金融活动提供规范指引，设定行为底线，进而保障金融安全；另一方面，通过设定合理的刑罚保证刑法保障金融安全的有效性。[4]

(四) 总体国家安全观指导下的金融安全法益说较其他学说优势显著

中国特色社会主义进入新时代，在"中华民族伟大复兴战略全局"

---

① 参见《中华人民共和国宪法》第 28 条。

② 参见《中华人民共和国国家安全法》第 20 条。

③ 参见习近平:《金融活经济活金融稳经济稳 做好金融工作维护金融安全》,《人民日报》2017 年 4 月 27 日。

④ 参见孙国祥:《金融犯罪的保护法益》,《国家检察官学院学报》2022 年第 6 期。

和"世界百年未有之大变局"两个大局中，影响国家安全的内外部因素日趋复杂，国家安全面临重大挑战。根据此境况，2014年4月15日，习近平总书记在中央国家安全委员会第一次会议上首次正式提出"总体国家安全观"，其内容可以归纳为"五大要素"①和"五对关系"②。"明者因时而变，知者随事而制。"总体国家安全观不仅传承了我国传统安全战略文化，也发展和升华了中华人民共和国成立后的国家安全战略思想，其不仅是推动国家安全理论与实践创新的重要成果，也是新时代顺应当前国内国际安全形势的必然选择。③总体国家安全观是安全刑法理念的精神内核。作为新时代国家安全治理的科学理论，总体国家安全观不仅升华于国家安全实践，具有鲜明的理论品格和巨大的理论价值，而且能科学有效地指导国家安全实践，为安全刑法的科学发展奠定理论基础。④因此，总体国家安全观指导下的金融安全法益说不仅能有效克服其他金融法益学说存在的问题，也同时具备其他学说的优点，优势显著。

首先，总体国家安全观采取底线思维，体现了鲜明的对立统一的观点。一方面，总体国家安全观在看到传统与非传统安全区别的同时，认识到二者的界限愈加模糊，因而通过立足最低点，争取最大期望值的方法，努力取得国家安全保障的最优效果。另一方面，总体国家安全观通过抓主要矛盾，强调"重点要防控那些可能迟滞或中断中华民族伟大复兴进程的全局性风险"，并将其作为重大风险防范和化解的底线。⑤如上分析，金融秩序法益观更多体现了一种行政管理的思想，司法论证过程建立在"金融管理法律法规就是金融秩序"的前提之上。据此，假若行为人的行为违反金融管理法律、法规和部门规章，就认为其扰乱金融秩序，那么将一部分单纯的行政违法行为作为犯罪处理的结果将不可避免。金融安全法益立足于金融安全体系和全局，认为刑法中规制的侵害金融安全的行为应当是严重侵害金融安全的行为，因此对于单纯违反行政管理秩序和侵犯个人法益的行为，若其行为经过累积也不足以危害金融安全，则不构成金融犯罪。

其次，总体国家安全观具有明确的战略思维，体现了鲜明的唯物论的观点。总体国家安全观采用广泛的全球视野，以新时代的国情与世情为出发点，统揽全局，把握事物发展的总体规律，强调战略定力、战略自信和战略耐心，牢牢掌握国家安全战略的主动权。① 金融消费者、投资者的权益说认为金融犯罪的保护法益是金融消费者或者投资者的利益，是对金融犯罪保护法益实质内容的不当限缩。"金融安全是国家安全的重要组成部分，是经济平稳健康发展的重要基础。维护金融安全，是关系我国经济社会发展全局的一件带有战略性、根本性的大事。"② 相较于金融消费者、投资者的权益说，金融安全法益说将金融安全作为金融刑法的保护法益，显然是吸收了这种战略思维，意识到金融安全所具备的价值终极性。

再次，总体国家安全观运用系统思维，体现了鲜明的联系的观点。总体国家安全观在思考和处理国家安全问题时，全面、普遍地观察我国的基本国情与世界的大国博弈关系，在"大安全"概念下思考各类安全之间的关系，指出各种安全相互联系，不可分割，国家安全保障工作必须做到统筹兼顾，构建集政治、经济和科技安全等为一体的国家安全体系。③ 从金融信用说的外观看，强调秩序向利益的保护转移与当前主流的金融刑法法益发展相契合，而且将金融刑法的法益界定为信用利益也与金融的本质相符合。尽管信用风险作为金融风险的一个重要方面，应当予以重视，但也不可罔顾其他方面的风险，在传统金融转向数字金融的背景下更是如此。在这种系统思维的指导下，一方面，金融安全具有

---

① 参见中共中央党史和文献研究院编：《习近平关于总体国家安全观论述摘编》，中央文献出版社 2018 年版，第 12 页。

② 中共中央党史和文献研究院编：《习近平关于总体国家安全观论述摘编》，中央文献出版社 2018 年版，第 95 页。

③ 参见中共中央党史和文献研究院编：《习近平关于总体国家安全观论述摘编》，中央文献出版社 2018 年版，第 4~5 页。

外生关联性和内生关联性。外生关联性是指金融安全在经济安全的基础上，社会信用意识、信用环境以及金融系统内部的信用意识对金融安全的影响和作用至关重要；内生关联性则强调支持金融创新的同时，也要防范风险，加强监管。另一方面，金融安全又具有综合性，特别是在数字金融背景下，金融安全并非一个独立的问题，对金融安全还需借助经济学、政治学、国家关系学以及数字信息技术学进行综合评价。因此，相较于金融信用说只关注刑法对金融信用保护的问题，金融安全法益说所关注的法益内容显然更利于对金融体系的全面有效的保护。

复次，总体国家安全观蕴含着辩证思维和创新思维，体现了鲜明的发展观点。一方面，时代发展充分证明，总体国家安全观的落实，必须要做到"十个坚持"。① 其中，"坚持统筹安全与发展两件大事"充分体现了总体国家安全观的辩证思维，这实质上也为金融安全法益和金融自由法益之间的辩证关系以及问题解决提供了思考方向。另一方面，总体国家安全观根据新时代国家安全工作的新要求，打破片面维护某一领域安全的传统思维定式，将国家安全利益发展为包括"主权、安全、发展利益"的新时代广义范畴，② 在统筹各领域安全的同时，创新保障国家安全的方式方法。③ 上述以金融学的风险测量模型为根据而主张的金融风险防控化解说，单向强调防范化解风险，忽视了自由的保障，极易导致不同社会子系统风险概念的混淆，以及社会系统功能的紊乱。相较于金融风险防控化解说，总体国家安全观指导下的金融安全法益说主张金融安全是相对的，且处于一种动态的变化之中。金融效率和金融创新离不开金融自由，与金融风险防控化解说不同，金融安全法益说并非单向追求风险防范化解，而是主张在维护金融安全的基础上，保障金融自由，支持金融创新。事实上，金融安全与金融自由之间具有形式与实质的合一性。根据最广为接受的分析范式，从不同面向可将自由划分为积

① 参见《习近平在中央政治局第二十六次集体学习时强调 坚持系统思维构建大安全格局 为建设社会主义现代化国家提供坚强保障》，中国日报网，https：//baijiahao. baidu. com/s？ id = 1685865113792348268&wfr = spider&for = pc，最后访问日期：2023 年 8 月 7 日。

② 参见李建伟：《总体国家安全观的理论要义阐释》，《政治与法律》2021 年第 10 期。

③ 参见陈文清主编：《全面践行总体国家安全观》，党建读物出版社、人民出版社 2019 年版，第 32 页。

极自由和消极自由。积极自由是指一个主体能够对他人或者其他社会组织进行干涉或控制的自由，强调的是一种自我主宰和实现，而消极自由指的是一个主体防止被干涉或控制的自由，核心在于个体在社会关系中不受强制。① 这里的金融自由显然是一种消极的金融自由，金融安全在某种意义上反映的就是不受强制的金融自由实质，保障金融效率和金融创新。

最后，总体国家安全观体现了鲜明的人民性。一方面，总体国家安全观保障"大安全"为了人民。总体国家安全观强调"国家安全工作归根结底是保障人民利益"，② 在维护总体国家安全这一"大安全"的同时，体现了以民为本、以人为本的理论品格，具有鲜明的人民性。另一方面，总体国家安全观保障"大安全"依靠人民。人民群众是历史的创造者，是维护国家安全的力量支撑。总体国家安全观强调人民是国家安全的根基和力量，要打造全民参与的"大安全"格局，不断增强人民安全感。③ 人民群众资金安全是金融安全重要组成部分。如上分析，主体间信任关系说认为，由于金融市场建立在人与人之间的交往之上，即使一群孤立的个体在空间上聚集在一起，但彼此之间不进行交往，也无法形成市场。也就是说，金融市场是由多次个体间的交往关系组成，而非由一个个孤立的个体组成。因此，在金融犯罪这类法定犯中，刑法所要保护的并非特定主体的利益，而是一种主体间的法益。这种主体间性的法益观有利于克服主体法益观的缺陷，而在体现鲜明人民性的总体国家安全指导下的金融安全法益，也蕴含了这种主体间性的法益观。

第三节　数字金融之金融安全法益的刑法保护

金融犯罪的危害具有累积性，当金融犯罪经过累积并造成巨大损害时，不仅会严重危害金融安全，其引发的连锁反应也导致危害不可逆，其影响具有长期性。因此，数字金融背景下的金融安全法益说强调数字

---

① 参见陈晓平：《透视美国枪支文化的死结——消极自由和积极自由的张力与吊诡》，《湖南社会科学》2018 年第 1 期。

② 参见《国家安全得到全面加强——新时代中国特色社会主义的伟大成就》，中共中央党校网，https://www.ccps.gov.cn/xxwx/202112/t20211210_152239.shtml，最后访问日期：2023 年 8 月 7 日。

③ 参见郭强：《总体国家安全观的理论创新》，《人民论坛》2017 年第 29 期。

金融风险的防范，金融刑法在兼顾金融发展的同时，需要贯彻金融安全保护原则，加强对金融安全的前置化保护。① 首先，金融准入制度保护具有必要性，金融行业需要公平，但其作为支撑我国经济社会发展的关键行业，更需要有门槛，特别是在当前金融行业数字化发展的背景下，金融准入制度作为维护金融安全的第一道门槛具有必要性。其次，金融刑法应采取行为主义的定罪导向。"一个行动必须是安全的，只有具有安全性才是被允许的，如果一个行动被证明将可能造成伤害，应该马上禁止这个行动的实施。"② 为了保护金融安全法益，金融刑法应关注犯罪的过程要素，从结果主义转向行为主义。再次，采纳情节犯、危险犯的构罪模式。金融犯罪的社会危害性不仅体现在特定财产这一物质法益的损害，亦体现在对金融管理秩序、金融信用等精神法益的损害。在数字金融背景下，金融风险骤升，金融刑法应当采纳情节犯、危险犯的构罪模式。最后，对非法金融活动的内部监督也应纳入刑法的关注范围。金融风险包括外生性风险和内生性风险，很多金融犯罪源于金融机构内部成员的违规操作。这种内生性的金融犯罪活动不仅难以被发现，造成的后果亦难以估量，金融刑法不能忽视金融机构的内部监督。金融安全法益具有价值终极性，其实质内容具有多层性和集束性。基于金融安全的刑法保护原则和金融安全的保护维度，笔者认为对数字金融背景下金融安全法益的刑法保护应从货币体系安全、金融行业安全、金融市场安全、金融资产安全、金融数据安全、金融机构业务安全六方面进行。

一、货币体系安全的刑法保护

我国刑法关于货币安全保护的罪名形成了以伪造货币罪、变造货币罪为基础，出售、购买、运输假币罪为补充，持有、使用假币罪为兜底，以及游离于走私犯罪中的走私假币罪的整套货币犯罪罪名体系，是数字货币问世之前针对我国货币犯罪的一条完整的惩治链。然而，这里的货币安全罪名体系是以有形货币作为犯罪对象来考虑的。随着数字金融的发展，在网络技术的支持下，数字货币登上历史舞台，这导致当前的货币罪名体系难以有效实现货币体系安全的刑法保护，进而不利于金

---

① 参见孙国祥：《金融犯罪的保护法益》，《国家检察官学院学报》2022 年第 6 期。

② ［德］乌尔斯·金德霍伊泽尔：《安全刑法：风险社会的刑法危险》，刘国良编译，《马克思主义与现实》2005 年第 3 期。

融安全的保障。目前，关于数字货币的定义并没有标准回答，可以认为数字货币是一种基于节点网络和数字加密算法的虚拟货币。① 根据发行主体的不同，可将数字货币分为私人数字货币和法定数字货币。

私人数字货币是由开发者发行和控制、不受政府监管的，在一个虚拟社区的成员间流通的数字货币，亦称虚拟货币，例如当前热议的比特币等加密数字货币就属于私人数字货币的范围。② 尽管我国不承认比特币等私人数字货币作为货币的地位，但学界仍有观点从货币职能的角度对私人数字货币的货币属性进行探讨。③ 例如，近年来私人数字货币的发展十分迅速且应用范围日益广泛，有观点以比特币为例指出，尽管我国对加密数字货币交易平台提供的比特币交易等服务予以禁止，但比特币的持有者仍可以在境外的某些交易平台或在接受比特币结算方式的购物网站和实体店使用比特币。因此，刑法应当在私人数字货币实际发挥交易中介与价值储存功能的特定情形下，认定其构成实质上的货币。亦有反对观点认为，由于私人数字货币在我国被限制交易和流通使用，因而持有者无法对私人数字货币实现完整所有权，据此否定私人数字货币的交换和使用价值。笔者认为，应当否定私人数字货币的货币地位，从金融安全法益的角度来看，私人数字货币不应被赋予货币地位。一方面，私人加密数字货币缺乏国家信用的支持，又由于区块链的去中心化特点，导致私人加密数字货币脱离国家的直接监管，难以对其可能出现的金融风险进行防范；另一方面，如果承认私人数字货币的货币地位，将与人民币的法定货币地位相抵触，还会加大洗钱、逃汇、逃税等违法犯罪的风险和监管难度。此外，私人数字货币事实上也不完全具备经济学意义上的货币职能。其一，公众接受度较低，难以充分发挥交易媒介的功能；其二，兑换率不稳定，储值功能有限；其三，由于接受度和兑换率问题，导致其不宜作为一种计价单位。④

---

① 参见朱阁：《数字货币的概念辨析与问题争议》，《价值工程》2015 年第 31 期。

② 参见姚前、汤滢玮：《关于央行法定数字货币的若干思考》，《金融研究》2017 年第 7 期。

③ 参见林胜超、林海珍：《非法转移加密数字货币的刑法规制》，《中国检察官》2021 年第 18 期。

④ 参见王熠珏：《"区块链+"时代比特币侵财犯罪研究》，《东方法学》2019 年第 3 期。

法定数字货币是在主权范围内以央行信用为保障，以国家信用为背书，央行拥有唯一发行权的国家法定货币形式。[1] 法定数字货币以国家信用为担保且具有法偿性，具有和流通中的现金同等的地位和作用，其法定货币属性通常并不存在争议。因而数字货币通常指的是法定数字货币，私人数字货币则多用虚拟财产指称。本节下文所指称的数字货币亦指法定数字货币。技术变革衍生了新型数字货币犯罪，现有货币罪名体系难以对部分新型数字货币犯罪行为进行有效规制，应当对当前的货币罪名体系进行适当改造和完善。

(一) 货币安全基础罪名的新型表征与应然保护

不同于仿照真的实物货币的图案、形状、色彩等特征非法制造假币，冒充真币这种传统伪造实物货币的犯罪手段，数字货币的伪造主要采取数据修改等技术手段进行。我国发行的数字货币采取区块链与加密相结合的混合技术路线，因此伪造数字货币涉及大量技术难题，在现有的设备条件和技术手段下几乎是一项不可能完成的任务。据此，有观点基于数字货币的安全技术预设，否定了伪造数字货币犯罪的可能性。[2] 笔者认为，技术上的高度安全性不能否认伪造数字货币的可能性。理论上，对整个货币网络超过51%的节点进行修改，仍有伪造数字货币的可能性，只是可能需要花费数年甚至更久的时间，基于当前数字技术飞速发展的现状，伪造数字货币可能只是时间问题。[3] 从我国数字人民币的试点情况来看，虽然当前的技术手段几乎无法伪造数字货币，但仍然可以通过伪造数字货币钱包等行为实施违法犯罪活动。[4] 由于数字货币需要通过数字钱包(使用数字货币的软件)使用，因此有观点指出伪造数字货币的方式有三："一是通过侵入并篡改个人账户的手段将伪造的数字货币直接增发进法定数字钱包；二是伪造法定数字钱包，将擅自发行

---

[1]　屈博雅、高雅妮、俞利强：《关于法定数字货币的文献综述》，《西部金融》2022 年第 5 期。

[2]　参见袁曾：《法定数字货币的法律地位、作用与监管》，《东方法学》2021 年第 3 期。

[3]　参见尚柏延、冯卫国：《法定数字货币的刑法问题及其立法完善》，《江淮论坛》2021 年第 1 期。

[4]　参见代小佩：《假冒数字人民币钱包已出现 专家教你一招防骗术》，中国科技网，http://stdaily.com/index/kejixinwen/2020-11/02/content_1039362.shtml，最后访问日期：2023 年 8 月 11 日。

的私人数字货币放进伪造的法定数字货币钱包；三是伪造法定数字货币并伪造法定数字货币钱包，将伪造的法定数字货币放进伪造的法定数字货币钱包。"①如果说伪造货币的行为模式是数额的"无中生有"，那么变造货币的模式则是数额的"多少变化"，即在真币的基础上进行加工，通过改变真币的形态和数额以取得非法利益。同理，变造数字货币则是通过篡改数字货币的计算机代码，改变数字货币在数字货币钱包中的形态和数额，以取得非法利益。然而，变造货币罪能否适用于数字货币的关键在于能否区分伪造数字货币和变造数字货币，以及数字货币的变造能否实现。由于我国伪造货币罪和变造货币罪都建立在有形货币的基础上，因而不能实现数字金融背景下货币安全的刑法保护，需要对其进行修改完善。

笔者认为，尽管伪造和变造数字货币本身仍存在一定程度上的技术难题，但刑法应当具有前瞻性，为了保障数字金融安全，必须将数字货币安全纳入货币体系安全的刑法保护范围。首先，应当扩大伪造货币罪和变造货币罪的对象范围。可以选择通过司法解释的方式扩大货币的外延，即在原有关于"货币"司法解释的基础上规定："本解释所称'货币'是指可在国内市场流通或者兑换的人民币、数字人民币和境外货币。"不仅有利于数字货币安全的刑法保护，也有利于实现社会公众迅速接受数字货币的效果。而对于当前已经出现的伪造数字货币钱包的行为，可将其作为伪造货币罪的特殊形式，在《刑法》第170条后增加一条，作为第170条之一，即"伪造数字货币钱包，危害货币安全的，依照本法第一百七十条的规定定罪处罚"。

(二) 货币安全兜底罪名的新型表征与应然保护

出售、购买、运输假币罪作为伪造和变造货币罪基础上的补充罪名，建立在货币已然被伪造或变造的基础上。但如上所述，由于技术原因，"假"的数字货币的伪造和变造尚难以实现，仅通过司法解释扩大"货币"外延范围足以实现对数字货币安全的保护。然而，由于运输建立在有形货币的基础上，因而运输假币罪可能成为专属于有形货币安全的保护罪名，因而在此不赘述。持有、使用假币罪作为货币安全罪名体系的兜底罪名，在行为人持有或使用假的数字货币时，显然可以构成该

---

① 李睿、张崇文：《法定数字货币的刑法保护》，《重庆邮电大学学报(社会科学版)》2023 年第 1 期。

罪。尽管尚不存在假的数字货币，但当前社会中已然出现假冒的数字货币钱包。① 相关案例表明，假冒数字货币钱包的制作者主要通过此类软件实施诈骗行为。例如，在有的诈骗案件中，行为人通过一些投资理财的微信群发布相关信息，谎称只要下载假冒的数字钱包，并缴纳 10 元到 500 元不等的认证费，就能免费使用 10 万元到 500 万元不等的信用额度，可以用于在各类购物软件上消费、提现等，但这个信用额度只能用于购买国货，不能用于购买奢侈品。案发后，公安机关通过查看相关银行流水，发现短短几天内，走账达到 800 多万元。② 本书认为，由于数字货币钱包本质上属于假冒的软件，对于假冒软件的禁止通过上游软件平台的管理即可实现，且安装此类假冒软件的行为人多为诈骗犯罪的被害人，因此仅安装并在电子工具上保留该软件不宜类推解释为持有假币罪。然而，当行为人以牟利为目的，利用假冒的数字货币钱包进行货币转移或支付时，由于该行为可能严重危害货币安全，最终影响整个金融体系的安全，因而应对使用假冒的数字货币钱包的行为进行规制。可以考虑在持有、使用假币罪原有的"明知是伪造的货币而持有、使用"的基础上，增加"或以牟利为目的，利用伪造的数字货币钱包进行货币转移或支付"的内容，对利用假冒的数字货币钱包进行转账或交易，进而危害货币安全的行为进行规制。③

二、金融行业安全的刑法保护

随着数字金融的快速发展，金融安全威胁与风险与日俱增，防范化解金融风险事关经济社会发展和国家安全，而促进金融行业安全发展是保障金融安全的要旨。保障金融行业安全离不开有效的金融监管，党的二十大报告提出，加强和完善现代金融监管，强化金融稳定保障体系，依法将各类金融活动全部纳入监管，守住不发生系统性风险底线。非法吸收公众存款罪是一个具有很强金融监管色彩的罪名，最初设立此罪的

---

① 参见《市面已有仿冒的数字人民币钱包 央行表态》，搜狐网，https：//business. sohu. com/a/687487739_121687414，最后访问日期：2023 年 10 月 8 日。

② 参见《交 280 元就能消费 280 万？警惕冒充"数字人民币"诈骗案》，极目新闻，https：//baijiahao. baidu. com/s？id = 1768385461368047363&wfr = spider&for = pc，最后访问日期：2023 年 10 月 8 日。

③ 参见李睿、张崇文：《法定数字货币的刑法保护》，《重庆邮电大学学报（社会科学版）》2023 年第 1 期。

目的在于，防止私人与国有银行争利益，进而保障改革开放初期国家集中资金，并统一调度使用。① 随着我国社会主义市场经济的进一步发展，该条文的不明确性缺陷逐渐暴露。在金融垄断和金融管制理念指导下不断扩张该罪的适用范围，不利于合法民间融资的健康发展。尤其是在数字金融背景下，各种新型金融模式层出不穷，例如，P2P、众筹、电商小贷等互联网居间服务和大数据金融服务的数字金融模式不断出现，导致该罪的规制边界更加模糊，进而难以为行为人吸收公众存款的行为提供有效指导，不利于实现金融安全与金融公正和效率的平衡。据此，学界提出各种方案，尝试对非法吸收公众存款罪的打击范围进行限缩，防止金融监管对金融行业的过度管制，压抑数字金融的健康发展。

(一) 限缩非法吸收公众存款罪规制范围的方案

1. 立法废除说

这种观点认为，基于当前非法吸收公众存款罪存在的问题，应当直接通过立法废除该罪名。例如，有观点认为，利率市场化将随着我国市场经济的全面建设和发展，成为市场经济改革中的必然趋势，而为了防止非法吸收公共存款罪阻碍互联网金融活动的正常开展，应当废除该罪。② 还有观点在主张金融犯罪的保护法益是金融信用利益的基础上，认为中国金融市场正面临从管制模式向监管模式的转型，因而以违反金融监管秩序取代违反金融市场准入秩序应当成为犯罪化的方向和重点，由于非法吸收公众存款罪并未侵害金融信用利益，因而应当从立法上废除该罪。本书认为，废除该罪显然并不妥当，除了上述提到的，根据当下数字金融的发展和风险现状，技术安全可谓数字金融安全的重要保障，与数字金融体系运行安全，以及数字金融体系内的资金安全和数据安全息息相关。因而只有符合技术安全的互联网平台才有资格进入金融行业，而市场准入秩序可以为刑法保障数字金融安全提供正当性依据，废除设置一定市场准入标准的事前监管显然不合适。至于行为人的行为是否构成犯罪及是否具有需罚性，需要结合具体案件中行为人的行为与具体构成要件进行实质判断。此外，如果没有非法吸收公众存款罪的约

---

① 参见李淳、王尚新：《中国刑法修订的背景与适用》，法律出版社 1998 年版，第 209 页。

② 参见刘宪权：《论互联网金融刑法规制的"两面性"》，《法学家》2014 年第5 期。

束，则可能有人通过提高或变相提高存款利率的方法吸引公众存款，由于行为人吸收的公众存款缺乏风险控制和资金安全保障机制，因而可能陷入巨大的风险中。非法吸收公众存款的行为成本降低，即使行为人延期兑付甚至无法兑付，只要行为人主观上没有非法占有的目的，就不能以集资诈骗罪论处，那么行为人只需承担民事责任或行政责任，而无须承担刑事责任。这显然不利于金融行业安全的刑法保护，因此不能贸然废除非法吸收公众存款罪。

2. 立法限缩说

这种观点认为应当提高金融市场准入秩序犯罪的标准，在判断违反金融行业准入制度的行为是否构成犯罪时，必须结合该行为是否存在其他滥用金融信用工具或破坏金融信用的行为，因此应当在非法吸收公众存款罪中增设"严重扰乱金融信用的"的构成要件要素，将其纳入现行犯罪的构成要件。① 这种观点显然在一定程度上对非法吸收公众存款罪的范围进行了限缩，如上所述，金融信用风险作为金融风险的一个重要方面，应当受到重视，但也不可罔顾其他方面的风险，在传统金融转向数字金融的背景下更是如此。如果行为人非法吸收公众存款罪的行为没有严重侵害金融信用利益，但严重侵害了金融安全实质内容中的其他安全，则不能以非法吸收公众存款罪进行规制，这显然有失妥当。

3. 限缩解释说

当前主流观点主张通过解释论的途径对非法吸收公众存款罪的扩张原因进行分析，在明确金融犯罪保护法益的基础上，采取实质解释限缩非法吸收公众存款罪的适用范围，从而使得该罪在数字金融背景下面对金融改革和创新时保持应有的理性克制。根据不同观点立足的法益不同，可分为两种观点。

第一种观点认为，根据金融消费者、投资者的权益说，非法吸收公众存款罪的保护法益是投资者的财产权益，因而有观点指出，非法吸收公众存款罪的本质在于借款人利用信息不对称使出资人财产陷入高风险。② 据此，如果投资者因为与集资人的信息不对称而未能对投资风险进行合理判断，在高额回报率吸引下被骗出资，导致出资款无法按约定

---

① 参见魏昌东:《中国金融刑法法益之理论辨正与定位革新》,《法学评论》2017 年第 6 期。

② [美]保罗·H. 罗宾逊:《刑法的分配原则——谁应受罚, 如何量刑?》, 沙丽金译, 中国人民公安大学出版社 2009 年版, 第 192 页。

收回，就属于一种高风险的集资行为，集资人吸收公众存款的行为就构成非法吸收公众存款罪。然而，一方面，如上所述，金融消费者、投资者的权益并非金融犯罪的适当法益，因为其不仅不当限缩了金融犯罪保护法益的实质内容，有违平等保护原则，而且混淆了同类法益和具体法益的界限，无法满足国家金融监管制度保护的需要。另一方面，这种观点仅仅从投资者的财产权益角度对该罪名进行分析，没有将其放到金融安全的视野中进行分析。尽管非法吸收公众存款行为有可能损害存贷款秩序，同时由于缺乏监管，无法保证投资者的资金安全，但更重要的是妨害了国家利用金融手段进行经济宏观调控的作用和效果，从而诱发通货膨胀，影响经济安全。[1]

第二种观点认为，根据金融秩序法益观，非法吸收公众存款罪的保护法益是国家对金融业务的监管秩序，即金融业务的特许经营权。采取这种观点的学者从限制解释的角度进一步限定"公众存款"和"金融秩序"的范围，认为"存款"是商业银行的主要业务之一，指的是吸收资金并从事货币和资本经营。[2] 据此，只有当行为人将吸收的公众存款用于货币和资本经营业务时才认为其行为破坏了金融秩序，进而构成非法吸收公众存款罪。然而，任何金融业务都必须考虑风险，"吸收存款"也并非仅以营利为目的，其承载了多重的社会功能。这种观点的逻辑过于简单，不当限缩了非法吸收公众存款罪的保护范围。

(二) 金融安全法益指导下"非法"层面的限缩

通过分析上述两种观点，发现其共同的问题在于，仅在一般人的预测可能性基础上考虑法律字词的可能含义，没有充分结合金融管理法规等前置法规范，忽视了金融刑法在某种程度上对金融管理法规的依附性。在金融安全法益的指导下，不应将"未经有关部门批准"作为非法吸收公众存款罪之"非法"的唯一认定标准。当前，数字金融依靠大数据、区块链、云计算以及完善的征信系统，在风控方面并非必然比传统商业银行要差，网络借贷近年来的发展已然充分说明 P2P 网贷等新型数字金融模式也将安全性作为重要的价值目标。自 2016 年《网络借贷信

---

[1]　参见许永安：《中华人民共和国刑法修正案(十一)解读》，中国法制出版社 2021 年版，第 110 页。

[2]　参见曾宪文：《认定"非法吸存"：刑法须兼顾商权保护》，《检察日报》2007 年 7 月 26 日第 3 版。

息中介机构业务活动管理暂行办法》(以下简称《暂行办法》)颁布以来，在我国行政部门的监管下，已然构建了网贷行业创新发展与风险防控的安全网络体系，行业的合规化进程加快，大量网贷平台转型、清退、良性退出，未来留存的往往是经过监管备案的实力雄厚的少量头部平台。因此，对吸收公众存款的行为，应在"未经有关部门批准"的基础上，在涵摄思维下进一步判断行为是否"严重危害金融安全"，进而判定是否构成非法吸收公众存款罪中所谓的"非法"，最终合理判断是否构成该罪。

本书认为，应当从作为前置法规范的金融管理法规和金融刑法两个层面入手，对非法吸收公众存款罪中所谓的"非法"进行限定，才能在金融安全的基础上，作出兼顾金融创新和金融平等的合理解释。具体来讲，非法吸收公众存款罪的合理解释路径应以《商业银行法》第 11 条之规定为基础，以 2016 年中国银行业监督管理委员会①、工业和信息化部等部门出台的《暂行办法》等金融管理法规为补充，作为非法吸收公众存款罪之"非法"判断的第一层面，然后根据行为人吸收公众存款的行为是否严重危害金融安全，作为"非法"判断的第二层面。

根据《商业银行法》第 11 条规定："未经国务院银行业监督管理机构批准，任何单位和个人不得从事吸收公众存款等商业银行业务。"据此，可将"未经有关部门批准"作为行为人吸收公众存款"严重危害金融安全"的一个必要不充分条件，如果未经有关部门批准的集资行为并不会严重侵害金融安全，则不应将该行为纳入非法吸收公众存款罪的规制范围。在这两个层面分析的基础上，通过司法解释对未经批准且严重侵害金融安全的"非法"吸收公众存款行为类型化。如，对于网络借贷可参考《暂行办法》第 10 条列举的禁止自融、禁止归集资金、禁止利用网络借贷进行高风险投资等"十三条负面清单"，在数字金融背景下对严重侵害金融安全的集资行为进行非法吸收公众存款罪之"非法"行为的类型化。这样既体现了金融刑法与作为前置法的金融法律法规的内在协调性，也在保护数字金融行业安全的同时，保障了金融平等与数字金融的创新发展。例如，在甲非法吸收公众存款案一案中，② 被告人甲伙同

---

① 2018 年 3 月，中国银行业监督管理委员会撤销，中国银行业监督管理委员会与中国保险监督管理委员会的职责整合，组建中国银行保险监督管理委员会。2023 年 3 月，在中国银行保险监督管理委员会基础上组建国家金融监督管理总局。

② 参见北京市海淀区人民法院刑事判决书：(2015)海刑初字第 837 号。

乙、丙、丁于 2007 年 2 月至 4 月间，在 A 市 B 区某证券公司营业部、B 区某小区内等地，以投资网络游戏项目等名义，向投资人戊、己、庚等人许以高额利息和利润回报，通过签订《共同存款协议》的形式，非法吸收公众存款。现查明，甲等 4 人非法吸收戊等 43 名投资人存款共计人民币 1030 万元。在该案中，甲伙同乙、丙、丁违反国家金融管理法律规定，借用共同借款的形式，公开向社会公众募集资金，并承诺在一定期限内以货币的方式还本付息，变相吸收公众存款，严重危害金融安全，其行为已构成非法吸收公众存款罪。

三、金融市场安全的刑法保护

金融的本质是资金的交易，而资金交易离不开金融市场，金融市场指的是以金融商品为交易对象而形成的供求关系及其机制的总和。因此，保障金融交易的合法、公正、透明、及时必然是保障金融市场安全的核心。操纵证券、期货市场罪和洗钱罪作为影响金融市场安全的重要罪名，对保障金融交易的合法、公正、透明、及时具有重要意义。

(一) 操纵证券、期货市场罪的本质及刑法完善

证券、期货市场作为金融市场的重要部分，其持续稳定地规范运行是保障金融市场安全的前提和基础。然而一直以来，操纵证券、期货市场罪都是金融犯罪中案发率较高的犯罪之一，在司法实践中存在较多争议，特别是随着金融行业的数字化发展，各种新型操纵证券、期货市场的行为层出不穷，需要刑法在明确操纵证券、期货市场行为本质的基础上对其进行及时规制。

1. 操纵证券、期货市场罪的本质

关于操纵证券、期货市场行为的本质，当前主要存在 "欺诈说" 和 "滥用优势地位说"，笔者主张 "滥用优势地位说"。

欺诈说认为，操纵证券、期货市场行为的本质在于利用资金信息等优势或滥用职权、操纵市场、制造证券市场假象，诱导或者致使投资者在不了解事实真相的情况下作出证券投资的决定，从而使其获得利益或者减少损失。[1] 笔者认为，尽管该行为本身具有一定欺诈性，但欺诈行为的基本构造在于行为人欺骗被骗人，操纵证券、期货市场的行为直接

---

[1]　参见刘宪权、林雨佳：《操纵证券、期货市场犯罪的本质与认定》，《国家检察官学院学报》2018 年第 4 期。

指向的是证券、期货市场本身，并没有直接对应的被骗者。此外，由于证券、期货市场本身具有不确定性，因而该行为本身也无法直接作用于某个投资者。

"滥用优势地位说"认为，操纵证券、期货市场行为的本质在于滥用优势地位操纵证券、期货市场。通过分析操纵证券、期货市场行为的发生逻辑，可以发现该行为可分为两种类型：一是行为人利用自身优势，操纵证券、期货交易价格或者交易量，从而引起其他投资者跟风交易。二是行为人利用自身优势，向金融市场投资者传递某种信息，或者通过控制某种披露信息，引导投资者参与特定种类的证券、期货产品。尽管《刑法》并未明确规定该罪的行为本质在于"滥用优势地位"，但《刑法》及关于该罪的司法解释均是从"滥用优势地位"出发对操纵证券、期货市场行为进行类型建构的。[①] 因此，操纵证券、期货市场行为的社会危害性表现在，行为人滥用优势地位，人为控制证券、期货市场，破坏了市场公平、公正和透明的竞争环境，严重危害金融市场安全，因而对此类行为的刑法规制也应围绕这一本质进行。

2. 操纵证券、期货市场罪的立法完善

由于操纵证券、期货市场罪的立法及司法解释采取了"双重兜底"的模式，即《刑法》第 182 条对该罪名进行类型化规定时使用了兜底条款，而司法解释在对兜底条款进行类型化解释的基础上再次使用了兜底条款。由于我国关于证券犯罪刑事政策采取"零容忍"和"依法严厉查处"的从严态度，[②] 因而在司法实践中倾向于适用"兜底条款"来对新型操纵证券、期货市场的行为进行规制，存在司法扩张冲动与立法规范不足的矛盾。笔者认为，应从以下两方面对该罪进行完善。

(1)加大对跨市场操纵行为的规制

操纵证券、期货市场罪主要着眼于某一市场的操纵行为及其危害性，未能对不同市场之间的关联性给予充分重视。金融市场中的证券、期货、外汇、保险等市场本就是互联互通的整体。跨市场的操纵行为不仅会发生在"现货、期货交易"市场中，在证券、期货、外汇等不同资本市场之间亦能发生。从危害结果来看，跨市场操纵行为所产生的联动

---

①　参见 2019 年 6 月 27 日最高法、最高检《关于办理操纵证券、期货市场刑事案件适用法律若干问题的解释》。

②　参见 2021 年 7 月中共中央办公厅、国务院办公厅《关于依法从严打击证券违法活动的意见》。

反应与危害性更突出。例如 20 世纪末西方国家的"量子基金"对我国香港地区资本市场的冲击就是跨市场操纵的鲜明例证。① 笔者认为，当前可通过司法解释将"通过跨资本市场，影响特定证券、期货品种市场行情，并进行相关交易的"作为该罪兜底条款的一种类型，待时机成熟时可通过立法进行修订，将其作为操纵证券、期货市场行为的一种类型在该罪中进行规定。

（2）应重视基于人工智能技术优势实施的操纵行为

如上所述，操纵证券、期货市场罪的行为本质上是优势地位的滥用，而非优势地位的来源。当前，刑法关于该罪只明确规定了资金、持股、持仓以及信息优势，但在数字金融时代，具有人工智能技术优势的证券、期货市场交易者同样可以利用自身的智能优势、速度优势等非法操纵证券、期货市场，例如行为人滥用人工智能技术的速度优势，从而实施"虚假申报""连续交易"等幌骗操纵行为时，其对金融市场安全的危害并不亚于其他三种优势地位下实施的操纵市场行为。因此，应重视基于人工智能技术优势实施的操纵行为，并将这种行为纳入刑法的规制范围。据此，当前也有观点提出，应当将"滥用程序化交易软件，非法获取速度优势进行相关交易，影响证券、期货交易价格或者证券、期货交易量的"行为作为操纵证券、期货市场罪中的一种行为类型。②

（二）数字金融背景下第三方支付洗钱犯罪的防控

随着数字金融的发展，第三方支付方式应运而生，其是指具备一定实力和信誉保障的独立机构，通过与银联或网联对接而促成交易双方进行交易的网络支付模式。第三方支付极大地便利了人们生活，但不法分子却借助其交易特征将它作为便利的洗钱工具。当前，我国对第三方支付的监管持续加强，截至 2023 年 7 月 12 日，中国人民银行及其分支机构本年度已开出至少 34 张第三方支付机构罚单，共涉及 14 家公司，罚没金额高达 62.75 亿元，远远高于 2022 年全年罚没的总额。

在公开的 34 张罚单中，罚没总额达到千万元级的罚单有 1 张，百万元级的有 8 张，而尤其惹眼的两张 10 亿元以上的罚单，分别开给了

---

① 参见［马来西亚］沈联涛：《十年轮回：从亚洲到全球的金融危机》，杨宇光、刘敬国译，上海远东出版社 2016 年版，第 45~88 页。

② 参见陈庆安：《操纵证券、期货市场罪的历史流变、犯罪本质及刑法完善》，《现代法学》2022 年第 6 期。

支付宝(中国)网络技术有限公司和财付通支付科技有限公司,而在罚单暴露的诸多问题中,反洗钱领域仍是违法违规的"重灾区"。① 洗钱活动的社会危害性是多方面的。首先,为了洗钱而注入的非法资金会扰乱金融市场的正常运行,增加金融风险,甚至可能导致金融危机的发生,破坏金融系统的稳定。其次,洗钱者通过虚假交易和资金操作,使得资金的真实来源被掩盖,导致监管机构和其他市场参与者难以正确认识金融市场交易的真实情况,破坏金融系统的透明度和真实性。最后,由于洗钱行为的目的在于掩饰、隐瞒上游犯罪的所得及其产生的收益的来源和性质,进而为其他非法活动提供了便利,危害司法机关正常活动秩序,最终甚至危害国家安全。据此,必须采取有效措施防控第三方支付洗钱犯罪。

1. 技术层面措施

第三方支付平台在数字技术迅速发展的背景下应运而生。由于通过第三方支付的交易量巨大,因而仅通过人工监督和搜寻难以实现监管全覆盖,需要充分利用大数据信息技术进一步完善洗钱犯罪风险预警机制。通过识别和辨认异常交易,查找潜在的洗钱风险和可能已存在的洗钱行为,有效填补日常监管中存在的空缺,强化对第三方支付洗钱犯罪的动态监控。与技术对应,应加强掌握反洗钱技术的专业人才培养,为提高数字金融风险管理水平助力。

2. 前置法层面措施

洗钱犯罪作为典型的法定犯,其刑事违法性的判断以行政违法性的判断为基础,因此,完善洗钱犯罪前置法规范对预防洗钱犯罪具有重要意义。首先,在技术层面措施的基础上,要继续落实和完善平台客户的身份识别制度、交易记录留存制度以及可疑交易记录的及时报送制度,最大程度防范洗钱风险。其次,完善反洗钱相关法律法规。一方面,将洗钱犯罪主体扩大到非法金融机构,并对反洗钱义务和法律责任进行明确,增强其反洗钱意识和能力;另一方面,提高第三方支付相关监管规范的立法层级,对其实现有效打击。再次,建立第三方支付平台洗钱举报奖励机制,实现"奖励与约束并举",充分发挥人民群众对打击洗钱活动的重要作用。最后,加强反洗钱信息共享及国际合作机制建设。第

---

① 参见《半年被罚没 62.75 亿元!反洗钱领域仍是三方支付机构违法违规"重灾区"》,金融界,https://baijiahao.baidu.com/s? id = 1771312147831058040&wfr = spider&for = pc,最后访问日期:2023 年 10 月 8 日。

三方支付的跨境性等特点决定了应当加强反洗钱信息共享及国际合作机制建设，我国要积极借鉴国际防控洗钱犯罪的经验案例，加强与其他国家在反洗钱领域的交流合作，建立完善信息共享机制。

3. 刑法层面措施

当前刑法关于洗钱罪的规定不能有效打击第三方支付洗钱犯罪，需要完善洗钱罪的刑法规定。笔者认为，应从三个方面进行完善。

首先，扩大洗钱罪上游犯罪的范围。随着数字金融的发展，利用第三方支付洗钱已然成为洗钱罪的新模式。笔者认为洗钱罪当前的七种上游犯罪难以满足打击该罪的现实需要，应当适当扩大洗钱罪的上游犯罪范围，将与这七类犯罪具有同等社会危害性的经济类犯罪纳入上游犯罪范围，如非法经营罪、合同诈骗罪等。合理加强对洗钱犯罪的打击力度，有利于在符合罪责刑相适应原则的同时，有效保障金融安全。

其次，增加洗钱罪的行为方式。在司法实践中，获取、占有和使用非法资金形式的洗钱手段并不少见。例如，当前第三方支付的用户量较大，沉淀于第三方支付机构名下的资金形成了巨大的资金池，在巨大经济效益的诱惑下，滋生了第三方支付平台或其工作人员对洗钱犯罪沉淀资金的占有行为。因此，应当增加洗钱罪的行为方式，将"获取、占有、使用"等行为纳入洗钱罪的行为方式中。

最后，增加间接故意的主观要素。第三方支付场景下的交易行为具有匿名性和多层级性的特征，难以认定洗钱犯罪全部链条中的行为人均具有掩饰、隐瞒犯罪所得的目的，尤其是第三方支付平台服务者以不作为的形式介入洗钱犯罪，更难以认定其主观目的。而将该罪作为目的犯，还会刺激第三方支付机构为获取高额利润的"故意不知"，因此有必要将间接故意吸纳为该罪的主观要素，解决由于洗钱罪的目的犯属性而导致的司法入罪困难问题。

四、金融资产安全的刑法保护

金融资产是一切可以在有组织的金融市场上进行交易、具有现实价格和未来估价的金融工具的总称。基于其特性，金融资产安全作为金融安全的重要内容，应在各种交易活动中受到充分保护。随着数字金融的发展，各类新型支付工具和资金融通模式不断出现，第三方支付、P2P、众筹作为数字金融背景下互联网居间服务的三种主要模式，在极大推进数字金融发展的同时，也加剧了金融资产风险。在数字金融背景下，为了充分保护金融资产安全，一方面应关注通过第三方支付的网络盗刷行为的准确定性，另一方面应重视对 P2P、众筹中滋生的非法集资犯罪的有效规制。

(一)通过第三方支付进行网络盗刷的定性问题

数字金融背景下，第三方支付已逐渐取代了传统的纸币支付和 POS 机刷卡支付，成为主要的支付方式。由于第三方支付主要采取密码识别的方式进行交易，因此当第三人非法获取他人第三方支付账号和密码时，便可盗用他人第三方支付账户进行网络盗刷交易活动。以当前具有代表性和影响力的第三方支付平台支付宝为例，通过支付宝账户进行网络盗刷的方式有四：一是盗刷支付宝账户中的余额；二是盗刷支付宝账户中绑定的银行卡；三是盗刷支付宝账户下开设的花呗中的信用额度；四是盗刷支付宝账户下开设的余额宝账户中的基金资金。根据预设的同意理论①，第三方支付平台账户所有人与第三方支付平台预设了一种交易条件，即使用平台账户的账号密码便可进行交易。因此，当行为人通过输入第三方支付账户的账号密码进行网络盗刷，则排除盗窃罪的成立。又由于根据传统的诈骗犯罪理论，诈骗犯罪的成立要求被害人产生错误认识，机器(网络终端)没有自主意识，因而不能产生错误认识，似乎也不能成立诈骗犯罪。在金融安全法益的指导下，通过第三方支付进行网络盗刷的行为显然会严重危害金融资产安全，因此应当采用刑法对这种行为进行规制。

根据机器不能被骗的传统观点，在第三种和第四种网络盗刷方式中，花呗有蚂蚁金服公司作为服务商，余额宝则有天弘基金管理有限公司作为基金管理人，若将上述网络盗刷勉强解释为服务商和基金管理人的工作人员产生错误认识，进而错误处分财产，可以将这种行为作为诈骗罪进行规制。然而，一方面，这种交易方式显然与输入账号密码即可使用花呗和余额宝自动交易的现实不符；另一方面，前两种网络盗刷活动仍然难以通过诈骗犯罪进行规制。因此，解决通过第三方支付进行网络盗刷的定性问题的关键，首先在于解决机器是否能"陷入错误认识"进而被骗的问题。

---

① 预设的同意与现实的同意相对，指的是针对未来将要发生的财物占有的转移，占有人会提前给予一种预设条件的同意。参见车浩：《盗窃罪中的被害人同意》，《法学研究》2012 年第 2 期。

1. 机器"陷入错误认识"的教义学理解

对于机器能否陷入错误认识进而被骗的问题，通说认为机器不能被骗。例如有观点认为，第三方支付平台不能成为诈骗犯罪的对象。① 也有观点认为，因为机器不可能产生认识错误的问题，因而诈骗罪以欺骗自然人为前提。② 笔者认为，尽管智能机的发展水平表明其还不具备自主意识，但自主意识是否具备与能否陷入错误认识并非一个问题。具备业务交易功能的智能机在交易中发挥的是类似交易人员的作用，从这种智能机的认识和处分能力看，基于预先的程序设定，其认为只要通过密码等验证方式，就是账户所有人在操作，并根据操作人的支付命令作出财物处分。这种情况下，智能机器显然陷入了错误认识，认为操作者就是账户所有人。随着技术水平的提高，当前也增加了面部识别、指纹识别等账户所有人的验证方式，智能机器对账户所有人的辨别力甚至会逐渐高于自然人。

无论是否认为机器"陷入错误认识"处分财产，受欺骗的对象其实是机器背后的人，③ 还是认为机器受骗并产生错误认识，机器基于错误认识处分了权利人的财产，构成诈骗罪中的三角诈骗，④ 事实上都是对机器能够被骗的肯定。此外，当前我国司法解释对机器能否被骗问题采取的也是一种肯定态度，认为"窃取、收买、骗取或者以其他非法方式获取他人信用卡信息资料并通过互联网、通讯终端等使用的"属于冒用他人信用卡的行为，可能构成信用卡诈骗罪。⑤

2. "信用卡"范围的扩大解释

由于肯定机器可以被骗，因而可以认为上述四种通过支付宝账户进行网络盗刷的方式构成诈骗犯罪。根据我国司法解释关于信用卡的界

---

① 参见吴波：《秘密转移第三方支付平台资金行为的定性——以支付宝为例》，《华东政法大学学报》2017 年第 3 期。

② 参见张明楷：《刑法学》，法律出版社 2016 年版，第 803 页。

③ 参见田宏杰、肖鹏、周时雨：《网络虚拟财产的界定及刑法保护》，《人民检察》2015 年第 5 期。

④ 参见武磊：《论机器也能成为诈骗罪的对象》，中南财经政法大学 2022 年硕士学位论文。

⑤ 参见 2018 年 12 月 1 日最高法、最高检《关于办理妨害信用卡管理刑事案件具体应用法律若干问题的解释》第 5 条。

定，当前我国信用卡包括有形的信用卡①和无形的信用卡信息资料②。盗刷支付宝账户中绑定的银行卡，可以认为行为人在非法获取支付宝账户信息的同时，也获得了他人的信用卡信息资料，对此可以认定为"冒用信用卡"，进而成立信用卡诈骗罪。由于花呗这样的信贷产品具备消费支付和信用借贷的功能，而余额宝这样的金融理财产品在具有金融理财功能的同时，也具有消费支付的功能，又由于两者均是由金融机构发行的，因而即使根据当前的司法解释，也能将其扩大解释为信用卡，进而认定第三、四种网络盗刷行为亦可以构成信用卡诈骗罪。然而，当前理论上和司法实践中对四种不同的网络盗刷方式构成的罪名显然还存在争议，导致类案不同判的情形。例如，在甲犯盗窃罪③一案中，2016年6月，被告人甲与被害人乙相识后常至乙家中过夜。2016年11月至12月，甲多次趁乙不备，使用乙手机，通过操作乙支付宝账户先后从乙支付宝账户余额中转出1.1万元，从乙支付宝账户所绑定的某平安银行卡中转出5.5万元。上述款项转入甲控制的户名为丙的建设银行卡内及丙的支付宝账户内。转账记录从乙手机支付宝终端中先后被删除。法院经审理认为，甲秘密使用被害人乙的手机，通过被害人支付宝账户转移被害人支付宝余额和所绑定的银行卡内的资金，转入其掌握的银行卡或支付宝账户内，其行为先破坏他人对财物的控制支配关系，而后建立起自己对财物的控制支配关系，符合盗窃罪的秘密性与主动获取财物的行为特征，构成盗窃罪。

再如，在甲犯信用卡诈骗罪一案中，法院则采取了不同的案件认定思路。④ 被告人甲于2014年8月获取被害人乙的身份信息及名下2张中国工商银行卡信息、使用权限后，换绑银行卡常用手机号码，通过"盛付通"等支付平台进行消费及转账，从2014年8月12日至22日，

---

① 根据2004年12月29日全国人大常委会《关于〈中华人民共和国刑法〉有关信用卡规定的解释》，刑法规定的"信用卡"是指由商业银行或者其他金融机构发行的具有消费支付、信用贷款、转账结算、存取现金等全部功能或者部分功能的电子支付卡。

② 根据2018年12月1日最高法、最高检《关于办理妨害信用卡管理刑事案件具体应用法律若干问题的解释》第5条规定，窃取、收买、骗取或者以其他非法方式获取他人信用卡信息资料并通过互联网、通讯终端等使用的，属于冒用他人信用卡的情形之一。

③ 参见上海市高级人民法院刑事判决书：(2019)沪刑再2号。

④ 参见湖北省十堰市中级人民法院刑事判决书：(2016)鄂03刑终69号。

盗刷乙银行卡内现金共计 28231.76 元。被告人甲于 2014 年 10 月伙同丙获取受害人丁的身份信息及名下 2 张中国工商银行信用卡信息、使用权限后，换绑银行卡常用手机号码，于 10 月 19 日通过"支付宝"等支付平台进行消费及转账，共计盗刷丁银行卡内现金 59179 元。被告人甲于 2014 年 10 月获取被害人戊等人银行卡、身份信息及使用权限后，利用北京掌上汇通科技有限公司的网上支付平台，通过"360 游戏"充值、购买"火球理财""360 彩票"等方式盗刷上述被害人银行卡内现金共计 8960 元。在此案中，法院则认为，甲的行为不再构成盗窃行为，而是以非法方式获取他人信用卡信息资料，并通过互联网、通讯终端使用，属于冒用他人信用卡进行信用卡诈骗行为，且数额巨大，其行为构成信用卡诈骗罪。

第三方支付平台是指独立于传统金融机构的支付服务提供商，是网上交易的中介机构，但并非金融机构，因而根据当前关于信用卡的司法解释，对于盗刷支付宝账户中余额的行为并不能认定为信用卡诈骗罪，只能以诈骗罪论处。一方面，同样是通过第三方支付账户进行网络盗刷行为，仅仅因为账户绑定的支付方式不同，就导致构成不同的犯罪并适用不同的刑罚显然并不合理；另一方面，四种不同的网络盗刷方式侵害的显然都是金融安全法益，而非仅为个人的财产安全法益，以诈骗罪论处显然并不合适。

本书认为，这一问题的关键在于对信用卡内涵的实质把握。信用卡的特点在于其记载了数字化财物，具有转账支付等金融功能，并帮助交易主体完成交易。就其功能发挥的基础来看，无论何种信用卡发挥其功能，都必须以具有特定关系的金融账户存在为前提和基础。[1] 因此，可以考虑将《刑法》中的信用卡扩大解释为具有消费支付、信用贷款、转账结算、存取现金等全部功能或者部分功能的电子支付账户，取消金融机构发行和有形性的限定。一方面，这样一种具有包容性、前瞻性的定义可以涵盖司法实践中已经以及将来可能发生的涉信用卡犯罪的所有形式；另一方面，尽管第三方支付账户属于非金融账户，但金融机构始终是资金的最终支付主体，即使是第三方支付账户中的余额，最终仍然来自金融机构账户，因而第三方支付的本质仍然是资金通过信用卡这一媒介实现流转并完成支付。

---

[1]　参见刘宪权、李舒俊：《网络移动支付环境下信用卡诈骗罪定性研究》，《现代法学》2017 年第 6 期。

(二)非法集资犯罪的有效规制

由于数字金融背景下 P2P、众筹等新型资金融通模式滋生了巨大的非法集资风险。为了充分发挥金融监管对金融安全的保障作用,央行在此背景下对金融秩序进行了全面清理整顿,在营 P2P 网贷机构全部停业,互联网资产管理、股权众筹等领域整治工作基本完成,已转入常态化监管。① 尽管当前我国防范化解重大金融风险攻坚战已取得重要阶段性成果,但对数字金融背景下的非法集资犯罪的风险仍不可忽视,刑法作为保障法,应正确把握介入的范围和程度,正确把握此罪与彼罪的界限,并采取合理的定罪量刑标准。

首先,应当在保障金融资产安全的基础上,保持刑法的谦抑性。就刑法介入的范围来讲,一方面,可根据资金的用途进行合理判断,如果行为人将非法吸收的资金用于实体生产经营,资金风险具有可控性,可考虑将其排除出刑法的规制范围;另一方面,可考虑在司法解释中规定一些免予刑事处罚的事由,例如,给投资人造成经济损失较小,全部归还或者与投资人达成还款协议并取得谅解等情形,保持刑法的谦抑性。

其次,应当重视非法集资行为的公开性特征,严格广告商或发布者的责任。公开性是非法集资行为的重要特征之一,非法集资目的的达成也需要通过各种途径向社会公开宣传。② 司法实践中,集资类案件涉嫌犯罪的,仅对欺诈性严重的高息、虚假发标行为追究刑事责任,具有忽视发布虚假广告者责任的倾向,应当严格广告商或者信息发布者的刑事责任,在办理非法集资类案件时,对虚假信息发布者的刑事责任应当予以必要关注。③

再次,重视金融安全的需保护性,建构情节的评价标准。当前司法实践中对非法集资类案件,主要采用的还是人数或者数额的评价标准。

---

① 参见《打好防范化解重大金融风险攻坚战 切实维护金融安全》,江门市金融工作局官网,http://www.jiangmen.gov.cn/jmjrj/gkmlpt/content/2/2298/post_2298264.html#427,最后访问日期:2023 年 8 月 15 日。

② 参见 2010 年 12 月 13 日最高人民法院《关于审理非法集资刑事案件具体应用若干问题的解释》第 1 条。

③ 参见姚万勤、蔡仕玉:《P2P 借贷平台涉罪案件实证分析与刑法规制研究》,《人工智能法学研究》2021 年第 1 期。

然而非法集资类案件的社会危害性不仅体现在人数和数额上，更多表现在对金融安全的严重冲击上，因而数额或人数的机械适用，可能难以符合罪责刑相适应原则。因此，应当建立更加合理的综合评价标准，考虑"数额+情节"的定罪量刑标准。就入罪情节来讲，在"数额和人数"的基础上，还应当考虑行为人的行为方式、主观恶意、涉及范围、造成的后果等情节。就出罪情节来看，可从集资对象对风险的承诺范围、行为人对风险注意义务的履行程度两方面进行判断。

最后，正确把握非法集资犯罪的界限，发挥"非法占有目的"的界分功能。由于司法实践中难以区分"诈骗方法"与"欺骗方法"，因而区分集资诈骗罪与非法吸收公众存款罪的关键在于对"非法占有目的"的判断上。笔者认为，一方面，根据类型化的思维模式，我们可将体现行为人非法占有目的的行为划分为以下三种类型：一是处分行为，即行为人通过对财产进行处分的方式排除原所有权人的占有并建立占有，该行为表现了行为人积极的排他意思。二是逃匿行为，即行为人在非法获取资金后逃跑，表现了行为人抵制的排他意思。三是非法行为，即行为人将骗取的资金用于违法犯罪活动，表现了行为人消极的排他意思。另一方面，在现实关于金融诈骗犯罪的司法实践中，常常会有一些疑难案件出现。我们并不能简单通过上述的一般规则，以及上述三个步骤推定行为人是否具有非法占有的目的，还需要再次通过以下特殊规则进行反面排除：一是行为的异常评价规则。即以社会上一般人的角度对行为人的资金处置行为进行评价，判断该行为是否异常。二是行为的风险评价规则。即根据行为人当时所处的情形判断行为人的行为是否极大提高了导致投资人的资金不能返回的风险。三是行为的实害评价规则。即对行为人的行为进行事后评价，判断该行为对于结果的发生是否产生了实害。例如，倘若行为人的挥霍行为不仅极大提高了集资款不能返还的风险，且最终导致了不能返还集资款的实害，那么便可以推定行为人具有非法占有目的。

例如，在甲集资诈骗罪①一案中，被告人甲于 2011 年 2 月注册成立某投资公司，担任法定代表人。公司上线运营"中宝投资"网络平台，借款人(发标人)在网络平台注册、缴纳会费后，可发布各种招标信息，吸引投资人投资。投资人在网络平台注册成为会员后可参与投标，通过

---

① 参见最高人民检察院《印发第十批指导性案例的通知》，检例第 40 号。

银行汇款、支付宝、财付通等方式将投资款汇至甲公布在网站上的 8 个个人账户或第三方支付平台账户。借款人可直接从甲处取得所融资金。项目完成后，借款人返还资金，甲将收益给予投标人。运行前期，甲通过网络平台为 13 个借款人提供总金额约 170 万余元的融资服务，因部分借款人未能还清借款造成公司亏损。此后，甲除用本人真实身份信息在公司网络平台注册 2 个会员外，自 2011 年 5 月至 2013 年 12 月陆续虚构 34 个借款人，并利用上述虚假身份自行发布大量虚假抵押标、宝石标等，以支付投资人约 20% 的年化收益率及额外奖励等为诱饵，向社会不特定公众募集资金。所募资金未进入公司账户，全部由甲个人掌控和支配。除部分用于归还投资人到期的本金及收益外，其余主要用于购买房产、高档车辆、首饰等。这些资产绝大部分登记在甲名下或供甲个人使用。2011 年 5 月至案发，甲通过中宝投资网络平台累计向全国 1586 名不特定对象非法集资共计 10.3 亿余元，除支付本金及收益回报 6.91 亿余元外，尚有 3.56 亿余元无法归还。案发后，公安机关从甲控制的银行账户内扣押现金 1.80 亿余元。

在该案中，甲作为网络借贷信息中介机构或其控制人，利用网络借贷平台发布虚假信息，非法建立资金池募集资金，所得资金大部分未用于生产经营活动，主要用于借新还旧和个人挥霍，无法归还所募资金数额巨大。其行为属于非法占有目的行为类型的处分行为，且不能通过行为的异常评价规则、行为的风险评价规则和行为的实害评价规则进行非法占有目的的排除，因而应认定甲具有非法占有目的。

五、金融数据安全的刑法保护

随着金融行业数字化转型的深入，金融领域积累的数据呈爆发式增长。这些数据作为生产力要素不仅助推了金融领域的创新发展，且多数都具有敏感性和重要性。金融数据安全在数字金融背景下的重要性日益凸显，其不仅是金融安全法益本身的重要内容，亦对国家安全、社会安全和公众利益具有重要影响。当前刑法关于金融数据安全的保护主要规定在数据犯罪中，笔者认为应当从以下几方面加强对金融数据安全的保护。

首先，确立数据犯罪的独立地位。当前，数据的储存、处理和传输已经不再局限于计算机信息系统，根据互联网数据中心（IDC）的数据，云储存已经成为增长最快的经济领域之一和大数据市场的子市场，而云平台提供的不仅是储存，还包括应用和分析，① 数据的储存、处理和传输都可以在云端进行。当前刑法捆绑数据与计算机信息系统的做法为独立处罚数据犯罪设置了障碍。笔者认为，一方面，应当删除非法获取计算机信息系统数据罪和破坏计算机信息系统罪中关于"计算机信息系统中储存、处理或者传输的"这一数据限定，直接将数据规定为"电子数据"。另一方面，为非法获取和破坏电子数据的行为设置独立的构成要件，将非法控制计算机信息系统的行为独立为一款，并将破坏应用程序这一实质破坏计算机信息系统的行为移入《刑法》第 285 条第 1 款，使非法获取和破坏电子数据的罪名要件与"非法控制计算机信息系统罪"和"破坏计算机信息系统罪"的构成要件相分离。同时，为了罪名与罪状的契合，应当将"非法获取计算机信息系统数据罪"更改为"非法获取电子数据罪"，同时为破坏电子数据的行为设立"破坏电子数据罪"这一独立罪名，从而在立法上确立数据犯罪的独立地位。

其次，加强对普通数据内容的保密性保护。当前，我国刑法仅对非法获取国家事务、国防建设以及尖端科技数据的前一行为阶段——访问数据行为进行禁止，将侵入该领域计算机信息系统的行为规定为非法侵入计算机信息系统罪，以保护重要领域数据内容的保密性。当前个人的金融交易多通过其计算机信息系统进行，如若对侵入一般领域计算机信息系统的行为完全放任，不利于对一般金融数据内容保密性法益的前置保护。笔者认为，应当在立法上对非法侵入一般领域计算机信息系统的行为进行规制，但对于不同类型数据的前置保护应当有所区分，对侵入一般领域计算机信息系统的行为增加"情节严重"的限制条件，同时可在司法解释中将"非法侵入三次以上""一年内曾因侵入一般领域的计算机信息系统受过行政处罚后又非法侵入的"等情节作为"情节严重"认定的具体情形。而为了保持体系的协调性，应当取消当前非法获取计算机信息系统数据罪中"数据"种类的限定，将非法获取"国家事务、国防建设和尖端科技"类数据与非法获取一般数据的行为均置于该罪中进行规制。

最后，推进金融数据价值开发合规。金融数据是助推金融领域的创新发展的生产力要素，因而其效用性也是金融数据安全的重要内容。金融活动参与人是金融数据的产生者，亦是金融数据权利人。当前，我国

---

① 参见［美］达尔·尼夫：《数字经济 2.0：引爆大数据生态红利》，大数据文摘翻译组译，中国人民大学出版社 2018 年版，第 158 页。

刑法关于数据权利人的自我决定保护存在两个问题:一是数据权利人自我决定权保护尚显不足;二是以同意机制为基础的法律框架风险承担不合理。① 笔者认为,应当由单一的消极防御向事前积极控制与事后防御并举转变,保护数据主体对个人数据的积极控制和管理,最大限度地扭转个人在政府、企业、个人三方关系中关于数据保护的弱势地位。据此,应当推进数据收集和使用合规,并对数据滥用行为进行专门的刑法规制。②

六、金融机构业务安全的刑法保护

金融机构处在数字金融运行的一线,也是防范金融风险,维护金融安全的重要关口。尽管金融机构业务的安全管理已经逐渐完善,但仍存在很多潜在风险。对于金融机构业务安全,除了应当关注办公场所安全、金融设备安全等物理安全,业务流程安全等业务操作安全,以及网络安全、数据安全和签名安全等技术安全外,金融职务犯罪亦不可忽视,此类犯罪通常由金融机构人员利用其从业便利,在金融业务活动中实施,严重危害金融机构业务安全乃至整体的金融安全。所涉及的罪名主要有:金融工作人员购买假币、以假币换取真币罪、诱骗投资者买卖证券、期货合约罪、违法发放贷款罪、吸收客户资金不入账罪、违规出具金融票证罪、对违法票据承兑、付款、保证罪。此外相关罪名还有职务侵占罪、贪污罪、公司及企业人员受贿罪、受贿罪、挪用资金罪、挪用公款罪、骗购外汇罪、逃汇罪、滥用职权罪、玩忽职守罪、签订、履行合同失职被骗罪等。应当充分发挥刑法对金融职务犯罪的防治作用,加强对金融机构业务安全的刑法保护。

一方面,应当拓宽某些金融职务犯罪的主体范围。根据我国刑法规定,背信运用受托财产罪的犯罪主体只能是商业银行、证券交易所等金融机构,自然人则不能构成该罪。单位犯罪的成立要求犯罪行为是为单位谋取非法利益,且体现单位意志,而在金融、证券行业,存在大量自然人为了个人利益而不惜损害委托人利益的情况,在此种情况下司法实践中是否构成背信运用受托财产罪则存在争议。例如,在某期货有限公

---

① 参见劳东燕:《个人数据的刑法保护模式》,《比较法研究》2020 年第 5 期。
② 参见童德华、王一冰:《数据犯罪的保护法益新论——"数据内容的保密性和效用性"的证成与展开》,《大连理工大学学报(社会科学版)》2023 年第 3 期。

司 A 市营业部(以下简称 A 市营业部)背信运用受托财产案①一案中,被告单位某期货有限公司 A 市营业部系某期货有限公司的下属分支机构。被告人甲于 2009 年 8 月至 2014 年 7 月在 A 市营业部担任总经理,负责 A 市营业部全面工作。被告人乙于 2013 年 8 月至 2014 年 7 月在 A 市营业部担任客户经理,负责开发及维护客户。2013 年,被告人乙认识了被害人丙及其妻子戊,并向其介绍 A 市营业部具有保本理财产品,收益高于银行利息。丙要求保证资金安全,并且随取随用,乙经请示被告人甲后,向丙口头承诺投资期货在保本保息基础上达到 7% 的年收益率。2013 年 10 月 22 日,乙与该期货公司签订了《期货经纪合同》及相关附属文件,按照 A 市营业部工作人员的指引开立了期货保证金账户,并于次日向账户内转款人民币 1670 万元,被告人乙向丙索要了期货账户的交易密码。被告人甲、乙未能为丙找到第三方投资顾问,在未通知丙也未取得其同意的情况下,二被告人商议后决定自行使用丙的期货账户交易密码进行交易。2013 年 10 月 31 日至 2014 年 1 月 20 日,甲、乙擅自运用丙的期货账户进行交易,造成丙的期货保证金账户亏损人民币 1043.1 万元,共计产生交易手续费 1533642.48 元,其中为期货公司赚取手续费 825353.56 元,上交给期货交易所 708288.92 元。案发后,甲、乙及另一相关人员返还丙人民币共计 191 万元。

法院认为 A 市营业部违背受托义务,擅自运用客户资金,情节特别严重,其行为侵犯了国家的金融管理秩序和客户的合法权益,构成背信运用受托财产罪。然而,关于该案的定性问题还存在争议,有观点认为,被告人甲、乙是未经允许擅自挪用客户款项的个人行为,构成挪用资金犯罪。被告单位即某期货有限公司的行为不构成背信运用受托财产罪。具体理由如下:(1)A 市营业部的业务范围不包括保本理财项目,被告人甲、乙私自承诺的事项超出公司经营范围,不应视为公司行为。(2)A 市营业部在丙开户时尽到了风险提示的义务,并在电话回访中再次提醒丙该公司不能作出获利承诺,也不能代客理财,请妥善保管好自己的密码。(3)不能把甲的个人意志上升为 A 市营业部的集体意志。操作丙账户的真正原因是甲、乙的个人业绩压力。虽然甲负责营业部的全面工作,但不代表其所作的每一项决定都是单位决策,擅自操作丙账户一事 A 市营业部其他人员并不知情,而且甲本人也自始至终认为其行

---

① 参见辽宁省高级人民法院刑事裁定书:(2016)辽刑终 494 号。

为不代表单位，而是在承担对乙违规行为管理不力的责任。而从社会实际来看，当前也有越来越多的投资人选择将自己的财产委托给具有专业知识的个人打理，如果将个人背信运用受托财产的行为排除在背信运用受托财产罪的规制范围外，显然不当缩小了该罪的规制范围。

另一方面，重视资格刑对金融职务犯罪防治的重要意义。金融职务犯罪通常具有逐利性，除了罚金刑，资格刑对金融职务犯罪防治亦具有重要意义。行为人利用其从业便利实施犯罪，通过刑罚剥夺其再犯条件，既体现了对犯罪的报应，也很好地避免其再次发生，有利于实现刑罚预防犯罪的目的。尽管我国《刑法修正案（九）》关于从业禁止的规定并非严格意义上的资格刑，但从业禁止显然具备资格刑的实质特征。就金融职务犯罪本身来讲，以违法发放贷款罪为例，行为人利用其从业便利实现了金融资源的强制转让，其从业资格不仅是犯罪行为发生的核心，亦是其谋生的重要手段。如果金融职务犯罪发生后剥夺其从业资格，其机会成本的增加也实现了对其惩治力度和预防犯罪效果的增大。当前，关于金融职务犯罪，已然有学者通过边际成本和边际收益的计算，发现与单配置罚金刑、自由刑相比，罚金刑和资格刑的同步配置，能够更好地达到有效惩罚犯罪的效果，最优惩罚概率也在一个比较高的位置。[1] 因此，为了更好保护金融业务安全，应当重视资格刑对金融职务犯罪防治的重要意义。

---

[1]　参见商玉玺：《金融犯罪的经济分析——犯罪边界的退缩与有效益的刑罚》，南京师范大学 2018 年博士学位论文。

第四章　数字金融刑法中的行为理论

第一节　数字金融业务行为

数字金融时代的到来、金融体制改革的推进以及金融市场的放开，使我国金融领域的犯罪活动呈现出泛滥之势。金融投资人和消费者成为犯罪分子的主要目标。与此同时，数字化的发展也催生了金融刑法的新形态和新趋势。① 数字金融刑法主要基于数字金融平台、数字金融产品和数字金融行为，通过利用数字化技术和信息通信技术对公私财产实施侵犯行为。不可否认，一些新型数字金融行为往往更容易触碰法律底线，从而带来刑事风险并构成犯罪。在当前形势下，深入探讨数字金融刑法的行为理论对于数字金融建设和防范数字金融犯罪具有极其重要的意义。

一、传统金融业务行为的数字化转型

习近平总书记在 2020 年 8 月 24 日的经济社会领域专家座谈会中指出："互联网深刻改变人类交往方式，社会观念、社会心理、社会行为发生深刻变化。"数字金融对社会行为产生了重要影响，并且已成为数字时代的重要组成部分。在传统金融系统中，金融行为相对简单，边界清晰，金融安全系数相对较高。然而，随着移动互联网技术、人工智能技术和数据处理技术的不断发展，金融行为也发生了潜移默化的改变。现在，数字金融行为意味着利用新一代数字技术来实现数据的采集、传输、存储、关联、检验、处理、应用和反馈的闭环。这一转变打破了不

---

① 参见王海桥：《信息化背景下金融犯罪的治理结构转变》，《中州学刊》2021 年第 5 期。

同层级和不同业务之间的数据沟通壁垒，实现了金融业与各行业之间的数据互通，并建立了广泛的数据信用机制。① 传统金融行为的数字化转型已经成为不可逆转的趋势，之所以有此定论，主要基于以下几点原因。

（一）数字经济发展推动数字金融业务行为变化

从唯物史观的经济基础决定上层建筑的原理看，社会经济原因是导致传统金融行为数字化转型的决定性因素。研究者普遍认为，犯罪与经济因素之间存在着一定的关联性，尽管不能简单地将经济因素作为引发犯罪的唯一原因，但毋庸置疑的是，社会经济因素对个体的思想和行为具有重要的影响。作为一种经济行为，金融行为受到数字经济因素的制约和影响程度十分明显。

数字经济指的是在数字技术、5G、人工智能、物联网等技术发展到一定程度后，将数字经济和金融活动予以数字化的过程。② 目前，我国数字经济取得了飞跃发展。2020 年，我国数字经济总量位居全球第二，数字经济核心产业增加值占 GDP 的比重达到 7.8%。我国已经成为全球最大的数据资源国家，数据和技术等新要素不断融入经济社会发展，在推动生产力提升方面具有巨大潜力。③ 与此同时，数字经济的迅猛发展推动了金融数字创新。数字经济与信息技术和金融的结合促进了数字金融的蓬勃发展，也在一定程度上缓解了传统金融供给不足的问题。此外，数字经济的快速发展还扩大了金融服务的覆盖范围，并提高了金融服务的便捷性。在新一轮技术革命和工业转型中，数字经济已成为最具活力、最具创新力和最具广泛影响的经济形式。与传统经济相比，数字经济具有全球化特征。数字经济的兴起加快了传统金融市场化进程，并成为传统金融行业数字化转型的重要基础和推动力量。

全球正在经历一轮新的科技革命和产业变革，其发展势头十分迅猛。世界各发达国家，如美国、欧盟等，都在竞相争夺全球数字经济的主导地位。数字经济已成为继农业经济和工业经济之后最为重要的经济

---

① 参见方亚南、齐佳音：《数字金融安全与监管》，经济管理出版社 2021 年版，第 10 页。

② 参见吴晓怡、张雅静：《我国数字经济发展现状及国际竞争力》，《科研管理》2020 年第 5 期。

③ 参见杨其广：《加快推进数字金融建设》，《中国金融家》2021 年第 7 期。

形态。数据资源是数字经济的核心要素，借助现代信息网络，通过信息通信技术融合应用和全要素数字化转型的推动，数字经济为实现更加公平高效的经济体系注入了新的活力。数字经济的崛起改变了个人、企业和社会之间传统关系的格局，为社会注入了创新力。中国高度重视数字经济的发展，特别是在以国内大循环为主导、国内国际双循环相互促进的新发展格局下，积极抓住数字经济发展的机遇，促进新一代信息技术的创新，加快产业转型升级，推动产业的数字化和数字产业化，争取在数字经济发展的浪潮中赢得领先地位。① 发展数字经济已成为中国构建现代化经济体系、实现从经济大国向经济强国转变的重要战略选择。

（二）数字技术应用引导数字金融业务行为的转变

　　数字化时代科学技术带来了数据集中和业务系统规模的激增。云计算技术的广泛应用打破了网络边界，而传统的碎片化安全架构已经不再适用。金融行业也面临着数字化转型的挑战。② 在大数据时代，新的业态、产品、技术和服务不断涌现。大数据被视为金融产业发展的新引擎。金融机构不仅拥有资本优势，还借助数据集中化的特点实现了传统金融行为的转变。总结起来，数字化时代的金融行业正面临着数据集中和业务规模的挑战，并通过大数据的应用来实现行业转型和创新。这个转变涉及云计算技术的应用、碎片化安全架构的改变以及新兴业态的发展。此外，科技在银行业务中的广泛应用已经成为全球范围内的发展趋势。新建的系统采用了数据集中的模式，并逐渐实现了全国集中的信息化发展。通过集中管理硬件设备和业务数据库等物理设施，对业务、营销和管理模式进行改革。现代信息技术的发展不仅改变了人们的生活方式，也给企业的经营管理带来了全新的变革。为了适应这一新的发展形势，许多国内外大企业纷纷进行了机构重组和改造，数据处理的集中化成为全球范围内的大趋势。③ 在银行系统建设中，数据的存储与处理一

---

　　① 参见陈腾鹏、陈松洲：《中国数字经济的发展现状与发展趋势分析》，《肇庆学院学报》2023 年第 2 期。

　　② 参见史强：《论刑法"过程危机"的金融之维》，《学术交流》2017 年第 9 期。

　　③ 参见马俊：《数据大集中——冲击银行传统模式》，《金融电子化》2019 年第 10 期。

直是一个重要的议题。数据仓库的出现为数据存储技术带来了许多优势，包括面向问题、集成、实时、稳定和可组装等特点。这些特性有效地解决了数据处理集成化的难题。

随着新一代数字技术如大数据、区块链和人工智能的发展，数字金融逐渐兴起。数字金融以科技创新和技术应用为支撑强力推动金融行为的数字化转型，对金融业乃至经济社会发展产生重要影响。各国际金融中心的政府积极推动金融技术的开发，以此为契机发展新的业态并占领新市场，旨在巩固和提升本国金融中心地位。当前的金融监管改革与开放银行思维、数字化识别技术以及广泛的数据保护改革同步发展且融合，共同推动各国向数字化金融转型，发展新的业态和占领新的市场。①

总之，在数字经济时代，科技和经济相互融合，产生大量的数据。这些海量数据中蕴藏着巨大的潜力，可以揭示金融活动的内在逻辑。数字技术成为提取这些内在关系的一种工具。随着数字技术的不断创新演进，越来越多的数据价值被挖掘出来，推动着数字科技与金融业更好地融合。因此，传统金融行为的数字化转型势不可挡，科技进步便是数字化转型的原动力。

(三) 金融创新模式助力数字金融业务行为的转变

数字金融行为是一种新兴的金融模式，它借助数字化技术的发展崭露头角。数字金融行为的出现挑战了传统金融的模式。在数字时代的背景下，数字金融行为依托信息技术的优势打破了原有的地理限制，使得金融活动呈现出"无形流动"的数字形态。② 在金融领域，所有行为都以数字流动的方式展现，并且行为结果会立即被记录在代码中。而个体之间的社会关系和主观性则被统合为中继系统的客观统一性。在数字金融法律领域，法律的算法化和算法的法律化呈现相互推动的关系，归于一体。具体而言，法律规则贯穿于必要的时空场景和行为流程之中，实现了法律的算法自动化运行。③ 此外，相对于传统金融模式而言，数字金

① 参见许多奇：《论数字金融规制的法律框架体系》，《荆楚法学》2021年第1期。

② 参见马长山：《司法人工智能的重塑效应及其限度》，《法学研究》2020年第4期。

③ 参见齐延平：《数智化社会的法律调控》，《中国法学》2022年第1期。

融作为一项金融创新技术，具有便捷和高效的重要优势。数字金融不再受制于传统金融服务的空间网点限制，而是真正地渗透了人们社会生活的各个方面。如今，个人可以便利地使用计算机或手机软件获取所需的金融服务。在金融技术的创新与升级发展方面，重要的是实施有效的风险控制并尽可能降低金融风险管理的成本。这将进一步释放数字金融在社会生活中的巨大潜力。从实际发展情况来看，在大数据技术的应用环境中，技术创新与社会服务的升级密切相关。特别是在金融科技领域，数字金融建设已经带来了便捷、灵活的金融服务，并推动了市场化金融服务的进一步发展。然而，我国数字金融起步较晚，在技术和制度应用方面仍受到一定的限制，特别是在金融风险防范方面。当前数字金融的服务范围和社会认可度受到了对风险问题管控能力不足的制约。这种不足不仅可能导致严峻的金融问题，还会给国家经济安全与社会稳定带来巨大风险。为了更好地推进数字金融的发展，并使其发挥更重要的作用，我们需要在技术和制度两方面进行创新，特别是在金融科技和风险管理方面。只有有针对性地建构起金融科技与风险管理的系统框架，才能解决当前数字金融面临的核心问题。①

值得注意的是，数字金融作为国家数字经济战略的重要组成部分，其中关键的创新之一是区块链技术。区块链技术通过重塑金融生态系统，改进货币和支付系统，带来了更高效的流动性和价值传递方式。此外，区块链技术还在传统供应链金融中起到促进作用，有效实现了信用传递和资源配置。随着区块链技术与金融场景的深度整合，预计会有更多商业模式实现落地，吸引更多人主动学习区块链技术，推动金融数字化进入新的发展阶段。② 数字金融的技术属性主要体现在移动通信、大数据应用、社交网络、搜索引擎、云计算、区块链和人工智能等方面。这些技术的应用与融合改变了基于营业网点和交易所模式的传统金融交易形式、金融组织形式和金融行为形式。通过远程直接服务的便捷化，传统的面对面服务在金融行为中大幅度减少，尤其是在数字化技术的作用下，金融行为的技术属性变得越来越显著。

---

① 参见蔡辉恒：《金融科技与数字金融风险防控》，《中国外贸》2022 年第 14 期。

② 参见巴曙松、乔若羽：《区块链技术赋能数字金融》，《金融科技时代》2021 年第 7 期。

二、金融行为数字化的发展现状

随着我国改革开放的深入推进，金融领域也在不断发展，涌现出许多新的金融行为模式，金融业迎来了空前的繁荣。全国金融工作会议自1997年开始举行，成为例行会议，每五年一次。作为金融系统最高规格的会议，它对未来五年的金融工作方向和重点具有决定性的指导作用。近年来，中国经济确定了新的发展常态，金融领域发生了重要变革。受国际大环境不稳定的影响，金融市场一直处于动荡状态，对现有的金融行为和监管体系提出了迫切要求，需要尽快做出调整。

当前，以信息技术和数据为关键要素的数字经济蓬勃发展，全球数字化程度日益加深，并成为引领经济社会变革、推动各国经济增长的重要力量。相对于传统的农业经济和工业经济模式，数字经济以数据为核心生产要素，利用现代信息网络作为重要载体，并以数字技术应用为主要特征，形成了一种新型经济形态。[1] 随着新兴技术的发展和运用，数字技术作为一种独立要素，与现代经济深度融合，是推动经济发展和培育经济动能的重要力量。金融业作为现代经济的核心和血脉，受到数字化技术直接且深刻的影响。传统金融与数字技术的融合产生了一系列新型业务，包括数字化投融资、数字货币、数字支付、数字保险等。数字技术广泛应用于金融行业的各个环节和过程，重塑了传统金融的运作方式和服务模式，引发了金融业的革命性变革。[2] 对于金融行为数字化发展的现状，通过对以下几种典型金融行为进行讨论，以期能够达到窥一斑知全豹的效果。

(一)网络电子支付

随着计算机和互联网信息技术的发展，作为金融行业基础设施的支付，得到了广泛的应用，其不仅在效率和成本方面对传统支付体系产生了重大的影响，而且对金融业的发展和社会运行也产生了不可忽视的影响。在经历实物支付阶段和信用支付时代的演化后，支付方式现已进入

---

[1] 参见杨其广:《加快推进数字金融建设》,《中国金融家》2021年第7期。

[2] 参见靳文辉:《数字金融公平价值的实现路径研究》,《中国法学》2023年第4期。

第三个阶段，即电子支付时代。① 网络电子支付结算方式是通过互联网进行支付和结算的方式。随着商品经济的发展，这种支付方式逐渐出现并得到广泛应用。在过去的 60 年中，计算机技术、通信技术和信息处理技术的进步推动了金融电子化工具在银行业的应用，显著提升了银行业务处理的自动化水平。

网络电子支付具备众多优点，如便捷、快速、高效和经济等。这些特点满足了电子商务对支付安全性和成本效益的需求，并且显著提升了支付信息的流动速度。此外，电子支付将资金流动与支付行为进一步分离，从而显著提高了支付的效率。随着电子支付的不断发展，还涌现出一些新型的货币载体，如银行卡等，同时也产生了虚拟货币，如电子货币等。

与此同时，相关法律法规也逐渐健全。在 2020 年 2 月，中国人民银行发布了《网上银行系统信息安全通用规范》，这一规范详细规定了网上银行系统的安全技术要求、安全管理要求和业务运营安全要求。同样在 2020 年 2 月，《中国银联支付终端安全技术规范》也进行了更新，新增了安全卷和体验卷，并将辅助卷修改为管理卷。

(二) 网络众筹

网络众筹是指利用互联网平台为项目发起人筹集小额资金的一种融资模式。它通过在互联网、社交网络或专业平台上传播项目信息，吸引关注，并获得项目所需的资金援助、渠道支持和营销推广。网络众筹与传统众筹相比，更加依赖于信息平台的中介作用。网络众筹通常由发起人、平台和支持者组成，形成了一个独特的三方结构。在这个结构中，平台既充当信息中介的角色，又具备增信功能。与传统的融资方式相比，网络众筹具有低操作门槛、多样的形式、良好的传播性特征。

目前，众筹已经得到了广泛的应用，在各个行业中的应用前景非常广阔。众筹平台也出现了从综合性平台向专业性平台发展的趋势，更加注重特定类别产品的众筹机制。这种垂直化的趋势成为众筹平台未来发展的重要方向。② 根据不完全统计的数据显示，2011 年有 5 家平台上

---

① 参见李建军、罗明雄：《互联网金融》，高等教育出版社 2018 年版，第116 页。

② 参见齐文远、童德华：《互联网金融犯罪治理研究》，武汉大学出版社2022 年版，第 7 页。

线，到 2012 年增加到 10 家，2013 年平台数量再次增加，达到 25 家。2014 年则是国内众筹平台发展迅猛的一年，全年共有 183 家平台上线。到 2015 年底，国内众筹平台总数已经增长到 393 家。在 2017 年，由于金融监管逐渐加强，众筹平台数量开始回落。[①]

各行各业的规范发展都需要通过不断地探索和总结经验来实现，并将其纳入法律的范畴。为了规范众筹行业，国家已经制定了一系列的监管政策，设立了明确的界限，以排除那些不符合规范的众筹平台，为真正优质的平台提供公平竞争的机会和环境。2018 年，中国证券监督管理委员会印发了年度立法工作计划，其中第一条明确表示要以服务国家战略为导向，提升服务实体经济的能力，进一步增强资本市场的直接融资功能，并制定《股权众筹试点管理办法》。在完善多层次资本市场、发展直接融资、实现金融高效服务实体经济的金融目标下，股权众筹的发展已势不可挡。

(三) 网络借贷

网络借贷是数字金融的重要组成部分，从全球角度看，中国在网络借贷领域拥有显著优势，包括平台数量、交易规模以及模式种类。根据资金供给对象的不同，网络借贷可分为三类：互联网供应链金融平台、银行类互联网借贷平台和 P2P 网络借贷模式。由于具有将传统的借贷模式搬到互联网平台上来实现融资的特点，P2P 网络借贷模式是一种更典型的互联网借贷模式。

P2P 借贷起源于欧洲，并在中国、美国、日本等多个国家得到了广泛发展。P2P 网贷涉及三个主要参与方，即网贷平台、借款人和出借人。P2P 网贷的一般交易流程如下：借款人和出借人在网贷平台上注册并登录，然后绑定银行卡以方便资金的出借和收取。借款人在平台上发布借款需求以及相关信息，包括借款本金、利息、借款期限等内容。通过后台审核后，借款需求会在网贷平台上公布，这个过程通常被称为发标。出借人在平台上可以自行选择借款标的，并进行投标。一旦募集完成，资金将从出借人账户转入借款人在平台注册的账号。借款人可以从平台提取资金，并生成电子借款合同。借款人必须在合同规定的期限内按时还款。在整个过程中，平台会收取相应的手续费和服务费用。通过

---

① 参见方亚南、齐佳音：《数字金融安全与监管》，经济管理出版社 2021 年版，第 19~20 页。

P2P 网贷的运营模式可以看出，传统的线下模式被打破，资金的流动得到了极大的促进。

P2P 网络借贷是一种借助互联网平台实现个人直接借贷的金融模式。它继承了互联网中的 P2P 技术思想，通过互联网上的数据流动，来进行高效的资金配置。互联网的优势主要体现在信息的收集和处理能力上，而这种优势使得民间信用与互联网的结合能够发生本质上的变化。互联网技术与民间信用的整合，突破了传统借贷模式的限制，让陌生人之间直接进行借贷成为现实。通过在线平台，人们不再依赖于熟人关系，而是可以在互联网上直接进行借贷交易。此外，互联网技术的应用还消除了地域限制，让来自不同地区的借贷双方可以进行直接的借贷活动。这种互联网与借贷业务的融合，将极大地扩大民间信用的规模，有效缓解小微企业面临的融资难题。中国的 P2P 网络借贷发展初期主要采用纯线上 P2P 网络借贷模式。然而，由于国内信用环境和投资者偏好的特殊性，中国的 P2P 网络借贷出现了多种有中国特色的模式。根据 P2P 网络借贷的运作流程，我国的 P2P 网络借贷平台可以大致分为以下三种模式：纯线上 P2P 网络借贷模式、债权转让模式和担保模式。需要注意的是，每家平台可能不止采用一种模式，也可以采用混合模式。当网贷平台出现问题时，投资人将面临网贷风险，这可能导致群体事件的发生，进而对社会造成重大影响。因此，监管部门必须加大监管力度，以确保网贷平台的稳定和安全。

总而言之，以上网络支付、众筹和借贷等金融行为涉及电子信息、数据程序，其中既有可能涉及相关行为人利用程序犯罪，也涉及相关平台的监管不作为。相较于前数字化的金融犯罪行为，当下的金融犯罪行为更多由不具有金融专业知识的人参与，因而从金融信息推广、金融技术支持到金融支付结算等多个流程上的诸多人员要承担相应的责任，否则可能以不作为方式构成数字金融犯罪。刑事司法中，将诸多传统上的中立帮助行为认定为数字金融犯罪的主犯或者从犯，这也体现了数字时代金融犯罪行为数字化使得其与以往金融犯罪行为有了实质的区别，应当针对数字金融犯罪本身进行研究。

三、数字金融犯罪行为之样态

(一)数字金融犯罪行为类型

自从法学家拉德布鲁赫将类型学引入了法学领域后，类型研究就同概念研究一道成为法学研究的重要方法。类型研究是对抽象的概念进行区分、拆解，使概念获得实在内容的支撑，克服抽象带来的模糊性，以此保证法律的准确适用。类型研究与概念研究解决的都是事物的分类，只不过是立场与程度的不同。首先，概念作用于事实时要求事物的同一性，类型作用于事实时要求相似性；其次，概念可以被定义，类型只能够被列举；再次，概念是固定的，类型随着社会演变而发展；最后，概念起到提纲挈领的作用，类型将概念具体落实。现阶段，我国金融犯罪行为概念研究相对发达，类型研究急需推进。因此，有必要对数字金融犯罪行为进行细致的类型划分，而后进行罪与非罪、此罪与彼罪的探讨。[1]

数字金融犯罪行为类型化是将数字金融违法犯罪行为按照不同的标准进行分类。该分类主要依据数字金融犯罪的罪名和内在关系。通过对数字金融犯罪行为进行类型化，可以确保刑事法律对这一领域内的犯罪行为进行科学评价，从而达到控制犯罪的目的。值得注意的是，对不同类型的犯罪行为进行分析可以为预防犯罪提供经验支持，指导在何时、何地以及哪些领域应重点加强预防措施。类型研究是数字金融犯罪行为刑法解析的逻辑起点。在对事物进行整体把握的基础上分解出模型，然后对模型中的各种关系进行解释，使其成为沟通法条和事实的桥梁。首先，只有进行类型研究才能把握不同类型行为的本质区别，明辨罪与非罪，也才能进行犯罪构成要件的比对，明辨此罪与彼罪；其次，只有进行类型划分后才能对符合犯罪构成要件该当性的行为进行违法性的进一步剖析；最后，只有进行类型研究后才能在确定刑事违法性的基础上拷问是否具有对行为人进行刑事非难的必要性。

我国数字金融犯罪行为类型化问题具有不断变化的特点，无论在规模还是种类上都在不断演变。一般而言，数字金融犯罪行为可划分为以下三类：一是以数字金融作为犯罪主体的犯罪行为；二是以数字金融作为犯罪对象的犯罪行为；三是以数字金融作为犯罪工具的犯罪行为。[2]以下是对三类数字金融犯罪行为的简要概述。

1. 基于数字金融机构实施的犯罪行为

犯罪主体是指那些从事破坏金融秩序行为，并依法应负刑事责任的

---

[1]　参见王桢：《我国兴奋剂行为的刑法解析——基于行为类型化的思考》，《山东体育学院学报》2018 年第 4 期。

[2]　参见郭华：《互联网金融犯罪概说》，法律出版社 2015 年版，第 78 页。

个人和组织。① 一些学者指出，数字金融领域的犯罪行为主要限定在数字金融企业和机构之间，数字金融领域中的投资人并不在其中。这个限定主要是出于对数字金融犯罪的法益的考虑。随着现代社会的分工日益复杂化、精细化，再加上数字金融业务的专业隔阂，单位主体实施的数字金融犯罪更容易实现，而且在犯罪手段等方面也更隐蔽和专业化。尤其是，相比自然人主体实施的数字金融犯罪以及传统经济单位犯罪的社会危害性，单位实施的数字金融犯罪所带来的法益侵害和金融风险呈几何倍数增长。此外，数字金融单位犯罪具有"多层次、多主体、复杂性"的特点，其带来的认定困难前所未有。信息网络技术的发展使得数字金融犯罪不可避免地具有"脱域"属性，即便是一些中小型的互联网金融企业，其分支机构往往也遍布全国。在司法实践中，一些涉案公司的分公司、经营网点更是多达数百家，而这些分支机构的定性纷争也随之而来。相比之下，投资人很难实施涉及国家安全的行为，而数字金融企业一旦运营不慎，就有可能造成对国家安全的危害。更不用说，如果故意从事犯罪活动，将给国家安全造成多严重的损害。②

我国传统单位犯罪行为理论依循的是一种个人行为模式的路径，在这一路径下，往往以企业集体或者企业领导意志代替企业自身意志，因此单位犯罪行为的成立也以自然人犯罪行为为前提。除了《刑法》中的相关规定，数字金融领域单位犯罪行为认定路径还体现在 1999 年最高人民法院《关于审理单位犯罪案件具体应用法律有关问题的解释》(以下简称《单位犯罪解释》)、2001 年最高人民法院《全国法院审理金融犯罪案件工作座谈会纪要》(以下简称《金融犯罪纪要》)以及 2017 年最高人民检察院《关于办理涉互联网金融犯罪案件有关问题座谈会纪要》(以下简称《互联网金融犯罪纪要》)等一系列规范性文件中。并且，数字金融单位犯罪行为还在司法实践中形成了"三步法"的司法认定规则：首先，在主体要件上判断涉案单位是否真实存在；其次，在单位意志上查明该决定是否由单位决策者(单位负责人)作出，由行为人具体实施；最后，在单位利益上查明违法所得是否归单位所有。由此可见，数字金融单位犯罪行为的认定路径本质上仍然是一种个人行为的归责路径，或者说是一种犯罪主体决定论。换言之，数字金融单位犯罪行为的认定不仅以单

① 参见陈兴良：《规范刑法学》，中国人民大学出版社 2013 年版，第 104 页。
② 参见曾荣胜：《互联网金融犯罪刑法规制研究》，厦门大学 2019 年博士学位论文。

位中特定的自然人行为构成犯罪为前提，并且还需要结合"以单位名义""违法所得归单位所有""单位决策""为了单位利益"等条件同时进行判断。值得肯定的是，《互联网金融犯罪纪要》在单位意志与单位成员个人意志的区分上，较《单位犯罪解释》的规定更加精细化，很大程度明确了单位犯罪行为成立的标准，避免了单位犯罪行为认定的宽泛化。但客观来说，其仍有忽视互联网金融企业的组织特征的嫌疑。具体来说，"为了单位利益"和"单位决策"等要件将单位领导意志视为单位意志，在一般情况下是具有妥当性的。但对于大规模的现代企业来说，由于企业内部组织结构的复杂化，此时单位领导意志能否代表单位意志便有待商榷。换言之，由于小公司的所有者往往更倾向于亲自管理，因此运用"单位决策"要件对小公司的行为定罪要比对大公司的行为定罪要更直接与便捷。① 在数字金融业态中，尽管大部分企业是中小型规模，但也不乏一些上市大型企业。由此可见，传统的单位犯罪行为认定路径不仅已经无法满足我国当前数字金融领域单位犯罪行为认定的需要，而且这种路径是否契合我国企业规模的现代化发展趋势也值得怀疑。数字金融机构作为犯罪主体所实施的行为涵盖了非法吸收公众存款、非法经营、集资诈骗等多种罪行。这些犯罪行为在数字金融领域中呈现出新的特征和表现形式。相较于传统金融犯罪，对数字金融犯罪的规制存在诸多不足之处，刑法需要采取相应的新对策。

2. 基于数字金融资产实施的犯罪行为

数字金融犯罪是一种以数字金融为犯罪对象的犯罪行为。犯罪分子利用各种手段对数字金融企业或平台进行盗窃、诈骗等犯罪活动，形成了数字金融企业在实质上或形式上成为被侵害对象的局面。

此类犯罪主要表现为以下几种形式：首先，犯罪分子非法侵入数字金融网络系统，以盗取资金或对计算机系统造成损害为目的。由于网络存在技术缺陷和管理漏洞，犯罪分子可以通过篡改数据等方式获取数字金融的在途资金。其次，犯罪分子截获数字金融企业和客户之间的信息，然后非法进入账户并转移资金或操纵账务记录。数字金融企业和客户之间的交流可能包含敏感信息，如信用卡账号和口令，犯罪分子可以利用计算机技术进行窃取和滥用。再次，犯罪分子通过伪造或变造金融凭证实施欺诈活动。他们通过互联网伪造或修改账单，并设立钓鱼网站

---

① 参见李兰英、魏瀚申：《网络金融视阈下单位犯罪理论的反思与出路》，《武汉大学学报（哲学社会科学版）》2022 年第 3 期。

来进行金融诈骗。最后，犯罪分子对数字金融网络和信息系统进行攻击，或者提供入侵工具，致使数字金融企业的重要信息系统发生重大故障和事故。以数字金融作为犯罪对象实施犯罪，违反国家法律规定，在金融计算机数字信息系统或其存储、传输的数据信息上实施非法侵入、占有、攻击或破坏的行为，会导致金融计算机系统无法正常运行，造成严重后果。

3. 基于数字金融业务实施的犯罪行为

这类犯罪主要是指利用数字金融作为犯罪手段实施的犯罪，典型的是洗钱犯罪。许多数字金融平台和支付平台仅重视资金用途，而未对资金来源进行严格审查和核实。这些平台的运作又相对隐蔽，使犯罪分子能够利用它们从事洗钱活动。另外，犯罪行为人可能通过提供银行账户或协助财产转换等方式，或者通过从事数字理财等手段来掩盖、隐瞒犯罪所得及其收益，从而构成洗钱罪。[1]

洗钱犯罪呈现出从传统支付工具向信息化支付工具和移动支付工具发展的趋势。随着支付方式的不断创新，移动支付成为犯罪分子最新的手段之一。黑客们利用钓鱼网站、木马植入等技术手段，盗取网友个人信息，并通过转账等方式将资金从受害者银行账户中迅速转移。一些不法分子还利用第三方支付平台的漏洞，将信用卡资金充值到支付账户后迅速提现，或者通过虚假交易等手段实现非法资金转移和套现。我国当前数字洗钱犯罪呈现高发态势。数字金融领域存在的洗钱行为具有多样性，包括通过网上银行实施地下钱庄违法活动，利用第三方支付平台转移、清算网络赌博、非法集资等犯罪资金，利用网络进行炒汇、炒金、传销，以及参与证券期货违法犯罪活动、银行卡犯罪以及网上制假售假等。

综上，尽管数字金融犯罪可以从理论上分为三种类型，但在实践中它们存在交叉和重叠。数字金融企业有可能作为犯罪主体参与数字金融犯罪，如协助犯罪分子进行洗钱犯罪。同时，数字金融本身也可能成为犯罪对象。这种犯罪行为类型的交叉与重叠导致了定罪的竞合。尽管这一分类并非完全科学，但从预防犯罪的角度来看，它仍具有意义与价值。对于数字金融作为犯罪工具的犯罪和数字金融作为犯罪对象的犯罪，数字金融企业需特别警惕并通过技术与制度上的内控，防止被犯罪

---

① 参见李轲、亓淑云：《互联网金融犯罪的规制路径探析》，《中国检察官》2020年第7期。

分子利用与侵害。数字金融企业作为犯罪主体的犯罪类型对于数字金融的创新与发展，以及数字金融的声誉和信任都具有重要影响。若数字金融企业自身屡次违法犯罪，可能引发公众的担忧，进而制约数字金融的持续发展。

(二) 数字金融犯罪行为模式

金融犯罪是一种新型犯罪，随着金融市场的建立和发展而出现。有学者认为，金融犯罪并不是一个独立的罪名，而是经济犯罪范畴中的一类犯罪的总称。[①] 随着数字金融时代的到来，特别是金融体制改革的推进和国内金融市场的开放，我国金融领域的犯罪活动越来越多。金融投资人和消费者成为犯罪行为的主要目标，犯罪活动也在互联网领域扩展。我国金融市场随着数字化进程的推进不断发展，法律在维护金融市场秩序方面也逐渐完善。现如今，除了重视金融领域的管理，法律还注重保护金融安全和维护金融投资人、消费者的权益。[②] 随着网络犯罪的异化，传统犯罪行为的方式和类型也发生了重大变化。在数字金融创新模式下，新兴的金融犯罪行为类型日益增多。数字金融主要存在以下几种犯罪行为类型。

1. 以数字金融为掩护进而实施犯罪的行为

数字金融作为新兴领域吸引了大量投资和融资客户，同时也难免出现一些不法行为。一些人利用数字金融的名义，建立投融资平台，并在互联网上发布虚假的 P2P 借贷项目、虚构的股权众筹项目或其他伪装的投资理财产品，以吸引不特定的投资人，并在宣传中强调高利息或高分红，导致投资人对产品的安全性和利润率产生误解，促使他们进行交易。行为人的目的是骗取资金，并抽逃资金。在这类交易中，很少有真正的融资人，资金最终被虚假交易编造者所获取。根据是否存在非法占有的目的，这种行为可能面临不同的刑法后果。

在此类事例中，存在一些平台或公司利用欺诈手段吸引投资人积极投资。他们通常会提供高额兑付或其他诱人的先期业务，以获取更多的资金投入。然而，当这些平台或公司的资金链断裂，无法维系经营，或者突然跑路时，投资者往往会遭受损失。这种情况在近期的 P2P 暴雷

---

① 参见刘宪权：《金融犯罪刑法原理》，上海人民出版社 2017 年版，第 2 页。
② 参见王海桥：《信息化背景下金融犯罪的治理结构转变》，《中州学刊》2021 年第 5 期。

事件中得到广泛暴露，引发了投资者对数字金融行业的恐慌。

在此，需要对行为进行一定的判断，如我国学者张明楷教授主张，"刑法上的行为，是指行为主体实施的客观上侵害法益的身体活动"[1]。周光权教授认为，"合理的行为理论应该是综合性的，需要承认行为的意思支配性、外部性及其社会意义"[2]。陈兴良教授提倡一种综合"客观要素与主观要素、事实要素与价值要素的复合行为论"[3]。以上学者在具体的行为论观点上虽然有些微差别，但有一个最大的共同点，就是摒弃单纯形式性地理解刑法评价的行为。正如罗克辛教授所说的，"对一个行为的定义，不是通过那种根据经验可以找到的东西来决定的，而是通过价值评价方面的同一性来决定的"[4]。

这里就是要对构成要件的行为进行实质解释。第一，要强调刑法实质解释论的"求真性思维"，其宗旨在于"透过现象看本质"。对此，我们可作具体例证。最高检典型案例中，有一起案例是唐某等人通过非法手段获取保险公司客户信息，专门以缺少金融领域知识、防范意识较低的老年人为目标，在杭州市拱墅区、萧山区等地假冒某保险公司、银行银保中心客服人员的身份，编造代为销售保险理财产品的事实，印制发放虚假保险理财产品宣传册，通过电话营销、线下推销等形式，以高额利息附带赠送米油等小礼品为诱饵，诱骗被害人购买虚假的基金、理财产品。同时，唐某等人利用某保险公司并购消息，编造保险公司并购需要重新办理手续等理由，诱使被害人将正规保险账户中的资金转移至该诈骗团伙指定账户。后唐某等人将账户内资金通过转账、取现等方式转移占有。唐某团伙骗取 20 余名被害人共计 270 余万元。在案发之前往往难以将这类案件中的行为与正规的金融活动进行区分，需要运用刑法实质解释论的"求真性思维"，才能保障被害人的权利。

至于如何透过现象看本质，这里就需要强调刑法实质解释论的"常识、常理、常情化思维"。针对金融犯罪行为进行刑法解释的原则要求刑法解释合乎法理、常理和社会发展需要之理，到刑法之外去寻获根基性说明，即到现实社会生活中去寻获根基性说明，常识、常理、常情便

---

[1]　参见张明楷：《刑法学》，法律出版社 2021 年版，第 186 页。
[2]　参见周光权：《刑法总论》，中国人民大学出版社 2021 年版，第 102 页。
[3]　参见陈兴良：《教义刑法学》，中国人民大学出版社 2017 年版，第 90 页。
[4]　参见[德]克劳斯·罗克辛：《德国刑法学总论》，王世洲译，法律出版社 2005 年版，第 133 页。

是根基性说明的最朴素的表达。这样，对于金融犯罪行为的刑法解释才是合乎法理、常理和社会发展所需要之理，至少在界说合理性原则的方向上是妥当的。而唯有联系现实的社会生活，合理性原则才能切实有力地指向刑法解释的实质层面，进而充分地体现刑法实质解释观，并与体现刑法形式解释观的合法性原则形成有力匹配。①

2. 金融业务模式违反金融管理规定的行为

数字金融作为金融业界的新兴领域备受关注，尽管其创新业务模式众多，但难免会触及当前金融管理限制的领域。与虚设和诱骗不同，这些行为涉及真实的融资对象，并且投资人的资金流向也是可追溯的，但其业务模式可能为金融监管体制所抵制。数字金融公司在面临融资人征信缺失和资金实力不足的挑战时，不像传统银行那样具备高要求的风控条件和高额资金作为屏障，这就使得公司面临着来自外部和内部的双重压力。同时，债权转让业务作为一种金融产品，通过对受让债权的二次分配，帮助投资人分散投资风险。债权转让平台则充当了投资人和融资人资金对接的中转站，形成了融资池和投资池，进而实现了资金的集中管理；而且数字金融公司在占有大量资金的同时，存在着管理水平和工作人员自律水平的差异，同时也会留下挪用资金、侵占资金的隐患。这些行为属于违法犯罪，如果超过了相应的法定标准，就会受到法律的制裁。

这里主要强调数字金融犯罪行为与一般违反金融管理规定的行为的区分问题。金融犯罪作为一种典型的行政犯，决定了刑事司法不能在其他法律未将其作为违法行为处理前就直接将其犯罪化。按照行政犯理论，界定一种金融行为是否为犯罪时，"不能简单直接从刑法中寻找依据"，应当首先考察该行为是否被金融行政法律规范认定为违法行为。只有以行为违反金融行政法律规范为前提，其罪状"违反……规定"才有了明确的指向与参照。也就是说，在规范结构上应当先有前置性的金融行政法律规范，后有刑法规范，二者就某一行为的规定应当是协调一致的。2015 年中国人民银行等十部门发布的《关于促进互联网金融健康发展的指导意见》明确提出，要通过确定行政监管的原则、职责分工、监管责任与金融创新的业务边界，而达到规范互联网金融市场秩序的目的。也就是说，在金融改革的背景下，预防金融风险，维护金融秩序，

---

① 参见马荣春：《刑法形式与实质融合解释观的提倡——兼论刑法扩张解释与类推解释的区别》，《甘肃政法学院学报》2018 年第 6 期。

主要通过行政监管、行业监管以及行业自律等方式与手段来实现，这些方式与手段，远比刑法更灵活、更及时、更有效。如果某种金融风险通过行政法律规范就可以防控，相应的违法行为通过行政处罚就可以制止，那么就不需要将其规定为犯罪而科以刑罚。如果仅已存在金融风险或者出现损害后果，就盲目地作为互联网金融犯罪入罪的标准，必然会形成对金融经济活动自由的妨碍，不利于互联网金融市场的健康发展。刑事司法过早介入互联网金融领域，必然会抑制活跃的金融活动与创新精神，不利于互联网金融市场的健康发展。①

最高人民法院就曾以非法集资案件为例，解释在司法适用中如何准确把握金融犯罪行为与一般行政违法行为的界限。如果行为人募集的资金主要用于生产经营及相关活动，在主观上，行为人有还款意愿，能主动及时清退款项，同时符合刑法但书规定的，就可以排除刑罚的适用。对于罪与非罪界限一时难以划清的案件，要从有利于企业生存发展、保障员工生计、维护社会和谐稳定等因素综合考量，依法处理，可定可不定的，原则上不按犯罪处理，仅进行行政处罚。特别是对于企业、公司法定代表人、技术人员因政策界限不明而实施的轻微行政违法行为，更要依法慎重处理。

3. 数字金融中提供犯罪中立帮助的行为

《中华人民共和国刑法修正案(九)》新增的帮助信息网络犯罪活动罪是针对信息网络时代，对犯罪行为的刑事风险进行法律防控的一项新规定。这一规定旨在引导信息网络服务提供者和个人审慎对待其自身行为，因为在信息网络服务中，受侵害对象通常无法进行主动的注意性审查，而该罪针对这一特点作出了相应的刑法上的应对。数字金融公司及其从业人员在提供合法且中立的金融产品和技术服务的过程中，即使未实施犯罪活动或未违反金融管理规定的业务，仍可能成为帮助他人实现犯罪活动的工具。这种中立帮助行为的刑法风险可能存在于融资端和投资端，使实施者成为帮助信息网络犯罪活动的主体之一。

当然这里被称为犯罪的中立帮助行为在规范上有其独特性。

第一，当数字金融帮助行为具有专门的违法指向性时，帮助行为在客观上才可奠定不法的主要根据。而在主观层面，参与者对于所帮助的正犯无须有清晰的认识，只要认识到正犯可能实施违法犯罪行为即可，

---

① 参见黄明儒、孙珺涛：《论刑法介入互联网金融的限度》，《理论探索》2019 年第 5 期。

同时也需要认识到帮助行为的违法指向性。这是因为此类帮助行为虽然仅为整个数字金融共同犯罪中的一环，但该行为自始便专门指向促进各种违法犯罪行为，虽然不专属于特定的正犯，但是其行为在客观上具有较强的独立性，甚至本身就可能属于违法行为。因而从一般预防的刑法目的上看，当参与者实施的网络帮助行为"专供"违法犯罪行为时，便是通过其帮助行为直接违背了相应的社会行为规范，因而具备自身特有的规范违反性，可以认定为独立地创设了法所不容许的风险。

第二，数字金融活动作为一般数字金融帮助行为并非专门指向违法犯罪行为的情形更多发，特别是帮助行为在技术特征及指向对象上均具有中立性质，多处于法规范的"模糊地带"，导致对其处罚与否面临诸多争议，此时与上述直接违反法规范的帮助行为相比较，需要借助行为人主观上的特殊认识，即将数字金融公司及其从业人员高于一般人的特殊认识加入主观判断材料，明确特殊认识达到何种程度。

第三，还要进行行为的反向判断，倘若网络帮助行为并未违反相应的行业规范，同样应排除犯罪行为的可能；从社会利益的宏观层面上看，网络帮助行为所提供的技术服务手段能够促进社会的发展，是符合社会发展总体利益的行为，故有必要将技术保护优先的理念摆在首位，以避免法律风险过度蔓延；从行业规范的微观层面上看，网络帮助行为符合网络服务行业中技术手段公开的行业规则，为整体法秩序所认可。基于此，应当认为此种网络帮助行为是一种被允许的风险，应当为刑法规范所认可。①

4. 数字金融业务衍生活动成为犯罪行为

除了数字金融公司和业务直接产生刑事风险，其他公司和业务附随行为也有可能产生刑事风险。在证券业务中，信息欺诈、信息操纵和信息滥用是常见的附随行为，其实施主体不仅限于互联网证券公司和从业人员，还包括负有信息义务的个人和媒体平台。由此可见，数字金融的发展带来了前所未有的机遇和挑战。问题在于，无论是借用数字金融外衣实施犯罪活动还是正常经营数字金融业务，数字金融的业务行为都存在较大的刑法风险隐患。因此，对数字金融公司及其业务模式进行刑法规制是必要的。判断是否构成犯罪行为，主要看数字金融公司实施的数

---

① 参见李淼：《网络帮助行为刑事处罚的规范判断》，《财经法学》2023 年第 2 期。

字金融业务是否违反了开展相关活动的义务。① 涉及数字金融业务衍生活动的义务主要分为这三类。

其一，金融消费者信息保护义务方面。《全国人民代表大会常务委员会关于加强网络信息保护的决定》对网络信息安全的保护作了规定，其中第 1 条便禁止非法获取、出售、提供公民个人信息。《中华人民共和国网络安全法》第 10 条要求建设、运营网络或者通过网络提供服务的主体应维护网络数据的完整性、保密性和可用性。同时，该法以专章的形式对"网络信息安全"予以规定，要求网络运营者保护所收集的用户信息，并建立健全用户信息保护制度；明确收集、使用个人信息的目的、方式和范围；采取技术措施或者其他必要措施确保其收集的个人信息安全；接受个人对其收集、存储个人信息的监督。行政法规上，《中华人民共和国电信条例》第 65 条规定，电信用户有依法使用电信的自由，其通信秘密受法律保护，电信业务经营者及其工作人员不得擅自向他人提供电信用户使用电信网络所传输的信息。部门规章上，国家工商总局《网络交易管理办法》要求，网络商品有关服务经营者及其工作人员对所收集的消费者个人信息，不得泄露、出售或者非法向他人提供；而且，该局《网络交易平台经营者履行社会责任指引》规定，网络交易平台经营者应依合法、正当、必要原则收集、使用平台内消费者相关信息，明示收集、使用信息的目的、方式和范围，并经被收集者同意；银保监会、工业和信息化部、公安部、国家互联网信息办公室《网络借贷信息中介机构业务活动管理暂行办法》指出，应妥善保管借贷双方的资料与交易信息，不得非法买卖、泄露借贷双方的基本信息和交易信息；证监会《证券投资基金销售机构通过第三方电子商务平台开展业务管理暂行规定》也主张，第三方电子商务平台经营者应保证基金投资人身份资料及交易信息的安全，除法律法规规定的情形，不得将相关信息泄露给任何机构或者个人；银保监会《互联网保险业务监管暂行办法》规定，第三方网络平台应在收到投保申请后的 24 小时内向保险机构完整准确地提供承保所需的包括投保人（被保险人、受益人）的姓名、证件类型、证件号码、联系方式、账户等资料信息，除法律法规规定的情形，不得向任何机构和个人泄露相关信息。

---

① 参见皮勇、汪恭政：《网络金融平台不作为犯的刑事责任及其边界——以信息网络安全管理义务为切入点》，《学术论坛》2018 年第 4 期。

其二，违法信息监管义务方面。《全国人民代表大会常务委员会关于加强网络信息保护的决定》第 5 条规定，对于违法违规发布或传输的信息应当立即停止传输，采取措施并向主管部门报告。《全国人民代表大会常务委员会关于维护互联网安全的决定》第 7 条规定："……从事互联网业务的单位要依法开展活动，发现互联网上出现违法犯罪行为和有害信息时，要采取措施，停止传输有害信息，并及时向有关机关报告。"《中华人民共和国网络安全法》第 47 条规定，网络运营者应加强对金融消费者发布信息的管理，停止传输违法发布或者传输的信息，并采取消除等处置措施。行政法规层面，《互联网信息服务管理办法》的调整范围虽然不限于网络金融平台，但其作为行政法规，却对网络信息服务的管理起基础性作用。其中，第 13 条要求互联网信息服务提供者保证所提供的信息内容合法；第 15 条规定不得制作、复制、发布、传播法律禁止的内容；第 16 条指出信息服务提供者发现有第 15 条违法行为的，应停止传输，保存记录并向国家有关机关报告。《中华人民共和国电信条例》第 61 条规定，"在公共信息服务中，电信业务经营者发现电信网络中传输的信息明显属于本条例第五十六条所列内容的，应当立即停止传输，保存有关记录，并向国家有关机关报告"。部门规章和其他规范性文件层面，《网络交易管理办法》规定，第三方交易平台经营者应对平台上发布的商品和服务信息建立检查监控制度，发现有违反工商行政管理法律法规、规章的，向工商行政管理部门报告，并及时采取措施制止。《网络交易平台经营者履行社会责任指引》也规定，网络交易平台经营者应建立信息检查和不良信息处理制度，发现违法、违规行为，报告并采取制止措施；《网络借贷信息中介机构业务活动管理暂行办法》要求审核借贷双方的资格条件、信息和融资项目的真实性、合法性。

其三，协助执法义务方面。法律上，《全国人民代表大会常务委员会关于加强网络信息保护的决定》第 10 条规定，网络服务提供者应对主管部门防范、制止和查处非法获取、出售或非法提供金融消费者信息的行动予以配合，并提供技术支持。《中华人民共和国网络安全法》第 49 条规定："网络运营者对网信部门和有关部门依法实施的监督检查，应当予以配合。"部门规章上，《网络交易管理办法》强调第三方交易平台经营者应采取制止措施配合工商行政管理部门查处违反工商行政管理法律法规、规章的行为，并协助工商行政管理部门查处网上违法经营行为，及时提供涉嫌违法经营主体的登记信息、交易数据等资料；《网络交易平台经营者履行社会责任指引》第17条第1款最后一句提到"网络交易平台经营者还应积极配合监管部门依法查处相关违法违规行为";《网络借贷信息中介机构业务活动管理暂行办法》第9条规定"……(八)配合相关部门做好防范查处金融违法犯罪相关工作";《证券投资基金销售机构通过第三方电子商务平台开展业务管理暂行规定》指出,证监会及其派出机构对第三方电子商务平台经营者的相关行为实施监督管理时,平台经营者应作出配合;《互联网保险业务监管暂行办法》也要求,第三方网络平台在银保监会及其派出机构日常监管和现场检查互联网保险经营行为时应予配合。

四、数字金融犯罪行为特征

犯罪在客观方面的要件包括犯罪的行为方式、行为对象和行为后果,在一些特殊犯罪中还包括行为时间、地点和手段等特殊因素。

(一)数字金融犯罪行为整体特征

1. 数字金融犯罪行为分工细化

随着信息网络技术的快速发展,犯罪日益与信息技术交织在一起,导致传统犯罪发生变异,金融犯罪也不例外。目前,虽有相当比例的数字犯罪是危害计算机信息系统安全犯罪等纯正数字犯罪,但大多数计算机或数字犯罪是针对传统法益的,只是侵害的种类和行为方法是新的而已。细而观之可以发现,随着信息网络的介入,数字犯罪的分工细化成为常态,从而导致犯罪的要素和样态发生了明显变异。"金融",就是指在经济生活中,银行、证券或保险业者向市场主体募集资金,并借贷给其他市场主体的经济活动。在市场和行为摆脱传统空间和时间限制的今日,数字金融犯罪行为进一步精细化。

第一,犯罪纵向进程精细切割。在传统环境下,少数犯罪纵向进程也有分化,但相对简单。例如,集资诈骗罪亦有准备宣传、引流等预备环节,后续亦有转移、销赃等环节。但整体而言,相关分工较为简单。随着信息技术的介入,数字犯罪的纵向进程普遍"化整为零"。例如,数字集资诈骗犯罪被精细切割为准备犯罪工具、搭建数字平台、应用软件开发、拨打电话诈骗、资金变现转移等若干环节。完整的犯罪被拆分开来,打破了传统犯罪构成中预备行为、实行行为、事后行为的分隔,使上述行为彼此之间的界限变得模糊。

第二,犯罪横向进程分工细化。在传统环境下,"以单独犯罪为常态，以共同犯罪为例外"；网络环境下，"以共同犯罪为常态，以单独犯罪为例外"。与传统犯罪的"单打独斗"不同，数字犯罪逐渐告别"单兵作战"模式，表现为"协同作案"，共同犯罪样态凸显，且共犯人数众多。从人民法院的统计数据来看，平均每件数字犯罪案件涉及 2.73 名被告人，超四成金融犯罪案件为共同犯罪。从人民检察院的统计数据来看，参加团伙犯罪甚至更大规模集团犯罪的嫌疑人，占犯罪总人数的83%。共同犯罪之所以成为数字金融犯罪的常态，主要缘于信息技术对数字犯罪的进程发挥着关键性作用。网络环境下实施犯罪，需要以互联网接入、服务器托管、网络存储、通信传输等技术支持为前提，也离不开广告推广、支付结算等其他帮助行为。缺乏相关帮助行为，数字金融犯罪的正犯行为要么难以实施，要么在实施过程中难以为继，要么在实施完成后难以将违法所得变现。在此背景下，一方面，信息技术的介入使得犯罪的分工细化成为可能，且这一分工细化大幅提升了犯罪的效率并有效分散了被查获的风险。故而，共同犯罪成为数字金融时代犯罪的"新宠"。另一方面，信息技术的介入使得数字金融犯罪无法独立完成，分工细化、借助外力成为必然。

第三，纵向切割与横向分工交错形成利益链条。数字犯罪纵向进程切割而成的不同环节，往往由不同主体实施，使得精细切割与分工细化相互交织。换言之，帮助行为不限于实行行为阶段，在预备阶段和事后行为阶段均存在大量帮助行为。例如，就传统诈骗犯罪而言，行为人也会有准备诈骗工具等预备阶段，但较少有其他行为人介入其中；但就电信网络诈骗犯罪而言，搭建电信网络平台的预备行为绝大多数情况下需要借助外力实施。受此影响，数字犯罪纵向的线性递进过程呈现出错综复杂的关系。传统环境下，技术条件有限，受制于人力物力成本，共同犯罪呈现出"一对一""一对少数"的样态。而在信息网络时代，随着计算机和互联网的广泛运用，共同犯罪突破了传统技术条件的限制，可以"一对多""一对特别多"地提供帮助，甚至形成了"人人为我、我为人人"的新型样态。在网络环境下，犯罪活动被精细切割为搭建网络平台、提供数据支撑、应用软件开发、网络引流推广、资金支付结算等若干环节，各个环节分工协作、各取所需、各获其利，共同完成从准备工具、组织人员、物色目标、实施犯罪、获取利益、销赃分赃等整个犯罪过程，形成了完整的犯罪利益链条。

2. 数字金融犯罪行为去中心化

如前所述，传统犯罪构造以实行行为为重心，无论是犯罪的纵向进程还是横向发展都围绕实行行为进行。然而，在网络环境下，随着犯罪的分工细化，形成了环环相扣的利益链条，实行行为的中心地位不复存在，呈现出明显的去中心化特征。

第一，实行行为的纵向中心地位消弭。传统环境下犯罪将实行行为作为关键和核心，故而，实行行为理所当然地位居犯罪行为中心。例如，就诈骗犯罪而言，行为人诈骗话术是否高明、诈骗得手后能否成功逃离现场等因素，直接关乎诈骗能否得逞，故实行行为是关键，而准备工具和制造条件的预备行为以及事成之后的财物处置变现等行为只是辅助行为。而数字金融犯罪是典型的技术犯罪，工具的技术状况决定了犯罪的整个进程，技术手段才是关键和核心。例如，利用"网银赌博"程序发送诈骗信息进而诈骗的行为，由于行为人使用相关程序后基本上是自动操作，故关键在于所使用程序设定的性能。正因为如此，数字犯罪进程中准备工具和制造条件的预备行为的重要性开始超过实行行为，实行行为的中心地位不复存在。而且，不仅预备行为重要，由于数字金融犯罪具有典型的牟利性特征，故犯罪既遂之后的犯罪所得处置阶段的重要性也开始显现。这主要缘于传统犯罪的犯罪所得通常是银行转账，掩饰变现相对容易，而数字犯罪所得多通过线上洗钱变现，转化为合法来源所得尚需费一番功夫。

第二，实行行为的横向中心地位弱化。如前所述，传统犯罪的帮助行为由于帮助对象有限，其发挥作用的大小和获利程度往往取决于正犯，具有对正犯的从属性。与之不同，在网络环境中，信息技术广泛应用而形成的自动化、低成本、高效便捷的特性，造就了"一人服务于人人、人人服务于一人"的新社会行为样态。利用信息网络的帮助行为突破了传统行为的成本和效率限制，不限于支持某一个或者少数下游犯罪，而是能够为众多下游金融犯罪提供技术支持，并牟取自身独立的经济利益，从而具有了独立性。甚至可以说，从各个环节发挥的作用来看，正犯行为的重要性不如帮助犯，获利程度也不如帮助犯。而且，当前数字犯罪正犯行为与帮助行为交织，逐步形成"流水线"式作业。在此背景下，各类数字犯罪盘根错节，形成分工合作、彼此依赖、利益共享的黑灰产业链，滋生出复杂的数字犯罪生态体系，可谓"你中有我，我中有你"。洗钱罪就将破坏金融管理秩序犯罪、金融诈骗犯罪作为上游犯罪之一，帮助信息网络犯罪活动罪也将帮助信息网络犯罪的广告推广、支付结算作为帮信罪的典型行为，足以证明刑法承认实行行为的横向中心地位弱化，并采取了一定的应对措施。

(二) 数字金融犯罪行为方式特征

数字金融犯罪与传统金融犯罪存在显著区别，主要体现在犯罪行为是否以实质的数字金融活动为基础。例如，行为人可以开发虚拟货币，并通过互联网进行投融资活动。然而，如果行为人利用这种虚拟货币进行非法集资活动，触犯了我国刑法，那么就可能被归为数字金融犯罪行为。如果行为人以"数字货币"为诱饵，试图吸引金融投资人，非法获取他们的资金，这类行为应被归入传统金融犯罪。

数字化技术和信息通信技术对金融活动相关主体产生了影响。这些主体可以是从事金融活动的机构、个人，也可以是受金融活动影响的机构、个人。受到这些技术影响后，他们的行为模式和利益形态发生了巨大的变化。同时，数字金融犯罪和传统金融犯罪在行为模式方面也有很大的不同。这些不同主要是由于数字金融对传统金融要素进行了重塑，导致要素的组合模式不同，从而影响了犯罪行为模式。数字金融犯罪行为与传统金融犯罪行为相比，具有许多不同之处，数字金融犯罪行为的独特性主要体现在以下几个方面。

1. 犯罪行为方式的专业性

在很多时候表现为犯罪主体业务能力的专业化。数字金融犯罪是一种高度技术化的犯罪行为，其参与者通常具备深厚的计算机知识和娴熟的计算机操作技巧，不法行为者所拥有的专业技术资源甚至超过了执法机构所掌握的资源水平。进行洗钱活动或研发软体以获取银行卡资讯等行为都需要专业技术，甚至形成了"木马病毒"等灰色产业。攻击者以专业信息技术手段获取受害者个人信息时，要使用技术门槛来掩盖其恶意目的。[1]

在利用数字金融平台实施的违法犯罪活动中，企业常常会聘请具备金融、网络、证券、法律等方面专业知识并熟悉数字金融各种交易运作模式的人员参与。这些人员会在金融创新和法规政策的边缘徘徊，专业化、智能化和网络化逐渐显现，使得犯罪手段具有更强的隐蔽性和欺骗性。而且，数字金融企业与商业银行、农村信用社等金融机构的从业人员也存在一定程度的合作，以商业银行或金融机构的名义从事违法犯罪

---

[1]　参见田光伟：《论互联网金融犯罪风险防控》，《哈尔滨师范大学社会科学学报》2015 年第 3 期。

活动。这些人内外勾结，编造虚假理由，共同欺骗群众，骗取财产。①

在数字化的生存环境中，时间和空间被分离开来，人们可以利用编码实现数字化生存状态中"不在场"的基本形式。此外，人们可以同时采取多种行动，将多线行为和结果交织聚合在一起，达到多样化的效果。这种本体的缺席与精神的存在相互交织，使得实际主体与虚拟主体合二为一，从而将自我从客体之中分离进而转化为共存的主体。人类的观念与关系、行为和行动从经验化情境中脱嵌出来，进入一种"不在场"的状态，这改变了传统社会互动的前提条件，不再依赖于时空确定的存在。社会关系不再依赖于时空统一的架构与后设机制，人们的交往行为已经超越了"必须时空统一"的限制。②

在数字化社会中，个体的身体和思想都将被数字化技术囊括，形成一个统一的数智化人格。数智人格的核心是由个体的在线行为数据构成的一系列数字化符号。在实践操作层面，法律的应用应该是与人的智能性直接相关的，而人的生物性、社会性和道德性等则应归为哲学、宗教学、社会学和伦理学等领域。在数字化转型的背景下，数智人的概念取代了自然人和社会人的概念，成为现代技术演化和现代性演化的必然要求。在数智化社会中，数字技术的广泛应用将为社会关系和法律关系带来新的变革和挑战。人们之间的社会关系将通过数字平台和应用程序进行更深入的交流和互动。社交媒体、在线协作工具和虚拟现实技术等数字技术将改变人们之间的互动方式，扩大人们之间的社交网络，并促进跨地域和跨文化的交流。数字化的信息和数据让法律的适用和执行更加智能化和高效化。智能合约、区块链技术和大数据分析等技术正在改变传统的法律框架和法律实践。法律机构和司法系统也在利用数字技术来提升服务质量和效率，并加强对违法行为的监管和打击。③

2. 犯罪行为方式的组织化

数字金融运作的复杂性和多层次性使得犯罪分子很难独自完成数字金融犯罪活动的所有步骤。因此，金融犯罪通常是经过预谋的，犯罪分

---

① 参见刘坤、高春兴：《互联网金融犯罪的特点与侦防对策研究》，《山东警察学院学报》2015 年第 5 期。

② 参见何明升、白淑英：《在线生存：现代性的另一种呈现》，《哲学研究》2007 年第 3 期。

③ 参见齐延平：《数智化社会的法律调控》，《中国法学》2022 年第 1 期。

子往往以职业化和组织化的方式进行犯罪活动，数字金融犯罪的主体对金融运作的各个环节都非常熟悉，他们精心策划犯罪活动，内部分工明确，赃款流向隐蔽，具备规避法律追究的能力。这给案件的侦破和审理工作带来了极大的挑战。

数字金融犯罪作案呈现出团伙性犯罪的特点，其犯罪团体组织化程度不断提高。犯罪分子利用互联网的特性，突破地域限制，通过虚拟网络招募同伙，有组织地进行犯罪活动。金主提供经费支持，但并不直接参与运营；管理层负责人员的招募、培训以及后勤保障；网络团队则负责建设和维护网站。犯罪成功后，取款人员将赃款转交给管理层；会计从管理层处获取赃款，先向金主支付大部分款项，剩余部分内部分赃。这种网络招募和异地取款的方式具有高度的隐蔽性，而且当取款人员在异地取款后，资金被物理隔离，即使案件被破获，也很难追踪到背后的主使者和追回资金。与此同时，数字金融犯罪模式仍在不断升级，并呈现出产业化的发展趋势。在浙江省的专项打击行动中，发现了多个制作博彩网站并协助实施诈骗的团伙，以及进行洗钱活动的地下钱庄，还有贩卖个人信息的中介。这些行为共同构成了一个数字金融犯罪的完整链条。由于犯罪链的形成，每个环节的犯罪都变得更加专业和独立，若其中一个环节出现问题，其他环节受到的影响较小，这使得规制犯罪的难度加大。

数字金融犯罪通常以组织化运营为特点。例如，利用淘宝店铺实施诈骗犯罪的过程中，犯罪分子首先会购买他人的支付宝账户及相关信息，并利用这些信息注册淘宝店铺。接下来，他们会招募客服人员和网络技术人员，开始在店铺中销售商品。待顾客下单购买物品，客服人员会以各种借口要求买家使用微信进行支付，或者采取虚假发货等手段进行诈骗，目的是骗取顾客的钱财。

数字金融犯罪常采用公司化运作模式，通过细分犯罪分工来实现更高效的犯罪操作且以此来规避法律的制裁。举例来讲，诈骗犯罪活动中，一种常见的手法是利用淘宝店铺来实施诈骗行为。犯罪分子利用获取的支付宝账户和相关信息，在淘宝注册店铺。注册成功后，他们会雇用客服和网络技术人员来维持店铺正常运营。当顾客购买商品时，客服人员会以各种理由要求顾客通过线下支付或虚假发货。这样的欺诈手法使得犯罪团伙能够骗取顾客的钱财。问题暴露后，技术人员会第一时间注销店铺并清除相关信息。由于犯罪分子是使用他人的信息注册店铺，这使得追查实际犯罪者的身份变得困难。[1]

3. 犯罪行为方式的科技化

数字金融是一种典型的信息化金融服务技术手段，在金融服务领域具有重要优势。它利用网络信息渠道实现了更快速、更便捷的金融服务，可以提供高水准的金融业务。相对于传统金融模式，数字金融在管理理念、实践策略等多方面存在不同，并随着技术创新不断优化。

金融数字化已经成为现代金融业的关键特征之一。尽管数字化提供了交易的便利，但也带来了更高的风险。随着技术的进步，金融犯罪的手段变得越来越先进，金融犯罪行为呈现出高科技化的特征。犯罪分子利用黑客等技术手段，攻击或突破数字金融平台的安全系统，在此基础上实施犯罪。随着数字化金融工具的快速发展，数字金融犯罪也随之兴起。犯罪分子利用虚拟结算方法和资金来源难以追踪等特点，从事非法集资和洗钱活动，实现犯罪智能化。同时，犯罪手段不断升级，从传统的信用卡盗用和身份冒用发展到利用数字加密货币和众筹融资等非法手段，诈骗方式更新换代。

学界对于金融领域中的数字金融和传统金融存在不同理解。一般来说，人们普遍认为数字金融是通过数字技术驱动形成的一种金融业态。与传统金融相比，数字金融最显著的特点在于数字技术的嵌入和应用。虽然数字金融并非简单地将技术和金融相加，但数字化技术的运用的确是数字金融的典型特征之一。[2] 数字社会是一个全球范围的新型社会形态，它以数字技术为基础，改变了社会的连接方式、交流方式和运行模式。数字社会的基本内容和主要特征包括信息的数字化、数字信息的可计算性以及数字的智能化。[3]

数字化后设机制通过触点的广泛分布，实现了对社会的综合控制。这种变革对法律理念的影响很大。传统的法律调控主要针对人们的行为进行干预，然而在数字化社会中，法律调控更加注重对人们行为的预防和塑造。具体来说，通过对后设机制的先行干预，调控信息交流过程，

---

① 参见廖明、马璐璐：《互联网金融犯罪的刑法规制》，《刑法论丛》2021 年第 1 期。

② 参见靳文辉：《数字金融公平价值的实现路径研究》，《中国法学》2023 年第 4 期。

③ 参见王天夫：《数字时代的社会变迁与社会研究》，《中国社会科学》2021 年第 12 期。

实现对人们行为的预先规范和塑造，以及对违法行为的阻止。这一新模式使得法律的作用更早地介入，以实现社会秩序的维护和行为的规范。①

4. 犯罪行为方式的虚拟化和隐蔽化

数字与虚拟空间相关联，并独立于现实世界，利用数字电子技术可以跨越国界、地域和人员限制，在短时间内实施数字金融犯罪。在这个数字化的空间中，瞬息即逝的电子脉冲是隐蔽的犯罪手段的唯一记录。随着数字化技术的进步，犯罪分子利用数字金融、通讯技术等手段进行犯罪活动。他们可能通过互联网盗刷银行卡资金，或利用黑客软件和网络病毒来窃取银行卡和密码，并通过数字支付系统将被盗的资金转移走。此外，他们还会通过设置诱饵网页来诱骗人们暴露自己的信息。在电信诈骗案件中，犯罪分子通常使用境外服务器搭建诈骗网站，并利用数字技术来隐藏身份，将大笔资金分散到多个账户中，以便快速转移资金并逃离境外。

数字世界的虚拟性给予数字金融犯罪以抽象性，使得犯罪手段具备了高度的灵活性和隐蔽性。在这个虚拟空间中，行为人可以自由地跨越时间和空间的限制，利用一台可联网的计算机，侵入并操控其他联网计算机，以实施各种金融犯罪活动。因此，数字金融犯罪是一种具有很强抽象性的犯罪行为，可以在各种时间、地点下，以各种方式进行。

数字金融犯罪的虚拟化，就决定了数字金融犯罪是一种具有很强隐蔽性并且难以追查的犯罪活动。犯罪分子利用数字金融平台实施犯罪活动时，往往会伪装成合法机构或个人，取得营业执照以掩盖其非法目的，还会以金融创新为由头，采用各种名目和复杂的返利算法来掩盖经济犯罪的本质，这种方式更具迷惑性。② 一些公司会聘请专业技术人员来执行网站框架工程设计和数据管理维护任务，他们会定期处理企业的交易记录、人员架构和其他敏感信息，以保护公司的安全。此外，为了提高信息的安全性，一些公司还选择在其他省份甚至其他国家的服务器上存储数据。组织的头目常常身处国外，他们通过网络即时通讯工具指挥国内成员进行犯罪活动。这些犯罪组织将受害人的资金转移到境外进行洗钱和消费，给执法机关从源头上打击犯罪增加了难度。

---

① 参见齐延平：《数智化社会的法律调控》，《中国法学》2022 年第 1 期。
② 参见刘坤、高春兴：《互联网金融犯罪的特点与侦防对策研究》，《山东警察学院学报》2015 年第 5 期。

(三) 数字金融犯罪行为后果的特征

1. 数字金融犯罪危害后果的显性特征

金融犯罪造成的危害涵盖了广泛的地域范围，并且涉及的人员群体规模庞大。与传统犯罪相比，数字金融犯罪覆盖了更广泛的犯罪领域，并且由于计算机网络跨越空间和时间广泛传播的特点，其行为后果分布范围广，危害程序深，社会危害性更大，这是其突出的显性特征。

数字化技术在金融领域的广泛应用给行为人带来了方便，他们能够轻松操作数字金融系统。然而，一旦这些系统受到破坏或侵入，可能会带来严重后果。随着数字化技术和信息通信技术的快速发展，数字金融的业务范围也突破了时空限制。数字金融业务不再受时间和地域的限制，同时也面临着数字金融犯罪蔓延范围扩大的问题。这种犯罪活动已经跨越了省市县乃至境外的界限，呈现出一种全国化甚至国际化的趋势。① 现代信息技术的快速发展使得不法分子能够通过键盘轻松地窃取国家政治、军事和经济机密。这给国家的主权和安全带来了灾难性的后果，尤其是在涉及国家秘密或战略决策的计算机系统遭到侵犯和破坏的情况下。因此，数字金融犯罪的社会危害超过了其他类型的犯罪。任何数字金融系统的故障或信息泄露都可能给金融机构带来巨大的损失，甚至导致金融系统瘫痪。此外，互联网的迅捷性和便利性使得犯罪财产的转移更加快速和隐秘。特别是在数字金融诈骗案中，这种趋势更加明显。犯罪分子的国内外合作使得他们能够在骗取资产后，通过网络迅速将其转移到国外，这给侦查和追赃工作带来了巨大的挑战。同时，这也给受害人造成了无法弥补的损失。为了应对这个问题，我们需要采取有效的措施来打击跨国犯罪活动，加强国际合作，加强网络安全监管以及加强资产追赃工作等。这些措施的实施将有助于降低这种犯罪活动的发生率，并最大限度地保护人们的利益和财产安全。

数字金融犯罪已经成为一个日益严重的问题，对社会产生了巨大的影响。与传统金融犯罪相比，数字金融犯罪更加复杂和专业化，并且频繁发生各种复合型大案。这种犯罪行为不仅仅导致财产损失，还对社会造成了更深层次的影响，从直接的财产损害扩展到综合性的损害。数字金融犯罪对金融机构、经济实体和地方经济都造成了不可弥补的伤害，

① 参见廖明、马璐璐:《互联网金融犯罪的刑法规制》，《刑法论丛》2021年第2期。

同时也严重威胁到了我国的经济秩序和社会稳定。

金融领域的违法行为在数字化背景下更易实施，并且其危害性也明显加剧。这些违法行为可能会造成严重的金融财产损失甚至引发社会危机。为了有效应对广泛渗透的信息金融风险，许多国家采取了刑法保护前置化的措施。这种做法通过预先设定犯罪类型和刑罚，并加强对金融犯罪的预防和打击，以应对违法行为的威胁。①

2. 数字金融犯罪行为后果的隐性特征

数字金融犯罪行为后果的隐性特征主要体现在刑事司法当中，表现为调查取证难。

数字金融犯罪行为的调查和取证难度较大。越来越多的犯罪活动在数字领域发生，这导致了调查过程中涉及的证据种类繁多。例如，电子邮件、社交媒体消息、金融交易记录和网络活动日志等都可能成为调查的证据来源。数字金融犯罪调查面临着证据多样性带来的挑战。首先，电子化证据涵盖了网银转账记录、社交媒体聊天记录和服务器运行数据等多项内容。在这些证据中，涉及的服务器、聊天记录和交易信息等数据量庞大，需要公安机关筛选出关键线索进行进一步分析和调查。其次，电子数据受到物理介质和存储规则的限制，保存时间有限。如果公安机关不能及时地获取证据，可能会导致证据不完整。最后，电子证据容易遭受损坏和被遗失。在专业人员的操作下，证据可能被修改、删除，而电子证据的存储介质也相对脆弱，简单的拷贝或细微的损坏都可能导致电子证据的丢失。数字金融犯罪中，资金往来通常使用网上银行或第三方支付平台进行划拨。同时，网站服务器记录了注册用户的收支情况，而成员之间的联系通常通过线上方式进行。因此，这些操作会产生大量的电子痕迹，电子数据成为认定和侦破此类犯罪行为的重要依据之一，这也是数字金融犯罪的侦查工作存在较大难度的重要因素。

数字金融犯罪行为的调查和侦查存在一定的难度，还因为近年来金融犯罪案件的专业性和智能化程度不断提升。犯罪分子通常具备丰富的金融业务知识，并能够运用计算机网络系统等高科技手段进行犯罪活动。他们研究金融机构工作人员和业务人员的心理及管理制度方面的薄弱环节，并针对金融制度和管理上的漏洞制定了详细的作案计划，不仅如此，还常常与内部人员勾结，以提高作案成功率。除此之外，这类犯

---

① 参见刘炯：《经济犯罪视域下的刑法保护前置化及其限度》，《厦门大学学报（哲学社会科学版）》2020年第4期。

罪分子还具备较强的反侦察能力，他们擅长隐藏、销毁犯罪证据或转移资金，增加了调查和侦查的难度。因此，很多案件尽管已经启动了立案程序，但由于取证困难而无法进入刑事审判程序。

第二节　数字金融犯罪的类型

数字金融犯罪是一种利用计算机信息网络进行的经济犯罪，违反了国家经济管理法律法规，严重破坏了社会主义市场经济秩序，侵犯了不特定网民或投资者的财产和利益，应受到刑罚处罚。数字金融犯罪主要涉及非法吸收公众存款、集资诈骗、非法经营、洗钱、信用卡诈骗等行为，在实践中以非法集资行为为主。[①] 数字金融不断创新，引入了诸如第三方支付、P2P 网贷、网络众筹等新兴方式，这些创新手段为人们提供了更便捷、快速的金融服务，推动了经济和社会的发展。然而，随着创新的蓬勃发展，也出现了一些潜在的问题，一些创新型数字金融行为容易触及法律底线，从而产生刑事风险，构成犯罪。本节旨在探讨洗钱类犯罪、非法集资类犯罪、侵犯公民个人信息类犯罪、操纵证券、期货市场类犯罪和非法经营类犯罪这几种最常见的数字金融犯罪类型。

一、洗钱类犯罪

据相关数据显示，洗钱类犯罪对金融安全、社会秩序及司法机关的正常运作带来了严重的危害。这种犯罪行为不仅导致了腐败现象的滋生，还扰乱了司法机关的正常活动。因此，洗钱类犯罪被列为 21 世纪十大犯罪之首。据估计，全球每年洗钱金额约为 8000 亿至 2 万亿美元，占据了世界 GDP 的 2%~5%。这一现象严重侵蚀和破坏了国际社会的秩序和经济发展，被视为国际社会面临的第四类公害，与恐怖主义犯罪、腐败犯罪和毒品犯罪齐名。洗钱类犯罪在全球范围内受到了广泛谴责和严厉打击。

反洗钱被认为是现代金融监管体系的重要内容，与经济体制的安全运行息息相关。尽管反洗钱工作得到了重视，但洗钱犯罪仍然猖獗，特别是进入数字化时代后，数字洗钱犯罪成为主流形式。犯罪分子利用互联网的快捷和方便，将数字化与传统洗钱犯罪相结合，进一步推动了洗

---

① 参见王松苗：《互联网金融犯罪规制与技术防控》，《检察日报》2020 年 9 月 3 日。

钱犯罪的发展。近年来，我国针对数字犯罪进行了一系列行动，如净网行动、断卡行动，取得了一定的成效，但是由于数字型洗钱犯罪利益巨大和隐蔽性强的特点，仍然存在屡禁不止的情况。面对数字型洗钱犯罪的新方式和带来的新问题，我们必须积极应对，确保我国数字金融的安全。全球范围内，洗钱犯罪问题备受关注和重视，洗钱行为的盛行给社会秩序和经济稳定带来了严重威胁，仔细研究和分析洗钱犯罪现象，可以帮助我们更好地了解其根源、特征和影响，从而制定出更有效的法律措施和政策手段来打击这一犯罪行为。因此，在刑法理论上对该问题进行深入探讨具有极其重要的意义。

（一）洗钱犯罪刑事立法的发展轨迹

有关洗钱的起源可追溯到 20 世纪 20 年代，在美国的工业中心城市如芝加哥等地，一些庞大的有组织犯罪集团崛起，利用美国经济发展和现代化生产技术的机遇，积极发展犯罪企业，以谋取巨额经济利益。然而，由于美国存在着严格的金融管理制度和税收征管制度，这些犯罪收益无法自由消费和使用。为解决这个问题，该团伙中的一位领导人采购了一台自动洗衣机，有偿为顾客清洗衣物，并以现金形式收取费用。然后，他将非法收入与这些现金混在一起，并作为合法收入向税务机关进行申报。[1] 利用洗衣环节作为洗钱手段，使得非法所得合法化，这便是现代意义上"洗钱"行为的雏形。由于洗钱行为不仅对经济和社会秩序造成严重威胁，而且容易导致恐怖主义、贩毒、腐败等犯罪行为的滋生和蔓延，各国政府普遍意识到了反洗钱斗争的紧迫性和必要性。因此，为了打击洗钱行为，绝大多数法律体系对其进行了明确规定，并强调采取刑事处罚措施加以制止和惩罚。

我国刑事立法中洗钱犯罪的发展轨迹是从没有规定逐渐发展到专门条文加以规定并独立成罪的，这一发展过程与社会发展和经济体制转变密切相关。受计划经济体制影响，我国在 1979 年《刑法》并未对洗钱犯罪作出规定。随着 20 世纪七八十年代反洗钱问题在国际社会日益引起关注，许多国家纷纷开始制定反洗钱法律。与此同时，我国在改革开放的背景下，经济形势发生了巨大变化，洗钱行为日益严重，因此，当我

---

① 参见赵可：《"洗钱"犯罪浅议》，上海金融法制研究会编：《1995 年惩治和预防金融欺诈高级研讨会论文集》，第 140 页。

国于 1997 年修订刑法时，特别设立了第 191 条洗钱罪。[1] 此后，刑法修正案多次对洗钱罪进行修改和完善，其中最显著的是 2020 年通过的《刑法修正案(十一)》，关于洗钱罪的条文共有五处修改，而其中最引人注目的修改是将"自洗钱"行为规定为犯罪。

在我国金融业迅速发展的背景下，洗钱罪的存在具有其特殊的重要意义，它不仅是金融业稳健运行的保障，也能够加强对国内外经济交往的监督和管理。通过打击洗钱犯罪，可以维护金融系统的健康稳定，促进金融业的可持续发展。洗钱罪作为一项罪名，从最初的缺失到有所规定但不完善再到逐渐得到改进，直接反映了我国金融业在市场经济条件下的迅速发展。

(二) 传统型洗钱犯罪

洗钱犯罪通常包括放置、培植和融合三个阶段。[2] 放置阶段是将犯罪收益投入清洗池，其中洗钱者常将其转换为现金或证券等易于控制的形式，这一阶段最容易被侦查发现。培植阶段通过复杂、多层次的金融交易来模糊犯罪收益与合法资金的界限，使其来源难以辨别，以达到隐藏和掩盖的目的。融合阶段是指将不合法的钱财合法化，洗钱者可以自由使用这些非法资金。传统洗钱犯罪中，洗钱者通常需要改变货币占有方式，以完成非法资金的转移、掩饰和隐藏。而且，传统洗钱方式需依赖中介机构来完成资金转移，使非法资产变为具有合法外衣的财产。

举例来讲，2017—2018 年，孙振权明知其弟孙某系国家工作人员，非法收受他人给予的巨额财物，为掩饰、隐瞒相关财物的来源和性质，根据孙某的指使，将孙某收受他人的现金及黄金，转移至其浙江省宁波市的住处藏匿。后在孙某的安排下，孙振权、陈某 2 通过虚构宁波 A 公

---

[1] 1997 年《刑法》第 191 条明确规定：明知是毒品犯罪、黑社会性质的组织犯罪、走私犯罪的违法所得及其产生的收益，为掩饰、隐瞒其性质和来源，有下列行为之一的，构成洗钱罪：(1)提供资金账户的；(2)协助将财产转换为现金或者金融票据的；(3)通过转账或者其他结算方式协助资金转移的；(4)协助将资金汇往境外的；(5)以其他方式掩饰、隐瞒犯罪的违法所得及其收益的性质和来源的。单位犯前款罪的，对单位判处罚金，并对其直接负责的主管人员和其他直接责任人员，处 5 年以下有期徒刑或者拘役。

[2] 参见徐汉明、贾济东、赵慧：《中国反洗钱立法研究》，法律出版社 2005 年版，第 183 页。

司与陈某1实际控制的福建B有限公司、浙江C有限公司开展PTA化工原料贸易等方式，将孙某收受的115.58万余元贿赂款掩饰为正常的贸易利润。法院经审理认为，被告人孙振权明知是受贿犯罪所得，仍伙同陈某2通过转移隐匿、虚构交易等方式，掩饰、隐瞒犯罪所得的来源和性质，其行为构成洗钱罪。①

此外，值得注意的是，洗钱罪是一种与传统赃物罪有所区分的犯罪行为，与传统的赃物罪相比，洗钱罪的犯罪手段更隐秘、复杂，它涉及将非法所得的资金或财物通过各种手段进行合法化处理，使其在经济活动中难以被追踪和识别，其目的是通过将非法资金与合法经济流动混为一体，掩盖其来源和性质，从而逃避法律的追究。洗钱罪与传统赃物罪在以下几个方面存在差异：第一，目标对象不同。传统赃物罪的目标对象是直接从犯罪行为中获取的物品或资金，而洗钱罪的目标对象是已经获取的非法所得。第二，犯罪手段复杂程度不同。洗钱罪需要通过各种金融、商业、投资等手段进行资金清洗，以掩盖非法所得的痕迹，这包括通过虚假交易、模拟经济活动、合法化投资等方式来合法化非法资金，而传统赃物罪的行为手段相对简单。第三，犯罪嫌疑人不同。传统赃物罪的犯罪嫌疑人通常是直接从犯罪现场获取赃物的人，而洗钱罪的嫌疑人往往是对非法所得资金进行清洗的人，他们可能与实际犯罪行为的执行者不同。第四，法律规制不同。洗钱罪的法律规制通常比传统赃物罪更加复杂和严格。各国都设立了专门的洗钱罪法律框架，并加强了对于洗钱活动的打击和监管，而传统赃物罪的法律规制并无如此缜密。② 总体而言，洗钱罪是一种在经济全球化背景下兴起的新型犯罪行为，与传统赃物罪相比，它具有更高的隐蔽性和复杂性，对于社会安全和金融秩序稳定产生了更严重的影响。

(三) 数字型洗钱犯罪

数字型洗钱犯罪是传统型洗钱犯罪的衍生，利用数字金融平台的特点为洗钱提供便利。数字型洗钱犯罪具有多种行为方式，主要利用了计算机和通信技术构建的新型支付方式和在线媒介，如网络银行和电子货币等。这些行为方式为洗钱提供了更便捷和隐蔽的渠道，使得犯罪分子

① 参见上海市第一中级人民法院刑事裁定书：(2020)沪01刑初77号。
② 参见吴波：《洗钱罪的司法适用困境及出路》，《法学》2021年第10期。

能够更容易地转移和隐藏非法资金。① 举例来讲，2017—2018 年，黄某利用山寨虚拟货币"星翰链"从事非法集资犯罪活动，其间陆陆续续将共计人民币 600 多万元(以下币种均为人民币)经多次周转后转入陈学武名下银行账户。2018 年 8 月，黄某将其中的 300 万元转到郑墨的个人银行账户，并用这 300 万元为郑墨在中国人寿保险公司购买人寿保险，投保人为郑墨，被保人为黄某；剩余 300 多万元存入陈学武银行理财账户。2018 年 9 月 10 日，黄某因涉嫌非法吸收公众存款罪被公安局刑事拘留。上述款项共计 600 多万元中，90 万元系黄某集资诈骗犯罪的违法所得。2018 年 9 月 13 日，陈学武明知黄某涉嫌犯罪被公安机关抓获，且明知黄某系失信人员的情况下，仍到工商银行办理挂失换卡，后陆续将上述 300 多万元资金分多笔以现金取款或转入他人账户。2018 年 9 月 21 日，被告人郑墨明知黄某涉嫌犯罪被公安机关抓获，且明知黄某系失信人员的情况下，仍将上述保险资金 300 万元赎回，扣除手续费后获得赎回款 276.45 万元，并于 2018 年 9 月 24 日将上述资金分多笔转移至他人账户，用于购买虚拟币。法院经审理认为，陈学武、郑墨明知是金融诈骗犯罪的所得及其产生的收益，为掩饰、隐瞒其来源和性质，通过转账或者其他结算方式协助资金转移，其行为已构成洗钱罪。② 案例中利用虚拟币洗钱便是一种新兴的数字型洗钱方式。

随着信息技术的飞速发展和金融服务的数字化转型，电子网银、电子货币等金融工具成为人们日常生活中不可或缺的一部分，数字型洗钱犯罪也随着时间推移呈现出普遍增长的趋势。这种犯罪行为不仅对经济秩序和金融安全造成严重威胁，还为恐怖主义和有组织犯罪等其他非法活动提供了资金支持。这也进一步表明，研究数字洗钱犯罪的行为特点和行为方式对于加强监管和控制洗钱犯罪具有重要意义。

1. 数字型洗钱犯罪的行为特点

在全球经济一体化和互联网普及的背景下，洗钱活动正在迅速增长且越来越专业化和复杂化。洗钱不仅对国家安全构成严重威胁，还给全球经济的稳定和发展带来了风险。数字洗钱是一种新兴的洗钱方式，与传统洗钱有所不同，它同时结合了网络犯罪和传统洗钱的特点。具体来说，数字型洗钱犯罪行为的典型特点主要体现在以下几个方面。

---

① 参见廖明、马璐璐：《互联网金融犯罪的刑法规制》，《刑法论丛》2021 年第 2 期。

② 参见浙江省乐清市人民法院刑事裁定书：(2020)浙 0382 刑初 897 号。

第一，数字型洗钱犯罪与传统型洗钱犯罪相比，具有更强的隐蔽性。传统型洗钱通常涉及如银行一类的中介机构，这为洗钱活动留下了一定的交易线索。然而，在数字支付平台和 P2P 数字借贷平台上，洗钱者可以利用网络虚拟空间、虚构交易主体和虚拟交易内容，交易记录只以电子数据显示，几乎没有犯罪痕迹。这使得交易过程更加快速、复杂，反洗钱机构很难有效监督交易情况，洗钱行为更加隐蔽。数字型洗钱犯罪是一种具有创新性的犯罪行为，它不仅改变了传统型洗钱犯罪的手段，还对整个犯罪行为的基础产生了深远的影响。数字型洗钱犯罪利用现代科技手段，通过数字化渠道进行资金转移和隐藏，以掩盖犯罪行为的真实目的和资金来源。数字型洗钱犯罪还以其高效性和低成本性闻名，这使得犯罪分子能够更加轻松地进行资金洗涤，他们可以通过创建虚拟身份、虚假交易、网络欺诈等手段，将非法所得转化为合法资金，从而掩盖犯罪来源和实施者的身份。[1] 互联网提供了广泛的交易主体、多样化的交易种类、虚拟化的交易财产以及快速化的交易时间，这些因素综合作用，使得数字型洗钱犯罪更加难以追踪和监测。

第二，数字型洗钱犯罪工具的专业水平更高。近年来，随着数字金融的快速发展，出现了许多如支付宝等新型数字金融创新工具。在 P2P 平台上，虚假担保的形式非常普遍，这给犯罪分子提供了筹集资金的机会，虽然网贷平台可以追踪资金的流向，但无法审查资金的来源。因此，犯罪分子可以通过伪造项目，将非法钱财合法化。第三方支付平台上的资金流动看起来是实际的，但事实上是虚拟的。在公安机关查询银行数据时，他们只能看到资金账户的变动，无法了解各个资金之间流动的因果联系，这意味着他们无法追踪犯罪分子通过虚假身份信息进行资金转移和洗钱的详细过程。此外，由于公安机关与第三方支付企业之间缺乏快速合作机制，犯罪分子可以轻松购买身份信息并建立账户，以高效且安全的方式进行资金转移并将其合法化。除此之外，第三方支付跨境交易支付业务的开展也使得洗钱活动开始走向国际化。[2] 数字金融参与人数众多且资金流动频繁，越来越多的洗钱行为人开始利用数字金融的创新工具来转移和掩盖非法资金，这已经成为一种趋势，再加上监管

---

① 参见傅瑜：《互联网金融犯罪的性质、特点与罪名分析》，《长安金融法学研究》2018 年第 9 卷。

② 参见蓝之瀚、曹凤：《大数据时代互联网金融犯罪特点及防控体系构建》，《江苏警官学院学报》2017 年第 6 期。

系统尚不完善，洗钱行为成为在数字金融领域不可忽视的问题。

第三，数字化技术的迅速发展为洗钱犯罪提供了更多的机会和挑战。随着传统反洗钱手段的加强，犯罪分子开始将目标转向网络领域，电子信息技术的进步和金融数字化的普及使得新兴技术得以广泛应用，极大地便利了经济交易，并引领了金融领域的变革。在此背景下，实施洗钱罪的犯罪分子也借助最新的网络技术手段，使洗钱行为更加专业化和科技化。数字化技术的不断升级促进了金融创新的同时，也被不法分子利用来实施金融犯罪行为。近几年，区块链技术受到了广泛的关注，并被应用于各个行业和领域。这一技术的出现为许多行业带来了创新和变革的机会，与此同时，也随着一些风险和挑战。区块链技术的核心特点是去中心化和不可篡改性，这使得它在数字资产交易、供应链管理、知识产权保护等方面发挥着重要的作用。然而，由于其去中心化的特性，虚拟货币的使用存在一定的风险，特别是在洗钱领域，虚拟货币被当作转移和隐藏犯罪资金的手段。正是由于虚拟货币交易的匿名性和不可追溯性，犯罪分子可以利用区块链技术将非法资金转换为虚拟货币，并通过一系列的交易将其合法化。这给反洗钱机构带来了很大的挑战，增加了其对资金流动进行监测和追踪的难度。

2. 数字型洗钱犯罪的行为方式

大数据、人工智能和区块链等先进科学技术快速发展，广泛渗透在多个行业中。对于数字型洗钱犯罪而言，洗钱犯罪涉及的技术手段日益智能化和高科技化，犯罪分子借助现代数字技术不断发展出多种新型的洗钱方式。各国完善金融机构履行反洗钱职责的法律体系，使得犯罪分子寻找其他洗钱渠道来掩盖犯罪所得和犯罪收益，他们利用多个行业进行洗钱活动，尤其是利用不断演进的科学技术，这已成为新型洗钱手段的典型特征。数字化金融已经迅速崛起，成为当前主流商业模式，几乎所有传统行业都以数字化为基础开展业务。接下来，对三种常见的新型洗钱方式进行探讨。

第一，利用数字货币洗钱。在数字货币应用场景迅速扩大的背景下，涌现出众多种类的数字货币。数字货币采用电子账户储存，并以电子数据形式展示。也正因为数字货币具备匿名性和全球性的技术优势，使得它成为洗钱犯罪的工具。犯罪分子可以利用数字货币的特点，在洗钱交易中减少风险，他们运用区块链等技术手段来掩盖或隐匿数字货币的来源，给来源追踪带来困难。这种行为给洗钱犯罪的法律监管带来负面影响，扰乱了整个防范与打击洗钱犯罪的流程。① 数字货币作为一种新兴技术手段，利用其进行的洗钱犯罪行为的隐蔽性极高，对我国银行金融体系的安全和社会稳定造成了严重威胁。

第二，利用数字支付系统洗钱。数字支付是一种通过计算机、智能设备和通信技术等数字科技手段实现的支付方式，已成为现代支付体系中重要的一部分。在中国，自支付宝于 2004 年问世以来，数字支付经历了快速发展，并成为一种综合性支付工具，能够同时满足线上和线下的支付需求。中国数字支付是一种重要且被广泛应用的支付方式，在多年的创新与发展中取得了显著进展。根据近年的统计数据显示，中国的数字支付交易规模呈现出持续增长的趋势。截至 2017 年，该规模已经达到了惊人的 126 万亿元，而在 2019 年更是突破了 200 万亿元的大关，这一增长势头令人瞩目，预计到 2025 年，数字支付交易规模将进一步增长至 412 万亿元。数字支付已经成为现代生活中不可或缺的一部分，我们总能感受到数字支付的存在。数字支付之所以如此受欢迎，主要归功于其高效、全天候和简易身份识别等特点。可以说，数字支付极大地提升了交易的便利性，节省了人们前往实体店铺支付的时间和精力。特别是在如今繁忙而快节奏的生活中，数字支付为人们提供了更加便捷的消费方式。然而，随之而来的是对数字支付安全性的持续担忧。为了确保数字支付的安全和可靠，相关平台必须不断加强风险监控和身份验证措施，加大对支付交易的审核力度。只有这样，才能有效地减少犯罪活动的发生，防止数字支付成为犯罪分子洗钱的工具。

第三，利用跑分平台洗钱。跑分平台是一种新兴的洗钱方式，近年在数字虚拟网络中广泛存在。它利用高利贷高回报吸引群众用户，以佣金的形式诱导他们提供个人收款码，用户将自己的真实收款码借给非法网络平台，为他人代收款项，以此完成洗钱犯罪。举例来说，在电信诈骗中，诈骗人采取了一种不同寻常的方式来获取受骗人的钱款，在受骗人准备向诈骗人打钱时，诈骗人通常不会直接提供自己的银行账号或收款码，相反地，他们会将相关信息发布在一个称为跑分平台的平台上。一旦平台会员接到任务，平台会将会员的收款码发送给受骗人，受骗人则将钱款转入平台会员的账户。之后，这笔钱款会经过多个账户的转账，最终到达诈骗人指定的账户。在资金转移过程中，不法分子采用欺

---

① 参见赵炳昊：《数字时代加密货币洗钱犯罪的防治》，《中国刑事法杂志》2022 年第 5 期。

诈手段，避免直接接触非法资金。在这种情况下，不法分子利用平台会员充当非法资金的承载者。此外，这些会员通常还同时进行着正常的日常交易，增加了准确评估和阻止风险的难度，这对于反洗钱监管来说是一项巨大的挑战。

二、非法集资类犯罪

金融安全对人民群众的利益至关重要，不仅直接关系到经济的健康发展和社会的稳定，还涉及中小金融机构改革以及城乡金融体系的平稳运行等。随着时代的进步，尽管金融安全工作取得了积极进展，但仍存在实际风险高于账面水平、区域风险集中等问题。特别是银行业等金融机构频繁出现的非法集资犯罪问题，更是引起了广泛关注。随着中国经济的高速增长，民间资本活动逐渐兴盛，民间融资也呈现出蓬勃发展和多样化的趋势。[1] 民间融资与非法集资之间存在交叉关系，尤其是我国的民间融资存在法律保护体系不完善和监管主体方面不足的问题，使得高利率诱惑很容易转化为非法集资。

近年来，我国加大了对非法集资行为的打击力度，相关法律法规也逐渐完善。其中，非法吸收公众存款罪和集资诈骗罪是对非法集资行为进行刑事追究的主要罪名。[2] 在当前数字化时代中，一些数字融资平台打着信息中介的幌子，通过直接或间接的方式进行集资，这些平台向公众宣传并承诺还本付息、吸收资金的行为可能涉及非法吸收公众存款罪。数字金融行业的快速发展可能触及非法吸收公众存款罪或集资诈骗罪等问题，这些问题直接反映出数字金融领域出现了一些风险和隐患。为了保护公众的合法权益，加强监管和合规措施至关重要。[3]

(一) 非法集资类犯罪刑事立法的发展轨迹

在 1979 年《刑法》法律框架中，之所以无法找到非法吸收公众存款罪的相关规定，是因为当时我国正处于严格管控货币流通和投资行为的

---

① 参见刘磊、朱一鸣：《民间融资与非法集资关联度实证研究》，《金融理论与实践》2015 年第 12 期。

② 参见何小勇：《我国金融体制改革视域下非法集资罪刑事规制的演变》，《政治与法律》2016 年第 4 期。

③ 参见姜涛：《互联网金融所涉犯罪的刑事政策分析》，《华东政法大学学报》2014 年第 5 期。

计划经济时代。但是，随着我国市场经济的不断发展和繁荣，货币的流通量呈现稳步增长的趋势。在这种背景下，为了应对企业竞争的压力以及满足企业资金需求，一些企业可能采取非法手段，如吸纳公众投资、变相吸收公众资金等，这些行为不仅违反了法律法规，还严重损害了金融秩序和市场公平竞争的环境。为应对这一情况，1997年《刑法》第176条设立了非法吸收公众存款罪，这项规定的设立对于有效应对上述问题起到了积极的作用。为了更有效地打击金融犯罪，集资诈骗罪被并入金融诈骗罪中，以填补早期《关于打击破坏金融秩序犯罪的决定》的不足。在审议草案过程中，相关机构指出，部分犯罪分子以集资为手段从事诈骗活动，随后挥霍骗得的资金并逃避追查，因此，有必要明确而严厉地对集资诈骗行为作出规定，以维护金融秩序和社会稳定，打击犯罪行为，保护公众的合法权益。集资诈骗罪的设立为执法机关提供了明确的操作指南，对于打击金融犯罪、净化金融环境、增强公众对金融系统的信任感、维护国家金融安全和社会稳定具有积极意义。

我国的法治建设一直在对社会经济的发展和司法实践的现状作出积极回应。但是，非法集资犯罪行为持续存在，涉及的资金也在不断增加，此类案件高发仍然是一个棘手的问题。除此之外，随着经济社会的迅猛发展，这些犯罪行为还表现出了一些新的特征，如跨区域作案率高、专业化程度高和科技化手段的应用。在此背景下，我国对非法吸收公众存款罪和集资诈骗罪的相关条文进行了修改，这些修改旨在加大对这类犯罪行为的打击力度。在《刑法修正案(十一)》中，针对非法吸收公众存款罪和集资诈骗罪的刑罚幅度进行了调整，并增加了量刑力度。这些修改的目的是降低犯罪分子利用资金外逃情况的发生，确保法律的严肃性和社会的稳定。对于《刑法修正案(十一)》第12条对原文的修改，具体来讲，主要涉及两方面的调整。首先，针对非法吸收公众存款罪，将其法定最高刑从原来的10年有期徒刑提高到15年有期徒刑，删除了具体数额的罚金规定，加大对这一犯罪行为的惩处力度。其次，在提起公诉前，针对犯罪嫌疑人积极退赃退赔的情况，可减轻或从轻处罚。对于《刑法修正案(十一)》第15条对原文的修改，涉及三种情况的调整。其一，将原有的三档刑罚合并为两个档次。对于数额较大的案件，刑罚从5年以下改为3到7年的有期徒刑；而对于数额巨大或存在严重情节的案件，刑罚则调整为7年以上的有期徒刑。其二，删除了罚金具体数额的规定，以便根据具体案情进行相应处罚。其三，新增了针对单位犯罪的专门规定，实行双重处罚制度。

(二)传统型非法集资类犯罪

在经济快速发展和对民间融资需求持续扩大的背景下，非法集资犯罪案件数量也呈现上升趋势，非法集资作为一种参与者众多、所涉资金庞大的违法行为，对社会经济和金融秩序造成了严重的损害。该犯罪活动以非法吸收公众存款和集资诈骗为主要手段，相对来说，非法吸收公众存款的情形更普遍。

1. 传统型非法吸收公众存款罪的行为方式

非法吸收公众存款罪是一种违反国家金融管理法律和法规的严重违法行为，包括非法吸收公众存款和变相吸收公众存款两种行为方式，该罪行的目的在于追逐个人利益并干扰金融秩序。存款对于银行来说至关重要，是银行正常运作的前提，根据金融法规，只有经过正规途径批准的金融机构才有权合法吸收公众资金作为存款。

根据《集资案件解释》第 2 条和第 3 条规定，传统型非法吸收公众存款罪行为方式可归纳为以下几类：第一，通过非真实内容的房产销售、售后包租、约定回购等方式；第二，通过转让林权并代为管护等方式；第三，通过代种植、租种植等方式；第四，通过非销售商品、提供服务为主的商品、寄存代售等方式；第五，通过虚假转让股权、发售虚构基金等方式非法吸收资金，且没有真实的股票、债券发行内容；第六，通过假借境外基金、发售虚构基金等方式非法吸收资金，且没有真实的募集资金内容；第七，通过假冒保险公司、伪造保险单据等方式非法吸收资金，且没有真实的销售保险内容；第八，通过投资人入股方式非法吸收资金；第九，通过委托理财方式非法吸收资金；第十，利用民间组织非法吸收资金；第十一，其他非法吸收资金的行为。

非法吸收公众存款问题在我国不断增加，其中很大程度上是金融资源垄断所导致的。而目前的做法是将有合理需求的集资行为也定性为犯罪，并且采取禁止所有未经批准的集资活动的粗暴方式。此种方式的不足之处在于，它未能满足我国经济持续发展所需的合理资金需求，我们需要更加灵活和多样化的融资机制，以支持经济的稳定增长和创新发展，当前的资金筹措方式限制了民间融资的合法化进程，无法为其提供充足的发展空间，而且，这种方式也与保护投资者利益、维护市场秩序的政策相背离。为了解决这一问题，我们需要关注我国现行金融体制的缺陷，并进行制度重构，只有这样，才有可能确保投资者的利益得到保护，防止非法集资活动的发生，并促进我国经济的可持续发展。

2. 传统型集资诈骗罪的行为方式

集资诈骗罪是一种犯罪行为，主要采用欺骗手段来实现非法集资的目的。在这种犯罪行为中，行为人利用欺骗手段使他人产生错误的认知，进而误导对方作出财产处分的行为。通过这种方式，行为人或第三方获得了不当利益，而对方则遭受了经济损失。集资诈骗罪的构成要件与诈骗罪的构成要件具有相似的构造：首先，行为人必须以非法占有为目的进行集资；其次，行为人必须采取欺骗手段，通过欺骗他人、误导他人的方式来达到非法集资的目的；最后，行为人的欺骗行为必然导致他人产生错误的认知，并基于此进行财产处分。

根据《刑法》第192条的规定，集资诈骗罪的构成要件之一是使用诈骗方法进行非法集资。诈骗方法是指通过欺骗行为来传递虚假信息或不真实资讯，以使受骗者误认为自己的财产处境存在错误。集资诈骗罪与一般诈骗罪的区别在于所使用的理由和道具不同。要构成集资诈骗罪，必须符合以上要求。[1] 非法集资者往往会采取欺诈手段进行非法集资活动，他们编造虚假项目，伪造证明文件，并承诺高额回报，以吸引投资者，并以非法占有为目的。有一些人以所谓的参与投资为名诱骗投资者，声称能够获得远高于银行同期存款的回报；还有人以高科技企业为外衣，以公司的良好业绩和高回报率吸引投资者，并以此来获取投资款。这些行为都属于使用欺诈手段进行非法集资，他们使用虚假事实或掩盖真相的方式来欺诈投资者。

传统型集资诈骗罪主要采取两种方式进行。其一，发行各种书面凭证，以合法公司或企业的身份进行欺骗，吸引公众资金。需要指出的是，这一非法集资行为中，有些人使用伪造或变造的有价证券，尽管这也属于非法集资，但刑法对其已规定了专门罪名，不以集资诈骗罪来定罪处罚。其二，通过地下钱庄、组织"抬会"等途径进行诈骗。地下钱庄是指未经国家有关部门批准、私自设立的金融机构，其非法经营行为包括吸收公众存款、支付利息、发放贷款及收取利息。值得注意的是，通常情况下，从事地下钱庄非法营运会被视为非法吸收公众存款罪，但是，如果某人的行为目的是通过欺骗手段占有公众存款，以非法手段获取资金，此时以集资诈骗罪进行定罪和处罚更妥当。"抬会"是一种在过去广泛流行的集资方式，现如今，在海外华人

---

[1]　参见林亚刚：《刑法学教义》，北京大学出版社2020年版，第133页。

圈仍然具有一定的影响力，由于不具备充分的法律约束，此种集资形式常常被不法分子滥用。

非法吸收公众存款罪和集资诈骗罪都属于吸收公众存款的犯罪行为，但它们存在着一些差异。具体来说，非法吸收公众存款罪是以存款或类似存款的方式进行，而且需要在到期时偿还本金和利息；而集资诈骗罪则不涉及期偿还本金和利息的要求。犯罪行为的目的也可以用来区分非法吸收公众存款罪和集资诈骗罪，但是特别要注意，在判断行为人意图时，不能仅根据结果作出定罪决定。如果行为人有意非法占有他人财物，且后果严重，则可能属于集资诈骗罪；相反，如果行为人无意非法占有他人财物，后果不严重，则可能属于非法吸收公众存款罪。

（三）数字型非法集资类犯罪

数字型非法集资是利用数字化技术并通过大数据等手段实施的违法集资活动。数字金融的兴起为缓解中小微企业和个人融资难、融资贵问题提供了新的解决方案。然而，数字网络的快速发展也带来了全新的挑战，数字网络非法集资犯罪就是目前面临的一个严重问题。不法分子利用数字网络的跨时空特性，可以在不受地域限制的情况下实施犯罪活动。与传统的非法集资行为相比，数字网络非法集资具有低成本、快速更新和广泛传播等特点，这使得不法分子能够迅速开展新的非法募资活动，并将其传播至全球范围。数字网络非法集资犯罪对公众的财产安全、金融体系以及整个社会产生了严重不良影响。首先，公众可能会因为被欺骗而损失大量财产。不法分子通常使用虚构投资项目并夸大其利润的宣传手段，诱使人们将资金投入非法集资活动，一旦发现被骗，受害人几乎无法追回损失。其次，数字型非法集资犯罪对金融体系的稳定构成了严重威胁。大规模的非法集资活动可能导致金融市场的异常波动和风险积累，这种风险积累可能通过系统性传导效应，对整个金融系统产生连锁反应，最终导致金融危机的爆发。此外，数字型非法集资犯罪还给社会带来了广泛的负面影响，它破坏了公众对于法治社会的信心，削弱了公众对于社会的信任度。由于非法集资犯罪的复杂性和隐蔽性，执法机构和监管部门往往难以迅速有效地打击这类犯罪行为，给社会治理带来了巨大的挑战。

1. 数字型非法集资类犯罪的行为特征

与传统型非法集资行为相比，数字化技术和数字网络平台催生的金融犯罪中的非法集资行为呈现出几个明显的特点：

第一，隐蔽性强。数字型非法集资行为的隐蔽性主要源于其在数字化环境中的流程。资金的流动完全依赖于电子支付和网上转账，这种流动过程具有极高的隐蔽性，这使得不法分子能够通过各种方式欺骗投资者或广大公众，以获得他们的参与和资金。此外，不法分子利用投资者或广大公众对国家相关政策了解不足的情况，在推销产品或服务时，故意营造出一种国家政策鼓励和发展前景广阔的假象，以此来掩盖其不法本质，这种行为具有迷惑性，可能会误导投资者和公众对这些产品或服务的判断，使得非法集资行为更难以被察觉和辨别。还有一个因素是，不同类型的集资形式通过数字化技术的支持，被非法集资行为人混在一起，并且这些行为人还积极地美化和包装这些集资活动，导致本就诱人的非法集资活动变得更加隐蔽和复杂，广大公众很难辨别出其真实面貌。

第二，涉及的地域范围广。在数字化时代，虚拟性的突破极大地消除了地域的限制，尤其在非法集资领域，这一现象表现得更加明显。以往，非法集资案件通常局限于特定的地域范围，嫌疑人也相对聚集，然而，随着数字金融的兴起，传统模式已经被彻底颠覆。现如今，数字化非法集资活动不再受地理位置限制，嫌疑人的数量也急剧增长，并分布于世界各地。数字化非法集资活动采用多种手段进行，其中包括利用投资理财平台、购物网站内部优惠等方式吸引受害者，并承诺高额回报。不法分子善于利用数字网络平台作为非法集资行为的工具，通过各种聊天工具、论坛等渠道展开非法活动。这种情况下，受害者可能从未见过实施非法集资行为的不法分子，数字化非法集资行为也不再受地域限制，传播速度之快、规模之大更加令人惊讶。当前，非法集资活动已经摆脱了地域的局限性，数字网络平台的虚拟性质为不法分子提供了更大的行动空间，使得他们能够更隐蔽地进行非法活动，扩大了非法集资的规模和影响力。

第三，私设资金池。在中国，P2P网络借贷平台普遍采用的运营模式是通过开设中间资金账户来实现资金的中转和结算。这些中间账户通常是独立于传统银行和第三方支付平台的，网贷平台在其中拥有资金的调配权和使用权，由于无法准确评估网贷风险是否会对银行体系造成不可忽视的冲击，银行往往会拒绝为网贷行业提供第三方监管的要求。一方面，银行的拒绝是由于对网贷行业的风险评估和监控难度较高。另一方面，在网贷中，资金可能流向第三方支付账户，但是资金的调配和使用权仍然由网贷平台掌握，第三方支付账户的运作方式类似于网贷平台内部的资金池，将资金转入网贷平台账户或个人账户时，需谨慎考虑是否会触及非法集资的法律底线。

第四，P2P 平台成为高风险领域。数字金融行业中存在大量非法集资行为，其中主要聚集在 P2P 网络借贷领域，造成这一现象的原因如下：首先，在当前的金融市场中，存在一些平台采用欺诈手段，将借款需求伪装成理财产品，从而吸引出借人提供资金。同时，还有一些平台通过设立资金池的方式，对资金进行控制和支配。其次，P2P 平台在确保借款人身份真实性方面存在一些问题，缺乏有效的审核措施和机制，这给发布虚假借款信息提供了机会。为了解决这个问题，平台应该加强用户身份验证，采取更严格的审核流程，确保借款人信息的真实性和准确性。最后，P2P 平台常常存在发布虚假的高收益借款标的的情况，有时甚至会进行假标自融，即平台自身设立虚假借款标的以获取资金。为了实施这种欺诈行为，它们采用了借新还旧的庞氏骗局模式。简而言之，它们通过提供高利息来吸引投资者的投资，从而在短期内筹集大量资金。然而，这些资金并不真正用于借款，而是用来满足平台自身的资金需求。

2. 数字型非法集资类犯罪的行为类型

在实际操作中，我们注意到一些网络融资平台以信息中介服务的名义进行运作，然而事实上，它们直接或间接地集资，甚至存在自融或变相自融的情况。这种行为可能构成数字型非法吸收公众存款罪，尤其是在同时存在面向公众的宣传、承诺还本付息以及向不特定公众吸收资金的情况下。以下是这种行为常见的几种表现形式：

第一，为了吸引更多资金，许多融资平台采用了多种宣传方式，例如广告、邮件和短信等。它们以高额回报的承诺来吸引投资人，这种承诺往往是虚假的，可能构成欺诈行为，给投资人的财产造成巨大损失。除了虚假的回报承诺，还存在一些融资平台与借款人合谋或明知借款人存在违规情况，仍然为其提供吸收公众存款的服务。这种合谋行为不仅存在严重的法律风险，还会对社会和经济秩序造成严重威胁，甚至可能引发恶性群体事件。[①]

第二，为了吸引资金，融资平台采取了多种手段，包括拆分融资项目期限和实行债权转让等措施。犯罪分子往往将借款需求转化为理财产

---

① 参见张志鹏：《论互联网金融刑事风险与犯罪侦防》，《西部学刊》2023 年第 3 期。

品，并将其出售给投资人，或者先筹集资金，然后再寻找合适的借款对象，以形成一个资金池。资金池模式具体流程体现在网贷平台将债权进行分包，拆分成不同的理财产品，然后在在线平台上向投资者销售，而在线下平台上寻找筹资者，这种模式容易导致时间和金额不匹配的交易情况。

第三，融资平台在没有获得相关部门合法授权的情况下，擅自向社会公众销售类似于"定向融资计划""理财计划"等各种资产管理产品。这种非法行为存在严重的法律风险，可能给投资者带来财产损失，并有可能导致法律纠纷。为解决这个问题，应立即要求该融资平台停止向公众销售上述资产管理产品，并积极配合相关部门的调查工作。同时，金融市场监管部门应加大对相关金融机构的监管力度，确保它们依法合规经营，以保护广大投资者的权益和维护市场稳定。

第四，不合格借款人模式。不合格借款人模式是指在 P2P 网络借贷平台中存在虚假项目或虚假借款人的情况。这种现象主要发生在一些经营者未能进行借款人身份真实性核查的情况下，借贷平台没有及时发现或者默许借款人使用多个虚假身份在平台上发布大量虚假借款信息，目的是吸引不特定多数人投资。虚假借款人通常将募集到的资金用于各种投资活动，例如房地产、股票、债券和期货。更甚者，一些借款人直接将非法筹集的资金用于高利贷业务，以获取不当的利益。这种行为涉嫌非法吸收公众存款犯罪，严重影响了金融秩序和社会稳定。[1]

在融资平台的运营中，除了可能存在非法吸收公众存款的行为，还可能涉及集资诈骗的问题，这两种行为都被视为违法行为，因为它们均涉及非法向社会公众募集资金。在判断是否构成集资诈骗罪时，需要仔细考量行为人是否具有非法占有的意图。非法占有的目的包括通过欺骗、虚假宣传等手段非法获取他人的资金，以及在非法集资过程中故意占有他人资金。[2] 数字金融领域涉及的集资诈骗犯罪主要包括以下几种行为类型。

第一，触犯国家设定的金融和互联网法律法规，以 P2P 网络借贷设立资金池，并通过编造借款项目从市场和公众中募集资金，且缺乏还

① 参见刘涛、戴铁浩：《互联网金融中非法吸收公众存款犯罪的界定与侦查研究》，《山东警察学院学报》2015 年第 5 期。
② 参见傅瑜：《互联网金融犯罪的性质、特点与罪名分析》，《长安金融法学研究》2018 年第 9 期。

款意愿。

第二，虚假承诺高额回报。在金融投资领域中，存在一些资金筹集者向广大公众作出承诺，声称他们所能实现的回报远远超过一般投资的收益率，以此引诱更多的投资者参与他们的项目。然而，这种高回报承诺往往伴随着相当大的风险和不确定性。一些不诚信的资金筹集者可能会在成功吸收到足够资金后，突然关闭他们的网站并携款潜逃，给投资者带来重大的经济损失。他们也有可能将投资者的资金用于个人消费或其他非法目的，而无法履行他们最初承诺的高额回报。还有些资金筹集者可能一开始就没有足够的实力和资源来实现他们所宣称的高回报率，因此，当投资项目陷入困境时，他们无法偿还投资者的本金和应得的利息，导致投资者遭受损失。

第三，数字金融融资模式。数字金融融资模式是一种存在虚构借款人和资金用途、发布虚假招标信息等非法行为的融资方式，这些非法行为的目的是借助高利率诱饵吸纳公众资金，并在后期突然关闭平台或潜逃，涉嫌集资诈骗罪。以 P2P 网贷为例，某些平台可能发布虚假的募集资金信息，以引诱投资人投入资金，利用新投资的资金来偿还早期投资人的本金和利息，并承诺给新投资人高额收益。这种庞氏骗局的特点是在短时间内募集大量资金，然后突然宣布平台关闭或潜逃，导致投资人的资金损失。数字金融融资模式的存在给投资人和金融市场带来了严重的风险。首先，这种模式虚增了交易量，使人误以为平台运营正常，从而吸引他们投入大量资金。其次，由于平台未进行有效的资金冻结，一旦平台关闭或潜逃，投资人可能无法追回资金。[1]

数字金融在我国经济发展中扮演着重要的角色。然而，随着数字金融业务的迅速发展，相关问题逐渐凸显。在司法实践中，合法融资和非法集资之间的界限常常模糊不清，尤其是在 P2P 网贷、网络股权众筹、私募基金发行等数字金融业务模式中。由于这些业务涉及大量资金的集聚，非法集资类犯罪的风险也进一步上升，给数字集资平台和集资人带来了承担刑事责任的风险。因此，急需制定相关规章制度，对数字型非法集资类犯罪进行有效的规制。另外，金融科技、金融监管和刑事制裁之间的平衡与协调也非常重要。一方面，要鼓励金融科技的应用，发挥其在金融监管中的作用，提高监管效率和准确度。另一方面，要加强刑

---

[1]　参见姜涛：《我国金融刑法中的重刑化立法政策之隐忧》，《中国刑事法杂志》2010 年第 6 期。

事法律体系的建设，建立健全刑事制裁机制，切实打击非法集资犯罪，维护金融市场的秩序和稳定。此外，还应加强监管部门的执法力量，加大对数字集资平台及其违法行为的打击力度，形成全社会共同参与的合力，共同维护金融市场的稳定和健康发展。

数字金融是一个国家"牵一发动全身"的领域，在国家经济生活中的地位举足轻重。一直以来，我国也都将维护金融安全和金融秩序放在突出的位置，作为重点的工作来推进。然而，在司法实践中，由于合法融资与非法集资的界分仅停留在政策层面，两者之间的法律界限并不清晰，故而如 P2P 网贷、网络股权众筹、私募基金发行等数字金融业务模式均涉及巨量、大额资金的汇集，也就天然地容易与非法集资类犯罪发生关联，触碰诸罪名的刑事责任风险成为悬在数字集资平台与集资人头上的"达摩克利斯之剑"。因此，规制数字型非法集资类犯罪任重而道远，探索金融科技与金融监管、刑事制裁的平衡与协调路径是重中之重。

三、侵犯公民个人信息类犯罪

数字金融犯罪是一种属于金融犯罪的违法行为，它利用数字化技术和信息通信技术与金融活动相结合，通过非法手段达到其非法目的。[①]在当前这个信息时代，信息的迅速流动和广泛传播已经成为一种常态。不论是国家安全、医疗领域还是教育行业，大数据已经成为重要的资源，用于收集、分析和利用信息，尤其是金融机构所拥有的数据，其中蕴含着消费者的隐私信息和重要的经济价值，成为非常宝贵的资源。而随着金融机构对数据的需求不断上升，大数据的应用领域也在不断扩展。大数据的广泛应用给我们的生活带来了便捷、推动力和机遇的同时，当然也伴随一系列风险和挑战，特别是涉及隐私和安全等问题。

在当今信息迅速扩散的技术时代，个人信息可轻松存储、搜索和传递。然而，这样的便利性同时也带来了个人信息被扭曲、错误使用和泄露的风险。数字化的信息能够长期存储甚至永久保存，并进行准确的复制，尤其是互联网作为一个分散结构和精妙设计的信息存储库，迅速成为人们首选的信息存储方式。与传统数据库相比，互联网的信息泄露风险更大，而金融信息安全更是与国家经济安全密切相关。金融信息安全

---

① 参见廖明、马璐璐：《互联网金融犯罪的刑法规制》，《刑法论丛》2021 年第 2 期。

的重要性在于保障金融核心业务和金融服务的稳定运行，如果出现安全漏洞或疏漏，可能会导致系统性的金融信息安全风险。因此，保障金融信息安全对于维护国家经济的稳定和可持续发展至关重要。

（一）侵犯公民个人信息犯罪刑事立法的发展轨迹

为了保障公民个人信息的安全，我国采取了一系列法律措施。2009年2月28日，《中华人民共和国刑法修正案（七）》发布，首次将公民个人信息的保护纳入刑法范围。该修正案增设了侵犯公民个人信息罪的犯罪要件，且设置出售、非法提供公民个人信息和非法获取公民个人信息两个罪名。2013年发布了《关于依法惩处侵害公民个人信息犯罪活动的通知》，该通知对涉嫌犯罪的侵犯公民个人信息行为作出了界定，并明确了数据资料和涉及个人隐私的信息的概念。2015年8月29日，《中华人民共和国刑法修正案（九）》发布，对《刑法》第253条之一进行了修改，这项修正案统一了罪名，将两罪名统称为侵犯公民个人信息罪，并进一步扩大了犯罪主体范围，增加了犯罪行为的表现形式。根据法律规定，任何没有法定依据或合法授权，进行出售、提供或获取公民个人信息的行为都构成违法犯罪行为。值得注意的是，该修正案所指的"违反国家规定"，依据《刑法》第96条可知，不包含地方性法规、部门规章和地方政府规章，以及自治条例等自治性法规。2017年5月8日，《关于办理侵犯公民个人信息刑事案件适用法律若干问题的解释》正式发布，将行踪轨迹作为个人信息纳入刑事司法保护范围。行踪轨迹指个人在特定时间段内的活动轨迹和位置信息，这些信息在确保个人隐私的同时，也需要受到法律的保护和监管。因此，行踪轨迹的泄露、非法获取或滥用将受到刑事法律的制裁，以此来加强对公民个人信息的保护，保障个人隐私权和安全。

个人信息在刑法中被赋予了特殊的法律保护。在刑法中，个人信息被视为至关重要的资产，其具备法益性、映射性以及真实性等重要特征，换言之，尽管通过个别数据可能无法直接识别出特定个人的身份，然而，通过使用数据整理、集成和转换等技术处理手段，原本看似无关联甚至相距甚远的数据也有可能被加以关联和识别。此外，除了与个人身份直接相关的信息，还有一些与个人行踪、居住地点等地理定位属性有关的信息，也被纳入了"公民个人信息"的范畴，这个范畴的扩大也是出于保护公民个人信息的考虑。

(二)传统型侵犯公民个人信息犯罪

公民个人信息包括公民的姓名、年龄、有效证件号码等能够识别公民个人身份或者涉及公民个人隐私的信息、数据资料，它们具有个体识别性，反映了个体的特征，包括财产和信用等方面的重要内容。侵犯公民个人信息罪是指违反国家有关规定，向他人出售或者提供公民个人信息，或者将在履行职责或者提供服务过程中获得的公民个人信息，出售或者提供给他人，以及窃取或者以其他方法非法获取公民个人信息，情节严重的行为。① 举例来讲，杨欣、蔺博在 58 同城上非法获取个人简历后，由杨欣负责出卖个人简历及出售公民个人信息，蔺博负责安排雇佣来的话务员给简历求职者打电话，以招聘名义诱骗求职者添加上线的微信、QQ 账号成为好友。每成功添加一名好友，杨欣将获上线人员支付的好处费。截至案发，经查证核实，杨欣、蔺博二人共非法获取公民个人信息 80228 条，贩卖公民个人信息 21060 条，非法获利 422526 元。法院经审理认为，蔺博、杨欣伙同他人违反国家有关规定，非法获取并出售众多公民个人信息，从中获利，严重侵犯公民的合法权益，损害社会公共利益，其行为均已构成侵犯公民个人信息罪。②

根据我国《刑法》第 253 条之一以及《信息犯罪司法解释》的规定，侵犯公民个人信息罪可以细分为两类，即非法提供型和非法获取型。非法提供型是指违反国家规定，以出售或提供的方式向他人传递或交付公民个人信息。而非法获取型则是指通过窃取或利用其他非法手段获取公民个人信息的行为，这涵盖了窃取和其他非法获取公民个人信息的行为。以下对侵犯公民个人信息罪的行为方式予以进一步讨论。

1. 向他人出售公民个人信息的行为

出售行为是积极的作为行为，有三种常见的方式：金钱交易、物品交换和财产性利益交换形式。金钱交易是最常见的交易方式，但是在当今数字化社会中，个人信息作为财产性利益，其价值越来越受到重视，许多公司和组织通过收集、储存和分析个人信息进行活动。然而，个人信息的滥用和非法买卖现象也时有发生，给个人隐私带来了潜在的威胁。尽管个人信息出售行为并不一定需要以合理对价获取个人信息的价值，但个人信息的泄露、转让或出售行为本身就是对个人合法权益的侵

---

① 参见张明楷：《刑法学》，法律出版社 2021 年版，第 462 页。
② 参见陕西省宝鸡市中级人民法院刑事裁定书：(2021)陕 03 刑终 105 号。

害，个人信息的权利与公民的人格尊严、人身权益和财产权益密切相关，具有专属性和排他性。因此，在处理个人信息时，应该严格遵守相关的隐私保护法律和规定，确保个人信息的安全和隐私权益得到有效保护。

2. 向他人非法提供公民个人信息的行为

在没有得到信息主体的明确同意并且没有特殊法律规定的情况下，擅自将合法获取的个人信息与第三方分享，可能构成非法提供个人信息。我国刑法对于将在履职或提供服务过程中获取的公民个人信息提供给他人的行为进行了严格的罚责规定，这是因为此类行为的防范难度较高，其社会危害性大于非法获取行为。

信息处理者可以分为两类，一类是直接处理个人信息的组织员工，另一类是从宏观层面进行信息处理的机构或个人。对于前者而言，他们可能会滥用职务权力，获取个人信息并从中谋取私利，这种行为严重侵犯了公民个人信息，属于违法行为。未经当事人同意且没有法律法规的特殊规定，任何未经授权的个人信息提供行为都可以被视为侵犯公民个人信息罪。同时，如果信息处理者本身管理不善导致个人信息泄露或滥用，他们也应承担相应的责任，比如可能构成"拒不履行信息网络安全管理义务罪"。对于后者而言，在获取个人信息时，如果存在非法出售或提供目的，那么这个行为本身就是违法的，因为在这种情况下，信息主体并没有明确同意其获取行为。而且，如果信息处理者在获取个人信息时，以提供更好的服务或实现合同目的为由，获得了信息主体的同意，那么他们有责任确保不向第三方披露或不得超出信息主体的同意范围使用信息，一旦他们超出了信息主体的同意范围，向第三方提供或滥用了信息，他们应承担相应的法律责任。

3. 窃取公民个人信息的行为

通过对盗窃罪的认定推及侵犯公民个人信息罪中窃取公民个人信息行为的认定，要求行为人对其行为有内心的确认，在主观上具有直接的犯罪故意，并积极追求所产生的结果。行为人在实施窃取公民个人信息的行为前，需要明确了解窃取信息手段的非法性和该行为的危害性，并基于此实施窃取行为。一般而言，窃取公民个人信息的方式包括以下几类。

第一，直接窃取公民个人信息。在某些情况下，一些人会滥用职权，利用其工作便利窃取所在单位掌握的公民个人信息，他们使用各种高科技手段或其他方法，秘密地获得公民的个人账号和密码等敏感信息，这种行为被视为一种直接的窃取行为。

第二，侵入计算机信息系统窃取个人信息。非经授权擅自进入他人控制的计算机信息系统，并获取其中的个人信息，便是侵入计算机信息系统窃取个人信息行为。这种行为类似于非法获取计算机信息系统数据的罪行，但其主要目的是窃取个人信息，而非法获取计算机信息系统数据罪的目的可能还涉及获取其他敏感信息，如数据资料等。这种侵入行为严重影响了个人隐私保护和安全，可能导致身份盗窃、金融欺诈、个人声誉遭受损害等问题的发生。

第三，其他常见的窃取方式。主要包括以下类型：其一，未经授权复制个人信息的行为，包括对他人控制下的个人信息进行复制、摘抄等行为；其二，监听和监视的行为，既可能导致个人隐私泄露和信息安全受到威胁，也可能构成非法使用窃听、窃照专用器材的罪行；其三，运用手机定位技术获取他人的行踪信息，未经他人允许进行秘密窃取的行为，严重侵犯了他人的隐私。

(三) 数字型侵犯公民个人信息犯罪

在数字化转型的浪潮中，全球化和科技革命带来了前所未有的机遇与挑战。全球化使得各国之间的经济联系更加紧密，促进了跨国合作和交流，科技革命则以互联网和信息技术为核心，改变了人们的生活方式和社会结构。在这个数字化时代，互联网已成为经济发展的新引擎，推动了数字经济的快速发展，个人信息在这个过程中变得异常重要，因为它是数字经济的基础资源之一。与此同时，随着人们在互联网上实施的行为越来越多，数字型侵犯公民个人信息的行为也日益盛行。举例来讲，王明以"成都奇缘展梦科技有限公司"的名义，在互联网设立"发卡么"虚拟卡密自动发货平台，并通过百度投放广告等方式吸引虚拟物品销售商到其平台销售京东、美团账号密码、爱奇艺等视频会员账号等含有公民个人信息的虚拟物品，并提供自动发货及支付结算服务。谭某某系"发卡么"平台注册商户，自 2020 年 10 月份开始在该平台及 QQ 群、微信群中买卖含有公民个人信息的京东账户密码。截至案发共计购买京东账号密码为 10250000 条，非法获利 10 余万元。法院经审理认为，谭某某非法买卖公民个人信息，其行为已经构成了侵犯公民个人信息罪。[1]

---

[1] 参见河北省沧州市新华区人民法院刑事判决书：(2021) 冀 0902 刑初 223 号。

　　总体而言，侵害公民个人信息的事件屡见不鲜，个人信息泄露的风险依然存在。就金融信息而言，金融信息的流动面临着来自外部和内部的双重风险。外部风险主要涉及技术上的缺陷和网络攻击，例如黑客可以通过网络攻击获取个人金融信息，导致个人隐私泄露和资金盗窃等问题，此外，技术上的缺陷也可能导致金融信息在传输和存储过程中的泄露和被篡改。内部风险主要涉及金融机构在处理所掌握的金融信息时引发的数据分析和利用方面的信息安全风险。因此，在数字化转型的背景下，个人信息保护成为一项重要的任务。中国政府高度重视数字化发展，并明确提出数字中国战略，旨在推动数字经济的发展和数字社会的构建。同时，我国也加大了对个人信息的保护力度，出台了一系列法规和政策，保障公民的个人信息安全和隐私权益。

　　如上所述，侵犯公民个人信息主要有两种行为方式，即非法获取和非法提供。我们需要特别关注一点，即所谓的"非法提供"一词具有双重含义，也正因如此，对于个人数据犯罪的分析，劳东燕教授得出了一个重要结论："刑法的关注点主要集中在非法获取或协助获得个人数据的行为上。"①这一结论意味着，为了打击数据犯罪行为，我们需要对非法获取和协助获得个人数据的行为都进行刑事规制和惩罚。此外，随着科技的不断进步，我们面临着更多与个人信息保护相关的挑战。在确定侵犯个人信息罪行时，我们必须充分考虑保护个人法益的重要性。同时，我们也要谨慎处理个人对自我保护的过度苛求。在当前信息技术高度发达的社会，个体与技术之间的不平等使得个人信息的保护变得更加迫切，个人的能力无法与技术相提并论，因此法律应该努力维护个人与技术之间的平衡。因此，在制定相关法律条款时，应综合考虑信息安全、个人法益和社会正义等因素，确保个体的合法权益得到充分保护。

　　在数字金融领域，存在着涉及侵犯公民个人信息的犯罪行为，这些犯罪行为可以归为以下几种情形：首先，犯罪分子通过非法手段获取公民个人信息，并借此注册虚假的数字金融账户，继而利用大量虚假账户进行例如洗钱和诈骗等各类犯罪活动，给社会秩序和公共安全造成了巨大威胁；其次，不法分子通过非法手段获取他人例如身份证号、工作单位和住址等敏感个人信息，并利用这些非法获得的信息实施更精准和有

---

①　参见劳东燕：《个人数据的刑法保护模式》，《比较法研究》2020 年第 5 期。

针对性的攻击，进行个人定向的数字诈骗犯罪，从中牟取利益；最后，犯罪分子利用各种技术手段获取公民个人信息或企业的数字金融账户信息，这已成为一种较常见的犯罪行为，此外，他们还可能通过入侵第三方支付平台来窃取平台的经营和沉淀资金，这种做法不仅直接威胁公民财产安全，还给第三方支付平台的稳定运营带来了风险。上述情形均对公民个人信息的安全构成了威胁，并具备构成侵犯公民个人信息罪的可能性。①

四、操纵证券、期货市场类犯罪

在金融市场中，证券和期货的交易行为被视为一种正常的市场运作行为，交易的价格和交易量的变化反映了金融产品的供需关系，这是金融市场的重要指标之一，市场参与者通过观察实际交易的价格和交易量，并结合公司的其他相关因素，来做出综合判断和决策。然而，有一些行为主体采取人为手段来操纵证券和期货市场，他们通过影响交易的价格和交易量，制造虚假的供需关系，从而扰乱市场的理性投资者，给普通投资者带来严重的利益损失。同时，这也扰乱了金融市场的公平竞争环境。近年来，随着金融市场的迅猛发展和科技的不断革新，金融市场中出现了越来越复杂和多样化的操纵行为。与过去简单的价格操纵不同，现如今的操纵行为已经进一步扩展到交易量的操纵、虚假信息的传播等更加隐蔽和高级的手段。这种趋势对市场中的公平竞争秩序造成了严重破坏，并给证券和期货的有效监管带来了巨大挑战。因此，为了切实保护市场投资者的合法权益，迫切需要对各种类型的操纵行为进行深入研究。

(一) 操纵证券、期货市场罪刑事立法的发展轨迹

在1979年《刑法》颁布时，并未包含关于惩治操纵证券和期货市场犯罪的规定，这是因为在当时，我国还没有建立起相应的证券和期货市场体系。直到1997年在修订的《刑法》第182条中，我们才首次见到对操纵证券和期货市场的罪行进行明确规定。然而，最初版本的《刑法》第182条并未涵盖如今所称的操纵证券、期货市场罪行的全部内容，而是随着时间的推移，经过多次修正，《刑法》第182条逐步完善，才形成

---

① 参见廖明、马璐璐：《互联网金融犯罪的刑法规制》，《刑法论丛》2021年第2期。

了如今对操纵证券、期货市场罪行的全面规定。这些修正的初衷在于应对操纵证券交易价格行为的恶劣影响，这种行为严重破坏了证券市场的竞争秩序。尤其考虑到证券市场作为一个相对新兴且复杂的领域，立法者希望通过将行政法律法规的相关内容纳入刑法，使公众能够直接了解刑法对此类行为的具体规定，并且使司法适用者能够准确判断和应用相关法律，确保对操纵证券和期货市场的罪行予以有效打击。

在 1997 年《刑法》中，并未明确对期货犯罪进行规定，然而，随着期货市场的迅速发展，相关问题逐渐显现。为了规范期货市场，1999年国务院发布了《期货交易管理暂行条例》，该条例对期货市场进行了规范，取得了一定成效。但是，在处理严重干扰期货市场秩序的行为时，行政法规的处罚力度较弱，这使得操纵期货市场交易成为刑法必须关注的领域，根据多方考量，操纵期货交易价格应构成独立的罪名。然而，鉴于期货犯罪与证券犯罪不管是在犯罪构成还是在危害性方面均有相似之处。为了更好地应对这一问题，经专家讨论，决定将操纵期货交易价格的犯罪行为与证券犯罪合并进行规定。因此，1999 年 12 月 25日，修正了《刑法》第 182 条，将操纵期货交易价格的犯罪行为纳入其中，并以混合方式规定了操纵证券和期货市场的罪名。这次修正并没有对原法条进行删除或修改，而是对罪名进行了相应补充，增加了操纵期货交易价格犯罪的内容。这一修正充分反映了对操纵期货交易价格犯罪的重视，并对处理方式进行了调整，以更好地适应期货市场的发展和规范化需求。

证券和期货市场发展变化迅速，在对《刑法》第 182 条进行修订后执行的过程中，遇到了实践难题。继而，2006 年再次修订了《刑法》第 182条，其立法形式保持不变，此次修正案依然通过叙明罪状的方式，对操纵证券市场和操纵期货市场的行为进行规定。根据 2007 年 11 月 6 日起实施的《〈中华人民共和国刑法〉确定罪名的补充规定(三)》，罪名"操纵证券、期货市场罪"被明确规定并保持其作为一种选择性罪名的地位。2020 年通过的《刑法修正案(十一)》第 13 条对原条文作出下述修改：一是完善了本罪的罪状表述，对原来分散在各项中规定的"影响证券、期货交易价格或者证券、期货交易量"的入罪条件在本条罪状中作统一规定；二是将"虚假申报操纵""蛊惑交易操纵""抢帽子交易操纵"等三种操纵证券、期货市场的行为明确规定为犯罪，使得刑法对操纵证券、期货市场罪的规定相对更全面。

(二) 传统型操纵证券、期货市场犯罪

证券和期货市场中的价格对于市场的运行和发展至关重要。在正常情况下，供需关系会自然地影响交易价格的波动，这一点尤其适用于证券和期货这类虚拟资本进入市场的金融商品。然而，这些价格并不仅仅受到供需关系的影响，还受到其他多种因素的影响，这些因素包括发行公司的盈利状况、市场利率的变化以及宏观经济环境等。由于这些价格受到多种因素的影响，因此它们具有很大的不确定性，导致了证券和期货交易价格的上下波动。这种价格波动是证券和期货市场存在和发展的内在需求之一，也是其具有吸引力的根本原因之一。

需要注意的是，在证券和期货市场中，证券和期货交易价格的波动并非无规律可言，通常情况下，价格会在价值的基础上波动。然而，有些人选择无视这种价格波动的客观规律，而是利用自身的资金、信息或股份优势，甚至采取其他非法手段来操纵价格，以谋取个人不当利益。举例来讲，罗山东系湖南某投资集团法定代表人，2015 年下半年至2016 年初，罗山东陆续招聘谢雨辰、禹玉宏、谢侏等人为股票交易员，为其进行股票交易。2016 年下半年，罗山东开始通过民间配资进行股票交易，冉彬负责联系、对接配资事宜，罗湘成负责为其进行股票交易、配资调转所需资金，罗山东通过冉彬或直接向交易人员下达股票交易指令，谢雨辰、禹玉宏、谢侏等人按照罗山东的指令进行操作。2017 年初，为规避监管，罗山东派刘昕、谢侏到长沙设立操盘点进行操作，派禹玉宏到深圳操作，谢雨辰则继续在成都操盘点操作。2017 年 5 月开始，被告人罗山东利用自有资金操纵迪贝电气。法院经审理认为，被告人罗山东以获取不正当利益为目的，违反国家证券管理法规，操纵证券市场，情节特别严重，其行为均已构成操纵证券市场罪，应依法惩处。[1] 本书认为，具体的操纵证券、期货市场的方式主要体现在以下几个方面。

第一，采用集中资金、持有股票或持仓以及利用信息优势等手段买卖证券、期货，这种行为可以通过不同的方式实施，包括独立操纵、合谋联合买卖以及合谋连续买卖等。具体方法是通过集中资金、持有股票或持仓以及利用信息优势等来迅速推高或推低某种证券或期货的价格，

---

① 参见浙江省高级人民法院刑事裁定书：(2020)浙刑终 45 号。

操纵者可能会在卖出前先行买入以获取利润，或者先行卖出以减少损失。资源优势包括资金优势、持仓优势和信息优势等。操纵证券、期货市场的行为给证券和期货市场造成了严重的破坏，因为资金、股票、持仓和信息等因素在证券和期货交易中起着重要作用，它们是影响证券和期货交易的价格走势的主要因素。这种操纵行为对市场秩序和公平性都会产生不利影响。

第二，证券和期货交易市场中存在与他人串通的操纵行为，即通过与他人串通，事先约定时间、价格和方式来交易证券和期货。这种操纵行为主要指的是通谋买卖，即行为人事先与他人达成共识，通过交易来改变证券和期货的价格和交易数量，从而产生虚假的交易信号，误导其他投资者的行为。通谋买卖的实施会抬高或压低某种证券和期货的价格，以便行为人能够获得不当利益，其他投资者则会因此遭受损失。这种操纵行为扭曲了市场的公平性和透明度，损害了其他投资者的利益。

第三，证券的交易在个人控制的账户之间进行，或者自己进行自买自卖期货合约。该行为旨在通过在自己的账户内进行买卖交易，来影响证券或期货交易价格和交易量的变动，进而影响其他投资者的投资决策。具体来说，"证券的交易在个人控制的账户之间进行"指的是利用多个证券交易账户进行虚假的买卖操作，旨在制造虚假的交易活跃度，从而影响市场情绪和投资者的判断。而这种做法并非真正转移证券的所有权，而是通过利用多个账户进行虚假交易。"自己进行自买自卖期货合约"指的是行为人利用未转让期货合约进行虚假交易，同时兼任卖家和买家的角色，旨在操纵期货市场的价格和成交量。这些行为的目的是通过操纵市场变动来获取不正当利益。操纵市场行为违反了证券和期货市场的公平公正原则，对市场的正常运行及其他投资者的利益造成了严重的影响。

第四，为维护交易市场的公正、公开和有序运行，根据我国相关法律，投资者不得以频繁或大量申报买入、卖出证券、期货合约并撤销申报的方式谋取非正当利益；不得利用虚假或不确定的重大信息来误导投资者进行证券或期货交易；不得在对证券、发行人或期货交易标的做出评价、预测或投资建议的同时从事反向证券交易或相关期货交易行为。为进一步完善有关法律，《刑法修正案（十一）》中新增了三种操纵市场行为，分别是幌骗交易操纵、蛊惑交易操纵和抢帽子交易操纵。这些新型操纵市场的行为都会被视为犯罪行为。在修正前，这三种操纵市场的行为已经构成犯罪，且符合相关法律要件，这一点在理论界和实务界已经得到共识。因此，刑法修正案（十一）并非立法上的犯罪化过程。可以说，这种方法并不能有效地实现建立一个严密的刑事法律网络并抑制犯罪活动的扩大。这是因为，本罪的兜底条款已经对此进行了规定。

第五，以其他方法操纵证券、期货市场的。鉴于操纵证券、期货市场是一种严重的违法行为，具体方式千差万别，涉及人员众多，手段复杂，法律无法详尽列举所有方式，因此，制定概括性规定是必要的。概括性规定具备灵活性，能够与复杂的市场变化相适应，并可以有效打击未列举的操纵行为。

（三）数字型操纵证券、期货市场犯罪

智能数字化交易是一种利用智能数字化系统直接参与证券期货市场交易的模式，通过先进的技术与算法，如人工智能、大数据分析和机器学习等，智能数字化交易能够提高交易效率、快速性和准确性。投资者可以充分利用系统的预测能力和市场反应能力，制定优质的投资策略，提高交易效率，并实现更稳定的收益。随着科技的进步，智能数字化交易系统的应用范围不断扩大，能力不断提升，已经成为金融机构和个人投资者的重要工具。智能数字化交易的发展对于证券期货市场也具有重要意义，它为市场参与者提供了更多的交易选择和机会，促进了市场的流动性和竞争性。与此同时，数字型操纵证券、期货市场犯罪也随之产生和发展。举例来讲，2012年5月至2013年1月，唐汉博伙同唐园子、唐渊琦，利用实际控制的账户组，不以成交为目的，在智能数字化交易系统中频繁申报、撤单或大额申报、撤单，影响股票交易价格与交易量，并进行与申报相反的交易。其间，先后利用控制账户组大额撤回申报买入"华资实业""京投银泰"股票，撤回买入量分别占各股票当日总申报买入量的50%以上，撤回申报额为0.9亿余元至3.5亿余元；撤回申报卖出"银基发展"股票，撤回卖出量占该股票当日总申报卖出量的50%以上，撤回申报额1.1亿余元，并通过实施与虚假申报相反的交易行为，违法所得共计2581.21万余元。经法院审理认为，唐汉博的行为已构成操纵证券、期货市场罪。[①]

刑法理念在刑事立法和刑事司法中起着重要的指导作用，它指导着我们在制定刑事法律时和在刑事司法实践中的具体操作。它不仅仅是对

---

① 参见上海市第一中级人民法院刑事裁定书：（2019）沪01刑初19号。

犯罪现象的认知和分析，更是对于如何打击犯罪、保障社会安全以及维护公平正义等问题的回应和解决方案。刑法理念针对不同类型的犯罪，具有相应的侧重点和处理方式，并确保对不同犯罪的打击具有针对性和有效性。随着时代的变迁和新科技的出现，犯罪行为可能会发生不同程度的变化。因此，刑法的规范重点也需要相应的转变。智能数字化交易具有普通交易所没有的竞争优势，将会改变证券期货市场交易的格局。智能数字化交易并非突然而至，程序化交易通过交易算法和程序进行自动化交易，可以视为智能数字化交易的前身。智能数字化交易是智能数字化时代的产物。尤其在金融应用领域，越来越多的应用开始利用智能数字化技术，采用机器学习的方法进行研究和使用。特别值得关注的是，结合了智能数字化技术和程序化交易的智能数字化交易具备三大优势，将对传统的证券期货市场交易方式产生重要影响。具体体现在以下几个方面。

第一，智能数字化交易系统具备在证券期货市场中进行预测和分析的能力，通过领域建模和大数据分析等技术的应用，能够快速而准确地预测和分析未来市场变化的趋势。智能数字化交易系统已经在实际应用中取得了一些成功的案例和数据证明其优势。例如，日本三菱公司研发的智能数字化交易系统在四年的时间里预测了日本股市 30 天后的走势，其准确率高达 68%。智能数字化交易系统能够高效地处理大量信息，并快速识别趋势和模式，同时避免人类主观意识和情绪对交易决策的影响，从而降低交易风险。智能数字化交易系统的获利率有望超过传统交易方式，展现出超越人类智能的能力。

第二，智能数字化交易技术的引入为投资策略的优化提供了新的可能和突破。相较于传统的人工决策方式，智能数字化交易能够减少甚至是消除人类可能存在的不理性和不公正因素，在进行利益权衡时更加客观和公正。而且，智能数字化交易不仅能够帮助投资者避免情绪化的投资决策，同时还能有效防止各类利益输送行为的发生。通过对智能数字化交易技术进行测试和实验，已经证实了其在模拟历史交易中所取得的卓越表现，智能数字化交易能够基于大数据分析和机器学习算法，通过对市场数据的全面分析和趋势总结，为投资者提供准确的决策支持，使其在同样的市场条件下实现更高的收益率。因此，在投资策略制定方面，智能数字化交易具备优势，它可以帮助投资者减少主观误判和情绪干扰，提高交易的准确性和效益。

第三，智能数字化交易是一种高度敏锐的交易方式，具备快速、高效的市场反应能力，它在证券期货市场中扮演着重要角色，并且具有高速交易模式。高速交易一直以来都是抢占先机的重要策略。通过进行多次交易，帮助交易者积累大量的小额收益，尽管每笔交易所获得的盈利较少，但随着交易次数的增加，这些小额收益不断积累，为交易者带来了可观的盈利。除了能够快速进行交易，智能数字化交易还具备在及时获取市场信息的基础上分析信息的能力，结合先进的预测算法和智能系统，能够灵活应对各种外部信息，并依据以往经验不断演化和学习，以满足市场需求并实现快速交易。这意味着智能数字化交易系统能够及时获取市场的最新信息，并利用先进的分析算法进行准确的预测和判断。

智能数字化技术，具备独特的机器深度学习能力，其不仅引领了技术的革新，还对人类社会各个领域产生了巨大的影响。在证券期货市场交易中，智能数字化交易不断促进着交易形式的进化和更新。智能数字化交易具备高效、智能的特点，有潜力产生高回报，但值得注意的是，其同时也伴随相应的风险。智能数字化技术的发展给证券期货市场带来了全新的机遇和挑战，在智能数字化交易中，合理的风险控制策略变得尤为重要。因此，为了进一步推动智能数字化交易的发展，需要加强在技术创新和法规制度等方面的合作，共同推动智能数字化技术和证券期货市场的健康发展。

五、非法经营类犯罪

随着数字化时代的到来，许多传统行业进行了彻底的改革，金融行业也不例外。数字金融作为金融领域的一项重大创新，在近年来蓬勃发展。它利用先进的技术手段和信息化的平台，为人们的金融活动带来了全新的体验。然而，数字金融的快速发展也带来了一些问题，其中最为棘手的便是无序竞争现象。一些数字金融公司为了追求暴利甚至不惜实施违法犯罪行为。更令人担忧的是，其中一些违规操作引发了重大的社会群体性事件，给整个社会带来了严重的影响。在此背景下，数字型非法经营罪应运而生。

（一）非法经营类犯罪刑事立法的发展轨迹

根据 1979 年《刑法》的规定，非法经营行为被包含在投机倒把罪中，并未独立成为一个罪名。在当时的社会背景下，我国实行的是高度统一的计划经济体制，该体制下，行政审批和集中管理市场的模式被严格执行，任何经营活动都必须通过行政审批，否则将被视为犯罪行为。经济管理体制和法律制度之间存在紧密的关联，一个国家或地区的经济管理体制必须与当前的市场环境相适应，并建立相应的法律制度来支撑和保障经济活动的顺利进行。因此，1979年《刑法》第117条规定了"投机倒把罪"，将非法经营行为纳入其中。作为对非法经营行为的惩罚措施，或者说作为打击非法经营行为的惩罚手段之一，投机倒把罪被广泛采用，且犯罪数量十分庞大。此外，市场中存在着大量的利益诱惑，也进一步导致了投机倒把罪的高犯罪率。

在我国逐步深化改革开放的背景下，市场力量逐渐成为经济活动的主导，市场经济体制也逐渐确立。市场经济体制的确立使得传统的投机倒把罪与社会现实需求不再相符，因此，1997年修订刑法时废除投机倒把罪是时代发展的必然选择。为了规范那些扰乱社会主义市场经济秩序的非法经营行为，我国刑法设置了非法经营罪并明确规定了其犯罪构成。根据《刑法》第225条的规定，非法经营罪包括以下行为：（1）未经许可经营法律、行政法规规定的专营、专卖物品或限制买卖的物品；（2）贩卖买卖进出口许可证、进出口原产地证明及其他经营许可证或批准文件；（3）进行其他严重扰乱市场秩序的非法经营行为。

相关法律对非法经营罪的规定一直处在不断调整和完善的过程中。1998年通过的《关于惩治骗购外汇、逃汇和非法买卖外汇犯罪的决定》第4条明确规定了在国家规定的交易场所以外进行非法买卖外汇，扰乱市场秩序，情节严重的行为应依照《刑法》第225条的规定定罪处罚。此规定是首次在单行刑法中明确以非法经营罪来惩处此类行为。随后，在1999年12月25日第九届全国人大常委会第十三次会议上通过的《中华人民共和国刑法修正案》中，对《刑法》第225条的非法经营罪进行了补充，增加了第3项规定，明确了对未经国家主管部门批准，从事非法经营证券、期货或者保险业务的行为进行惩处。随着经济社会的发展，2009年的《刑法修正案（七）》又在1999年修正案的基础上对非法经营罪进行了进一步调整，在非法经营罪中增加了"非法从事资金支付结算业务"的内容。

从上述非法经营罪的立法发展轨迹可以看出，其演变过程与市场经济的发展密切相关，并始终将促进经济发展作为目标之一。尽管在法律立法过程中已经通过列举项的方式来明确非法经营罪的行为类型，但不可忽略的是，这些规定对于非法经营罪的认定仍然存在一定的模糊性和笼统性，尤其是第4项规定。自1997年《刑法》颁布以来，多部门联合相继发布多项司法解释，将一系列具体行为定为非法经营罪，并据此加以相应的惩处。尽管如此，随着时间的推移，必须注意非法经营罪可能逐渐演变成了一个"口袋罪"。为确保司法解释和相关法规的准确性和适用性，需要进行深入的研究和讨论，以保证法律的公平性和合理性。

（二）传统型非法经营罪

非法经营罪，是指行为人违反国家规定，从事非法经营活动，扰乱市场秩序，情节严重的行为。举例来讲，杨路作为马鞍山××有限公司退休返聘的销售人员，采用虚构客户需求的方式违规向该公司采购注射用戈那瑞林、注射用绒促性素等正规药品并私自截留后对外销售。2020年6月至2022年8月，杨路明知黄进雄并非罕见病患者且有向境外转售上述药品意图，在未索要处方或药品经营资质的情况下，向其销售上述注射用戈那瑞林、注射用绒促性素共1520盒。后黄进雄将上述药品向境外出售。经审计，杨路销售上述注射用戈那瑞林、注射用绒促性素金额共计人民币（以下币种均为人民币）214600元。经国家体育总局反兴奋剂中心认定，戈那瑞林、绒促性素属于兴奋剂。法院经审理认为，杨路违反国家规定，未经许可经营兴奋剂目录所列物质，扰乱市场秩序，情节严重，其行为构成非法经营罪。[1]

根据我国的《刑法》第225条，非法经营罪规定了四种行为方式。在本书中，笔者将对这四种行为方式逐一进行论述。

行为方式一：实施未经许可经营法律、行政法规规定的专卖、专营物品或其他受限制的交易行为。在从事专卖、专营或限制交易物品的经营活动中，"未经许可"的具体含义是指未经相关专管部门的行政批准。[2] 所谓的"许可"指的是一种特定的批准文件，通常由特定的行政主管部门颁发，适用于各类经营主体，例如营业执照等。需要特别注意的是，某些经营活动可能需要特定的行政机关来进行管理和监督，而这些行政机关可能并非国家工商行政管理部门。[3] 因此，并非所有没有营业执照的经营行为都会被法律认定为非法经营罪。在对一个经营行为的合法性进行评判时，关键要考虑的是其是否获得了从事该业务所需的合法许可。这意味着，即使没有营业执照，只要依法取得了其他合法的经营

---

[1]　参见上海市第三中级人民法院刑事裁定书：（2022）沪03刑初92号。

[2]　参见林亚刚：《刑法学教义》，北京大学出版社2020年版，第450页。

[3]　参见王作富、刘树德：《非法经营罪调控范围的再思考——以〈行政许可法〉若干条款为基准》，《中国法学》2005年第6期。

许可，该经营行为仍然可以被视为合法。根据国家需求，在特许经营环节中，一些物品是由特许主体经营并受到相关管控的，这些物品包括食盐、药品等，它们目前在我国实行专卖和专营经营。此外，还有一些其他物品被限制交易，这些物品通常是重要的生产资料或具有特殊作用，如农药、特种钢材等。为了保障社会稳定和公共利益，对这些物品的交易进行管控是必要的。

行为方式二：买卖进出口许可证、进出口原产地证明以及其他法律、行政法规规定的经营许可证或者批准文件。进出口许可证具有行政许可的性质，它是国家对进出口货物、技术、资源等实施管控的重要工具，该许可证的核心目的是保障国家的国防安全、国家安全、经济安全以及民生安全。通过对这些重要物品的进出口进行管控，有利于国家控制风险，维护国家的整体利益。与进出口许可证类似，原产地证明也是贸易过程中不可或缺的文件，它用于证明进出口商品的原制造地，在通关、结算、理赔以及缴纳关税等方面都起着关键的作用，贸易双方可以凭此明确商品的来源，确保贸易过程的合规性和透明度，是贸易活动中重要的凭证。此外，需要特别强调的是，经营许可证或批准文件的颁发是为了保障特定物品的经营合规性，这些经营许可证或批准文件是经营者必须获得的合法文书，以确保他们在经营特定物品时符合相关规定和法律法规。国家对一些特许专营、专卖物品或其他限制买卖的物品进行管控，从而确保市场的秩序稳定和公平竞争。对外贸易在国家的发展中起着重要的作用，它是促进国家经济增长和提升国际竞争力的必要手段。作为国家主权的一种表现，国家有权对对外贸易进行控制和管理。因此，许可管理制度被引入到经贸领域的进出口活动中。根据这一制度，任何人在未获得主管机关的许可之前，都不得私自实施进出口行为。这样的规定旨在确保对外贸易的合法性和稳定性，并维护国家利益和安全。在经营活动中，涉及买卖进出口许可证、进出口原产地证明及其他经营许可证或者批准文件，尽管上述行为本身并没有直接违反国家关于许可经营的规定，然而它们却为其他主体开展非法经营提供了便利条件。因此，这些行为也被刑法归入非法经营罪的范畴。

行为方式三：未经国家有关主管部门批准非法经营证券、期货、保险业务，或者非法从事资金支付结算业务。在金融领域中，证券、期货和外汇业务等扮演着重要的角色。政府和相关监管机构必须在制度层面对金融服务进行严格控制和监管，这是为了确保金融机构的正常运作、防止金融市场的异常波动以及保护投资者的权益、减少潜在的风险和损失。因此，这些金融业务往往被明确规定为需要特许批准的经营活动。只有获得相关部门的批准，才能在证券、期货和外汇业务等相关领域从事相关经营活动，任何未经授权擅自进行相关金融业务的行为，都将违反我国现行金融行业市场准入的许可与审批制度。这些举措旨在保障金融业的有序发展，维护金融市场的稳定和健康。

行为方式四：其他严重扰乱市场秩序的非法经营行为。这些行为违反了国家对专控物品的经营许可准入制度，与前面提到的违法经营行为相比，在危害程度上相当且本质相同，这一条款被视为一项"堵截"措施。由于其具体规定并不明确且具有相当大的灵活性，因此有人认为它其实是一种变相的口袋罪，也正是该条款的存在导致非法经营罪成为备受争议的话题。

未来，随着中国经济持续蓬勃发展，非法经营罪的行为方式必然会呈现出多样化的趋势。在这个不断变化的时代背景下，非法经营者会不断创新手段，采取更隐蔽、更具科技含量的方式进行违法经营活动，这种变化将使得打击非法经营罪变得更加复杂和更具有挑战性。

(三) 数字型非法经营罪

在数字化时代，中国经济正迎来全新的发展浪潮。新一代技术，尤其是人工智能等前沿科技的迅猛发展，不仅极大地推动了改革创新，也催生了众多新兴行业，这些新技术为传统行业打开了崭新的发展大门，同时也打破了地域的限制。在这个大背景下，传统行业的商业模式发生了巨大的变革。与此同时，一些以数字化为手段的非法经营活动也开始迅速兴起。举例来讲，陈志涛为获取非法利益，在本市家中使用申请的POS 机，通过虚拟交易的形式为信用卡持卡人栾娜、刘某非法垫还及套取现金，并收取手续费。另外，陈志涛借来赵某 1、李某 1 等人的信用卡，通过虚拟交易的形式非法套取现金用于本人经营活动。经司法会计专项审计，陈志涛非法垫还、套现金额达人民币 1502.506161 万元，共获利 4400 元。经法院审理认为，陈志涛违反国家规定，使用销售点终端机具(POS 机)，以虚构交易的方式套取现金，扰乱金融市场秩序，其行为构成非法经营罪。[①]

在数字化技术迅猛发展的时代中，我们不可避免地要面对网络公关

---

① 参见吉林省长春市中级人民法院刑事裁决书：(2022)吉 01 刑终 370 号。

公司和网络营销组织等的存在，它们以营利为目的，并利用信息网络作为沟通和交流的重要平台。这些组织有时会恶意传播虚假信息，甚至参与非法活动如删帖等，以牟取不当利益。这种现象已经成为网络乱象的主要推手之一，对网络生态的健康发展产生了一定的负面影响。在司法实践中，有必要将之认定为违反了《刑法》第 225 条第 4 项的行为。

　　刑法界的通说认为，非法经营罪罪名的适用范围过于宽泛，容易被滥用，具有"口袋罪"之嫌，因此，应该严格限制非法经营罪的适用范围，只针对那些具有一定社会危害性的非法经营行为进行惩处，而对于一些轻微的违法行为，应通过其他行政手段进行处理，以避免给经营者造成过度的法律压力。甚至有一些人主张废除非法经营罪这个罪名。他们认为，非法经营行为本身并没有直接危害社会秩序和公共利益，仅仅是侵犯了市场规则，因此不应该构成犯罪。① 在当前的司法实践中，我们不得不注意到非法经营罪的适用范围不断扩大的问题。这种扩大使得一些本应被视为违法或违规而不是犯罪的行为，也被纳入了非法经营罪的范畴。特别是在数字化时代，随着新型商业模式的出现，以及互联网和电子商务的快速发展，非法经营行为呈现出新的形态，带来了新的挑战。在数字化时代，非法经营罪的适用范围和认定问题变得尤为重要。

　　1. 数字型非法经营罪的适用范围限定

　　非法经营罪的普遍存在是对中国法治发展水平进行评估的重要样本之一。然而，目前的立法并未成功地建立有效可行的指引规范和具体的行为归类，这正是导致该罪行口袋化的主要原因之一。同时，对于非法经营罪行的适用范围明确界定的司法解释被忽视，这导致了该罪行的蔓延。非法经营罪的适用范围随着相关司法解释的不断增加正在逐步扩大，进一步增加了滥用该罪行的风险。尽管现行刑法在颁布和执行以来经历了不断完善的过程，但难以摆脱非法经营罪口袋化的幽灵缠绕。口袋罪的复杂性与其对社会秩序和公共安全的威胁密不可分。因此，我们需要认真思考如何有效地解决这一问题，以实现刑法的公正与效能。

　　为了明确非法经营罪的法律适用和打击范围，现行刑法对非法经营罪采用了列举式规定，详细描述了应予禁止的几种行为类型，尽管第四款的规定不甚明确，但是这种立法方式具有针对性和可操作性，能够更好地维护社会公义和经济秩序。相较于过去的包含十几种具体行为的投

---

　　① 　参见徐松林：《我国刑法应取消"非法经营罪"》，《法学家》2003 年第 6 期。

机倒把罪，现行《刑法》第 225 条的规定更加符合当今社会的需要。同样不可忽略的是，目前，我国现行刑法对非法经营罪的规定存在一些严重的缺陷，这些缺陷主要体现在立法技术的不精细和指引规范的不协调，以及行为类型描述的模糊不清。这种状况可能对将来有效打击非法经营罪产生一定的隐忧。

在数字金融领域，一些学者认为，面对数字化的高速发展和激增的新型数字化犯罪，应当适度扩张非法经营罪的适用范围，以确保在这个新兴领域建立起切实可行的行为法则。换言之，随着技术的迅猛发展，立法滞后于技术进步，这给数字金融领域的合规性和安全性带来了挑战，因此，有必要通过扩大非法经营罪的解释范围，来填补法律与技术的鸿沟。

中国的数字化发展呈现出了繁荣和乱象并存的局面。随着科技的不断进步和互联网的普及，数字化带来了巨大的机遇和挑战。在这个过程中，创业者们积极追求创新和发展，努力打造自己的数字化企业。然而，也出现了一些问题和隐患，使得数字化发展的脚步不尽如人意。其中之一就是金融诈骗泛滥的问题，诈骗分子利用网络技术和社交媒体平台，进行虚假宣传，从而骗取他人财产和个人信息；另一个问题是地下产业的扩张，随着数字化时代的到来，许多非法活动也得以在网络中繁荣发展。官方数据显示，我国网络黑色产业链从业人员已超过 150 万人，市场规模更是达到了千亿元级别，这表明了网络黑色产业链的迅速扩张和发展。面对数字化社会的不断发展，我们需要加强刑法的干预，并拓宽其适用范围。这是社会亟需的，也是刑法应当承担的责任。通过加强刑法的力量，我们能够有效地打击各种违法犯罪行为，保护人民的合法权益。刑法的干预不仅仅是为了惩罚违法者，更重要的是起到威慑作用，在一定程度上防止犯罪行为的发生。[①]

在适用刑法时，我们不能简单地套用一成不变的理论，而是要根据社会现实作出相应的调整和改进。刑法作为一种社会控制工具，其目的是维护社会的和谐与稳定，维护公平与正义，因此，我们不能仅仅追求理论的完美，而忽视社会的实际情况。在面对如反向刷单、黄牛软件等新型网络案件时，我们可以通过合理的论证来说明这些行为的无罪性，这不是一件困难的事情。这是因为立法者在制定非法经营

---

① 参见高艳东：《信息时代非法经营罪的重生——组织刷单案评析》，《中国法律评论》2018 年第 2 期。

罪罪名时未能充分考虑到数字化问题，导致出现了数字化犯罪并未被纳入传统立法范围之内的情况。然而，学者的使命是将昨日的法条与今日的故事相融合。美国宪法经过数百年的岁月沉淀，并非是因为当初起草者的预见力超群，而是因为后来者的卓越诠释。他们具备多重维度解读的强大能力，以独特的视角将宪法精神融入当代社会，通过对宪法原意和内涵的深入研究，他们能够将其灵活运用于现实情境，并进行相应的解释和适应。正是这种卓越的解释力，使得美国宪法能够跨越时代的僵化和限制，保持其有效性和威力。① 法律并非是一场文字游戏，而是一项基于价值判断的行为准则，我们不能简单地依赖于立法者的原意，否则在新时代出现的新问题和现象面前，我们往往面临无法解决的困境。

在当下充满变革的时代浪潮中，上述学者提出的观点具有一定的合理性。随着技术的不断发展和数字化治理的兴起，传统的刑法理论需要与时俱进，适应新时代的需求，我们也需要突破束缚，探索数字化领域下的刑法原理和适用规范。为了赋予传统法条新的活力，我们这一代人肩负着重要的历史使命。作为中国智慧的体现，数字化治理为我们提供了新的思路和方法，为刑法的发展提供了机遇和挑战，同时也带来了前所未有的可能性和未来发展的方向。然而，我们必须意识到数字型非法经营罪的适用范围需要限定在刑法规定的限度内，并采用科学的手段和方法予以规制。对于非法经营罪来讲，其犯罪构成要件范围由"违反国家规定"作为总指引予以规范，但实际上，该条款中第一项至第三项的具体规范起着重要的指引作用。总体而言，"国家规定"作为总体指引的实质已被具体指引规范所局限，如法律、行政法规以及具体罪状。有学者认为，对于某一数字化行为是否构成非法经营罪的判断，需要综合考虑行为主体是否具有非法营利的目的，并全面客观分析其是否从事非法经营活动，并对第四项兜底条款的适用进行真实性、必要性和价值性的评估。②

总而言之，处理新兴事物，我们需要采取一种既不过于严厉惩罚也不过度放任的态度。因此，建立明确的框架和划定准确的底线十分必要，这个框架和底线应该综合考虑法律法规、社会道德和伦理规范等各

---

① 参见高艳东：《信息时代非法经营罪的重生——组织刷单案评析》，《中国法律评论》2018 年第 2 期。

② 参见祝天剑：《非法经营罪之法教义学限缩》，《法律适用》2022 年第 3 期。

方面因素，以及对公众利益和安全的保护。我们需要权衡各种利益，确保新事物的发展在法律和道德框架内，同时让新事物得到适当的发展空间。在刑事司法领域，数字金融创新的底线与犯罪构成要件密切相关，如果某个行为符合犯罪的构成要件，那么它无疑会被视为犯罪行为，可能受到相应的定罪和处罚，然而，如果某个行为不符合犯罪的构成要件，我们就不能对其进行定罪和处罚。在数字金融创新中，确保其符合法律法规的底线非常重要，这一原则遵循法治理念，并有利于保护公民的合法权益、维护社会秩序和公共利益，而且该原则的遵守对于数字金融创新的可持续发展至关重要。

在中国司法实践中，数字型非法经营罪因其频繁适用而备受关注。尤其是随着我国经济体制改革不断深化以及数字经济迅猛发展的势头不断增强，数字型非法经营罪案件的数量也呈现出直线上升的态势。非法经营罪这一罪名在司法解释的逐步扩展下，不再局限于一个单一的罪名，而是涵盖了多个甚至上百个非法经营行为。这种扩大解释的结果是，非法经营罪名已经成为一种泛泛之罪，不再受到立法者意志的限制，这导致行政违法行为和非法经营犯罪行为难以区分。

在解决非法经营罪相关问题的过程中，我们不仅需要关注传统型非法经营罪的适用范围，而且需要特别关注数字型非法经营罪的适用限制。当前，治理数字型非法经营罪已经成为一项紧迫的任务。

2. 数字型非法经营罪的认定

随着信息和通信技术的迅速发展，数字化技术在金融领域得到了广泛应用。数字金融行业引入了在线交易、在线购买和在线支付等新型交易模式，给传统的物理空间通信方式和行为习惯带来了改变。现如今，科技的发展和应用给人类社会带来了非常大的便利和好处，但是，随着数字金融的迅猛发展，金融环境变得愈发复杂，科技带给人类生活积极影响的同时也带来了新的挑战和问题。其中一个主要问题是数字金融环境中的犯罪行为，一些不法分子利用数字网络进行各种复杂的犯罪活动，严重破坏和威胁了人们的生活，这些犯罪行为不仅危及个人和组织的安全，还严重干扰了社会市场经济的正常秩序。在司法实践中，由于数字金融犯罪行为的复杂性和多样性，对这类罪行的界定存在一定困难，数字型非法经营罪成为司法认定的难题。

为了应对日益复杂和多样化的金融风险，国家金融监管机构逐步加强了对数字金融领域的监管力度，在过去的几年中，数字金融监管措施不断细化和完善，这一系列举措的实施使得数字金融监管体制逐渐健全，并且相关规定日益严格。尽管数字金融的监管体制建设已经取得了一定的成果，但数字型非法经营罪在司法适用中仍面临一些困境和挑战。① 其中，最为典型的是数字型非法交易期货外汇犯罪的认定问题。本书着重对数字型非法交易期货外汇犯罪的认定问题进行探讨，以期对数字型非法经营罪的认定能够达到窥一斑而知全豹的效果。

数字化技术的迅猛发展引发了人们对数字型非法交易期货外汇犯罪问题的关注。数字型非法期货外汇交易犯罪以未经国家相关部门批准为前提，通过数字互联网平台建立一种具备期货特征的交易模式，以虚假对接国内外期货市场的方式吸引投资者参与期货交易，从而使投资者遭受经济损失。②

近年来，数字型非法交易期货外汇犯罪行为类型不断增加，犯罪分子不断更新其手段，采用更高级和复杂的策略，使得犯罪活动更加隐蔽、难以被察觉和打击，以适应日益严格的监管措施。而且，他们借助现代通信技术和互联网平台，专门针对经济和金融领域进行策划和组织，迅速建立起大规模的网络犯罪集团，从而实施更具规模化和有组织的非法交易行为，使得其犯罪活动呈现出公司化和集团化的特征。除此之外，犯罪分子利用数字虚拟空间和境外渠道，绕过监管和打击，进行反向操作，混淆视听，使得调查和取证变得异常困难。数字型非法交易期货外汇犯罪手段的隐蔽性日益增强，这不仅会对投资者的权益造成损害，而且也会对金融市场的稳定性和国家经济的发展造成负面影响。

在进行资金和数据的境外接入以及通过篡改数据来欺骗投资者以获利的行为模式中，前一种行为被认定为非法经营，后一种行为被认定为诈骗，并不存在争议。对于虽设立虚拟盘但并未使用虚假数据故意导致客户亏损或者出金不能的情形，如何准确区别非法经营罪和诈骗罪，才是亟待解决的问题。此种情形下，并不能够仅仅根据是否将资金注入境外交易平台或数据是否真实接入境外市场来确定，而应该根据对财产是否存在非法占有的目的来评估。理由如下：首先，民事欺诈不等于诈骗犯罪。经过一段时间的境内交易场所整顿以及对其进

---

① 参见齐文远、童德华：《互联网金融犯罪治理研究》，武汉大学出版社2022年版，第369页。

② 参见周子简：《网络非法交易期货外汇犯罪法律适用探析》，《上海法学研究》2020年第23卷。

行规范之后，我们不得不注意到一种趋势：一部分国内投资者开始将他们的视线转向境外交易平台，尽管他们明知原油、黄金、货币期货等是具有高风险的投资品种，但他们仍然满怀希望地追寻这些机会。考虑到国内金融市场未开放相应的渠道，一些投机人士便将其作为一项经济业务进行开展，然而，由于缺乏合法依据和外部监督，这些业务存在一定的风险。一旦这些人员获取了资金并形成了一个资金池，他们可能就不会按照客户的要求将资金投向境外市场。同时，他们又需要满足投资者对投资趋势的实时关注需求，这就促使了虚拟盘的出现，从而提供了一种替代方案。需要注意的是，虚拟盘与诈骗局是不一样的概念，在刑法的角度上，我们要判断是否构成诈骗犯罪，不仅需要考虑是否有欺骗行为，还要看虚构事实或隐瞒真相的行为与投资人遭受损失之间是否具备因果关系。其次，资金是种类物而非特定物。当下，众多市场经济活动都受到了一系列规定和要求的约束，以确保其能够合法合规运作。例如，在私募基金领域，要求基金只能用于基金项目，经手人不得挪用特定资金和特定物品，这一规定旨在保障基金运作的透明性和合法性。又如，在处理非法吸收公众存款犯罪的案件中，"资金池"被视为一个重要的认定是否构成犯罪的标准，这是因为当一个"资金池"具备类似银行等金融机构揽储的特征时，就意味着它已经对金融管理秩序造成了实质性的损害。需要明确的是，与银行揽储不同，非法经营期货外汇交易并不承诺保本保息。这个行业的特殊性使得简单的资金错配不足以作为入罪理由。因此，在判断非法经营行为是否成立时，我们需要考虑更多的因素，如是否存在欺诈、操控市场等恶意行为，才能做出准确的判断。

第三节　数字金融创新行为的刑法规制

目前，数字金融正在成为引领时代的新概念，这已成为席卷全国的一大趋势。我国数字金融市场的规模巨大，不容忽视的是，一些金融创新行为可能在法律边界上徘徊，极易违法犯罪。究其原因，数字金融对传统银行和其他金融机构的业务造成了一定的冲击，数字金融的兴起在某种程度上挑战了现有的监管体系、金融法律法规甚至刑法相关规定。正因如此，在深入探究数字金融创新的行为方式的基础上，为数字金融的健康发展提供更为完备的法律保障已是重中之重。

一、数字金融创新的主要行为方式

(一) 数字货币行为方式

数字货币是一种在数字网络社区中发行、管理或通过计算机数据运算生成的虚拟货币，它的使用范围包括数字网络游戏、社交网络和虚拟世界等。最初，数字货币主要在网络游戏中使用，随着数字货币的快速发展，一些知名的社交网站也推出了自己的数字货币和支付系统，以满足用户在社交平台上的便捷支付需求。随着时间的推移，数字货币与现实世界的联系越来越紧密。比特币是最典型的数字货币之一，最初，比特币只能在一些网络商户中使用，它的使用范围相对有限，后来比特币逐渐为越来越多的实体商户所接受，并且还确定了其与实体货币的兑换比例。这使得比特币用户能够在现实生活中使用比特币进行购物和交易。与此同时，其他类型的数字货币也出现了类似的趋势，它们开始逐渐融入人们的日常生活中。数字货币可以细分为三类：电子数码代币、加密货币和法定数字货币。其中，加密货币被认为是具有巨大潜力的一种形式。相较于电子数码代币和法定数字货币，加密货币更容易实现大规模流通，并且不受各国政府央行的严格监管限制。然而，正是由于加密货币的去中心化和匿名性特点，它也被广泛应用于数字经济的非法活动和灰色产业链。例如，加密货币可以用于洗钱、非法交易、黑市交易等活动，给社会治理和金融监管带来了一定的挑战和风险。[①] "数字人民币的账户松耦合设计模式具有一定的优势，对于偏远地区民众来说尤为便利，他们可以在不持有传统银行账户的情况下使用数字人民币钱包，这也意味着这种设计能够提高金融服务的覆盖率。通过数字人民币，'三农'、'支微支小'等群体可以更加便捷地进行金融交易，获得更多的金融支持，进而促进社会经济的发展和改善民生。"[②]

数字货币行为伴随着数字经济的发展而产生和发展，深刻影响了传统金融的运行方式，并促进了实体经济与数字经济的协同发展。当前，经济增长的驱动因素正逐渐从传统的土地、劳动和资本转向数字资产，

[①]　参见赵炳昊：《数字时代加密货币洗钱犯罪的防治》，《中国刑事法杂志》2022 年第 5 期。

[②]　丁晓蔚：《从互联网金融到数字金融：发展态势、特征与理念》，《南京大学学报 (哲学·人文科学·社会科学)》2021 年第 6 期。

其中数字货币行为扮演着至关重要的角色。通过实施数字货币行为，可以实现更加高效、便捷和安全的交易，消除了传统金融中的中间环节，降低了交易成本，提升了交易速度。此外，数字货币行为还具有去中心化、匿名性和全球化等特点，为用户提供了更多选择和自主权。

现实中，随着科技不断进步和数字金融快速发展，智能技术操作系统的界面设计变得更加清晰、方便、简洁，这种趋势或许是为了吸引更多客户和追求经济利益，而非全部基于法律的强制性规定。在某种程度上，我们可以将这种行为理解为数字金融经营者在道德要求下的金融创新，这种创新对于推动数字金融的普及、提升其便捷性以及可获得性具有积极意义。

（二）数字支付行为方式

数字化时代来临，虚拟货币如数字货币等应运而生，为数字支付行为带来了新的可能性。数字支付行为的兴起在很大程度上弥补了传统支付结算方式的不足，传统支付方式无法满足随时随地、低成本、易用自助、个性化以及大量的即时在线支付等需求。数字支付是以商业银行为主体，在电子商务为商业基础的情况下，基于数字化运作平台，通过网络进行的现代化支付结算手段。通过数字支付，用户可以在任何时候、任何地点便捷地完成支付，而且支付成本相对较低。数字支付还提供了个性化的支付方式和多样化的支付服务，满足了用户对支付方式的个性化需求。

数字支付行为是一种使用数字化方式完成款项支付的创新方式，它基于开放的互联网平台，拥有强大的兼容性，用户可以轻松地联网并使用各种应用程序进行支付，满足了随时随地在线支付的需求。传统支付行为方式依赖于物理实体操作，系统运行的环境相对封闭，而数字支付则通过技术创新，实现了支付信息收集的智能化和多元化、支付信息传输渠道的公网化，以及交易信息处理系统的云端化等趋势，进一步推动了支付行业的创新发展。数字支付行为是一种通过连接互联网进行支付和结算的支付行为方式，用户只需拥有一台计算机，就可以足不出户完成支付和结算，整个过程耗时短暂。相比传统支付行为，数字支付行为的便利性和快捷性不仅使用户可以更轻松地进行支付和结算，而且费用更加经济，数字支付的费用仅相当于传统支付的几十分之一甚至几百分之一。数字支付系统的出现极大地解决了传统支付行为的方式问题。传统的支付行为方式具有票据传递迟缓和手工处理手段落后的固有缺陷，这导致大量在途资金无法在当天进行银行间结算，从而限制了交易双方的资金周转速度。相比之下，数字支付行为通过数字支付系统充分节省了付款时间，无需经过邮寄或第三方转款便可以直接将资金打到收款人的银行账户上。通过数字支付系统，交易双方可以更快捷地完成资金交易，提高了整体支付效率。

数字支付行为方式的出现在电子商务中发挥了重要的作用，它填补了传统支付体系在效率、安全性和成本等方面的不足。数字支付行为并不能彻底解决电子商务中的异步交易和信任问题，为了克服这一问题，第三方支付应运而生，并在其中扮演着关键的角色。与狭义的数字支付相比，第三方支付的身份更加多元化。狭义的数字支付通常以商业银行为主体，第三方支付机构不仅包括非金融机构，还涵盖了其他实体，如支付平台和支付系统的提供商等。通过第三方支付，电子商务交易的异步性在一定程度上得到了妥善解决，并增加了用户对交易的信任度。数字支付是一种现代化的支付结算行为方式，它在数字化平台上通过第三方支付提供便捷的货币支付和资金流转功能。随着第三方支付的兴起，数字支付的应用范围越来越广泛，数字支付也从计算机端支付渠道逐渐转移到移动端，移动支付已成为一种普遍采用的支付方式。在此基础上，数字支付可以分为狭义数字支付和广义数字支付两种形式。狭义数字支付主要是指以商业银行为主的支付方式，而广义数字支付则包括了第三方支付和移动支付等所有基于数字化平台进行货币支付和资金流转的支付结算方式。

(三) 数字借贷行为方式

数字借贷行为方式主要体现为 P2P 网络借贷模式，通过这种模式，借贷双方可以在 P2P 网贷平台上自由匹配，实现借贷交易。资金供给者可以通过放贷获得利息，但同时也要承担一定的风险，借贷人则可以快速获得资金，并在借款约期时按时偿还本金和利息。在数字借贷行为中，数字借贷服务机构扮演着重要的信息中介角色，通过向借贷双方提供服务，数字借贷服务机构可以获取一定的服务费用。数字借贷行为模式的优势在于充分利用了数字化互联网平台的信息优势，实现了借款者和投资者的直接对接。该模式与传统银行借贷模式有明显差异，借款者和投资者享有平等的地位。传统的银行借贷模式是以银行为中心的间接融资模式，银行在借贷过程中处于主导地位，而借款者和存款者则处于较被动的位置。然而，在 P2P 网络借贷模式中，借款者通过 P2P 平台直接寻求资金，而出借人则根据借款者的合同条件，在 P2P 平台上直接进行投资。相比起传统的银行借贷行为模式，P2P 网络借贷行为模式具有更高的效率。

P2P 平台公司通过收取中介服务费来实现商业盈利。然而，我国社会信用体系不完善，商业信誉存在不足，导致借款人经常延迟还款，给贷款人造成损失。为了解决这个问题，第三方支付成为 P2P 平台公司的重要工具之一，第三方支付简化了交易过程，提高了支付的便利性，同时为 P2P 平台提供了更安全的支付环境。这种支付方式的引入有效地缓解了道德风险和逆向选择问题，保护了投资者的权益。① 在这个特定的背景下，P2P 行业持续不断地创新和探索各种新模式，其中一种常见的方法是信用贷款方与亲朋好友合作，利用联保方式提供信用担保，以降低风险。此外，一些平台还采取了抵押或质押反担保策略，通过将资产进行抵押或质押来提供担保。为了强化项目审核和风险控制，一些平台还引入了第三方融资担保公司，负责审核项目并提供本息担保，这种服务模式也屡见不鲜。目前，最成功的商业模式应当是债权转让模式，特别是自 2012 年以来，几乎所有的 P2P 平台公司采用了此种经营模式。通过债权的购买和转让，资金流动更加灵活，投资者可以在需要时出售债权以实现资金变现和投资退出。②

P2P 网络贷款行为模式是一种被广泛应用于欧美国家的金融模式，它以网络平台为中介，连接借款人和放款人。目前，P2P 网络贷款行为模式中盛行债权转让行为模式，在借贷过程中，借贷双方不直接签订合同，通常是 P2P 网贷平台公司先行放款给资金需求者，取得债权后再将债权转让给投资者，P2P 平台在这个过程中充当了资金流动的中转站角色。在债权转让行为模式下，国内主流 P2P 网贷平台几乎都直接参与了借贷交易，一些平台不仅为投资人提供本金担保，甚至提供了利息的担保。这种债权转让模式的崛起，一方面为资金需求者提供了更多的融资途径，帮助其解决了传统银行贷款过程中的繁琐手续和审查要求；另一方面也为投资人提供了更多的投资机会和收益渠道。然而，这种模式游走于法律红线边界，应引起足够的重视。

---

① 参见皮天雷、赵铁：《互联网金融：逻辑、比较与机制》，《中国经济问题》2014 年第 4 期。

② 参见涂龙科：《P2P 网贷与金融刑法危机及其应对》，《湖南师范大学社会科学学报》2016 年第 1 期。

二、数字金融创新行为的刑事风险

在这个不断变化的时代，数字金融以其便捷的交易方式、创新的市场模式以及对传统习惯的颠覆而广受关注，数字金融的创新性是其最吸引人之处，通过数字平台，投资者可以便利地进行交易，无需繁琐的手续和时间成本，它的兴起为投资者提供了更多的理财机会。然而，数字金融的创新发展也带来了安全隐患，由于数字交易的虚拟性质，黑客攻击和网络欺诈等问题时有发生，投资者的资金和个人信息可能面临泄露、盗用甚至被篡改的风险。

(一)数字货币行为的刑事风险

区块链技术的缺陷和数字货币的特殊属性决定了私钥的重要性，私钥是实现安全性和控制权限的关键因素，只有拥有正确的私钥，才能进行数字货币的转移、消费和支取等操作。然而，正因为私钥的重要性，一些不法分子使用各种非法手段来获取他人的私钥，以窃取数字货币，一旦获得私钥，盗窃者就会完全掌握数字钱包中的数字货币。他们可以使用私钥进行财产转移、消费和支取操作，从而实施盗窃罪行。除了盗取私钥之外，还存在其他一些数字货币盗窃方式。举例来说，犯罪分子可以发送包含木马病毒的数字货币红包链接给不特定的公众，当接收者点击链接时，木马病毒会感染其数字钱包系统，并窃取其中的数字货币。此外，某些黑客也可能侵入银行账户的数字钱包系统，非法获取他人数字钱包中的数字货币。这些行为同样涉嫌构成盗窃罪。而通过虚构事实或隐瞒真相的方式欺骗他人交付数字人民币，可能涉嫌构成诈骗罪，同样，在资产交易平台上以人民银行的名义进行虚拟货币的交易，也存在构成诈骗罪的嫌疑。作为一种法定货币，法定数字货币在法律上享有与传统货币相同的性质和地位，具备实际价值和可交换的价值以及流通功能，在经济交易中扮演着重要角色。除了诈骗罪之外，行为人还可能涉及其他财产犯罪，如抢劫、侵占等，对于涉及法定数字货币的犯罪行为，应依法追究相应的法律责任。

在我国的法律体系中，伪造、出售以及持有假币等货币犯罪行为被视为严重违法行为，这些货币犯罪行为不仅危害金融管理秩序，也严重损害了国家货币的信誉和正常流通。对此，《刑法》分则第三章第四节做了详细的规定，共涉及四个条文九个罪名，其中，伪造货币罪和变造货币罪属于基础犯罪，其他货币犯罪属于衍生犯罪。数字人民币与纸币的最大区别在于其货币形态的数字化，数字人民币的出现，对我国以纸币为基础构建的货币犯罪体系带来了一些冲击。

一方面，伪造数字人民币的行为构成伪造货币罪。如若行为人窃取国家在设计法定数字货币时所运用的特殊加密技术，并仿照央行对法定数字货币本身的设计程序，开发出与法定数字货币的特定表达方式相似的数字货币，这将被视为一种新的伪造数字货币罪行方式。这种行为不仅窃取了国家的核心技术，破坏了法定数字货币的安全性，还严重损害了金融市场秩序与信任体系。伪造数字人民币属于严重的犯罪行为。伪造数字人民币的方式主要包括以下三种：其一，犯罪分子通过篡改个人账户，将伪造的数字货币注入法定数字货币钱包，从而迅速将大量伪造货币引入流通系统；其二，犯罪分子通过伪造法定货币钱包，将私人数字货币混入伪造的法定数字货币钱包中；其三，一些犯罪分子甚至伪造法定数字货币并伪造法定数字货币钱包，将伪造的法定数字货币放进伪造的法定数字货币钱包。这些行为给国家的经济和金融安全造成了巨大威胁。

另一方面，变造数字人民币的行为构成变造货币罪。在数字货币的系统中，伪造数字人民币和变造数字人民币都属于恶意篡改计算机数据的行为。传统货币的变造是指通过剪切、填补、揭层、涂改、偏移和重新印制等手段对真实货币进行加工处理，以改变其形态和价值。而在数字货币领域，数字货币的变造指的是在商业银行层面对账本中的交易数额和交易内容进行篡改，旨在非法获取经济利益，与传统货币的变造相比，数字货币的变造行为更为隐蔽和复杂。鉴于此，改变数字人民币的数额和形态的行为均属于变造行为。当行为人滥用加密技术对其持有的真实数字人民币进行数额或形态的篡改，以改变其原有的表达方式时，属于对数字人民币的变造行为，并涉嫌构成变造货币罪。

此外，数字货币的特点包括去中心化、全球性、可兑换性以及交易成本低廉，然而，正是因为其特殊性质，数字货币也存在一些潜在的风险和挑战。其中之一就是数字货币或基于区块链技术支持的支付系统可能被滥用，成为骗汇、逃汇等外汇犯罪活动的工具。金融领域一直存在各种形式的外汇犯罪，在这些犯罪行为中，传统的外汇犯罪常常遵循着一个被默许的模式，即在岸+离岸模式。简而言之，当交易双方达成共识后，换汇者会在"黄牛"的陪同下前往银行，将人民币转账至特定的境内银行账户。一旦团伙收到转账款项，便会通过离岸账户将资金汇款至换汇者在境外指定的账户，以实现在岸离岸结算的平衡。通过这种方式，外汇犯罪团伙能够从中获得汇差利润。在当前的经济环境中，人民币贬值导致外汇犯罪案件增加，随着数字货币兑换的方便性提高，人民币与外币的间接跨境兑换成为现实，削弱了外汇和资本管制效果，甚至威胁到比特币支付系统对外汇的监管秩序。因此，金融监管和金融刑法实践变得尤为重要。金融监管机构应加强对数字货币交易平台的监管，确保其合规运营。① 同时，也应加强国际合作，共同应对跨境数字货币交易带来的风险和挑战。对于数字货币的合法性及其对外汇管理和刑事法律的影响，需要进行深入研究和探讨。

总之，当前，我们正处在数字经济时代的浪潮中，数字货币时代无疑即将到来。数字货币作为一项新兴技术正在引领革命性的变革，然而，随着数字货币的发展和广泛应用，一系列重大挑战和安全隐患也随之而来，其中，洗钱犯罪和货币犯罪等金融犯罪问题日益突出。刑法作为调整社会关系的最后一道防线，如何通过制定切实可行的法律措施有力遏制数字货币犯罪行为的发生，是当前迫切需要解决的问题。

（二）数字支付行为的刑事风险

新兴数字支付行业在成长初始阶段，需要国家提供相对包容和宽松的制度环境以推动其良性发展。然而，由于缺乏统一规范，新型数字支付机构的市场准入门槛存在较大的差异。据中国央行于 2018 年 3 月 2 日公布的数据显示，截至该日，共有 243 家支付机构获得了正式许可，这也在一定程度上反映出该行业的蓬勃发展。然而，我国当前的法律体系主要集中于保护计算机信息系统，而数字支付领域由政策性法规起主导作用，这与监管加强的趋势不相符。新型数字支付平台并没有被现行法律界定为金融机构，这导致了监管规范和细则处于相对空白的状态，这种监管真空问题也导致了对新型数字支付的刑事风险缺乏有效的管控机制。②

数字支付平台在没有获得相关机构确认的经营许可和经营执照的情况下进行运营，这可能涉嫌违规提供金融服务，严重情况下可能构成非法经营罪。这些新型支付机构通过其平台进行数字结算，连接消费者和

---

① 参见谢杰：《区块链技术背景下金融刑法的风险与应对——以比特币交易对外汇犯罪刑法规制的冲击为视角》，《人民检察》2017 年第 8 期。

② 参见李岚：《央行公布第五批支付牌照续展结果 4 家不予续展》，《金融时报》2018 年 1 月 5 日。

经营者的银行账户，实现资金的流转，从某种意义上来说，这些平台具备金融机构的特征，有时甚至充当着类似于数字银行的角色。我国对金融行业实行了严格的准入和监管制度，旨在确保金融市场的稳定运行和合法经营。在新型数字支付平台领域，要获得营业牌照需符合非常严苛的标准，以确保数字支付平台的合法性和稳定性。根据我国法律规定，非金融机构如果未依法获得金融业务经营许可却提供数字交易、数字支付结算等数字服务，将违反国家有关限制买卖物品和经营许可证的市场管理制度。特别是对于新型数字支付服务提供者而言，由于其不具备法定的金融机构身份，缺乏相应的业务许可资质，因此其合法性备受争议。①

在当前新型数字支付领域中存在着洗钱风险，因为其中一些特殊的交易模式可能导致虚假交易、资金池沉淀以及网络病毒等问题。洗钱是通过一系列交易和操作来掩饰资金的非法来源，使其看起来像是合法的资金流动。在数字支付领域，行为人通常利用第三方支付渠道资金流动快速和隐蔽性强的特点进行洗钱活动，其中，一种常见的洗钱模式是虚假交易。行为人可以创建虚假的交易对手并进行虚构的交易操作，以此来合法化非法资金。这种模式不仅难以被察觉，还可能引发更严重的洗钱问题。在进行交易时，客户通过第三方数字支付平台进行操作，这种方式有两种资金来源，其一是通过银行账户转入资金，其二是使用现金购买不记名储值卡，将资金充值到虚拟账户中，并通过网上划转将资金从支付平台的账户划入目标账户。这种操作方式将原本银行掌握的交易过程分割为两个看似无关的交易环节。第三方数字支付机构通过在银行开立的账户，有效地避开了银行对于资金流向的识别，对交易的可追溯性产生了干扰。这也给监管部门带来了困难，难以确认交易的真实背景。简单来说，只要一个人在第三方数字支付机构注册了虚拟账户，就能够方便且隐蔽地进行账户间的资金转移。这种情况对于金融监管机构来说构成了挑战，因为他们无法有效地监管这些虚拟账户的资金流向和交易用途。洗钱是通过各种手段掩盖非法资金的真实来源和性质，使其看起来像是合法资金的过程。第三方数字支付往往被洗钱犯罪分子利用，因为第三方数字支付具有自由化、便捷性和不易受控制的特点，易于成为洗钱犯罪的平台。监管机构对银行卡、网银产品的监管不足以及

①　参见吕颖、李鹏、万志尧：《完善刑事监管促进互联网金融创新发展》，《检察日报》2017 年 8 月 7 日。

第三方支付机构的客户身份识别机制不完善，使得这种洗钱行为更容易隐藏和逃避金融监管。洗钱行为人通常会将非法资金转入第三方支付机构的数字网络平台，然后再通过该平台转出相应的资金，以掩盖非法资金的来源和性质，实现洗钱的目的。这种方法可以将来自洗钱罪上游犯罪的非法所得和收益转换成合法资金，涉嫌构成我国《刑法》第 191 条规定的洗钱罪。

支付机构或平台在数字支付方式的基本流程中扮演着重要的角色，而这也使得他们掌握了大量的个人信息和数据。然而，这种情况同时引发了一系列的担忧，特别是涉及消费者和经营者的个人信息安全以及人格利益的问题。在实际应用中，对用户个人信息安全的侵犯主要表现为支付机构或平台未经用户同意而使用其个人信息，或未经用户许可而收集客户信息的情况，这种行为不仅超出了数字支付方式所需获取的信息和数据的范围，还可能触犯相关法律，涉及侵犯公民个人信息的罪行。为保证第三方支付业务的正常进行，平台要求用户在注册过程中提供个人信息，包括身份信息、联系方式以及账户信息等关键内容，注册成功后，第三方支付机构将自动获取用户所提供的个人信息。现实中，出于个人利益的驱动，某些不法分子可能会滥用职权，在获取他人的个人信息之后，出售或提供给他人，这种行为涉嫌构成侵犯公民个人信息罪。根据《网络安全法》的相关规定，无论是未经用户许可而自行收集的用户个人信息还是通过合法手段获得的公民个人信息，一旦违反用户意愿使用，都可能对公民个人信息安全造成危害，从而构成《刑法》第 253 条规定的侵犯公民个人信息罪。

(三) 数字借贷行为的刑事风险

P2P 网贷是一种新型的融资方式，它拓宽了普通投资者的投资渠道，缓解了融资难题，让更多人有机会参与经济发展。这个领域的迅速发展，使得我国金融市场的组成结构变得更加多样化，增加了市场的活力。然而，正如许多其他新兴行业一样，P2P 网贷也面临着一些问题和挑战，其中一个主要问题是相关法律和监管的缺失。由于监管机构对 P2P 网贷行业的监管力度相对较弱，一些不法分子便趁机设立了非法的 P2P 平台，通过发布虚假的借贷信息来欺骗投资者，从而迅速敛财，使得网络借贷在现行法律框架下，面临着巨大的刑事风险。

首先，在 P2P 网贷平台中存在两类欺诈风险需要引起我们的高度警惕：其一是欺诈担保。这种模式利用兜底和担保手段误导投资人，使他们误以为自己的投资是安全的，并追求高收益，这种盲目的投资行为导致了市场上劣质项目的泛滥，进而驱逐了优质项目。在我国，只有融资性担保公司才有资格为借贷关系提供担保，然而，很多草根类 P2P 平台无法获得大型国有融资性担保公司的支持，只能转向小额担保公司、民营担保公司以及其他非融资类担保机构，这些机构的资质存在严重问题。即使是具备资质的融资担保公司，在面对过热的 P2P 市场时也容易超过杠杆红线，具有导致资金链断裂的风险。此外，不同资质和信用等级的担保公司与 P2P 网贷平台签订的合作协议也存在差异，大多数情况下，这些协议都是一般性有限担保，几乎没有无限担保的情况。然而，P2P 网贷平台却将这些担保宣传为百分之百的保障，欺骗投资人。综上所述，面对日益积聚的欺诈风险，担保型 P2P 运营模式的投资前景堪忧。为了确保投资者的利益不受侵害和市场的健康发展，我们迫切需要予以广泛的关注并采取有效的监管措施。其二是 P2P 网贷平台当前面临着严重的诈骗问题，贷款诈骗罪或骗取贷款罪一触即发。职业造假人采用各种手段实施欺诈行为，包括对借款方提供的财产、身份认证和银行账户流水等信息进行造假，由于在线上平台进行诈骗成本较低，且诈骗技术不断更新，甚至有深谙平台运行规则的平台内部员工涉嫌合谋欺诈，导致传统的风控规则无法有效防范。除此之外，P2P 网贷平台还会设置诱人的高息陷阱，发布虚假的借款项目，并有可能伪造合同以欺骗投资者的资金，实际上，这些行为已经涉嫌构成传统的诈骗罪，无论平台负责人是否有非法占有的意图，这种行为均将投资者的资金置于集资犯罪的风险之中，进而导致投资者面临巨大的经济风险，给他们带来严重的损失。在投资者权益受到损害的同时，这种不诚信的行为也对整个 P2P 网贷行业的声誉造成了负面影响，但是，P2P 网贷平台最大的风险在于欺诈行为，而非信用风险。①

其次，P2P 网贷存在非法泄露个人信息的风险。P2P 网贷平台作为借贷双方的信息中介，为了确保借贷交易的顺利进行，平台要求借款人和贷款人提供真实准确的个人信息。尤其是对于借款人来说，提供真实的个人信息对于评估其偿债能力、确定贷款安全性至关重要。这样一来，平台能够确保借贷交易的真实性和可靠性，同时也为借款人和贷款人提供了更好的交流和合作的机会。但是，一旦个人信息进入平台系

① 参见吴芳菲：《P2P 网贷平台的刑事风险及政策反思》，《东南大学学报（哲学社会科学版）》2017 年第 19 期。

统，网站管理员和相关技术人员便有责任对个人信息实施监管，如果平台内部的监管措施不到位，就可能发生个人信息泄露的情况。我们必须认识到，不规范的网络借贷平台可能以非法获利为目的，故意打包并出售其所收集到的个人信息，不法分子可能购买并滥用这些个人信息，给个人信息安全带来巨大的风险。这种泄露个人信息的行为是名副其实的犯罪行为。

最后，P2P 网贷存在非法吸收公众存款的刑事风险。P2P 网贷平台存在着借贷双方在资金供求方面的时间和数额差异，导致大量资金滞留在平台上，进一步催化了资金池现象。为了解决这一问题，网贷平台采取了债权重组的方式，将闲散资金通过放贷的形式借给有需求的借款人。某些网贷平台甚至利用其持有的闲散资金，推出各种理财产品，以吸引更多贷款人，扩大资金池规模。这些网贷平台以非法吸收公众存款为特点，通过吸收来自不特定资金出借者的资金来开展业务，并从放贷中获得高额利差，却没有合法资质。这种行为给公众带来了巨大的风险和困扰，涉及非法吸收公款罪。P2P 网络集资平台采用多种手段非法吸收公众资金，最为常见的方式有以下几种：其一，巧妙地将借款人的借款需求转化为理财产品，并以高收益率的方式向出资人销售这些产品；其二，在集资之前先集中资金然后再寻找借款对象，这样就能在没有真实借款需求的情况下吸收资金；其三，将长期借款分割成短期借款，通过调整借款期限，"发新偿旧"以偿还到期债务；其四，一些 P2P 平台还会进行自融业务，将吸收的资金用于自身的生产经营，这样一方面能获得资金支持，另一方面又规避了监管的限制。上述行为构成了非法吸收公众存款罪，与普通的民间借贷相比，P2P 网络集资平台非法吸收公众资金的对象更加广泛，而非针对特定个人或机构。在集资诈骗罪中，行为人的目的是非法占有他人财产，而非法吸收公众存款罪的行为人没有明确的非法占有目的，更多的是通过欺骗手段从公众处获取资金，以实现自身利益。这也是非法吸收公众存款罪与集资诈骗罪的一个重要区别。

三、数字金融创新行为的刑法保障

(一) 数字金融创新行为的刑法保障标准

数字金融的快速发展为经济增长和社会进步带来了许多机遇和挑战，与此同时，创新风险相伴而来。创新风险可能给金融市场乃至整个社会经济带来巨大的破坏力。但是，我们需要认识到，风险与发展密切相关，不可避免地存在于人类社会每一次重大进步的过程中。虽然风险是无法完全消除的，但我们可以通过有效的管理和刑法规制来控制风险并减少其负面影响。对数字金融进行规范管理，尤其是明晰数字金融创新行为的定罪标准和出罪标准，是非常必要的。

数字化背景下的金融犯罪治理对于划定信息金融违法与信息金融犯罪圈的边界、实现有效打击和防范金融犯罪具有重要意义。在金融刑法领域，经济法与刑法的协调是关键，需要同时兼顾信息技术创新与金融安全。在科学的刑事政策指导下，应改变传统的金融犯罪行为治理思路，以积极治理主义立场为基础，同时保护金融秩序、金融安全和金融参与者的权益。[1] 为确保金融服务的安全性，需要遵循早期发现、尽早预防的原则。在数字金融领域，风险管理已扩展至业务交易层面，并拓展至技术逻辑和数据安全管理。为了确保数字金融系统中数据信息的真实性和准确性，以满足风险管控的需求，需要着重强调对数据的整理和通信的加密。这一举措能够有效地降低数字金融风险的发生。[2] 因此，加强数据整理和通信加密措施成为保障数字金融系统安全的关键步骤。

1. 犯罪构成标准

风险是金融行业发展中不可避免的因素，它既有正向效应，可以推动金融行业快速发展，也有可能带来负面影响，对于具有负效应的风险需要采取法律手段进行规制，但是只有在含有负效应的风险急剧积累产生实际危害的场景中才可适用。然而，在风险尚未成为可以通过客观行为或结果判断的危险或实际伤害场景之前，很难准确界定风险的性质。因此，在构建风险治理体系时，需要权衡利弊，避免过度干预，防止将风险过度升级为刑事犯罪行为。我们必须认识到，完全消除所有风险不现实且缺乏必要性，数字金融的良性运行需要承担一定的风险，以推动创新和发展。因此，在保护数字金融秩序的同时，不能以牺牲金融活动参与者的利益为代价，刑法的介入应该适度，符合刑法的谦抑性原则，避免过度干预金融创新，阻碍数字金融的进一步发展。

明确什么样的数字金融行为应被视为犯罪，应根据其对金融交易秩

---

[1]　参见王海桥：《信息化背景下金融犯罪的治理结构转变》，《中州学刊》2021年第5期。

[2]　参见蔡辉恒：《金融科技与数字金融风险防控》，《中国外资》2022年第14期。

序的影响进行判定，在此过程中应坚持一个基本原则，即只有当数字金融创新行为对金融交易秩序造成实际侵害或具有潜在危险时，才应考虑引入刑法的规制，对于纯粹的风险行为，应通过法律规范和相关政策进行引导和约束，无需采取刑事手段。数字金融行为应否入罪需要考虑其社会危害性。所谓的危险，是指那些被经验法则所证明具有较大潜在风险的事物或情况，它涵盖了各种可能导致实际损害的因素和事件。因此，数字金融行为被定性为犯罪的标准是其对社会造成的严重危害，无论是实际危害还是具有较大潜在风险导致危害的可能性，在司法实践中，我们应严格遵循数字金融行为构成要件的决定作用。此外，在数字金融领域，要秉持刑法的谦抑性，这对于相关行为的定性至关重要。随着社会环境的变化，现行刑法存在一定的滞后性，仅依靠被动执法远远不够，由于法律本身的不完善，其威慑作用也可能受到削弱。因此，对于数字金融相关行为，刑法应该保持谦抑并审慎对待，对可能触碰刑法红线的行为宽宥对待，详述如下。

第一，限制刑法的处罚范围是由刑法的目的决定的。当涉及对小微企业的融资困境进行缓解时，数字金融领域的 P2P 网络借贷以及股权众筹等发挥了积极作用，其为经济提供了更大的自由度，也为经济发展营造了相对宽松的社会环境。需要引起关注的是，刑法的干预必须合理，切不可过度介入，因为这样可能会限制个人的自由并削弱社会的活力。因此，在对数字金融领域进行规制的过程中，立法者需要保持谨慎和理性的态度。

第二，将有触犯刑法之虞的一般性数字金融相关行为纳入刑法规制并不适当。数字金融是传统金融的有益补充和发展方向，对经济发展起到了积极作用。但我们必须明确刑法的本质是保障和维护自由，它应该被视为一种限制性法律，在采取刑罚措施之前必须确保行为具有严重性和社会危害性。因此，在数字金融领域，我们应该慎重对待那些只是有可能触犯刑法但没有严重社会危害性的一般行为，我们应该避免过度依赖刑事手段来调整数字金融的发展路径和范围。目前，国家已明确表态支持和规范数字金融的发展，相关的民商事和行政法律正在积极调整，以适应数字金融发展中的新情况和新问题。对于有触犯刑法之虞的一般性数字金融相关行为更适合以民商事、行政法律来规范其发展。

第三，以刑法手段打压数字金融创新有碍经济社会的发展。当前，数字金融创新已经成为推动经济增长和社会进步的重要引擎之一，在处理数字金融创新相关问题时，我们需要谨慎权衡，确保法律的制定和执行不会对数字金融创新造成不必要的限制，要充分调动人们的创新热情和活力。将数字金融创新纳入刑法规制的做法可能会引发一些担忧。一方面，过度干预可能会对金融乃至整个经济领域造成不利影响，限制了金融创新的空间和潜力；另一方面，不可避免地会增加监管的复杂性和成本。我们应该逐步完善现有法律框架，以适应数字金融创新的快速发展，在确保金融市场安全和公平的前提下，采取更加灵活和包容的态度鼓励和支持数字金融创新。

2. 犯罪阻却标准

在刑事司法领域，"出"与"入"密切相关，"出"以其在内部已经存在为前提条件，而"入"则是"出"所必需的先决条件。作为一种刑事司法行为，出罪的范围不仅仅包括了出罪的过程，还涵盖了出罪所带来的后果。从立法的角度来看，将刑法原本规定为犯罪的行为调整为非犯罪行为，实际上是使该行为不再具备刑事可追诉性，这也意味着不仅不能对实施该行为的个体启动刑事追诉程序，更不能依据该行为对其进行定罪处刑。因此，出罪的实质含义不仅仅是对行为犯罪与否进行调整，还是对刑事化的一种反思。在司法实践中，对于出罪问题讨论主要基于司法工作者的主观能动性，其主要目的是及时将那些已经在法律、社会和政治层面上产生了统一效果的案件从刑事司法程序中解脱出来。这种做法不仅能够彰显刑法立法的稳定性，还能够突显刑法的谦抑性价值。因此，在刑事司法的探讨中，我们不能仅仅局限于出罪问题的表面，而应该更深入地思考其与刑事化、非犯罪化的关系。①

随着数字金融的兴起，社会的投融资环境发生了巨大改变，为小微企业的融资提供了更多机遇和便利，进而推动了经济社会的全面发展。因此，在判断某一行为是否属于数字金融创新时，我们必须着眼于其是否有利于实体经济的提升和经济社会的繁荣。只有在能够推动实体经济发展、促进社会繁荣的前提下，才能被认定为有益的数字金融创新。②对于有利于实体经济和经济社会发展的数字金融，我国政府肯定其积极作用，给予政策扶持，在相关监管和立法上予以宽松对待，若其不符合犯罪的严重社会危害性特征，不应将其当作犯罪行为。但是，如果其脱离了服务于实体经济的轨迹，则可能转变为金融投机甚至金融违法犯

---

① 参见孙本雄：《出罪及其正当性根据研究》，《法律适用》2019 年第 23 期。

② 参见张启飞：《网络金融犯罪若干问题研究》，中国政法大学出版社 2020 年版，第 257 页。

罪，扰乱正常的金融秩序，引发社会不稳定因素，从而失去其存在的价值。例如，利用数字金融所融的资金最终没有流向实体经济而只是进行资金炒作，甚至借机骗取公众财富，则不仅无益于实体经济和经济社会发展，反而对社会有害，如果其符合刑法相关规定，应依法定罪量刑。

（二）数字金融创新行为的刑法保障路径

随着金融改革的深入推进和数字技术的不断进步，第三方支付、P2P 网贷、众筹融资等数字金融的飞速发展，我国已经成为全球规模较大的数字金融市场。对于这个市场而言，刑法干预的目的不仅仅是打击犯罪，更为重要的是提供法律保障，尤其是在数字金融创新领域的介入既要求立法机关坚持刑事政策，也要求监管部门秉持严格谨慎的执法准则，更要求司法机关遵循刑法谦抑性的原则。作为调整社会关系"最后一道防线"的刑法应如何在数字金融活动过程中摆正其应有位置，如何实现既惩治犯罪同时又不阻滞或扼杀创新的规制效果，是当下迫切需要考虑和解决的重要问题。

一方面，以监管科技与刑事规制联动彰显刑法独立品格。互联网金融刑法规制扩大化只是一个表象，其重要原因在于包括金融规则在内的原有金融监管范式存在固有缺陷，这些固有缺陷造成了互联网金融要么无恰当的规则可以使用，或者无监管机构监管，处于放任自流的状态下而导致风险不断累积，要么到后来发生严重风险时，不得不采取刑事制裁手段予以禁止，如果监管机构与司法机关仍然遵循路径依赖，仍然按照既有模式应对互联网金融，显然很难实现兼顾金融安全与金融自由的目标。正如学者所言，"互联网金融行业前期积累的潜在风险不断爆发，暴露出金融监管存在的各种问题，损害了长尾群体效益的同时，也增加了社会成本，不利于互联网金融行业的长远发展。"[1]在互联网金融变革的时代，如果过度强调互联网金融刑法规制而缺乏更有效的金融监管，中国互联网金融市场显然无法摆脱流动性不足、风险控制能力不强的传统瓶颈。因此，对互联网金融犯罪的治理，应当通过合理有效的行政规制和必要的刑事惩罚来实施。[2] 促进监管科技与刑法规制的整合，实现

---

① 参见兰虹、熊雪明、胡颖洁：《大数据背景下互联网金融发展问题及创新监管研究》，《西南金融》2019 年第 3 期。

② 时延安：《互联网金融行为的规制与刑事惩罚》，《厦门大学学报（哲学社会科学版）》2020 年第 4 期。

互联网金融行政法律监管与刑事司法联动，理应成为我国互联网金融市场重点思考的制度保护模式。[1]

第一，监管科技与刑法规制的联动能促进互联网金融企业刑事合规，进而实现减免罪责与出罪功能。所谓监管科技是指将新技术应用到现有监管过程中，以促进达成更有效的风险识别、风险衡量、监管要求以及数据分析等活动。利用监管科技，监管机构不仅可以自行获得及时、整合的数据，而且可以实时或者准时地监管金融机构的活动。[2] 监管科技的起因是金融机构利用科技创新解决日益复杂、成本骤升的合规问题。监管科技与刑法规制的联动能够敦促互联网金融企业在开展业务过程中遵守法律法规，养成守法意识。一般认为，刑事合规的有效实施可以作为检察机关在审查起诉阶段作不起诉处理或暂缓起诉，或在追诉后撤销起诉的事由，抑或是在庭审过程中，作为法院减免刑罚、判定无罪的事由。[3] 刑事合规能够降低刑事可罚性，在实体法上主要体现为减免罪责和出罪两个方面。在互联网金融平台实施了有效合规的前提下，基于网络空间不可控性、高风险性的现实考虑，即便发生了相应的犯罪，在互联网金融平台已经尽到全部或者大部分注意义务时，免除或者减少平台的刑事责任具有现实合理性。从某种意义上说，《互联网金融犯罪纪要》实际上为刑事合规计划提供了空间，其中第27条明确指出："对情节轻微、可以免予刑事处罚的，或者情节显著轻微、危害不大、不认为是犯罪的，应当依法作出不起诉决定。"因此，互联网金融平台积极制定刑事合规计划并有效实施，能够作为减轻罪责和出罪的情节。

第二，监管科技与刑法规制的联动能有效预防互联网金融犯罪，将互联网金融刑事法律风险化解在源头，进而保障刑法评价的独立性。监管科技具有灵活性特点，其运用大数据、云计算、人工智能等技术，提升了监管数据收集、整合、共享的实时性，以及风险识别的准确性和风险防范的有效性。然而，刑法往往具有滞后性和被动性特点，监管科技与刑法规制的联动能为及时处罚互联网金融失范行为创造有利条件，借助5G技术简化监管程序、引入区块链实现监管信息透明、利用"大数

[1]　参见刘宪权:《互联网金融市场的刑法保护》，《学术月刊》2015年第7期。
[2]　参见周仲飞、李敬伟:《金融科技背景下金融监管范式的转变》，《法学研究》2018年第5期。
[3]　参见于冲:《网络平台刑事合规的基础、功能与路径》，《中国刑事法杂志》2019年第6期。

据+云计算完善社会征信体系"、依靠人工智能明确监管主体、运用大数据建立互联网金融预警机制等,① 提升互联网金融的科技监管能力,构建互联网金融行业的数据分析系统,可便于监管部门对存在问题的互联网金融企业及相关平台早预防、早调查、早处罚,防患于未然,及时对行业规模、潜在风险进行客观分析,将风险化解在源头,及早处理处于萌芽期的互联网金融失范行为,避免风险扩大后动用刑罚制裁,进而保障刑法评价的独立性。

第三,监管科技与刑法规制联动能为刑法独立评价提供事实依据。监管科技由于其强大的数据分析与处理优势,能够及时发现监管过程中的新情况和新问题,这就为刑法立法的修正和适用提供了经验基础。就刑事立法而言,监管科技能够有效实现互联网金融刑法规制与行政监管的信息流动,保障互联网金融市场刑法规制与行政监管的对话协商,提升刑法介入互联网金融的针对性,评估刑法规制互联网金融的有效性。在面对互联网金融犯罪中的新情况、新问题时,由于监管科技具备信息共享优势,其能改变传统金融犯罪立法中刑事领域与行政领域缺乏信息流转与对话协商的现象,并使得刑法全面掌握互联网金融机构经营模式以及实际运作情况,发现并提出影响互联网金融市场与金融体系经营的个别性或系统性问题,进而摆脱单一化的刑法逻辑思维,实现刑法对互联网金融市场的周延保护与独立保护。应该特别注意的是,在刑事领域与行政领域对话协商的过程中,应以增强规范的明确性和可操作性为内容,尽量避免设置过多原则性或抽象性的概念,刑法也不能简单根据行政法中法律责任条款进行增补,而是应当立足其独立性,以刑法原则为入罪前提与基本框架,从互联网金融市场特定制度体系性保护的角度完善相应内容。就刑事司法而言,监管科技能为个案判断提供证据支撑。例如,集资诈骗罪的非法占有目的一直是司法实践的难点与痛点,现行监管体制由于无法做到对资金流向的实时监管,绝大多数案件对非法占有目的采取了推定的认定方式,而监管科技可以凭借其强大的数据监测能力,实现对平台资金、资金规模、资金流向、资金用途的全程实时监管,这就为认定非法占有目的提供了事实基础,改变了非法占有目的的认定方式,刑法评价的独立性并不排斥监管科技与刑事规制的高效联动,从某种意义上来说,监管科技与刑法规制的高效联动更能凸显刑法

---

① 参见王蕊、李宗航:《金融科技助推我国互联网金融监管模式转型研究》,《西华大学学报(哲学社会科学版)》2020 年第 3 期。

的独立性。①

第四，监管科技与刑法规制联动更应注重刑法的独立判断。互联网金融犯罪作为典型的法定犯，其本身具备行政违法性与刑事违法性双重属性，监管科技的"违法性"结论并不当然具备刑事违法性。以资金池概念为例，《网络借贷信息中介机构业务活动管理暂行办法》中明确规定"不得直接或间接设立资金池"，司法实践中，"是否设立资金池"成为判断互联网金融"非法性"的重要标准。然而，并非所有设立了资金池的平台都涉嫌非法集资，如果将资金池比作一个设有进水管和出水管的池子，那么从出借人处取得的投资款、从借款人处收回的本息将从进水管入池，而向借款人发放贷款、向出借人还本付息、提取平台服务费则从出水管流出，进水与出水的先后顺序不同，会导致完全不同的法律评价。第一，先进水，后出水，说明平台在尚不存在真实借款人的情况下实施了资金自融，这属于典型的非法集资。第二，先出水，后进水，平台先发放贷款，后将此债权进行拆分，在借款人、出借人、借款需求均真实的情况下，该行为并不构成非法集资。② 资金池并非刑法意义上的概念，对于非法集资的判断，仍然需要实质地对"公开性、社会性、非法性、利诱性"作独立评价，不能过分依附金融监管的结论。刑法的独立性在于其本身拥有一套自身的解释规则与体系，厘清概念对于案件定性至关重要，但仅仅纠缠于词语文义是远远不够的。因为对犯罪处罚范围的认定，必须考虑刑法的价值取向和根本目的，它决定着刑法解释的方向。司法机关在办理互联网金融犯罪案件时，应尽可能科学运用刑法解释的方法，将数字金融犯罪的处罚范围限定在合理限度。在规范解释和适用上，对互联网金融犯罪的认定应该特别强调刑法基本价值理念，凸显刑法解释规则的基本要求，要格外注重刑法价值的独立判断，防止规范解释的从属性，要注重构成要件的实质解释，防止规范解释的形式化，要注重构成要件的体系解释，防止规范解释的片面性。③ 监管科技与刑法规制的联动，不仅可以促进互联网金融企业刑事合规，降低刑事可罚性，而且能够有效预防互联网金融犯罪，化解互联网金融刑事

---

① 参见全威巍：《互联网金融刑法规制扩大化的反思与限缩》，《河北法学》2021年第1期。

② 参见刘宪权：《互联网金融平台的刑事风险及责任边界》，《环球法律评论》2016年第5期。

③ 参见肖中华：《经济犯罪的规范解释》，《法学研究》2006年第5期。

法律风险，同时，监管科技与刑法规制联动能为刑法独立判断提供经验基础，在这一过程中，应特别注重刑法的独立品格，坚守刑法判断的独立价值，进而减少对正当互联网金融业务的误伤，为互联网金融发展预留合法化空间。①

另一方面，加强刑法与其他非刑事法律的对接，提高刑法的规范效能。作为其他部门法的保障法，刑法的基本功能表现为一种实在法意义上的保障性规范。然而，刑法保障功能的实现，必须以与作为前置法的其他非刑事法律的对接为前提，即只有在规制对象同一的前提下，刑法才能在其他法律无力规制时，进行更为严厉的处罚。② 研究表明，金融领域的刑法立法与非刑事法律不一致的现象并不少见，主要表现在：（1）刑法关于金融犯罪的罪状描述与金融法律中的相关规定不一致。如《证券法》第200条将诈骗投资者买卖证券的主体规定为证券类机构及证券业协会的从业人员或者工作人员，而《刑法》第181条第2款关于诈骗投资者买卖证券的规定中，主体则扩大到期货类机构、期货业协会以及证券业和期货业监督管理部门的工作人员。（2）在金融法律对金融违法犯罪行为作出规定的情况下，刑法缺少对应的条款，导致金融法律中的附属刑法规范形同虚设。如《证券法》第202条规定的证券交易所涉相关知情人员，如果实施了建议他人买卖证券的违法行为，就违反了证券法的相关规定，但是《刑法》第180条关于内幕交易、泄露内幕信息罪中则对于此类违法行为未作相应规定，其结果就是，即使上述人员实施了建议他人购买或者卖出证券的行为，严重损害了上市公司和股东、债权人的利益，刑法也无法进行制裁。

我国正处于金融体制改革与金融市场逐步放开的转轨时期，在网络技术与金融创新政策的助推下，各种形式的网络金融创新层出不穷。这种以互联网为媒介的金融创新，其经营地域不受限制、经营方式推陈出新，突破了金融监管各自为政的藩篱，与我国传统的集中型管理模式出现抵牾，导致监管盲区的出现，对包括刑法在内的法律监管体系提出挑战。因而，为了规范P2P网络借贷，应从以下思路推进监管体系的完善，加强刑法与其他相关法律法规的对接，以确保金融市场的稳定运行：

---

① 参见全威巍：《互联网金融刑法规制扩大化的反思与限缩》，《河北法学》2021年第1期。

② 参见李凤梅：《P2P网贷的刑事法律风险及防范机制研究——兼及金融刑法的完善》，《社会科学战线》2020年第9期。

第一，改变刑法的立法模式。现行刑法典关于金融犯罪的规定，在涉及空白罪状时，一般仅指明了该罪在确定罪状时应予参考的金融法律法规，与此同时，附属刑法中也仅有"构成犯罪的，依法追究刑事责任"的模糊性规定，两者如何对接，对接程度如何，则未予重视。为此，应在金融法律法规中明确规定构成犯罪的金融行为的类型化表现，使刑法确定的犯罪类型与金融法律中的违法犯罪行为互相对应。如此一来，不仅可以避免因频繁修法而引发的刑法不稳定，确保刑法的权威性，也可以实现刑法对不断推陈出新的各种金融犯罪模式的有效规制。

第二，完善作为前置性规定的各类金融法律制度，避免"金融抑制"的行政立法导致的行政责任与刑事责任混淆。长期以来，我国的金融立法都处于监管部门的严格控制下，金融法维护的是金融业的秩序性，而非效益的指数增长。如对于各种非法集资行为，现行制度采取的是积极打击的态度，而非基于金融业客观发展的具体现状，在对集资行为进行是否能够带来发展效益考察的基础上，再考察行为是否具有违法性。行政管制的片面性及单向性实施，使得普通的民间借贷可能会被认为具有非法吸收公众存款的嫌疑，导致行政管理与刑罚处罚之间的责任不清。基于新时代条件下金融发展的客观需求，兼及秩序与效益的双重考虑，而非依照完全维护金融秩序的传统立法思路来完善金融法律制度，不仅是网络时代我国金融业务全面发展的客观要件，也是金融刑法立法适正与司法公正的必要保障。

第三，在强调刑罚的必定性的同时，应严格遵守刑事立法与司法的谨慎性原则。刑罚的必定性是建立刑法权威、培养社会公众刑法忠诚感的必要保障，对于金融犯罪尤其是因金融创新所引发的犯罪，刑法应当首先根据现行条文规定，做到有罪必罚，消除犯罪者的侥幸心理。如对P2P网贷平台经营过程中出现的各类金融犯罪或者故意伤害等其他附属性犯罪，刑法应给予确定的否定性评价，并做到罚当其罪。与此同时，无论是刑事立法还是刑事司法，对于金融创新中的违法犯罪行为都应当坚持谦抑原则，避免刑罚处罚过宽，如P2P网贷中网贷平台因借贷款额及借贷期限存在错配而可能形成资金池的行为，即因违反相关的金融管理法规而可能构成非法吸收公众存款罪。但如果网贷平台沉淀资金的目的仅是保障贷款方的资金安全、促成交易并赚取手续费，而非从中赚取利率差价，无论该资金池是由网贷平台自己建立，还是委托第三方机构存管或者托管，都不符合非法吸收公众存款罪"还本付息"的客观构成要件，不应入罪。

第五章　数字金融犯罪主体理论

第一节　数字金融犯罪主体概述

一、金融犯罪主体分类

犯罪主体，是指实施危害社会的行为、依法应当负刑事责任的自然人和单位。① 首先，犯罪主体必须是一定的自然人和单位。自然人是指，有生命存在的独立的个体；其次，犯罪主体是具有责任能力(行为能力和受刑能力)的自然人和单位；再次，刑法中的犯罪主体必须是实施了构成要件行为的自然人或单位。

金融犯罪主体是实施了危害金融交易秩序、金融监管秩序和金融安全的行为，依法应负刑事责任的自然人和单位。根据犯罪风险的发展方向，金融犯罪包括内生性金融犯罪与外生性金融犯罪，前者是具体金融机构或者其工作人员实施的直接损害该金融机构利益的行为，后者是具体金融机构之外的自然人或者单位实施的损害该金融机构利益的行为。当然，也不乏具体金融机构的工作人员与该机构之外的自然人或者单位勾结损害该金融机构利益的情况，对此要具体分析。据此可以将数字金融犯罪主体分为数字金融犯罪自然人主体与数字金融犯罪单位主体。

二、数字金融犯罪自然人主体

数字金融犯罪自然人主体可进一步分为外生性数字金融犯罪自然人

---

① 参见贾宇主编：《刑法学(总论)》，高等教育出版社 2019 年版，第 136 页；苏惠渔主编：《刑法学》，中国政法大学出版社 1999 年版，第 136 页；赵秉志主编：《刑法新教程》，中国人民大学出版社 2001 年版，第 89 页。

主体和内生性数字金融犯罪自然人主体。犯罪一般主体是刑法不要求以特殊身份为要件的主体，刑法中大部分的犯罪主体都属于一般主体。对于外生性数字金融犯罪而言，金融机构之外的、具有责任能力的自然人，都可以成为大多数数字金融犯罪的主体，如骗取贷款罪，伪造、变造、转让金融机构经营许可证、批准文件罪，高利转贷罪等。但对内生性数字金融犯罪而言，往往要求行为人必须是特殊主体。所谓特殊主体是相对于一般主体而言的，是在定罪或者量刑上具有特殊身份要求的主体。

在我国，与传统金融犯罪有关的特殊身份要求有如下几种：其一，犯罪的主体限于银行或者其他金融机构的工作人员。相关罪名包括金融工作人员购买假币、以假币换取货币罪，违法发放贷款罪，吸收客户资金不入账罪，违规出具金融票证罪，对违法票据承兑、付款、保证罪。其二，犯罪主体限于证券、期货交易内幕信息的知情人员或者非法获取证券、期货交易内幕信息的人员，相关罪名有内幕交易、泄露内幕信息罪。其三，犯罪主体限于证券交易所、期货交易所、证券公司、期货经纪公司、基金管理公司、商业银行、保险公司等金融机构的从业人员以及有关监管部门或者行业协会的工作人员，相关罪名包括利用未公开信息交易罪，诱骗投资者买卖证券、期货合约罪。

在刑法中之所以将银行、其他金融机构或者特定金融机构的工作人员作为特殊主体，并将其作为决定犯罪构成的主体要件，主要是基于两点考虑：一是因为国家对具有这些特殊身份的工作人员有不同的从业职业操守、业务能力的期待。这些期待主要体现在相关法律、行政法规和部门规章对从业人员的要求和禁业性规范之中；二是因为行为人只有具备在金融机构从业的特定身份，才有机会实施侵害金融市场交易秩序的行为，其行为才可能导致金融监管秩序和金融安全等特殊法益受到侵害或者威胁。如证券的内幕交易会导致证券市场的一般交易者丧失对证券交易的信心，进一步危及这个行业的健康发展，妨碍投资和融资。

三、数字金融犯罪单位主体

依据《刑法》第 30 条规定，犯罪单位包括公司、企业、事业单位、机关、团体。数字金融犯罪单位主体，可以分为外生性数字金融犯罪单位主体和内生性数字金融犯罪单位主体。

外生性数字金融犯罪单位主体，就是实施了金融犯罪的非金融机构，这些非金融机构包括公司、企业、事业单位、机关、团体等。对此主要掌握两点：其一，"公司、企业、事业单位"既包括国有、集体所有的公司、企业、事业单位，也包括依法设立的合资经营、合作经营企业和具有法人资格的独资、私营等公司、企业、事业单位；其二，以单位的分支机构或者内设机构、部门的名义实施犯罪，违法所得亦归分支机构或者内设机构、部门所有的，应认定为单位犯罪。可见，分支机构或者内设机构、部门也可以被视为单位主体。

内生性数字金融犯罪单位主体是指实施了金融犯罪的金融机构。我国刑法对此规定有两种情况：一种是既能由自然人实施，也可以由金融机构实施的金融犯罪，如内幕交易、泄露内幕信息罪，编造并传播证券、期货交易虚假信息罪，诱骗投资者买卖证券、期货合约罪，违法发放贷款罪，吸收客户资金不入账罪，违规出具金融票证罪，对违法票据承兑、付款、保证罪。另一种是只能由金融机构实施的金融犯罪，如背信运用受托财产罪、违法运用资金罪。

第二节　内生性数字金融犯罪主体承担责任的基础

一、单位犯罪主体理论

责任主义是现代刑法的主要根据。根据责任主义的要求，犯罪主体必须是具有责任能力的人（自然人或者单位）。一般理论认为，刑事责任能力，是指行为人或单位构成犯罪和承担刑事责任所必须具备的刑法意义上辨认和控制自己行为的能力，不具备刑事责任能力者即使客观上实施了符合构成要件的行为，也不能成为犯罪主体。

由于现代刑法建立在自然人刑法之上，因此很长时期以来，刑法学界都依据自然人的责任能力理论阐释法人承担责任的根据，或者认为法人没有责任能力，因此不能追究其刑事责任，或者根据虚拟说、推定说或实在说阐述法人的责任能力，从而论证追究法人犯罪的可能性。但是，这些方案都有这样或者那样的问题。

过去的理论无非是一种比附理论，即把单位与自然人进行简单的比附，如果比附成功就承认单位也有责任能力；如果比附失败就认为单位没有责任能力，从而否定单位作为犯罪主体的适格性。在肯定单位责任能力的理论中，有观点认为，"企业犯罪并不完全是由于企业内的自然人的某个决定而引起的，很大程度上是由于企业固有的管理体制的不完善或者企业的组织结构中所存在的某种缺陷而导致的"。① 这种理论得出的结论是，自然人主体是单位犯罪的"替罪羊"。当前最有影响力的理论认为，单位犯罪"是单位本身犯罪，而不是单位的各个成员的犯罪之集合，不是指单位中的所有成员共同犯罪"。② 据此单位犯罪可理解为单位通过其内部的自然人的行为来实现单位的意思。③ 这些理论都具有切割单位和单位内的自然人之联系的弊端，因此具有一定的片面性。

　　单位是一个组织，我们或许应当从管理学的组织理论中寻求一些更有现实意义的信息。美国学者斯蒂芬总结了组织的三个基本特征：第一，每个组织都有一个目的；第二，每个组织都由人组成；第三，所有的组织都构建成一个系统的结构，以定义成员的角色及限制成员的行为。④ 斯蒂芬的理论清晰地阐明了单位和单位内部自然人之间存在着不可割裂的关系，自然人组成了单位，单位定义了单位内的自然人，所以，试图切割单位和单位内的自然人之联系的刑法理论是一种不切实际的理论。

　　在理解单位承担刑事责任的基础时，必须尊重如下事实：第一，单位是由自然人组成的，自然人是单位的重要组成要素，没有自然人就没有单位；第二，单位的一切行动，都具有特殊的动机，可以说，该动机具有集合性，最终统一、归位于单位利益，但背后却是为了实现自然人的某些需求；第三，单位是由自然人组成的共同体，该共同体可以通过组织体的规章制度，反过来约束、支配自然人的思想和行为；第四，也是最为关键、最容易受到忽视的一点，就是单位支配自然人的根据，一方面源于单位本身的组织力量，另一方面还源自国家的承认。单位组织力量的源泉如同法律的存在一样，主要是由于单位获得了国家和政府的认可、保证。最典型的事例或许体现在以欺诈性方式骗取借款上，如果行为人最后因为客观原因无法归还借款的，一般认为这属于经济纠纷，

---

① 黎宏：《合规计划与企业刑事责任》，《法学杂志》2019 年第 9 期。

② 张明楷：《刑法学》，法律出版社 2017 年版，第 135 页。

③ 参见林亚刚：《刑法学教义（总论）》，北京大学出版社 2017 年版，第 126 页。

④ 参见［美］斯蒂芬·罗宾斯、戴维·德森佐：《罗宾斯 MBA 管理学》，李资杰、赵众一、罗迪译，中国人民大学出版社 2009 年版，第 3~4 页。

债务人要承担民事上的赔偿责任，仅此而已。但是，如果债权人是银行，情况就不同了，此时借款变为贷款，债务人如果使用了欺诈性的方法骗取了银行贷款，却因不能归还给银行造成了损失的，涉嫌构成贷款诈骗罪，这可能还要被追究刑事责任。

二、内生性数字金融犯罪主体的责任能力

对内生性数字金融犯罪主体而言，其责任能力不仅包括自然人主体的一般责任能力，即认识能力和控制能力，而且包括从业资质的特定要求，由此形成其从事特定金融业务的行为能力。换言之，对于自然人主体而言，从业资质是识别行为人行为能力的指引，也是考察其受罚能力的要素。对于作为单位的金融机构而言，从业资质也是确定其承担刑事责任的核心依据。从业资质来自规范限定、认可及类型化三方面。如果自然人或者单位没有取得法定许可就开展金融活动，可能涉嫌非法经营犯罪。

从我国金融法律规定看，从事金融活动的法人机构一般都要求具备如下方面的条件：一是合格的成员。企业的核心要素是企业成员（企业内的自然人），企业的成员从高到低可以分为四个层级，即高层管理者，他们是一些负责制定总体目标和为实现这些目标制定政策的人，在企业组织中，这些人通常包括董事会主席、首席执行官、总裁、高级副总裁等；中层管理者，他们负责制定并完成由高层管理者设定的、具体的部门或单元目标，在营利性单位，他们包括财务副总裁、销售总监、部门经理、地区经理、团队经理等；基层管理者，他们是从事一线管理的人，可能和其他员工一起参与操作性工作，包括经理助理、部门主管、部门主任、领队、领班、团队领导等；基层员工，主要是用体力来生产，提供商品和服务的人。二是充足的资金保障，大多数金融机构在申请成立时，实行实缴注册资本制度。三是健全的组织机制。四是完善的软件与硬件基础，如营业场所的固定性、安全性、与业务相匹配的设施。

这些要求是国家基于金融监管要求提出来的，它们也是金融机构获得国家认可及特别保护的根据。例如注册资金可以保证金融机构具备基本责任能力，合格专业人员可以保证金融机构具有可靠的行为能力，安全防范、组织运行等强制性制度则能够保证金融机构的行为能力和受罚能力。

(一) 规范限定

金融机构展开经营首先要符合资质。这些资质分别规定在《中华人民共和国公司法》、金融法律和相关业务的规章制度之中。金融机构的资质依次包括：(1)公司法规定的一般资质。(2)相应金融法律规定的更加严格的业务资质。(3)员工资质。员工资质属于自然人资质，其可以分为从业的业务资质、员工必备的品行资质和限制自然人从业的禁止性条款。

(二) 规范认可

金融机构都必须获得许可证才能根据许可范围从事经营活动。金融机构展开活动的许可证包括下列三类：(1)金融许可证。金融许可证适用于政策性银行、大型银行、股份制银行、城市商业银行、民营银行、外资银行、农村中小银行机构等银行机构及其分支机构，以及金融资产管理公司、信托公司、企业集团财务公司、金融租赁公司、汽车金融公司、货币经纪公司、消费金融公司、银行理财公司、金融资产投资公司等非银行金融机构及其分支机构。(2)保险许可证。保险许可证适用于保险集团(控股)公司、保险公司、保险资产管理公司等保险机构及其分支机构。(3)保险中介许可证。保险中介许可证适用于保险代理集团(控股)公司、保险经纪集团(控股)公司、保险专业代理公司、保险经纪公司、保险兼业代理机构等保险中介机构。

(三) 分类规范

我国金融机构大体分为银行金融机构和非银行金融机构。

银行金融机构包括政策性银行、全国性商业银行、股份制银行、城市商业银行、农村中小银行机构等银行机构及其分支机构。

非银行金融机构包括保险集团(控股)公司、保险公司、保险资产管理公司、金融资产管理公司、信托公司、企业集团财务公司、金融租赁公司、汽车金融公司、货币经纪公司、消费金融公司、银行理财公司、金融资产投资公司以及经银保监会及其派出机构批准设立的其他非银行金融机构及其分支机构。保险代理集团(控股)公司、保险经纪集团(控股)公司、保险专业代理公司、保险经纪公司、保险兼业务代理机构、保险中介机构等银行保险机构开展金融业务，应当依法取得许可证和市场监督管理部门颁发的营业执照。

三、数字金融单位犯罪主体司法认定

(一)数字金融中自然人犯罪与单位犯罪的区分

案例:2012 年 10 月,甲、乙、丙在江苏省某市成立了江苏 A 公司,该公司从事贵金属现货经纪投资咨询业务、现货投资咨询业务,但未经江苏省人民政府金融工作办公室批准,亦未经中国证监会批准。该公司于 2012 年 11 月 1 日经工商注册登记,于 2013 年 1—10 月因从事"现货白银"交易经营活动,于 2013 年 12 月被工商部门注销登记。后来,借助上海 B 公司开发的"A 金属交易平台"("现货白银"交易软件系统),甲等人通过招收代理商发展客户在交易平台上炒白银。公司从中赚取手续费(交易一个标准手 500 元)、点差(交易一个标准手 400 元)、隔夜费以及客户进行"现货白银"交易的亏损。该公司成立以后,乙找到被告人丁、戊,约定由丁、戊做该公司的代理商,发展客户在"A 金属交易平台"炒白银,按手续费、点差的 70% ~ 80% 向戊、丁返利。2012 年底和 2013 年底,被告人丁、戊从互联网上先后购买杭州 H 公司、杭州 M 公司的工商营业执照。2013 年底将杭州 H 公司变更为杭州 M 公司。2012 年 12 月至 2013 年 10 月,丁、戊先后以杭州 H 公司和杭州 M 公司的名义,招聘业务员非法经营江苏 A 公司的"现货白银"业务。丁、戊在网上购买不特定人员的电话号码,向被告人罗某、姜某等人发放话术培训资料,指导业务员以拨打电话或者 QQ 聊天的形式发展客户,以高额回报为诱饵欺骗客户在代理的"A 金属交易平台"投资"现货白银"。客户开户后,被告人丁、戊、罗某、姜某等人又假冒"老师"身份,用虚假的涨跌信息,积极"指导"客户多次、反复交易,非法获取客户交易时产生的手续费、点差。被告人丁、戊再按照经理、业务员等的业绩将上述获利按工资、提成的形式进行分配。丁、戊对各自招聘的业务员所发展的客户的交易量进行独立核算,互不影响。他们为鼓励业务员多发展客户及促使客户多交易,以求多获得交易手续费,在他们下面设置了总监、经理(组长、主管)、业务员三个层级,并设定各个层级的提拔标准。其中,丁提拔被告人罗某、姜某等人为总监级别,提拔其他多人为经理(主管)级别,下设业务员。经会计鉴定,2013 年 1 月至 9 月,被告人丁、戊等人在代理"A 金属交易平台"期间,共发展有效客户 517 人,收到客户交易资金 31560664.01 元(发生过交易的客户)。江苏 A 公司共向戊账户返利 11303437 元。戊收到江苏 A 公司的返利

后，汇给被告人丁（丁团队非法所得）5025400元，自留（戊团队非法所得）6278037元。原审认为，被告人丁、戊为获得非法利益，未经国家有关主管部门批准，从网上购买杭州H公司工商营业执照，并以该公司名义代理江苏A公司，招聘和培训员工发展客户，非法经营名为"现货白银"，实为白银期货的业务，其行为构成非法经营罪。一审判决后，丁、戊提出上诉，称他们以杭州H公司的名义代理江苏A公司非法经营期货业务，应构成单位犯罪。①

本案涉案单位为A金属交易中心有限公司，依据江苏省人民政府金融工作办公室出具的《关于江苏省A金属交易中心有限公司有关情况的说明》，证明江苏A公司没有经过江苏省金融办公室的审批或者备案登记。办案公安局机关《关于核实江苏A金属交易中心有限公司从事证券、现货资质的函》、调取证据通知书、中国证券监督管理委员会江苏监管局《关于业务资格的认定函》，都证明江苏A公司未获得中国证监会批准，不具有经营现货经纪业务和现货投资咨询业务资格，也不具有从事境外现货业务的资格。所以本案定性为非法经营罪是正确的，关键是丁、戊借用公司的名义实施犯罪活动。根据最高人民法院《关于审理单位犯罪案件具体应用法律有关问题的解释》第2条，个人为进行违法犯罪活动而设立的公司、企业、事业单位实施犯罪的，或者公司、企业、事业单位设立后，以实施犯罪为主要活动的，不以单位犯罪论处的规定，上诉人丁、戊等人的行为应属个人共同犯罪。

（二）主体资质与单位犯罪

案例：2017年6月，被告人甲以自己实际控制的上海A实业有限公司的名义与上海B电子支付服务有限公司（以下简称B公司）签订《线上收单服务合作协议》，从B公司取得商户资格，获得B公司提供的线上收单支付接口和线上收单权限。甲指使被告人乙等人通过技术手段，以C公司的名义搭建支付服务器，将从B公司获取的收单支付接口接入服务器中并进行重新包装，组建网络支付运营服务器平台。同时，D公司通过与民生银行厦门支行、恒丰银行签订代收代付协议，从上述银行获得网络接口和线上代清算权限，通过将银行提供的网络接口接入服

---

① 参见湖北省咸宁市中级人民法院刑事裁定书：（2016）鄂12刑终117号。

务器，获得资金清算功能。其搭建的支付服务器具有对外进行商户注册的功能和代理功能，借助其对外提供的包装后的线上支付网络接口，商户可以通过输入支付交易指令从银行账户转移资金。被告人甲、丙等人以 D 公司的名义对外签订协议，招收代理商和商户开展网络支付业务。被告人官某某明知甲等人非法从事资金支付结算业务，仍采取以广某商务(福建)有限公司入股 C 公司的方式，向被告人甲进行投资，期待 C 公司能在国家金融政策放宽时获得支付牌照，以获取巨大利润，并每月到 C 公司了解公司经营情况。

上述支付服务器中支付接口对应的收单账户有上海 A 实业有限公司，清算支付接口对应的账户为 D 公司在民生银行和恒丰银行的内部签约账户。其资金链路为：D 公司在 B 公司的账户收取资金后，将资金分别转移至 D 公司签约的民生银行和恒丰银行的内部账户，而后将资金清算到大量个人账户，其中部分银行账户为汉川市公安局查处的"创利丰金业贵金属诈骗案"中被告人的涉案账户。

另查明，2016 年 6 月至 2019 年 6 月，被告人甲利用实际控制的 D 公司、C 公司、上海 A 实业有限公司、上海汇霖电子科技有限公司等 18 家公司，采取前述的方式从事资金支付结算业务，利用其控制的 D 公司、上海 A 实业有限公司、上海汇霖电子科技有限公司等公司与上游取得支付牌照的"B 公司""开联通""快捷通""杭州市民卡"等第三方支付公司和民生银行等十余家金融机构签约，取得线上收单权限、资金代清算权限及网络接口，将网络接口接入支付服务器，搭建资金的支付通道，实现资金的线上收单和代清算的完整功能。被告人甲等人通过发展下游商户并与其签订合作协议，向下游商户提供网络支付接口，下游商户通过网络支付接口向 D 公司支付服务器发送支付交易指令进行资金支付操作，实现资金快捷支付结算。大量资金通过利用虚假交易、向 D 公司支付服务器发送支付交易指令的方式实现快捷转移，其中包含有大量的诈骗所得等非法活动资金。经中国人民银行上海分行认定，C 公司、D 公司的前述行为系无证从事支付业务。

被告人甲的辩护人提出：其一，本案基本业务模式与传统合规第三方支付、资金"二清"非法支付结算业务模式具有显著区别，主要从事交易信息传递处理，部分涉及资金"二清"；其二，《刑法》和《非法支付结算司法解释》规制的非法支付结算是非持牌机构实施的资金"二清"型的支付结算业务，并未将所有的行政监管层面的支付领域违规行为纳入刑法规制范畴。①

　　根据审判机关关于本案的犯罪构成与事实的认定，本案涉案单位构成非法经营罪。其一，涉案单位从事的是支付结算业务。被告人甲利用实际控制的 D 公司、C 公司等多家公司与上游取得支付牌照的"B 公司""开联通""快捷通""杭州市民卡"等第三方支付机构和民生银行等相关第三方支付机构、银联、银行签约，取得线上收单权限、资金代清算权限及网络接口，将网络接口接入支付服务器，搭建资金的支付通道，实现资金的线上收单和代清算的完整功能。被告人甲等人还通过发展下游客户并与其签订合作协议，向下游客户提供网络支付接口，向 D 公司支付服务器发送支付交易指令进行资金支付等操作，实现资金的支付结算。其二，根据司法会计鉴定意见书，被告单位为从事资金支付结算业务的无证机构，其业务模式是与持证机构合作，搭建资金支付结算的代付平台，开展资金支付结算的代付业务，搭建资金支付结算的通道转接来获取利益。2017 年 11 月，中国人民银行出台《中国人民银行办公厅关于进一步加强无证经营支付业务整治工作的通知》，提出了切实加强对无证机构的整治、加大处罚力度，坚决切断无证机构的支付业务渠道，遏制支付服务市场乱象，整肃支付服务市场的违规行为的工作目标，并提出了对无证机构要根据其违法违规程度、风险大小等情况，分类处置的工作要求。2019 年 1 月，最高人民法院、最高人民检察院又出台了《关于办理非法从事资金支付结算业务、非法买卖外汇刑事案件适用法律若干问题的解释》。该解释第 1 条规定了违反国家规定非法从事资金支付结算业务的行为方式，包括使用受理终端或者网络支付接口等方法，以虚构交易、虚开价格，交易退款等方式向指定收款方支付货币资金的、非法为他人提供单位银行结算账户套现或者单位银行结算账户转个人账户服务的、非法为他人提供支票套现服务的、其他非法从事资金支付结算业务的情形。被告单位的业务行为符合该规定。其三，依据中国人民银行相关部门关于被告单位无证经营支付业务的证明，D 公司没有经营货物买卖交易等实体业务，该公司是在未取得中国人民银行支付业务许可的情况下，发送支付指令划转客户资金，从事支付业务。可以认定，被告单位上海迪付金融信息服务有限公司、上海 C 数据服务有限公司违反国家有关规定，非法从事资金支付结算业务，其行为均已构成非法经营罪。

---

①　参见湖北省汉川市人民法院刑事判决书：（2020）鄂 0984 刑初 240 号。

同类案件还包括：辽宁 A 公司于 2014 年 5 月 14 日注册成立，经营范围为投资咨询、项目投资与管理、企业营销策划、企业管理咨询、商务信息咨询(依法须经批准的项目，经相关部门批准后方可开展经营活动)。其经营范围不包括以公开方式募集资金。2015 年 11 月—2018 年 8 月，吉林 J 农商银行的员工即本案被告人甲与 A 公司长春营业部的负责人崔某取得联系，其在未获得金融监管部门许可的情况下，担任该公司客户经理、大团队经理，在梅河口市开展 A 公司吸收公众资金的业务，并相继发展被告人田某、董某、王某、卢某为客户经理，利用他们在银行工作的便利，以口口相传的方式宣传 A 公司"四季丰""双季赢""银实宝"等理财产品，并许诺高于银行利息的回报，向不特定人员吸收资金。截至 2018 年 8 月，A 公司停止兑付资金时，甲向 17 人吸收资金 418 万元，田某向 33 人吸收资金 2360 万元，董某向 34 人吸收资金 1694 万元，王某向 6 人吸收资金 106 万元，卢某向 2 人吸收资金 31 万元。A 公司吸收被告人甲方团队经理名下共计 514 笔合同，资金 7923 万元，涉及投资人数达 332 人。[1]

在本案中，法院认为，被告人甲、田某、董某违反国家金融管理法律规定，非法向社会公众吸收资金，扰乱金融秩序，数额巨大，其行为已构成非法吸收公众存款罪，应予惩处。根据最高人民法院《关于审理单位犯罪案件具体应用法律有关问题的解释》中"以单位名义实施犯罪，违法所得归单位所有的，是单位犯罪"的规定，本案中，A 公司在梅河口地区未设立分支机构，被告人甲、田某、董某均挂职于 A 公司长春营业部从事吸收公众资金业务，甲、田某、董某以 A 公司名义将其吸收的存款汇入 A 公司指定的账户中，其本人不经管集资参与人的资金，且在案证据证明 A 公司已经被立案侦查，故此应认定 A 公司为单位犯罪的主体。所以本案作为单位犯罪处理是合适的。

第三节 内生性数字银行业犯罪主体资质

一、《公司法》规定的金融机构共同资质

设立金融法人机构，一般必须符合《公司法》规定。依据《公司法》规定，公司分为有限责任公司和股份有限公司，它们设立的条件

---

[1] 参见吉林省梅河口市人民法院刑事判决书：(2021)吉 0581 刑初 253 号。

并不相同。

(一)有限责任公司

有限责任公司的设立应当具备下列条件:(1)人数规定,股东符合法定人数,有限责任公司由50个以下股东出资设立。(2)资金资质,有符合公司章程规定的全体股东认缴的出资额,有限责任公司的注册资本为在公司登记机关登记的全体股东认缴的出资额。公司成立后,股东不得抽逃出资。(3)股东共同制定公司章程。(4)有公司名称,建立符合有限责任公司要求的组织机构。(5)有公司住所。

(二)股份有限公司

股份有限公司的设立应当具备下列条件:(1)人数规定,发起人符合法定人数,设立股份有限公司,应当有2人以上200人以下发起人,其中须有半数以上的发起人在中国境内有住所。(2)有符合公司章程规定的全体发起人认购的股份总额或者募集的实收股份总额。发起人、认股人缴纳股款或者交付抵作股款的出资后,除未按期募足股份、发起人未按期召开创立大会或者创立大会决议不设立公司的情形外,不得抽回其股份。(3)股份发行、筹办事项符合法律规定。股份有限公司可以采取发起设立或者募集设立两种方式。发起设立,是指由发起人认购公司应发行的全部股份而设立公司。募集设立,是指由发起人认购公司应发行股份的一部分,其余股份向社会公开募集或者向特定对象募集而设立公司。(4)发起人制订公司章程,采用募集方式设立的,该章程需经创立大会通过。(5)有公司名称,建立符合股份有限公司要求的组织机构。(6)有公司住所。

(三)公司的董事、监事、高级管理人员的资质

《公司法》对担任公司的董事、监事、高级管理人员职务的人员有法定的禁止性规定。根据《公司法》第146条的规定,担任公司的董事、监事、高级管理人员的自然人,不得有下列情形中的任何一种:(1)无民事行为能力或者限制民事行为能力。(2)因贪污、贿赂、侵占财产、挪用财产或者破坏社会主义市场经济秩序,被判处刑罚,执行期满未逾五年,或者因犯罪被剥夺政治权利,执行期满未逾五年。(3)担任破产清算的公司、企业的董事或者厂长、经理,对该公司、企业的破产负有个人责任的,自该公司、企业破产清算完结之日起未逾三年。(4)担任

因违法被吊销营业执照、责令关闭的公司、企业的法定代表人，并负有个人责任的，自该公司、企业被吊销营业执照之日起未逾三年。（5）个人所负数额较大的债务到期未清偿。

但是，金融业是政策性很强的行业，为了补充立法滞后性问题，中央银行、其他金融监管机关以及行业协会针对不同的金融机构，用金融管理办法、行业自律文件明确了不同类型金融机构的具体资质。

二、商业银行的主体资质

商业银行是银行的主要类型之一，是指依照《商业银行法》和《公司法》设立的吸收公众存款、发放贷款、办理结算等业务的企业法人。

成立商业银行必须具备如下条件：（1）一般公司资质，即有符合商业银行法和公司法规定的章程。（2）资金资质，即有符合商业银行法规定的注册资本最低限额。其一，注册资本缴纳的方式应当是实缴资本；其二，注册资本数额有硬性要求，即设立全国性商业银行的注册资本最低限额为 10 亿元人民币，设立城市商业银行的注册资本最低限额为 1 亿元人民币，设立农村商业银行的注册资本最低限额为 5000 万元人民币。此外，国务院银行业监督管理机构根据审慎监管的要求可以调整注册资本最低限额，但不得少于前款规定的限额。（3）员工资质，要求有具备任职专业知识和业务工作经验的董事、高级管理人员。（4）有健全的组织机构和管理制度。（5）有符合要求的营业场所、安全防范措施和与业务有关的其他设施。设立商业银行，还应当符合其他审慎性条件。为了实现审慎性管理要求，中国人民银行和金融监管机构可以根据需要增加条件。

设立商业银行有严格规定：第一，设立商业银行，应当经国务院银行业监督管理机构审查批准。第二，商业银行设立分支机构，也必须由国务院银行业监督管理机构颁发经营许可证，并凭该许可证向工商行政管理部门办理登记，领取营业执照。第三，未经国务院银行业监督管理机构批准，任何单位和个人不得从事吸收公众存款等商业银行业务，而且，任何单位不得在名称中使用"银行"字样。第四，商业银行的经营范围由商业银行章程规定，并报国务院银行业监督管理机构批准，未经批准从事银行业活动，涉嫌非法经营等犯罪。

三、非银行业金融机构的主体资质

非银行金融机构包括：经银保监会批准设立的金融资产管理公司、

企业集团财务公司、金融租赁公司、汽车金融公司、货币经纪公司、消费金融公司、境外非银行金融机构驻华代表处等机构。银保监会及其派出机构依照银保监会行政许可实施程序相关规定和办法，对非银行金融机构实施行政许可。

(一) 企业集团财务公司

1. 企业集团财务公司设立条件

设立企业集团财务公司(以下简称财务公司)法人机构，应当具备以下条件：(1)确属集中管理企业集团资金的需要，经合理预测能够达到一定的业务规模。(2)有符合《中华人民共和国公司法》和银保监会规定的公司章程。(3)有符合规定条件的出资人。财务公司的出资人主要应为企业集团成员单位，也包括成员单位以外的具有丰富行业管理经验的战略投资者；财务公司原则上应由集团母公司或集团主业整体上市的股份公司控股。(4)注册资本为一次性实缴货币资本，最低限额为1亿元人民币或等值的可自由兑换货币。(5)有符合任职资格条件的董事、高级管理人员，并且在风险管理、资金管理、信贷管理、结算等关键岗位上至少各有1名具有3年以上相关金融从业经验的人员。除国家限制外部投资者进入并经银保监会事先同意的特殊行业的企业集团外，新设财务公司应有丰富银行业管理经验的战略投资者作为出资人，或与商业银行建立战略合作伙伴关系，由其为拟设立的财务公司提供机构设置、制度建设、业务流程设计、风险管理、人员培训等方面的咨询建议，且至少引进1名具有5年以上银行业从业经验的高级管理人员。(6)财务公司从业人员中从事金融或财务工作3年以上的人员应当不低于总人数的三分之二、5年以上的人员应当不低于总人数的三分之一。(7)建立有效的公司治理、内部控制和风险管理体系。(8)建立与业务经营和监管要求相适应的信息科技架构，具有支撑业务经营的必要、安全且合规的信息系统，具备保障业务持续运营的技术与措施。(9)有与业务经营相适应的营业场所、安全防范措施和其他设施。(10)银保监会规章规定的其他审慎性条件。

2. 企业集团

企业集团是申请设立企业集团财务公司的主体，哪些企业集团可以设立财务公司，法律对此也有规定。

申请设立财务公司的企业集团，应当具备以下条件：(1)符合国家产业政策并拥有核心主业。(2)最近1个会计年度末，按规定并表核算的成员单位的总资产不低于 50 亿元人民币或等值的可自由兑换货币，净资产不低于总资产的 30%。(3) 财务状况良好，最近 2 个会计年度按规定并表核算的成员单位营业收入总额每年不低于 40 亿元人民币或等值的可自由兑换货币，税前利润总额每年不低于 2 亿元人民币或等值的可自由兑换货币；作为财务公司控股股东的，还应满足最近 3 个会计年度连续盈利。(4) 现金流量稳定并具有较大规模。(5) 具备 2 年以上企业集团内部财务和资金集中管理经验。(6) 母公司最近 1 个会计年度末的实收资本不低于 8 亿元人民币或等值的可自由兑换货币。(7) 母公司具有良好的公司治理结构或有效的组织管理方式，无不当关联交易。(8) 母公司有良好的社会声誉、诚信记录和纳税记录，最近 2 年内无重大违法违规行为，或者已整改到位并经银保监会或其派出机构认可。(9) 母公司入股资金为自有资金，不得以委托资金、债务资金等非自有资金入股。(10) 权益性投资余额原则上不得超过本企业净资产的 50%（含本次投资金额）；作为财务公司控股股东的，权益性投资余额原则上不得超过本企业净资产的 40%（含本次投资金额）；国务院规定的投资公司和控股公司除外。(11) 成员单位数量较多的，需要由财务公司提供资金集中管理服务。(12) 银保监会规章规定的其他审慎性条件。

3. 出资人

企业集团财务公司的设立条件规定，必须有合格的出资人。出资人包括财务公司成员单位和成员单位以外的战略投资者。

财务公司成员单位。财务公司成员单位作为财务公司出资人应当具备以下条件：(1) 依法设立，具有法人资格。(2) 具有良好的公司治理结构或有效的组织管理方式。(3) 具有良好的社会声誉、诚信记录和纳税记录。(4) 经营管理良好，最近 2 年无重大违法违规行为，或者已整改到位并经银保监会或其派出机构认可。(5) 财务状况良好，最近 2 个会计年度连续盈利；作为财务公司控股股东的，最近 3 个会计年度连续盈利。(6) 最近 1 个会计年度末净资产不低于总资产的 30%。(7) 入股资金为自有资金，不得以委托资金、债务资金等非自有资金入股。(8) 权益性投资余额原则上不得超过本企业净资产的 50%（含本次投资金额）；作为财务公司控股股东的，权益性投资余额原则上不得超过本企业净资产的 40%（含本次投资金额）；国务院规定的投资公司和控股公司除外。(9) 该项投资符合国家法律法规。(10) 银保监会规章规定的其他审慎性条件。

成员单位以外的战略投资者。成员单位以外的战略投资者作为财务公司出资人，首先必须为境内外法人金融机构，其次还需具备以下条件：(1)依法设立，具有法人资格；(2)有3年以上经营管理财务公司或类似机构的成功经验；(3)资信良好，最近2年未受到境内外监管机构的重大处罚；(4)具有良好的公司治理结构、内部控制机制和健全的风险管理体系；(5)满足所在国家或地区监管当局的审慎监管要求；(6)财务状况良好，最近2个会计年度连续盈利；(7)入股资金为自有资金，不得以委托资金、债务资金等非自有资金入股；(8)权益性投资余额原则上不得超过本企业净资产的50%(含本次投资金额)，国务院规定的投资公司和控股公司除外；(9)主要股东自取得股权之日起5年内不得转让所持有的股权(经银保监会或其派出机构批准采取风险处置措施、银保监会或其派出机构责令转让、涉及司法强制执行或者在同一出资人控制的不同主体间转让股权等特殊情形除外)并在拟设公司章程中载明；(10)战略投资者为境外金融机构的，其最近1个会计年度末总资产原则上不少于10亿美元或等值的可自由兑换的货币，最近2年长期信用评级为良好及以上；(11)所在国家或地区金融监管当局已经与银保监会建立良好的监督管理合作机制；(12)银保监会规章规定的其他审慎性条件。

财务公司的出资人的禁止性条款。企业要成为财务公司的出资人，不得存在如下情形：(1)公司治理结构与机制存在明显缺陷；(2)股权关系复杂且不透明、关联交易异常；(3)核心主业不突出且其经营范围涉及行业过多；(4)现金流量波动受经济是否景气影响较大；(5)资产负债率、财务杠杆率高于行业平均水平；(6)代他人持有财务公司股权；(7)被列为相关部门失信联合惩戒对象；(8)存在严重逃废银行债务行为；(9)提供虚假材料或者作不实声明；(10)因违法违规行为被金融监管部门或政府有关部门查处，造成恶劣影响；(11)其他对财务公司产生重大不利影响的情况。

(二)金融租赁公司

金融租赁公司，是指经银保监会批准，以经营融资租赁业务为主的非银行金融机构。所谓融资租赁，就是出租人根据承租人对租赁物和供货人的选择或认可，将其从供货人处取得的租赁物按合同约定出租给承租人占有、使用，向承租人收取租金的交易活动。

1.金融租赁公司设立条件

设立金融租赁公司法人机构，应当具备以下条件：(1)有符合《中华人民共和国公司法》和银保监会规定的公司章程。(2)有符合规定条件的发起人。金融租赁公司的发起人包括在中国境内外注册的具有独立法人资格的商业银行，在中国境内注册的、主营业务为制造适合融资租赁交易产品的大型企业，在中国境外注册的具有独立法人资格的融资租赁公司以及银保监会认可的其他发起人，以及银保监会规定的其他发起人。(3)有满足下列条件的注册资本。其一，注册资本为一次性实缴货币资本，其二，注册资本的最低限额为1亿元人民币或等值的可自由兑换货币。(4)有符合任职资格条件的董事、高级管理人员，并且从业人员中具有3年以上金融或融资租赁工作经历的人员应当不低于总人数的50%。(5)建立了有效的公司治理、内部控制和风险管理体系。(6)建立了与业务经营和监管要求相适应的信息科技架构，具有支撑业务经营的必要、安全且合规的信息系统，具备保障业务持续运营的技术与措施。(7)有与业务经营相适应的营业场所、安全防范措施和其他设施。(8)银保监会规章规定的其他审慎性条件。

2. 发起人

申请设立金融租赁公司必须有合格的发起人。发起人包括在中国境内外注册的、具有独立法人资格的商业银行；在中国境内注册的、主营业务为制造适合融资租赁交易产品的大型企业；在中国境外注册的、具有独立法人资格的融资租赁公司以及金融监管部门认可的其他发起人、金融监管部门规定的其他发起人。

商业银行。在中国境内外注册的具有独立法人资格的商业银行作为金融租赁公司发起人，应当具备以下条件：(1)满足所在国家或地区监管当局的审慎监管要求；(2)具有良好的公司治理结构、内部控制机制和健全的风险管理体系；(3)最近1个会计年度末总资产不低于800亿元人民币或等值的可自由兑换货币；(4)财务状况良好，最近2个会计年度连续盈利；(5)为拟设立的金融租赁公司确定了明确的发展战略和清晰的盈利模式；(6)遵守注册地法律法规，最近2年内未发生重大案件或重大违法违规行为，或者已整改到位并经银保监会或其派出机构认可；(7)境外商业银行作为发起人的，其所在国家或地区金融监管当局已经与银保监会建立良好的监督管理合作机制；(8)入股资金为自有资金，不得以委托资金、债务资金等非自有资金入股；(9)权益性投资余额原则上不得超过本企业净资产的50%(含本次投资金额)，国务院规定的投资公司和控股公司除外；(10)银保监会规章规定的其他审慎性条件。

大型企业。在中国境内注册的、主营业务为制造适合融资租赁交易产品的大型企业作为金融租赁公司发起人，应当具备以下条件：(1)有良好的公司治理结构或有效的组织管理方式。(2)最近1个会计年度的营业收入不低于50亿元人民币或等值的可自由兑换货币。(3)财务状况良好，最近2个会计年度连续盈利；作为金融租赁公司控股股东的，最近3个会计年度连续盈利。(4)最近1个会计年度末净资产不低于总资产的30%。(5)最近1个会计年度主营业务销售收入占全部营业收入的80%以上。(6)为拟设立的金融租赁公司确定了明确的发展战略和清晰的盈利模式。(7)有良好的社会声誉、诚信记录和纳税记录。(8)遵守国家法律法规，最近2年内未发生重大案件或重大违法违规行为，或者已整改到位并经银保监会或其派出机构认可。(9)入股资金为自有资金，不得以委托资金、债务资金等非自有资金入股。(10)权益性投资余额原则上不得超过本企业净资产的50%(含本次投资金额)；作为金融租赁公司控股股东的，权益性投资余额原则上不得超过本企业净资产的40%(含本次投资金额)；国务院规定的投资公司和控股公司除外。(11)银保监会规章规定的其他审慎性条件。

融资租赁公司。在中国境外注册的具有独立法人资格的融资租赁公司作为金融租赁公司发起人，应当具备以下条件：(1)具有良好的公司治理结构、内部控制机制和健全的风险管理体系。(2)最近1个会计年度末总资产不低于100亿元人民币或等值的可自由兑换货币。(3)财务状况良好，最近2个会计年度连续盈利；作为金融租赁公司控股股东的，最近3个会计年度连续盈利。(4)最近1个会计年度末净资产不低于总资产的30%。(5)遵守注册地法律法规，最近2年内未发生重大案件或重大违法违规行为，或者已整改到位并经银保监会或其派出机构认可。(6)所在国家或地区经济状况良好。(7)入股资金为自有资金，不得以委托资金、债务资金等非自有资金入股。(8)权益性投资余额原则上不得超过本企业净资产的50%(含本次投资金额)；作为金融租赁公司控股股东的，权益性投资余额原则上不得超过本企业净资产的40%(含本次投资金额)。(9)银保监会规章规定的其他审慎性条件。

此外，金融租赁公司至少应当有1名符合发起人条件的在中国境内外注册的具有独立法人资格的商业银行，在中国境内注册的、主营业务为制造适合融资租赁交易产品的大型企业作为金融租赁公司或者在中国境外注册的具有独立法人资格的企业作为融资租赁公司，且其出资比例不低于拟设金融租赁公司全部股本的30%。

其他境内非金融机构。其他境内非金融机构作为金融租赁公司发起人，应当具备以下条件：(1)有良好的公司治理结构或有效的组织管理方式。(2)有良好的社会声誉、诚信记录和纳税记录。(3)经营管理良好，最近 2 年内无重大违法违规行为，或者已整改到位并经银保监会或其派出机构认可。(4)最近 1 个会计年度末净资产不低于总资产的30%。(5)财务状况良好，最近 2 个会计年度连续盈利；作为金融租赁公司控股股东的，最近 3 个会计年度连续盈利。(6)入股资金为自有资金，不得以委托资金、债务资金等非自有资金入股。(7)权益性投资余额原则上不得超过本企业净资产的 50%(含本次投资金额)；作为金融租赁公司控股股东的，权益性投资余额原则上不得超过本企业净资产的 40%(含本次投资金额)；国务院规定的投资公司和控股公司除外。(8)银保监会规章规定的其他审慎性条件。

其他境内金融机构。其他境内金融机构作为金融租赁公司发起人，应具备如下条件：(1)满足所在国家或地区监管当局的审慎监管要求；(2)具有良好的公司治理结构、内部控制机制和健全的风险管理体系；(3)财务状况良好，最近 2 个会计年度连续盈利；(4)遵守注册地法律法规，最近 2 年内未发生重大案件或重大违法违规行为，或者已整改到位并经银保监会或派出机构认可；(5)入股资金为自有资金，不得以委托资金、债务资金等非自有资金入股；(6)权益性投资余额原则上不得超过本企业净资产的 50%(含本次投资金额)，国务院规定的投资公司和控股公司除外；(7)银保监会规章规定的其他审慎性条件。

其他境外金融机构。其他境外金融机构作为金融租赁公司发起人，应当具备以下条件：(1)满足所在国家或地区监管当局的审慎监管要求；(2)具有良好的公司治理结构、内部控制机制和健全的风险管理体系；(3)最近 1 个会计年度末总资产原则上不低于 10 亿美元或等值的可自由兑换货币；(4)财务状况良好，最近 2 个会计年度连续盈利；(5)入股资金为自有资金，不得以委托资金、债务资金等非自有资金入股；(6)权益性投资余额原则上不得超过本企业净资产的50%(含本次投资金额)；(7)所在国家或地区金融监管当局已经与银保监会建立良好的监督管理合作机制；(8)具有有效的反洗钱措施；(9)所在国家或地区经济状况良好；(10)银保监会规章规定的其他审慎性条件。

禁止性条款。有以下情形之一的企业，不得作为金融租赁公司的发起人：(1)公司治理结构与机制存在明显缺陷；(2)关联企业众多、股权关系复杂且不透明、关联交易频繁且存在异常；（3）核心主业不突出且其经营范围涉及行业过多；（4）现金流量波动受经济是否景气影响较大；（5）资产负债率、财务杠杆率高于行业平均水平；（6）代他人持有金融租赁公司股权；（7）被列为相关部门失信联合惩戒对象；（8）存在严重逃废银行债务行为；（9）提供虚假材料或者作不实声明；（10）因违法违规行为被金融监管部门或政府有关部门查处，造成恶劣影响；（11）其他对金融租赁公司产生重大不利影响的情况。

(三) 汽车金融公司

汽车金融公司，是指经国家金融监督管理总局批准设立的、专门提供汽车金融服务的非银行金融机构。

1. 汽车金融公司设立条件

设立汽车金融公司法人机构应具备下列条件：（1）公司资质，即有符合《中华人民共和国公司法》和国家金融监督管理总局规定的公司章程。（2）有符合条件的出资人。其一，出资数额最大且出资额不低于拟设汽车金融公司全部股本30%的主要出资人须为汽车整车制造企业或非银行金融机构；其二，汽车金融公司出资人中至少应当有1名具备5年以上丰富的汽车消费信贷业务管理和风险控制经验，或为汽车金融公司引进合格的专业管理团队，其中至少包括1名有丰富汽车金融从业经验的高级管理人员和1名风险管理专业人员。（3）有符合规定数量的注册资本。其一，注册资本为一次性实缴货币资本；其二，汽车金融公司注册资本的最低限额为10亿元人民币或等值的可自由兑换货币；其三，国家金融监督管理总局可以根据汽车金融业务的发展情况及审慎监管需要，调高注册资本的最低限额。（4）业务资质，要有符合任职资格条件的董事、高级管理人员和熟悉汽车金融业务的合格从业人员。（5）建立了有效的公司治理、内部控制和风险管理体系。（6）建立了与业务经营和监管要求相适应的信息科技架构，具有支撑业务经营的必要、安全且合规的信息系统，具备保障业务持续运营的技术与措施。（7）有与业务经营相适应的营业场所、安全防范措施和其他设施。（8）国家金融监督管理总局规定的其他审慎性条件。

2. 出资人

申请设立汽车金融公司必须具备合格的出资人，出资人可以是非金融机构，也可以是非银行金融机构。

非金融机构。非金融机构要成为汽车金融公司的出资人，应当具备如下条件：（1）最近1个会计年度营业收入不低于50亿元人民币或等值的可自由兑换货币；作为主要出资人的，还应当具有足够支持汽车金融业务发展的汽车产销规模。（2）最近1个会计年度末净资产不低于总资产的30%；作为汽车金融公司控股股东的，最近1个会计年度末净资产不低于总资产的40%。（3）财务状况良好，且最近2个会计年度连续盈利；作为汽车金融公司控股股东的，最近3个会计年度连续盈利。（4）入股资金为自有资金，不得以借贷资金入股，不得以他人的委托资金入股。（5）权益性投资余额原则上不得超过本企业净资产的50%（含本次投资金额）；作为汽车金融公司控股股东的，权益性投资余额原则上不得超过本企业净资产的40%（含本次投资金额）；国务院规定的投资公司和控股公司除外。（6）遵守注册地法律，近2年无重大违法违规行为。（7）主要股东自取得股权之日起5年内不得转让所持有的股权，承诺不将所持有的汽车金融公司股权进行质押或设立信托，并在拟设公司章程中载明。（8）国家金融监督管理总局规定的其他审慎性条件。

非银行金融机构。非银行金融机构成为汽车金融公司出资人，应当具备以下条件：（1）入股资金为自有资金，不得以借贷资金入股，不得以他人委托的资金入股。（2）遵守注册地法律，近2年无重大违法违规行为。（3）主要股东自取得股权之日起5年内不得转让所持有的股权，承诺不将所持有的汽车金融公司股权进行质押或设立信托，并在拟设公司章程中载明。（4）注册资本不低于3亿元人民币或等值的可自由兑换货币。（5）具有良好的公司治理结构、内部控制机制和健全的风险管理体系；作为主要出资人的，还应当具有5年以上汽车消费信贷业务管理和风险控制经验。（6）财务状况良好，最近2个会计年度连续盈利。（7）权益性投资余额原则上不得超过本企业净资产的50%（含本次投资金额）。（8）满足所在国家或地区监管当局的审慎监管要求。

值得注意的是，在2018年的有关规定中还存在出资人的禁止性条款，但是最新的规定取消了禁止性条款。

（四）货币经纪公司

货币经纪公司，是指经批准在中国境内设立的，通过电子技术或其他手段，专门从事促进金融机构间资金融通和外汇交易等经纪服务，并从中收取佣金的非银行金融机构。

1. 设立货币经纪公司的条件

设立货币经纪公司法人机构，应当具备以下条件：（1）有符合《中华人民共和国公司法》和银保监会规定的公司章程。(2)有符合规定条件的出资人。(3)有注册资本。其一,注册资本为一次性实缴货币资本;其二,注册资本最低限额为 2000 万元人民币或者等值的可自由兑换货币。(4)有符合任职资格的董事、高级管理人员和熟悉货币经纪业务的合格从业人员。(5)从业人员中应有 60% 以上从事过金融工作或相关经济工作。(6)建立了有效的公司治理、内部控制和风险管理体系。(7)建立了与业务经营和监管要求相适应的信息科技架构,具有支撑业务经营的必要、安全且合规的信息系统,具备保障业务持续运营的技术与措施。(8)有与业务经营相适应的营业场所、安全防范措施和其他设施。(9)银保监会规章规定的其他审慎性条件。

2. 出资人

申请设立货币经纪公司必须有合格的出资人,出资人可以为境外出资人,也可以为境内出资人。

境外出资人。申请在境内独资或者与境内出资人合资设立货币经纪公司的境外出资人,应当具备以下条件:(1)为所在国家或地区依法设立的货币经纪公司;(2)所在国家或地区的金融监管当局已经与银保监会建立了良好的监督管理合作机制;(3)从事货币经纪业务 20 年以上,经营稳健,内部控制健全有效;(4)有良好的社会声誉、诚信记录和纳税记录;(5)最近 2 年内无重大违法违规行为,或者已整改到位并经银保监会或其派出机构认可;(6)财务状况良好,最近 2 个会计年度连续盈利;(7)权益性投资余额原则上不得超过本企业净资产的 50%(含本次投资金额);(8)有从事货币经纪服务所必需的全球机构网络和资讯通信网络;(9)具有有效的反洗钱措施;(10)银保监会规章规定的其他审慎性条件。

境内出资人。申请设立货币经纪公司的境内出资人,或者申请与境外出资人合资设立货币经纪公司的境内出资人,应当具备以下条件:(1)为依法设立的非银行金融机构,符合审慎监管要求;(2)从事货币市场、外汇市场等代理业务 5 年以上;(3)具有良好的公司治理结构、内部控制机制和健全的风险管理体系;(4)有良好的社会声誉、诚信记录和纳税记录,最近 2 年内无重大违法违规行为,或者已整改到位并经银保监会或其派出机构认可;(5)财务状况良好,最近 2 个会计年度连续盈利;(6)权益性投资余额原则上不得超过本企业净资产的 50%(含本次投资金额);(7)银保监会规章规定的其他审慎性条件。

禁止性条款。有以下情形之一的企业,不得作为货币经纪公司的出资人：(1)公司治理结构与机制存在明显缺陷；(2)关联企业众多、股权关系复杂且不透明、关联交易频繁且存在异常；(3)核心主业不突出且其经营范围涉及行业过多；(4)现金流量波动受经济是否景气影响较大；(5)资产负债率、财务杠杆率高于行业平均水平；(6)代他人持有货币经纪公司股权；(7)被列为相关部门失信联合惩戒对象；(8)存在严重逃废银行债务行为；(9)提供虚假材料或者作不实声明；(10)因违法违规行为被金融监管部门或政府有关部门查处，造成恶劣影响；(11)其他对货币经纪公司产生重大不利影响的情况。

（五）消费金融公司

消费金融公司，是指经银保监会批准，在中华人民共和国境内设立的，不吸收公众存款，以小额、分散为原则，为中国境内居民个人提供以消费为目的的贷款的非银行金融机构。

1. 消费金融公司设立条件

设立消费金融公司法人机构，应当具备以下条件：(1)有符合《中华人民共和国公司法》和银保监会规定的公司章程。(2)有符合规定条件的出资人。其一，消费金融公司的出资人应当为中国境内外依法设立的企业法人，并分为主要出资人和一般出资人；其二，主要出资人是指出资数额最多并且出资额不低于拟设消费金融公司全部股本30%的出资人，主要出资人须为境内外金融机构或主营业务为提供适合消费贷款业务产品的境内非金融企业；其三，一般出资人是指除主要出资人以外的其他出资人。(3)注册资本为一次性实缴货币资本，最低限额为3亿元人民币或者等值的可自由兑换货币。(4)有符合任职资格条件的董事、高级管理人员和熟悉消费金融业务的合格从业人员。(5)建立了有效的公司治理、内部控制和风险管理体系。(6)建立了与业务经营和监管要求相适应的信息科技架构，具有支撑业务经营的必要、安全且合规的信息系统，具备保障业务持续运营的技术与措施。(7)有与业务经营相适应的营业场所、安全防范措施和其他设施。(8)银保监会规章规定的其他审慎性条件。

2. 出资人

金融机构。金融机构作为消费金融公司的主要出资人，应具备以下条件：(1)具有5年以上消费金融领域的从业经验；(2)最近1个会计年度末总资产不低于600亿元人民币或等值的可自由兑换货币；(3)财务状况良好，最近2个会计年度连续盈利；(4)信誉良好，最近2年内无重大违法违规行为，或者已整改到位并经银保监会或其派出机构认可；(5)入股资金为自有资金，不得以委托资金、债务资金等非自有资金入股；(6)权益性投资余额原则上不得超过本企业净资产的50%(含本次投资金额)，国务院规定的投资公司和控股公司除外；(7)具有良好的公司治理结构、内部控制机制和健全的风险管理制度；(8)满足所在国家或地区监管当局的审慎监管要求；(9)境外金融机构应对中国市场有充分的分析和研究，且所在国家或地区金融监管当局已经与银保监会建立了良好的监督管理合作机制；(10)银保监会规章规定的其他审慎性条件。

金融机构作为消费金融公司一般出资人，应具备以下条件：(1)注册资本应不低于3亿元人民币或等值的可自由兑换货币；(2)财务状况良好，最近2个会计年度连续盈利；(3)信誉良好，最近2年内无重大违法违规行为，或者已整改到位并经银保监会或其派出机构认可；(4)入股资金为自有资金，不得以委托资金、债务资金等非自有资金入股；(5)权益性投资余额原则上不得超过本企业净资产的50%(含本次投资金额)，国务院规定的投资公司和控股公司除外；(6)具有良好的公司治理结构、内部控制机制和健全的风险管理制度；(7)满足所在国家或地区监管当局的审慎监管要求；(8)境外金融机构应对中国市场有充分的分析和研究，且所在国家或地区金融监管当局已经与银保监会建立了良好的监督管理合作机制。

非金融企业。非金融企业作为消费金融公司主要出资人，应当具备以下条件：(1)最近1个会计年度营业收入不低于300亿元人民币或等值的可自由兑换货币；(2)最近1个会计年度末净资产不低于总资产的30%；(3)财务状况良好，最近3个会计年度连续盈利；(4)信誉良好，最近2年内无重大违法违规行为，或者已整改到位并经银保监会或其派出机构认可；(5)入股资金为自有资金，不得以委托资金、债务资金等非自有资金入股；(6)权益性投资余额原则上不得超过本企业净资产的40%(含本次投资金额)，国务院规定的投资公司和控股公司除外；(7)银保监会规章规定的其他审慎性条件。

非金融企业作为消费金融公司一般出资人，应当具备以下条件：(1)财务状况良好，最近2个会计年度连续盈利；(2)权益性投资余额原则上不得超过本企业净资产的50%(含本次投资金额)，国务院规定的投资公司和控股公司除外；（3）最近 1 个会计年度末净资产不低于总资产的 30%；（4）信誉良好，最近 2 年内无重大违法违规行为，或者已整改到位并经银保监会或其派出机构认可；（5）入股资金为自有资金，不得以委托资金、债务资金等非自有资金入股。

禁止性条款。有以下情形之一的企业，不得作为消费金融公司的出资人：（1）公司治理结构与机制存在明显缺陷；（2）关联企业众多、股权关系复杂且不透明、关联交易频繁且存在异常；（3）核心主业不突出且其经营范围涉及行业过多；（4）现金流量波动受经济是否景气影响较大；（5）资产负债率、财务杠杆率高于行业平均水平；（6）代他人持有消费金融公司股权；（7）被列为相关部门失信联合惩戒对象；（8）存在严重逃废银行债务行为；（9）提供虚假材料或者作不实声明；（10）因违法违规行为被金融监管部门或政府有关部门查处，造成恶劣影响；（11）其他对消费金融公司产生重大不利影响的情况。

（六）金融资产管理公司分公司

金融资产管理公司，是指经国务院决定设立的收购国有银行不良贷款，管理和处置因收购国有银行不良贷款形成的资产的国有独资非银行金融机构。

1. 金融资产管理公司设立分公司的条件

金融资产管理公司申请设立分公司，应当具备以下条件：（1）具有良好的公司治理结构；（2）风险管理和内部控制健全有效；（3）主要审慎监管指标符合监管要求；（4）具有拨付营运资金的能力；（5）具有完善、合规的信息科技系统和信息安全体系，具有标准化的数据管理体系，具备保障业务连续有效安全运行的技术与措施；（6）最近 2 年无严重违法违规行为和重大案件，或者已整改到位并经银保监会认可；（7）银保监会规章规定的其他审慎性条件。

2. 金融资产管理公司分公司设立条件

金融资产管理公司设立的分公司应当具备以下条件：（1）营运资金到位；（2）有符合任职资格的高级管理人员和熟悉相关业务的从业人员；（3）有与业务发展相适应的组织机构和规章制度；（4）建立了与业务经营和监管要求相适应的信息科技架构，具有支撑业务经营的必要、安全且合规的信息系统，具备保障业务持续运营的技术与措施；（5）有与业务经营相适应的营业场所、安全防范措施和其他设施；（6）银保监会规章规定的其他审慎性条件。

(七)金融资产管理公司投资设立、参股(增资)、收购法人金融机构

1. 收购境内法人金融机构

金融资产管理公司申请投资设立、参股(增资)、收购境内法人金融机构的,应当符合以下条件:(1)具有良好的公司治理结构;(2)风险管理和内部控制健全有效;(3)具有良好的并表管理能力;(4)主要审慎监管指标符合监管要求;(5)权益性投资余额原则上不超过其净资产的50%(含本次投资金额);(6)具有完善、合规的信息科技系统和信息安全体系,具有标准化的数据管理体系,具备保障业务连续有效安全运行的技术与措施;(7)最近2年无严重违法违规行为和重大案件,或者已整改到位并经银保监会认可;(8)最近2个会计年度连续盈利;(9)银保监会规章规定的其他审慎性条件。

经银保监会认可,金融资产管理公司为重组的高风险金融机构而参股(增资)、收购境内法人金融机构的,可不受前款第(4)项、第(5)项及第(7)项规定的限制。

2. 收购境外法人金融机构

金融资产管理公司申请投资设立、参股(增资)、收购境外法人金融机构,应当符合以下条件:(1)具有良好的公司治理结构,内部控制健全有效,业务条线管理和风险管控能力与境外业务发展相适应;(2)具有清晰的海外发展战略;(3)具有良好的并表管理能力;(4)主要审慎监管指标符合监管要求;(5)权益性投资余额原则上不超过其净资产的50%(含本次投资金额);(6)最近2个会计年度连续盈利;(7)最近1个会计年度末资产余额达到1000亿元人民币以上或等值的可自由兑换货币;(8)最近2年无严重违法违规行为和重大案件,或者已整改到位并经银保监会认可;(9)具备与境外经营环境相适应的专业人才队伍;(10)银保监会规章规定的其他审慎性条件。

(八)金融租赁公司专业子公司

1. 申请设立境内子公司条件

金融租赁公司申请设立境内专业子公司,应当具备以下条件:(1)具有良好的公司治理结构,风险管理和内部控制健全有效;(2)具有良好的并表管理能力;(3)各项监管指标都符合《金融租赁公司管理办法》的规定;(4)权益性投资余额原则上不超过净资产的50%(含本次投资金额);(5)在业务存量、人才储备等方面具备一定优势,在专业

化管理、项目公司业务开展等方面具有成熟的经验，能够有效支持专业子公司开展特定领域的融资租赁业务；（6）入股资金为自有资金，不得以委托资金、债务资金等非自有资金入股；（7）遵守国家法律法规，最近2年内未发生重大案件或出现重大违法违规行为，或者已整改到位并经银保监会或其派出机构认可；（8）监管评级良好；（9）银保监会规章规定的其他审慎性条件。

2. 境内专业子公司设立条件

金融租赁公司设立的境内专业子公司，应当具备以下条件：（1）有符合《中华人民共和国公司法》和银保监会规定的公司章程；（2）有符合规定条件的发起人；（3）注册资本最低限额为5000万元人民币或等值的可自由兑换货币；（4）有符合任职资格条件的董事、高级管理人员和熟悉融资租赁业务的从业人员；（5）有健全的公司治理、内部控制和风险管理体系，以及与业务经营相适应的管理信息系统；（6）有与业务经营相适应的营业场所、安全防范措施和其他设施；（7）银保监会规章规定的其他审慎性条件。

3. 申请设立境外子公司

金融租赁公司申请设立境外专业子公司，应当具备以下条件：（1）符合申请设立境内专业子公司的条件；（2）确有业务发展需要，具备清晰的海外发展战略；（3）内部管理水平和风险管控能力与境外业务发展相适应；（4）具备与境外经营环境相适应的专业人才队伍；（5）经营状况良好，最近2个会计年度连续盈利；（6）所提申请符合有关国家或地区的法律法规。

（九）财务公司境外子公司

财务公司申请设立境外子公司，应当具备以下条件：（1）确属业务发展和为成员单位提供财务管理服务所需要，具备清晰的海外发展战略。（2）拟设境外子公司所服务的成员单位不少于10家，且前述成员单位资产合计不低于100亿元人民币或等值的可自由兑换货币；或成员单位不足10家，但成员单位资产合计不低于150亿元人民币或等值的可自由兑换货币。（3）各项审慎监管指标符合有关监管规定。（4）经营状况良好，最近2个会计年度连续盈利。（5）权益性投资余额原则上不超过净资产的30%（含本次投资金额）。（6）内部管理水平和风险管控能力与境外业务发展相适应。（7）具备与境外经营环境相适应的专业人才队伍。（8）最近2年内未发生重大案件或出现重大违法违规行为，或者已整改到位并经银保监会或其派出机构认可。(9)监管评级良好。(10)银保监会规章规定的其他审慎性条件。

(十)财务公司分公司

财务公司发生合并与分立、跨省级派出机构迁址，或者所属集团被收购或重组的，可申请设立分公司。

申请设立分公司，应当具备以下条件：(1)确属业务发展和为成员单位提供财务管理服务需要。(2)拟设分公司所服务的成员单位不少于10家，且前述成员单位资产合计不低于10亿元人民币或等值的可自由兑换货币；或成员单位不足10家，但成员单位资产合计不低于20亿元人民币或等值的可自由兑换货币。(3)各项审慎监管指标符合有关监管规定。(4)注册资本不低于3亿元人民币或等值的可自由兑换货币，具有拨付营运资金的能力。(5)经营状况良好，最近2个会计年度连续盈利。(6)最近2年内未发生重大案件或出现重大违法违规行为，或者已整改到位并经银保监会或其派出机构认可。(7)监管评级良好。(8)银保监会规章规定的其他审慎性条件。

财务公司与拟设分公司应不在同一省级派出机构管辖范围内，且拟设分公司应具备以下条件：(1)营运资金到位；(2)有符合任职资格条件的高级管理人员和熟悉相关业务的从业人员；(3)有与业务发展相适应的组织机构和规章制度；(4)建立了与业务经营和监管要求相适应的信息科技架构，具有支撑业务经营的必要、安全且合规的信息系统，具备保障业务持续运营的技术与措施；(5)有与业务经营相适应的营业场所、安全防范措施和其他设施；(6)银保监会规章规定的其他审慎性条件。

(十一)货币经纪公司分支机构

货币经纪公司分支机构包括分公司、代表处。

货币经纪公司申请设立分公司，应当具备以下条件：(1)确属业务发展需要，且建立了完善的分公司业务授权及管理问责制度；(2)注册资本不低于5000万元人民币或等值的可自由兑换货币，具有拨付营运资金的能力；(3)经营状况良好，最近2个会计年度连续盈利；(4)最近2年无重大案件或重大违法违规行为，或者已整改到位并经银保监会或其派出机构认可；(5)银保监会规章规定的其他审慎性条件。

货币经纪公司设立的分公司应当具备以下条件：(1)营运资金到

位；（2）有符合任职资格条件的高级管理人员和熟悉相关业务的从业人员；（3）有与业务发展相适应的组织机构和规章制度；（4）建立了与业务经营和监管要求相适应的信息科技架构，具有支撑业务经营的必要、安全且合规的信息系统，具备保障业务持续运营的技术与措施；（5）有与业务经营相适应的营业场所、安全防范措施和其他设施；（6）银保监会规章规定的其他审慎性条件。

（十二）境外非银行金融机构驻华代表处

境外非银行金融机构申请设立驻华代表处，应具备以下条件：（1）所在国家或地区有完善的金融监督管理制度；（2）是由所在国家或地区的金融监管当局批准设立的金融机构，或者是金融性行业协会会员；（3）具有从事国际金融活动的经验；（4）经营状况良好，最近2年内无重大违法违规行为，或者已整改到位并经银保监会或其派出机构认可；（5）具有有效的反洗钱措施；（6）有符合任职资格条件的首席代表；（7）银保监会规章规定的其他审慎性条件。

（十三）非银行金融机构从事金融业务的主体资质

非银行金融机构在设立的时候除了要具备特定条件之外，在开展不同业务的时候，对其主体资质也有不同的要求。

1. 财务公司经批准发行债券等多项业务

财务公司申请经批准发行债券业务的资格、承销成员单位的企业债券、有价证券投资、对金融机构的股权投资，以及成员单位产品的消费信贷、买方信贷和融资租赁业务，应具备以下条件：（1）财务公司开业1年以上，且经营状况良好；（2）注册资本不低于3亿元人民币或等值的可自由兑换货币；（3）符合审慎监管指标要求；（4）有比较完善的业务决策机制、风险控制制度、业务操作规程；（5）具有与业务经营相适应的安全且合规的信息系统，具备保障业务持续运营的技术与措施；（6）有相应的合格专业人员；（7）监管评级良好；（8）银保监会规章规定的其他审慎性条件。

财务公司申请开办有价证券投资业务，还应具备以下条件：（1）申请固定收益类有价证券投资业务的，最近1年月均存放同业余额不低于5亿元；申请股票投资以外的有价证券投资业务的，最近1年资金集中度达到且持续保持在30%以上，且最近1年内月均存放同业余额不低于10亿元；申请股票投资业务的，最近1年资金集中度达到且持续保持在 40%以上，且最近 1 年内月均存放同业余额不低于 30 亿元；（2）负责投资业务的从业人员中三分之二以上具有相应的专业资格或一定年限的从业经验；（3）财务公司开业 1 年以上，且经营状况良好；（4）注册资本不低于 3 亿元人民币或等值的可自由兑换货币；（5）符合审慎监管指标要求；（6）有比较完善的业务决策机制、风险控制制度、业务操作规程；（7）具有与业务经营相适应的安全且合规的信息系统，具备保障业务持续运营的技术与措施；（8）有相应的合格专业人员；（9）监管评级良好；（10）银保监会规章规定的其他审慎性条件。

财务公司申请开办对金融机构的股权投资业务，首先应具备以下两项条件之一：（1）最近 1 年资金集中度达到且持续保持在 50%以上，且最近 1 年内月均存放同业余额不低于 50 亿元；（2）最近 1 年资金集中度达到且持续保持在 30%以上，且最近 1 年内月均存放同业余额不低于 80 亿元。其次，还要具备如下条件：（1）财务公司开业 1 年以上，且经营状况良好；（2）注册资本不低于 3 亿元人民币或等值的可自由兑换货币；（3）符合审慎监管指标要求；（4）有比较完善的业务决策机制、风险控制制度、业务操作规程；（5）具有与业务经营相适应的安全且合规的信息系统，具备保障业务持续运营的技术与措施；（6）有相应的合格专业人员；（7）监管评级良好；（8）银保监会规章规定的其他审慎性条件。

财务公司申请开办成员单位产品消费信贷、买方信贷及融资租赁业务，应符合以下条件：（1）注册资本不低于 5 亿元人民币或等值的可自由兑换货币；（2）集团应有适合开办此类业务的产品；（3）现有信贷业务风险管理情况良好；（4）财务公司开业 1 年以上，且经营状况良好；（5）注册资本不低于 3 亿元人民币或等值的可自由兑换货币；（6）符合审慎监管指标要求；（7）有比较完善的业务决策机制、风险控制制度、业务操作规程；（8）具有与业务经营相适应的安全且合规的信息系统，具备保障业务持续运营的技术与措施；（9）有相应的合格专业人员；（10）监管评级良好；（11）银保监会规章规定的其他审慎性条件。

2. 财务公司发行金融债券

财务公司申请发行金融债券，应具备以下条件：（1）具有良好的公司治理结构、完善的内部控制体系；（2）具有从事金融债券发行的合格专业人员；（3）符合审慎监管指标要求；（4）注册资本不低于 5 亿元人民币或等值的可自由兑换货币；（5）最近 1 年不良资产率低于行业平均水平，贷款损失准备充足；（6）无到期不能支付的债务；（7）最近 1 年净资产不低于行业平均水平；（8）经营状况良好，最近 3 年连续盈利，3 年平均可分配利润足以支付所发行金融债券 1 年的利息，申请前 1 年利润率不低于行业平均水平，且有稳定的盈利预期；（9）已发行、尚未兑付的金融债券总额不得超过公司净资产总额的 100%；（10）最近 3 年无重大违法违规行为，或者已整改到位并经银保监会或其派出机构认可；（11）监管评级良好；（12）银保监会规章规定的其他审慎性条件。此外，财务公司发行金融债券应由集团母公司或其他有担保能力的成员单位提供担保。

3. 财务公司开办外汇业务

财务公司申请开办外汇业务，应当具备以下条件：（1）依法合规经营，内控制度健全有效，经营状况良好；（2）有健全的外汇业务操作规程和风险管理制度；（3）具有与外汇业务经营相适应的安全且合规的信息系统，具备保障业务持续运营的技术与措施；（4）有与开办外汇业务相适应的合格的外汇业务从业人员；（5）监管评级良好；（6）银保监会规章规定的其他审慎性条件。

4. 金融租赁公司在境内保税地区设立项目公司开展融资租赁业务

金融租赁公司在境内保税地区设立项目公司开展融资租赁业务，应具备以下条件：（1）符合审慎监管指标要求；（2）提足各项损失准备金后最近 1 个会计年度期末净资产不低于 10 亿元人民币或等值的可自由兑换货币；（3）具备良好的公司治理和内部控制体系；（4）具有与业务经营相适应的安全且合规的信息系统，具备保障业务持续运营的技术与措施；（5）具备开办业务所需要的有相关经验的专业人员；（6）制定了开办业务所需的业务操作流程、风险管理、内部控制和会计核算制度，并经董事会批准；（7）最近 3 年内无重大违法违规行为，或者已整改到位并经银保监会或其派出机构认可；（8）监管评级良好；（9）银保监会规章规定的其他审慎性条件。

5. 金融资产管理公司、金融租赁公司及其境内专业子公司、消费金融公司、汽车金融公司募集发行债务、资本补充工具

金融资产管理公司募集发行优先股、二级资本债券、金融债及依法须经银保监会许可的其他债务、资本补充工具，应具备以下条件：（1）具有良好的公司治理机制、完善的内部控制体系和健全的风险管理制度；（2）风险监管指标符合审慎监管要求，但出于维护金融安全和稳定需要的情形除外；（3）最近 3 个会计年度连续盈利；（4）银保监会规章规定的其他审慎性条件。

金融租赁公司及其境内专业子公司、消费金融公司、汽车金融公司募集发行优先股、二级资本债券、金融债及依法须经银保监会许可的其他债务、资本补充工具，应具备以下条件：(1)具有良好的公司治理机制、完善的内部控制体系和健全的风险管理制度；(2)资本充足性监管指标不低于监管部门的最低要求；(3)最近 3 个会计年度连续盈利；(4)风险监管指标符合审慎监管要求；(5)监管评级良好；(6)银保监会规章规定的其他审慎性条件。对于资质良好但成立未满 3 年的金融租赁公司及其境内专业子公司，可由具有担保能力的担保人提供担保。

6. 非银行金融机构资产证券化业务资格

非银行金融机构申请资产证券化业务资格，应当具备以下条件：(1)具有良好的社会信誉和经营业绩，最近 3 年内无重大违法违规行为，或者已整改到位并经银保监会或其派出机构认可；(2)具有良好的公司治理、风险管理体系和内部控制；(3)对开办资产证券化业务具有合理的目标定位和明确的战略规划，并且符合其总体经营目标和发展战略；(4)具有开办资产证券化业务所需要的专业人员、业务处理系统、会计核算系统、管理信息系统以及风险管理和内部控制制度；(5)监管评级良好；(6)银保监会规章规定的其他审慎性条件。

7. 非银行金融机构衍生产品交易业务资格

非银行金融机构衍生产品交易业务资格分为基础类资格和普通类资格。

基础类资格只能从事套期保值类衍生产品交易；普通类资格除基础类资格可以从事的衍生产品交易之外，还可以从事非套期保值类衍生产品交易。

非银行金融机构申请基础类衍生产品交易业务资格，应当具备以下条件：(1)有健全的衍生产品交易风险管理制度和内部控制制度；(2)具有接受相关衍生产品交易技能专门培训半年以上、从事衍生产品或相关交易 2 年以上的交易人员至少 2 名，相关风险管理人员至少 1 名，风险模型研究或风险分析人员至少 1 名，熟悉套期会计操作程序和制度规范的人员至少 1 名，以上人员均需专岗专人，相互不得兼任，且无不良记录；(3)有适当的交易场所和设备；(4)有处理法律事务和负责内控合规检查的专业部门及相关专业人员；(5)符合审慎监管指标要求；(6)监管评级良好；(7)银保监会规章规定的其他审慎性条件。

非银行金融机构申请普通类衍生产品交易业务资格，应当具备以下条件：(1)具备非银行金融机构申请基础类衍生产品交易业务资格；

(2)完善的衍生产品交易前中后台自动连接的业务处理系统和实时风险管理系统；(3)衍生产品交易业务主管人员应当具备5年以上直接参与衍生产品交易活动或风险管理的资历，且无不良记录；(4)严格的业务分离制度，确保套期保值类业务与非套期保值类业务的市场信息、风险管理、损益核算有效隔离；(5)完善的市场风险、操作风险、信用风险等风险管理框架；(6)银保监会规章规定的其他审慎性条件。

8. 非银行金融机构开办其他新业务

其他新业务，是指除上述业务以外的现行法律法规中已明确规定可以开办，但非银行金融机构尚未开办的业务。

非银行金融机构申请开办其他新业务，应当具备以下基本条件：(1)有良好的公司治理和内部控制；(2)经营状况良好，主要风险监管指标符合要求；(3)具有能有效识别和控制新业务风险的管理制度和健全的新业务操作规程；(4)具有与业务经营相适应的安全且合规的信息系统，具备保障业务持续运营的技术与措施；(5)有开办新业务所需的合格管理人员和业务人员；(6)最近3年内无重大违法违规行为，或者已整改到位并经银保监会或其派出机构认可；(7)监管评级良好；(8)银保监会规章规定的其他审慎性条件。

9. 非银行金融机构工作人员的任职要求

申请非银行金融机构董事和高级管理人员任职资格，拟任人应当具备以下基本条件：(1)具有完全民事行为能力；(2)具有良好的守法合规记录；(3)具有良好的品行、声誉；(4)具有担任拟任职务所需的相关知识、经验及能力；(5)具有良好的经济、金融从业记录；(6)个人及家庭财务稳健；(7)具有担任拟任职务所需的独立性；(8)履行对金融机构的忠实与勤勉义务。此外，金融监管部门对不同类型的非银行金融机构、不同层级的工作人员有不同的任职程序要求和任职专业知识结构要求。

四、从事证券业务的主体资质

证券是多种经济权益凭证的统称，也指专门的种类产品，是用来证明券票持有人享有某种特定权益的法律凭证，主要包括资本证券、货币证券和商品证券等。狭义上的证券主要指的是证券市场中的证券产品，其中包括产权市场产品如股票，债权市场产品如债券，衍生市场产品如股票期货、期权、利率期货等。证券活动是指证券发行、交易、销售等活动。证券公司是从事证券业务的公司。

(一)公开发行公司证券的资质

公开发行公司债券,应当符合下列条件:(1)具备健全且运行良好的组织机构;(2)最近三年平均可分配利润足以支付公司债券一年的利息;(3)国务院规定的其他条件。

再次公开发行证券的禁止性条款:(1)对已公开发行的公司债券或者其他债务有违约或者延迟支付本息的事实,仍处于继续状态;(2)违反本法规定,改变公开发行公司债券所募资金的用途。

(二)证券公司设立条件

设立证券公司,应当具备下列条件:(1)公司资质,即有符合法律、行政法规规定的公司章程。(2)员工资质,即主要股东及公司的实际控制人具有良好的财务状况和诚信记录,最近三年无重大违法违规记录。(3)有符合本法规定的公司注册资本。证券公司注册资本的特点在于:其一,业务范围不同,法定的注册资本也不完全一致。证券公司经营证券经纪、证券投资咨询和与证券交易、证券投资活动有关的财务顾问业务的,注册资本最低限额为人民币 5000 万元;经营证券承销与保荐、证券融资融券、证券做市交易、证券自营或者其他证券业务任何一项的,注册资本最低限额为人民币 1 亿元;经营证券承销与保荐、证券融资融券、证券做市交易、证券自营或者其他证券业务两项以上的,注册资本最低限额为人民币 5 亿元。其二,证券公司的注册资本应当是实缴资本。其三,国务院证券监督管理机构根据审慎监管原则和各项业务的风险程度,可以调整注册资本最低限额,但不得少于前款规定的限额。(4)董事、监事、高级管理人员、从业人员符合本法规定的条件,根据要求,证券公司应当有 3 名以上在证券业担任高级管理人员满 2 年的高级管理人员。(5)有完善的风险管理与内部控制制度。(6)有合格的经营场所、业务设施和信息技术系统。(7)法律、行政法规和经国务院批准的国务院证券监督管理机构规定的其他条件。

此外,证券公司开展活动必须经国务院证券监督管理机构批准。未经国务院证券监督管理机构批准,任何单位和个人不得以证券公司名义开展证券业务活动。

证券公司股东或者实际控制人的禁止性措施。有下列情形之一的单位或者个人,不得成为持有证券公司 5%以上股权的股东、实际控制人:(1)因故意犯罪被判处刑罚,刑罚执行完毕未逾 3 年;(2)净资产低于实收资本的 50%，或其负债达到净资产的 50%；（3）不能清偿到期债务；（4）国务院证券监督管理机构认定的其他情形。证券公司的其他股东应当符合国务院证券监督管理机构的相关要求。

（三）证券公司业务条件

融资融券业务，是指在证券交易所或者国务院批准的其他证券交易场所进行的证券交易中，证券公司向客户出借资金供其买入证券或者出借证券供其卖出，并由客户交存相应担保物的经营活动。

证券公司经营融资融券业务，应当具备下列条件：（1）证券公司治理结构健全，内部控制有效。（2）风险控制指标符合规定，财务状况、合规状况良好。（3）有经营融资融券业务所需的专业人员、技术条件、资金和证券。（4）有完善的融资融券业务管理制度和实施方案。（5）国务院证券监督管理机构规定的其他条件。

证券公司高级管理人员资质。担任证券公司的董事、监事、高级管理人员的条件包括：（1）品行资质，即应当正直诚实、品行良好。（2）业务资质，即要求熟悉证券法律、行政法规，具备履行职责所需的经营管理能力。（3）禁止性条款，自然人有如下三种情形中的任何一种，都不得担任证券公司的董事、监事、高级管理人员：一是有《中华人民共和国公司法》第 146 条规定的情形；二是因违法行为或者违纪行为被解除职务的证券交易场所、证券登记结算机构的负责人或者证券公司的董事、监事、高级管理人员，自被解除职务之日起未逾五年；三是因违法行为或者违纪行为被吊销执业证书或者被取消资格的律师、注册会计师或者其他证券服务机构的专业人员，自被吊销执业证书或者被取消资格之日起未逾五年。

证券业从业人员资质。证券业从业人员从事证券公司业务活动要满足如下条件：（1）品行资质，即从业人员应当品行良好。（2）业务资质，即具备从事证券业务所需的专业能力。（3）禁止性条款，下列人员不得从事证券业务专职或者兼职活动：一是因违法行为或者违纪行为被开除的证券交易场所、证券公司、证券登记结算机构、证券服务机构的从业人员和被开除的国家机关工作人员；二是国家机关工作人员和法律、行政法规规定的禁止在公司中兼职的其他人员。

证券交易内幕信息的知情人和披露义务人。证券交易中，禁止证券交易内幕信息的知情人和非法获取内幕信息的人利用内幕信息从事证券交易活动。证券交易内幕信息的知情人包括：（1）发行人及其董事、监事、高级管理人员；(2)持有公司5%以上股份的股东及其董事、监事、高级管理人员，公司的实际控制人及其董事、监事、高级管理人员；(3)发行人控股或者实际控制的公司及其董事、监事、高级管理人员；(4)由于所任公司职务或者因与公司业务往来可以获取公司有关内幕信息的人员；(5)上市公司收购人或者重大资产交易方及其控股股东、实际控制人、董事、监事和高级管理人员；(6)因职务、工作可以获取内幕信息的证券交易场所、证券公司、证券登记结算机构、证券服务机构的有关人员；(7)因职责、工作可以获取内幕信息的证券监督管理机构工作人员；(8)因法定职责对证券的发行、交易或者对上市公司及其收购、重大资产交易进行管理而可以获取内幕信息的有关主管部门、监管机构的工作人员；(9)国务院证券监督管理机构规定的可以获取内幕信息的其他人员。信息披露义务人，是指发行人及法律、行政法规和国务院证券监督管理机构规定的其他信息披露义务人，负有及时依法披露信息的义务。

(四)证券投资基金业务

证券投资基金业务，是指公开或者非公开募集资金设立证券投资基金(以下简称基金)，由基金管理人管理，基金托管人托管，为基金份额持有人的利益，进行证券投资活动。其包括公开募集基金和非公开募集基金两种方式。公开募集基金，应当经国务院证券监督管理机构注册。未经注册，不得公开或者变相公开募集基金。公开募集基金，包括向不特定对象募集资金、向特定对象募集资金累计超过200人，以及法律、行政法规规定的其他情形。非公开募集基金应当向合格投资者募集，合格投资者累计不得超过200人。合格投资者，是指达到规定的资产规模或者收入水平，并且具备相应的风险识别能力和风险承担能力、其基金份额认购金额不低于规定限额的单位和个人。开展基金业务的主体包括基金管理人、基金托管人。

基金管理人一般是基金管理公司。设立管理公开募集基金的基金管理公司，应当具备下列条件：(1)公司法资质。(2)资金资质。其一，注册资本不低于1亿元人民币；其二，必须为实缴货币资本。(3)业务资质。主要股东应当具有经营金融业务或者管理金融机构的良好业绩、良好的财务状况和社会信誉，资产规模达到国务院规定的标准。(4)品行资质，要求最近三年没有违法记录。(5)业务人员资质。其一，要求从业人员取得基金从业资格，其二，从业人员达到法定人数，其三，董事、监事、高级管理人员具备相应的任职条件。(6)有符合要求的营业场所、安全防范设施和与基金管理业务有关的其他设施。(7)有良好的内部治理结构、完善的内部稽核监控制度、风险控制制度。(8)法律、行政法规规定的和经国务院批准的国务院证券监督管理机构规定的其他条件。

担任公开募集基金的基金管理人的董事、监事和高级管理人员的条件：(1)业务资质，即应当熟悉证券投资方面的法律、行政法规，具有三年以上与其所任职务相关的工作经历。高级管理人员还应当具备基金从业资格。(2)禁止性条款，有下列情形之一的，不得担任公开募集基金的基金管理人的董事、监事、高级管理人员和其他从业人员：其一，因犯有贪污贿赂、渎职、侵犯财产罪或者破坏社会主义市场经济秩序罪，被判处刑罚的；其二，对所任职的公司、企业因经营不善破产清算或者因违法被吊销营业执照负有个人责任的董事、监事、厂长、高级管理人员，自该公司、企业破产清算终结或者被吊销营业执照之日起未逾五年的；其三，个人所负债务数额较大，到期未清偿的；其四，因违法行为被开除的基金管理人、基金托管人、证券交易所、证券公司、证券登记结算机构、期货交易所、期货公司及其他机构的从业人员和国家机关工作人员；其五，因违法行为被吊销执业证书或者被取消资格的律师、注册会计师和资产评估机构、验证机构的从业人员、投资咨询从业人员；其六，法律、行政法规规定不得从事基金业务的其他人员。(3)限制性规定。其一，公开募集基金的基金管理人的董事、监事、高级管理人员和其他从业人员，其本人、配偶、利害关系人进行证券投资，应当事先向基金管理人申报，并不得与基金份额持有人发生利益冲突；其二，公开募集基金的基金管理人的董事、监事、高级管理人员和其他从业人员，不得担任基金托管人或者其他基金管理人的任何职务，不得从事损害基金财产和基金份额持有人利益的证券交易及其他活动；其三，基金托管人与基金管理人不得为同一机构，不得相互出资或者持有股份。

基金托管人。担任基金托管人应当具备下列条件：(1)净资产和风险控制指标符合有关规定；(2)设有专门的基金托管部门；(3)取得基金从业资格的专职人员达到法定人数；(4)有安全保管基金财产的条件；(5)有安全高效的清算、交割系统；(6)有符合要求的营业场所、安全防范设施和与基金托管业务有关的其他设施；(7)有完善的内部稽核监控制度和风险控制制度；(8)法律、行政法规规定的和经国务院批准的国务院证券监督管理机构、国务院银行业监督管理机构规定的其他条件。

担任基金托管部门的高级管理人员和其他从业人员条件：(1)业务资质，即应当熟悉证券投资方面的法律、行政法规，具有三年以上与其所任职务相关的工作经历。高级管理人员还应当具备基金从业资格。(2)禁止性条款，有下列情形之一的，不得担任公开募集基金的基金托管人的董事、监事、高级管理人员和其他从业人员。其一，因犯有贪污贿赂、渎职、侵犯财产罪或者破坏社会主义市场经济秩序罪，被判处刑罚的；其二，对所任职的公司、企业因经营不善破产清算或者因违法被吊销营业执照负有个人责任的董事、监事、厂长、高级管理人员，自该公司、企业破产清算终结或者被吊销营业执照之日起未逾五年的；其三，个人所负债务数额较大，到期未清偿的；其四，因违法行为被开除的基金管理人、基金托管人，证券交易所、证券公司、证券登记结算机构、期货交易所、期货公司及其他机构的从业人员和国家机关工作人员；其五，因违法行为被吊销执业证书或者被取消资格的律师、注册会计师和资产评估机构、验证机构的从业人员、投资咨询从业人员；其六，法律、行政法规规定不得从事基金业务的其他人员。(3)限制性规定。其一，公开募集基金的基金托管人的董事、监事、高级管理人员和其他从业人员，其本人、配偶、利害关系人进行证券投资，应当事先向基金托管人申报，并不得与基金份额持有人发生利益冲突；其二，公开募集基金的基金托管人的董事、监事、高级管理人员和其他从业人员，不得担任基金托管人或者其他基金管理人的任何职务，不得从事损害基金财产和基金份额持有人利益的证券交易及其他活动；其三，基金托管人与基金管理人不得为同一机构，不得相互出资或者持有股份。

(五)其他证券机构

1. 证券登记结算结构

证券登记结算机构是指为证券交易提供集中登记、存管与结算服务，不以营利为目的，依法登记，取得法人资格的机构。证券登记结算机构的功能在于：(1)证券账户、结算账户的设立；(2)证券的存管和过户；(3)证券持有人名册登记；(4)证券交易的清算和交收；(5)受发行人的委托派发证券权益；(6)办理与上述业务有关的查询、信息服务。

设立证券登记结算机构，应当具备下列条件：(1)自有资金不少于人民币2亿元；（2）具有证券登记、存管和结算服务所必需的场所和设施；（3）国务院证券监督管理机构规定的其他条件。证券登记结算机构的名称中应当标明证券登记结算字样。

2. 证券服务机构

证券活动的服务机构，包括会计师事务所、律师事务所以及从事证券投资咨询、资产评估、资信评级、财务顾问、信息技术系统服务的证券服务机构，应当勤勉尽责、恪尽职守，按照相关业务规则为证券的交易及相关活动提供服务。

从事证券投资咨询服务业务，应当经国务院证券监督管理机构核准；未经核准，不得为证券的交易及相关活动提供服务。从事其他证券服务业务，应当报国务院证券监督管理机构和国务院有关主管部门备案。

五、从事保险业的主体资质

保险，是指投保人根据合同约定，向保险人支付保险费，保险人对于合同约定的可能发生的事故因其发生所造成的财产损失承担赔偿保险金责任，或者当被保险人死亡、伤残、疾病或者达到合同约定的年龄、期限等条件时承担给付保险金责任的商业保险行为。保险业和银行业、证券业、信托业实行分业经营、分业管理，保险公司与银行、证券、信托业务机构分别设立。国家另有规定的除外。

（一）保险公司

设立保险公司应当具备下列条件：（1）公司资质，要求有符合《保险法》和《公司法》规定的章程。（2）经营资质，要求主要股东具有持续盈利能力，信誉良好，最近三年内无重大违法违规记录，净资产不低于人民币2亿元。（3）资金资质，即有符合本法规定的注册资本。其一，保险公司的注册资本必须为实缴货币资本；其二，设立保险公司，注册资本的最低限额为人民币2亿元；其三，国务院保险监督管理机构根据保险公司的业务范围、经营规模，可以调整其注册资本的最低限额，但不得低于法定的限额。（4）业务资质，有具备专业知识和工作经验的董事、监事和高级管理人员。（5）有健全的组织机构和管理制度。（6）有符合要求的营业场所和与经营业务有关的其他设施。（7）法律、行政法规和国务院保险监督管理机构规定的其他条件。

(二)担任保险公司的董事、监事、高级管理人员

担任保险公司的董事、监事、高级管理人员的条件包括：(1)品行资质，应当品行良好。(2)业务资质，要求熟悉与保险相关的法律、行政法规，具有履行职责所需的经营管理能力，并在任职前取得保险监督管理机构核准的任职资格。(3)禁止性条款。下列人员不得担任保险公司的董事、监事、高级管理人员：其一，具有《公司法》第146条规定的情形的；其二，因违法行为或者违纪行为被金融监督管理机构取消任职资格的金融机构的董事、监事、高级管理人员，自被取消任职资格之日起未逾五年的；其三，因违法行为或者违纪行为被吊销执业资格的律师、注册会计师或者资产评估机构、验证机构等机构的专业人员，自被吊销执业资格之日起未逾五年的。

(三)保险代理人和保险经纪人

保险代理人是根据保险人的委托，向保险人收取佣金，并在保险人授权的范围内代为办理保险业务的机构或者个人。保险经纪人是基于投保人的利益，为投保人与保险人订立保险合同提供中介服务，并依法收取佣金的机构。

保险专业代理机构、保险经纪人的注册资本或者出资额必须为实缴货币资本。需以公司形式设立保险专业代理机构、保险经纪人，其注册资本最低限额适用《公司法》的规定。

国务院保险监督管理机构根据保险专业代理机构、保险经纪人的业务范围和经营规模，可以调整其注册资本的最低限额，但不得低于《公司法》规定的限额。

六、金融控股公司的主体资质

金融控股公司是指依法设立，控股或实际控制两个或两个以上不同类型金融机构，自身仅开展股权投资管理、不直接从事商业性经营活动的有限责任公司或股份有限公司。金融控股集团则是指金融控股公司及其所控股的机构共同构成的企业法人联合体。

(一)设立金融控股公司的强制性条件

非金融企业、自然人及经认可的法人实质控制两个或两个以上不同类型金融机构，并具有以下情形之一的，应当设立金融控股公司：

(1)实质控制的金融机构中含商业银行，金融机构的总资产规模不少于5000亿元的，或金融机构总资产规模少于5000亿元，但商业银行以外其他类型的金融机构的总资产规模不少于1000亿元或受托管理资产的总规模不少于5000亿元；(2)实质控制的金融机构不含商业银行，金融机构的总资产规模不少于1000亿元或受托管理资产的总规模不少于5000亿元；(3)实质控制的金融机构总资产规模或受托管理资产的总规模未达到第一项、第二项规定的标准，但中国人民银行按照宏观审慎监管要求，认为需要设立金融控股公司的。

符合前述规定条件的企业集团，如果企业集团内的金融资产占集团并表总资产的比重达到或超过85%的，可申请专门设立金融控股公司，由金融控股公司及其所控股的机构共同构成金融控股集团；也可按照本办法规定的设立金融控股公司的同等条件，由企业集团母公司直接申请成为金融控股公司，企业集团整体可被认定为金融控股集团，金融资产占集团并表总资产的比重应当持续达到或超过85%。

(二)申请设立金融控股公司的条件

申请设立金融控股公司的，应当具备以下条件：(1)应当具备《中华人民共和国公司法》规定的条件；(2)实缴注册资本额不低于50亿元人民币，且不低于直接所控股金融机构注册资本总和的50%；(3)拟设金融控股公司的股东、实际控制人符合相关法律、行政法规、国务院决定和本办法规定；(4)有符合任职条件的董事、监事和高级管理人员；(5)有健全的组织机构和有效的风险管理、内部控制制度；(6)有能力为所控股的金融机构持续补充资本。设立金融控股公司，还应当符合其他审慎性条件。

(三)持有金融控股公司股权不足5%且对金融控股公司经营管理无重大影响的非金融企业、自然人的条件

非金融企业、自然人持有金融控股公司股权不足5%且对金融控股公司经营管理无重大影响的，应当符合以下条件：(1)非金融企业应当依法设立，股权结构清晰，公司治理完善；(2)非金融企业和自然人最近三年无重大违法违规记录或重大不良信用记录，没有因涉嫌重大违法违规正在被调查或处于整改期间，不存在对所投资企业经营失败负有重大责任未逾三年的情形，不存在因故意犯罪被判处刑罚、刑罚执行完毕未逾五年的情形；(3)非金融企业不存在长期未实际开展业务、停业、

破产清算、治理结构缺失、内部控制失效等影响履行股东权利和义务的情形，不存在可能严重影响持续经营的担保、诉讼、仲裁或其他重大事项。

通过证券交易所、全国中小企业股份转让系统交易取得金融控股公司5%以下股份的股东，不适用本条前述规定。金融产品可以持有上市金融控股公司股份，但单一投资人、发行人或管理人及其实际控制人、关联方、一致行动人控制的金融产品持有同一金融控股公司股份合计不得超过该金融控股公司股份总额的5%。

（四）非金融企业、自然人申请设立或投资入股成为金融控股公司主要股东、控股股东或实际控制人的条件

非金融企业、自然人申请设立或投资入股成为金融控股公司主要股东、控股股东或实际控制人，应当在符合小股东的条件的同时，还符合以下条件：（1）非金融企业和自然人应当具有良好的信用记录和社会声誉。（2）非金融企业应当核心主业突出，资本实力雄厚，投资金融机构动机纯正，已制定合理的投资金融业的商业计划，不盲目向金融业扩张，不影响主营业务发展。（3）非金融企业应当公司治理规范，股权结构和组织架构清晰，股东、受益所有人结构透明，管理能力达标，具有有效的风险管理和内部控制机制。（4）非金融企业应当财务状况良好。成为主要股东的，应当最近两个会计年度连续盈利。成为控股股东或实际控制人的，应当最近三个会计年度连续盈利，年终分配后净资产达到总资产的40%（母公司财务报表口径），权益性投资余额不超过净资产的40%（合并财务报表口径）。（5）持有金融控股公司5%以上股份的自然人，应当具有履行金融机构股东权利和义务所需的知识、经验和能力。

（五）非金融企业、自然人及经认可的法人成为金融控股公司的主要股东、控股股东或实际控制人的限制性条款

非金融企业、自然人及经认可的法人存在下列情形之一的，不得成为金融控股公司的主要股东、控股股东或实际控制人：（1）股权存在权属纠纷；（2）曾经委托他人或接受他人委托持有金融控股公司或金融机构股权；（3）曾经虚假投资、循环注资金融机构，或在投资金融控股公司或金融机构时，提供虚假承诺或虚假材料；（4）曾经投资金融控股公司或金融机构，对金融控股公司或金融机构经营失败或重大违规行为负有重大责任；（5）曾经投资金融控股公司或金融机构，拒不配合中国人民银行或国务院银行保险监督管理机构、国务院证券监督管理机构、国家外汇管理部门监管。

(六)金融控股公司关联交易方

金融控股公司的关联方,是指与金融控股公司存在一方控制另一方,或对另一方施加重大影响关系,以及与金融控股公司同受一方控制或重大影响的自然人、法人、非法人组织或中国人民银行认定的其他主体等。金融控股公司的关联方包括股东类关联方、内部人关联方以及所有附属机构。

1. 金融控股公司的股东类关联方

股东类关联方包括:第一类,金融控股公司的控股股东、实际控制人,及其一致行动人、受益所有人;第二类,金融控股公司的主要股东及其控股股东、实际控制人、一致行动人、受益所有人;第三类,前两类所列关联自然人的配偶、父母、成年子女及兄弟姐妹,以及所列关联法人或非法人组织的董事、监事、高级管理人员;第四类,第一类关联方控制或施加重大影响的法人或非法人组织,第二类关联方控制的法人或非法人组织,以及本条第一类或者第二类关联自然人的配偶、父母、成年子女及兄弟姐妹控制的法人或非法人组织。此类关联方的具体主体包括:

控股股东,是指其出资额占金融控股公司资本总额50%以上或其持有的股份占金融控股公司股本总额50%以上的股东;出资额或持有股份的比例虽不足50%,但依其出资额或持有的股份所享有的表决权已足以对股东(大)会的决议产生控制性影响或能够实际支配公司行为的股东。

实际控制人,是指通过投资关系、协议或其他安排,能够实际支配公司行为的人。

一致行动人,是指通过协议、合作或其他途径,在行使表决权或参与其他经济活动时采取相同意思表示的自然人、法人或非法人组织。

受益所有人,是指最终拥有或实际控制市场主体,或者享有市场主体最终收益的自然人。

主要股东,是指持有或控制金融控股公司股份总额5%以上股份或表决权,或持有股份总额不足5%但对金融控股公司的经营管理有重大影响的股东。

2. 金融控股公司的内部人关联方

内部人关联方包括:第一类,金融控股公司的董事、监事、高级管理人员以及具有投融资等核心业务审批或决策权的人员；第二类，即第一类关联方的配偶、父母、成年子女及兄弟姐妹；第三类，即第一类、第二类关联方控制的法人或非法人组织。

3. 其他关联方

其他关联方，是根据穿透原则，可以被认定为金融控股公司的关联方的主体，包括：第一类，在过去 12 个月内或者根据相关协议安排在未来 12 个月内存在金融控股公司股东类和内部人类关联方情形之一的。第二类，金融控股公司股东类第一类、第二类关联方、内部人第一类关联方的其他关系密切的家庭成员。第三类，股东类第二类关联方，以及内部人第一类关联方可以施加重大影响的法人或非法人组织。第四类，金融控股公司附属机构的重要关联方，即可能对金融控股集团经营产生重大影响的附属机构股东、董事、监事、高级管理人员、合营企业、联营企业以及其他可能导致利益不当转移的自然人、法人或非法人组织。第五类，对金融控股公司有影响，与金融控股公司或其附属机构发生或可能发生未遵守商业合理原则、有失公允的交易行为，并可以从交易中获得利益的自然人、法人或非法人组织。第六类，中国人民银行及其分支机构根据穿透原则，认定可能导致金融控股公司或其附属机构利益不当转移的自然人、法人或非法人组织。

所谓"其他关系密切的家庭成员"，是指除配偶、父母、成年子女及兄弟姐妹以外的包括配偶的父母、子女的配偶、兄弟姐妹的配偶、配偶的兄弟姐妹以及其他可能产生利益转移的家庭成员。

七、从事期货交易的主体资质

期货交易，是指采用公开的集中交易方式或者国务院期货监督管理机构批准的其他方式进行的以期货合约或者期权合约为交易标的的交易活动。期货合约，是指由期货交易场所统一制定的、规定在将来某一特定的时间和地点交割一定数量标的物的标准化合约。期货合约包括商品期货合约和金融期货合约及其他期货合约。期权合约，是指期货交易场所统一制定的、规定买方有权在将来某一时间以特定价格买入或者卖出约定标的物(包括期货合约)的标准化合约。

(一) 期货交易所

设立期货交易所，由国务院期货监督管理机构审批。期货交易所不以营利为目的，按照其章程的规定实行自律管理。期货交易所以其全部财产承担民事责任。期货交易所的负责人由国务院期货监督管理机构任免。

有《中华人民共和国公司法》第 146 条规定的情形或者下列情形之一的，不得担任期货交易所的负责人、财务会计人员：（1）因违法行为或者违纪行为被解除职务的期货交易所、证券交易所、证券登记结算机构的负责人，或者期货公司、证券公司的董事、监事、高级管理人员，以及国务院期货监督管理机构规定的其他人员，自被解除职务之日起未逾 5 年；（2）因违法行为或者违纪行为被撤销资格的律师、注册会计师或者投资咨询机构、财务顾问机构、资信评级机构、资产评估机构、验证机构的专业人员，自被撤销资格之日起未逾 5 年。

(二) 期货公司

期货公司是依照《中华人民共和国公司法》和本条例规定设立的经营期货业务的金融机构。

申请设立期货公司，应当具备下列条件：（1）符合《中华人民共和国公司法》的规定；（2）注册资本最低限额为人民币 3000 万元；（3）董事、监事、高级管理人员具备任职条件，从业人员具有期货从业资格；（4）有符合法律、行政法规规定的公司章程；（5）主要股东以及实际控制人具有持续盈利能力，信誉良好，最近 3 年无重大违法违规记录；（6）有合格的经营场所和业务设施；（7）有健全的风险管理和内部控制制度；（8）国务院期货监督管理机构规定的其他条件。

(三) 期货交易主体

在期货交易所进行期货交易的，应当是期货交易所会员。

下列单位和个人不得从事期货交易，期货公司不得接受其委托为其进行期货交易：（1）国家机关和事业单位；（2）国务院期货监督管理机构、期货交易所、期货保证金安全存管监控机构和期货业协会的工作人员；（3）证券、期货市场禁止进入者；（4）未能提供开户证明材料的单位和个人；（5）国务院期货监督管理机构规定不得从事期货交易的其他单位和个人。

第六章　数字金融犯罪的主观理论

第一节　数字金融犯罪主观理论概述

犯罪是主客观要素的统一，任何犯罪都必须具有主观要素，否则容易造成客观归罪。由于数字金融犯罪具有很浓厚的行政犯色彩，在司法实践中，很容易出现对主观因素不够重视或者把握不当的问题，所以，应重视数字金融犯罪中的主观要件。

一、数字金融犯罪主观要件的机能

主观要件通常又称犯罪主观方面，是指刑法规定成立犯罪必须具备的、犯罪主体对自己实施的危害行为及其危害结果所持的心理态度。主观要件的内容，在英美刑法理论中被称为犯意，在德日等大陆法系国家刑法理论中被称为"罪过"。我国一般也将犯罪故意和犯罪过失统称为罪过。① 数字金融犯罪的主观要件在数字金融犯罪的构成中具有如下机能：

1. 主观要件体现的是行为人在实施数字金融行为时的心理态度。主观要件包括行为时的故意、过失、动机和目的等，这些因素属于普通心理活动的内容。在理论上，我们可以将心理内容进一步划分为认识因素和意志因素。认识因素是人对事物及其性质的认知，意志因素是人控制和支配自己行为的态度和意向。根据责任主义刑法的规定，认定行为构成犯罪，要求行为人的心理活动内容与犯罪行为有关联。数字金融犯罪的主观要件要体现行为人对具有违法性的数字金融行为及危害社会的现实结果所持的认识和意志两方面的心理态度。如果数字金融行为不能

---

① 参见贾宇主编：《刑法学（总论）》，高等教育出版社2019年版，第163页。

体现行为人对数字金融行为违法性或现实危害性结果的认识和意向，如行为人对事实缺乏认识能力，或者对行为无法进行控制，即便行为造成了损害结果，也不能认为行为人有犯罪的主观心理态度，而应当将该事实作为无罪过事件处理。数字金融行为具有创新性，其行为的危害性具有隐秘性特征，因此对数字金融行为的违法性与危害性认识与对传统犯罪行为的认识有明显的差异。

2. 主观要件体现的是行为人实施数字金融行为的主观恶性。我国刑法坚持主客观相统一原则，既反对客观归罪，也反对主观归罪。只有犯罪思想，而没有在这种思想支配下的危害行为，不构成犯罪；反之，只有行为和结果，而缺乏体现社会危害性的心理态度，也不能构成犯罪。因此，数字金融行为的主观方面是行为人承担罪责的主观基础。犯罪的主观方面反映了行为人对数字金融刑法规范及其所保护的数字金融相关法益的否定态度。其中，犯罪故意体现了行为人对数字金融刑法规范及其所保护的法益持有敌视或蔑视态度，犯罪过失体现了行为人对数字金融刑法规范及其所保护的法益持有漠视或忽视态度。主观要件体现了行为人的主观恶性，并与犯罪的客观方面要件共同揭示行为的社会危害性。

3. 主观要件是成立数字金融犯罪的法定条件。犯罪的主观方面从一个方面体现行为的社会危害性。现代刑法反对"客观归罪"，不仅要求在认定犯罪时考虑犯罪的心理态度，而且在刑法中明文规定主观方面的犯罪构成要件。《刑法》第 16 条从反面表明，任何犯罪都必须包括故意或者过失的心理态度，这是一个基本性的要求。除此之外，在数字金融刑法规范中，有的明确规定某罪由故意构成，有的明确规定某罪由过失构成，如"过失犯前款罪"；有的条文以"意图""明知""以……为目的"等表述故意，有的条文则以"严重不负责任……致使国家利益遭受重大损失"等表述过失。

行为人不是在罪过心理状态下实施的行为以及所造成的客观损害，不具有刑法意义上的社会危害性，不能构成犯罪。对此，《刑法》第 16 条所规定的意外事件与不可抗力已明确表明：任何行为要成立犯罪，行为人主观必须具有犯罪的故意或者犯罪的过失。这是主观与客观相统一的必然结论。同时，主观要件与犯罪客观方面存在着有机的联系，共同构成犯罪行为统一体。这种有机联系表现在：一方面，人在客观上危害社会的活动，只有受到主观上犯罪故意或过失的支配、制约时，才是刑法中的犯罪行为；另一方面，这种主观上的心理活动只有表现在刑法所禁止的危害社会的行为和危害结果上时，才是犯罪的主观方面。离开任何一个方面，另一方面也就丧失了刑法评价的基础，也就不存在所谓的犯罪。

二、数字金融犯罪的罪过

(一)数字金融犯罪的罪过内容

数字金融犯罪主观要件的内容包括故意、过失以及动机、犯罪目的等因素。故意或者过失是任何犯罪都必须具备的一个要件。主观上不是出于故意也不是出于过失就谈不上构成犯罪。因此，犯罪故意和犯罪过失是罪过的两个基本类型，任何犯罪都必须具备其中之一，所以也被称为基本(必备)要件。犯罪故意或者犯罪过失由刑法总则的条文加以规定。

从刑法对具体犯罪的规定来看，犯罪目的只是某些故意犯罪必须具备的要件，在数字刑法中也是如此。如《刑法》第175条之一的骗取贷款罪，并不要求特定目的，但是，第193条的贷款诈骗罪，明确规定了"以非法占有为目的"，该目的要件也是区分骗取贷款罪和贷款诈骗罪的一个重要条件；再如非法吸收公众存款罪不要求具备非法占有的目的，但是集资诈骗罪则要求具备非法占有的目的，这也是区分二罪的重要条件。一般认为，单独的犯罪动机在我国刑法中不属于构成要件，但在具体的犯罪构成以"情节严重""情节恶劣"为构成犯罪的必要条件时，犯罪动机可以与其他因素一起成为"情节严重""情节恶劣"的具体因素从而影响定罪。

(二)数字金融犯罪的罪过因素

数字金融犯罪的罪过因素，即主观要件的认识和意志状态，是指行为人实施危害行为时，认识到或者应当有所认识的事实内容，以及基于该认识体现出的意志状态。

所谓认识到或者应当有所认识的事实内容，就是罪过的认识因素，是指行为人对于犯罪构成所要求的事实的认识和辨别。行为人具有认识的能力是行为人负刑事责任的主观前提。如果不可能有这种认识，罪过便无从谈起。法律条文中的"应当预见""已经预见""明知"，就是对主观要件认识因素的法律规定。

但是，仅具有认识因素还不能认定行为人主观上具有犯罪故意或犯罪过失。只有当行为人在此基础上产生了实施某种危害社会行为的意向，并将其思想见诸行动时，才能说行为人在主观上具有犯罪的意志状态，才能判断其具有犯罪故意或犯罪过失。《刑法》第 14 条和第 15 条中所规定的"希望""放任""疏忽大意""轻信能够避免"等，就是对犯罪意志因素的法定概括。犯罪的意志因素同样是罪过成立的必要条件之一。如明知他人从事欺诈发行证券，非法吸收公众存款，擅自发行股票、企业债券，集资诈骗或者组织、领导传销活动等集资犯罪活动，为其提供广告等宣传的，以相关犯罪的共犯论处，就体现了认识因素与意志因素的结合。

认识因素和意志因素虽然都是罪过成立的必要条件，但二者对于罪过形式的意义不同。认识因素是罪过形式的基础，无认识因素就不可能形成意志因素；意志因素是在认识因素基础上形成，是认识因素的发展，如果仅有认识而最终没有形成实施危害行为的意志态度，就不能认为具有罪过。

第二节　数字金融犯罪中的故意与过失

一、数字金融犯罪的故意

故意是一种基本的责任形式。[1] 数字金融犯罪的故意是行为人在实施金融犯罪时所表现的犯罪故意，所以理解数字金融犯罪不得脱离犯罪故意的基本原理。《刑法》第 14 条第 1 款规定："明知自己的行为会发生危害社会的结果，并且希望或者放任这种结果发生，因而构成犯罪的，是故意犯罪。"据此，所谓数字金融犯罪的故意，指的是行为人明知自己实施的金融行为会发生危害社会的结果，并且希望或者放任这种结果发生的心理态度，其包括明知和意志两方面因素。

(一)行为人明知自己的金融行为会发生危害社会的结果

"明知自己的行为会发生危害社会的结果"，是成立犯罪故意的主观认识要素，它包括认识的内容和明知的程度两方面的内容。

但是，判断数字金融犯罪的故意，需要从两个场景以反向方式证明行为人具有犯罪故意。对于犯罪故意中明知的内容，理论上通常认为包

---

[1]　参见王勇：《互联网时代的金融犯罪变迁与刑法规制转向》，《当代法学》2018 年第 3 期。

括两个方面：一是行为人对犯罪构成要件事实本身的认识；二是行为人对犯罪构成要件事实的评价性认识。实践判断的要点有两点：一是行为人对其行为事实是否存在错误认识；二是行为人是否持续实施符合数字金融犯罪构成要件的行为。否定行为人具有犯罪故意分为两个步骤：第一步先审查行为人是否对自己的行为事实本身存在错误认识，如有，则排除其具有犯罪故意；第二步审查行为人对于违法事实所持的态度，即行为人是否明显对其所涉及的违法行为持否定态度，一般表现为及时脱离违法行为，而不是持续实施该行为。①

1. 认识的内容

认识的内容，也即"明知"的内容，在理论上存在分歧。马克昌教授认为，在犯罪故意的认识内容中，对危害结果的明确认识是最根本的明知内容。危害结果是犯罪行为危害社会具体的、客观的表现。某种行为之所以被认为是犯罪行为，就是因为行为客观上给社会造成或可能造成危害。如果行为没有也不可能造成这种危害的结果，那么便不能认为是犯罪。同时，危害结果的发生，也是刑法所保护的社会关系遭受犯罪行为侵害的具体体现。既然行为人已经认识到自己的行为会发生危害社会的结果，那么行为人对其行为的性质、对犯罪客体和作为选择要件的犯罪对象的实施情况当然也应该是清楚的。② 我们认为，一般的认识要素，包括两方面：其一，客观的构成要件要素，即构成要件中被记述的要素，这些都是认识中的必要要素，因此对于行为主体、行为客体、行为自体、行为状态、行为结果、行为与结果之间的联系等，都有认识的必要；其二，规范的构成要件要素，例如财物的他属性、行为的危险性、文书性，如果行为人对这些要素不能理解，就不能满足构成要件的主观要素要求。③

在数字金融犯罪中，在认定明知的内容时，以下要素是必须认识的。

（1）危害行为

虽然刑法规定"明知自己的行为会发生危害社会的结果"，但不能仅仅限于对结果的认识，因为行为是犯罪的核心要件，无行为则无犯罪，故此，在数字金融犯罪中，行为人首先必须认识自己的行为。对行

---

① 参见江苏省无锡市梁溪区人民检察院课题组：《互联网金融犯罪案件适用法律相关问题研究》，《人民检察》2019 年第 13 期。

② 参见马克昌：《犯罪通论》，武汉大学出版社 1991 年版，第 305~307 页。

③ 参见童德华：《外国刑法导论》，中国法制出版社 2010 年版，第 123 页。

为的认识,主要是对自己行为的方式及社会性质的认识。在特殊场合还需要认识如下内容:一是行为的手段。如恶意透支的,行为人必须认识到透支超过限额和超期的事实,且发卡银行已经进行过催收,而不能单纯以行为人超额作为认定的条件。二是行为是在一定条件下进行的。在洗钱罪中,行为人必须认识到掩饰隐瞒的财产是毒品犯罪、黑社会性质的组织犯罪、恐怖活动犯罪、走私犯罪、贪污贿赂犯罪、破坏金融管理秩序犯罪、金融诈骗犯罪的所得及其产生的收益(《刑法》第191条);非法狩猎罪(《刑法》第341条)中,就是以禁渔区、禁猎区为特定的地点要件,以禁渔期、禁猎期为特定的时间要件,以禁用的工具、方法为特定的方法要件。如果行为人对此不能认识,就势必会影响对犯罪故意的认定。

案例:原审法院判决认定,2015年6月至2017年8月,被告人甲任迭部县农村信用合作联社A信用社负责人,被告人乙任A信用社客户经理(信贷员)。2016年,李某某等三人在迭部县达拉乡岗岭村投资经营砂场过程中因缺乏资金,遂请求甲帮忙贷款,甲告知李某某等人自己只有10万元农户小额信用贷款审批权限,可通过借取他人身份证件为李某某等人发放多笔贷款。李某某等三人便借取尕某某等28人的身份证及部分人员的户口本,于2016年1月至2018年2月,先后在A信用社办理28笔农户小额信用贷款。甲明知李某某等3人不符合贷款身份且3人系借取他人证件贷款,并在多数证件持有人未到场的情况下,安排乙为李某某等人办理农户小额贷款手续。乙明知李某某等借用他人名义贷款,仍按照甲的安排编造贷款用途、制作虚假面谈记录等,由李某某等人以李某某等28人的名义签订贷款合同,先后办理农户小额信用贷款手续28笔(每笔10万元),向李某某等28人名下账户发放贷款共计280万元。李某某等人名下账户贷款到账后,均在当日或二三日内通过转账、取现等方式转至李某某等名下银行卡内;部分贷款通过贷款人账户向他人银行卡转账后取现等方式转至李某某名下银行卡内。案发后,除两笔贷款已由李某某归还,日某某名下贷款中的1.5万元自用部分由日某某本人清偿外,其余26笔贷款现已全部逾期。原审法院判决认为,被告人甲、乙作为金融机构的工作人员,违反国家规定违法发放贷款280万元,数额巨大,二被告人的行为均构成违法发放贷款罪,依法应予惩处。① 在本案例中,贷款规定对于贷款流程有严格限制,被告

---

① 参见甘肃省甘南藏族自治州中级人民法院刑事裁定书:(2020)甘30刑终23号。

人对此也是知道的,但是,其在名义借款人不到场的情况,擅自办理贷款,显然违反了规定,其对行为的危害主观上有故意。

(2)行为结果

行为结果是行为对刑法所保护的社会关系可能或者已经造成的损害。因此,行为结果并非危害结果。要求对行为结果的认识,是因为它能揭示行为人的认识和意志两方面的因素,如果行为人认识到某种有危害的行为结果,必然对其社会危害性有认识。当行为人认识到其社会危害性而作出行为时,根据其行为的形态,很容易推断其主观上的意向。反之,如果行为人没有认识到行为危害社会的结果,则不能反映犯罪故意中的意向,因此,就不能成立故意。特别是在结果犯中,需要对于特定结果的认识,如骗取贷款要对可能造成重大损失有认识。

(3)行为对象

行为对象是行为人的行为导致行为结果的媒介。尽管行为对象不是犯罪的必要条件,但是,对行为对象的认识,决定了行为人对行为结果的认识。在数字金融犯罪中,此类行为对象很多,如骗取贷款、票据承兑、金融票证罪,要求行为人认识到行为对象是贷款、票据承兑、信用证、保函等。而伪造、变造金融票证罪的对象是汇票、本票、支票、委托收款凭证、汇款凭证、银行存单等其他银行结算凭证、信用证或者附随的单据、文件、信用卡等。

(4)违法性认识问题

考虑到数字金融犯罪具有行政犯的色彩,所以行为人是否具有违法性认识十分重要。在过去,一直根据"不知法不赦"这一格言处理这个问题,即行为人即便不知道行为的违法性,也可以成立故意。但是,现在外国刑法理论上则有不同看法。受其影响,我国刑法学中也出现了如下分歧。观点一为不必要说,即坚持不知法不赦的原则,即便行为人不知道行为的违法性,也不阻却故意的成立。[1] 观点二为必要说,认为犯罪故意的成立,必须具备违法性的认识。[2] 在这两种对立观点之间,还

① 参见高铭暄、马克昌主编:《刑法学》,北京大学出版社、高等教育出版社2019年版,第104~105页;杨春洗、杨敦先主编:《中国刑法论》,北京大学出版社1998年版,第108页;贾宇主编:《刑法学(总论)》,高等教育出版社2019年版,第167页;周光权:《刑法总论》,中国人民大学出版社2016年版,第154页。

② 参见赵秉志主编:《犯罪总论问题探索》,法律出版社2003年版,第227~228页;黎宏:《刑法学总论》,法律出版社2016年版,第187页。

有观点认为，刑法中的社会危害性具备刑事违法性的特征，刑事违法性可以通过社会危害性反映出来，因此，在认定故意时，只需要查明行为人对社会危害性是否有认识即可，而不必另外查明他对刑事违法性是否有认识。① 本书认为，社会危害性认识和违法性认识在一般情况下是一致的，但是，对两者进行评价的标准和基础很可能不一样。例如，社会危害性是一种实质性的评价，而违法性是一种形式的评价；此外，社会危害性评价不排除主观因素，而违法性可能以客观的法规范为前提，因此，理论上不能认为有社会危害性认识就必然有违法性认识，特别是在罪刑法定原则下，更不能因为行为人有社会危害性认识就必然推定其有违法性认识。相反，根据法律的要求，行为人即便没有违法性认识也不阻却故意的情形是客观存在的。因此，根据我国刑法的规定，结合实际的要求，我们还是应当坚持"不知法不赦"的原则。当然，在行为人明显不可能知道法律规定的情况下，应当减轻或者免除其刑事责任。

在司法实践中，涉及数字金融犯罪的涉案当事人多以法律规定不明确、行政法规规定不完善、自身对金融行政法规不了解等因素为由否认其主观上具有犯罪故意。但司法机关主要考虑的不是行为人是否认识到违法性，而是考虑行为人是否具有违法性认识的可能性。根据最高人民检察院《关于办理涉数字金融犯罪案件有关问题座谈会纪要》的规定，"原则上认定主观故意并不要求行为人明知法律的禁止性规定。特别是具备一定涉金融活动相关从业经历、专业背景或在犯罪活动中担任一定管理职务的犯罪嫌疑人，应当知晓相关金融法律管理规定"，该规定明确了对行为人违法性认识可能性的判断标准，至于如何判断行为人有违法性认识可能性，并非以社会一般人作为认识可能性的参照标准，而是采取主观的、个别化标准。②

司法人员判断违法性认识可能性时，主要从两个方面进行调查：一是行为人所谓的认识错误是否可以避免。对此，检察人员一般会提供行为人的性别、学历、专业背景、职务、从业经历、奖惩记录等证据，审判人员需要凭借经验法则认定其是否符合类型化专业人员的一般专业水平和能力，如果行为人只要其谨慎努力、对法律忠诚，就可以咨询到禁

---

① 参见马克昌主编：《犯罪通论》，武汉大学出版社 1999 年版，第 336~337 页。

② 参见江苏省无锡市梁溪区人民检察院课题组：《互联网金融犯罪案件适用法律相关问题研究》，《人民检察》2019 年第 13 期。

止性的法律规定，则该错误是可以避免的，而行为人的认识错误是不可避免的。对此，通常由被告方提出证据，证明行为人具有特殊的知识背景、生活背景等，如行为人文化水平低、长期生活在偏僻地区、从业时间短、信息获取匮乏等特殊状况。审判人员应针对检察机关的指控，对行为人是否达到了类型化专业人员一般的专业水平和能力进行综合评判，如果认为行为人无论如何谨慎，在具体场合都无法避免该错误认识的，就可以否定其违法性认识错误。

对于金融犯罪的证据规则，存在与过去不同的要求。按照传统规则，"谁主张，谁举证"，对此，检察机关有责任、有义务证明行为人具有一般人、类型化专门人员的知识能力和专业水平。在从事金融业务的过程中，一名专业的从业人员，一般是在某个金融领域具有多年从业经验的人员，理应具备相应的知识水平，有义务熟知该领域所涉及的法律规范，达到该职业的基本要求。所以，在通常情况下，从事特定金融业务的人员，不应以其不了解法律规定为由推卸责任。但是，由于数字金融经营结构复杂，存在大量以金融创新为名规避金融监管的经营方式，金融从业人员往往难以判断，对此显然不能将审查义务单向赋予侦查人员，因此在这种场景下，应该允许行为人在达到一般人具有的认识可能性的时候，自行举证并做有利于自己的辩解。① 因此，最高人民法院、最高人民检察院、公安部《关于办理非法集资刑事案件若干问题的意见》的相关规定认为，认定被告人是否具有非法吸收公众存款的犯罪故意，应当依据被告人的任职情况、职业经历、专业背景、培训经历、本人因同类行为受到行政机关处罚或者刑事追究以及吸收资金方式、宣传推广、合同资料、业务流程等证据，结合其供述，进行综合分析、判断。

对数字金融犯罪首先要坚持两分法，将数字金融犯罪分为外源性数字金融犯罪与内源性数字金融犯罪，鉴于数字创新的实际情况，要将外源性犯罪主体的违法性认识作为犯罪评价的主要因素，但是对于内源性犯罪，则要根据金融监管要求进行判断。其次，对内源性数字金融犯罪，可以采取三分法，区分金融机构高级管理人员、金融机构中层管理人员、金融机构普通员工和金融业务辅助人员，根据各自的从业要求分

---

①　参见李兰英、傅以：《网络金融犯罪中违法性认识错误可避免的司法判断》，《南京大学学报(哲学·人文科学·社会科学版)》2021年第5期。

别确定违法性认识的要求及其可能性。①

金融机构高级管理人员和中级管理人员，都是经过专门培训的金融从业者，都应被视为具有违法性认识的主体；但是金融机构基层员工或者辅助人员，素质参差不齐，法律没有对其法律技能做出强制性要求，所以存在因为对工作流程认识片面而缺乏违法性认识的可能性，如在话术诈骗中，员工由于个人能力，很难意识到自己参与到了诈骗环节之中，对于这些主体，其违法性认识应作为责任评价的一种要素。值得注意的是，由于数字金融犯罪是数字技术与金融业务的结合，因此数字技术支持人员在犯罪中的地位发生了变化，他们如果缺乏对犯罪事实的认识，往往难以为数字金融犯罪创设必要的场景，所以，这些人往往也具有违法性认识。

案例：天津市滨海新区人民检察院指控，2014年4月，甲（另案处理）为了面向社会吸收资金，设立了A财富（天津）科技有限公司（以下简称"A公司"）。在公司不具备金融机构资质，未经金融监管部门批准的情况下，以中介方名义为借贷双方客户提供点对点服务的经营模式，在互联网及手机上搭建名为"八条鱼"的线上理财平台，采用网络宣传、新闻媒体推介、发布会等形式，向社会不特定公众进行宣传，并以高息为诱饵，在网络上签订《借款及居间服务协议》。截至案发时，共向43680名投资人非法吸收人民币3746301881.14元（以下均为人民币），尚有637546503.24元未返还。被告人乙、丙、丁在明知公司不具备金融机构资质，未经金融监管部门批准的情况下，开发设计"八条鱼"平台、风控系统以及理财产品，为吸揽资金提供帮助；被告人乙、丙多次参加"八条鱼"平台的宣传、推广活动。被告人乙、丁在应对金融局合规性经营检查期间，主持并参与修改平台数据、公司账目等活动，掩盖A公司自融痕迹。经审计，乙涉案金额为2500337770.14元，丙涉案金额2496734899.14元，丁涉案金额为506913905.12元。在审理过程中，部分被告人的辩护人提出他们不具有违法性认识或者没有犯罪的主观故意。②

根据裁判文书的说理，法院的判决是正确的。其一，《最高人民检察院关于办理涉互联网金融犯罪案件有关问题座谈会纪要》的相关规定

---

① 参见刘宪权、朱彦：《论互联网金融犯罪中的明知》，《人民检察》2019年第2期。

② 参见天津市滨海新区人民法院刑事判决书：（2019）津0116刑初80167号。

认为，在非法吸收公众存款中，原则上认定主观故意并不要求以明知法律的禁止性规定为要件。特别是具备一定金融活动相关从业经历、专业背景或在犯罪活动中担任一定管理职务的嫌疑人，应当知晓相关金融法律管理规定。如果有证据证明其实际从事的行为应当批准而未经批准，行为在客观上具有非法性，原则上就可以认定其具有非法吸收公众存款的主观故意。其二，根据员工信息表及被告人供述等证据可以证明，乙、丙、丁及戊大学期间所学专业分别是信息管理与信息系统、电子信息技术、会计学及计算机，均有计算机信息技术或者经济学方面的专业背景。其三，具体到个人的认识能力和水平，乙除了担任原 A 公司总经理外，还担任技术部负责人，在应对金融局合规性经营检查期间参与修改平台数据、公司账目等，企图掩盖 A 公司自融痕迹，亦供称知道 A 公司只是一个科技公司，不是金融机构也没有金融资质；丙担任 A 公司产品部经理，不仅参与设计"八条鱼"平台上的各类理财产品用于互联网对外吸收资金，还参与"八条鱼"平台的宣传、推广活动，其亦曾供称知道公司运营 P2P 需要证照，而 A 公司既不是金融机构也没有金融服务资质；丁担任 A 公司风控部和财务部负责人，其曾供称是因为有相关从业经验而被甲请来开发 A 公司风控系统，在应对金融局合规性经营检查期间，主持并参与修改平台数据、公司账目等，企图掩盖 A 公司自融痕迹；戊在 A 公司先后担任行政总监及市场总监等职务，属于担任中层领导管理职务的人员，负责 A 公司"八条鱼"平台的活动策划和对外宣传工作，还实地考察过其他 P2P 平台，对于"八条鱼"平台的非法集资活动起到了促进和帮助作用，其亦供称担任市场总监时，知道前期"八条鱼"平台做的是分散理财的模式。综上所述，乙、丙、丁、戊等人在本案集资活动中均担任公司领导或部门领导等管理职务，亦具有涉互联网或经济学方面的专业背景，对"八条鱼"理财平台运行中存在违规违法行为亦有认知，均应认定为具有非法吸收公众存款的犯罪故意，上述辩护意见均不能成立，法院均不予采纳。

2. 明知的程度

明知的程度，也就是认识的程度。所谓明知，是一种概括的预见，包括确实知道和应当知道。在我国刑法犯罪故意的规定中，要求行为人明知自己的行为"会发生"危害社会的结果。具体说，"会发生"包括"必然发生"和"可能发生"两种情况。明知"必然发生"，是指行为人对危害结果的发生持有确定认识；明知"可能发生"，是指行为人对危害结果的发生与否持有一种不能完全确定的认识，即结果可能发生，也可能不发生。在数字金融犯罪中，大多数从业者熟知金融违规行为的结构，所以一般都会预见行为的后果。例如证券、期货交易内幕信息的知情人员，在所涉及证券的发行，证券、期货交易或者其他对证券、期货交易价格有重大影响的信息尚未公开前，买入或者卖出该证券、期货的，就可以预见其行为必然会对证券、期货交易产生影响。

鉴于数字金融业务行为具有较高的技术性，所以，对金融从业者或者非金融从业者的明知判断不应该一视同仁，而要区分内源性数字金融犯罪与外源性数字金融犯罪的特点，进行分类确定。即便是内源性数字金融犯罪，也要考虑到从业资格进一步分类判断。①

（1）数字金融企业创始人和高管的明知

数字金融企业的创始人和高管是数字金融企业的核心成员，其对企业参与数字金融犯罪的明知程度高是毋庸置疑的。其一，在数字金融犯罪中，数字金融企业的创始人和高管往往是数字金融犯罪的决策者、组织者。他们对数字金融企业成立的条件、业务范围等金融监管规定是知晓的。其二，在数字金融企业成立后，为了开展工作，还要制定或者知晓企业章程，为了从事金融业务、明确经营范围，在他们的主导下企业必须办理各类行政审批与备案手续。因此，对于此类主体，在其明知的认定上，基本上可以采取严格责任制度，没有必要进行专门的审查。但在如下几个特殊场合也允许其进行有利于自己的辩解：一是创始人或高管未进行实质审查就直接签字的；二是企业创始人声称其不具体负责企业的业务运营和设计，仅负责贯彻企业理念和开拓对外市场，故不知道非法业务开展的情形。由于刑法中的明知包括确实知道、可能知道以及应当知道等情况，所以，创始人或者高级管理人员辩称其不知道，并不能作为阻却对其明知的判断。只有在他们能够拿出足够的证据证明自己无法开展实质审查或者确实不曾从事过具体管理事务的情况下，才能否定其明知。

（2）数字金融企业中层和基层业务人员的明知

中层管理人员是数字金融企业的传导者，也是将公司的决策予以贯彻实施的组织者。他们能成为数字金融企业的中层，说明他们具有较强的职业技能、管理能力，知晓金融监管法律知识。这意味着，在单位的数字金融犯罪案件中，无论他们是积极的参与者还是被动的参与者，都

---

① 参见刘宪权、朱彦：《论互联网金融犯罪中的明知》，《人民检察》2019 年第 2 期。

不能否定其主观上明知的事实，所以对这些人员的明知一般都没有特殊辩解的余地。他们是数字金融犯罪的直接组织者或者实施者，是直接责任人员。

（3）数字金融企业基层员工的明知

基层员工是企业生产经营中等级较低的执行者。由于基层员工流动性大、工作简单，所以其对单位的认同感较弱、社会责任意识也较为薄弱，他们往往是为了谋求一个工作才到数字金融企业从事工作，有些人甚至是因为随大流才到数字金融企业工作。从现实情况看，一方面，基层员工只关心企业是否给自己发工资，对于企业具体是从事何种性质的经营并不清楚；另一方面，数字金融犯罪涉案企业为了掩饰犯罪性质，往往对相关业务进行包装处理，降低其违法行为的可识别性，因此判断基层员工的违法性认识要慎重。

（二）行为人"希望或者放任"危害社会的结果发生

行为人不仅要认识到自己的行为会发生危害社会的结果，并且希望或者放任这种结果发生，这是故意的意志因素。根据刑法的规定，故意的意志表现为两种情形。

1. 希望结果发生，是指行为人对结果的发生持有积极追求的心理态度。它表现为行为人以特定的危害结果作为自己行为的直接目的，企图利用各种有利的条件，实施一系列活动以促使该结果的发生。

2. 放任结果发生，是行为人对特定的危害结果，虽不希望其发生的，但又不阻止这一结果发生，即对该结果的发生采取容忍的心理态度。它表现为对危害结果发生的听之任之，结果发生可以，不发生也可以。总之，它的结果都在行为人的意料之中，但行为人对该危害结果的发生不加控制，不采取措施予以阻止，听之任之。

二、数字金融犯罪故意的类型

根据刑法的规定，犯罪故意可分为直接故意和间接故意。

（一）直接故意

直接故意，是指行为人明知自己的行为会发生危害社会的结果，并且希望这种结果发生的心理态度。直接故意具有两个特征：其一，在认识因素上，行为人明知自己的行为会发生危害社会的结果；其二，在意志因素上，行为人希望危害社会的结果发生。这两个特征对于直接故意的成立缺一不可。根据犯罪故意中明知程度的不同，直接故意可表现为两种情形：（1）行为人明知自己的行为必然会发生危害社会的结果，并且希望这种结果发生；（2）行为人明知自己的行为可能发生危害社会的结果，并且希望这种结果发生。

从刑法规定来看，行为人的主观罪过的直接故意可以构成金融犯罪是没有争议的。在数字金融犯罪中，以直接故意方式存在的犯罪包括：资助危害国家安全犯罪活动罪，间谍罪，为境外窃取、刺探、收买、非法提供国家秘密、情报罪，帮助恐怖活动罪，欺诈发行股票、债券罪，妨害清算罪，隐匿、故意销毁会计凭证、会计账簿、财务会计报告罪，虚假破产罪，非法经营同类营业罪，为亲友非法牟利罪，徇私舞弊低价折股、出售国有资产罪，背信损害上市企业利益罪，伪造货币罪，出售、购买、运输假币罪，金融机构工作人员购买假币、以假币换取货币罪，持有、使用假币罪，变造货币罪，擅自设立金融机构罪，伪造、变造、转让金融机构经营许可证、批准文件罪，高利转贷罪，非法吸收公众存款罪，伪造、变造金融票证罪，妨害信用卡管理罪，窃取、收买、非法提供信用卡信息资料罪，伪造、变造国家有价证券罪，伪造、变造股票、公司企业债券罪，擅自发行股票、公司、企业债券罪，内幕交易、泄露内幕信息罪，利用未公开信息交易罪，编造并传播影响证券、期货交易虚假信息罪，诱骗投资者买卖证券、期货合约罪，操纵证券、期货市场罪，吸收客户资金不入账罪，逃汇罪，金融诈骗罪，合同诈骗罪，侵犯商业秘密罪，虚假广告罪，非法经营罪，伪造、倒卖伪造的有价票证罪，提供虚假证明文件罪，侵犯公民个人信息罪，诈骗罪，使用虚假身份证件罪，盗用身份证件罪，侵占罪，非法侵入计算机信息系统罪，非法获取计算机信息系统数据、非法控制计算机信息系统罪，提供侵入、非法控制计算机信息系统程序、工具罪，破坏计算机信息系统罪，非法利用信息网络罪，帮助信息网络犯罪活动罪，开设赌场罪，掩饰、隐瞒犯罪所得、犯罪所得收益罪等。

（二）间接故意

1. 间接故意概述

间接故意，是指行为人明知自己的行为会发生危害社会的结果，并且放任这种结果发生的心理态度。间接故意也具备两个特征：其一，在认识因素上，行为人明知自己的行为会发生危害社会的结果；其二，在意志因素上，行为人放任危害结果的发生。在认定间接故意时，这两个特征必须同时具备。根据实际情形,间接故意在明知的程度上只能是:行为人明知自己的行为可能发生危害社会的结果。即行为人对危害结果是否发生的认识是不确定的,如果行为人明知危害结果必然发生而实施该行为,就很难再认为是放任,或者说此时根本不可能产生放任态度,只能说是希望发生危害结果,从而认为行为人的心理态度属于直接故意。

直接故意与间接故意的相同之处在于,明知自己的行为会引起某种危害结果的发生,但是它们的区别还是比较明显的。第一,明知的程度不同,直接故意既可明知这种结果可能发生,也可明知这种结果必然发生;而间接故意只能是明知自己的行为可能引起危害结果的发生,在明知结果必然发生的情况下的行为,只能说明行为人具有希望的态度。第二,对危害结果的态度不同,直接故意是希望危害结果发生,而间接故意只能表现为放任危害结果的发生。正因为如此,在刑法条文中以特定目的才能构成犯罪的,都是以直接故意为主观要件。

2. 数字金融犯罪中的间接故意

(1)间接故意能否构成数字金融犯罪

理论上有肯定和否定两种观点。否定观点认为,金融犯罪仅限于直接故意犯罪,不包括间接故意。理由是:首先,间接故意发生的情形一般是以追求其他目的为前提,具有伴随性的特点,即间接故意只能伴随行为人其他行为和心理状态而出现。广义上金融犯罪的犯罪行为包括行为人选择犯罪手段、决定犯罪方式和实施犯罪行为的全部活动过程,都是在行为人直接追求非法利润的心理态度驱使下进行的,此时行为人实施金融犯罪的心理只有获取非法利润,因此金融犯罪的行为人主观上的心理状态具有直接追求的特点,不符合间接故意的特点。其次,犯罪目的对犯罪目标具有直接指向性,说明具有犯罪目的之罪过必须具有直接追求性。间接故意不可能对犯罪结果具有主观目的,只有直接故意才能具有犯罪目的。而金融犯罪主观方面的犯罪目的是谋取非法利润,因此,从逻辑关系的角度分析,金融犯罪具有犯罪目的,就说明了这种犯罪形态的罪过形式只能是直接故意,不可能是间接故意。[1]

肯定观点认为,金融犯罪既包含直接故意也包含间接故意。[2] 我们认为,首先从刑事政策角度看,保留间接故意的余地较为稳妥。理由

---

[1] 参见王新:《金融刑法导论》,北京大学出版社 1998 年版,第 66~68 页。

[2] 参见张明楷:《刑法学》,法律出版社 2022 年版,第 982~1054 页。

是：其一，法律并没有明确规定数字金融犯罪都是目的犯，也没有明确规定所有的数字金融犯罪都是直接故意犯，理论上存在间接故意犯的余地。其二，在逻辑上，不排除行为人具有为了实现其他目的而放任结果发生的可能性的心理。其三，在效果上，不排除间接故意更有利于实现严监管的金融刑事政策。其次，从教义学的角度看，也应当承认间接故意的心理态度。理由是：其一，故意中的明知内容较为丰富，除了《刑法》第 14 条所规定的"行为后果"以外，还包括刑法分则条文中规定的其他内容，如行为方式、行为对象违法性或某些确定的事实。在我国金融犯罪中，运输假币罪，持有、使用假币罪，洗钱罪，票据诈骗罪等均属于狭义的明知故意犯罪，即具有双重明知故意的特征，上述金融犯罪就行为对象违法是明知的。其二，明知的内容是明知"行为会发生危害社会的结果"，大多数情况下行为人具有"希望"该危害结果发生的心理，因而行为人构成直接故意犯罪，但是，不排除间接故意犯罪，例如，持有、使用假币罪中，明知是假币而持有者，对其危害后果所抱的心理态度就可能因人而异，有的人抱着"希望"危害后果发生的心理态度，有的人抱着"放任"危害后果发生的罪过心理。[1] 其三，在金融犯罪中，还存在一些犯罪既可由直接故意构成，也可由间接故意构成。如编造并传播证券、期货交易虚假信息罪的责任形式为故意，既可以是直接故意，也可以是间接故意。洗钱罪的责任形式同样包括间接故意，即行为人明知自己的行为会发生掩饰、隐瞒他人犯罪所得及其收益来源和性质的结果，但出于其他目的而放任这种结果发生。

（2）金融诈骗犯罪是否包括间接故意

对此，也存在传统理论与新理论的争议。传统观点持否定态度，认为金融诈骗罪只能由直接故意构成。诈骗罪作为一种故意犯罪，行为人明知自己的行为是一种欺骗行为，会导致他人发生错误认识，并对财产作出错误的处理，但行为人为了达到非法占有他人财物的目的，希望这一危害结果的发生，这一心理态度是一种直接故意，而不可能是间接故意。并且诈骗罪作为一种智力犯罪，被害人受骗的前提是行为人使用了欺骗的手段，因此，无论行为人最初的心理态度如何，最终必定表现为非法占有他人财物，这只能是直接故意。[2] 一些学者认为，行为人在事

---

[1]　参见屈学武：《金融犯罪主观特征解析》，《法学杂志》2004 年第 1 期。

[2]　参见高铭暄、孙道萃：《论诈骗犯罪主观目的的认定》，《法治研究》2012年第 2 期。

中甚至事后方才意识到自己的行为可能使对方陷于某种错误认识，随即起意，放任了对方由于自己的不谨慎进而自愿交付财产这一结果的发生，属于间接故意而为。①

我国学界一般观点认为目的犯是直接故意犯，其与间接故意不能共存。因为金融诈骗罪是目的犯，所以，一旦认为间接故意可以构成金融诈骗罪，就违背了犯罪目的只存在于直接故意中的基本原理。②

这个问题涉及目的犯与间接故意是否兼容。传统观点对此持否定态度，但有观点认为，金融诈骗罪可以由间接故意构成。③ 理由是，目的犯与间接故意并非不兼容。例如，行为人预见公司经营陷入了即将破产的状态，但又没有采取某种适切的手段，而且隐瞒该事实，非法进行募资活动的，会被认定具有诈骗罪的故意。还有观点认为，间接故意与目的犯是可以兼容的，只是并非所有间接故意都能与目的犯兼容。金融诈骗犯恰好属于这一类无法与间接故意兼容的目的犯。在刑法理论上的不确定的故意，不确定故意的行为人对于结果本身既可能持希望、积极追求的直接故意，也可能持放任、听之任之的间接故意。在数字金融犯罪中，行为人对于其行为最终实现的是"赚了就还"的非法占用目的或者是"亏了就不还"的非法占有目的，在认识上是不确定的，但行为人无论对"赚了就还"的非法占用目的本身，还是对"亏了就不还"的非法占有目的本身，均持积极追求的直接故意，因此金融诈骗罪只能由直接故意构成。④

对目的犯是否与间接故意兼容冲突的观点，我们还是坚持传统理论。其一，如果不对目的进行特别定义，都将导致目的行为论扩大行为目的的问题。刑法中的危害结果有广义和狭义之分，广义的危害结果，是指行为人的危害行为所引起的一切对社会的损害事实，它包括危害行为的直接结果和间接结果，属于犯罪构成要件的结果和不属于犯罪构成

---

① 参见白建军：《金融欺诈及预防》，中国法制出版社1994年版，第14~16页。
② 参见赵秉志主编：《金融诈骗罪新论》，人民法院出版社2001年版，第25~27页。
③ 参见张明楷：《诈骗罪与金融诈骗罪研究》，清华大学出版社2006年版，第276~280页、第388~390页。
④ 参见古加锦：《金融诈骗罪的若干疑难问题研究》，武汉大学2014年博士学位论文。

要件的结果。狭义的危害结果，是指作为犯罪构成要件的结果，通常也就是对直接客体所造成的损害事实。① 如果以狭义的危害结果定义犯罪目的，间接故意犯罪当然不存在犯罪目的。金融诈骗罪是目的犯，指的是其具有目的犯的特殊目的，而不是作为直接故意内容的一般犯罪目的。因此，金融诈骗罪是目的犯并不意味着金融诈骗罪只能由直接故意构成。目的只能是法定的构成要件，或者根据合理解释被认为包含在法定要件中的要素。行为人一旦具有目的，其为了实现该目的，其行为主观上只能表现为希望的意志因素，对于其他目的才可能持放任态度。

其二，需要对结果与行为的态度进行区分。有学者结合刑法分则规定的金融诈骗罪相关罪状，认为金融诈骗罪中的行为人往往是采取虚构事实的方式或者故意隐瞒事实真相的方式实施骗取行为，行为人对此也是明知的，虽然行为人并不能确定他人是否会陷于错误认识而交付财产，但对导致他人陷于错误认识而交付财产的方式却只能是积极追求的，否则也就不会采取欺骗的手段。行为人在实施诈骗时，对他人是否会基于其欺骗行为而陷于错误认识，从而交付财产并无把握的看似放任的情形下，最终发生他人交付财物的结果，而行为人也非法占有了财物，行为人对此非法占有依然是直接故意，而非间接故意。② 这种观点解释无法有效阐明二者的关系。在不确定故意中，行为人对某些结果是希望的，对某些结果是放任，而不是对所有的结果都是希望的或者放任。刑法中的希望与放任，都是针对特定构成要件的危害结果而言的，诈骗犯罪中的结果是占有财物，就此而论，诈骗不可能是放任，而只能是希望。他人自愿交付财产的行为并非诈骗罪的危害结果，而只是客观犯罪结果的实现条件，不能把对他人行为的心理态度误认为诈骗犯罪的主观目的。尽管他人自愿交付财物，有交付或者不交付两种可能性，似乎存在放任问题。但关键是看行为人对占有财物的态度，在他人交付的情况下，行为人对其非法占有，这种非法占有的心理态度才是诈骗犯罪

----

① 参见高铭暄、马克昌主编：《刑法学》，北京大学出版社、高等教育出版社2000年版，第123页。

② 参见马克昌主编：《犯罪通论》，武汉大学出版社1999年版，第388~389页；陈兴良：《刑法适用总论》（上卷），法律出版社1999年版，第220~221页；高铭暄、马克昌主编：《刑法学》，北京大学出版社、高等教育出版社2000年版，第123页。

的主观目的，而这种主观目的只能是通过希望的方式才能得以实现，进而成立直接故意。

其三，如果行为人事前对自己的履约能力并无准确判断，抱着侥幸心理或随机应变的态度，于事中或者事后放任危险状态的发展，这是犯罪意思的转变，但是不能表明其背后存在非法占有的目的，且希望通过创设一定的危险状态实现该结果。当然从客观层面看，可以反推行为人的主观态度。一是行为人事后履行了合同，自然不发生诈骗犯罪的问题。二是行为人事后没有履行合同，就要看行为人是能够履行而主观上不愿履行，还是客观上已经不能履行。前者就表明了希望非法占有的态度，后者还无法充分表明非法占有的希望态度。三是如果事后行为人客观上不能履行合同，但积极采取有效措施挽回损失的，则不能表明其希望非法占有他人财物。四是行为人事前采取欺骗性方式，事后无法履行合同，又不积极采取措施弥补合同对方当事人损失的。例如，自己或第三人占有合同预付款拒不退回，表明行为人具有希望造成他人财产损失的故意，其主观罪过是直接故意。①

基于上述认识，在数字金融故意犯罪中，只能表现为间接故意的犯罪包括：违规披露、不披露重要信息罪，骗取贷款、票据承兑、金融票证罪，背信运用受托财产罪，违法运用资金罪，违法发放贷款罪，对违法票据承兑、付款、保证罪，违规出具金融票证罪，洗钱罪，拒不履行信息网络安全管理义务罪。

三、数字金融犯罪过失

过去学界的主流观点认为金融犯罪领域存在过失犯罪，且是在破坏金融管理秩序罪这一类金融犯罪的范围内讨论过失的犯罪形态，存在过失形态的罪名主要有三个，即违法发放贷款罪、违规出具金融票证罪以及对违法票据承兑、付款、保证罪。马克昌教授认为，非法向关系人发放贷款罪中的行为人通过信用分析是可以确定或大体确定关系人的还款能力的，如果此时行为人已知道关系人借款后无能力偿还，仍然对其发放贷款，可能构成其他犯罪，但不能构成本罪。因为本罪最大的特点是照顾了关系人从而扩大了银行的风险。行为人一般并不希望或仅是放任

---

① 参见陈兴良：《金融犯罪研究》，载杨春洗、高格主编：《我国当前经济犯罪研究》，北京大学出版社1996年版，第341~342页。

贷款无法收回而给银行造成损失这一结果的发生。① 陈兴良教授则认为违法发放贷款罪与违规出具金融票证罪的罪过形式均为故意，前者的故意是明知是违法发放贷款的行为而有意实施的主观心理状态，后者的故意是明知是违规出具金融票证的行为而有意实施的主观心理状态。② 但有观点认为，破坏金融管理秩序罪，在主观方面有的只能由故意构成，有的既可以由故意，也可以由过失构成。如有学者认为，违法向关系人发放贷款罪，违法发放贷款罪，非法出具金融票证罪，对违法票据承兑、付款、保证罪这四个罪名属于既可以由故意也可以由过失构成的犯罪。③ 还有观点认为，1995 年全国人大常委会《关于惩治破坏金融秩序犯罪的决定》曾规定，银行或者其他金融机构的工作人员违反法律、行政法规规定，玩忽职守或者滥用职权，向关系人以外的其他人发放贷款，造成重大损失的，构成违法发放贷款罪，该罪的罪过形式既包括故意也包括过失较为合理。对于违规出具金融票证罪的罪过形式，该罪的罪过评价对象是行为人对于自己非法出具金融票证会造成金融管理秩序破坏的结果的态度，而不是对非法出具金融票证所造成的较大损失结果的态度。行为人违反规定为他人出具金融票证，既可能是出于滥用职权，也可能是出于玩忽职守。因此，该罪的罪过形式既可以是故意，也可以是过失。对违法票据承兑、付款、保证罪，该罪主要是由于金融工作人员工作不认真负责、审查不严所致，属于玩忽职守行为。因此违法票据承兑、付款、保证罪的罪过形式由过失构成。④

我们赞同故意+过失说。首先，从一般理论上看，我国刑法关于故意和过失的规定，都是以行为人对危害结果的心理态度作为标准的。金融机构工作人员违法发放贷款是一种渎职行为，渎职无非表现为滥用职权和玩忽职守，而违法发放贷款罪虽然较多地表现为一种滥用职权的行为，但也并不完全排除有玩忽职守的存在。理论上一般认为，徇私而滥用职权表明其罪过形式理应是故意，而玩忽职守的罪过形式则通常表现

---

① 参见马克昌主编：《经济犯罪新论》，武汉大学出版社 1998 年版，第 328 页。

② 参见陈兴良：《规范刑法学》，中国人民大学出版社 2017 年版，第 668~673 页。

③ 参见赵长青：《经济刑法学》，法律出版社 1999 年版，第 250~299 页。

④ 刘宪权：《金融犯罪刑法学新论》，上海人民出版社 2014 年版，第 237~238 页、第 304~305 页、第 308 页。

为过失。其次，从经验上看，上述三种犯罪属于渎职犯罪，渎职犯罪的主观心理态度复杂，存在故意与过失并存的复合犯罪心理态度。但是在特定的行为场合，一个犯罪要么是故意要么是过失，关键是要根据结果发生的概率大小确定行为人的犯罪故意。根据盖然性理论，行为人认识到结果发生的盖然性(较大的可能性)时是故意，只认识到结果发生(或客观构成要件的实现)的可能性时是过失。根据可能性理论，不要求行为人认识到结果发生的盖然性，只要认识到结果发生的具体可能性便成立故意，因为行为人认识到结果发生的具体可能性时，一定对某个具体化的因果流程有所设想，此时就必须抑止其行为。① 这种经验评价对故意与过失分类确实有意义。在数字金融业务领域，特殊从业者对于不合规金融业务行为的后果具有较于常人不同的认识，当行为人在办理业务时，已经预见到自己同意办理的行为将会造成重大损失的重大金融风险，依然违反规定，非法发放贷款、违规出具金融票证或者对违法票据承兑、付款、保证，不排除其放任结果发生的可能性；或者已经预见到金融风险，但抱着侥幸态度，认为该风险未必转化为实际损害。另外，也不排除行为人违反审慎原则，对应当预见到的金融风险没有预见，主观上属于过失。

在数字金融犯罪中，除了上述三种渎职犯罪之外，涉及过失犯罪的情况少见，主要有提供证明文件重大失实罪。《刑法》第 15 条规定："应当预见自己的行为可能发生危害社会的结果，因为疏忽大意而没有预见，或者已经预见而轻信能够避免，以致发生这种结果的，是过失犯罪。"通说据此认为，"所谓犯罪过失，就是指行为人应当预见自己的行为可能发生危害社会的后果，因为疏忽大意而没有预见，或者已经预见而轻信能够避免的一种心理状态"②。笔者认为，现代刑法以处罚故意犯罪为原则，处罚过失犯罪为例外，即过失犯罪的成立限于刑法分则条文有明确规定的场合，数字金融犯罪过失也应当限于这种场合。在数字金融犯罪中，存在国有金融企业因为监管过失构成犯罪的情况，但是在数字金融业务中，只有承担资产评估、验资、验证、会计、审计、法律服务等职责的中介组织的人员，在提供与证券发行相关的虚假的资产评

---

① 参见马克昌：《比较刑法原理》，武汉大学出版社 2002 年版，第 238~241页。

② 高铭暄、马克昌主编：《刑法学》，北京大学出版社、高等教育出版社2007 年版，第 123 页。

估、会计、审计、法律服务、保荐等证明文件，或者提供与重大资产交易相关的虚假的资产评估、会计、审计等证明文件时，因为严重不负责任，出具的证明文件重大失实，造成了严重后果的，才构成提供证明文件重大失实罪。

第三节 数字金融犯罪的目的与动机

一、犯罪目的与动机概述

(一)犯罪目的概述

犯罪目的，是行为人通过实行犯罪所希望达到的结果。我们可以说犯罪目的的内容是犯罪的结果，但是不能将目的和结果等同起来。

在我国刑法中，犯罪目的表现为以下两个方面：（1）直接故意中的意志因素，即行为人对于自己的行为直接造成危害结果的希望，如直接故意杀人，行为人明知自己的行为会造成他人死亡的结果，并且希望他人死亡。希望他人死亡，就是行为人的目的。（2）在直接故意犯罪中，行为人通过实现行为的直接危害结果，而进一步追求的某种非法利益或结果，如刑法分则中所规定的非法占有目的，牟利的目的、营利的目的等。

犯罪动机，是促使犯罪人实施犯罪行为以达到一定目的的内心冲动或者内心起因。犯罪动机源于一定的生理或者心理的需要。在犯罪活动中，犯罪的动机具有导向性和促进性。导向性表明犯罪动机可以确定行为人达到目的的方式和途径，而促进性表明犯罪动机在不断强化或者弱化犯罪心理态度的活动过程。

在刑法中，犯罪动机通常不是构成犯罪的必要条件，但是在评价行为人的人身危险性时，犯罪动机是一个重要的因素。在犯罪活动中，不同的犯罪动机可以构成相同的犯罪，如故意杀人，有的出于报复的动机，有的出于义愤的动机，有的是图财，有的是为灭口等。这些不同的因素可以表现出行为人的主观恶性，所以，在量刑时，犯罪动机是重要的因素。

犯罪动机与犯罪目的的关系密切。二者都是犯罪人在实施犯罪的过程中存在的主观心理活动，它们的形成和作用都能反映行为人的主观恶性程度及行为的社会危害性程度。其中，犯罪目的以犯罪动机为前提和基础，犯罪目的源于犯罪动机，犯罪动机促使犯罪目的的形成。

但是在刑法中，它们也有不一致的地方。首先，在心理活动的层面上，二者产生的时间不同，犯罪动机产生在前，犯罪目的产生于后；二者的内容不同，犯罪动机揭示的是行为人为什么实施犯罪行为，犯罪目的表明的是行为人实施犯罪行为所希望发生的结果是什么；二者并不必然对称，在同一动机下可能形成不同的目的，一个目的也可能形成于不同的动机。

其次，在刑法中，犯罪目的是评价犯罪成立的一个选择性要素，有些犯罪的成立必须以犯罪目的为条件。而犯罪动机通常不是犯罪成立的要素，只在量刑时发挥作用。

（二）数字金融犯罪中目的的表现方式

在故意犯罪中，有些犯罪要求以一定的目的为构成要素，有些犯罪则不要求犯罪目的作为构成要素，但一定的犯罪目的可作为量刑时考虑的因素。以犯罪目的为构成要素的犯罪，理论上称为目的犯。马克昌教授将金融犯罪中的犯罪目的分为两种情形。第一种情形是某种犯罪目的被法律明文规定为犯罪构成要件，属于这种情形的有：高利转贷罪，《刑法》第 175 条规定"以转贷牟利为目的"；集资诈骗罪、贷款诈骗罪、信用卡诈骗罪之恶意透支情形，分别由第 192 条、第 193 条与第 196 条第 2 款规定"以非法占有为目的"。第二种情形是没有经法律明文规定，但是在理论解释与司法实践中应当以某种犯罪目的为构成要件的情形，如票据诈骗罪、信用证诈骗罪、信用卡诈骗罪的前三种法定情形、有价证券诈骗罪、保险诈骗罪。《刑法》第 194～198 条均未规定上述犯罪之目的，但是在理论解释上，它们与集资诈骗罪一样，都应当"以非法占有为目的"。这些以某种目的为构成要件的犯罪，如果不具有这种目的，犯罪就不能成立。① 在数字金融犯罪中的目的犯，对于目的的要求有两种形式，即明示目的或者暗含目的。

1. 明示的数字金融犯罪目的

明示目的，是在数字金融刑法规范中，通过法律规定以明确要件的方式确定的目的。此类明示方式表现的目的包括：（1）非法占有的目的，一些金融诈骗罪，如集资诈骗罪、贷款诈骗罪都明确规定"以非法

---

① 参见马克昌主编：《经济犯罪新论》，武汉大学出版社 1998 年版，第 25 页。

占有为目的"。（2）损害他人利益的目的，主要是在违反企业管理规定的一些犯罪中，如虚假破产罪、非法经营同类营业罪、为亲友非法牟利等犯罪中，行为人具有损害债权人、股东或者投资人的合理预期利益、自己或者第三人获取利益的目的。（3）转贷牟利的目的，在第175条的高利转贷罪中，明确规定了"以转贷牟利为目的"。值得注意，非法占有的目的在本质上属于"空手套白狼"，行为人没有必要的成本投入；而其他目的则并非如此，行为人有较为明显的成本投入，但是行为人获得利益的目的与相关管理制度不符，且对债权人、股东、投资人的利益具有威胁或者造成了现实危害。

2. 暗含的数字金融犯罪目的

暗含目的，是指在数字金融刑法中，一部分犯罪的构成要件虽然没有明确规定特定的目的，但是根据刑法合理解释，在该犯罪中包含某种特定目的。以不明确方式存在的犯罪目的包括：（1）非法占有的目的，在一些金融诈骗罪的规定中，没有规定"以非法占有为目的"，但是由于此类犯罪的行为属于"进行……诈骗活动"，属于诈骗罪的特殊方式，基于诈骗的结构，该犯罪也是以非法占有为目的。例如票据诈骗罪、金融凭证诈骗罪、信用证诈骗罪、信用卡诈骗罪、有价证券诈骗罪、保险诈骗罪等。之所以这几类犯罪的规范不规定"以非法占有为目的"，而集资诈骗罪、贷款诈骗罪的规范必须规定"以非法占有目的"，其一，因为前几类在无非法占有目的的情况下并不构成犯罪，而后两类犯罪在无非法占有的目的的情况下，可构成非法吸收公众存款、骗取贷款罪；其二，因为票据承兑、信用证、保函等只是权利记载，只有使用才能从中实现利益，在使用不合规方式获得相关金融票证、凭证、信用证的时候，一般就能表明行为人有非法占有的目的。（2）非法行使的目的，在诸多伪造文书、票证的刑法规定中，都没有明确规定特定的目的，但在实践中必须确定非法行使作为必要目的，因为缺乏非权利人以权利人的身份非法行使的特定目的，就无法充分表征行为人的人身危险性，也无法证明行为人的行为的社会危害性。例如伪造金融票证罪，行为人伪造了金融票证并不足以对金融管理秩序造成影响，也不会侵害金融机构的财产利益，只有行为人伪造并使用了金融票证，其行为才能对金融法益造成威胁或者侵害。（3）非法集资的目的，在非法吸收公众存款中，刑法规范并无规定目的，但是根据《关于审理非法集资刑事案件具体应用法律若干问题的解释》，可以推理出本罪包含向社会不特定对象吸收资金的目的。（4）证券、期货交易获利的目的，在涉及证券期货交易的犯罪中，行为人应具有为自己或者第三人在交易中获利的目的。

二、数字金融诈骗罪中的目的的地位

（一）数字金融诈骗罪非法占有目的的地位

理论界对金融犯罪中犯罪目的的讨论主要集中于金融诈骗罪这一类罪，大多数学者认为，金融诈骗犯罪都是以非法占有为目的的犯罪，因此刑法规定的八种金融诈骗罪无一例外地都必须将非法占有目的作为主观要件。[①] 诈骗罪是财产犯罪，而金融诈骗罪则具有金融犯罪与财产犯罪的双重属性。刑法条文仅对集资诈骗罪与贷款诈骗罪规定了以非法占有为目的，而对其他金融诈骗罪却未规定这种目的，其中的原因何在？我们认为，这种立法背后的原理包括如下几点。

1. 立法系统原理。根据立法系统原理的要求，立法语言所涉及的要素不能仅仅根据具体条文来确定，而是要根据立法体系来考虑。由于金融诈骗罪与诈骗罪两者之间具有特别法与普通法的法条竞合关系，所以诈骗罪中的基本要素自然是金融诈骗罪的应有内涵，所以，在金融诈骗罪中无需加以规定。

2. 立法明确原理。明确性是罪刑法定原则的基本要求。为了实现明确性要求，有效区分此罪与彼罪，上述原理必然存在例外，刑法立法确定了骗取贷款罪和贷款诈骗罪、集资诈骗罪与非法吸收公众存款罪，就要把它们之间的区别予以明确。例如在集资诈骗罪和贷款诈骗罪的情况下，之所以刑法明确规定以非法占有为目的，主要是因为从其行为上还不足以认定行为人主观上具有非法占有的目的。集资诈骗罪，其特点是以集资的形式进行诈骗，在集资过程中以非法占有为目的的，构成本罪。如果虽然是非法集资，并在集资过程中采取了虚假的方法，但主观上没有非法占有目的的，只能构成非法吸收公众存款罪，而不能构成集资诈骗罪。同理，贷款诈骗罪的特点是在贷款过程中，虚构事实，隐瞒真相，以非法占有为目的，骗取贷款。在贷款过程中，行为人虽然使用了虚假方法，但其主观上可能没有非法占有目的，考虑到此类行为具有较为严重的社会危害性，基于金融监管的要求，必须将此类行为予以犯

[①]　参见高铭暄、马克昌主编：《刑法学》，北京大学出版社、高等教育出版社2007年版，第468～480页；《全国法院审理金融犯罪案件工作座谈会纪要（2001年）》。

罪化处理，所以刑法规定了骗取贷款罪。为此立法者有必要对这两个罪的犯罪目的予以明确规定。

3. 立法常识原理。主观目的是不能脱离客观行为而存在的，它对客观行为起支配作用。反过来，行为表现往往能表征行为人的主观意志。《刑法》法条上未规定以非法占有为目的的金融诈骗罪，并非不要求行为人主观上具有非法占有的目的，而是因为这种欺诈行为本身就足以表明行为人主观上是具有非法占有的目的。例如票据诈骗罪，《刑法》第194条列举了以下5种金融票据诈骗行为：（1）明知是伪造、变造的汇票、本票、支票而使用的；（2）明知是作废的汇票、本票、支票而使用的；（3）冒用他人的汇票、本票、支票的；（4）签发空头支票或者与其预留印鉴不符的支票，骗取财物的；（5）汇票、本票的出票人签发无资金保证的汇票、本票或者在出票时作虚假记载，骗取财物的。在现实金融业务中，上述行为的特点或者是使用无效的金融票据(包括伪造、变造的、作废的或者空头支票等)，在一般情况下，主观上明知其无效而仍然使用就足以表明非法占有目的的存在；或者是冒用他人的金融票据，冒用人对其没有所有权，因此，主观上非法占有的目的也十分明显。值得注意的是，《刑法》第196条规定的信用卡诈骗罪，列举了4种行为，其中有3种行为，即使用伪造的信用卡，使用作废的信用卡，冒用他人信用卡，从其行为即可看出主观上的非法占有目的，因而《刑法》没有规定以非法占有为目的。但第4种行为，即恶意透支，透支本身无法表明行为人具有非法占有的目的，但《刑法》在定义中明确规定："前款所称恶意透支，是指持卡人以非法占有为目的，超过规定限额或者规定期限透支，并且经发卡银行催收后仍不归还的行为。"在此，规定恶意透支必须以非法占有为目的，以此与善意透支行为相区分。[1]

(二)数字金融犯罪中的其他目的

除了上述关于金融诈骗罪犯罪目的之争论，在破坏金融管理秩序罪中，包括伪造货币、变造货币罪和持有、使用假币罪等罪名在内的所有危害货币管理制度犯罪是否要求行为人具有特定目的，尚有争议。

多数学者的主张是危害货币管理制度犯罪应以"意图进入流通"的目的为构成要件，刑法是否明确规定不应影响本类犯罪目的犯的构成。

---

[1]　参见陈兴良：《论金融诈骗罪主观目的的认定》，载姜伟主编：《刑事司法指南》第1辑，法律出版社2000年版，第60~63页。

我国刑法没有明确要求行为人主观上具有特定目的，但是有些国家和地区的刑法则规定这一类犯罪须"以行使为目的"，或把"意图供行使或流通之用"作为该类犯罪的主观要件。例如，《德国刑法典》第 146 条第 1 款第 1 项规定，意图供流通之用，或有流通可能而伪造货币，使票面价值具有较高价值的，处 1 年以下自由刑。《日本刑法典》第 148 条第 1 款规定，以行使为目的，伪造通用的货币、纸币或者银行券的，处无期或者 3 年以上惩役。

有学者认为，行为人之所以伪造、变造货币，或者出售、购买、运输、持有、使用伪币，都有一个共同的目标——意图供行使或流通。同时，在外国刑法中，通常是把"意图供行使或流通"作为伪造货币罪的主观要件。国外的这些立法例对我们界定危害货币管理犯罪的主观特征，无疑具有借鉴意义。① 我国刑法虽然没有明确将"意图流通"规定为伪造货币罪的主观方面内容，但在实践中通常认为，如果行为人伪造货币不是为了使之进入流通领域，而是为了练习自己的描摹能力或者是为了显示自己的绘画技艺，其行为不可能危害国家的金融秩序，对此就不能按犯罪处理。所以，"意图流通"或者"意图使伪造的货币进入流通领域"也是伪造货币罪主观方面的必要内容。

但是，也有学者认为，从立法论的角度考虑，"以行使为目的"或许是合适的。但是危害货币管理制度犯罪一般具有严重的法益侵害性，因此我国刑法没有做出和国外刑法类似的要求，而且，对仅伪造货币并不使用货币的情形，在我国司法实践中也以该罪论处，因为事实上不以使用为目的而伪造货币的行为，可能会侵害货币的公共信用。因此，从解释论上而言，没有必要将该罪确定为目的犯。但是在不将"以使用为目的"作为该罪的责任要素的情况下，应当要求行为人明知行为的内容、社会意义与结果，并希望或放任结果的发生。如果行为人虽然不具有使用的目的，但明知伪造的货币会落入他人之手进入流通领域，基于此应认定为本罪。反之行为人不仅没有使用目的，而且没有认识到伪造的货币会落入他人之手，则不存在伪造货币的故意，不能以本罪论处。②

此外，伪造金融票证的行为也存在上述问题。究竟是以"意图进入流通"表述完善，还是"意图供行使或流通"或者"以行使为目的"较准确，这个问题有一定意义。但是，更棘手的问题是在司法实践中，这些

---

① 参见王新：《金融刑法导论》，北京大学出版社 1998 年版，第 101 页。

② 参见张明楷：《刑法学》，法律出版社 2022 年版，第 984 页。

行为必须具有特定使用目的才能被合理认定为犯罪，否则容易造成打击面被扩大的问题。

案例：被告人甲为偿还债务，变卖房产、动用家中存款，为防止家人发现，遂于 2017 年 10 月 23 日通过互联网联系他人，通过微信转账人民币 1500 元，委托他人制作虚假中国银行存单 4 张，票面金额合计人民币 75 万元，存放在家中。2018 年 9 月 20 日，甲的公婆冯某持上述银行存单到中国银行查询时，被银行工作人员发现是假存单遂报警致案发。案发后，公安机关扣押了案涉的 4 张存单，经银行鉴别系伪造的存单。公安机关经侦查发现甲有重大作案嫌疑，遂于 2018 年 9 月 20 日将被告人甲抓获，甲归案后如实供述了上述事实。法院判决认为，甲的行为构成伪造金融票证罪。① 在本案中，如果不考虑行为主观目的，就会认为其行为构成犯罪，但是根据立法规定，伪造金融票证的行为是妨害金融管理秩序的行为，而甲的行为只是掩饰家中钱财被其花费的事实，并无到银行套现的动机，所以，不具有使用的目的，对该行为不宜作为犯罪论处。

三、数字金融犯罪中非法占有目的的司法认定

(一)认定数字金融犯罪中非法占有目的典型判例

近年来，金融诈骗犯罪率较高，金融诈骗犯罪不仅侵犯了公私财产所有权，更是严重侵害了国家金融安全，涉及的利益极其重大。虽然我国刑法对金融诈骗罪的规定侧重于维护金融管理秩序，但是金融诈骗犯罪与诈骗罪之间是特殊与普通的关系，金融诈骗犯罪应当符合诈骗罪的构成要件，因此在金融诈骗犯罪中同样必须评价、判断行为人的"非法占有目的"。

最高人民法院发布了四起集资诈骗犯罪典型案例：

案例一：被告人唐亚南系原安徽省万物春科技开发有限企业董事长、法定代表人。2004 年 6 月至 2007 年 3 月，其伙同他人以高额回报为诱饵，对万物春企业养殖梅花鹿的经营状况进行不符合实际的虚假宣传，极度地夸大了其企业的运营情况，在各地以万物春企业的名义先后与 49786 人(次)签订《联合种植养殖合同书》，非法集资人民币 9.73 亿

---

① 参见江苏省海安市人民法院(原江苏省海安县人民法院)刑事判决书：(2020)苏 0621 刑初 36 号。

余元，绝大部分的非法所得被唐亚南等人用于购车买房等个人消费，抑或转移隐匿。至案发时止，尚有集资款人民币3.33亿余元无法归还，并导致一名被害人自杀。

案例二：2006年12月至2007年11月，被告人孙小明以支付高额利息为诱饵，假借各种名义筹集资金，在杭州市先后骗取多达28名被害人集资款共计人民币1466万元。随后，被告人将所得款项的大部分用于赌博、还债、高利放贷及挥霍等。至案发时止，尚有集资款人民币1299万余元无法归还。

案例三：2004年8月至2008年3月，被告人吕伟强以支付高额利息为诱饵，通过谎报各种资金用途，与他人签订借款协议等方式获取他人钱财，先后在浙江省丽水市多地非法集资，共计人民币2.6亿余元，所得款项大部分用于在澳门赌博、个人挥霍等。至案发时，尚有集资款人民币4038万余元无法归还。

案例四：1997年7月至2007年7月，被告人张元蕾以到期返回本金及每月高额回报为诱饵，虚构险种，制作假保险单证，欺骗被害人胡卫东等多人投保，收取上述人员"保险费"共计人民币2125万余元，骗取款项大部分被用于个人挥霍。至案发时止，尚有集资款人民币488万余元无法归还。

在上述案例中，被告人均利用人们希望在短时间内获得高回报以致富的心理，为了非法占有他人财产，千方百计地进行非法集资，不只是给被害人造成了严重的财产损失以及心理打击，更重要的是，破坏了金融秩序与金融管理，严重扰乱社会的和谐稳定。上述被告人都是事先想好诱骗被害人的理由，再利用自己的身份、地位等便利条件虚构事实、迷惑被害人，从而获得财产，并且基本将获得的财产用于个人挥霍。区分集资诈骗罪与非法吸收公众存款罪，行为人主观上是否具有"非法占有目的"可谓是最主要的依据。在集资诈骗罪中其非法占有意图是推动其实施犯罪的重要因素，只有通过客观行为能够体现出非法占有目的时，才能够认定为集资诈骗罪。集资诈骗案件中行为人通常会采取"放长线钓大鱼"的做法，从实施犯罪行为到被制裁时间较长，涉及的环节也较多，因此在认定行为人是否构成集资诈骗罪时，应当把非法集资的整个过程作为一个有机体，对其"非法占有目的"进行综合考察，结合集资前、集资过程中以及集资完成后的行为表现加以认定。

我国对于金融诈骗犯罪的刑法规定中，除了在集资诈骗罪和贷款诈骗罪中明文规定了"以非法占有为目的"以外，在另外几个罪名中都没有规定。但是正如前面对诈骗罪的分析一样，在认定其他几种金融诈骗犯罪的非法占有时，不以刑法条文规定为前提，也就是说，这些犯罪中的被告人都应该具备非法占有的意图，否则不能够认定其成立犯罪。"非法占有"这一不成文的构成要件对于金融诈骗犯罪的认定极其重要，是区分刑事上的金融诈骗和民事上的金融欺诈的依据，在司法实践中要格外重视对这一要素的认定，因为金融欺诈行为并不具有非法占有目的，行为人通常只是利用欺诈的方法骗取资金，在一段时间内供自己使用，并没有借此占据他人财产的意图，其本质是属于一种民事欺诈，一般而言所侵犯的只是他人对资金的使用权和收益权，无关所有权，因此对这种行为认定为民事侵权行为就可以了。①

(二) 数字金融犯罪中非法占有目的的司法认定困难

关于数字金融场景下的"非法占有目的"加剧了司法认定的难题。其原因在于，主观上的非法占有目的本来就难以认定，客观上如何判断非法占有依然是一个不太明确的问题。在数字化的新型生活场景下，何种占有属于非法占有，并不像杀人、伤害等行为一般可以依靠常识进行判断。在涉及数字经济及数字利益时，因为交易方式、交易手段、交易途径不仅具有虚拟化特征，而且内容、中介方式千变万化，人们之间的交易往来异乎寻常的频繁，这使得合法交易与非法占有之间的界限更加难以区分。如果一味"严打"可能会适得其反，甚至会扼杀数字金融创新，妨碍数字经济的发展。但是如果放任各类违法违规行为，将导致"长尾客户"的利益无法被保障，最终也将损害数字经济、数字金融的信誉，破坏数字经济和数字金融。因此对非法占有目的的认定，可以合理限定金融诈骗犯罪的成立范围，实现罪责刑相适应。对非法占有目的的认定在实践中困扰着立法、执法和司法机关，而且各地的认定标准也存在很大的差异，难以形成完善、协调的工作机制。

以近年来引起社会广泛关注的"套路贷"问题为例，对认定非法占有面临的困境加以分析。

在两高两部发布的《关于办理"套路贷"刑事案件若干问题的意见》(以下简称《意见》)中，明确规定套路贷是"以非法占有为目的"的违法犯罪活动，"非法占有"是其与民间借贷的本质区别，也是用以区分其

---

① 参见刘宪权、吴允锋：《论金融诈骗罪的非法占有目的》，《法学》2001 年第 7 期。

与一般非法讨债案件的重要依据。尽管《意见》中对"套路贷"的犯罪手法与步骤进行了列举，但是实践中认定主观上的故意或者客观上扰乱市场经济秩序的后果时往往缺乏有力证据，更难以形成完整的证据链。

案例：2013 年，南通一建有限公司大庆分公司负责人刘某 1 承建刘某 5 开发的北安市祥瑞家园小区工程。2013 年，刘某 1 无力支付工人工资 700 余万元。2013 年 12 月至 2014 年 9 月，被害人刘某 2 为支付工人工资，多次在被告人甲处借款，双方约定月利率 5%，在每次借款时甲均预扣一至三个月利息，刘某 2 以北安市祥瑞家园小区 1 户商铺、3 套住宅以及 4 个地下车位作为抵押，并将上述房屋以商品房买卖的名义预告登记在甲及其妻子邹某 1 名下。在被害人刘某 2 不能按时支付高额利息时，被告人甲多次带人持扎枪、棒球棒等凶器到刘某 1 位于南通一建公司北安市办事处，采取辱骂、砸玻璃、掀桌子、将工作人员撵出办公室、锁大门等方式非法讨债。2015 年 8 月之后，甲将抵押的祥瑞小区 1 套住宅留以自住，另 2 套住宅、4 个地下车位出售获利 1297843 元。2016 年 2 月 2 日，经甲与刘某 2 对账，双方又重新签订了 110 万元的借款协议，约定月利率 5%，仍以借款时刘某 2 提供的北安市祥瑞家园小区商铺作为抵押。现抵押的商铺已被甲对外出租。

公诉机关认为，被告人甲以非法占有为目的，采用"套路贷"手段虚增借款数额，恶意垒高债务，骗取他人财物，数额特别巨大，其行为触犯了《刑法》第 266 条之规定，犯罪事实清楚，证据确实、充分，应当以诈骗罪追究其刑事责任。被告人甲及其辩护人认为，甲与刘某 2 之间属民间借贷关系，甲未实施套路贷行为，不构成诈骗罪。法院认为，被告人甲使用暴力、威胁方法，催收高利放贷产生的非法债务，情节严重，其行为构成催收非法债务罪，公诉机关指控罪名有误，应予纠正。①

法院的决定是正确的。第一，本案中，由于甲与受害人签订的是不受法律保护的高利借款合同，并不属于套路贷，所以，认为行为人具有非法占有的目的并不合理。第二，民间借贷的目的是获取利息收益，借贷双方都对实际借得的本金和将产生的利息有清醒认识，出借人通常希望借款人能按时还本付息。而"套路贷"是以借款为幌子，通过设计套路，引诱、逼迫借款人垒高债务，最终达到非法占有借款人财产的目

---

① 参见黑龙江省北安市人民法院刑事判决书：(2022)黑 1181 刑初 69 号。

的。本案中，被告人甲与被害人刘某 2 在签订、履行借贷协议过程中，甲未实施虚增借贷金额、制造虚假给付痕迹、恶意制造违约、肆意认定违约、毁匿还款证据等"套路贷"行为。事实上，被告人甲有从借款本金中预扣利息、收"砍头费"的现象，但在这种情况下，预扣的利息、收取的费用是基于借贷双方的约定，借款人对于扣除利息、收取费用的金额也心知肚明。故被告人甲不具有非法占有目的，也未使用"套路"与借款人形成虚假的债权债务关系，不应视为"套路贷"，其行为不构成诈骗罪。

在"套路贷"案件中，受害人并不是传统意义上完全处于弱势的被伤害群体。因为在借款时，其明知利息较高，出于对自己还款能力的信任愿意承担高额利率，他们所投资的生意实际上往往是一些具有投机性质的生意，为了短期内获得高收入回报，不惜承受高额利率。虽然他们的行为并不存在过错，"赚钱、发财"的目的也没有任何问题，但是这种至少表面上"一个愿打、一个愿挨"的情况使得司法实践中更难以认定被告人的"非法占有目的"。比如很多"套路贷"案件是被告人在网上成立"网贷企业"，然后通过"砍头息"、收取"续期费""展期费"等获取利益。虽然国家对于这类网络非法借贷进行了严厉打击，不断加大对"套路贷"违法犯罪的打击力度，但事实上，我们在日常上网过程中仍然能够看到很多"低利息、无担保"的网贷广告，被网贷集团追债讨债的新闻也层出不穷。在国家对非法网贷行为已经重点打压的情况下，为何还会有很多人"顶风作案"甚至有愈演愈烈之势呢？实际上，这与司法实践中难以有效认定"非法占有目的"从而无法定罪有关。在非法网贷案件中，被害人缺乏基本的风险防范意识，仅凭网络沟通就相信从未谋面的陌生人，而网络的虚拟化又使得被告人很容易实施计划并在事后销毁证据，从侦查到审判，需要耗费巨大的人力、物力，司法机关可能要到全国各地收集证据、抓捕嫌疑人。因此，不少人正是抱着侥幸心理，只要作案手段高超、隐蔽性强，其非法占有的目的和行为就难以被证实，从而逃避法律的制裁。

在刑民竞合问题上，行为人是否具有非法占有目的、是否实施了非法占有手段是对案件进行定性的关键，"非法占有"的认定具有决定性作用。由于社会经济生活越来越复杂多变，犯罪手段和方法也不断"更新"，犯罪的隐蔽性、欺骗性更强，片段化处理、个别化判断的方式不可能再正确有效地解决问题，司法实践证明，认定"非法占有"的难度不断增加。无论是在普通的盗窃、诈骗案件中，还是金融诈骗案件中，行为人的"非法占有"很多时候没有直接证据能够证明，尤其是在涉案人数众多的情况下很难对所有参案人员的"非法占有"都予以认定，从而无法进行定罪处罚。

(三)非法占有目的的司法推定

1. 司法推定的必要性

在对案件进行裁判时一方面是法律的适用，另一方面是案件事实的认定，前者相对更直观、简单，确定案件事实则较复杂。然而，无论是怎样的案件，确定案件事实无非就是两种方法，即实际获取证据和依靠先前经验的推定。[①] 证据的收集与运用是贯穿司法审判全过程的主线，对于案件裁判起着重要作用。但是在司法实践中，证据的获取并不是简单轻松的事情，由于司法侦查手段、司法鉴定技术、司法人员能力等都不可避免地具有限制性，使得一些案件事实很难有证据直接予以证明。司法推定作为证据证明的补充，其能够增强案件事实的认定，提高司法效率。

在盗窃罪、诈骗罪中，"非法占有目的"是行为人的主观心态，无法通过客观的科学技术手段直接判定行为人是否具有这种主观意图，只能够依靠客观行为来推定其内心存在的想法。而在长期实践过程中，一些事实之间生成了固定的逻辑关系，当对案件的基础事实予以证明之后，如果行为人存在一些行为就可以认为其在主观上具有"非法占有目的"。比如，2001年，最高人民法院在《全国法院审理金融犯罪案件工作座谈会纪要》(以下简称《纪要》)中规定了7种认定金融诈骗犯罪"非法占有目的"的方法便是司法推定的经验。司法推定的存在使得公诉机关的证明责任(主要是其中的说服责任)相对减轻，诉讼效率得以提高；同时还能够强化"以审判为中心"的刑事诉讼制度，让法官更多地融入案件事实中。应该注意的是，由于数字金融犯罪存在一对多、多对一等特征，而且行为人与受害人很少面对面，所以，对行为人非法占有目的的司法推定对于数字金融犯罪的司法适用将产生更强的指导意义。

当司法机关面对无法发现直接证据，而间接证据又难以形成完整的证据链时，司法人员进行推理就会面临这样的两难选择：一方面，无法合理、有力地依据现有证据确定案件事实、适用相关实体法律法规；另

---

① 参见毛淑玲、林驰:《司法推定的适用条件与要求》，《法学杂志》2019年第12期。

一方面，在已经存在社会危害后果的情况下，又不能拒绝对案件作出明确裁判，以平息讼争。[1] 在一些金融诈骗案件中，犯罪嫌疑人的行为不仅侵犯了公私财产利益，更是对国家金融秩序的破坏，严重阻碍国家的经济发展。但是犯罪嫌疑人几乎不可能承认自己具有"非法占有目的"，而且其行为通常在表面上也是正常合法的商业行为，司法机关在取证时面临着巨大的挑战。因此，司法人员在确定案件事实时就需要充分发挥"自由心证"的功能，运用司法推定的方式综合基础性事实判断行为人是否具有"非法占有目的"。司法推定虽然是一种辅助性的证明手段，但其并不是不得已的"下策"，无论未来的科学技术如何发展，司法推定都将一直存在于司法审判活动中，作为一种特殊手段，与证据证明一同发挥"确定案件事实"的作用。

2. 司法推定的适用

司法推定虽然不似证据证明需要遵循既定的方法、程序，但是其也不是法官随心所欲的证明手段，其适用仍然有标准与原则，包括以下几个方面。

其一，只有基础事实得以确证之后才可以适用司法推定。基础事实是司法推定的前提，决定着是否能够进行司法推定以及司法推定的效果。基础事实应该是不具有争议、不存在疑问的事实，其需要有确凿的证据予以证明，从而被认定为必然性的事实。司法推定的适用只是免除了公诉方对推定事实的举证责任，并不意味着对公诉方需要证明案件基础事实义务的免除。除非法律明确规定了免证情形，否则举证确定基础事实就是司法推定得以适用的必要条件。而且为了保证法官对推定事实的内心确信，尽可能使得推定事实更加贴近真实情形，必须使得基础事实达到"排除合理怀疑"的程度，确保基础事实不存在实质性的争议，从而使得司法推定能够顺利且合理地进行下去。如果基础事实就是存在疑问或者无法排除其他可能性的，则后续司法推定得出的事实必然只会"错上加错"，最终导致整个案件的审判结果都出现错误。

其二，进行司法推定时必须选择正确的经验法则。在确定基础事实之后，选择正确的经验法则是适用司法推定的又一前提条件。经验法则并不是立法者制定的固定规则，更不是个案中法官自己的主观猜想，而是经过一定时间的积累与沉淀后，在社会中形成的较为普遍的认识。经

---

[1]　参见傅贤国：《对司法推定若干基础问题的研究》，《西南政法大学学报》2014年第6期。

验法则是从实践中总结出来的规律，同时也是检验司法实践合理性的标尺，二者之间相辅相成。值得注意的是，经验法则并不是数学上的公理，一经证成就不会再改变，其是由逻辑归纳生成的，因此并不是绝对的真实、可信。当事人可以对经验法则的真实性、合理性进行质疑，甚至可以通过科学的论证反驳已有的经验法则。另外，法官在选择经验法则时要结合案件的具体情况进行综合判断，因为经验法则之间存在差异甚至可能还会产生冲突，在这种情形下，法官就需要根据基础事实和已有的证据具体认定、选择更为合适的经验法则。只有将正确的经验法则运用于基础事实之后，才有可能进行正确的司法推定，尽可能还原案件真相。

其三，司法推定只能够在法庭审判中由法官适用。司法推定并不是简单的法律论证或者推理，其并不存在于公诉方和被告人中，其主体只能够是审判案件的法官。司法推定是在基础事实已经清楚的前提下选择正确的经验法则推定新的事实，这其实是法官自由心证的一种体现。在控辩双方提供一定的证据与说理之后，法官再按照公平、正义的原则判断尚未明确的事实。由于司法推定并没有明确的法律依据可以遵循，推定的结果又会影响案件的整体判决，因此适用时必须谨慎，只能够允许法官在一定范围内进行司法推定。如果将司法推定的主体扩大到检察官、被告人或辩护人，则会严重破坏现有的刑事诉讼程序、刑事诉讼证据规则甚至是刑法原则，导致更多真伪不明的案件出现。将司法推定的主体限制为法官，能够最大限度保证推定的公正性、合理性、科学性，避免因为立场的不同而使得推定的事实出现完全相反的结果，而从中立的角度出发能够保证推定事实更有可能接近案件事实。

其四，任何司法推定都可以被质疑与反驳。司法推定毕竟只是一种"推定"，其与案件真相之间总是存在差距的，可以说这只是一种最具有可能性、最能使人信服的假设，因此司法推定必然会存在偏差甚至是错误。我们在适用司法推定时要注意到这一客观事实，从而允许控辩双方质疑、反驳法官的司法推定，在其有充分证据能够推翻司法推定的时候应该重新认定案件事实。具体而言，可以从三个角度对推定进行反驳：一是举证证明司法推定赖以进行的基础事实并非真实；二是举证证明推定事实不可能成立；三是举证证明司法推定所依据的经验法则存在不合理性或者不正当性。[1] 尤其是在司法推定是对被告人不利的推定

---

① 参见毛淑玲、林驰：《司法推定的适用条件与要求》，《法学杂志》2019 年第 12 期。

时，更要尊重并听取被告人及其辩护人对该推定的意见，避免不当认定。所以，司法推定并不是法官的"最后通牒"，只有保证控辩双方对司法推定的质疑、反驳权利之后，才更能增强司法推定的可信度，使其发挥弥补证据证明的作用，推动案件的审判。

可见，即便没有明确的法律法规具体规定司法推定的适用，运用这一方法时也不是毫无原则的。司法推定的适用并不是仅在个案中存在的方法，几乎所有的刑事案件都需要用到这一方法，并且越是复杂的案件越是反复适用司法推定。司法推定的适用对整个案件将产生重要影响，无论是定罪还是量刑都会因司法推定的不同效果而不同。因此，司法推定的适用一方面要有既定的原则和规则，无论在何种案件中都应该遵循这些原则和规则，比如前述四项适用标准；另一方面又要结合科技发展导致的证据规则变化，针对不同的案件采取不同的适用条件、范围等。总之，司法推定绝不是法官的"无奈之举"，其在现代刑事司法中占据着重要地位，既要大胆使用这一方法又要严守适用底线，从而保证司法推定能够最大限度地发挥作用。

我们以非法集资案件为例，将下面两个案例对比分析后，说明司法推定的前述缺陷：

案例一：刘玉珊是云南玉灵宝之堂珠宝有限企业的实际控制人。2011 年，刘玉珊先后在四川多地成立宝之堂分企业，组织杨友洪等多人，以开展玉器戴养业务为名进行各种宣传、鼓吹，同时还谎称有高额回报的"劳务费"，为了达到其诈骗目的还进行"包装"，夸大企业的运营状况，从而鼓动社会不特定人员，特别是中老年人积极缴纳资金。至案发共吸收资金人民币 6242.68 万元，扣除期间已返还"劳务费"和所退的合同款，尚欠集资款项人民币 5814.795 万元。

案例二：2011 年 2 月，被告人周辉注册成立中宝投资企业，担任法定代表人。企业上线运营"中宝投资"网络平台，借款人（发标人）在网络平台注册、缴纳会费后，可发布各种招标信息，吸引投资人投资。投资人在网络平台注册成为会员后可参与投标，通过银行汇款、支付宝、财付通等方式将投资款汇至周辉公布在网站上的 8 个个人账户或第三方支付平台账户。借款人可直接从周辉处取得所融资金。项目完成后，借款人返还资金，周辉将收益给予投标人。

企业前期运行正常，但后来因部分借款人未能还清借款造成企业亏损。于是周辉便采取"拆东墙补西墙"的办法，自 2011 年 5 月至 2013 年 12 月陆续虚构 34 个借款人，发布大量虚假抵押标、宝石标等，并以高额回报为诱饵，向社会不特定公众募集资金。但在此期间的所募资金就不再进入企业账户，而是全部由周辉个人掌控和支配，并主要将资金用于购车买房等个人挥霍。2011 年 5 月至案发，累计向全国 1586 名不特定对象非法集资共计 10.3 亿余元，除支付本金及收益回报 6.91 亿余元外，尚有 3.56 亿余元无法归还。

以上两个案例都是最终定性为集资诈骗案件。在集资诈骗罪中，行为人主观上具有非法占有的意图，在客观上又采取了欺骗方式进行非法集资的事实是认定犯罪的关键，但是非法集资类案件往往牵扯到很多社会成员，持续时间也较长，因此在调查这一类案件时，司法工作人员的取证工作就较为困难，很有可能出现各种不同的瑕疵和问题，而且"非法占有目的"本身难以直接证明。因此，法官在裁判时往往只能依靠司法推定，进而对行为人的行为加以认定。在案例一中，刘玉珊一开始成立宝之堂分企业就是带有欺骗性质制造各种假象，最初就未曾给被害人带来利润。而且从受害对象大多为 40 岁至 60 岁年龄段的中老年人可以看出，刘玉珊等人为了使得行骗更易成功，专门选择这类风险意识、防范意识更低的人群为诈骗对象。因此，对本案融资项目真实性、资金去向、归还能力等事实、证据进行综合判断后，确实应当认定刘玉珊构成集资诈骗罪。在案例二中，周辉一开始成立中宝投资企业虽然可能有着"投机取巧"的心理，但是其不同于案例一中的被告人，并非完全就是为了行骗而成立企业。而且周辉在企业运转前期也确实为被害人带来了部分利益，其后即便资金链已经断裂，但周辉实际上还是试图偿还集资款。

对比两个案例，我们或许还是会感觉到行为人的主观心理是存在差异的：案例一中的被告人刘玉珊明知其成立的就是一家虚假企业，"玉器戴养"也并不具有他们吹嘘的那些功能，其就是想从被害人处获取更多的资金，而且这些资金也都是为了自己的利益。而案例二中的被告人周辉虽然知道其网贷企业谋利并不正当，但是可能着眼于企业未来的发展潜力，其认为在自己发财的同时也不会损害到他人的利益，即便是企业开始出现亏损后其可能仍然认为自己具有归还能力。而在当今全球经济背景下，一夜之间发生剧变也不再是新奇的事情，对于其是否有可能"翻身"也着实说不准，他所具有的"非法占有目的"并不如案例一中的被告人那样明显。法院最终的推定也只是结合当时的情况认为其不具有归还能力的可能性更大。然而，这种推定其实是对"未来"行为及其结果的推定，虽然这种推测有据可依，但是其毕竟只是推测，"未来"本身就是充满未知数，即便是高度盖然性仍然具有不确定性。在这种情况下，坚持认定被告人具有"非法占有目的"可能会对市场环境中投资者的利益造成损害，不利于投资行业的发展，一定程度上会影响到企业家的"冒险"创业精神。

案例：2015年3月，被告人甲经人介绍来到偏关县城内承包了偏关县建苑小区的部分装修工程。被告人甲自称是山西中建南方公司太原分公司总经理，在偏关县建苑小区、马家坡廉租房等处承接部分装修工程。其间，被告人甲利用建苑小区的房屋作为自己的办公场所，并装饰显眼的公司名称字样，在墙壁上装贴承揽业务、装修效果等宣传图片，同时印制和散发名片。2015年3月至12月，贾某、张某1等19人均与被告人甲发生经济、劳务往来，2016年1月，被告人甲离开偏关后再没有回偏关，直至后来无法联系。另查明，偏关县建苑小区开发商尚未付清被告人甲工程款，具体数目不详。2018年12月28日，被告人甲家属退赔了赫某1、吕某、秦某、柴某、张某2、白某1、甲2、刘某8名被害人的全部损失，退赔了裴某、贾某、张某1、董某4名被害人的部分损失并与其达成了退赔协议，同时取得了上述12名被害人的谅解。

原审法院认为，被告人甲与被害人发生业务、经济往来是市场经济中符合法律规定的行为，赊欠材料款亦属正当。但是，被告人甲在被害人向其索要欠款后，不是积极处理债务纠纷，而是抱着侥幸的心理，以种种理由推脱拒不给付欠款，直至自己更换联系方式，导致被害人无法联系，无法向其索要欠款。此时，被告人甲对赊欠的材料款明显具有非法占有的目的，故此，对被告人及辩护人提出"被告人甲无罪"的辩解意见，不予采纳。①

根据本案事后查明的有关证据，上述事实尚无法证明被告人有非法占有的目的。上诉人是否具有非法占有的目的，理应根据主客观相一致的原则来认定，对"以非法占有为目的"的判断，必须在查明客观事实的前提下，根据一定的经验法则或者逻辑规则，推定上诉人的主观目的。需要从以下几个方面综合判定：其一，上诉人是否作出虚假承诺。本案中，上诉人不存在虚假的承诺。上诉人与开发商存在真实的合作关系，开发商也结算了部分工程款，据此上诉人判断可以继续赊欠装修材料，完成装修工程，待开发商结算剩余工程款，上诉人即支付赊欠材料

---

① 参见山西省忻州市（地区）中级人民法院刑事判决书：（2019）晋09刑终347号。

款等所欠费用。上诉人并没有对各被害人作出虚假承诺，其作出的是当时情况下的真实承诺，原审判决认定的各被害人也均知晓上诉人的业务现状，被害人也是基于知晓上诉人的工程利益方同意赊欠。因此应当认定上诉人主观上不存在非法占有的目的。其二，上诉人是否具备履行能力。本案中，上诉人具有偿还能力。上诉人偿还能力的有无，是被害人作出是否同意"赊欠"决定最重要的依据。上诉人仅建苑小区一项工程，依合同约定其就可获得 53 万元的装修款，各被害人也均是基于此确认上诉人具有履约能力。同时，在履约过程中，开发商支付了装修款，上诉人即支付各被害人部分材料款、工钱，其余未继续偿还部分均系上诉人无法支配的意志原因造成的，具体是因为建苑小区的开发商以及其他一些项目的业务未能按时足额结算装修款，导致建苑小区仅结算了 32 万元，拖欠工程款 21 万元，属于典型的三角债务致使上诉人陷于无法履约的状态。因此应当认定上诉人没有非法占有的目的。其三，上诉人是否将财物据为己有。本案中，赊欠材料、劳务等均服务于他人。无论是何种形式的诈骗犯罪，犯罪目标均直接指向财物，意图将他人的财物占为己有，上诉人取得财物之后的处置情况最能体现其主观意图，以此作为基础进行司法推定也最切实可靠。本案中上诉人行为指向的对象均不是"金钱"，而是"装修材料""装修劳务"等。上诉人赊欠的装修材料、雇佣的装修劳务均用在了装修工程上，并非为其个人所占有或享用。上诉人对其"赊欠"来的材料、劳务的处置体现出其不具有"非法占有的目的"。其四，上诉人的事后表现。上诉人向开发商要 21 万元工程款，开发商与其对账后表示会将拖欠上诉人的工程款直接用以支付上诉人在偏关县所欠的工钱、材料钱，共计十几万元，上诉人遂同意放弃自己的利益，并将账单明细发给开发商，体现了上诉人积极依照民商事合同行为履行还款义务，属于典型的商业交易行为，而非"非法占有"。且各被害人以及检察官后来与建苑小区开发商的沟通中也验证了上述结论，仅因为建苑小区涉及其他民商事纠纷而最终无法履行对本案各被害人的还款义务，导致上诉人也成为受害者。由此可见，司法推定非常必要，但是也要慎重运用。

(四) 司法推定的必要限制

由于司法推定只是一种特殊的证明方法，其适用缺少法律的明文规定，但是在司法实践中又需要被广泛运用，如果滥用、乱用司法推定，不仅会使得个案得到不公正的审判结果，还会影响到整个司法系统的正常运转。因此，我们认为有必要在允许法官进行司法推定的前提下，限制其适用，尽可能制定一些规则制度约束审判过程中的司法推定。限制司法推定的理念或者依据，包括以下内容。

其一，"存疑时有利于被告人"原则的体现。在刑事诉讼中，控辩双方的力量悬殊实际上是很大的，被告人面临的是国家的控诉，检察机关（抑或者自诉案件中的原告）是利用国家的权利对他人进行指控、追究刑事责任。因此，在控辩双方很难处于平等地位的刑事诉讼中，加之被告人面临的刑事处罚关乎其身体健康、人身自由甚至是生命安全，为了保障被告人的权利，就应该强调"存疑时有利于被告人"的原则。当法官在审判案件时，如果某一事实无法用证据直接予以确定因而必须进行司法推定时，应当充分体现"存疑时有利于被告人"的原则，对于该事实的推定，要在贴近事实的前提下保障被告人的权利。比如，在直接证据尚不能认定被告人有罪的情况下，法官不能够为了定罪而推定出明显不利于被告人的案件事实，否则很有可能就演变成了"推定有罪"，使得推定不再只是对事实的推定，而直接是对审判结果的推定。

其二，"法益恢复"理论的贯彻。"法益恢复"理论的提出背景是这样的情形：行为人虽然已经达到了犯罪既遂的程度，但是随后自己主动采取了某些方法、途径，有效地制止了犯罪结果的发生，实际上成功避免了给被害人造成严重的损失；抑或，虽然犯罪结果已经发生，但是行为人之后的行为使得已经遭受侵害的法益恢复到了"完好如初"的状态。[1] 在刑民交叉案件中，这种情形出现的可能性更大。比如，在集资诈骗犯罪中，行为人的集资行为和无法偿还的结果虽然已经造成了社会危害，但是如果集资的行为人可以在较短的时间内采取合理有效的方法对投资者进行弥补，归还其遭受的财产损失，并对投资者进行适当的赔偿，那么，即便将行为人之前的集资行为定性为犯罪既遂，也应当考虑"法益恢复"理论的优越性和科学性。[2] 因为在这样的案件中，即便是对被告人进行刑罚处罚，被害人的损失也并不能完全得到弥补，反而，如果行为人能够在后续处置中偿还资金才更符合被害人的期待，更有利于

---

① 参见庄绪龙：《"法益可恢复性犯罪"概念之提倡》，《中外法学》2017年第4期。

② 参见邢红霞、田然：《司法推定的证明方法及其限制——以集资犯罪"非法占有目的"为视角展开》，《法律适用》2019年第22期。

保护被害人的利益。实际上，对司法推定进行限制即是对该理论的一种贯彻，由于司法推定本就不是必然性的结论，为了避免推定不当带来的危害有必要选择更为温和的路径去处理一些刑民交叉案件，秉持"法益恢复"理念尽量获得"双赢"。

其三，"追踪溯源"理念的践行。所谓"追踪溯源"，就是指法官在审理案件的过程中，不能够割裂整个案件单独评价某一行为、认定某一事实，必须从头至尾将所有相关行为、事实连接起来，从前一行为联系到后一行为、从前一事实推定到后一事实。同样以集资诈骗犯罪为例，司法机关在推定行为人"非法占有目的"时，应该对行为人从集资行为开始到结束后的所有行为进行评价，通常来说包括成立企业时的情况、集资的手段和方式、集资后资金的动向、无法偿还后采取的措施等等。司法机关应当将这些行为作为整体进行考察，不能仅仅因为某一行为就推定其"非法占有目的"，否则很有可能因为片面性导致司法推定与事实的较大偏差。比如，对于这类案件中"挥霍"行为的认定尤其要注意与其他行为的结合，因为集资犯罪的行为人通常有着一定的企业家身份，其消费观念本就与普通人不同，将集资款用于购买豪车、别墅等对普通人来说就是"挥霍"，但是对于这些行为人来说可能只是正常的生活开销。这并不是为他们寻找逃避刑事责任的借口，而是确实应该考虑存在这样的可能性，因此司法机关在推定行为具有"挥霍"性质时，需要结合行为人的个人成长环境、行为前后的生活处境以及集资时的手段等来综合判断。

总体而言，对司法推定的限制应当遵循司法推定的适用规则，主要就是如前所述确保基础事实的真实性、经验法则的准确性、司法推定的可反驳性等等。具体来说，可以通过如下一些方法加以限制。

其一，建立与司法推定相配套的监督制约机制及报批手续。在法院系统中抑或在法院之外的司法系统中，有必要建立专门监督制约法官司法推定权力的机制。首先，制定专门的规章制度对司法推定的范围、条件等进行约束，尽可能统一推定的标准，减少法官主观性的影响，同时也使得控辩双方，尤其是被告人一方对司法推定的作用、程序、效果等有更多的认识与了解。其次，在一定程度上要求法官对其在审判案件中适用的司法推定做到"用前报批，用后留档"，当某一案件的司法推定对于定罪量刑起到关键作用时，既要保证在适用之前向有关部门或上级法院报告获得批准，又要确保在适用之后能够公开说明推定的依据、理由等，使得司法推定"透明化"。最后，严肃处理法官滥用、乱用司法推定的情况。一旦发现某一案件的审判法官徇私舞弊，故意进行了明显不当的司法推定时，应当严格追究该法官的责任，必要时还应考虑是否应当追究其刑事责任；即便是法官由于过失进行了不太恰当的司法推定，在造成了危害结果的情况下也应该对其予以处罚。

其二，增强对法官自律意识和专业能力的培养。司法推定实际上是赋予法官的一种权力，其作用的发挥依赖于主体。司法推定不同于一般的法庭调查，其需要法官遵从道德观、价值观，按照自我良心的标准进行适用。虽然现代社会强调"法治"，但是一方面法律是神圣的、威严的，这就决定了其必须也是相对稳定不变的，而另一方面社会又是在不断发展、不断变化的，因此，为了适应难以预料的将来案情的需要，法律不仅要有刚性的具体规定，还需要作出一些原则性的、弹性的规定。如此一来，当司法机关在审判案件时，即使找不到明确的法律法规作为依据，也不至于"固步不前"，而是能够凭借经验、常识等发挥主观能动性，"对案件事实作出最接近本来真实面目的'回溯'认识"，[①] 从而为查清案件事实、解决纠纷提供保障。然而，司法推定在很大程度上依赖于法官的自由心证，有着一定的随意性。为了降低司法推定的这种任意性所带来的不当推定，有必要对推定主体——法官进行更加专业的培养，不断增强其自律意识，减少非理性的个人情感因素对其司法推定的影响。一方面，要强化法官的道德感、责任感，使得其本身就具有正确的价值观、人生观等，相较于普通人能够更好地进行自我约束；另一方面，要通过外部的明确、严格的规章制度对法官适用司法推定进行限制，进一步保障其站在中立角度作出客观公正的判断。总之，就是要尽可能减少法官因个人主观认知的不当对司法推定的影响，努力提升其业务能力，调动其积极性。

其三，遵循"单级推定"原则。如果说对司法推定要有明确的原则限制，我们认为"单级推定"原则应当是首要原则。也就是说，"通过推定得到的结论不能作为再次推定的基础事实"。[②] 因为推定的事实本身就是在其他事实的基础上推定而来的，并不具有必然性，甚至可以说其正确与否都是存在疑问的，如果再在推定事实的基础上进行新一轮的推

---

① 傅贤国：《对司法推定若干基础问题的研究》，《西南政法大学学报》2014年第 6 期。

② 毛淑玲、林驰：《司法推定的适用条件与要求》，《法学杂志》2019 年第 12 期。

定，则很有可能使得最终的结论与案件真相相距甚远。在推定事实的真实性得不到保证的情况下，再次进行推定极易导致"错上加错"，最终定罪量刑的依据可能一多半都是不可靠的推定。而且如果违背了"单级推定"原则，允许反复多次推定，还会导致循环论证的情形出现。当司法机关在认定某一事实没有确凿证据可以依赖时便采取推定，然后后续的证明同样没有证据，就又在推定的事实上再次推定，所有推定的事实既是结论，又是前提，从而导致审判结果的"放大性失真"。另外，一般而言，推定的事实不宜作为定罪量刑的主要依据，其必须与其他必然性的证据相互印证，不能独立作为定案的证据。

综上，对于司法推定这一方式，我们要予以高度重视，既要肯定其对于在刑民交叉案件中认定"非法占有"的重要性，充分认识到司法实践中运用该方式弥补证据证明的瑕疵的价值；又要保持谨慎严肃的态度适用司法推定，明确其存在的缺陷与弊端，并积极采取有效的措施限制司法推定的适用，减少不当推定造成的损害。

案例：上海市徐汇区人民检察院指控，2016 年 4 月，甲（已判决）作为上海 A 有限公司（以下简称 A 公司，经营地在本市徐汇区××路××号××号楼××层）的法定代表人，与上海 B 有限公司（以下简称 B 公司）的董事长、被告人乙以及上海 C 有限公司（以下简称 C 公司）的法定代表人丙（已判决）分别签订《融资合作协议》，约定 A 公司委托 B 公司、C 公司为其进行股权融资，B 公司、C 公司分别收取融资金额的55%、10%作为融资顾问费用。2016 年 4 月至 2017 年 3 月，乙明知 A 公司的业务提成比例过高，仍通过 B 公司组织业务团队或通过××公司，向社会公开宣传投资 A 公司股权，帮助 A 公司以投资入股的方式非法集资，承诺于 2017 年 12 月 31 日前挂牌新三板，若未按时上市，或公司 2016 年审计净利润低于人民币（以下币种均为人民币）1500 万元或 2017 年审计净利润低于 2500 万元，由甲无条件回购投资者股份，并且按照年化 12%的收益率补偿投资者。经审计，A 公司以签订增资扩股协议书的形式向社会公众非法集资 3387 万元，未兑付 3289 万元。乙控制的 B 公司账户收取 A 公司账户资金合计 1750 余万元，通过 B 公司员工取 A 公司资金 230 余万元。2019 年 3 月 6 日，被告人乙接公安人员电话通知后主动投案，到案后如实供述了自己的基本犯罪事实。

在本案中，公诉机关认为，被告人乙的行为触犯《刑法》第 192 条、第 25 条第 1 款之规定，应当以集资诈骗罪追究其共同犯罪的刑事责任。A 公司根本不具备还本付息的可能。乙明知 A 公司融资成本过高，资金链必然断裂，仍让王辉积极帮助 A 公司融资，收取高额佣金，导致集资款无法返还，可以推定乙具有非法占有目的，进而构成集资诈骗罪。① 但该推定没有排除合理怀疑，存在不周延的问题。

乙的行为难以被认定为具有非法占有的目的，如果构成犯罪也应以非法吸收公众存款罪追究其刑事责任。主要理由在于：其一，我国共同犯罪成立的法理是部分犯罪共同说，表明共同犯罪参与者的行为未必构成统一罪名。关键是看共同参与的故意和行为是否完全重合。其二，没有证据证明乙与甲等人有集资诈骗共谋，使用诈骗方法非法集资。涉案股权融资项目由王某具体负责，王某代表 B 公司与甲对接，乙与甲从未有过直接联系，乙并不清楚 A 公司实际经营情况。没有证据证明乙曾参与虚构 A 公司新三板上市、增资入股等事实或者伪造虚假的证明文件等材料，无法认定乙明知甲非法占有集资款，仍帮助甲非法集资。其三，本案中存在集资诈骗共谋无法确定的情况，更不能因为乙参与非法集资犯罪行为就按照集资诈骗罪定罪处罚。也就是说，对融资中介方非法占有目的之认定，在缺乏集资诈骗犯罪意思联络的情况下，不能适用对实际融资方非法占有目的的推定规则。其四，本案融资方甲控制的 A 公司将大部分集资款用于支付融资佣金，未用于生产经营活动；非法集资款资金成本过高，A 公司在此期间亦无实际经营活动，无盈利能力，不具有支付全部本息的现实可能性，根据规定，当然可以推定作为实际用资方的 A 公司及甲对非法集资款具有非法占有目的。但使用上述理由，不能推定作为融资中介方的乙具有非法占有目的。其五，根据双方融资合作协议，B 公司帮助 A 公司寻找投资者进行股权融资，并提供融资相关服务，甲收到融资款后通过 A 公司返佣给 B 公司，因此乙等人不是直接占有非法集资款，而是获得 A 公司支付的返佣，乙将佣金用于支付代理机构相关费用、支付 B 公司参与集资人员的提成、支付公司日常经营支出等，乙对收到佣金的处理不能用来直接推定其具有非法占有目的。其六，直接认定乙对非法集资款具有非法占有目的，证据尚不充分。乙主观上是以赚取非法集资款的高额佣金为目的，不是为了直接占有集资款。乙通过 B 公司收取 A 公司实际融资金额的 55% 作为佣金，佣金虽高，但不能以此推定乙具有非法占有目的。

---

① 参见上海市徐汇区人民法院刑事判决书：（2022）沪 0104 刑初 755 号。

第四节　数字金融犯罪中的认识错误

一、数字金融犯罪的认识错误及其机能概述

认识错误，是行为人的认识与实际情况不一致的情形。刑法中的认识错误，是行为人关于自己行为的法律性质和事实情形的认识错误。认识错误影响行为人的意志取向，在刑法中，对于定罪和量刑都具有决定性的意义。根据错误的不同内容，刑法中的认识错误一般分为：法律认识错误和事实认识错误。另外，在日本刑法中，还将事实错误进一步分为具体的事实错误和抽象的事实错误。笔者认为，将事实错误作具体和抽象之分的意义并不大，法、意、英、美等国的刑法分类也足以反映这一点，根据我国刑法理论的特征，更是如此。

事实认识错误，是行为人关于自己行为的事实情形的错误认识。事实认识决定行为人的行为是否构成犯罪、构成何种犯罪以及刑事责任的大小。事实认识错误包括客体错误、对象错误、工具错误、因果关系错误等。数字金融犯罪的认识错误，是在实施数字金融犯罪的过程中，行为人对构成要件事实发生的错误认识。

在理论上，事实认识错误与故意有较为复杂的关系，国外有观点认为，错误论是对故意实施的行为整体（包括发生结果）的评价，具有与故意论不同的独立作用，因而与故意论有不同的原理。① 但是我国有学者认为，错误论是故意论的反面，认识错误与故意是表里关系，对认识错误的处理在于解决行为人对于构成要件事实是否具有故意责任。因此，行为人的主观认识与客观事实在何种程度上一致，既是故意的认识内容问题，也是错误论的问题。可以肯定的是，只有行为人所认识的事实与实际发生的事实在构成要件的范围内相符合时，才能在此限度内肯定故意的既遂犯。换言之，应当以构成要件为基准，判断某种事实是否属于作为故意的认识对象（或内容）的重要事实；如果对重要事实存在着认识错误，就可以阻却故意犯罪的既遂；反之，则肯定故意犯罪的既遂。②

---

① 参见［日］佐久间修：《错误论中的结果归属理论》，载福田平·大塚仁：《刑事法学的综合检讨》（上卷），有斐阁1993年版。

② 参见张明楷：《刑法学》，法律出版社2022年版，第350~351页。

二、数字金融犯罪中的事实认识错误

关于金融犯罪中的错误，目前的理论研究主要集中于如下犯罪中的事实认识错误。

(一) 内幕交易、泄露内幕信息罪中的认识错误

内幕交易、泄露内幕信息罪的构成要件在客观上主要有三种基本行为表现形式：（1）行为人自己利用；（2）建议他人利用内幕信息进行证券买卖；（3）将内幕信息予以泄露。该罪在主观上则要求行为人须出于故意。但如果行为人主观上误将某种不属于内幕信息的信息当作内幕信息，或者将真正的内幕信息误认为不是内幕信息而为上述行为的，应当如何处理？

过去有观点认为，如果行为人误将不属于内幕信息的消息当作内幕信息而进行内幕交易或泄露的行为不能按内幕交易罪处罚，若因此造成实际损害的，可按一般违法行为追究其行政责任。如果行为人将内幕信息误认为是一般信息或不是内幕信息而加以利用或泄露的，则构成内幕交易罪。①

对此有不同意见认为，行为人在主观上所认识的内容与客观事实不相符合，属于刑法理论中的认识错误，应根据刑法中的错误理论，对行为人的行为分情况予以认定。如果行为人误将不属于内幕信息的信息当作内幕信息而为上述行为的，则行为人仍构成内幕交易、泄露内幕信息罪，不会因其所利用或泄露的信息不属于内幕信息而不构成犯罪，但其犯罪应属未遂；而如果其所泄露的信息不属于证券交易内幕信息而属于国家秘密，则应依法构成泄露国家秘密罪。如果行为人将内幕信息误认为是一般信息或误认为不是内幕信息而为上述行为的，则行为人的行为不构成内幕交易罪；若行为人主观上出于过失，但符合其他有关条件的，则行为人依法构成玩忽职守罪或过失泄露国家秘密罪；若行为人的行为在客观上未造成实际损害的，则行为人只属一般违法，对其可依法追究相关行政责任。②

---

① 参见周道鸾主编：《刑法的修改与适用》，人民法院出版社1997年版，第397页。

② 参见赵秉志主编：《破坏金融管理秩序犯罪疑难问题司法对策》，吉林人民出版社2000年版，第226页。

第二种看法兼采结果无价值论与行为无价值论的优点，有利于司法实践处理此类犯罪。构成本罪要求行为人的行为必须达到情节严重的程度，且有关交易和泄露行为应与内幕信息具有关联性。由于受到这些条件的影响，事实上如果行为人主观上把某种不属于内幕信息的信息当作内幕信息进行交易或泄露，就不可能出现所谓关联性问题，从而也很难达到情节严重的程度，但是，行为人的行为表明了其主观上的人身危险性，如果对这种行为置之不理，不利于预防相关犯罪，而且其行为已经实施，对于内幕信息背后的法益并非没有现实威胁，所以作为犯罪未遂论处较为妥当；反之，如果行为人将内幕信息误认为不是内幕信息而进行交易或泄露，由于其主观上显属过失，缺乏故意，当然就不能构成犯罪。因此，如果行为人主观上确实存在对象认识错误的情况，一般不应该构成本罪。①

(二) 编造并传播影响证券、期货交易虚假信息罪中的认识错误

在编造并传播影响证券、期货交易虚假信息罪中，需要划清虚假信息与行为人认识上的预测错误的界限。所谓预测，是指根据相关资料，依据证券、期货市场前期波动规律，结合有关参变因素，经过综合分析，判断证券、期货市场尤其是证券、期货交易价格的变化趋势。证券、期货交易市场预测是必要的，也是合法的。但是由于受主客观因素的影响，预测往往会与将来证券市场的实际情况发生偏差，甚至正好相反。乐观预测和悲观预测都会对证券市场产生消极影响。因此，将预测偏差、错误与编造并传播证券交易虚假信息的行为严格区分开来，就显得十分重要。

根据类型化方式，从刑法学上考虑如下情况：其一，如果行为人主观上并无编造并传播虚假信息的故意，客观上根据自己掌握的真实材料、知识和经验进行分析，从而在报道或股评中断定具有某种情况，而该种情况实际并不存在。这种情况是行为人分析判断失误的行为，不是故意编造并传播虚假信息，因而不构成犯罪。其二，行为人在新闻报道或股评分析中，歪曲事实或无根据判断具有某种情况，实际上该情况并不存在，也是一种判断性虚假信息。这种判断行为实质上是在报道或股评中故意编造并传播证券、期货交易虚假信息，如果因此而扰乱证券、

---

① 参见刘宪权：《金融犯罪刑法学新论》，上海人民出版社 2014 年版，第349~350 页。

期货交易市场，造成严重后果，应按本罪惩处。其三，对传播的虚假信息不进行验证就当作真实信息报道或在股评中使用的，还应区别不同情况认定：一是如果行为人不知是虚假信息而当作真实信息报道或在股评中使用，则是过失传播虚假信息，不构成本罪；二是如果行为人知道是虚假信息，而且与虚假信息编造者有共同故意，因而将虚假信息当作真实信息报道或使用的，则与虚假信息编造者构成本罪的共犯；三是如果行为人知道是虚假信息，但与虚假信息制造者没有共同的故意，因没有编造行为而只是单纯地实施了传播虚假信息的行为，不构成本罪，但此行为构成了《禁止证券欺诈行为暂行办法》规定的以"散布谣言等手段影响证券发行、交易"的行为，应按操纵证券、期货市场行为给予行政处罚。①

至于如何判断行为人是否存在主观认识，在司法实践中自然需要结合证券、期货交易的现实环境、客观条件和其他偶发因素，通常的预测方法以及行为人的行为习惯、预测水平等因素进行综合认定。首先，考察行为人的预测是否出于善意。善意是指预测的目的和动机不是欺骗投资者，不是出于不正当的目的或其他犯罪意图。其次，考察预测是否有合理根据。所谓合理根据是指行为人的预测不是凭空捏造而是以有关事实为依据。再次，考察预测人的资格，即审查预测人的素质、职业、经历等，判断预测人是否具有预测能力和其他应具备的条件。最后，考察预测方法、途径是否科学、合理，即审查预测的进行过程是否科学合理，是否具有内在逻辑等。如果预测具有合理根据，行为人也是出于善意目的，具有一定的预测能力，预测过程也较合理，预测偏差、错误的产生是因为客观因素如突发事件或主体素质限制等导致，则不能认定为构成编造并传播证券、期货交易虚假信息罪。②

毫无疑问，区分新闻报道或证券、期货交易评价中的预测错误与本罪的界限，关键是看有关报道和评论中所引用的信息是不是虚假的信息，且行为人所引用的虚假信息是不是编造出来的。问题在于，在新闻报道或有关评论中，有关作者和报纸杂志对其文章或报道中引用的材料的真实性是否有审查的义务？有观点认为，评论人不具有这种审查义

---

① 参见胡启忠等：《金融犯罪论》，西南财经大学出版社 2001 年版，第 277 页。

② 参见张军主编：《破坏金融管理秩序罪》，中国人民公安大学出版社 1999 年版，第 322 页。

务。只要作者或报纸杂志的编辑没有主观编造，且引用的材料有来源，就不应承担刑事责任。这是因为，编造并传播证券、期货交易虚假信息罪成立的前提条件，是行为人必须无中生有地制造虚假信息，而引用有来源的材料则不能算作"无中生有"。即使行为人引用的材料最后被证实是虚假的，也不能算作"无中生有"，因为行为人是引用而非制造材料，也正是由于这一点，行为人失去了构成本罪的前提条件。事实上，要求作者或报纸杂志的编辑对每一个所引用的材料均进行查证，既不可能也不现实。① 此外，评论仅仅表达个人观点，受众应当理性理解和合理运用该评论。只要评论者没有恶意，一般就不能认为其具有审查义务。

(三)妨害信用卡管理罪中的认识错误

妨害信用卡管理罪的第二项行为中的"非法持有他人信用卡，数量较大的"，引出了一个问题，如何理解他人信用卡的范围，即若行为人因存在认识错误，误持有他人较大数量的伪造卡、空白卡、废卡或骗领的信用卡等非法卡，应当如何处理。这在理论上有不同的观点。

有观点认为，"他人的信用卡"包括他人合法有效的信用卡、合法但无效的信用卡和非法卡(包括使用虚假身份证明骗领的信用卡、伪造卡、变造卡和涂改卡)，因为卡的性质在此不影响对信用卡秩序的妨害。②

我们认为，他人的信用卡理应是他人真实有效的信用卡。如果是伪造卡或者空白卡，行为人在明知的情况下，完全可以按照妨害信用卡管理罪第一项行为加以认定，而不应该也没有必要将其视为第二项行为。显然，妨害信用卡管理罪中的第一项行为与第二项行为在事实上是有区别的，最大的区别就在于第一项行为的对象是伪造卡或者伪造的空白卡，而第二项行为的对象则是他人真实有效的信用卡。其中涉及认识错误的问题在于，行为人误将他人伪造的信用卡、伪造的空白信用卡或作废的信用卡当作真卡而故意非法持有的情况。对此，只应该以妨害信用卡管理罪的第二项行为认定，因为《刑法》规定妨害信用卡管理罪第一

① 参见刘宪权：《金融犯罪刑法学新论》，上海人民出版社2014年版，第363~364页。
② 肖乾利：《妨害信用卡管理罪若干问题之探讨：对刑法修正案(五)第一条第一款之解读》，《云南行政学院学报》2006年第1期。

项行为时特别强调要以"明知"为前提，在行为人对对象产生错误认识时，行为人主观上就不具有这种明知，因而不能以第一项行为认定。另外，根据刑法基本原理，行为人对于对象所产生的错误认识，对其行为进行定性时，应以其错误的认识作为主观依据。由于行为人主观上认为是他人真实有效的信用卡，对其按照妨害信用卡管理罪认定是完全合理的。当然在此场合，客观上出现了行为人非法持有的并非他人真实有效的信用卡，而是伪卡或者是空白卡等情形。当然，这里所指的他人信用卡，还应包括他人使用虚假的身份证明骗领的信用卡，这是因为使用虚假的身份证明骗领的信用卡实际上是真卡，即这种卡不仅可以直接使用，而且是由发卡机构发行的，只是领卡人是以虚假身份骗领的，通俗地说，卡是真的，人是"假"的。正由于这一点，对于行为人非法持有他人使用虚假身份证明骗领的信用卡，理应以妨害信用卡管理罪的第二项行为认定。

(四) 金融诈骗罪中的认识错误

金融诈骗罪中的认识错误与上述的几种金融犯罪的认识错误完全不同。金融诈骗罪中常说的认识错误是受骗人因行为人的欺骗行为而陷入的一种错误的心理状态。金融诈骗罪是指为了骗取财产或者银行信用而恶意利用来自被害人自身的弱点，通过各种虚构事实、隐瞒真相的方法，使金融机构或开户单位、个人陷于错误认识，自动向诈骗犯交付财产或提供银行信用的行为。① 而关于金融诈骗罪中的错误认识的讨论，则主要是需要与盗窃罪相区分。但是，这种认识错误和刑法中基于行为人认识的错误不同，并不在错误论的研究范围之内。

在拾得信用卡并加以使用的案件中，如何定性争议较大。如行为人在某处拾得他人遗忘的银行卡，遂根据卡上记载的密码在自动柜员机上多次取款的情形，存在如下观点：(1)信用卡诈骗罪论，即认为应以信用卡诈骗罪对行为人定罪。(2)诈骗罪论，即认为类似行为应认定为诈骗罪。(3)侵占罪论，认为诈骗罪的构成要素中必须具有被骗者，且被骗者实施了"自愿交付财物"的行为，该种交付行为与行为人的诈骗行为之间具有直接的因果关系。在同时拾到信用卡和密码的情况下，如果拾得者在自动柜员机上顺利提款，这种行为虽然属于冒用他人的信用

---

① 参见白建军：《金融欺诈及预防》，中国法制出版社 1994 年版，第 2 页。

卡，但并不存在付款人或自动柜员机受骗的问题，因为信用卡和密码都是真实的，付款人依据真实的信息付款，并不存在认识错误，此乃正常履行业务职责的行为，无须承担民事赔偿责任。在这种情况下，实际财产的损失者是信用卡的所有人，但其并不存在被诈骗的问题。而拾得者捡到信用卡和密码，完全等于获取了信用卡所含资金的使用权，这与捡到他人的活期存折而取款的行为性质相同。如果拾得者拒不交出所取款项的，可以考虑按侵占罪论处。[1] （4）盗窃罪论，认为行为人实际上构成盗窃罪。因为诈骗罪中的受骗者必须是自然人，如果没有自然人受骗，就不可能存在基于认识错误处分财产的情形。而诈骗罪与盗窃罪的关键区别在于受骗人是否基于认识错误处分（交付）财产。机器是不能被骗的，即机器因为没有意识而不会陷入认识错误，更不会基于认识错误处分财产。[2] 显然，盗窃罪的观点受到"机器不能被骗"观念的影响，与我国立法规定不符。我国《刑法》第196条规定了信用卡诈骗罪，就意味着机器存在被骗的可能性，不能以"机器不能被骗"作为推理的前提。在立法解释将一切银行卡解释为信用卡之前，稳妥的做法是认定行为人构成侵占罪。但在立法解释规定之后，无疑要按照信用卡诈骗罪定罪处理。

在互联网时代，经过编程具有人机对话功能的自动柜台机与传统不具有人机对话功能的机器并不一样。具有人机对话功能的自动柜台机以及后来发展出的手机银行等数字化银行终端设备，经算法编程后，实质上已经成为自然人意志延伸的一部分。在大多数情况下，这些所谓的数字化终端设备实际上是作为业务人员辅助设备处理金融机构的金融业务。因此，金融机构的业务人员可以成为诈骗的对象，那么，对这些经电脑算法编程后的数字终端设备的欺骗性方式，就是对统一的算法编制者的欺诈。机器当然也可以成为诈骗罪的对象。对于黄祥青教授的观点，刘宪权教授亦作出了回应。黄祥青教授的观点是，取得密码后在自动柜台机上使用别人的信用卡的情况，不存在"骗"的问题，因为信用卡是真的，密码也是真的，何骗之有？刘宪权教授认为，拾得信用卡并取得密码后在自动柜台机上取款的行为，显然属于冒用他人信用卡的行

---

① 参见黄祥青：《信用卡诈骗罪司法适用中的四个问题》，载陈兴良主编：《刑事法判解》第2卷，法律出版社2000年版，第135~136页。

② 参见张明楷：《机器不能成为诈骗罪的受骗者》，载刘宪权主编：《刑法学研究》第2卷，北京大学出版社2006年版，第84页。

为，完全符合《刑法》中规定的冒用行为的特征。尽管在这种情况下，信用卡是真的，密码也是真的，但人却是假的。银行对于行为人冒用他人信用卡无法加以识别，是因为行为人掌握了他人信用卡的密码，在这种实际使用者冒充持卡人的虚假情况下，银行以为使用者就是信用卡的主人而表面上"自觉自愿"实施付款行为，实际上已经产生了认识错误。其中，银行处于被骗者的地位是显而易见的，至于银行是否要承担民事责任则不是刑法考虑的问题。事实上，在司法实践中被骗者与民事责任承担者并非一定要求一致。需要指出的是，拾得信用卡和密码后在自动柜台机上取款的情况，最后应由谁承担民事责任问题，其实并不是刑法所研究的问题，而且谁是被害人的问题不应该成为行为人构成犯罪的障碍。就刑法而言，认定犯罪主要依据行为人的行为和主观方面，而不在于分析当事人之间的法律关系。在诈骗犯罪中，只要行为人实施了虚构事实、隐瞒真相的行为，被骗者是谁（有可能是财产所有人，也有可能是财产持有者，甚至可能是与财产所有人或持有人有联系的其他人）对于行为人诈骗行为的认定并没有决定意义，对行为人而言，无论被骗者是谁，只要其实施了诈骗行为，均可能构成诈骗类的犯罪。

案例：被告人王艳某、程某玲、吴某芳、苏某等人非法吸收公众存款，扰乱金融秩序，其中，徐丹芬参与非法吸收公众存款金额共计人民币22559153元，王艳某参与非法吸收公众存款金额共计人民币9819000元，程某玲参与非法吸收公众存款金额共计人民币7643412.3元，吴某芳参与非法吸收公众存款金额共计人民币6176000元，均属数额巨大；苏某参与非法吸收公众存款金额共计人民币515000元。原判机关认为，被告人的行为均已构成非法吸收公众存款罪。

被告人提出上诉，辩解理由之一是，其受白玮公司合法外衣和荣誉光环所蒙蔽产生认识错误，未认识到其工作的违法性以及会涉嫌非法吸收公众存款犯罪，其自身还投入大量的资金，原判仅以"系具有刑事责任能力的成年人"便判定上诉人主观上属"明知"，系对其主观故意认定错误，根据最高人民法院、最高人民检察院、公安部《关于办理非法集资刑事案件若干问题的意见》，其不具有非法吸收公众存款的犯罪故意，不应作为犯罪处理。

法院认为辩解理由不成立。理由是：其一，在案的证据证实，徐凡诚在南平市××区设立白玮公司两家门店（南平一店、南平二店），其雇佣甲某等人及王艳某为南平一店的店长、店员，上诉人积极配合徐凡诚等人以推销空气净化器为名，并通过协助召开产品推介会、发放宣传单等方式，向社会公众公开宣传购买白玮公司产品可以在一定期限内获得高额回报，以此吸引社会公众投资白玮公司成为该公司会员，该门店所吸收的资金扣除提成后转入徐凡诚控制的个人账户，集资参与人的返利款则由徐凡诚转入徐丹芬个人账户然后进行分配。该模式明显不属于正常的商品交易模式，符合非法集资"违法性、利诱性、公开性、社会性"的特征，应认定为非法吸收公众存款的犯罪行为。其二，证人况琳的证言及上诉人甲某、王艳某等人供述证实，甲某、王艳某等人曾在"好普"公司从事多年销售保健品业务，即二人具有在门店从事产品销售的既往经历；徐丹芬供述其曾开店卖电器等，王艳某供述其曾在各地打工。上述证据证实二人具有相当的社会阅历，尤其是具有一定的销售经历。①

我们认为，上述两点理由只能表明被告人参与行为和进行利益分配的实际情况，利益分配完全可能是基于正常经营认识而实施的市场行为，因此无法证明被告人具有非法占有的目的。本案核心事实是，被告人自 2016 年 7 月至案发受雇入职白玮公司长达一年的时间，在公司运作过程中面对众多的老年集资参与人，且巨额资金均流入个人账户，由个人任意支配、处分，一旦资金链断裂可能造成的社会危害后果，是显而易见的。对此，作为有一定社会经验的甲某、王艳某等人，对上述以销售为名实质实施非法吸收公众存款的经营模式主观上应有相当的认知，但仍积极帮助吸收公众存款。上诉人供述、该案众多被害人的陈述相互印证了"会员"是为了高额返利才将钱投资白玮公司的事实。故上述足以认定甲某、王艳某等人主观上具有非法吸收公众存款的犯罪故意，在实施犯罪过程中，二人积极参与共同实施非法集资犯罪，具有现实犯意联络行为，且案发后，公安机关依法提取上诉人徐丹芬建立的"上海白玮南平一店"微信群，徐丹芬供述其与王艳某、徐凡诚均在群里，平时徐凡诚和其工作人员有在该群里通知开会信息、发小红包、旅游照片和一些活动信息等，亦佐证在实施犯罪过程中甲某、王艳某、徐凡诚等人的犯意联络。

① 参见福建省南平市中级人民法院刑事判决书：（2020）闽 07 刑终 166 号。

第七章　数字金融犯罪参与理论

依托移动互联网、大数据和云计算等创新技术，数字金融的融资、投资和支付等功能，可以通过减少金融交易成本、降低金融进入门槛、缩小地理排斥、减少融资约束等机制产生一系列经济后果。

与此同时，数字金融成为滋生一些新型违法犯罪行为的温床，如数字金融领域的网贷欺诈、虚拟货币洗钱等。数字金融犯罪冲击传统犯罪构成理论、犯罪治理体系，尤其是涉及犯罪参与领域的问题更为复杂，被认为是开启了"数字金融的犯罪参与范式"。在去中心化的数字金融社会背景下改变犯罪参与行为模式，"金字塔式的阶层犯罪参与结构面临解构，链式的扁平化犯罪参与结构正在形成"。① 如何确立对数字金融参与犯罪的刑法打击力度，如何认定各个参与者的刑事责任大小等问题值得探讨。与此同时，参与数字金融犯罪的刑事责任问题也必须保有一定的平衡和张力，毕竟该特定社会背景下经济的发展过程中必然要付出的代价也需要被关注到，发展代价与发展价值本身需要辩证地去认识。某种程度上，看似在向更高的、更发达的形式的转变过程中失去或破坏了平衡，实则对改革发展起着积极的促进作用。②

一方面，犯罪参与结构化升级，呈现链条化与集团规模化特征，决定了要将其作为一个集合体进行整体认定，从整体把握法益侵害，进而确定刑事责任的大小，这一思维方式不得不引入共犯理论作为依据。而传统共犯理论因犯罪升级和转型遭遇重大危机，相关产业全链条的犯罪集团规模庞大、犯罪人数众多，在非接触式犯罪中难以确定各个行为人

---

① 王肃之：《论网络犯罪参与行为的正犯性——基于帮助信息网络犯罪活动罪的反思》，《比较法研究》2020 年第 1 期。

② 参见［美］瑞恩·卡洛、迈克尔·弗兰金、［加拿大］伊恩·克尔：《人工智能与法律的对话》，陈吉栋、董惠敏、杭颖颖译，上海人民出版社 2018 年版，第 3 页。

之间具有共同实现犯罪的犯意联络。另一方面，各参与犯罪的行为之间界限愈发模糊，以参与金融服务的数字技术平台和经过深度数字化转型的传统金融机构为例，某些情况下二者的行为难以在分工分类或者作用分类中被验明正身，使得区分共犯所追求的罚当其罪遭遇重创。此外，值得注意的问题是参与数字金融犯罪活动的技术平台是否对他人利用平台实施的关联犯罪承担帮助犯的责任，必须进一步释明，其帮助行为与传统的共犯行为之间具有性质上的差异性。基于犯罪参与理论的角度探索数字金融犯罪问题，为深入理解数字经济新形势与犯罪新变化的关系提供了另外的思路和证据。

第一节　数字金融犯罪参与链条化原理及行为共同说的提倡

产业链化犯罪研究范式的灵感源自经济学领域对生产组织方式的研究，按照学者赋予产业链的定义，可以是结构网络、可以是环环相扣、首尾相接的链条关联、也可以是层次的上下传递。[1] 上游环节以准备工具、发起犯罪为主，中游环节主要是袭击、破坏网络系统和软件，下游环节则是在上中游环节完成的基础上实施具体的如诈骗、洗钱等传统犯罪行为。[2] 由此可见，犯罪参与链条化原理复杂，连接节点的形式多样。裹挟了数字金融犯罪参与的链条化，更是盘根错节，滋生进化出复杂的犯罪生态体系，自发形成了组织分工合作、彼此依赖、利益共享的链条型、集团规模型犯罪。在一定程度上改变犯罪参与的原有形式，冲击传统犯罪参与共犯认定与归责体系，"产业化、去中心化、无正犯之共犯"等加剧了共犯认定的语义困境与理论矛盾。[3] 传统犯罪共同说因共同实现犯罪意思联络上的障碍，产生了共同犯罪认定的难题。倘若全然抛弃共同犯罪思维作单独犯罪处理，有违罪责刑相适应原则。相比之下，行为共同说更具有适应性，各行为人以各自的犯罪意图，共同实施

① 参见李娜、余翔、姬文清：《产业链犯罪：分析工具与治理模式》，《科学·经济·社会》2013年第4期。

② 参见刘宪权：《网络黑灰产上游犯罪的刑法规制》，《国家检察官学院学报》2021年第1期。

③ 参见陈小彪、王祥传：《网络技术服务犯罪参与的共犯归责困境及其理论重构》，《重庆邮电大学学报(社会科学版)》2023年第1期。

符合构成要件的实行行为，彼此之间具有因果关系上的共同性就能成立共犯，各自对自己之行为承担责任。

一、数字金融犯罪参与链条化、集团规模化原理

数字金融犯罪参与对技术具有高度依赖性，且随着技术发展高频升级、分工日益细化，导致犯罪上中下游现象越发明显。《2021年度上海金融检察白皮书》的剖析上指出，依托互联网的"传销+非法集资"案件手段翻新……非法募集资金在数字货币、区块链技术、元宇宙等新兴技术的渲染下，利用国家金融、货币政策得以进行。[①] 随着信息网络技术的继续发展，新型网络金融犯罪将会不断涌现，而且更具专业性、隐蔽性和欺骗性。通常非法获取公民个人信息的行为往往伴随着后续犯罪行为的发生，非法出租、出售提供银行卡手机卡、各类支付账户、二维码，银行卡、手机卡、个人信息的提供者，还有制作维护虚假App改号软件、伪基站、木马程序出售犯罪专用工具、篡改操纵后台数据、提供网络平台等技术行为，为中下游实施金融诈骗、盗取数字资产等犯罪组织提供犯罪工具，帮助其取款、转账等。各类平台、源头、数据迅速归集，成为一个个的利益产业群，其上游多提供各类软、硬件设备和服务等犯罪工具或预备条件，中游多获取用户信息、数据清洗、破坏系统等，下游则提供广告结算、平台运营等最终变现，[②] 上中下游整合构成了数字金融犯罪的产业链，产业链的参与人数呈现几何倍数式增长，使得数字金融犯罪参与不断呈现链条化、集团规模化的特点。

(一)犯罪参与的链条化

犯罪参与的链条化是一个跨界生成的现象，犯罪产业链开始崭露头角是2012年以后，而产业链的提出是借鉴了经济学上的生产组织方式，形成于产业的发展过程中，结构形态和动力机制呈现出不断的变化，最初形态表现为短小而简单，空间跨度也相对较小，产业链条上的许多环

---

① 参见《2021年度上海金融检察白皮书》，最高人民检察院官网，https://www.spp.gov.cn/dfjcdt/202207/t 20220712_563571.shtml，最后访问时间：2023年4月28日。

② 参见周芬：《新型网络犯罪技术行为的司法认定》，《中国检察官》2021年第5期。

节和片段被内置于一个企业。① 随着市场经济时代的到来，产业链条完整而复杂，企业和市场成为产业链运行的主导性力量，并发展至全球性的空间尺度。② 现代产业链指向的也并非一种内涵，代表性的描述主要有以下几种：其一，基于产品或者服务之间的关联性，演变出的一种环环相扣、首尾相接的链条式产业关联。③ 其二，用自然资源变成消费品这一存在形式上、载体上的转换来描述产业链，表达的是产业层次的上下传递。④ 产业链与犯罪现象相结合之初，泛用的情况很普遍，肉及肉制品质量安全犯罪产业链，制假售假犯罪产业链，拐送销留守儿童犯罪产业链，网络病毒犯罪产业链，盗掘古墓倒卖文物产业链等，诸多领域犯罪产业链的提出与复杂关系的产业链犯罪不匹配，单向度的分工不符合犯罪产业链的内核。

　　然而，数字金融不同，其与产业链之间的融合浑然天成。数字金融有广义和狭义之分，前者是移动互联+金融业务形成的结果，后者是基于区块链思维与"人性+科技"融合创新的金融，其中区块链的介入及其所引发的范式革命是数字金融和互联网金融之间区分度最大的本质特征。⑤ 区块链技术的本质是公开分布式账本，在金融领域运用中起到底层生态的作用，可以整合上下级供应链企业，形成的是"区块链+供应链金融"模式，涉及了供应链公司或者综合服务平台、B2B 平台、金融科技、非银行金融机构、金融信息服务平台、物流、银行等金融主体。⑥ 区块链技术的运用对数字资产交易流程中的身份识别、验证系统的数据真实性、安全性等起到积极作用，同时由于加密算法和协议存在漏洞，或者分布式系统、设备或软件存在技术漏洞，使其成为犯罪分子

① 参见李娜、余翔、姬文清：《产业链犯罪：分析工具与治理模式》，《科学・经济・社会》2013 年第 4 期。

② 参见陈朝隆、陈烈、金丹华：《区域产业链形成与演变的实证研究——以中山市小榄镇为例》，《经济地理》2007 年第 1 期。

③ 参见杜义飞、李仕明：《产业价值链：价值战略的创新形式》，《科学学研究》2004 年第 5 期。

④ 参见张耀辉：《产业创新的理论探索 高新产业发展规律研究》，中国计划出版社 2002 年版，第 56~68 页。

⑤ 参见丁晓蔚：《从互联网金融到数字金融：发展态势、特征与理念》，《南京大学学报(哲学・人文科学・社会科学)》2021 年第 6 期。

⑥ 参见李佳佳、王正位：《基于区块链技术的供应链金融应用模式、风险挑战与政策建议》，《新金融》2021 年第 1 期。

攻击的对象。有研究表明，基于 CLDS 微观调查数据发现，数字金融的发展并没有影响勒索、殴打、诈骗、抢劫等其他类型犯罪发生的可能性。① 数字金融犯罪链条化的出现是社会分工和犯罪社会化发展的必然结果，同时是现代犯罪区别于传统犯罪的重要标志之一，与传统金融犯罪之间存在根本性的差异，犯罪参与的单向度朝多向度转化、平面化转向立体化。数字金融产生与数字技术密切相关，② 数字身份、数字货币、数字资产、数字经济已然成为金融数字化的代言，区块链技术的介入是目前数字金融最高级的表达形式，比特币是区块链技术迄今为止最成功和最广泛的落地应用。而比特币又引发或启发虚拟货币、加密货币、数字货币、法定数字货币(例如中国数字人民币)等先后问世。③

　　以数字货币犯罪为例，黑客从加密货币交易平台 Bitmart 盗取了 1.96 亿美元，加密货币的资金来源有非法资金和干净的加密货币，黑客通过使用名为"1 英寸"的分散式交易聚合器将盗取的加密货币兑换成以太币，又存入名为"龙卷风现金"的加密混合器，使得资金难以追踪。④ 这一链条中至少关联三个犯罪类型：与非法资金来源有关的上游犯罪，黑客盗取加密货币犯罪以及与提取、转移等有关的下游犯罪，每个犯罪类型均可视为复杂的子系统，各个子系统之间又因数字货币得以连接成为一个庞大的犯罪生态系统。此外，在区块链的技术构架中，不可或缺的技术平台提供者、技术服务者，都可能以技术帮助犯的身份介入犯罪，⑤ 而作为区块链应用发展阶段的智能合约都有可能在技术不完善、监管真空的情况下，衍生出关联的"智能犯罪合约"。⑥ 此外，数字

---

① 参见江鸿泽、梁平汉：《数字金融发展与犯罪治理——来自盗窃案刑事判决书的证据》，《数量经济技术经济研究》2022 年第 10 期。

② 参见何宏庆：《区块链驱动数字金融高质量发展：优势、困境与进路》，《兰州学刊》2021 年第 1 期。

③ 参见丁晓蔚：《从互联网金融到数字金融：发展态势、特征与理念》，《南京大学学报(哲学·人文科学·社会科学)》2021 年第 6 期。

④ 参见《美媒：加密货币又曝巨额窃案，黑客盗取近 2 亿美元》，https://baijiahao. baidu. com/s? id = 17184558054731 72601&wfr = spider&for = pc，最后访问时间：2023 年 8 月 2 日。

⑤ 参见秦雪娜：《区块链技术背景下参与犯的转型与刑法的体系应对》，《法律科学(西北政法大学学报)》2020 年第 5 期。

⑥ 参见赵志华：《区块链技术驱动下智能合约犯罪研究》，《中国刑事法杂志》2019 年第 4 期。

金融信息安全犯罪的链条化也不容忽视，首先是客户信息采集、贮存和使用等信息安全问题，与金融业务无关的个人信息被侵犯，或者个人信息被非法获取，进而引发为网络水军、网络洗钱等犯罪活动提供银行卡、虚拟身份等物料支撑，以及为电信网络诈骗、敲诈勒索等提供精准靶心等。[①]

数字金融犯罪利用新业态、新技术等衍生出的犯罪，在共犯参与问题上呈现专业性（复杂性）和隐蔽性的叠加。以涉互联网非法支付结算新型洗钱行为为例，可以分为"虚拟货币交易"洗钱、"话费充值"洗钱、"直播代币"洗钱与"跑分平台"洗钱四种情况（如图1~图4），这四种数字金融的犯罪参与类型呈现复杂的链条化、集团化的特征，犯罪链条中存在两个以上的犯罪团伙之间的合作，有提供费用结算、交易服务、技术支持等帮助行为，进而参与犯罪。

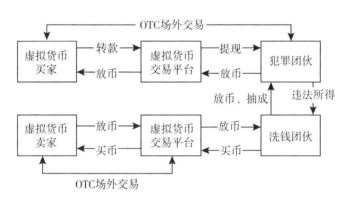

图1 "虚拟货币交易"洗钱运行机理图

（二）犯罪参与的集团规模化

多人参与犯罪下的"行为"通常体现出形形色色的参与形态，只要考虑行为，就需要区分参与形态。我国以作用为中心的共同犯罪体系和犯罪集团首要分子评价体系，使得犯罪集团、首要分子等在犯罪参与体

---

① 参见董凡超：《获取信息手法多样 犯罪链条环环相扣》，《法治日报》2023年8月11日。

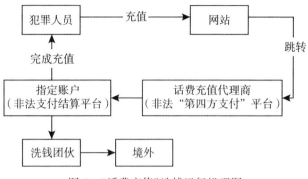

图2　"话费充值"洗钱运行机理图

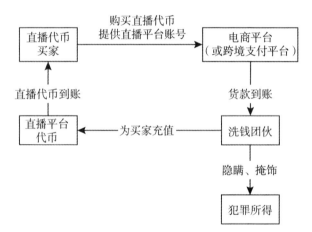

图3　"直播代币"洗钱运行机理图

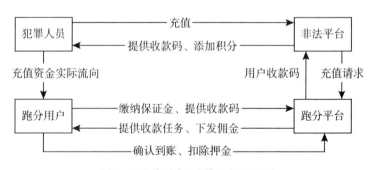

图4　"跑分平台"洗钱运行机理图

系中的参与形态被人忽视。① 犯罪集团是共犯的一种特殊形式，根据《刑法》第 26 条的规定，犯罪集团是三人以上为共同实施犯罪而组成的较为固定的犯罪组织。犯罪集团的概念在 1997 年《刑法》中被明确规定，此前这一概念是在 1983 年的《关于怎样认定和处理流氓集团的意见》司法解释中被提出。根据一系列有关犯罪集团的规范性文件，对其认知至少停留在以下的两个层面：（1）人数众多，三人以上才能构成集团犯罪，区别于成立共犯要求的二人以上；（2）具有明显的组织形式，包括成员稳定性、作案的计划性和犯罪的连续性。成员的稳定性主要是指集团犯罪成员不仅以犯罪为目的经常地非法地聚集在一起，有共同的利害关系，还受着成文或不成文规约的牵制。作案的计划性，主要是指集团犯罪的活动大多是有组织领导、有分工合作、有预谋的活动。犯罪的连续性，是指集团犯罪的共同犯罪活动不止一次，而是进行多次，甚至以此为常业。② 我国司法实践通常也是根据行为人有无参与实施犯罪集团所犯的罪行来判断行为人是否为集团成员，并据此确定行为人的刑事责任。③ 以此可见，传统集团犯罪除了人数多，还具有组织性、实施某种犯罪的目的性以及相当程度的固定性。

　　不同于传统集团犯罪的时空局限性，互联网集团犯罪的瞬时性和无限性，使得"犯罪破坏力的广度和深度都呈现出了一种爆发式的增长"。④ 数字金融犯罪集团本质上还是犯罪组织的网络化问题，犯罪网络的典型拓扑结构有链式结构、星形结构和网状结构三种结构。星型结构中始终存在一个核心人物处于犯罪的重心，犯罪成员只与核心人物发生关系，彼此间联系也是通过核心人物实现联系。网状结构则没有明显的中心节点，犯罪成员之间关系平等，联系频繁，彼此间可以直接发生关系，随时组合实施犯罪，没有固定强有力的组织。而犯罪组织网络化的最高形态——链条型多层级的组织结构。链式结构由不同的团伙相互联系构成，该网络的运行通过若干团伙头目共同协作而实现，各团伙头目负责本团伙成员的管理和控制，其对团伙成员的掌控是唯一和排他

---

①　参见肖扬宇：《犯罪参与体系视域下首要分子的刑事责任评价向度》，《政法学刊》2020 年第 3 期。

②　参见辛明：《集团犯罪问题探讨》，《现代法学》1981 年第 4 期。

③　参见周舟：《犯罪集团中"全部罪行"的认定》，《法学》2021 年第 1 期。

④　栗向霞：《论有组织犯罪的信息化和网络犯罪的有组织化》，《河南社会科学》2016 年第 11 期。

的。该网络的核心人物不具有决定性的领导权威，而是作为重要的"中间人"或"看门人"，在各团伙间进行联系、协调、沟通，以维系网络的平衡与运转。[①]

犯罪组织网络化的最初形态是平面人际关系的网络迁移，只是将网络作为固定组织成员沟通、交流的手段，发生的是现实空间向网络空间的位移。随着网络技术的发展，组织犯罪不断突破时空的限制，建立复杂的多层级人际关系网络，每个子级都可能是一个小型的系统，人数和层级逐渐增多。区块链等技术加持的数字金融犯罪集团的组织网络化除了层级、人数骤增，犯罪链条化的特点延长了犯罪线，集结的人数更多，呈现规模化状态。所谓的数字金融犯罪参与的集团规模化实则就是与链条化紧密关联的，形成了有组织、有规模的黑灰产业犯罪链条，而且结伙作案、多次作案，涉及多名嫌疑人，多起犯罪事实，[②] 场景的虚拟性、开放性和无序性的变化，使得实施的侵害行为极易形成产业化链条，激发并促成犯罪行为的铰合与集团化。[③] 与数字金融机构的组织形态呈现出金控集团化特点一样，犯罪参与通常是组织体的形式，单个个体的有限性使其难以完成裹挟深度技术的数字金融犯罪。不仅表现为共同犯罪凸显和共犯人数众多，更为重要的是犯罪活动分工细化，逐步形成"流水线"式作业。[④]

此外，数字金融犯罪集团并不具有较固定的组织结构，其表现的是一个动态的过程，并且始终处于运动变化之中。罪犯在犯罪集团中的合作是连续的，但大多数犯罪组织的活动不会持续很长时间。另外，活跃的犯罪组织通常有更多的外围，相比之下严重的犯罪组织外围成员偏少，这一发现表明，严重犯罪组织的运作主要来自他们的内核成员。[⑤]尽管掌握尖端科技的是少数人，犯罪主体具有群体的特定性和主体范围

① 参见马方:《犯罪网络分析:社会网络分析在有组织犯罪研究中的应用》,《西南政法大学学报》2012年第2期。
② 参见卢阳、栗英会:《信用卡领域犯罪全链条追诉的思路与方法》,《中国检察官》2023年第16期。
③ 参见张阳:《论犯罪集团的网络化与制裁路径》,《郑州大学学报(哲学社会科学版)》2018年第4期。
④ 参见喻海松:《网络犯罪黑灰产业链的样态与规制》,《国家检察官学院学报》2021年第1期。
⑤ 参见唐德权、史伟奇、凌志刚:《基于共犯网络结构的有组织犯罪集团挖掘方法》,《微型机与应用》2015年第12期。

的狭窄性，① 但这不影响参与犯罪人数的规模化，大多数参与者实施的都是简单的、底层的犯罪行为。犯罪集团规模化的特点就决定了数字金融犯罪集团与传统犯罪集团固定的组织架构、显见的组织成员以及清晰的共犯意思联络不同，表现为构成要件弱化、共犯意思联络隐蔽、共犯关系分化，使得犯罪类型发生巨大变异。② 犯意联络往往采用分级传导式，共同犯罪人之间意思联络的清晰度更低，意思联络的主体虚拟化。使用特殊代码或者虚拟名字、声音、掩饰的外表进行沟通是网络犯罪的常态化方式。在虚拟化外衣的掩盖下，网络犯罪集团的成员彼此很少认识或者不曾有过明显接触，相互之间的联系和意思沟通更具有不固定性。可以随时、随意变化沟通方式的开发商和管理者也不能有效地判断使用者的目的和意图。而且凭借专业技术还可以快速、轻易删除、销毁联系记录，这无疑使犯意表示更加难以捉摸。③

　　如在汪某、唐某等人以投资区块链免费养老为名诈骗老年人，集资诈骗、非法吸收公众存款案中，被告人汪某、唐某、刘某玉等人以 BVI 公司(注：在英属维尔京群岛注册的公司)等名义，招募代理人以网络广告、线下发布会等多种途径，向不特定社会公众特别是老年人宣传"云储链"项目，宣称"云储链"是具有国际贸易流通、交互、结算、集仓、集采、集运等相关功能的公链。2018 年 4 月至 2019 年 10 月，被告人汪某、唐某、刘某玉等人通过上述方式累计吸收资金人民币(以下币种同)2200 万余元。④ 本案中，犯罪集团注册公司、招募代理人通过线上线下渠道宣传、推广。本案的参与人数众多，具有一定的规模，最终可能因大量的代理人不知犯罪事实的存在，仅有犯罪集团的组织者、领导者被处以刑罚，而参与犯罪的代理人处于不固定的状态，所谓的犯意

---

① 参见孙道萃：《犯罪主体的网络化演变动向与立法修正脉络》，《中国应用法学》2019 年第 5 期。

② 参见张阳：《论犯罪集团的网络化与制裁路径》，《郑州大学学报(哲学社会科学版)》2018 年第 4 期。

③ 参见张阳：《论犯罪集团的网络化与制裁路径》，《郑州大学学报(哲学社会科学版)》2018 年第 4 期。

④ 参见《最高人民检察院发布 7 起检察机关惩治养老诈骗违法犯罪典型案例(第二批)之一：汪某、唐某等人集资诈骗、非法吸收公众存款案——以投资区块链免费养老为名诈骗老年人》，北大法宝网，https://libvpn.zuel.edu.cn/piswww.pkulaw.com/pfnl/08df102e7c10f206b2e4cc4e32e249f616dadb74ad16065dbdfb.html？way = listView，最后访问时间：2023 年 9 月 15 日。

联络是不确定的，甚至难以查明。

(三)犯罪参与链条化、集团规模化的危害性

网络犯罪不仅表现为共同犯罪增多和犯罪人数众多，更重要的是，形成了分工负责、利益共享的利益链条和"流水线"式的作业模式。[①] 犯罪参与链条化、集团规模化的环节多且复杂，上中下游犯罪行为具有侵犯多重法益或者法益交叉侵害的情形，犯罪行为人、被害人人数众多，涉案金额较大，具有非常严重的社会危害性，主要是近年来"全民放贷"风潮对经济卷入冲动形成的作用，[②] 犯罪分子以互联网金融的名义，并在其掩饰下，逐渐在形成的犯罪产业链条下细化分工，加速吸纳社会公众资金。[③] 集团规模化表明犯罪组织的形成和存在对社会的威胁是多方面的，但主要表现为对社会结构的破坏和对主流价值观的挑战。[④] 随着新型技术的兴起，在金融业中应用区块链技术，会导致部分机构收集交易信息处于不透明状态，存在一定的风险，无法保障信息的准确性和全面性，金融监管漏洞也随之而生，为金融犯罪行为的发生提供了较多机会。近年来，黑市交易瞄准区块链技术的漏洞，利用虚拟数字货币在监管灰色地带进行洗钱、非法集资、传销等违法犯罪行为。[⑤]

例如，著名的 The DAO 事件缘起于智能合约运行中的漏洞，黑客利用这些漏洞盗取了大量的资金。[⑥] 刘某平等人通过"广场舞"应用软件向老年人非法集资案，2015 年到 2019 年案发，被告人刘某平等人向

[①] 参见江溯：《网络刑法原理》，北京大学出版社 2022 年版，第 4 页。

[②] 参见林丽琼、吴敬伟、刘松涛：《什么导致了中国涉众型民间债务违约事件频发？——以 354 个网络媒体报道为例》，《东南学术》2016 年第 3 期。

[③] 参见任怡、刘娟：《互联网+背景下涉众型经济犯罪成因与治理对策研究》，《江西警察学院学报》2018 年第 4 期。

[④] 参见王良顺：《惩治有组织犯罪的基本原则与立法实现路径——以反有组织犯罪法立法为背景》，《中国刑事法杂志》2021 年第 6 期。

[⑤] 参见赵长明、陈娇、薛冬妮等：《区块链金融犯罪的发展趋势与治理路径研究》，《中国管理信息化》2022 年第 17 期。

[⑥] 参见《区块链智能合约风险的刑法思考》，最高人民检察院网，https://www.spp.gov.cn/spp/llyj/ 202104/t202104 23_5 16412. shtml，最后访问时间：2021 年 10 月 2 日。

1200 余人非法吸收公众存款 8.7 亿余元。① 又如，行为人利用"区块链"技术研发新币种、发行虚拟货币，以高额回报为诱饵进行各种形式的公开宣传，向不特定公众吸收或变相吸收资金，危害金融秩序。2018 年 4 月至 8 月，陈某伙同杜某等人以某科技有限公司的名义，违反国家规定，以高额回报为诱饵，向社会公开宣传"睿智链"，吸收资金共计25872309.28 元。② 行为人通过输入操作指令、篡改平台功能、制作传播病毒等方式破坏"区块链"数字资产交易系统平台的正常运行，并造成了严重后果。③ 而在一起集资诈骗的二审案件中，上诉人郝某、杨某伙同崔某等人，通过名为天易家禾的一家影视传媒有限公司(以下简称天易家禾公司)，从 2017 年下半年至 2018 年上半年违反金融管理规定，利用一些会议、培训、发展下线的方式公开向社会公众出售 LCC 影视区块链虚拟货币，并宣传该币只涨不跌，以高额回报为诱饵，吸引公众投资。其间，上诉人郝铃声以香港三道集团执行董事等身份参与 LCC 币宣传推广会议的讲课，上诉人杨放以天易家禾公司执行总裁"郝某"等名义参与LCC 币的招商会，推广宣传 LCC 影视区块链虚拟货币，吸引投资者购买。2018 年 3 月，多名投资人发现 LCC 币交易网站无法登录交易后，该团伙将 LCC 币转换为柏拉图 PTO 珠宝区块链虚拟货币，以期继续吸引投资。统计数据显示，涉案的 700 余名集资参与人，可以提供转账记录的涉案人达到 85 人，涉案集资款的总数高达 2285 万元人民币。④

从犯罪团伙利用 P2P 网贷平台进行经济犯罪的案件来看，从 2014 年崭露到高峰，大量的网络借贷平台暴雷事件频发，经常性地出现平台运营者资金链断裂或者运营人员携款潜逃等问题。据统计，2018 年至2021 年初有超过 40 家 P2P 资金体量极大的互联网平台发生暴雷事件，并且其中不乏已经上市的公司。⑤ 到 2020 年前，机构连续爆雷和落幕。

---

① 参见《最高人民检察院发布 7 起检察机关惩治养老诈骗违法犯罪典型案例(第二批)之二：刘某平等人非法吸收公众存款案——通过"广场舞"应用软件向老年人非法集资》，北大法宝网，https://libvpn.zuel.edu.cn/piswww.pkulaw.com/pfnl/08df102e7c10f206ff95 dd2dd142899ff87696b7d1ed49b7bdfb.html? way = listView，最后访问时间：2023 年 9 月 18 日。

② 参见北京市海淀区人民法院：(2019)京 0108 刑初 945 号。

③ 参见上海市奉贤区人民法院：(2019)沪 0120 刑初 435 号。

④ 参见广东省高级人民法院：(2020)粤刑终 623 号。

⑤ 参见王金成、晋卫强、王尚尚：《区块链犯罪防控对策探析》，《江苏警官学院学报》2020 年第 6 期。

中国人民银行《2022 年第四季度中国货币政策执行报告》指出，已经完成互联网金融风险专项整治，近 5000 家 P2P 网贷机构全部停业。国家严厉打击非法集资，过去五年累计立案查处非法集资案件 2.5 万起。① 全国实际运营的 P2P 网贷机构，最高峰时达到 5000 家。中国银行保险监督管理委员会在 2020 年 11 月 27 日表示，到 11 月中旬，全国所有的 P2P 借贷机构和平台都已经清零。造成 P2P 借贷机构和平台清零的原因，在于叠加性风险的累积、传递和爆发，极大加剧社会危害后果的扩大。传统非法集资案件一般是一个区域性的风险，但由于网络的扩散性，网络借贷平台犯罪案件演化成为全国性的风险问题，如"E 租宝"案、"泛亚"案、"中晋系"案等，其中，"E 租宝"案涉嫌非法集资 500 余亿元，涉及投资人逾 90 万名，涉案金额之高、涉案人数之多令人咋舌。② "中晋系"案至 2016 年 4 月 5 日案发，非法集资 400 亿，涉及 1.2 万集资人。③ 由此可见，链条化、集团规模化的数字金融犯罪参与的社会危害性之大。

根据司法部门的报告或者提供的数据，经济犯罪领域事中惩治的着力点在于对新型经济犯罪行为的处罚。2022 年 1—9 月，全国范围内非法吸收公众存款罪和集资诈骗罪起诉人数超过 13000 人，犯罪形势较严峻。全面从严打击金融犯罪，将成为检察机关的工作重点之一，涉及互联网金融、养老等各个领域的非法集资犯罪，重视区块链、元宇宙、非同质化代币等新型违法犯罪风险的研判处置。④ 2022 年全年，全国持续落实"三号检察建议"，以破坏金融管理秩序犯罪、金融诈骗犯罪案件起诉的人数达到 2.9 万。洗钱犯罪起诉人数 2500 余人，同比上升 1 倍，洗钱犯罪起诉与上游犯罪的比例接近 3%，同比增加 1.9%，加大对反

---

① 参见《中国人民银行发布 2022 年第四季度中国货币政策执行报告》，中央人民政府网，https：//www.gov.cn/xinwen/2023-02/25/content_5743258.htm，最后访问时间：2023 年 4 月 28 日。

② 参见新浪财经，https：//cj.sina.com.cn/article/detail/2184788494/399020，最后访问时间：2023 年 8 月 15 日。

③ 参见上海市第二中级人民法院官网，https：//www.shezfy.com/view.html?id=563797，最后访问时间：2023 年 8 月 15 日。

④ 参见贺觉渊：《最高检第四检察厅厅长张晓津：坚持全面从严打击金融犯罪》，证券时报网，https：//finance.eastmoney.com/a2/202211222567635036.html，最后访问时间：2023 年 5 月 20 日。

洗钱和洗钱案查办力度，"一案双查"取得显著成效。① 在 2023 年第一季度，持续严厉打击金融犯罪，破坏金融管理秩序犯罪与金融诈骗罪分别起诉人数为 4000 余人、800 余人。以洗钱罪起诉的犯罪案件达 300 余件，同比上升 12.1%。洗钱罪与上游犯罪的起诉比例同比增长 1.4 个百分点，起诉比例达到 2.7%。对公安机关洗钱罪立案 100 余件 110 余人进行监督，同比上升比例分别为 40.3%、33.7%。

全国检察机关针对网络犯罪新形势落实"第六号检察建议"，促进网络黑灰产业链的源头治理，一个季度批捕案件达到 1.1 万件涉案 1.6 万人，起诉 3 万件涉及 5 万人，不诉率接近 19%，低于整体刑事犯罪 9.5%。其中起诉为诈骗分子提供各类网络技术支持或者帮助的帮助信息网络犯罪活动罪 2.5 万人，起诉利用网络实施协助转移赃款的掩饰隐瞒犯罪所得罪 1.1 万人，起诉利用电信网络实施的诈骗罪 6200 余人，三者合占全部网络犯罪的 84.7%。2021 年 9 月，最高人民检察院成立驻证监会监察室，2022 年全年起诉的各类证券、期货类犯罪达到 300 余人，同比上升 38.4%，处理了一批产生重大社会影响的财物造假、操纵市场、内幕交易等重点领域案件，形成打击证券犯罪的高压态势。②

二、传统原理之审视：犯罪共同说——意思联络说

意思联络在共犯原理中是一个非常重要的概念。所谓的犯意联络，就是共同犯罪人双方在犯罪意思上的相互沟通，它可能存在于组织犯与实行犯之间、教唆犯与实行犯之间或者帮助犯与实行犯之间，但不是所有参与犯罪的人都要求有犯意联络，例如，同一个共同犯罪中帮助犯与帮助犯之间，教唆犯与帮助犯之间即使没有犯意联络，也不影响共同犯罪的成立。③ 然而，区块链、大数据、人工智能等先进信息技术深度融入金融，使得金融实现了颠覆式创新的同时，潜在的多环节、多层级呈

---

① 参见《2022 年全国检察机关主要办案数据》，最高人民检察院网，https：//www.spp.gov.cn//xwfbh/wsfbt/2023 03/t20230307_606553.shtml#1，最后访问时间：2023 年 5 月 20 日。

② 参见《最高检发布一季度检察机关主要办案数据 压实法律监督 办案力度和质效持续向好》，最高人民检察院网，https：//www.spp.gov.cn/xwfbh/wsfbt/202304/t20230427_612631.shtml#1，最后访问时间：2023 年 5 月 20 日。

③ 高铭暄、马克昌编著：《刑法学》，高等教育出版社 2022 年版，第 162 页。

链条状的犯罪业态已然随行，是"一种表现为超越特定犯罪个体和团伙在社会范围形成分工——协作体系的犯罪现象"，① 与其他上下游犯罪结合共同形成了成熟的犯罪产业链条。数字金融犯罪参与表现为犯罪碎片化、犯罪协作化、犯罪链接机制非接触化、犯罪高效化、犯罪跨区域、犯罪链条易恢复、犯罪低风险等特征，犯罪形式整体上向参与式倾斜，以金融"创新"为名以及有金融黑灰产相关犯罪动向。基于此，传统共犯原理的犯罪共同说——意思联络说遭遇了前所未有的冲击和挑战。

(一)犯罪共同说的历史沿革

一直以来，犯罪共同说是有关共同犯罪本质争论的学说之一，其根据是客观主义刑法理论，把共犯理解为复数的人共同实施特定的犯罪。② 我国传统刑法理论和司法实践长期以来都要求成立共同犯罪的各个行为人均要达到刑事责任年龄、具有刑事责任能力，实施的是指向同一犯罪的共同犯罪行为，并且具有共同的犯罪故意。③ 这与犯罪共同说的观点较为接近，因此，诸多研究将我国共同犯罪的本质等同于犯罪共同说(完全犯罪共同说)，其被视为我国共同犯罪认定上的传统观点。在多数教材中，为了便于读者理解犯罪共同说，采取的是举例论证的方式，最常见于甲以杀人的故意，乙以伤害的故意，共同对丙实施暴力行为，导致丙死亡的结果。按照我国传统共同成立的要求，此种情形不能认定为共同犯罪，理由是各个行为人只有共同的行为，没有共同故意。据此，借鉴国外部分犯罪共同说，各行为人虽然实施了不同的犯罪，但不同的犯罪之间具有重合的部分，在重合的限度内成立共同犯罪，可以各自定罪，前述示例的甲和乙在故意伤害罪范围内成立共同犯罪，甲定故意杀人罪，乙定故意伤害(致死)，缓和了依据完全犯罪共同说因缺乏共同犯罪故意不能作共同犯罪处理，单独定罪又无法查明死亡结果的行为归属，避免得出让人无法接受的结论。事实上，我国传统理论对共

---

① 高源:《论链条化犯罪:界定、类型与应对》,《江苏警官学院学报》2019年第4期。

② 参见许富仁:《共犯本质研究》,世界图书上海出版公司2013年版,第2页。

③ 参见高铭暄、马克昌编著:《刑法学》,高等教育出版社2022年版,第162~164页。

同犯罪成立的要求主要基于传统四要件犯罪论体系,先主体、客观行为到主观故意的过程,犯罪共同说源于国外刑法理论,逻辑起点是阶层式犯罪论,遵循的是先客观行为再到主观判断的路线,二者并不能等同视之,但从评价共同关系的组成要素上来说又比较接近。对犯罪共同说的认识,要回归其所要解决的问题。即,犯罪共同说与行为共同说,只是为了解决共同正犯的不法问题,为适用部分实行全部责任的原则提供依据。① 毕竟,"帮助犯与正犯之间未必需要存在意思联络"。②

根据我国刑法有关共同犯罪的规定,二人以上共同故意犯罪,没有直接确定正犯的规范性概念,以至于认定共犯不是建立在确立正犯的基础上进行教唆犯和帮助犯的识别。那么,对共同故意犯罪中"共同"的探讨就成为重要的议题。一直以来,围绕着"共同"就存在犯罪共同说和行为共同说的焦点分歧。前者认为共同犯罪是"犯罪"的共同,简言之,就是要求各共犯人都共同实施了"特定的犯罪",犯罪构成要件简化为"数人一罪";而在后者看来,共同犯罪是"行为"的共同,而不是特定犯罪构成要件范围内的共同,各行为人之间犯罪意思可能不同,但只要各行为人共同实施"实行行为",就成立共同犯罪。③ 完全犯罪共同说是早期的通说,坚持的严格意义上的犯罪共同说,被认为无法解释复杂的共犯现象出现松动。基于对共犯构成要件要求的程度差异,进一步在犯罪共同说内部产生了完全犯罪共同说和部分犯罪共同说的区别,部分犯罪共同说是对完全犯罪共同说的缓和,认为数个犯罪的构成要件之间存在重合,该部分本身是刑法规定的一种犯罪时,在各行为人重合的犯罪具有共同故意与共同行为时,成立共犯。目前在犯罪共同说内部,部分犯罪共同说已然取代了完全犯罪共同说。传统的要求数行为人所实施之罪名完全相同才能成立共犯的"完全犯罪共同说"已被要求数行为人所实施之行为在构成要件范围内存在重合即成立共犯的"部分犯罪共同说"所取代。④

---

① 参见张明楷:《刑法的基本立场》,商务印书馆 2019 年版,第 361 页。

② [日]前田雅英:《刑法总论讲义》,曾文科译,北京大学出版社 2017 年版,第 304、336 页。

③ 参见周光权:《刑法总论》,中国人民大学出版社 2021 年版,第 333 页。

④ 参见刘明祥:《论犯罪参与的共同性:以单一正犯体系为中心》,《中国法学》2021 年第 6 期。

(二)犯罪共同说的适用困境

尽管部分犯罪共同说取代了完全犯罪共同说，在应对传统犯罪的共同犯罪问题上显得游刃有余，但在处理新型网络犯罪时存在适用难题。传统共同犯罪中，链条化现象尚不突显，犯罪集团规模较小，犯罪参与人之间彼此相识或者知道彼此的存在，容易通过物理的或者较为单一的通讯、信息软件等形成犯意联络，只要行为人实施了共同的行为和具有共同实现犯罪的犯意联络，就可以肯定其行为对法益侵害的结果具有物理上或者心理上的因果性，将全部的侵害结果归属于行为。然而，随着复杂的网络犯罪以及链条型、产业链、集团规模化新型网络犯罪的爆发，部分犯罪共同说逐渐显露其短板和不适。最为突出的缺陷在于其将客观归因的事实与主观归责的事实混为一谈。① 共同犯罪要求各行为人之间要有意思联络，即共同犯罪人双方在犯罪意思上互相沟通。具有非接触性特点的犯罪，难以查清共同犯罪人的犯意联络，这在一定程度上，缩小了共同犯罪的范围。

按照部分犯罪共同说的观点，要求具有共同的犯罪故意，数字金融犯罪参与的共犯认定，逻辑结构上应该包含：其一，行为人共同实施了侵害法益的行为；其二，各行为人对法益侵害的结果具有物理上或者心理上的因果性；其三，各行为人具有共同的犯罪故意。然而，链条型数字金融犯罪的集团规模化在共犯认定上所遭遇的困境在于，犯罪参与人数较多、非接触式、跨地域作案、精细化分工、链条化经营等产业化特征，特别是区块链等技术具有非实名化或者匿名化特点，使得犯罪成员之间不知彼此信息，共同实现犯罪的犯意联络更无从谈起。如果否定共犯的成立，按照各自行为构成的犯罪单独认定，会造成罪责刑的不相适应。从行刑上看，链条型数字金融犯罪参与行为对法益造成侵害的程度远远大于传统金融犯罪参与行为，却因共同实现犯罪的犯意联络障碍，不作共犯处理，最终造成犯罪行为与刑事责任不相适应。从人刑上看，数字金融犯罪集团规模化的人身危险性远远超过单个或者小规模的类型犯罪，因共同实现犯罪的犯意联络无法查明，选择单独定罪处罚，导致人刑的不相适应。

---

① 参见黎宏：《刑法学》，法律出版社 2014 年版，第 261 页。

(三)共同犯罪的"共同关系"释明

对数字金融犯罪参与的研究,同样不能回避成立共同犯罪的"共同"究竟是什么的问题,但是,因对"共同"的思考,所形成的犯罪共同说与行为共同说的不同观点,到底是运用哪种形式的共同犯罪必须得以释明。从多数学者的阐述来看,犯罪共同说与行为共同说的影响不止于共同正犯,也及于教唆犯和帮助犯。部分学者认为对共同犯罪的"共同追问"应该在共同正犯的场合得以强调和重视,与共同犯罪只有一个共同正犯的情形一样,确定了共同正犯,教唆犯、帮助犯的问题也就解决了。[1] 与刑事立法、司法形成鲜明对比的是,我国对正犯的理论探讨开始于 20 世纪 80 年代,至今仍有建立"以正犯为中心的共犯认定"的呼声。[2] 受制于我国刑法条文和传统犯罪四要件犯罪构成体系,在正犯的基石之上进行共犯的认定始终没有成为主流。但是,在共犯处罚根据的问题上,因果共犯论的主张又得到普遍的认可,以肯定正犯的行为直接惹起法益侵害为前提,共犯(教唆犯、帮助犯)是介入了正犯行为的间接惹起,共同正犯是法益的共同惹起。质言之,首先查明正犯的行为及其结果,然后判断哪些参与人的行为与正犯结果之间具有物理的或者心理的因果性,再判断参与人对结果是否具有责任,就可以妥当地认定所谓复杂的共同犯罪案件。[3] 据此,数字金融犯罪参与设定的对犯罪共同说之审视,实则是在共同正犯领域讨论什么"共同"才是合适的。[4]

通过前文对数字金融犯罪参与的链条化、集团化原理窥视,其共犯本质与传统犯罪的共犯本质有实质上的区别,继续沿用部分犯罪共同说的观点能否合理确定共同正犯的范围,真正做到部分行为全部责任,并在此基础上识别教唆犯和帮助犯是值得怀疑的。毕竟,常态化的链条、集团数字金融犯罪参与相较于金融犯罪的传统行为方式、犯罪组织规模

---

① 参见张明楷:《共犯的本质——"共同"的含义》,《政治与法律》2017 年第 4 期。

② 参见胡海、陈珊珊:《以正犯为中心认定共同犯罪之倡导——以共犯本质学说为切入点》,《郑州航空工业管理学院学报(社会科学版)》2023 年第 3 期。

③ 参见张明楷:《共犯的本质——"共同"的含义》,《政治与法律》2017 年第 4 期。

④ 参见张明楷:《共犯的本质——"共同"的含义》,《政治与法律》2017 年第 4 期。

更复杂，加之相关产业链条等，法益侵害程度更为严重是不可否认的事实。数字金融犯罪共犯认定的诘难在于，如何在众多参与者中查明正犯，特别是共同正犯。其内在逻辑的表达：查明正犯后，相应的教唆犯和帮助犯根据因果共犯论可以被确定，数字金融犯罪参与正犯通常不止一个，怎样来确定共同正犯，需要在哪些方面"共同"。传统刑法要求的行为"共同"、故意的"共同"以及责任能力、责任年龄的"共同"在共同犯罪认定上已经失去支持，聚焦于客观行为的"共同"还是进一步要求主观要素故意的"共同"（即犯意联络）是关键。

三、行为共同说的提倡与考验

以犯罪共同性说为基础建立的共同正犯内部构造必须具备"意思联络"这一主观要素，意思联络是犯罪共同说用于判断各行为人之间是否存在共同关系的重要考察要素，这显然已不适应现代社会犯罪的实际情况。在数字金融犯罪的语境下，意思联络具有模糊性、不完整性以及因处在链条环节的各行为人意思的不确定性，导致难以证明各行为人之间具有共同的犯罪意志。[1] 执着于犯罪共同说，不从犯罪形势的变化中转换共同犯罪的认定思维，必然会造成符合罪量逻辑的共同犯罪变得无的放矢。因此，将行为共同说用于对共同犯罪"共同关系"的释明，即共同犯罪人的行为何以成为"共同关系"的问题，变得愈发紧迫且必要，其能为解决当前趋向网络黑灰产业链条化、犯罪技术高端化的共同犯罪问题提供便利。也就是说，"行为共同说是适应历史的需要而产生的，即防卫社会政策的需要，而且也是因为犯罪共同说确有不合理之处应运而生的"。[2]

（一）行为共同说的主张及其理论变迁

行为共同说是主观主义刑法理论在共同犯罪本质上的主张，"认为共犯是指复数的人不是去实施特定的犯罪，而是通过共同的行为来实现各自所意图实现的犯罪"。[3] 只要能肯定表征犯罪人危险性格的行为具

---

① 参见王志刚、高嘉品：《链条型网络犯罪中的"共同故意"证明》，《法律适用》2020 年第 15 期。

② 许富仁：《共犯本质研究》，世界图书上海出版公司 2013 年版，第 2 页。

③ ［日］野村稔：《刑法总论》，全理其、何力译，法律出版社 2001 年版，第388 页。

有共同性，就表明犯罪人具有共同的行为，行为共同性并不追求共同犯罪人的共同意志自由，只要都能体现其危险性格就可以认定其具有共同性。由此可见，行为共同说主张在共同行为人行为共同的范围内，可以跨越数个构成要件，不要求共同实施特定犯罪，更不会要求各行为人均具有犯罪故意和具有相同的犯罪故意。照此逻辑故意犯和故意犯、故意犯和过失犯、过失犯和过失犯，以及同种或异种犯罪之间，都能成立共同犯罪。① 行为共同说经历了两个阶段，早前在刑法主观主义指导下（以牧野英一为代表），提出共同犯罪的"共同"主要是多数行为人依照各自意思实施相应行为，相应的行为是反社会性格、人格和动机的表征，并不是犯罪构成要件的犯罪事实，而是前构成要件的、前法律的行为具有共同性，共同关系常会跨几个犯罪事实，或者仅限于一个犯罪事实中的一小部分。由于将共同犯罪的共同性从主客观两个方面都作出了"前构成要件"的极端化理解而丢掉了问题的规范性。② 随着重视"行为人危险性"的主观主义刑法的衰退，到强调"行为"的客观主义刑法取得主流地位，行为共同说也从早前刑法主观主义指导下的"前构成要件行为的共同"转向重视构成要件的客观主义刑法的"构成要件实行行为的共同"，也就是说纯粹自然意义上行为的共同，已经被构成要件行为的共同替代，犯罪不能离开构成要件思考，共犯也不例外。以佐伯千仞为代表的学者，立足于客观主义立场，在罪刑法定原则的要求下，主张共犯行为的"共同"必须是受制于构成要件，该当构成要件的行为，而且必须与符合构成要件的实行行为相同。③

　　由此可见，主观主义的行为共同说与客观主义的行为共同说的区别可总结为如下两点：其一，前者的行为共同是前构成要件的"自然行为"的共同，后者限制于构成要件行为的共同；其二，前者的主观恶性只是对法秩序的反动心理的暴露即所谓"跃动"，而后者的主观恶性则是通过"共同实行"而非"共同实现"以"实现自己的犯罪"。④ 显而易见

---

① 参见[日]野村稔：《刑法总论》，全理其、何力译，法律出版社 2001 年版，第 388~389 页。

② 参见马荣春：《行为共同说的法教义学批判》，《法律科学（西北政法大学学报）》2018 年第 5 期。

③ 参见陈家林：《共同正犯》，武汉大学出版社 2004 年版，第 66 页。

④ 参见马荣春：《行为共同说的法教义学批判》，《法律科学（西北政法大学学报）》2018 年第 5 期。

的是，主观行为共同说到客观行为共同说的变化特征，进入了构成要件领域，即要求构成要件行为的共同，而构成要件行为就是实行行为，行为受人的意思所支配或者有支配可能而具有社会意义的举止，成为客观要件要素的行为，则是其中具有社会意义之外在举止。[1] 同时，犯罪构成的价值评价则是体现国家和社会（立法者只是代表）对行为事实的某种认识与需要。[2]

（二）行为共同说的适应性

结合链条型数字金融犯罪的集团规模化及其共犯认定的分析发现，行为共同说为打击法益危害性程度较强的犯罪提供了便利，扩大了共同犯罪的范围。随着互联网犯罪的兴起，"虽然一些具有严重社会危害性的后果是由若干主体通过网络行为共同加功而成，但是他们之间的意思联络却明显减弱，已经达不到传统共同犯罪中行为人之间意思联络的清晰程度"，[3] 于是，行为共同说作为缓和犯罪共同说意思联络的理论，在网络共犯认定上具有极强的适应性，以扩张共犯范围，实现罪责刑相适应。而根据由传统共犯认定原理并根据数字金融犯罪参与的个性化问题进行的反思，得出的结论就是：犯罪共同说不具有对数字金融犯罪共犯认定的适应性，转而采用行为共同说。事实上，犯罪共同说与行为共同说一直以来纠缠不清，主要由于没有做到"共同犯罪的认定定位于单纯的事实认定问题，而将共犯的认定以及定罪问题归还给犯罪构成理论去解决"。[4] 当然，有结论认为部分犯罪共同说与现代意义的行为共同说无异，在具体案件适用上二者可以得到相同的结论，[5] 但是，犯罪构成的架构和推理路径还是存在差异，毕竟行为共同说的逻辑起点是"共同犯罪是不法形态"，而部分犯罪共同说则是从重合的犯罪中去推导出共同故意和共同行为，包含了责任的因素。在此基础上，对共同犯罪在

---

[1] 参见陈子平：《刑法总论（修订版）》，中国人民大学出版社 2008 年版，第99 页。

[2] 参见彭文华：《犯罪构成的符号学分析》，《刑法论丛》2014 年第 2 期。

[3] 米铁男：《共犯理论在计算机网络犯罪中的困境及其解决方案》，《暨南学报（哲学社会科学版）》2013 年第 10 期。

[4] 周铭川：《共同犯罪本质新论——共同故意实施犯罪说之提倡》，《上海交通大学学报（哲学社会科学版）》2011 年第 5 期。

[5] 参见周光权：《刑法总论》，中国人民大学出版社 2021 年版，第 334 页。

哪些方面"共同"的理解，就是一个违法事实层面的剖析，而不是完全符合构成要件的犯罪，这是有关共同犯罪认定的逻辑前提。这就与"违法连带，责任个别"的共犯精神实质、因果共犯论的处罚根据连贯成为自洽一体的共犯体系。在这一共犯思维的实质内核之下，行为共同说必然具有合理性和可行性，尤其是解决诸如与数字金融犯罪性质相同的复杂网络犯罪共犯问题、人工智能犯罪共犯问题，可以实现原理上的共通、共情与共鸣。

根据数字金融犯罪参与的链条化与集团规模化的特点，行为共同说更具有适应性，在一定意义上解决了因区块链等技术匿名化、非实名化导致的不知彼此信息，难以查明共同实现犯罪的犯意联络的困境，以及以经济利益为纽带，出于犯罪需要扩充自己的"下线"。其适应性至少表现在以下三个方面：其一，在各个共犯人所意图实现的犯罪事实之内，只要彼此之间具有因果关系上的共同性就能成立共犯，各自对自己之行为承担责任。① 其二，共同犯罪的认定不考虑主观责任要素，共同犯罪的主体不要求达到刑事责任年龄。较传统犯罪而言，数字金融犯罪参与依托互联网，"黑客"少年、"网瘾"少年等犯罪主体年轻化，如"海燕 3 号"特大案件的主犯是未成年人，其借助黑客技术，破译掌握了全国 19 万个银行账户的资料，再利用网络支付漏洞盗刷银行卡牟取暴利，涉案金额 14.98 亿元。② 其三，共同犯罪主体的主观方面，无需共同犯罪的意思联络和犯意沟通，只要求各个共犯人具有利用他人行为实现自己犯罪的意思。

在陈某某、黄某某设立"钓鱼网站"窃取他人信用卡信息的案件中，被告人陈某某通过网络收到他人制作"钓鱼网站"的邀请，后其伙同被告人黄某某以牟利为目的，租赁境外服务器，为他人制作、设立假冒乙银行等多家银行的"钓鱼网站"，以提升信用卡额度为诱饵，非法获取公民信用卡信息并储存于服务器。在此期间二被告人还根据他人要求，帮助他人从服务器导出利用"钓鱼网站"非法获取的公民信用卡信息资料，并直接提供给从事其他违法犯罪活动的相关人员。公安机关人员从被告人使用的电脑中查获已从服务器中导出的公民信用卡信息资料 190

---

① 黎宏：《共同犯罪行为共同说的合理性及其应用》，《法学》2012 年第 11 期。

② 中华人民共和国国家互联网信息办公室，http：//www.cac.gov.cn/2015-04/23/c_1115060909.htm，最后访问时间：2023 年 9 月 11 日。

组，查证通过帮助他人制作、设立"钓鱼网站"共非法获利人民币523864元。法院裁判认为，被告人制作、设立假冒银行"钓鱼网站"的行为属于非法利用信息网络犯罪，虽然根据本案的具体情况，本院对二被告人以窃取信用卡信息罪定罪处罚，但二被告人非法利用信息网络犯罪的违法所得仍应依法予以没收。[1] 本案中，被告人帮助他人从服务器导出利用"钓鱼网站"非法获取的公民信用卡信息资料，并直接提供给从事其他违法犯罪活动的相关人员，对于其他犯罪而言是帮助行为，但是，其在犯罪过程中起到了主要作用，应当作为盗取信用卡信息罪的正犯和主犯处理。该案再次印证了分工分类与作用分类之间的逻辑错位，帮助行为者也可能是主犯或者从犯。

通过以上关联数字金融的共犯案例可以发现，部分环节的犯罪参与人可能在彼此不相识的情况下，通过网络技术媒介的沟通共同实施犯罪行为或者结为较为固定的犯罪集团。如，陈某某、黄某某为他人制作、设立假冒乙银行等多家银行的"钓鱼网站"，以及帮助他人从服务器导出利用"钓鱼网站"非法获取的公民信用卡信息资料，并直接提供给从事其他违法犯罪活动的相关人员。这个过程中，陈某某、黄某某与其他犯罪行为人可能从来没见过，完全是通过网络载体进行联系，彼此对对方的个人信息一无所知。对比犯罪意思共同说，行为共同说更具有适应性。

（三）行为共同说的考验

行为共同说至少在以下几个方面被质疑：其一，有违罪刑法定原则，行为共同说违反了《刑法》第25条的规定，即"二人以上共同故意犯罪"，成立共同犯罪要求"共同故意"，而行为共同说很显然没有"共同故意"的考量，只要构成要件行为的共同关系成立，就足以认定共同犯罪，与"二人以上共同过失犯罪，不以共同犯罪论处"相冲突。按照行为共同说的观点，肯定构成要件行为的共同，"故意犯+故意犯""故意犯+过失犯"，甚至是"过失犯+过失犯"、同时犯都可以认定为共同犯罪，共同犯罪的认定范围过大。这样看来，没有"故意"的限制，行为共同说也不利于区分同时犯和共同犯罪。其二，行为共同说贯彻的是彻底的个人责任，与《刑法》第26条规定的集团犯罪的责任精神不一致。

---

[1]　最高人民法院司法案例研究院：《中国法院2021年度案例》，中国法制出版社2021年版，第144~145页。

其三，严重背离我国四要件犯罪构成体系。部分行为人未达到责任年龄，在行为共同说看来，先肯定其共犯的归属，又通过犯罪构成要件进行出罪。而按照四要件犯罪构成体系的逻辑，未达到责任年龄的行为人根本不能构成犯罪。① 对此笔者认为，造成以上误解的症结在于共同犯罪的认定与如何定罪之间存在混同，行为共同说与犯罪共同说只能解决是不是以共同犯罪论处的问题，也就是说根据行为共同说或者犯罪共同说的运用，能否将各行为人划入共同犯罪的范畴。当然，客观主义要求之下行为共同说与犯罪共同说也要回归构成要件本身，但行为人最终能否构成犯罪以及构成何罪，则必须要遵从分则具体犯罪构成要件的规定。另有，即便是客观主义的立场也不可能将人的认识完全排除在外，否则极端地脱离发出行为的人去探讨构成要件行为的实施，只会使得问题陷入更无解的境地，并且不利于把"动物"共同行动排除出对共同关系的考量。而共同犯罪在本质上和单个人犯罪并无区别，都是法益侵害的行为，不同之处在于犯罪主体的多寡而已。② 基于共同实施构成要件的行为肯定有共同关系，还应该把行为人认识到与他人(或者利用他人行为实现自己犯罪的意思)一起实施共同的行为作为确立共同关系的题中之义，这种认识不是犯罪构成要求责任要素的故意内容。

以陈祖松妨害信用卡管理案为例，2018 年 8 月起，被告人陈祖松和陈某 2(另案处理)在 Okex 平台上买卖 USDT 等虚拟货币。平台提醒，客户在该平台交易虚拟货币时使用的银行卡可能因电信诈骗等"黑钱"的流入而被司法机关冻结，被冻结后银行卡将长时间无法使用。为了避免银行账户被冻结后无法买卖虚拟货币的情况，经陈某 2 提议，两人商议决定使用大量他人信用卡进行炒币操作。之后，陈某 2、陈祖松指使亲友陈某、林某等多人办理信用卡共计 49 张，并交由陈某 2 用于交易 USDT 等虚拟货币。2019 年 1 月 3 日 9 时 30 分许，被害人忻某接到一名自称是湖南省长沙市公安民警的电话，此人在电话里称忻某涉嫌洗黑钱，让忻某根据其提示通过网上银行转账 1904800 元，被害人遂按照要求操作。当日，忻某的转账款被分成三笔分别转入 3 个人的银行账户，继而又通过交易虚拟货币的方式分成几十笔转入几十个人的银行卡或支

---

① 马荣春：《行为共同说的法教义学批判》，《法律科学(西北政法大学学报)》2018 年第 5 期。

② 郭研、贾宇：《行为共同理论之提倡》，《国家检察官学院学报》2016 年第 2 期。

付宝内。其中一笔 49999.95 元被转入户名为陈某的一张中信银行卡内。陈某系陈祖松的侄子，该卡系陈某按照陈祖松的要求办理，被陈祖松、陈某 2 用来交易虚拟货币。①

本案案发是由于被害人被电信网络诈骗分子诈骗了 190 余万元，其中的 5 万元流入陈祖松指定陈某办理的信用卡。陈祖松明知虚拟货币交易平台可能有"黑钱"流入，而为他人提供帮助的行为是否成立诈骗罪的共犯或者构成帮助信息网络犯罪活动罪。根据《刑法》第 287 条之二帮助信息网络犯罪活动罪的规定，明知他人利用信息网络实施犯罪，为其犯罪提供互联网接入、服务器托管、网络存储、通讯传输等技术支持，或者提供广告推广、支付结算等帮助，情节严重的，处三年以下有期徒刑或者拘役，并处或者单处罚金。判断陈祖松的行为是否成立帮助信息网络犯罪活动罪，关键在于陈祖松是否明知他人利用信息网络实施犯罪，这里并不要求陈祖松认识到他人利用信息网络实施什么犯罪，也不需要知道被帮助者的准确身份信息与被帮助者是否达到刑事责任年龄、具备刑事责任能力，但是至少要求陈祖松认识到他人在利用信息网络实施犯罪行为，并且也确知犯罪行为事实的存在。从本案的证据和事实可以发现，陈祖松等人与电信网络诈骗犯罪分子没有任何线上或线下的联络，完全不知他人利用信息网络实施犯罪行为。因此，不能构成帮助信息网络犯罪活动罪，同理，也不可能成立诈骗罪的共犯。

第二节　数字金融犯罪参与体系的向度、类型与处罚

数字金融共同犯罪除犯罪意思联络难以证明外，行为与行为人的关联性也表现出联系途径更广泛、联系方式更松散的特点，各参与犯罪的行为之间的界限愈发模糊。以参与金融服务的数字技术平台和经过深度数字化转型的传统金融机构为例，某些情况下二者的行为难以在分工分类或者作用分类中被验明正身，使得共犯区分所追求的罚当其罪遭遇重创，也导致共同犯罪的行为类型和主从犯难以划分。由于在规范根据上，我国刑事法律规范在制定法律时就已经有意识地为犯罪参与类型的

---

① 北大法宝网，https：//libvpn.zuel.edu.cn/piswww.pkulaw.com/pfnl/95b2ca8d4055fce1eff979a6a057c967df6d 35e60f49431bbdfb.html？keyword=%E6%95%B0%E5%AD%97%E9%87%91%E8%9E%8D%E7%8A%AF%E7%BD%AA%20&way=listView，最后访问时间：2023 年 9 月 20 日。

区分留下了空间,① 或者说,刑法总则部分未涉及正犯的规定,使得犯罪参与体系的归属上确有模糊。更为重要的是,以限制正犯概念为理论基础而构建的共犯区分体系,在面对新的犯罪参与问题时(如间接正犯、共谋共同正犯、正犯后的正犯等)存有适用性障碍,其中也包括网络共犯问题。这就再次挑起共犯体系的向度选择上到底是坚持多数人支持的区分制共犯参与抑或倒向单一正犯体系的话题。明确参与体系的向度继而展开其共犯类型,与参与体系的向度形成逻辑上的相互印证,并在此基础上探讨有关处罚的基本问题。

一、区分制共犯参与体系与单一正犯体系之间的辩驳

纵观现代各国有关犯罪参与的刑事立法,存在单一正犯体系和区分制共犯参与体系的论争,二者的争论实质上就是正犯与共犯是否具有区分必要性的问题。单一正犯体系源于单一正犯概念,早在 19 世纪末 20 世纪初被近代学派作为实现刑事政策的要求而提出,因与法治国人权保障精神存在冲突未被推崇,直到 20 世纪 70 年代,奥地利学者金阿普菲尔就统一正犯体系的根基与合理性进行了一系列的探讨,使其又得以回归大众视野并得到持续的关注和重视。金阿普菲尔对"共动二重性"的发问,一是构成要件的范围问题,即从众多与结果发生具有某种关联的行为中确定哪些参与者的行为具有可罚性的问题;二是刑罚裁量问题,即根据不同参与者的不法和罪责进行适当量刑的问题。② 进一步论述了统一正犯体系同样具有解决以上问题的能力和合理性。在单一(统一)正犯论看来,所有加功于构成要件行为之人都被认为是正犯,根据其参与犯罪的程度和性质来裁量刑罚或者虽然形式上承认犯罪参与形态上的区别,但认为教唆犯、帮助犯的划分仅在刑罚裁量上有意义。③ 目前,有部分国家或者地区的刑法规定单一制正犯体系,如《意大利刑法典》第 110 条规定当数人共同实施同一犯罪时,对于他们当中的每一人,均处以法律为该犯罪规定的刑罚,以下各条另有规定者除外。④ 此外,

---

① 项婷婷:《区分制共犯体系之主张及其根据——基于刑法教义学的立场阐析》,《刑法论丛》2017 年第 3 期。

② 参见高桥则夫:《共犯体系和共犯理论》,冯军等译,中国人民大学出版社 2010 年版,第 17~18 页。

③ 江溯:《单一正犯体系研究》,《刑事法评论》2009 年第 1 期。

④ 《最新意大利刑法典》,黄风译,法律出版社 2007 年版,第 42 页。

《巴西刑法典》第25条、《挪威刑法典》第58条、《丹麦刑法典》第23条以及《奥地利刑法典》第12条均作了相同意思的规定。就域外有关单一正犯体系立法模式的特点而言，可概括为如下几点：第一，只要加功于构成要件实行行为的，皆为正犯；第二，行为的具体形态不重要，没必要进行区分；第三，至于犯罪的成立，交由对各个正犯行为的个性化判断，分别进行不法和罪责的探讨；第四，各个正犯适用同一法定刑，量刑的差异则是根据各个正犯的行为性质与参与程度来决定。

采取区分制共犯参与论的学者对此进行了严厉的批评。首先，从单一正犯论产生的理论起点——因果关系条件说入手对单一正犯体系进行批评。按照因果关系条件说的观点，建立在条件公式的基础上，肯定没有行为就没有结果的场合，行为就是这个结果的条件。肯定了各行为人是共同分担了结果发生的人，所有的原因不区分价值的大小，提供原因者都视为正犯。也就是说，只要行为与法益侵害的结果有因果关系就是正犯，根据因果关系的大小划分刑事责任。这一发端于自然主义时期刑法思想的单一正犯体系，是一种纯粹的因果正犯，构成要件被人为地转换成单纯的法益侵害之因果，但共犯的本质并不仅限于因果性，至少对于行为犯而言，其未能把握其构成要件的真正意义，此种理解将消灭法治国家的定型性机能，无法限制国家刑罚权，可能妨碍构成要件保障机能之实现。其次，单一正犯体系论者以"共动二重性"作为理论基础，试图解决参与犯罪人的可罚范围与刑罚个别化这两个问题，但这两个问题的解决似乎并不是专属于"共动二重性"。以限制正犯概念建立起来的区分制共犯参与体系，同样可以解决。最后，单一正犯试图对各个参与者的罪责做出不同理解，但只有从主观层面出发才可能做到这一点，而此种从主观层面出发的不同理解将导致危险性刑法和观念刑法的产生，并且要放弃区分不同的参与者，就势必放弃个别化地考察行为人的人身性要素，这与重视行为人要素的现代刑事制裁理念相左。

相比之下，区分制犯罪参与体系（又名为二元犯罪参与体系）核心内容是正犯与共犯之间的分离与分立，"正犯是自己亲自实现了不法构成要件的行为人，而共犯不过是为这种不法构成要件的实现作出因果性贡献的行为人"。[1] 近代西方国家的共同犯罪立法起源于1810年《法国

---

[1]　江溯：《区分制共犯体系的整体性批判》，《法学论坛》2011年第6期。

刑法典》，采用的就是正犯与从犯的两分，并且已经在共犯中进行教唆从犯和帮助从犯的区分，对正犯与从犯进行相同之处刑，由此可见，正犯与从犯的区分目的并不在于量刑，而在于定罪。① 典型的区分制共犯参与立法例，如《德国刑法典》第 25~27 条、《日本刑法典》第 60 条的规定。

德国刑法在共同犯罪立法上区分了正犯、教唆犯与帮助犯，《日本刑法典》延续了《德国刑法典》关于共同犯罪的规定，同样对正犯与共犯加以区分，规定在第 60~64 条，与德国刑法规定有所差别的是，日本的正犯只涉及共同正犯的规定，没有间接正犯和单独正犯的内容。与此相似的《韩国刑法典》第 30~32 条有关犯罪参与的立法例也大致采用了此种体例。区分制共犯体系以限制正犯概念作为理论前提，在以构成要件为定义犯罪的基本要素的时代，根据严格意义上的限制正犯概念，正犯即真正的犯罪人，是亲自实现构成要件的人。通过正犯符合构成要件的行为与构成要件间接发生因果关系者非正犯而系共犯。② 其优势在于，在现代法治理念下，区分制共犯立法对所有参与者按照犯罪参与程度进行区分，能够坚守罪刑法定原则，有效实现刑法的定罪功能，并推动刑法保障人权机能的实现，因而具有无可比拟的优越性。③

然而，区分制犯罪参与体系遭受的诟病可归纳为以下几点：第一，将限制正犯概念作为逻辑起点，只承认正犯才是刑法处罚的对象，共犯不过是刑罚扩张事由，背离了刑法目的，"无论是何种犯罪参与者，只要其对法益造成侵害或者威胁，原则上就是刑法制裁的对象"。④ 第二，限制正犯概念只提供了判断正犯的构成要件视角，并不能说明正犯性的理论基础，且用于区分正犯与共犯的理论都在不同程度上存在无法自洽的短板。(1)形式客观说最大的特点在于强调构成要件的定型性，但是与此同时又主张扩张构成要件，或者从整体上把握构成要件的符合性，显然自相矛盾。(2)实质客观说强调，应当用实质的观点考察正犯与共

---

① 陈兴良：《区分制与单一制：共犯教义学的学术站位》，《上海政法学院学报（法治论丛）》2022 年第 6 期。

② 张伟：《限制的正犯概念与二元犯罪参与体系批判》，《比较法研究》2019 年第 5 期。

③ 马聪：《论正犯与共犯区分之中国选择》，《山东社会科学》2018 年第 3 期。

④ 江溯：《区分制共犯体系的整体性批判》，《法学论坛》2011 年第 6 期。

犯的区别，但是如何"实质"化，并没有达成共识。（3）而犯罪事实支配说被认为是综合了主客观理论的学说，Gallas 教授认为犯罪事实支配论是对构成要件该当行为的"松绑"解释，① 也是当前德日理论的通说。但是，到底什么能够支配事实的判断标准则不能确定。

通过两种犯罪参与体系的对比可知，二者各有利弊。我国刑法有关共同犯罪规定的特殊性，为我们探讨犯罪参与体系的归属在解释论上"留白"。质言之，立法并未明确规定犯罪参与体系的归属，故而我国犯罪参与体系存在向单一制抑或向区分制解释的巨大空间。②《刑法》第26~29 条规定了主犯、从犯、胁从犯和教唆犯，主犯中规定了组织犯的内容。没有规定正犯的概念，主要根据参与人在犯罪中的作用，分为主犯、从犯和胁从犯，而组织犯和教唆犯则是依据分工分类法进行划分的结果。可以说，"主犯概念是我国共犯体系的核心"。③ 正犯的"规范缺失"反而推动了它在理论话语层面的"热闹"。主从犯立法区分参与人的作用大小指向的是量刑问题，并没有在共同犯罪人分工定性问题上发挥足够的优势。对此，分别支持单一正犯体系与区分制犯罪参与体系的学者，就我国犯罪参与体系的归属问题进行了争辩。

然而，从区分制共犯体系与单一制正犯体系向度视角看数字金融犯罪参与链条化与集团规模化，单一制正犯体系占有一定的优势。对数人共同参与的犯罪，采取与单个人犯罪基本相同的定罪规则，在定罪阶段不涉及如何认定共同犯罪，只是到了量刑（处罚）阶段才关注该问题，故不需要通过扩大解释共同犯罪的共同性来解决像德、日那样的对参与者难以定罪和处罚不均衡的问题。即只要其在特定犯罪的主观心理支配下，实施了此罪的构成要件行为（包含实行、教唆和帮助等侵害特定法益的行为），已经引起或可能引起构成要件的结果乃至侵害法益的事实发生，就可以认定其构成犯罪，并责令其对自己直接造成或间接引起（即由其他共同参与者引起）的危害结果及侵害事实负责，而不必在定罪阶段过多考虑其与其他参与者之间有无共同性，更不必在此阶段确定所有参与者是否都构成共同犯罪。④ 也就是说，在单一制正犯体系下不

---

① See *Claus Roxin. Strafrecht*, *Allgemeiner Tei*, Band, 2003, pp. 25-30.

② 马聪：《论正犯与共犯区分之中国选择》，《山东社会科学》2018 年第 3 期。

③ 童德华：《正犯的基本问题》，《中国法学》2004 年第 4 期。

④ 刘明祥：《论犯罪参与的共同性：以单一正犯体系为中心》，《中国法学》2021 年第 6 期。

需要去解决参与金融犯罪各个行为人的共同关系问题，因各行为人"以凭借代码、符号等意思征表，突破地点、时间、人际关系等的限制，无障碍地进行犯意的表达和沟通，其行为的分散性更强，更具有隐蔽性"，[①] 适用单独犯罪的定罪规则，把所有对结果具有因果力的行为人，都视为正犯，适用相同的法定刑，既化解了共同正犯的共同关系的认定难题，又通过行为类型实现个人刑罚量刑差别化的价值。这在较大程度上能够解决意思联络难以查明、关联性减弱的现实难题。然而，共同犯罪在刑法总论体系中属于犯罪论部分，一概视为正犯处理的做法稀释了构成要件的刑法价值，帮助行为、教唆行为与直接实行构成要件的正犯行为是有差别的，无差别的正犯对待，降低了构成要件对行为类型的定型意义，以及共同犯罪不同于单独犯罪的重要作用。

认为我国共同犯罪立法是采取区分制共犯参与体系研究的主张，对我国刑法参与人同时采用了分工和作用两种并存不悖、功能各异的分类标准。分工分类标准下的正犯与共犯旨在解决参与人的定性及其关系问题，而不直接决定和评价参与人的刑罚轻重，承载量刑功能的是作用分类标准下的主犯和从犯。[②] 事实上，在数字金融犯罪参与的问题上，单一制正犯体系的优越性未必就是区分制共犯参与体系的短板，但是，区分制犯罪参与体系的优越性却是单一制正犯体系所或缺的。区分数字金融犯罪参与的共同正犯与共犯的情形，对于共同正犯而言，区分制共犯参与体系通过共同行为对结果的因果力来肯定共同关系的成立，又适用单独定罪规则评价具体构成的犯罪，既保全了共同犯罪的刑法价值，又恪守构成要件的行为定型；对共犯来说，契合立法上教唆犯规定的精神内涵，区分了行为类型但又不至于把行为类型与其在犯罪中的作用固定化，"刑法理论认为，只有正犯的行为符合基本构成要件，狭义共犯只是符合了修正的构成要件"，[③] 共犯的行为类型与作用之间本身就存在逻辑上的错位，教唆行为者、帮助行为者也许在犯罪中充当了重要的主犯，实行行为者未必就不能成为从犯。因此，数字金融犯罪参与的理论基础仍旧是在肯定我国区分制共同犯罪参与体系的前提下展开的。

---

① 参见张阳：《论犯罪集团的网络化与制裁路径》，《郑州大学学报(哲学社会科学版)》2018 年第 4 期。

② 钱叶六：《双层区分制下正犯与共犯的区分》，《法学研究》2012 年第 1 期。

③ 张开骏：《共犯解释论》，上海大学出版社 2022 年版，第 99 页。

二、犯罪参与类型的释明

刑法依照一定的标准对共同参与犯罪的人进行分类，目的是明确各个犯罪参与人的刑事责任，包括分类的定罪效果和量刑意义。以《刑法》第 25~29 条的规定为例，分则规定的是直接实施构成要件行为人的刑事责任，没有规定如何处理非实行行为者。共同犯罪的条文就提供了非实行行为者可以适用的规则依据，以此找到正犯以外的参与人可以适用的罪名。犯罪参与人类型对量刑的意义则更为凸显，共同犯罪的参与人至少在二人以上，在犯罪过程中，共同正犯、正犯与狭义共犯之间等，存在罪责大小的区分问题，类型的划分可以直接或者间接体现其对整个犯罪的作用力大小，由此作为量刑的个别化和差异化的重要依据。对于数字金融犯罪参与而言，存在难以区分参与人在犯罪中的作用大小的问题，尤其是依托于技术服务犯罪化的"最大增量"的背景下，[1] 难以通过行为关系的"基础犯罪事实——辅助犯罪事实"辨别主体关系的主和从。

目前来看，有共同犯罪立法例的国家，在共犯分类标准上也各有其特点，大体上主要有两种类型：其一，以犯罪分子在共同犯罪中的分工为标准对共同犯罪人进行分类。按照分工分类的标准，将共犯人主要分为共同正犯、教唆犯和帮助犯三种类型，共同正犯是共同实施刑法分则具体犯罪构成要件行为的人，教唆犯是教唆正犯实施犯罪的人，帮助犯是帮助正犯实施犯罪的人。[2] 德国、日本等大陆法系刑法通常采用此标准。由此，可以将犯罪参与形态概括为：（1）分担的共同正犯与并行的共同正犯，前者既可以发生在单行为中，如甲控制住被害人，乙对被害人实施杀人的行为，也可以发生在复行为中，甲对被害人实施了暴力胁迫行为，乙负责对被害人实施劫取财物的行为。（2）教唆犯。故意唆使他人实施符合构成要件的违法行为的人。[3]（3）帮助犯。对直接实施构成要件行为的人予以物质上或者精神上的帮助的人。其二，以犯罪分子在共同犯罪中的作用为标准对共同犯罪人进行分类的立法例。主犯是在共同犯罪中起到主要作用的人，从犯则是在共同犯罪中起到次要或者辅

---

① 陈小彪、王祥传：《网络技术服务犯罪参与的共犯归责困境及其理论重构》，《重庆邮电大学学报（社会科学版）》2023 年第 1 期。

② 张开骏：《共犯解释论》，上海大学出版社 2022 年版，第 98~99 页。

③ 张明楷：《刑法学》，法律出版社 2021 年版，第 414 页。

助作用的人。传统理论一直都有我国犯罪参与属于"作用分类为主，兼顾分工分类"的说法。此外，另有俄罗斯刑法以实际参与实施犯罪的性质与程度两个标准进行的分类，前者是主要标准，区分了实行犯、教唆犯与帮助犯三种类型，后者作为前者的补充，产生了组织犯的类型。①组织犯的组织活动分为以下四种情况：组织犯罪、领导犯罪、建立有组织集团或者犯罪集团、领导有组织集团或者犯罪集团。②

　　大体来看，分工分类法与作用分类法各有利弊，如分工分类法较为清楚地反映了各共同犯罪人在共同犯罪中的实际分工和彼此间联系的方式，便于清晰地把握共同犯罪的性质，从而合理地解决共同犯罪的定罪问题。但其无法揭示各共同犯罪人在共同犯罪中所起的作用，从而不利于准确界定各自的刑事责任。作用分类法则相反，通过反映各共同犯罪人在共同犯罪中所起作用的大小，便于对共同犯罪人准确地裁量刑罚，恰当解决其刑事责任问题，缺陷是不能全面反映各共同犯罪人在共同犯罪中的分工和相互间的联系方式，不利于对此罪与彼罪的区分。

　　与德日刑法、俄罗斯刑法在犯罪参与形态下的分工分类法、参与性质和程度标准有别，我国刑法对共同犯罪人类型的划分，主要是依据其在犯罪中的作用来区分，即主犯、从犯、胁从犯三种，又混合了分工分类的方法，承认教唆犯和组织犯的类型，对犯罪参与人按照其在犯罪中的作用进行分类为主，同时兼顾了分工分类的方法，被称为双层区分共犯模式。③具体来看，分工分类方法与作用分类法并无对应的逻辑关系。质言之，正犯与主犯并非全然等同，帮助犯与从犯亦是如此，这样的观点已经获得学界的普遍认可。由此可以认为，在一个犯罪中，提供帮助的行为者，其作用未必就是次要的，不能直接将其与从犯等同视之。这一思维在一定程度上为复杂的链条化、集团规模化的数字金融犯罪参与的归责提供了思路，也为刑法分则规定的帮助行为正犯化、教唆行为正犯化等现象留有空间。以崔小某等利用网络众筹平台集资诈骗案为例，2016年2—3月，被告人崔小某、尹某、刘京某、王满某、张城某等人合谋通过建立众筹平台项目骗取钱财。刘京某提议建立众筹平台

①　薛瑞麟：《俄罗斯刑法研究》，中国政法大学出版社2000年版，第213~214页。

②　王志远：《共犯制度的根基与拓展　从"主体间"到"单方化"》，法律出版社2011年版，第3页。

③　钱叶六：《双层区分制下正犯与共犯的区分》，《法学研究》2012年第1期。

进行诈骗，犯罪团伙进行分工，有的犯罪人购买犯罪工具，有的犯罪人雇人制作网页前端及数据后台、租用网络服务器、购买网站域名等用以构建诈骗网站平台，还有人专门招募犯罪成员，以及向公众进行宣传，最后将集资诈骗所得的投资款 36312358.21 元，通过第三人周某使用的 POS 机匿名刷卡套现分赃，又购买比特币进行汇转洗钱分赃。最终法院裁判认为，被告人崔小某、尹某、刘京某、王满某、张城某等人构成集资诈骗罪。①

　　此案中就集资诈骗罪而言，被告人崔小某、尹某、刘京某、王满某、张城某等人分工明确，共同实施犯罪行为，对非法占有他人财产的结果存在因果力，均为共同正犯。刘京某提出犯罪方案，参与雇人制作、构建诈骗网站平台，联系第三人周某刷卡套现，帮助犯罪成员购买比特币洗钱，属于主犯无疑。王满某、尹某等人只是负责招募犯罪成员，属于从犯，但是仍然是正犯，部分行为全部责任，在量刑上轻于主犯。制作、构建诈骗网站平台的制作者，以及周某使用 POS 机匿名刷卡为犯罪团伙套现分赃提供帮助，二者的行为性质上是帮助行为，属于从犯。这也印证了分工分类与作用分类之间的逻辑错位，正犯也可能是主犯或者从犯。而我国刑法规定的组织犯罪与俄罗斯刑法有别，没有单独规定组织犯的内容，而是通过第 26 条与第 97 条规定的首要分子得以呈现，组织犯通常作为主犯处理，对于组织、领导犯罪集团的首要分子，按照集团所犯的全部罪行处理。

　　而在 2009 年 7 月的一起信用诈骗案中，被告人朱某某与王某某 1 商定复制他人的信用卡赚钱。朱某某花 700 元钱请人办了 6 张信用卡（户名分别为"胡健""邓威"）。此后，被告人朱某某、王某某 1 叫被告人曾凯辉与毛志辉一同参与。2009 年 7 月 30—31 日，被告人朱某某、王某某 1、曾凯辉与毛志辉通过在银行×××机上安装读卡器电路板、摄像头，窃取被害人王某某银行卡的信息和密码，复制其银行卡，并使用复制的银行卡取走被害人王某某现金，给被害人王某某造成经济损失共计 98395 元。除去所有开支，四被告人每人分赃 18000 元。另查明，被告人朱某某在被公安机关抓获时，被收缴随身现金 3315 元（其中为朱、曾缴纳生活费 400 元）、金戒指一枚等物品。案发后，被告人王某某 1 已退赃 23000 元，被告人曾凯辉已退赃 18000 元。一审法院判处朱

---

　　①　最高人民法院司法案例研究院：《中国法院 2021 年度案例》，中国法制出版社 2021 年版，第 156～157 页。

某某、王某某 1 犯信用卡诈骗罪，均处以有期徒刑五年零六个月，并处罚金 50000 元，以信用卡诈骗罪判处被告人曾凯辉有期徒刑三年，缓刑五年，并处罚金 60000 元。二审法院维持一审法院的部分判决，上诉人王某某 1 犯信用卡诈骗罪，改判有期徒刑三年，缓刑五年，并处罚金 50000 元。①

本案有两个问题值得考察：第一个问题，全部违法归属于所有犯罪参与人，是部分行为全部责任的共犯本质。第二个问题，一审法院认定共犯过程中，认为王某某 1 参与复制，实施转账、取款行为，是起到主要作用的主犯，判处五年有期徒刑。二审法院认为在这起新型经济犯罪中，直接实施行为的人并不必然是起到主要作用者，犯罪方法的掌握、传授，犯罪工具的购买者才是对整个案件起到至关重要作用的人。一审法院在共犯参与人认定问题上，将犯罪分工意义上的直接实施者与起到主要作用的主犯之间进行等同，对比德日刑法规定的分工分类共犯参与人划分，我国采用作用分类为主的双层次共犯参与人区分体系，分工分类的实行犯、教唆犯、帮助犯与作用分类的主犯、从犯之间并没有天然的对应关系。也即不存在实行犯一定是主犯，帮助犯一定是从犯的对应逻辑，不同的案件中，实行犯在某些情况下是主犯，在某些情况下可以是从犯，帮助犯通常情况宜以从犯来处理，但是，在某些案件中(特别是利用新技术、新业态实施的新型犯罪)，帮助行为常常在案件中起到了主要作用，否则不会有越来越多帮助行为正犯化的立法例出现。在利用新技术、新业态实施的新型经济犯罪中，以虚拟货币为典型，主要的犯罪类型有两种：第一种类型是虚拟货币等新技术充当了犯罪工具，被行为人用于从事支付结算通道转移犯罪所得等非法活动；第二种类型则是将虚拟货币作为吸引投资的对象和内容，如诈骗、传销组织为了吸引投资者，以开展的投资区块链、虚拟币项目为噱头发行空气币。

三、犯罪参与处罚及根据的探讨

倘若犯罪共同说与行为共同说是为了解决参与犯罪多元主体之间是

① 参见北大法宝网：朱某某等信用卡诈骗案(2010)衡中法刑二终字第 72 号，https：//www. pkulaw. com/pfnl/a6bdb3332ec0adc4a256ac65d5cbcf6ec7945b6b8cf6c26dbdfb. html? keyword=%E9%AB%98%E7%A7%91%E6%8A%80%E7%8A%AF%E7%BD%AA%20&way=listView，最后访问时间：2022 年 8 月 20 日。

否成立"共同关系"这一形式逻辑，那么，进一步追问对参与犯该如何处罚才是合理的，就是一个实质理性的命题，并且是不能回避的问题。在链条化、集团规模化的数字金融犯罪参与中，参与人的体量增大，其处罚范围应该如何限定，处罚根据是什么的问题，需要进行更加深入的思考。例如，"跑分"洗钱，利用微信支付、支付宝等二维码支付平台进行赌资或诈资转移的新型洗钱模式，通过检索 2022 年在中国裁判文书网的"跑分"洗钱刑事判决情况(图 5、图 6)可以发现，可能适用信息网络犯罪的共犯、掩饰隐瞒犯罪所得、犯罪所得收益罪及帮助信息网络犯罪活动罪进行处罚。同时，共同犯罪的被告人常因证据不足或者未能及时到案，以"另案处理"的方式审理，此种情况通常被认为是共同犯罪分案审理，这就导致了以共犯指控的证据链条受到影响，无法完整呈现出犯罪的各个环节，进而难以去判断各个犯罪人之间的分工及其关联性的问题，最终造成无法查清全案犯罪事实的情况，影响到定罪，对关联的帮助行为也难以作为共犯处理。① 在一定程度上，处罚范围的确立以处罚根据的阐明为前提和基础。关于为什么要处罚共犯，首先是锁定研究对象，只有狭义共犯的教唆犯与帮助犯才需要理由，它们相对于正犯而言，属于刑罚的扩张事由。

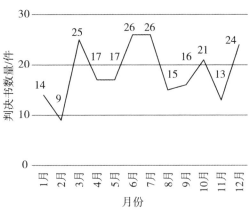

图 5　2022 年跑分洗钱裁判文书数量

① See http://cdfy. scssfw. gov. cn/article/detail/2015/11/id/1743410. shtml，最后访问时间：2022 年 10 月 24 日。

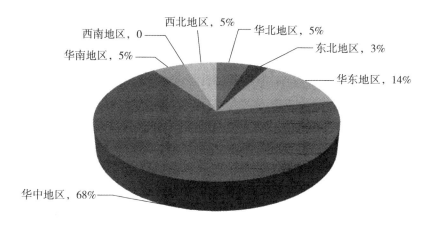

图6 各地区裁判文书数量

目前，狭义共犯的实质处罚根据有责任共犯论、不法共犯论、因果共犯论(惹起说)三种理论：(1)责任共犯论以堕落思想为基础，提出由于共犯者将正犯者引诱至责任与刑罚中，或者说由于共犯使正犯者堕落，所以共犯也要接受处罚。① 共犯被处罚不是因其对法益的侵害，这一主张的理论基础是以伦理秩序、全体秩序的违反作为犯罪的本质，不是以具体法益的侵害为本质。这与现代刑法强调的刑罚处罚犯罪的本质在于法益侵害不符，并且也无法说明没有引诱正犯堕落，只是提供了帮助行为的人为什么要处罚的问题。(2)不法共犯论则以目的行为论、人的不法论为前提，主张处罚共犯的理由在于共犯者使得正犯者实行犯罪行为，惹起正犯者反社会的状态，惹起正犯行为的不法。该说的反社会状态具有抽象性，对社会完整性的侵害也并非共犯所特有，另外，仅仅肯定行为的不法，忽视了行为所造成的法益侵害结果的不法。② (3)因果共犯论则以因果关系为基础，要求共犯行为与法益侵害结果(构成要件结果)之间有因果关系。因果关系论内部又区分为纯粹惹起说(违法性的个别把握)、修正惹起说(从属志向惹起说)和混合惹起说(从属的法益侵害说)，是全面或者部分地肯定共犯的违法从属性的理论。具体地说：(1)纯粹惹起说的代表人物是德国学者施米德霍伊泽、吕德尔

① 张明楷：《刑法学》，法律出版社 2021 年版，第 548 页。
② 陈子平：《刑法总论(修订版)》，中国人民大学出版社 2008 年版，第 339 页。

森，他们在 20 世纪 60 年代提出纯粹惹起说的基本主张，该理论认为之所以处罚共犯是因为共犯自身侵害了法益，具体表现在构成要件、违法性甚至是责任层面，共犯都存在独立的、特别的、自身的判断标准。① 既肯定"没有正犯的共犯"，也肯定"没有共犯的正犯"是其贯彻的基本立场。② （2）修正惹起说主张，教唆犯与帮助犯被处罚的理由是引起或者促进正犯侵犯法益的行为，扶绥正犯一起惹起了不法结果的出现。由此，共犯的不法从属于正犯的不法，而二者之间的不法具有连带性。既否定"无正犯的共犯"，也否定"无共犯的正犯"。（3）混合惹起说主张共犯的违法性不是完全依附于正犯的违法，其本身的违法性也是显见的，只是承认共犯违法的相对性，而非绝对的共犯对正犯违法的连带性。③ 因此，不存在"没有正犯的共犯"，但却可能存在"没有共犯的正犯"。

可以说，共犯处罚根据论已经由共犯借用说转向了以法益为导向的因果共犯论，因为共犯借用说存在违背个人罪责原理的罅隙。也就是说，在处罚问题上对共犯与正犯之间连接点的要求越发减少。纯粹惹起说强调了共犯自身的独立不法性，在这一点上，试图深化共犯的构造，可以说提出了重要问题，但该说的缺陷是不容忽视的，即招致了共犯可罚性范围的不当扩张，与现行立法或者理论上承认无身份者参与有身份者构成要件的行为进而肯定正犯成立的做法相互背离。④ 修正惹起说存在论证方法上倒因为果的嫌疑，并且在具体问题的适用上也有问题，例如与帮助型正犯最密切的未遂教唆和未遂帮助问题，A 为了抓捕毒犯 B，于是向 B 发出购买的信息，在 B 交付毒品之际将其抓获，根据修正惹起说，得出 A 的行为也具有未遂教唆的违法性是不合理的。⑤ 因此，处罚共犯的基础应该以混合惹起说为依据。混合惹起说肯定共犯的不法是以正犯的不法为前提，既能成为未遂的教唆、承诺杀人、本犯教唆不

① 参见高桥则夫：《共犯体系和共犯理论》，冯军等译，中国人民大学出版社 2010 年版，第 117 页。

② 参见车剑锋：《我国刑事立法现状视域下的共犯的处罚根据》，《政法学刊》2012 年第 6 期。

③ 参见[日]曾根威彦：《刑法的重要问题：总论》，成文堂 2005 年版，第 306 页。

④ 参见钱叶六：《共犯违法连带性说的合理性及其应用：基于共犯处罚根据论的探讨》，《清华法学》2014 年第 3 期。

⑤ 秦雪娜：《区块链技术背景下参与犯的转型与刑法的体系应对》，《法律科学（西北政法大学学报）》2020 年第 5 期。

处罚等理论问题的依据，也能对身份共犯的处罚理由形成说明，因而其是德、日刑法比较有影响力的学说，也是我国理论获得支持较多的学说。①

因果共犯论在处罚问题上对共犯与正犯之间连接点的要求愈发减少，契合了数字金融共同犯罪的处罚实质，因其犯罪参与出现的"去中心化""链式的扁平"等结构性变化，行为交互日趋碎片化、交融化，参与行为的范围出现差异，难以基于传统的共同犯罪行为整体进行评价。② 因技术的深入与深度运用，犯罪分工与协作的模糊化与联系屡弱化现象越发显著，随之的犯罪参与也越发隐匿和复杂，对共犯问题的关注就无法回避。可以说，数字金融共同犯罪是一种共犯的高级形态。与传统共同犯罪不同，数字金融犯罪参与人"具有隐蔽性和分散性的特征，隐藏在各行为人身后的，是一串较长的黑色经济链条和利益诉求"。③

第三节　数字金融犯罪参与中的帮助行为

随着互联网技术的发展与普及，传统金融行业与互联网企业利用互联网技术和信息通信技术，实现资金融通、支付、投资和信息中介服务的新型业务模式出现，P2P 等互联网金融平台虚假繁荣。犯罪分子打着互联网金融高科技的旗号，以高息为诱饵，掩盖非法集资本质，具有很强的引诱性与欺骗性，导致投资者投入大量资金参与其中。数字金融犯罪链条化、集团规模化模式，加剧了犯罪的分工与协作，却减弱了意思联络，与传统犯罪相比行为结构发生了根本性变化。同网络犯罪共犯一样，最瞩目的是有关帮助行为的刑法规制问题，数字金融犯罪参与亦是如此。帮助行为可以存在于链条化犯罪的全部过程，技术性帮助行为地位跃升，包括为了违法犯罪活动实施的前端技术支持、资金资助等，可以说帮助行为是包括数字金融的集资诈骗、非法吸收公众存款、洗钱、信用卡诈骗等在内的中后端犯罪高发、频发的不可或缺因素，倘若没有一系列链条上的帮助行为，后续的犯罪行为难以实施。

---

① 参见陈洪兵：《共犯处罚根据论》，载陈兴良：《刑事法评论》，北京大学出版社 2008 年版，第 433~463 页。

② 江溯：《网络刑法原理》，北京大学出版社 2022 年版，第 4 页。

③ 参见张楚：《网络空间共同犯罪的基本构造及展开》，西南政法大学 2018 年博士学位论文。

这一点可以从帮信罪的数据中得到明证,如 2022 年 3 月 8 日最高人民检察院发布的《2021 年全国检察机关主要办案数据》显示,仅 2021 年帮信罪的起诉数量就高达 12.9 万人,位居全国第三。2022 年 8 月 1 日,中国司法大数据研究院发布的《涉信息网络犯罪特点和趋势(2017 年 1 月—2021 年 12 月)司法大数据专题报告》显示:在 2017—2021 年涉网犯罪的 282 个罪名中,帮信罪累计案件数量排名第二,占比为 23.76%;全国各级人民法院一审审结的帮信罪各年度占比分别为 0.06%、0.07%、0.22%、5.78% 和 54.27%;帮信罪 2020 年同比激增 34 倍,2021 年同比再增超 17 倍,案件增长势头迅猛。① 在数字金融犯罪参与中,为他人实施数字金融犯罪提供技术帮助,主要表现有提供非法获取可登录用户信息软件的帮助行为、帮助建立互联网投融资平台、为犯罪分子提供支付结算业务等帮助行为。对此,如何在现有刑法体系中予以合理的解读,并且对帮助行为以及对他人利用平台实施的关联犯罪承担责任,必须得到进一步的释明。

一、帮助行为的基本样态

我国共犯立法规定本身的不明确性,为解释论中的不同逻辑主张提供了存在空间。在既有的共犯立法框架下,帮助犯作为共犯人类型的一种并不为我国共犯立法所排斥。② 行为样态主要是指行为的表现形式,"帮助行为"不是刑法知识结构的创造和发明,因而对其内在的阐释必须寻诛于其他的知识体系。行为既有"帮助"的外观或者特征,就应该置于帮助行为的表现形式之中,当然,共犯的帮助行为是一个刑法的规范概念。在共犯语境中,出现"提供""协助""介绍"等行为一般体现的是对某项犯罪的实行行为提供的帮助,同时表明其本身并不是实行行为。随着犯罪类型的增加、异化,帮助行为的样态呈现出多样性或者有所变化,可以将其区分为共犯意义上的帮助行为和非共犯的帮助性行为。后者如数字金融犯罪参与中常见的帮助行为样态,主要有帮助逃避、掩饰的洗钱,提供类的提供侵入、非法控制计算机信息系统的程序、工具,帮助信息网络犯罪活动,非法提供信用卡信息等。

---

① 刘艳红:《帮助信息网络犯罪活动罪的司法扩张趋势与实质限缩》,《中国法律评论》2023 年第 3 期。

② 阎二鹏、杨敏杰:《网络空间中的帮助犯:归责障碍厘清与法理重塑》,《时代法学》2022 年第 2 期。

通常刑法所言的帮助行为有三个特征：其一，不能是符合基本构成要件的实行行为，即实行行为以外的行为；其二，必须使正犯者的实行行为变得容易；其三，不是对正犯的实行必不可少的行为。① 不是基本构成要件的实行行为，表明其非实行行为的身份。对正犯的实行行为有促进作用，意为"刑法并不处罚所有的非实行行为，也不一概将易于正犯行为实施的参与行为均认定为帮助犯之帮助行为"。② 不同于刑法理论传统观点将"帮助行为"置于共同犯罪一章，在"共同犯罪成立的客观要件"中予以讨论，帮助行为在刑法中的存在目的是阐释帮助犯罪的需要。如今对帮助行为基本是持宽容或者说开放的态度，因而帮助行为的存在形式和发生时点亦是多元的。既可能表现为提供犯罪工具、排除犯罪现实障碍或者事前答应事后窝赃、隐匿犯罪等有形的帮助，也可能表现为指点实施犯罪的时机、对象，协助拟定犯罪计划等无形的帮助。按照犯罪行为与提供帮助行为的时间关系，可以分为实施犯罪之前的事前帮助和在实行犯罪之际的帮助，甚至是事前通谋事后给予的帮助。而不论帮助行为的出现形式或者存在时间，对其定位仅仅是一种对实行犯罪的辅助，只可能成为从犯。依刑法总则来看，帮助犯并不直接实行犯罪，而是为实行犯实施犯罪提供帮助。而从分则来看，"帮助行为"俨然跳脱出帮助犯之客观成立条件之语境，成为具有"帮助性质的实行行为"。

具体来看，总则"帮助行为"的表达是通过"帮助犯的规定"而实现的。德国刑法第 27 条规定：对他人故意实施违法行为故意予以帮助的，是帮助犯。日本刑法第 62 条之一，帮助正犯的，是从犯。日本刑法第 64 条规定：从犯的刑罚，按照正犯的刑罚予以减轻。韩国刑法第 32 条规定：帮助他人犯罪的，以从犯处罚。俄罗斯刑法第 33 条采取列举的方法规定了成立帮助犯的行为范围，例如，以建议、指点的方式帮助实施犯罪或者提供信息、犯罪手段、工具的帮助，事前承诺帮助隐匿犯罪人、犯罪工具、罪证、赃物等，还包括事先允诺购买或者销售赃物的人，均为帮助犯。事实上，除了俄罗斯刑法对帮助的行为方式有明确的规定外，其他国家的刑法只言明"帮助行为"是成立帮助犯的条件，并没有具体而细致地规定帮助的内容。与此稍显不同的是，我国现行《刑

---

① 参见大塚仁：《刑法概说》，冯军译，中国人民大学出版社 2003 年版，第 315~316 页。

② 张伟：《帮助犯研究》，中国政法大学出版社 2012 年版，第 79 页。

法》第 27 条规定的从犯是指在共同犯罪中仅起到次要或者辅助作用的人，并未出现"帮助行为"的表述。早前有学者认为，我国刑法之所以避免用"帮助"而代之以"辅助"，是为了体现辅助行为在共同犯罪中的次要作用，因为"帮助"行为在某些情况下是可能起到主要作用的。① 由此可见，辅助犯不等于帮助犯，辅助行为只能是起到次要作用的帮助行为，而不是全部的帮助行为。为此，也有学者提出截然相反的观点，即帮助犯在共同犯罪中的作用只能是次要的，不能是主要的。那么，帮助行为只能是起次要作用的行为，而不可能是起到主要作用的行为。② 这一提法并不严谨，脱离了刑法规范本身去寻求前规范帮助行为的事实状态，不是规范意义上对帮助行为的价值判断。从犯指向的作用，与帮助行为的分工并不能当然的匹配，可以说二者之间有交叉关系，但是绝不等同。否则无法解释分则将部分帮助行为直接设置为独立罪名，却又被认为不是起主要作用。

分则"帮助性实行行为"的表达较丰富，纵览世界各国的刑法，遵照实行犯是正犯的逻辑，无一例外地规定了"帮助性实行行为"，区别只在数量的多与少。例如，韩国学者提出在分则上大多数情况是将帮助行为规定为特别构成要件。例如脱逃援助（第 147 条）、提供吸食鸦片等场所（第 201 条第 2 项）、自杀帮助（第 252 条第 2 项）等情况，因为其自身就是正犯的实行行为，所以不存在适用总则第 32 条的余地，而该条规定，帮助他人犯罪的，以从犯处罚。③ 这一点上国内学者达成共识，刑法分则将某种帮助行为规定在刑法分则中时，该种帮助行为就不再属于犯罪的非实行行为，而成为被规定犯罪的实行行为。④ 目前来看，根据主要国家和地区刑法分则的规定，分则"帮助性实行行为"的现象呈现三种特征：(1)只存在于法益侵害特别严重的犯罪领域。典型的国家是俄罗斯、意大利、巴西，例如俄罗斯刑法中只在第 205 条-1 规定了协助实施恐怖主义活动。意大利相关立法体现在资敌罪（第 247 条）、协助结社者（第 270 条-3）、为恐怖主义包括国际恐怖主义目标招募人员（第

① 参见梁世伟：《刑法学教程》，南京大学出版社 1987 年版，第 209~210 页。
② 参见陈兴良：《共同犯罪论》，中国人民大学出版社 2017 年版，第 197 页。
③ 参见[韩]金日秀、徐辅鹤：《韩国刑法总论》，武汉大学出版社 2008 年版，第 624 页。
④ 参见何荣功：《论实行行为的概念构造与机能》，《当代法学》2008 年第 2 期。

270条-4)、为恐怖主义包括国际恐怖主义目的进行训练活动(第270条-5)、帮助集团成员(第418条)。巴西刑法典为走私或者非法交易提供便利罪(第318条)。(2)既适用于严重的罪行,也适用于其他犯罪领域。日本刑法典的帮助内乱罪(第79条)、援助外患罪(第82条)、援助脱逃罪(第100条)、现场助势(第206条)、移送被略取者至所在国外(第226条之三)、移交被略取者(第227条)。韩国刑法典除了前述列举的几个罪名,还包括湮灭证据罪(第155条)、介绍卖淫罪(第242条)、医护人员及药商帮助堕胎罪(第270条)。(3)仅适用于危害社会管理秩序犯罪。美国模范刑法典中卖淫及其相关犯罪(第252.2条)第2款规定了促成卖淫的6种情形,分别构成相应的轻罪和重罪。台湾地区"刑法"规定了图利为人施打吗啡或者以馆舍供人吸食鸦片罪(第259条)、公然介绍堕胎罪(第292条)、便利窥视窃听窃录罪(第315条第2款)。与此同时,我国现行刑法分则规定"帮助性实行行为"的犯罪,既存在于严重的罪行领域也存在于其他犯罪领域,与日、韩相同。然而,分则规定的此类犯罪规模或者数量远远大于前述国家的刑法。

关于我国刑法分则究竟规定了多少种帮助性实行行为犯罪,旧有研究已经有所涉及。总体来看,主要分为四分法、六分法以及十八分法。四分法包括了第107条资助危害国家安全犯罪活动罪,第307条帮助毁灭、伪造证据罪,第358条协助组织卖淫罪以及第417条帮助犯罪分子逃避处罚罪。[1] 六分法则增加了第306条辩护人、诉讼代理人毁灭证据、伪造证据、妨害作证罪,第112条资敌罪。[2] 在主张十八分法的学者看来,除了六分法包括的种类,应该还有第111条的为境外非法提供国家秘密、情报罪,第120条帮助恐怖活动罪,第156条走私罪的共犯,第310条窝藏、包庇罪,第312条掩饰、隐瞒犯罪所得、犯罪所得收益罪,第320条提供伪造、变造的出入境证件罪,第321条运送他人偷越国边境罪,第349条包庇毒品犯罪分子罪,窝藏、转移、隐瞒毒品、毒赃罪,第355条非法提供麻醉药品、精神药品罪,第359条介绍卖淫罪,第362条包庇罪,第363条为他人提供书号出版淫秽书刊罪,

---

①　参见阴建峰、周加海:《共同犯罪适用中疑难问题研究》,吉林人民出版社2001年版,第544页。

②　参见汪红飞:《帮助型犯罪问题研究》,《浙江万里学院学报》2003年第5期。

第 392 条介绍贿赂罪。① 事实上，刑法近年的修改情况显示，已经不止于所谓的十八种，还增加了第 285 条第 3 款提供侵入计算机信息系统的程序、工具罪，第 287 条之二帮助信息网络犯罪活动罪，第 290 条第 4 款资助非法聚集罪等，规模扩大到了 30 个有余。

二、帮助行为的规范演变

数字金融犯罪参与在一定程度上是网络犯罪参与的升级，与之关联的共犯问题更是把单向的线性逻辑转向多维多向发展，单向度的帮助行为通常是与实行行为同时发生，或者提供较显见的物质性帮助，自网络成为犯罪的主要阵地以来，帮助行为不断升级再造，尤其是在链条化的犯罪中帮助行为产生新的裂变。上游环节的帮助行为主要是非法提供与个人身份有关的信息资料，包括手机号码、实名制网络账号、信用卡信息资料等，通常被用于网络虚假身份的注册等，以及网络技术所要求的实体和程序支持、猫池、卡池、手机群控设备、计算机病毒等破坏性程序、钓鱼网站、用于侵入计算机信息系统的程序等。中间环节的帮助行为主要表现为对前期帮助行为的基础进行加工整合及其利用，诸如买卖物料信息、通过恶意注册手段非法获取账号资源、通过既有账号非法获取流量资源或利用既有账号二次获取相关账号信息等。链条犯罪的下游环节则通常是利用上、中游环节中的行为结果实施诸如诈骗、盗窃、敲诈勒索等传统犯罪。各环节联系紧密，又相互独立，由此形成分工协作、利益共享的产业链犯罪模式。②

时空环境的演变意味着规范生成具有较明显的路径依赖，首先是司法实践遭遇的规范适用困境，促使其首先对帮助行为发起规则之治，这也是整个刑事生态针对帮助行为规范演变的根本动力与起点，尤其是技术帮助行为，毕竟，信息技术促进互联网产业的发展，也引发网络领域法律规范的演变。网络领域法律规范的产生，离不开网络技术的推动。③ 而后立法也作出了回应，增设或者修改相关罪名，其他法律出台涉及相关内容的规定等，司法解释和立法的变化促使了理论研究的输出。事实上，针对网络犯罪帮助行为的全方位回应过程，迫切需要通过

①　张伟：《帮助犯研究》，中国政法大学出版社 2012 年版，第 180 页。

②　刘宪权：《网络黑产链犯罪中帮助行为的刑法评价》，《法学》2022 年第 1 期。

③　汪恭政：《论我国网络领域规范治理的法治化进程——以〈网络安全法〉的演变为视角》，《西安电子科技大学学报（社会科学版）》2017 年第 4 期。

"促使法律和技术在关照彼此核心价值诉求的基础上进行双重重构来实现和谐"。①

(一) 司法解释的调整

帮助行为的传统规制路径是紧扣刑法总论的从犯规定，对共同犯罪的规范预设是将事前通谋事后帮助的行为作为共犯评价，简言之就是提供帮助行为的人要与实行行为者之间有事前的通谋。随着网络犯罪兴起，特别是网络黑产链犯罪的多发，对技术性帮助行为的依赖越发凸显，存在诸多事前无通谋的帮助行为，出现规制上的真空或者直接适用兜底罪名的简单粗暴。以田某某等案为例，2016 年 11 月至 2018 年 11 月，被告人田某某(成都悦游互动科技有限公司法定代表人)、汪某某(成都悦游互动科技有限公司股东)为牟取房卡销售利益合谋开发采用房间、俱乐部等模式，将具有积分统计、录像、定位等功能的"大新疆麻将"网络棋牌游戏 App 提供给会员，通过消耗房卡开房后实现赌客在房间内的精准匹配，赌客依据每局麻将结束后的积分数额在微信内进行赌资结算。被告人田某某、汪某某投入资金和技术通过成都悦游互动科技有限公司开发该网络棋牌游戏 App 供他人组织赌博，非法所得 120 万余元；被告人刘某某、崔某某等人(成都悦游互动科技有限公司的工作人员)，明知该公司开发的"大新疆麻将"网络棋牌游戏 App 供他人组织赌博而提供策划、开发、维护、测试等技术支持服务，分别收取服务费 8.5 万余元、7.8 万余元、4.9 万余元、4.4 万余元、2.3 万余元；被告人倪某某、何某某(乌鲁木齐市微盛源信息技术工程有限公司的工作人员)，明知"大新疆麻将"网络棋牌游戏 App 供他人组织赌博仍然实施推广运营、发展会员，分别收取服务费 24 万余元、12.8 万余元；被告人雷某某、桑某某(成都悦游互动科技有限公司的工作人员)，明知该公司开发的"大新疆麻将"网络棋牌游戏 App 供他人组织赌博而提供服务，收取服务费分别为 3.1 万余元、2.8 万余元。② 本案中成都悦游互动科

---

① 参见赵小勇：《法律与技术如何相处：区块链时代犯罪治理模式的双重重构》，《探索与争鸣》2020 年第 9 期。

② 北大法宝网，https：//vpn.gufe.edu.cn/https/77726476706e6973746686562655737421e7e056d2373b7d5c7f1fc7af9758/pfnl/08df102e7c10f2062c7d2733bc9be175d17fb488a550689abdfb.html？keyword=%E6%8F%90%E4%BE%9B%E8%B5%84%E9%87%91%E6%94%AF%E4%BB%98%E7%BB%93%E7%AE%97%E6%9C%8D%E5%8A%A1%20&way=listView，最后访问时间：2023 年 9 月 30 日。

技有限公司田某某等与乌鲁木齐市微盛源信息技术工程有限公司的工作人员倪某某、何某某，明知平台是给代理提供服务供其组织赌博，仍然提供技术服务的行为如何认定。本案被告人田某某、汪某某、雷某某、桑某某等明知他人实施赌博的犯罪而为他人赌博提供了技术支持服务，明知他人赌博犯罪所得为其提供银行卡并有转账、刷脸行为的，又该如何认定。很显然，这个案例中的帮助行为人与传统共犯结构要求的事前犯意沟通有出入，帮助行为者是否构成上游赌博犯罪的共犯，还是对帮助行为进行另外的评价。如果以赌博罪共犯评价，存在"明知"不是事前犯意沟通的代言，缺乏事前犯意沟通的帮助行为该如何处理的问题。

为此，从及时、迅速、高效的角度出发，司法解释首先作出回应，特别是为事前无通谋的帮助行为制定了评价规则，主要分为三种模式：

第一种模式是直接规定"以共同犯罪论处"。根据检索的情况，现行有效的司法解释规定了"以共同犯罪论处"的有 19 处，而密切关联数字金融犯罪参与中帮助行为问题的有 4 处。如《最高人民法院、最高人民检察院关于办理利用信息网络实施诽谤等刑事案件适用法律若干问题的解释》第 8 条规定，明知他人利用信息网络实施诽谤、寻衅滋事、敲诈勒索、非法经营等犯罪，为其提供资金、场所、技术支持等帮助的，以共同犯罪论处。《最高人民法院、最高人民检察院关于办理诈骗刑事案件具体应用法律若干问题的解释》第 7 条，明知他人实施诈骗犯罪，为其提供信用卡、手机卡、通讯工具、通讯传输通道、网络技术支持、费用结算等帮助的，以共同犯罪论处。《最高人民法院、最高人民检察院关于办理敲诈勒索刑事案件适用法律若干问题的解释》第 7 条规定，明知他人实施敲诈勒索犯罪，为其提供信用卡、手机卡、通讯工具、通讯传输通道、网络技术支持等帮助的，以共同犯罪论处。《最高人民法院、最高人民检察院关于办理利用互联网、移动通讯终端、声讯台制作、复制、出版、贩卖、传播淫秽电子信息刑事案件具体应用法律若干问题的解释(一)》第 7 条规定，明知他人实施制作、复制、出版、贩卖、传播淫秽电子信息犯罪，为其提供互联网接入、服务器托管、网络存储空间、通讯传输通道、费用结算等帮助的，对直接负责的主管人员和其他直接责任人员，以共同犯罪论处。很显然，这里的"明知"表达的只是知道有犯罪存在而提供帮助，实际上就是把无事前通谋的帮助行为纳入共犯的评价体系中。

第二种模式是用其他犯罪的共犯进行规制。如《关于办理网络赌博犯罪案件适用法律若干问题的意见》第 2 条规定，明知是赌博网站，而为其提供下列服务或者帮助的，属于开设赌场罪的共同犯罪，而不构成赌博罪的共同犯罪。对实际上具有类型化犯罪意义的行为设置独立的量刑标准，同时基于司法解释不能创设罪名的原则，"借用"其他罪名并对行为范围进行相应的限定。①

　　第三种模式为直接将共犯行为视为独立的实行行为。也被称为司法解释的帮助行为正犯化，即不再依靠共同犯罪理论对其实现评价和制裁，而是直接将其视为"正犯"，直接通过刑法分则中的基本犯罪构成对其进行评价和制裁。《淫秽电子信息解释(二)》第3条至第6条规定，网站建立者、直接负责的管理者明知他人制作、复制、出版、贩卖、传播的是淫秽电子信息，允许或者放任他人在自己所有、管理的网站或者网页上发布，根据是否具有牟利为目的，分别可以构成传播淫秽物品牟利罪和传播淫秽物品罪，而电信业务经营者、互联网信息服务提供者明知是淫秽网站，为其提供互联网接入、服务器托管、网络存储空间、通讯传输通道、代收费等服务，并收取服务费，构成传播淫秽物品牟利罪。

　　司法解释的规定描述了犯罪链条的上中下游的帮助行为，技术帮助行为是核心，作为利益链条的一环，充斥于上中下游犯罪过程中，此外还有一些裹挟着互联网手段的结算、转移等帮助行为。不论是何种帮助行为，"明知"是构成犯罪的前提和基础，这里的"明知"并没有拒斥非事前通谋的情况，以共同犯罪论处实则是突破了传统犯意联络的共犯认知。从司法解释对帮助行为的三种评价规则可以看出，其注重斩断危害计算机信息系统安全犯罪的利益链条，依托网络技术的犯罪猖獗和泛滥的深层次原因就是形成了环环相扣的利益链条。但是，上述规则并没有进一步提出为不同犯罪提供帮助，适用不同处理模式的说明。同时，有学者提出在我国刑法分则对实行行为明确定型的立法体制下，司法机关超越解释权限将帮助行为扩张为实行行为的解释与罪刑法定原则有悖。② 结论也并非就是如此，网络信息时代，对罪刑法定原则的坚守固然很重要，然而对于新类型行为方式进行适度的扩大解释也在所难免。

---

　　① 江溯：《网络刑法原理》，北京大学出版社2022年版，第4页。
　　② 汪恭政：《论我国网络领域规范治理的法治化进程——以〈网络安全法〉的演变为视角》，《西安电子科技大学学报(社会科学版)》2017年第4期。

(二)立法的回应

近年来,造成刑事立法变迁的原因始终是由社会发展带来的。社会生活的新情况和新问题层出不穷,不断涌现出的成为社会热点的犯罪现象使得司法实践频频遭遇难题。尤其是世界大多数国家存在恐怖主义、极端主义犯罪,同时也存在网络盛行时代的新型犯罪。如何合理且有效地治理犯罪,成为刑事立法考量的重要问题。对社会重大关切的及时回应排在首位,毕竟,作为调整社会生活的规范,刑法充当了最后却又是较重要的手段,对重大社会关切的回应就是要对其自身作出必要的调整。对社会重大关切的回应从两个层面进行解读,其一是社会大众所关注的重要社会问题,引起立法者的重视,使其对刑法自身作出检讨和反思,进行调整、变更;其二是公众对刑事司法的重大案件、争议案件、裁判形成的评价,促使刑事司法的自省,推动错案的纠正,从而达到刑法自我修复的目的。因此,社会重大关切成为对帮助行为进行立法回应的重要理由。① 由于参与行为类型化、独立化的发展趋势,立法者直接将网络犯罪参与行为在分则中规定独立的罪名,达到扩大处罚范围的效果。这也是"刑法进化的路径除解释之外还有立法本身"的体现。②

根据现有刑法的规定,直接明确有关网络信息技术帮助行为规制的条文,主要集中在第 285 条的提供侵入、非法控制计算机信息系统程序、工具罪与第 287 条之二的帮助信息网络犯罪活动罪。提供专门用于侵入、非法控制计算机信息系统的程序、工具,或者明知他人实施侵入、非法控制计算机信息系统的违法犯罪行为而为其提供程序、工具,情节严重的,以第 285 条提供侵入、非法控制计算机信息系统的程序、工具罪认定;明知他人利用信息网络实施犯罪,为其提供互联网接入、服务器托管、网络存储、通讯传输等技术支持,或者提供广告推广、支付结算等帮助的行为,认定为第 287 条之二帮助信息网络犯罪活动罪。帮助信息网络犯罪活动罪的增设是网络犯罪帮助行为正犯化理论的典型立法实践,但成立该罪既不要求帮助行为人对被帮助者实施的具体犯罪内容有明确的认识,也不要求被帮助的犯罪行为在实体上或程序上被认

---

① 陆敏:《帮助型正犯研究》,人民出版社 2022 年版,第 89 页。
② 张明楷:《网络时代的刑事立法》,《法律科学(西北政法大学学报)》2017年第 3 期。

定为犯罪。①

　　除了刑事立法对帮助行为的关注外，其他关乎利用网络信息技术实施犯罪的法律法规，在涉及追究刑事责任的指引性规定中，也重视帮助行为的重要作用。例如，《反电信网络诈骗法》第 38 条规定，组织、策划、实施、参与电信网络诈骗活动或者为电信网络诈骗活动提供帮助，构成犯罪的，依法追究刑事责任。将"为电信网络诈骗活动提供帮助"与"组织、策划、实施、参与电信网络诈骗活动"并列，这里有两种理解：一种是把为电信网络诈骗活动提供帮助从参与电信网络诈骗活动中剥离，各自按照刑法设置的犯罪进行处理；另一种认为参与电信网络诈骗活动包括了提供帮助的行为，参与者也可能是提供帮助者，两行为的认定存在交叉重合，即使不构成共同犯罪，也能按照提供帮助予以认定犯罪。后一种理解会产生网络犯罪治理的"维谷"效应，进为"网络黑灰产业的治理共识——刑罚前置化介入与帮助信息网络犯罪活动罪的继续活性化"，退为"共同犯罪教义学的零碎化与帮助信息网络犯罪活动罪的罪名口袋化"。② 最高人民法院、最高人民检察院联合公安部于 2016 年发布了《关于办理刑事案件收集提取和审查判断电子数据若干问题的规定》，该规定的第 13 条初步确定了网络服务提供者的协助执法义务，侦查机关可以向网络服务提供者调取电子数据。随后相继在 2019 年、2021 年和 2022 年发布的《公安机关办理刑事案件电子数据取证规则》《中华人民共和国数据安全法》《中华人民共和国个人信息保护法》中进一步确立了该种义务。除了协助执法义务，技术支持义务也在一些规范性文件中得以明确，如 2017 年《中华人民共和国网络安全法》第 28 条规定，公安机关、国家安全机关依法维护国家安全与侦查犯罪活动中，需要网络运用者提供技术支持和协助的，网络运用者应当提供。随后的 2022 年《中华人民共和国反电信网络诈骗法》除了规定技术支持义务的内容数据调取义务，首次明文规定了对包括银行金融机构、电信业务经营者、互联网服务提供者、非银行支付机构等第三方平台建立电信网络诈骗犯罪检测预警系统的要求。据此，网络服务平台的义务组成包括了协助执法义务、技术支持义务和违法预警义务三个部分。

---

　　①　汪恭政：《论我国网络领域规范治理的法治化进程——以〈网络安全法〉的演变为视角》，《西安电子科技大学学报(社会科学版)》2017 年第 4 期。

　　②　陈小彪、王祥传：《网络技术服务犯罪参与的共犯归责困境及其理论重构》，《重庆邮电大学学报(社会科学版)》2023 年第 1 期。

(三)数字金融犯罪参与中帮助行为规范的理论立场

在建构主义理论视角下，规范演变的结果会影响理论研究的方向，理论的审视反过来也会不断促使规范对所形成的社会预期进行检视。数字金融共犯的结构性变化，促使了司法解释、刑法修正等举动的介入，运用机能考察的方法，对刑法解释与适用，同时倒逼刑法理论体系及其规范在数字金融犯罪转型过程中做出前瞻性回应。为此，主要形成了以下三种理论分歧。

1. 中立帮助行为说

在德国刑法理论中，中立帮助行为是指提供帮助者的行为虽然可以用来帮助他人实现构成要件，但是帮助行为本身是可以对任何人为之的帮助行为，相对于正犯行为人或者正犯的行为有独立性，并非专为法律上不法的目的而为之。① 而有"日常的行为""外部的中性的行为"等之称的中立帮助行为，获得我国理论的较早关注是在 2008 年前后，对其关注主要聚焦于可罚性问题，也就是中立帮助行为是否可罚。重点探讨我们日常生活中的帮助行为，从出租车司机搭乘抢劫犯前往抢劫地点、商店老板出售犯罪工具到网络平台服务商为他人在网络上实施犯罪行为提供办理网络接入服务等是否可罚。针对这样的行为，是否应当将其认定为帮助犯即是中立帮助行为的根本问题。② 毕竟，这些帮助行为通常在日常生活中至少在外形上是中立的，即不存在犯罪的主观意思，但这种行为在客观上对正犯行为起到了促进作用。针对中立帮助行为是否可罚，早前存在全面处罚肯定说和全面处罚否定说观点的对立，前者主张将中立帮助行为纳入帮助犯的范畴进行可罚性设计，却因在处罚的根据上疲于解释论的说明，而是归结于刑事政策的可罚性结论，被认为不充分。后者则在不可罚上形成一定影响力的观点概括为客观不法的不可罚和主观责任的不可罚。即"客观理论是就中性业务行为本身来讨论是否该当帮助犯客观不法要件之帮助行为，或者是否得以在违法性阶层，主张具备阻却违法事由。主观理论是依据从事中性业务行为之人的主观认

---

① 参见蔡惠芳：《P2P 网站经营者之作为帮助犯责任与中性业务行为理论之适用》，《东吴法律学报》2006 年第 2 期。

② 刘艳红：《网络中立帮助行为可罚性的流变及批判——以德日的理论和实务为比较基准》，《法学评论》2016 年第 5 期。

知状态来判断是否成立可罚的帮助行为"①。

　　然而，如今中立帮助行为的处罚性探讨已然演变为在区分可罚的帮助行为与不可罚的帮助行为语境下的展开，是一种限制中立帮助行为刑事可罚性立场。

　　由此认为，所谓的限制中立帮助行为的可罚性指的是中立帮助行为的可罚性不是一味地肯定或者一味地否定，当符合一定标准时，就进入可罚性的范围，要根据这个标准来确定可罚的范围。限制中立帮助行为的可罚性标准与不可罚的帮助行为论证路径表现出一致性，主要划分为主观说、客观说以及折中说。

　　(1)主观说：主观说专注于帮助行为人的认识和促进意思，认为成立帮助犯仅仅是认识到正犯行为还不够，还必须有促进犯罪行为的认识和意思，即在欠缺犯行促进意思的场合不成立帮助犯。② 反之就是，认识到正犯行为，并且对正犯行为具有促进意思，就成立帮助犯。①德国实务向来主张帮助行为不需与正犯犯罪构成要件的实现(法益被侵害或者对法益形成危险)有因果关系，只要帮助行为确实使正犯实行犯罪构成要件行为的过程更顺畅地进行或者行为事实上被促进即可。在通常情形下，从事业务活动之人只是为了经营事业而为他人提供服务，完全没有任何促进他人犯罪的意思。据此，大多数的中性或者业务行为可出罪。②根据对正犯的实行行为是否有明确的认识来确定是否存在帮助故意，倘若对正犯的实行行为没有明确的认识，排除帮助故意而出罪。在U. S. v. Peoni 案中，第二巡回法院裁定，只有帮助行为人对实行行为有明确认识，并且有真正促进的目的，才足以支持共犯责任。Peoni 案发生后，美国大多数法院遵循了 Peoni 法院的做法。③ 主观说的价值在于基于犯罪故意所要求的对犯罪行为有认识并且其在提供中立帮助行为时表现出积极的促进意思，进而肯定中立帮助行为的可罚性，反之，将对犯罪行为没有认识或者提供帮助行为时没有促进意思的中立帮助行为排除在可罚范围之外。其缺陷在于忽略了符合修正的构成要件的帮助行为

---

　　①　参见蔡惠芳：《P2P 网站经营者之作为帮助犯责任与中性业务行为理论之适用》，《东吴法律学报》2006 年第 2 期。

　　②　陈洪兵：《中立的帮助行为论》，《中外法学》2008 年第 6 期。

　　③　See "Kim Jong Goo. Accomplice Liability through Neutral Behavior in the US Criminal Law", Journal of Criminal Law, 2012, Vol. 2.

从成立帮助犯所要求的行为"外观上"的定型性的角度去判定。①

（2）客观说：客观说立足于行为的构成要件符合性角度论证中立的帮助行为非（犯）罪化的根据，先后产生社会相当性说、职业相当性、客观归责论、利益衡量说等不同观点。①以社会相当性限制中立帮助成为客观不法构成要件该当阶层评价的帮助行为，不具备构成要件符合性而不可罚。Welzel 教授提出的社会相当性理论是指社会认为对于社会整体生活之利益是必要与适当或者正当的。②舍弃以社会相当或者职业上相当原则作为排除构成要件该当性之依据。采用客观归责理论排除中立帮助行为的构成要件符合性，其认为中性或者日常业务行为属于法所容许的行为，只是被其他应自我负责的第三人滥用去从事犯罪行为。② ③雅各布斯教授是以回溯禁止观点来隔绝中性或者日常业务行为与他人犯罪行为的关系。他认为，行为人虽制造了一个可以使他人得以进行犯罪的情况，但如果此行为的意义不需要取决于他人的犯罪行为，本身已有社会意义，则禁止将后来的犯罪行为效力回溯到之前提供服务的行为，而令他为后来行为负责。③ ④将中立帮助行为本身所确保的利益与因为提供"帮助"对他人法益所造成的侵害进行衡量，即通过违法性阻却事由而排除其可罚性。④ 相当性本身就是一个较模糊的概念，客观归责理论本身在什么是法不容许的风险，以及对风险升高的判断上存在分歧。

（3）主观和客观相互结合的判断：根据罗克辛教授的理解，帮助犯要符合"对符合行为构成的结果所作的因果性上的、在法上不容许的风险提高"的要求。在判断是否属于不被法所容许的风险升高时，以主观的认识程度进行区分，针对两种情形得出不同的处理方案。当行为人能清楚认识到正犯的犯罪决定时，只要肯定帮助行为人与正犯之间存在"犯罪意义上的关系"，就能确定可罚性。当帮助行为人只是对正犯的犯罪性举止有怀疑或者估计，那么基于信赖原则——信赖他人不会故意犯罪，而属于不可罚的中立帮助行为，但是，如果行为人暴露了"明显

---

① 张伟：《中立帮助行为探微》，《中国刑事法杂志》2010 年第 5 期。
② 参见曹波：《中立帮助行为刑事可罚性研究》，《国家检察官学院学报》2016 年第 6 期。
③ 蔡惠芳：《P2P 网站经营者之作为帮助犯责任与中性业务行为理论之适用》，《东吴法律学报》2006 年第 2 期。
④ 参见杜文俊、陈洪兵：《论运输行为的中立性》，《河南师范大学学报（哲学社会科学版）》2009 年第 6 期。

的犯罪倾向"，帮助人仍然提供帮助行为的，会受到处罚。即客观上助益于正犯行为的实施甚或使法益侵害加剧，而帮助行为的实施者主观上也明确认识到正犯的存在，并对其帮助行为促进正犯实施持积极的追求或容忍态度。①

限制帮助行为可罚性的主观说、客观说以及折中说的论证较为复杂，并且每一种观点都存在各自的短板，诚如，限制行为可罚性的既有路径不是限制逻辑存在明显瑕疵，就是限制标准过于暧昧、限制结论过于恣意，不具备相应的操作性和可行性，根本无法担负起限定处罚范围的重任。② 事实上，中立帮助行为客观上回归到从对帮助行为与正犯的实行行为、危害结果之间存在的因果联系，主观上有犯罪意义上的关系来对中立帮助行为的可罚性进行限定。

2. 帮助行为正犯化说

对帮助行为正犯化问题的关注在《刑法修正案（九）》颁布实施后一路上升，尤其是与传统犯罪的帮助行为对比，帮助行为与实行行为之间的非同步性逐渐在网络犯罪中展开，"帮助行为呈现出实质上具有实行行为效果的正犯化趋势"③。帮助行为正犯化的前提就是区分制共犯体系的确立，严格区分正犯与共犯的情况下，才存在帮助行为正犯化的空间和余地。按照部分学者的理解，所谓帮助行为的正犯化指的是从共犯中逐渐剥离出一部分帮助行为，这部分帮助行为在共犯中逐渐获得独立性和主导性，具备独立的类型化特征和法益侵害性，刑法对其予以入罪。④ 从域外一些国家的刑法来看，帮助行为正犯化现象并非某一家垄断，而是具有较广泛的分布范围，在分则中规定的犯罪领域主要有：

（1）只存在于法益侵害特别严重的犯罪领域。典型的国家是俄罗斯、意大利、巴西，例如，俄罗斯刑法中只在第 205 条-1 规定了协助实施恐怖主义活动。意大利相关立法体现在资敌罪（第 247 条）、协助结社者（第 270 条-3）、为恐怖主义包括国际恐怖主义目标招募人员（第 270

---

① 张伟：《中立帮助行为探微》，《中国刑事法杂志》2010 年第 5 期。

② 参见曹波：《中立帮助行为刑事可罚性研究》，《国家检察官学院学报》2016 年第 6 期。

③ ［日］西田典之：《日本刑法总论》，刘明祥、王昭武译，中国人民大学出版社 2007 年版，第 277 页。

④ 于冲：《帮助行为正犯化的类型研究与入罪化思路》，《政法论坛》2016 年第 4 期。

条-4）、为恐怖主义包括国际恐怖主义目的进行训练活动（第 270 条-5）、帮助集团成员（第 418 条）。巴西刑法典规定了为走私或者非法交易提供便利罪（第 318 条）。（2）既适用于严重的罪行也适用于其他犯罪领域。日本刑法典的帮助内乱罪（第 79 条）、援助外患罪（第 82 条）、援助脱逃罪（第 100 条）、现场助势（第 206 条）、移送被略取者至所在国外（第 226 条之三）、移交被略取者（第 227 条）。韩国刑法典除了前述列举的几个罪名，还包括湮灭证据罪（第 155 条）、介绍卖淫罪（第 242 条）、医护人员及药商帮助堕胎罪（第 270 条）。（3）仅适用于危害社会管理秩序犯罪。美国模范刑法典规定的卖淫及其相关犯罪（第 252.2 条），第 2 款规定了促成卖淫的 6 种情形，分别构成相应的轻罪和重罪。

　　对比来看，我国刑法分则规定的帮助行为正犯化条文重点集中在危害公共安全犯罪和危害社会管理秩序犯罪领域，其中，对网络犯罪的关注将帮助行为正犯化的讨论推向了炽热化。一方面是基于帮助行为对犯罪的重要性与越发常态化视角的观察，共犯的刑事责任属于相对于正犯的二次责任，那么作为"二次责任"的共犯僭越为"一次责任"的实行正犯，无疑属于刑法保护节点的提前，这种提前旨在通过前置的刑事处罚强化对法益的保护。[①] 原先作为帮助犯或者不作为犯罪处理的帮助行为，一旦确立正犯的地位，就改变了对间接帮助行为或者教唆行为鲜少处罚的现状。正犯化之前的共犯评价体系，在处理间接帮助、未遂帮助等存有诸多限制，而正犯化恰当地消除了处罚上的障碍，当然是处罚扩张的表现。原本距离处罚中心较远的间接教唆、间接帮助，因帮助行为的正犯化跻身于共犯，进而被纳入刑法处罚的范围。在这个意义上说，帮助型正犯不只是为了满足量刑公正的合理诉求，更重要的是扩张刑罚这一真实目的。因此，进而认为帮助行为正犯化确有必要。另一方面是从罪刑均衡维度进行的考量，帮助行为只在共犯语境中存在，以帮助犯的姿态固化于量刑上的减等主义，实则是对成为支撑网络犯罪的关键技术帮助行为在量刑上的不匹配。

　　当然，对此也有反对意见，主要从以下几个方面展开。

　　（1）回归到刑法总论共同犯罪的规定，不同于德日刑法将犯罪参与人进行分工分类的规定，主从犯的类型规定是重点，从而给帮助行为的责任规制留有充足的空间。传统犯罪中，帮助行为的社会危害性

---

① 参见张勇、王杰：《帮助信息网络犯罪活动罪的"从犯主犯化"及共犯责任》，《上海政法学院学报（法治论丛）》2017 年第 1 期。

弱于实行行为的社会危害性时，可以认为是在共同犯罪中起到次要作用，将帮助行为人作为从犯处理，对于从犯，应当从轻、减轻处罚或者免除处罚。在网络环境下，帮助行为的社会危害性常会超过正犯实行行为的社会危害性，帮助行为可以视为在共同犯罪中起到主要作用的主犯，并没有处罚上的必减主义原则，完全可以达到罪责刑的相适应。从这个意义上来看，分则帮助行为正犯化处理规则的必要性着实值得质疑。

（2）从间接帮助行为的视角出发分析，间接帮助行为是指对帮助正犯的人予以帮助的行为。① 间接帮助行为的处罚问题在日本刑法理论一直存在争议，有肯定说与否定说的分歧。坚持否定说的学者认为，刑法之所以欠缺处罚间接从犯的规定，可以理解为不可罚。② 除了欠缺刑法上的规定，帮助行为不是实行行为，所有没有承认帮助的帮助之概念。且间接帮助犯（间接从犯）是指帮助从犯的场合，处罚间接从犯就是处罚危险犯的危险犯，所以并不妥当。③ 由于间接帮助犯和正犯的关系不明确，所以不轻易认定间接帮助犯。否定说的支持者主要是植松正、团藤重光、福田平等。而肯定说认为帮助犯之处罚根据，在于使正犯之实行行为更容易。因而，帮助犯实施的帮助行为既包括了直接帮助，也包括间接帮助，其中直接帮助就是指直接促进正犯实行行为实施之行为。理论上与连锁教唆之可罚性并无不同，只需要帮助者认识到实行行为有事实犯罪之决意，并通过帮助（至少是间接帮助）使得正犯实行行为容易实施，就是帮助正犯。此外，符合修正构成要件的帮助性行为，有共犯存在的可能。因此，在本书看来，否定说是不科学的。木村龟二、平野龙一、大谷实、前田雅英等为肯定论的代表。在判例上认为肯定间接帮助犯的事例，实质上也是对正犯的实行行为提供帮助的情况。肯定说和否定说都有各自的理由，但都不能自圆其说。对于帮助型正犯的其他帮助类型以及再间接帮助犯和教唆犯的帮助而言，采用共犯从属性说立场的理论认为，不仅帮助犯本身欠缺犯罪的定型性，再间接帮助犯与正犯之关系也存有许多不明确之情况，因此，否定再间接帮助成

---

① 刘艳红：《网络犯罪帮助行为正犯化之批判》，《法商研究》2016年第3期。

② ［日］野村稔：《刑法总论》，全理其、何力译，法律出版社2001年版，第430页。

③ ［日］野村稔：《刑法总论》，全理其、何力译，法律出版社2001年版，第430页。

立帮助犯。①

（3）结合互联网犯罪的帮助行为实情，在互联网时代，网络服务的提供者面对不特定的人，促进这些人的犯罪的实行或者在互联网上提供信息等事件在今后仍有可能出现。② 网络服务商为用户提供互联网接入、服务器托管、网络存储等技术支持，本来是互联网时代一种极平常的技术工作，如此严厉的处罚会造成负面的效果。毕竟，网络社会的到来直至其不断升级变迁，加速了人们之间的往来，交往自由在现代性与后现代性的交织中，获得了前所未有的期待，另一重表达就是交往自由、公民权利主导下犯罪化的最小原则。违反社会管理秩序被犯罪化的行为"毫无疑问应当具有伤害性、不义性和具有为社会公众关切的属性，但考虑到定罪的谴责性目的和被告人将面临惩罚的可能性，犯罪化还必须强调最小化原则"③。在 2019 年《信息网络犯罪解释》出台前后，帮信罪的适用呈现出不稳定的状态，前有司法适用混乱的问题，同一审判机关对相同的网络帮助行为作出不同的裁判结果，不同的审判机关基于同种裁判理由却作出不同的判决。后有帮信罪司法适用数量陡然激增，2020 年涉及帮信罪的裁判文书数量甚至达到 2019 年的裁判文书数量 15 倍有余，仅 2021 年 1—10 月的相关裁判文书也已超过 2020 年相应文书的 1 倍有余。毋庸置疑，司法解释对帮信罪的理解适用必然推动该罪司法适用数量的增长，但如此迅猛的增长速度不免引人担忧。④

3. 量刑规则独立的帮助行为说

刑法分则增设了帮助信息网络犯罪活动罪后，对其性质的认定从未中断，共犯正犯化、中立帮助行为、拟制正犯等有力的观点和论证始终处于方兴未艾的状态，其中，量刑规则独立论的提出引起了较多的争论。所谓帮助犯的量刑规则，是指帮助犯没有被提升为正犯，帮助犯依然是帮助犯，只是因为分则条文对其规定了独立的法定刑，而不再适用

---

① 陈子平：《刑法总论（修订版）》，中国人民大学出版社 2008 年版，第 416 页。

② 刘艳红：《网络犯罪帮助行为正犯化之批判》，《法商研究》2016 年第 3 期。

③ See Andrew Ashworth. *Principles of Criminal Law*, Oxford University Press, 2009, pp. 31-34.

④ 魏汉涛、刘强：《帮助信息网络犯罪活动罪司法适用匡正——由 75 份二审判决书切入》，《武汉科技大学学报（社会科学版）》2023 年第 1 期。

刑法总则关于帮助犯(从犯)的处罚规定的情形。① 适用不同于总则帮助犯的处理规则,却又属于帮助犯的理由在于,为他人利用信息网络实施犯罪提供互联网接入、服务器托管、网络存储、通讯传输等技术支持,或者提供广告推广、支付结算等帮助行为,需要以信息网络犯罪活动罪的正犯实施符合构成要件的不法行为为基础。此外,量刑规则的独立体现了技术性帮助行为对正犯实施犯罪的重要性,以及危害性的提升,排除了总则帮助犯适用规则上的必减主义。

对量刑规则独立帮助行为说的反对理由主要基于以下几个方面:(1)从刑法总则与刑法分则的关系进行反驳,将其解释为独立于刑法总论的帮助犯量刑规则,会导致刑法总则共犯理论的虚置,刑法总则的指导性原理被分则架空,进而失去了指导意义。(2)从竞合关系的处理结论上提出质疑,在帮助信息网络犯罪活动罪规定与诈骗罪帮助犯之间存在竞合关系的情形下,如邓勇、何昆、彭明威为电信诈骗提供系列技术性帮助案件中,② 法院认为被告人邓勇、何昆、彭明威的行为,既符合帮助信息网络犯罪活动罪的构成要件,又符合诈骗罪帮助犯的构成要件,属于想象竞合关系,从一重罪处罚,以诈骗罪处理,激活了《刑法》第287条之二第3款即"同时构成其他罪"的条文适用。帮助信息网络犯罪活动罪作为量刑独立帮助行为并没有适用上的优先性。

三、帮助型正犯的阐释方案

数字金融犯罪参与中的帮助行为,特别是技术帮助行为在链条化犯罪原理中充当了举足轻重的角色,发挥了不可替代的作用。因此,帮助行为除了帮助犯的解释路径,更应该有正犯的阐释方案,即帮助型正犯,它是大量存在于刑法分则中的一类特殊犯罪,其实行行为具有"帮助之性质",③ 突出反映了刑法对社会问题的积极回应以及刑法社会功能的进一步强化,只因"认同法律是适应社会需要的产物的观念"。从其理论价值与立法意义的产出来看,一方面旨在对该问题进行理论探讨时,破除在共犯和正犯之间形成的摇摆不定的尴尬局面;另一方面也有助于指导司法实践对定罪量刑的明确性要求,更为便利相关未遂形态、

① 张明楷:《论帮助信息网络犯罪活动罪》,《政治与法律》2016年第2期。
② 薛铁成:《帮助信息网络犯罪活动罪规定与诈骗罪帮助犯规定的竞合争议与解决》,《河北法学》2023年第11期。
③ 陆敏:《论帮助型正犯的合理界限》,《江西社会科学》2019年第8期。

共犯形态的认定。① 帮助型正犯与共犯正犯化不能等同，二者的关系略微复杂，主要通过三个要点进行区分：第一，从形式上看，帮助型正犯体现的是结果，共犯正犯化呈现的是一个过程，过程与结果之间有密切的关联，但是不能完全认为帮助型正犯就是共犯正犯化的结果，因为共犯正犯化只能输出部分帮助型正犯。第二，共犯正犯化顾名思义，一定是以帮助行为能成立共犯为前提，因此，共犯正犯化的帮助行为只能是可以被共犯评价的帮助行为。而帮助型正犯就是实施帮助性实行行为之人，帮助性实行行为的来源主要有两种，即原本纳入共犯评价的帮助行为与非共犯帮助行为。第三，共犯正犯化与帮助型正犯的生成路径不完全一致，根据组成其实行行为的来源及其运行机制，存在将非共犯帮助性行为入罪化和帮助行为正犯化分别看作帮助型正犯的两条生成路径。

入罪化和正犯化指向的对象是不同的，正犯化针对的是原本是共犯的帮助行为，因分则规定成为正犯的实行行为，以此生成正犯，称为帮助行为正犯化。而入罪化的"帮助性行为"没有经立法的规定就不是犯罪行为，也不能被评价为共犯的帮助行为，故为非共犯帮助性行为的入罪化。因此，非共犯帮助性行为入罪化和帮助行为正犯化是根据是否有分则规定的法律后果来划分。二者至少在以下几个方面表现出不同：其一，分则规定之前的法律效果不同。前者没有被刑法分则规定时，不构成犯罪。后者没有被刑法规定为独立犯罪之前，应当作共犯处理。其二，入罪化的帮助型正犯之法理基础是形式客观说，而正犯化的帮助型正犯在形式客观说的基础上，以实质客观论的重要作用说作更强的说理。其三，立法的内在动因和真实意图。非共犯帮助性行为入罪化扩充了犯罪体系，出于犯罪预防的需要或者社会防卫的呼求，把不能被共犯评价，却又对法益有侵害的"帮助性行为"规定为犯罪客观构成要件的行为，在分则中增设罪名。而帮助行为正犯化的重心一方面是为了追求量刑上的公正，另一方面也具有将处罚提早化和扩大化的真实目的。未遂的帮助、间接帮助等行为的处罚在共犯评价体系中无法获得正当性，但从正犯视角来看，处罚它的预备、未遂和共犯形态是我国刑法总则的原则性规定。这也符合"世界各国不断推进刑罚处罚的早期化……处罚

---

① 童德华、陆敏：《帮助型正犯的立法实践及其合理性检视》，《湖南师范大学社会科学学报》2018 年第 1 期。

对预备及未遂的教唆、帮助成为重要的立法方向"。①

受限制从属性的制约,共犯的认定是以正犯主行为作为决定的基准。即共犯之所以为共犯,乃因其是具有特定条件的行为,依附于实行构成要件的正犯主行为之上。倘若欠缺此种依附关系,即使对正犯实施构成要件的行为有加功作用,仍旧无法将其认定为共犯。故而,非共犯帮助性行为因共犯从属性这一"桎梏"(依附关系),被拒斥于共犯评价体系之外。又因其社会危害性达到了刑罚处罚的程度,只能通过入罪化的立法方式,固定于分则规范之中。而将原本属于共犯的帮助行为直接规定为正犯的实行行为,不是在共犯认定上倒向独立性的立场,恰恰是从属性的反向证明。帮助行为正犯化在一定意义上,克服了参与人主从作用分类法不重视行为定性的弊端。最后,帮助型正犯的立法分布在一定程度上表明了对社会防御系统的刑法强化,这实际上迎合了刑法实质化所追求的实质公正、社会福利之应然逻辑。具体看来,正犯性论证在形式客观说立场上融合实质客观理论的做法,以及从构成要件到罪责的实质化外露,都表现出与刑法实质化发展的暗合。

由帮助型正犯的二元生成路径产生了入罪化的帮助型正犯和正犯化的帮助型正犯两种表现形式,称为帮助型正犯的二元组成结构。结构二元组成决定了二者的正犯性原理将有所差别,也就是正犯性的区分论证。入罪化的帮助型正犯采用形式客观说的标准,而正犯化的帮助型正犯以外观到内在的方法对正犯性进行说明,单从具体实施刑法分则基本构成要件行为的犯罪人来看,与入罪化的帮助型正犯同是客观形式的判断。然而,碍于正犯化的帮助型正犯的特殊性,又不得不在此基础上求之于更为充分的理由,对其正犯性予以补强。考量我国对犯罪参与人的主从作用划分,实质客观论的"重要作用说"是最为适当且易于被接受的理论,也就是以形式客观说为基础,辅以"重要作用说"的补强。

帮助型正犯最主要的来源是入罪化的帮助型正犯,而正犯化的帮助型正犯只是少数,或者说非共犯帮助性行为入罪化是帮助型正犯的常态,帮助行为正犯化是例外。在理论上提出非共犯帮助性行为入罪化作为正犯形成的过程可以被理解:通常被我们熟知的非共犯帮助性行为有片面帮助以及因正犯案件的无法查明,导致无法追究帮助行为可罚性的

---

① 姜敏:《法益保护前置:刑法对食品安全保护的路径选择——以帮助行为正犯化为研究视角》,《北京师范大学学报(社会科学版)》2013 年第 5 期。

情形。在某些国家刑法中，承认片面帮助和片面教唆的共犯地位，如"处于边缘"的协助犯罪，不必与实行行为人有共同的意图，也能成立共犯。① 曾有论者提出"将片面帮助规定为分则的独立犯罪的主张"。② 然而，将帮助行为正犯化作为实现帮助型正犯的过程，显然会遭到诘难和质疑。

帮助型正犯以承认区分制共犯体系为前提，而区分制共犯体系以限制正犯概念为基础，可以说"限制正犯概念架构了整个正犯与共犯的二元参与体系"。③ 然而，限制正犯概念只提供了判断正犯的构成要件视角，并不能说明正犯性的理论基础问题。限制正犯概念对亲自实施构成要件实行行为的要求，在区分正犯与共犯的理论中被加以修正。理论上先后主要经历了主观说到客观说、行为事实支配说的变迁，确切地说，客观说中的重要作用说是日本的通说，而行为事实支配论是在当今德国正犯论上占有通说地位的观点。主观说分为意思说和利益说，以实现自己的犯罪意思或者为了自己的利益实施犯罪，就是正犯。客观说有形式和实质之分，形式客观说认为实施了犯罪构成要件实行行为的人是正犯，与占据通说地位的限制正犯概念存在逻辑上的一致性，因此，形式客观说一度成为理论上非常重要的学说。然而，被实质客观说修正并非理论的偶然，而是源于形式客观说的理论缺陷，即严格遵循构成要件观念的形式客观说无法有效地解决间接正犯、共谋共同正犯等的正犯性和处罚问题。④ 从形式到实质的正犯理论变迁，越发走向实质化，因此，"最终形成当今正犯理论主流学说即客观实质的正犯论"⑤。需要注意的是，对于识别正犯的理论，学者们并未达成共识和一致，有些学者认为是主观说、形式客观说、实质客观说，另有学者概括为主观说、客观说、犯罪事实支配论。相比较而言，后者的观点更为合理。形式客观说和实质客观说均属于客观说，实质客观说存在"必要性说""同时性说""优势说"的分野，"重要作用说"就是实质客观说的观点之一。而犯罪事实支配说被认为是综合了主客观理论的学说，与实质客观说存有本质

---

① See Van Der Wilt. H, "Joint Criminal Enterprise: Possibilities and Limitations", Journal of International Criminal Justice, 2007, Vol. 1.

② 夏勇、罗立新：《论非共犯的帮助犯》，《法学杂志》2000 年第 3 期。

③ 蔡圣伟：《论间接正犯概念内涵的演变》，《东吴法律学报》2008 年第 3 期。

④ 参见瞿俊森：《正犯与正犯体系研究》，《刑事法评论》2013 年第 1 期。

⑤ 刘艳红：《论正犯理论的客观实质化》，《中国法学》2011 年第 4 期。

的区别。

帮助型正犯结构的二元组成决定其正犯性论证的区分观点，入罪化的帮助型正犯采用了形式客观说的原理。而正犯化的帮助型正犯以正犯自居的理由，并不仅仅是因为分则直接规定了构成要件客观方面的行为，更应该被强调的是在原共犯中所实施的帮助行为起到至关重要的作用，才考虑以分则将其直接规定为构成要件的实行行为。以此认为支撑正犯化的帮助型正犯之理论基础是形式客观说，借以实质客观论的重要作用说来补强的立场。帮助型正犯的正犯性原理并非单一的形式客观说或者实质客观说，毋宁是形式客观说与实质客观说的相互结合。相对其他的正犯类型而言，帮助型正犯的正犯性具有非单一性且复杂的特点。

其一，入罪化的帮助型正犯坚持的是形式客观说的立场，这意味着必须把实行行为必要说作为首要的执行准则，因为构成要件的观念是罪刑法定原则最有力的维护。在对实施构成要件行为的正犯判断出现僵硬时，即无法对间接正犯、正犯背后的正犯、犯罪的幕后者的法益侵害行为进行归责时，才考虑另辟蹊径从实质方面寻找正犯成立的依据。形式客观说就是以实行行为为必要，也从此处看出正犯与实行犯之间并非一一对应的关系，实施构成要件的行为是实行犯，也是纯正正犯，但不是正犯的全部。这就消除了长期以来，正犯等同于实行犯的理论误读。在一定程度上，正犯与实行行为之间的关系可以说是"为什么"和"怎么样"的关系，即帮助行为者为什么承担正犯的责任和怎样认定帮助型正犯。更彻底地说，帮助型正犯的"正犯性"旨在解决帮助行为的实施者承担正犯责任的正当理由，而对帮助型正犯的实行行为进行探讨是为了明确成立范围，以便在司法实践过程中更好地判断其实行行为的类型，从而防止处罚不当罚的行为。它们是一个问题的两个方面，二者之间存在先后的逻辑关系。因而，首先需要确定其正犯的地位，才能进一步探讨实行行为的问题。

非共犯帮助性行为入罪化实质上就是分则规定实施了"帮助性质"的实行行为，采用的是形式判断的立场。因为形式的实行行为从构成要件的角度来认识和界定实行行为，就是指分则中具体犯罪构成客观方面的行为。① 而实质的实行行为以法益侵害的危险性来认识实行行为，就

---

① 参见[日]奥村正雄：《论实行行为的概念》，王昭武译，《法律科学（西北政法大学学报）》2013 年第 2 期。

是"把包含着实现犯罪的现实危险性的行为解释为实行行为"。① 实质实行行为的法益侵害的危险性只能作为形式实行行为出罪的进一步判断，而不能独立存在。也就是说，实行行为的判断首先是形式的，实质上的探讨只有在构成要件的行为不具有法益侵害危险性而排除出犯罪的层面才有价值。如果不以形式实行行为为基础，独立进行实质实行行为的判断将会破坏刑法的罪刑法定，因为对法益侵害危险的判断存在诸多主观性、不确定性和肆意性。因此，非共犯帮助行为入罪化的正犯性论证所依托的实行行为，实则是形式实行行为论为主兼顾出罪意义上的实质实行行为说，表现的是层层递推的关系。

其二，正犯化的帮助型正犯之正犯性论证是以形式客观说为基础，结合实质客观论的重要作用说作更强的说理。首先，实质客观说是为了弥补形式客观说的缺陷而产生的。其基本观点是，形式客观说最大的特点在于强调构成要件的定型性，但是与此同时又主张扩张构成要件，或者从整体上把握构成要件的符合性，显然自相矛盾。实质客观说强调，应当用实质的观点考察正犯与共犯的区别，但是对于如何"实质"化，并没有达成共识。其主要有以下几种不同的观点：（1）原因条件区别说，该说认为，在引起犯罪结果发生的诸条件中，有重大价值的条件为原因，价值轻微的条件为单纯条件者。对于结果之发生有共同原因的关系则为共同正犯，仅为犯罪结果发生的单纯条件者，为从犯。（2）重大影响说，该说认为，对犯罪的完成有重大影响者是正犯，仅有轻微影响者，是从犯。② （3）优势说，该说认为共同正犯与共犯的最大区别为正犯对犯罪事实具有优势关系，而共犯所加功的犯罪事实仅为附随部分。③ （4）危险性程度说，该说认为，正犯与教唆犯或者帮助犯相比具有较多的优先性，故应当以行为在客观上的危险程度作为区分正犯与共犯的标准。④ （5）必要性说，该说认为凡是对于犯罪构成事实具有不可或缺的参与者，即是正犯，其余皆为共犯。（6）同时说，该说认为，在犯罪行为时参与的人均为共同正犯，而在犯罪前后参与的人为帮助犯。（7）重要作用说，该说认为对犯罪实现起了重要作用者是正犯，只起了

---

① ［日］大谷实：《刑法讲义总论》，黎宏译，中国人民大学出版社 2008 年版，第 125 页。

② 参见马克昌：《犯罪通论》，武汉大学出版社 1999 年版，第 126~143 页。

③ 参见张明楷：《外国刑法纲要》，法律出版社 2020 年版，第 262 页。

④ 参见林山田：《刑法通论：下册》，北京大学出版社 2012 年版，第 9 页。

从属性作用的是从犯。而判断是否起重要作用，则需要以共同者内部的地位，对实行行为加功的有无、程度为标准。这是日本的通说，平野龙一、西原春夫、大谷实等均支持这种观点。①

重要作用说与根据作用的主从分类最为接近，但是，以重要作用说的实质判断拟在于弥补形式客观说的漏洞和缺陷，其可以将在犯罪中发挥了重要作用的非实行行为者认定为正犯，追求其相应的刑事责任。而主从作用分类法，虽可以直接将在共犯中发挥重要作用的帮助行为人作为主犯处理，以期化解量刑上的不正义，却阻截了处罚时点提早化和处罚扩大化的发挥。而且重要作用说不光注意到了行为人在犯罪中的作用，更看重的是其行为的功能和意义，这一点正是我国共犯作用分类法所欠缺的。因此，在实质客观说的主张里，以"重要作用说"强化对正犯化的帮助型正犯的论证是最合适的。在原共同犯罪中，行为人实施的帮助行为对犯罪起到至关重要的作用，以至于仍旧适用共犯的处罚，其结果一面丧失了量刑之正义性，更要紧的一面是消除了原本在共犯中处罚未遂帮助、间接帮助等的障碍，提前处罚时点和扩大处罚范围。

综上，帮助型正犯的正犯性原理与其实现路径一样，均采取了一分为二的观察视角，各自在其正犯性理论的轨迹下实现正犯原理、正犯类型的逻辑自洽。然而，它们并不是完全独立运行的两条平行线，而是最终在帮助型正犯中得以统一，所谓的统一实则就是折中的观点和理念。统一并非二者的混同，总是存在孰主孰次、孰先孰后的考量。

---

① 参见陈家林：《试论正犯的两个问题》，《现代法学》2005 年第 2 期。

第八章　数字金融中的罪数理论

第一节　数字金融犯罪中罪数概述

罪数，简单讲，就是犯罪的个数。区分一罪和数罪，是刑法理论和司法实践经常谈论的问题。罪数的字面含义并非针对既定的数个犯罪事实或现状而言，而是依照有关法律规定或基本法理，对行为所触犯的犯罪的"个数"的系统清点和梳理。犯罪行为如果触犯单一罪名的，是一罪；如果触犯数个罪名的，则可称之为数罪。[①] 正确区分罪数，有利于正确追究行为人的刑事责任。因为法律对每一种犯罪都规定了独立的刑事责任。行为人犯一罪的，只承担一罪的刑事责任；行为人犯数罪的，则需要承担数罪的刑事责任，犯一罪与犯数罪的刑事责任完全不同。一般而言，犯数罪的刑事责任要重于犯一罪的刑事责任。如果行为人犯了数罪，按一罪处理，就可能轻纵犯罪，导致罪刑失衡；同样，如果行为人犯了一罪，按数罪处理，则会导致重判，出现一罪多罚。数字金融犯罪的基础是传统金融犯罪。尽管数字金融犯罪和传统金融犯罪的行为方式、行为手段、行为媒介都有很大差异，但是，根据金融工具数字化、虚拟化的形成路径，其最终还是可以还原为现实的对应物。根据还原理论，数字金融犯罪的行为、行为媒介的功能、行为手段的作用在规范意义上并没有逾越刑法规范的保护范围。数字金融犯罪的定性与其说是一个基本行为的犯罪构成问题，而不如说是一个因罪数所引起的修正犯罪

---

① 参见马克昌主编：《犯罪通论》，武汉大学出版社 1999 年版，第 608 页。

构成问题。①

根据我国学说一般观点，罪数的类型分为一罪与数罪。一罪指一个犯罪，数罪指数个犯罪。一罪在理论上可以分为如下种类：(1)单纯一罪，即行为人出于一个犯意，实施一个简单行为，侵害一个客体。这种犯罪形态不需要进行深入分析，很容易区别它属于一罪，所以在理论上也很少进行探讨。(2)实质一罪，即行为人实施一个犯罪行为，符合数个犯罪构成，似乎构成数罪，但由于仅仅只有一个犯罪行为，所以在实质上是一罪。它包括继续犯、想象竞合犯和结果加重犯。(3)法定一罪，即行为人实施了数个犯罪行为，但是根据法律明文规定，数个犯罪符合一个犯罪构成。它包括结合犯和集合犯。(4)处断一罪，即行为人实施了数个犯罪行为，但是在司法实践中，虽然没有法律的明文规定，但也作为一罪处理的情况。它包括连续犯、牵连犯和吸收犯。需要指出的是，处断的一罪的法理基础是值得思考的。在数字金融犯罪中，并非所有的罪数形态都值得研究，但是牵连犯、结果加重犯、想象竞合犯和集合犯等罪数类型涉及的问题则较为复杂，值得研究。

一、数字金融犯罪中的牵连犯现象

(一)牵连犯概述

牵连犯，是指以实施某一犯罪为目的，其犯罪的方法行为或者结果行为又触犯了其他罪名的犯罪形态。如为了诈骗而伪造公文、证件、印章，该诈骗的目的行为构成诈骗罪，其方法行为又构成了伪造公文、证件、印章罪，是牵连犯。牵连犯应具备如下构成要件。

其一，牵连犯以实施一个犯罪为目的。在为实现这一犯罪目的而实施的犯罪过程中，其采取的方法行为或结果行为又触犯了其他罪名，构成另一独立的犯罪。前种犯罪称为本罪，后种犯罪称为他罪，他罪围绕本罪而施行，即行为人实施他罪是为了达到实施本罪的目的。

其二，行为人必须实施两个以上独立的犯罪行为。即行为人实施了两个以上的行为，如果只实施一个行为，谈不上构成牵连犯的问题；且

---

① 虽然在理论上有不同看法，但不可否定的是，我国刑法学界接受未完成形态犯罪与共同犯罪是修正犯罪构成的观点。笔者认为，罪数形态在某种意义上也可以认为是一种修正的犯罪构成。参见童德华：《规范刑法原理》，中国人民公安大学出版社2005年版。

行为人实施的两个以上的行为本身都符合犯罪构成要件，均可单独构成犯罪。因此，当其中一个行为构成犯罪，另外的行为不单独构成犯罪时，不存在构成牵连犯的问题，例如盗窃后又窝藏所盗窃的赃物，自己窝藏的行为，看上去是结果行为，但根据我国刑法，盗窃后自己窝赃，是盗窃后的不法状态，不独立成罪，因此，不存在牵连犯的问题。两个以上的行为必须属于不同的构成要件。如果数行为属于同一构成要件，也不是牵连犯。例如，以故意伤害他人的方法行为而夺取他人财物的，其致人伤害和夺取财物的这两种行为是抢劫罪犯罪构成中所包含的行为要件，因而只是一个抢劫行为，不存在牵连犯的问题。

其三，行为人所实施的数个行为之间必须有牵连关系。所谓牵连关系，是指行为人实施的数行为之间具有手段与目的或者原因与结果的关系。

其四，数个犯罪行为必须触犯不同的罪名。即数个行为分别具备不同性质的犯罪构成要件，如果数行为中只有一个行为符合犯罪构成，其他行为不符合犯罪构成，则谈不上牵连犯问题。其中存在两种情况：一是手段行为与目的行为分别触犯不同罪名，即行为人实施了一个犯罪行为(目的行为)构成犯罪，而在为顺利实施该行为之前，行为人实施了方法行为，且方法行为也构成另外一个不同性质的罪名，如行为人盗窃枪支并用于杀人的，杀人作为目的构成杀人罪，其盗窃枪支行为属于杀人行为的方法行为，构成了盗窃枪支罪。二是原因行为与结果行为分别触犯不同罪名。即行为人实施了一个犯罪行为之后，由犯罪所带来了另外一个行为，该行为也触犯了另外一个罪名。如行为人本来是为了盗窃财物，结果发现盗窃的是手枪，于是将手枪私藏起来。此时，私藏行为是盗窃行为的结果行为，盗窃行为本身构成盗窃罪，而后一种行为另外构成非法私藏枪支罪。

(二)数字金融犯罪中本罪和他罪具有牵连关系的情形

数字金融犯罪中本罪和他罪存在牵连关系的情况较多。在数字金融犯罪中，行为人的行为是以取得或者不法占有他人或者银行的资金(含钱财)为目的，这些行为一般可认定为本罪行为。但由于金融监管的存在，导致行为人不得不为该目的行为实施一些预备行为，一旦预备行为本身可以独立构成犯罪，就可能形成手段行为与目的行为的牵连关系。可以成立犯罪的手段行为包括可能成立的犯罪，表现在行为人为了实现获得资金的目的，可能提交虚假的证明文件，违规设立公司，特别是设立从事金融活动的公司。这些方式都可能触犯刑法规定构成犯罪；其次，行为人开展活动、募集资金的过程中，通常都存在逃避金融监管的情况，所以可能构成集资类犯罪。原因行为和结果行为的牵连关系表现为，行为人通过犯罪方式募集到资金之后，需要自己转移或者请他人帮自己转移资金，转移资金行为本身也可能涉嫌洗钱、掩饰隐瞒犯罪所得、犯罪所得收益罪。

1. 数字金融犯罪中本罪的一般罪名

数字金融犯罪的本罪一般是获得或者非法占有金融资金的行为所触犯的犯罪，他们主要是基于目的行为或者原因行为而成立的犯罪。这些罪包括高利转贷罪，非法吸收公众存款罪，诈骗罪及各类金融诈骗罪，盗窃罪，侵占罪，骗取贷款、票据承兑、金融票证罪，开设赌场罪，操纵证券、期货市场罪，吸收客户资金不入账罪等。

2. 数字金融犯罪牵连行为方式

数字金融犯罪的他罪包括由手段行为构成的犯罪和由结果行为构成的犯罪。

由结果行为构成的犯罪主要有洗钱罪，掩饰、隐瞒犯罪所得、犯罪所得收益罪，资助危害国家安全犯罪活动、帮助恐怖活动罪等，这些犯罪的特点表现为对通过犯罪行为所取得的资金进行转移、兑换或者漂白性处理。此外，在特殊情况下还包括帮助信息网络犯罪活动罪，例如在非法吸收公众存款过程中，作为犯罪成员的行为人积极为主犯的犯罪提供互联网接入、服务器托管、网络存储、通讯传输等技术支持，或者提供广告推广、支付结算等帮助，情节严重的情况。

由手段行为构成的犯罪很多，其主要是通过违规方式为行为人取得或者占有金融资金做准备活动或者提供便利条件。这些犯罪主要有欺诈发行股票、债券罪，违规披露、不披露重要信息罪，隐匿、故意销毁会计凭证、会计账簿、财务会计报告罪，虚假破产罪，妨害清算罪，非法经营同类营业罪，为亲友非法牟利罪，背信损害上市公司利益罪，擅自设立金融机构罪，伪造、变造金融票证罪，妨害信用卡管理罪，窃取、收买、非法提供信用卡信息资料罪，伪造、变造国家有价证券罪，伪造、变造股票、公司、企业债券罪，擅自发行股票、公司、企业债券罪，内幕交易、泄露内幕信息罪，利用未公开信息交易罪，编造并传播影响证券、期货交易虚假信息罪，诱骗投资者买卖证券、期货合约罪，背信运用受托财产罪，违法运用资金罪，违法发放贷款罪，违规出具金融票证罪、对违法票据承兑、付款、保证罪，组织、领导传销活动罪，非法经营罪，强迫交易罪，伪造、倒卖伪造的有价票证罪，提供虚假证明文件罪，提供证明文件重大失实罪、侵犯公民个人信息罪、非法侵入计算机信息系统罪、使用虚假身份证件罪，盗用身份证件罪，非法获取计算机信息系统数据、非法控制计算机信息系统罪，提供侵入、非法控制计算机信息系统程序、工具罪，破坏计算机信息系统罪，拒不履行信息网络安全管理义务罪，非法利用信息网络罪。例如，2021年最高人民法院、最高人民检察院、公安部《关于办理电信网络诈骗等刑事案件适用法律若干问题的意见（二）》第6条规定："在网上注册办理手机卡、信用卡、银行账户、非银行支付账户时，为通过网上认证，使用他人身份证件信息并替换他人身份证件相片，属于伪造身份证件行为，符合刑法第二百八十条第三款规定的，以伪造身份证件罪追究刑事责任。使用伪造、变造的身份证件或者盗用他人身份证件办理手机卡、信用卡、银行账户、非银行支付账户，符合刑法第二百八十条之一第一款规定的，以使用虚假身份证件、盗用身份证件罪追究刑事责任。实施上述两款行为，同时构成其他犯罪的，依照处罚较重的规定定罪处罚。法律和司法解释另有规定的除外。"

（三）数字金融犯罪牵连关系的案例分析

数字金融犯罪与传统金融犯罪在表现形式上存在明显的区别，这种差异表现为行为对象增多，如对象从一对一变成一对多，行为手段也具有虚拟化、链条化的特点。链条化本身可能导致具有独立社会评价意义的行为数量增加，这些行为还可能与行为对象进一步结合，导致犯罪数量的变化。例如在话术诈骗中，行为人通常会雇佣若干人员，每个被雇佣的人员并不一定清楚自己参与了什么性质的行为，他们只是照本宣科地按照雇佣者的安排进行工作。

案例：2018年以来，甲伙同乙、丙、丁以非法占有为目的，商量后共同出资租赁某市一大厦工作室，由甲负责租赁工作室，A公司、B公司等按照事先制作的一套诈骗销售运营方案，以诱骗被害人投资期货的名义实施网络电信诈骗，骗取他人财物。该诈骗集团的诈骗销售运营方案是：首先是设立平台，犯罪集团将购买的用于诈骗的工作微信号，统一提前设定为"A公司""C公司"等名称放到虚假交易平台上作为付款充值码让被害人投资，或者直接用于添加被害人微信号引诱被害人投资；其次是伪造身份并开展话术培训准备，招募员工，并统一提前设定为身份均为年轻白富美的女性，并将这些工作微信号在虚假的"A公司"

"B公司"上注册成客户，操纵后台随意添加投资及盈利数额，再将这些微信号通过网络软件添加男性微信好友，后每个员工分配三至七个这种工作微信号，由各组组长(经理)等人负责对业务员进行"话术"培训。再次是展开话术活动培训。

第一步，业务员无论男女都已设定好女性身份，和工作微信号上的男性好友聊感情，搞暧昧，让业务员定期下载网上美女的生活照等进行更新维护，骗取被害人信任。

第二步，在取得被害人的信任后，就会以工作微信号的虚假女性身份给被害人发在虚假的"A公司""B公司"平台上投资期货赚钱的截图，以高盈利为诱饵，引诱被害人投资。

第三步，如被害人愿意投资，就由业务员将被害人拉进该犯罪集团创建的群主为丁的"商品交流学习指导群9"和群主为丙的"商品交流学习指导群12"两个微信诈骗群，由丁、丙冒充期货讲师，在群里发一些他们从网上下载的"恒生"指数、比特币等为名义的对期货的讲解及交易走势图。让被害人以为他们的"A公司""B公司"平台是真实、专业的。

第四步，该犯罪集团成员包括所有的业务员都利用自己的工作微信号在群里当托起哄，称"老师"讲的产品能挣钱，他们按"老师"讲的跟着买就挣钱了，并把该犯罪集团操纵后台随意添加的投资后高盈利的截图发到群里，引诱被害人投资，或者直接让被害人加组长(讲师)的微信，讲师丁、丙和业务员共同引诱被害人投资。

第五步，被害人上当后，他们就会给被害人提供他们诈骗用的"A公司""B公司"的微信公众号，或者让被害人下载他们的App，关注之后被害人用手机号加名字在此两个虚假平台上注册登录，被害人登录之后通过平台内充值中心公布的付款码扫码充值投资，被害人充值的钱都直接转入诈骗分子的私人账户，即绑定甲、乙、丙、丁、汪某五人私人银行卡的微信二维码里，微信昵称对应的有"A公司""C公司"等，而非正规的第三方存款的银行交易账户。

第六步，当被害人充值后，甲等人此时就操控后台给被害人的账号上充值与被害人实际投资支付人民币相同的数字。被害人充值后，丁、丙就以讲师身份假装看大盘走势分析行情，诱使被害人在"A公司""B公司"虚假交易平台内跟单买涨买跌，同时甲根据被害人购买及输赢情况操纵后台数据，实时变更被害人账户上的金钱数额，直至将被害人平台账户上的钱输光，进而实行诈骗。该犯罪集团每名业务员每月除

3000元基本工资，还按照自己发展的被害人客户被诈骗数额的10%拿取提成，其余诈骗款项被甲等统一掌控分配。①

在上述犯罪中，可以看出，话术诈骗其实就是将一个人实施的诈骗，以公司化的流水线方式分解为若干任务，由若干人分别实施，合力完成。这个过程与共同犯罪有关，但是，不同阶段实施的行为又可能分别构成其他犯罪，因此形成手段行为与目的行为、原因行为和结果行为之间的牵连关系。

二、数字金融犯罪中的想象竞合犯现象

(一) 想象竞合犯概述

想象竞合犯，又称观念的竞合、想象的数罪，是指行为人实施一个犯罪行为而触犯两个以上罪名的犯罪形态。想象竞合犯必须同时具备如下条件。

其一，行为人只实施了一个犯罪行为。这是想象竞合犯的前提条件，也是我们将想象竞合犯视为实质的一罪的重要根据。一个行为，是指在社会观念上被评价为一个的行为，而不是自然意义上的一个行为。该行为的要素，既可以是行为本身，也可以包括行为的其他要素，如行为的对象、行为的结果等。行为通常是以作为的形式表现出来的，但也可以通过不作为的形式表现出来。行为中的主观意思可以是一个单一的意思，也可以包含混合的意思，既可以是单纯的故意或者过失，也可以同时包含故意和过失。如行为人放火烧毁他人住房以达到杀害他人目的，其中就包含了杀人的故意和纵火的故意；再如行为人不小心使他人房间着火，使大部分财产被烧毁，并使一个在家的病人被烧死，其中包含致人死亡的过失和放火的过失；还如行为人只想烧毁他人家产，结果不仅烧毁他人家产，还不小心导致他人被烧死，其中包含纵火的故意和致人死亡的过失。

其二，一个行为触犯了数个罪名。想象竞合犯只能是一个行为触犯了数个罪名，如果一个行为只触犯了一个罪名，那可能是单纯的一罪；如果是数个行为触犯数个罪名，那么在实质上是数罪，而不是一罪。所谓一个行为触犯数个罪名，就是行为人实施了一个行为，这一个行为与

① 河南省驻马店市中级人民法院刑事判决书：(2020)豫17刑终111号。

不同的犯罪结果、主观要素等要件相结合，分别符合数个罪名。即该行为在形式上符合数个罪名的具体犯罪构成。至于数个罪名是同种类的数个罪名还是异种类的数个罪名，在理论上存在争议。问题的焦点是同种类的数个罪名是否也作为想象竞合犯处理。如开一枪打死一人、重伤一人，分别构成故意杀人罪和故意伤害罪，属于异种类的数个罪名，此时应该根据想象竞合犯处理；但是当行为人开一枪打死两人时，是否有必要作为想象竞合犯处理呢？通说认为，以只承认异种类的想象竞合犯为宜。原因在于，同种类的想象竞合犯在确定行为的罪名上没有疑问，将它作为想象竞合犯没有什么实际意义，在实践中，对于一个行为触犯同种类的数个罪名的情形，例如行为人杀害一家三口的，只是作为一罪从重处罚。

（二）数字金融犯罪中想象竞合犯的情形

1. 窃取、收买、非法提供信用卡信息资料罪和侵犯公民个人信息罪

根据刑法规定，窃取、收买、非法提供信用卡信息资料罪是指窃取、收买或者非法提供他人信用卡信息资料的行为。侵犯公民个人信息罪是指违反国家有关规定，向他人出售或者提供公民个人信息，情节严重的行为。

首先，两罪都有提供信息的行为方式，因此提供信用卡信息资料和提供公民个人信息就具有竞合关系。

其次，公民个人信息与信用卡信息资料之间存在竞合关系，所谓"公民个人信息"，是指以电子或者其他方式记录的能够单独或者与其他信息结合识别特定自然人身份或者反映特定自然人活动情况的各种信息，包括姓名、身份证件号码、通信联系方式、住址、账号密码、财产状况、行踪轨迹等。根据《中国人民银行关于规范银行卡业务有关事项的通知》规定，姓名、身份、证件号码、账号密码、财产状况无疑是信用卡信息资料的重要内容。

例如，金融机构工作人员甲违反规定，向从事高利贷的公司提供他人信用卡内的联系电话号码、家庭财产状况信息多达上千人次，一方面，甲的行为符合窃取、收买、非法提供信用卡信息资料罪的犯罪构成，另一方面也符合侵犯公民个人信息罪的犯罪构成。

2. 擅自发行股票、公司、企业债券罪和欺诈发行股票、债券罪。

如 A 公司未经主管部门批准，编造重大虚假内容，发行企业债券。

募集资金 2000 万元用于投资，但因经营不善，A 公司欠下 1500 余万元巨额债务无法归还。

根据刑法规定，擅自发行股票、公司、企业债券罪的客观构成要件如下：第一，未经有关主管部门批准；第二，擅自发行股票或者公司、企业债券；第三，数额巨大、后果严重或者有其他严重情节的。A 公司发行企业债券的行为符合该罪的客观构成要件，一是未经国家有关主管部门批准；二是属于擅自发行股票或者公司、企业债券；三是行为获得资金数额巨大，且发生了 1500 余万元债务无法归还的严重后果，因此该行为符合擅自发行股票、公司、企业债券罪的犯罪构成。

与此同时，该行为也符合欺诈发行股票、债券罪的犯罪构成。构成欺诈发行股票、债券罪要求如下客观要件：一是在招股说明书、认股书、公司、企业债券募集办法等发行文件中隐瞒重要事实或者编造重大虚假内容；二是发行股票或者公司、企业债券、存托凭证或者国务院依法认定的其他证券；三是数额巨大、后果严重或者有其他严重情节。A 公司在企业债券募集过程中编造了重大虚假内容，发行企业债券数额达到 2000 万元，且造成 1500 余万元债务无法归还的严重后果，因此，其行为符合该罪的构成要件。

3. 编造并传播影响证券、期货交易虚假信息罪，诱骗投资者买卖证券、期货合约罪和操纵证券、期货市场罪

编造并传播影响证券、期货交易虚假信息罪，是指编造并且传播影响证券、期货交易的虚假信息，扰乱证券、期货交易市场，造成严重后果的行为。诱骗投资者买卖证券、期货合约罪，是指证券交易所、期货交易所、证券公司、期货经纪公司的从业人员，证券业协会、期货业协会或者证券期货监督管理部门的工作人员，故意提供虚假信息或者伪造、变造、销毁交易记录，诱骗投资者买卖证券、期货合约，造成严重后果的行为。操纵证券、期货市场罪则是指实施特定行为，操纵证券、期货市场，影响证券、期货交易价格或者证券、期货交易量，情节严重的行为。操纵证券、期货市场罪的特定行为包括：（1）单独或者合谋，集中资金优势、持股或者持仓优势或者利用信息优势联合或者连续买卖；（2）与他人串通，以事先约定的时间、价格和方式相互进行证券、期货交易；（3）在自己实际控制的账户之间进行证券交易，或者以自己为交易对象，自买自卖期货合约；（4）不以成交为目的，频繁或者大量申报买入、卖出证券、期货合约并撤销申报的；（5）利用虚假或者不确定的重大信息，诱导投资者进行证券、期货交易的；（6）对证券、证券

发行人、期货交易标的公开作出评价、预测或者投资建议，同时进行反向证券交易或者相关期货交易的。

例如，甲不以成交为目的，频繁申报、撤单或者大额申报、撤单，误导其他投资者作出投资决策，大量买进或者抛售证券，影响证券交易量，造成交易价格大幅波动，自己再乘机进行与申报相反的抛售和买进交易，从交易中获得利差多达上千万元。首先，某证券公司从业者甲利用他人信息注册从事证券交易，并通过虚假申报、撤单，编造了证券交易价格上涨或者下跌的假象，从而误导了投资者，使其作出错误的投资决策，买进或者抛售证券，不仅导致证券交易量的增加，而且造成证券交易价格的不正常波动。该行为符合编造并传播影响证券、期货交易虚假信息罪的犯罪构成，同时因为甲具备证券公司从业人员的身份，其行为也可以认定为故意提供虚假信息，因此符合诱骗投资者买卖证券、期货合约罪的犯罪构成，另外，该行为也符合操纵证券、期货市场罪的犯罪构成。

4. 非法经营罪和擅自设立金融机构罪

非法经营罪是指，违反国家规定，实施特定经营行为之一，扰乱市场秩序，情节严重的行为，特定行为包括：（1）未经许可经营法律、行政法规规定的专营、专卖物品或者其他限制买卖的物品的；（2）买卖进出口许可证、进出口原产地证明以及其他法律、行政法规规定的经营许可证或者批准文件的；（3）未经国家有关主管部门批准非法经营证券、期货、保险业务的，或者非法从事资金支付结算业务的；（4）其他严重扰乱市场秩序的非法经营行为。擅自设立金融机构罪，是指未经国家有关主管部门批准，擅自设立商业银行、证券交易所、期货交易所、证券公司、期货经纪公司、保险公司或者其他金融机构的行为。由于擅自设立金融机构本身未经批准，而且设立后通常会经营金融业务，所以其自然会同时触犯上述两个罪名。

（三）数字金融犯罪中想象竞合犯案例分析

2013年5月，被告人甲、乙在H市设立A公司，通过购买期货模拟操作软件并开设服务器，由重庆易极付科技有限公司提供资金解决方案。被告人吴某等系公司技术人员，负责操作并维护上述软件。同年7月，被告人丙等人设立B公司。2013年7月至2014年6月，被告人甲、乙、丙等人合作，未经国家主管部门的批准，通过上述独立封闭的网络平台交易系统，采用保证金制度，以集中交易的方式发展客户进行标准化合约交易，允许交易者以对冲平仓的方式了结交易等交易机制，非法从事白银期货交易。B 公司代理 A 公司白银期货业务并发展客户进行交易，A 公司向 B 公司提供对应交易账户、按比例分配违法所得。其间，A 公司及其代理公司违法所得共计 2000 余万元，其中 A 公司与 B 公司违法所得共计 1000 余万元。上述被告人在明知或应当明知公司无期货经营资质的情况下，积极参与非法白银期货交易。原一审法院认为，被告人乙、甲、丙、陈某某、吴某某、戚某、程某、张某某违反国家规定，未经批准非法经营白银期货业务，情节特别严重，其行为均已构成非法经营罪。被告人乙上诉称：其行为不符合非法经营罪的构成要件，应当构成擅自设立金融机构罪。上诉法院认为被告人乙擅自设立非法期货交易平台、实施非法经营行为的事实清楚，依法应当择重罪，以非法经营罪处罚，本案不应认定擅自设立金融机构罪。[①] 本案中，甲乙丙的行为同时触犯非法经营罪与擅自设立金融机构罪，从一重罪论处符合法理。

三、数字金融犯罪中的情节（结果）加重犯现象

（一）情节（结果）加重犯的概念

情节（结果）加重犯，是指行为人因为实施了基本犯罪构成要件的行为，发生了基本犯罪构成要件之外的加重结果，或者具备其他情节，刑法因此规定加重刑罚的犯罪形态。加重犯包括结果加重犯和情节加重犯。但是，情节是综合性概念，其本身包括结果、行为、行为对象等因素。结果则包括人身伤亡结果、财物毁损倾向以及涉案金额等。如最高人民法院、最高人民检察院 2018 年《关于办理非法从事资金支付结算业务、非法买卖外汇刑事案件适用法律若干问题的解释》第 3 条规定，情节严重包括非法经营数额在 500 万元以上或者违法所得数额在 10 万元以上两种情形，另外，非法经营数额在 250 万元以上，或者违法所得数额在 5 万元以上，且具有下列情形之一的，也可以认定为非法经营行为"情节严重"：（1）曾因非法从事资金支付结算业务或者非法买卖外汇犯罪行为受过刑事追究的；（2）二年内因非法从事资金支付结算业务或者非法买卖外汇违法行为受过行政处罚的；（3）拒不交代涉案资金去向或

①　浙江省杭州市中级人民法院刑事裁定书：（2015）浙杭刑终字第 1318 号。

者拒不配合追缴工作，致使赃款无法追缴的；（4）造成其他严重后果的。在此解释中，情节严重既可以根据犯罪的经营或者所得数额评价，也可以根据行为人的先前表现、是否受过处罚、事后态度、行为后果等因素进行综合性评价。

情节（结果）加重犯必须同时具备如下要件：其一，实施了基本犯罪构成要件的行为。基本犯罪构成是结果加重犯成立的前提条件，如果没有基本的犯罪构成，那么加重的结果或者情节就无从谈起。但是对于基本的犯罪在认识上有一些分歧。其二，产生了基本构成要件以外的严重结果或具有严重情节。加重结果的出现，是结果加重犯的必要条件，而且结果加重犯与基本犯罪之间必须具有一定的因果关系。情节加重犯要求具有更严重的情节。由于刑法对加重犯规定了比基本罪更重的法定刑，所以对结果加重犯只能依照法律的规定，在较重的法定刑幅度内裁量，而不是实行数罪并罚。

（二）数字金融犯罪中的加重犯情形

1. 因为数额提高而加重处罚的情形

如非法经营同类营业罪，其基本构成要件是国有公司、企业的董事、经理利用职务便利，自己经营或者为他人经营与其所任职公司、企业同类的营业，获取非法利益，数额巨大的，对此，基本法定刑为 3 年以下有期徒刑或者拘役，并处或者单处罚金；但是，如果数额特别巨大的，加重法定刑为 3 年以上 7 年以下有期徒刑，并处罚金。

2. 因为结果加重而提高法定刑的情形

如为亲友非法牟利罪，其基本构成要件是国有公司、企业、事业单位的工作人员，利用职务便利，实施为亲友非法牟利的行为，使国家利益遭受重大损失的，对此基本法定刑为 3 年以下有期徒刑或者拘役，并处或者单处罚金；但是，如果行为致使国家利益遭受特别重大损失的，处 3 年以上 7 年以下有期徒刑，并处罚金。

3. 因为情节加重而加重处罚的情形

如擅自设立金融机构罪，是指未经国家有关主管部门批准，擅自设立商业银行、证券交易所、期货交易所、证券公司、期货经纪公司、保险公司或者其他金融机构的，对此基本法定刑为 3 年以下有期徒刑或者拘役，并处或者单处 2 万元以上 20 万元以下罚金；但是，情节严重的，加重法定刑为 3 年以上 10 年以下有期徒刑，并处 5 万元以上 50 万元以下罚金。

4. 因为情节、结果与数额提高而加重法定刑的情形。

如欺诈发行证券罪，其基本构成条件是在招股说明书、认股书、公司、企业债券募集办法等发行文件中隐瞒重要事实或者编造重大虚假内容，发行股票或者公司、企业债券、存托凭证或者国务院依法认定的其他证券，数额巨大、后果严重或者有其他严重情节的，对此，基本法定刑为 5 年以下有期徒刑或者拘役，并处或者单处罚金；但是，如果数额特别巨大、后果特别严重或者有其他特别严重情节的，加重法定刑为 5 年以上有期徒刑，并处罚金。

(三)数字金融犯罪中的加重犯的案例分析

2016 年至 2019 年，被告人甲先后在 A 网络科技有限公司某市分公司任第一营业部经理、城市经理等职务期间，甲及其团队通过传单等形式向社会不特定人员公开宣传，以承诺给付高额利息等形式，引诱社会公众向该公司投资。经审计，2016 年 9 月至 2019 年 3 月，甲及其所在团队吸收投资者 193 人次，投资金额 48152000 元，还本付息 41289505.56 元，尚欠金额 6862494.44 元。① 依据当时的《刑法》规定，非法吸收公众存款或者变相吸收公众存款，扰乱金融秩序的，处 3 年以下有期徒刑或者拘役，并处或者单处罚金；数额巨大或者有其他严重情节的，处 3 年以上 10 年以下有期徒刑，并处罚金。甲吸收资金的数额巨大，涉及主体众多，因此应适用加重处罚规定。

四、数字金融犯罪中的集合犯现象

(一)集合犯的概念

集合犯，是指行为人以实施不定次数的同种犯罪行为为目的，即使实施了数个同种犯罪行为，刑法规定还是作为一罪论处的犯罪形态。②

集合犯一般具有如下几个要件。

其一，集合犯是行为人以实施不定次数的同种犯罪行为为目的。所谓以实施不定次数的同种犯罪行为为目的，是指行为人不是意图实施一次犯罪行为，而是预定连续地、不定次数地实施同种犯罪行为。例如《刑法》第 336 条规定的非法行医罪，行为人就是意图实施不定次数的非

---

① 辽宁省沈阳市中级人民法院刑事裁定书：(2023)辽 01 刑终 287 号。

② 参见林亚刚：《论集合犯》，《法学研究》2001 年第 3 期。

法行医行为。这是集合犯主观方面的特征。因此，集合犯在主观上表现为对实施的数个相同的犯罪行为具有连续的犯意倾向。

其二，集合犯通常实施了数个同种的犯罪行为。即刑法要求行为人具有多次实施同种犯罪行为的意图，并且行为人一般也是实施了数个同种犯罪行为的。所谓"同种犯罪行为"，是指数个行为的法律性质是相同的。如数个生产、销售伪劣商品的行为，数个走私普通货物、物品的行为，数个非法组织卖血的行为，数个非法行医的行为等。集合犯的数个同种的犯罪行为，必须触犯的是同一个罪名。所谓"同一个罪名"，包括单一罪名，也包括选择性罪名，例如，非法行医罪；还包括犯罪未完成形态的修正罪名，和属于共犯的修正的罪名。但是，行为人如果仅实施了一次行为，也构成集合犯。

其三，集合犯必须是刑法将可能实施的数个同种犯罪行为规定为一罪，即集合犯是法律规定的一罪。这就是说，所谓集合犯，因为构成要件本身预定同种行为的反复，所以将反复的同种行为无例外地予以包括，作为一罪评价。正因为刑法是将可能实施的数个同种行为规定为一罪，所以行为人实施了数个同种行为，仍然只能构成一罪。但是，需要注意的是，刑法只是将可能实施的数个同种犯罪行为规定为一罪，即构成要件在性质上，预定有数个同种行为反复实施。那么，集合犯是否以行为人必须已经实施数个同种犯罪行为为成立条件？有学者对此持肯定的看法，认为"集合犯的客观特征在于行为人具有多次实施犯罪的性质。犯罪次数的多少并不是集合犯的必要条件，但凡是集合犯，行为人都可能多次实施犯罪。例如营利犯，行为人的一次危害行为构成犯罪的，原则上不是集合犯，即没有集合的必要，如果行为人实施两次以上的危害行为，就是集合犯"①。

（二）集合犯情形

根据集合犯概念及其特征，数字金融犯罪在犯罪之初，行为人因为要破解金融监管措施，包装金融犯罪的手段，需要花费一定成本，但是一旦行为人熟悉作案流程、行动路径后，就会对实施其中某一类犯罪形成长期作案的心理依赖、方法依赖、路径依赖，进而此类犯罪作为集合犯发展的趋势就十分明显。只有少数犯罪才很难发展为集合犯。难以发

---

① 林亚刚：《论集合犯》，《法学研究》2001年第3期。

展为集合犯的犯罪包括：

1. 妨害清算罪。本罪是指在公司、企业进行清算时，隐匿财产，对资产负债表或者财产清单做虚伪记载或者在未清偿债务前分配公司、企业财产，严重损害债权人或者其他人利益的行为。因为本罪发生于企业清算过程中，企业清算往往是基于特定事由，在某个特定时间发生，这也就注定了该罪不能以连续方式长期进行，其成为集合犯罪的可能性不大。

2. 虚假破产罪。本罪是指公司、企业通过隐匿财产、承担虚构的债务或者以其他方法转移、处分财产，实施虚假破产，严重损害债权人或者其他人利益的行为。破产意味着公司或者企业解散，这样的机会一般只有一次，所以这种犯罪不可能成为集合犯。

3. 擅自设立金融机构罪，本罪是指未经国家有关主管部门批准，擅自设立商业银行、证券交易所、期货交易所、证券公司、期货经纪公司、保险公司或者其他金融机构的行为，由于本罪是开展金融活动的手段行为，其本身并不会给行为人带来利益，所以这种犯罪难以成为集合犯。

4. 伪造、变造、转让金融机构经营许可证、批准文件罪。本罪是指伪造、变造、转让商业银行、证券交易所、期货交易所、证券公司、期货经纪公司、保险公司或者其他金融机构的经营许可证或者批准文件的行为。由于我国金融监管极其严格，因此伪造、编造、转让金融机构经营许可证、批准文件的情况虽然存在，但客观上并不多见。行为人伪造、编造或者转让金融机构经营许可证、批准文件，也往往是基于某个特定事由，比如在无法取得上述许可证或者批准文件的情况下，临时实施此类行为，所以，该行为也不会发展为集合犯。

第二节　冒用他人二维码收款行为定性中的想象竞合

一、二维码支付的基本架构与案例

冒用他人二维码收款定性的关键是准确定义二维码交易的架构。传统交易结构比较简单，除了少量赊购赊销的交易之外，一般是一手交钱，一手交货。而二维码支付的结构模式是，为了保证线上交易信用，促进交易的实现，所以通过第三方支付平台提供交易中间服务。交易的客户通过扫码付款取得商品或者获得服务，客户将交易应支付的资金预存到第三方支付平台的资金池内。此后，第三方支付平台根据交易架构约定的条件将客户的交易资金支付给交易商户。

二维码交易的重要环节是扫码支付。扫码支付有两种方式，第一种是由商户提供收款二维码，客户对收款二维码进行扫码，输入与商品或者服务对价的金额，完成付款行为。第二种是由客户提供付款二维码，商户输入交易金额，并对付款二维码进行扫码，完成收款行为。在第一种模式下，存在商户收款二维码被置换和冒用的风险，在第二种模式下，也存在客户付款二维码被冒用的可能。但是，目前讨论的主要是第一种模式下收款二维码被冒用的问题。即行为人偷换商户的二维码，利用客户扫描二维码支付钱款之机非法取得客户支付的、理应由商户收取的钱款。目前此类案件较多。

案例：2016 年 11 月 11 日至 29 日，被告人吴某、张某某二人利用购买的微信账号生成微信收款二维码，打印成微信收款二维码贴纸，然后在上述地点临街的面包店、奶茶店、快餐店等店铺内，由张某某负责跟工作人员聊天转移对方注意力，吴某趁机将自备的微信收款二维码粘贴覆盖在商户原有的微信收款二维码上，然后离开。客户到商户消费后以微信付款，货款即支付到两被告人作案的微信账号中，两被告人再将赃款转移到某个微信号并提现到张某某的建设银行卡上。二人共取得多名被害人财产共计人民币 16903 元。人民法院于 2017 年 6 月 8 日判决被告人吴某和张某某犯盗窃罪，均判处有期徒刑 1 年，并处罚金人民币5000 元。①

对于此类案件，无论在实践中还是理论上都存在不同观点和看法。第一种认为这种情况应认定为盗窃罪；第二种观点认为，这种情况应认定为诈骗罪；第三种观点认为，这种情况应认定为侵占罪；第四种观点认为这种情况应认定为故意毁坏财物罪。这四种观点的影响有所不同，就当前的争议看，第一种观点和第二种观点较为普遍，后两种观点则是个别学者的看法，尚不具有普遍性。

二、将冒用他人二维码收款的行为认定为侵占罪不利于犯罪预防

有个别学者认为，首先，诈骗罪与盗窃罪都不能合理处理他人冒用二维码收款这一新型支付方式下的财产犯罪案件。其次，侵占罪的本质

---

① 广东省佛山市禅城区人民法院刑事判决书：（2017）粤 0604 刑初 550 号。

是将自己占有的或者脱离占有的他人财物，转化为自己非法所有。再次，他人冒用二维码收款可以通过解释认定为侵占罪，[1] 还有观点认为，行为人成立侵占罪不是因为行为人冒用他人二维码收款这一不法行为值得科处刑罚，而是源于行为人取得商户债权后，继续占有拒不返还的行为值得科处刑罚。[2]

将此类行为根据诈骗罪或者盗窃罪进行解释，在目前可能还存在一些不充分的地方，但尚不足以完全否定以诈骗罪或者盗窃罪解释的可能余地或者合理性。对此，我们将在后文加以进一步分析。但是，认为构成侵占罪的观点，不仅无法实现逻辑自洽，而且难以获得现实合理性支持。

首先，采取侵占罪的观点偷换二维码收款的行为不符合侵占罪的行为构造。恰如持这种观点的学者所认为的，侵占罪的本质是将自己基于法定原因或者事实原因占有的他人财物，转为自己非法所有。需要说明的是，刑法中的非法占有一般被理解为非法所有，非法所有显然包括非法占有的主观意图和非法占有的客观事实。二者缺一不可。如果行为人在客观上占有了他人财产，但无占有的意思，并不构成犯罪；但是，行为人如果意图占有他人财物，实施了占有行为，即便最终未能占有该财产，理论可构成占有的未完成形态。占有意思形成于占有行为之前，还是形成于占有行为之后，是区分侵占罪和其他占有型财产犯罪的重要标志。侵占的行为构造就是"变合法持有为非法所有"[3]，或者"先以合法方式占有他人数额较大的财物，进而非法将他人财物转归己有并拒不退还"[4]，而其他占有型侵犯财产罪，都是形成非法占有的目的后，进而实施能有效占有他人财产的秘密窃取、暴力强取或者骗取等行为。在冒用他人二维码收款的情形中，行为人在实施置换他人二维码的行为之前，就已经形成了不法占有他人财物的意思。所以，在此情形中，非法意思形成于占有事实之前，与侵占罪的行为构造存在根本性差异。

其次，采取侵占罪的观点，从刑事政策的角度看不利于犯罪预防。

---

① 参见张开俊：《偷换商户支付二维码侵犯商户应收款的犯罪定性》，《上海政法学院学报(法治论丛)》2018 年第 2 期。

② 参见储槐植、唐风玉：《刑民一体化视野下二维码案侵财行为定性研究》，《刑法论丛》2019 年第 3 卷。

③ 贾宇主编：《刑法学》，高等教育出版社 2019 年版，第 168 页。

④ 黎宏：《刑法学各论》，法律出版社 2016 年版，第 334 页。

侵占论的观点混淆了恶意占有和非法占有的关系。论者提出民法上的占有可分为有权占有和无权占有，后者又可分为善意占有和恶意占有。其实不然，在民法理论中，占有在所有权中并无独立的地位，而且也不是刑法讨论的关键所在。刑法关注的和民法保护的基点应该是所有权的原始取得根据，在民法中所有权的原始取得根据包括劳动生产、收益、征收、善意取得、添附、遗失物的拾得、漂流物的拾得、埋藏物和隐藏物的发现等。① 由此可见，恶意占有并不具有合法占有的现实根据。故此，恶意占有很难形成侵占的前置条件。如果将冒用二维码的行为理解为侵占，在逻辑上可能形成如下判断，即冒用他人二维码收款所得是一种合法占有。假定其为合法占有，在实践中的后果是，一旦受害人要实现自己的权利，就必须通过催还或者亲告方式才能维护自己的利益。这样一来，会不当提高权利人保全自己权利的门槛，因为这要求权利人要提出归还请求，而且行为人一旦归还财产就不成立犯罪。首先，在数字支付情况下，不能认为冒用他人二维码收款的行为不具有刑罚可罚性。恰恰相反，这个行为违反了交易规则，是导致财产权利关系被肆意改变的前提条件，加之在实际交易中，冒用他人二维码收款的行为违背了权利人的意愿，对其权益构成重大威胁，而且该威胁很难被发现，权利人也很难依靠个人能力发现侵权人，所以就不免对权利侵害的问题手足无措。其次，如果将行为人拒不返还的行为作为科处刑罚的根据，无异于将归还财物的行为当作客观的处罚条件，将会解构财产犯罪的成立条件，意味着所有的财产犯罪只要行为人退赃都可以不作为犯罪论处，这是结果无价值论的极端表现，它很难保全合法所有人的权益。由此一来，必然会人为制造刑法对财产权益的保护漏洞，削弱刑法预防和打击财产犯罪的力度。再次，如果如论者所言，利用二维码支付侵财行为是将脱离他人占有的财物非法转变为自己所有，这不免存在混淆是非的嫌疑。要看到财物脱离他人占有的原因，盗窃罪也好、诈骗罪也罢，在事实上都要造成财物脱离他人占有的事实。但是，刑法学中所谓财物脱离占有往往都是由于意志之外的原因造成的，不应将人为介入因素造成占有人失去占有理解为财物脱离他人占有，甚至将其理解为遗忘物或者埋藏物，如果这样的话，难免黑白不分，颠倒是非，将非法行为当作合法行为。最后，这种论调忽视了刑法规制的必要性。论者认为，客观上行

---

① 参见王利明主编：《民法学》，高等教育出版社 2022 年版，第 180~185 页。

为人明显实施了一个冒用他人二维码收款的行为，但起到了"一箭双雕"的效果，既取得商户债权人身份，又可获得商户财产性利益。冒用他人二维码收款是决定行为人取得债权的关键行为，继续非法占有商户债权是行为人积极实施侵财行为后实现获取他人财产性利益的不可罚的事后行为，刑法单独对这种行为科处刑罚没有意义。① 依据这种说法，冒用他人二维码收款不值得处罚，但非法占有商户债权又是不可罚的事后行为，那么这种行为就失去刑法规制的意义。这意味着刑法必须任由这种明显侵犯他人利益的行为肆意妄为。从行为等值或者数额等量的情况看，秘密窃取他人1万元并非法占有是犯罪，截留他人1万元并非法占有不构成犯罪，这种结论很难取得良好的社会效果

三、将冒用他人二维码收款的行为认定为故意毁坏财产罪不符合传统观念

有个别观点认为，在此类案件中，行为人应成立故意毁坏财物罪，因为行为人故意消灭了商户对客户的债权。②

上述解释显然与传统的故意毁坏财物罪的理解不一致。根据学界的一般理解，故意毁坏财物罪的行为表现为毁灭或者毁坏公私财物。所谓毁灭，就是对公私财物进行物理毁坏，使其变得不存在，或者完全丧失其本来的功能或者利用价值；而损坏，就是对公私财物进行物理破坏，使其部分丧失本来功能或者利用价值。③

在德国刑法理论中，一般认为，毁坏包括两种情形，使物的物质的完整性受到侵害或者使物的使用价值得到减少。在日本刑法理论中，则存在效用侵害说、有形侵害说、物质的毁弃说、物质侵害说之争。④ 显然，从全面保护的角度看，刻意区分物的完整性和效用将招致不必要的司法难题，而且与财产犯罪的刑法保护目的相去甚远。所以，德国的观点较稳妥。物的完整性与物的价值互为表里，外部完整性往往是物具有使用价值的物理表征。一般而言，行为人的行为破坏了物的完整性，必

---

① 参见储槐植、唐风玉：《刑民一体化视野下二维码案侵财行为定性研究》，《刑法论丛》2019年第3卷。
② 参见徐剑：《二维码替换案的罪名适用研究》，《法律适用》2021年第2期。
③ 参见黎宏：《刑法学各论》，法律出版社2016年版，第342页；陈兴良：《规范刑法学(下册)》，中国人民大学出版社2017年版，第918页。
④ 参见张明楷：《外国刑法纲要》，法律出版社2020年版，第594~597页。

然导致其使用价值减损或灭失。但物的使用价值发生减损或者灭失的现象有两种原因，一是因物质长期使用而必然发生的自然减损，二是因为物的完整性被破坏而发生的人为减损。

故意毁坏说的观点认为，行为人故意消灭商户对客户的债权，导致价值减损，似乎有一定道理，但是该观点十分牵强，在此类事件中出现的情况是商户对客户的债权被消灭。如果某一方的权益被消灭就可以将其理解为财物被毁坏，这将不当地解构财产罪中的传统行为构造，甚至有可能混淆取得型侵犯财产罪和毁损型侵犯财产罪的关系。例如甲窃取了受害人的高档手表，可以认为这种行为导致受害人财产利益减损；又如乙骗取受害人的现金，也可以认为该行为导致受害人财产利益减损；还如丙抢劫受害人钱包，可以说这一举动导致受害人财产利益减损。可见，如果仅仅因为行为导致受害人所有的财产利益被减损，就认为该行为属于毁坏财物，这无异于否定诈骗、强奸和盗窃等传统取得型侵犯财产罪的独立地位。

确实，根据价值减损说进行推理，上述观点似乎没有问题。问题的关键在于传统理论缺乏从物的社会意义上对故意毁坏财物的行为构造进行准确定义。传统理论往往只关照受害人对物的收益权，具有一定的片面性。如果仅仅从受害人一方理解其占有之物的完整性或者使用价值的减损，是无法理解毁坏的现实意义的。笔者认为，对于故意毁坏财物的理解，要基于财物本身的价值属性和社会效用进行理解，至少也要从行为人和受害人两方面理解财物的价值或者效用。可以这样说，在取得型侵犯财产罪中，受害者物质效用的减少是客观存在的，但因为物的转移，导致行为人或者行为人意定的第三人占有了该物，从而替代性地取得了物的效用，从社会效用层面看，物的效用并没有发生减损。例如甲非法占有了受害人1万元现金，受害人失去了1万元财产，丧失了1万元现金财物的效用。但甲非法占用了1万元现金后，可以使用1万元现金实现其效用。与这种物的效用随着行为发生转移不同的是，毁坏财物会导致社会效用下降，最终，无论是行为人或者受害人都无法对其减少的使用价值加以利用。例如，乙放火烧毁受害人的小汽车，小汽车对受害人而言失去使用价值，但乙并不会因为受害丧失小汽车的使用价值而获得其使用价值，乙也无法实现其使用价值，其他人也无法实现其使用价值，所以故意毁坏财物，导致社会整体效用减损。

在利用网络随意处置他人财物的司法实践中，由于行为人处置的是数字化的资产，该行为究竟是否可以理解为故意毁坏财物还值得研究。

例如：2003 年 6 月，甲在其住所通过可视电话，破解了某证券股份有限公司下属某证券营业部电子交易中心电话委托系统内 77 名客户的资金账号及股票交易密码。同年 6 月 5 日至 18 日，甲对设在上述证券营业部内的杨某某等 10 名客户的股票账户非法进行交易，造成他人损失计人民币 13 万余元。司法人员认为，作为从事股票交易多年的甲，对股票交易风险是明知的，股票交易的盈、亏两种情况均在其意料之中。也就是说，甲明知自己为他人操作股票的行为可能会造成他人股票价值损失这一后果，但却抱着即使造成他人股票价值损失也与己无关的无所谓态度，继续对他人股票进行非法操作，其在主观上持有的是一种放任态度。最终，人民法院认定，该行为构成故意毁坏财物罪。①

毫无疑问，在上述案件中，司法机关可能考虑到甲的行为已经造成了他人财产的损失，所以客观要件已然明确，因此将主观要件作为认定行为性质的关键。但是，该决定似乎还有进一步探讨的余地。首先，刑法中的非法占有可以为本人占有，也可以为第三人占有，第三人占有可以为特定的第三人占有，也可以为不特定的第三人占有，甚至合法占有人失去占有也可以作为非法占有的客观表现。例如在传统盗窃罪中，行为人扒窃铁路货运物资，其采取的方法可能是将物资抛掷到铁路沿线，事后沿线集中收取这些物资，但是在实践中不排除第三人伺机占有行为人所盗物资的情况；其次，刑法中非法占有的目的，可以是为本人占有的目的，也可以是为第三人非法占有的目的。同上，当行为人怀着为第三人占有的目的时，不排除为不特定的第三人或者善意第三人占有。本案中行为人的行为动机只能排除本人占有的主观意图，但没有排除为第三人占有或者让第三人受益的意图。再次，由上可知本案定性的关键并不是行为人的主观意思，而是行为人的客观行为方式。行为人利用自己破解的他人账户密码，未经权利人授权，擅自处置他人财物，导致他人利益受损，行为人并未从中受益，但毕竟该行为导致善意第三人受益，所以其只是实现了资产的转移，而没有对社会效用造成损害，不宜定性为故意毁坏财物。但是该行为是在秘密状态下实施的，而非通过受害人的意思处分，所以该行为定性为盗窃罪较为合理。

同理，在冒用二维码收款的情况下，行为人导致受害人的债权无法实现，财产利益受到减损，而行为人却因此获得了相应的财产，可以实

---

①　参见上海市第二中级人民法院刑事判决书：（2004）沪二中刑终字第 208 号。

现等值社会效用。所以，此类行为不能认定为故意毁坏财物罪。

四、将冒用他人二维码收款的行为认定为诈骗罪并非不可能

目前司法机关倾向于用盗窃罪对冒用二维码收款行为进行定罪处罚。但是，依然有其他观点对此质疑，其中最有影响力的当属诈骗论的观点。但必须承认，诈骗论的观点在理论上遇到了多种批评，其中较为有影响力的批评包括如下几种。

第一种观点认为：在冒用他人二维码收款的案件中，"无论是作为遭受财产损失的商户，还是作为应当支付钱款的客户，对于行为人他人冒用二维码收款的行为都一无所知，对于财物将落入行为人的账户完全没有任何感知，谈不上有任何将财物处分给行为人的意思和行为，不存在因为受骗而产生瑕疵意思的问题，行为人也没有对客户或商户进行过任何欺骗。行为人取得财物是完全违反被害人意志的，而不仅仅是利用处分人有瑕疵的意思表示，是秘密窃取而不是骗取"。①

第二种观点认为：客户扫描的二维码是在商户控制范围内由商户本人所提供的二维码，而非在他处随意出现的无关二维码。客户按照商户要求，基于对商户充分、合理的信任所进行的扫码付款行为理应视为是在向商户而非无关第三人付款，因此，客户既未被骗，亦未基于被骗而处分财产。②

第三种观点认为，在冒用二维码收款过程中，行为结构是"行为人通过他人冒用二维码收款的行为对商户进行欺骗，导致其误认二维码的权属关系，并基于该错误，积极指示或者消极接受客户按照违背其真意的方式履行合同，造成其合法债权无意义地消灭，行为人获得利益。其中，商户既是受骗者，又是受害者"。③

上述观点主要还是根据诈骗罪的行为构造否定冒用二维码收款的诈骗性质。但是，第一种观点存在较为武断的问题。因为在此类案件中，客户基于对价交换的事实，做出了付款的处分意思，并在不知道收款对

①　周铭川：《偷换商家支付二维码获取财物的定性分析》，《东方法学》2017年第2期。

②　参见郭月芳、刘勋：《偷换商户收款二维码侵财行为如何定性》，《检察调研与指导》2018年第3辑。

③　蔡颖：《偷换二维码行为的刑法定性》，《法学》2020年第1期。

象被置换的情况下，实施了付款行为。只是基于规范保护的政策，客户在交易中无须承担不利后果，因此，客户的行为及意思缺乏考察的意义。但是对商户而言，情况则不同。假定商户一方已经意识到自己的收款码被置换，但依然不采取措施加以必要防范，听由收款被转移，不能认为这不是一种处分意思的极端表现。

第二种观点也有不妥当之处。二维码固然由商户提供，但是，其生成又需要借助于特殊的技术。二维码是金融技术公司依据特定技术生成后作为付款人方式或者收款人收款途径的标识。我们无法期待一般人对二维码的真伪进行鉴别，因此基于二维码错误所产生的后果该由谁承担显然是一个具有重要意义的法律问题。显然，金融技术公司或者平台已经浮出水面，他们是否也可以构成责任主体无疑值得研究。所以否定无辜客户的责任并不等于该责任就转嫁给了无辜的商户，也不能因为否定无辜商户的责任就认为该责任可以转嫁给无辜的客户。第二种观点就正好存在这种问题。在错误支付中，客户显然也存在认识错误，所以其财产处分行为也存在被欺骗的因素。在规范层面要讨论的问题是，该错误支付是否构成担责的根据。一方面，客户付款的根据在于其获得与付款金额对价的商品或者服务，此时，客户并未受到损害，所以客户不足以成为受害者。另一方面，不应将作为消费者的客户当作担责的主体。国家通过《消费者权益保护法》保护客户作为消费者的权益。根据《消费者权益保护法》第7条至第11条规定，可以认为，消费者在消费过程中的权利受到全面保护，如果将因为二维码支付错误的后果归属为消费者的错误支付，就违背了消费者权益保护的初衷，所以从规范层面上，首先应该将消费者支付行为从责任清单中清理出来，消费者不承担由此导致的损失责任。

如果按照第三种观点，商户损失的是合同债权，因此在民事救济途径上，商户应该有权利根据合同向合同当事人提出赔偿要求。可是，其究竟应该向谁主张权利并不明确。

五、第三方平台的责任

（一）理论争议的盲点

事实上，在二维码收付款中存在三方法律关系，即商户与客户买卖关系、第三方支付平台接受客户与预付款的委托关系以及第三方平台向商户付款的委托关系。问题在于第三方支付平台事实上实施了向行为人错误付款的事实，该事实可否构成第三方支付平台担责的根据，这一点尤其重要，因为如果第三方平台需要担责，则意味着其是受骗者，那么类似案件可能构成诈骗罪。

错误支付责任分配的焦点是，由提供商品或者服务的商户，还是背后的第三方支付平台担责？当前，一般观点都认为第三方支付平台是无辜的中间人，所以并不认为第三方支付平台应承担责任。从最终结论上看，第三方支付平台或许不会承担错误支付的责任，但是，这并不意味着可以忽视对第三方平台的归责合理性的必要审视。对第三方支付平台错误支付是否应当担责的问题，要从两个层面进行探讨，一是以现有法律规定为根据，从实证层面进行实然性探讨；二是以法律的公平原则为根据，从法理层面进行应然性探讨。首先有两个基本点是可以明确的，即第一，就我国当前的法律规定而言，第三方支付平台在错误支付的情况下，负有赔偿的义务。第二，出于对金融安全重要性的认识，我国对金融安全采取了十分周全的保护，导致在司法实践中，几乎不讨论第三方支付平台错误支付应承担的法律责任，或者说，因为第三方支付平台的错误支付导致的不利后果，被技术性地转移到商户身上。

值得注意，有观点提出，"商户本人亦是基于交易规则惯例而行使作为合同交易相对方正常的收款权利，而非基于行为人的欺骗行为陷入错误认识才让客户扫码付款，并且商户主观上亦无处分自身应收账款给行为人的处分意识，因此，商户的行为亦不属于诈骗罪中的处分行为"。[①] 这种观点不过是阻却了商户受骗的后果，并未彻底解决商户和第三方支付平台之间的责任关联。

首先，在我国已经出现了类似争讼。如第三方支付平台在无授权的情况下是否应承担责任，我国刑法学界尚未关注这个问题，而法学界理论上还有争议。但是，无可否定的是，在实践中已经出现了第三方支付平台是否应承担责任的纠纷。例如：原告刘某于 2017 年 12 月注册"××"平台进行外汇和黄金投资，所开的账户绑定了其建设银行尾号为9213 的储蓄卡(龙卡通)。其在该平台投资持续了几个月，入金涉及的第三方支付平台不止被告乙支付公司一家。2018 年 2 月 26 日刘某尾号为 9213 的储蓄卡产生两笔交易，交易终端 PC，支付类型"网银支付"，支付渠道"网银"，对方账号尾号 0576，对方户名为案外人丙公司。在

---

① 郭月芳、刘勋：《偷换商户收款二维码侵财行为如何定性》，《检察调研与指导》2018 年第 3 辑。

被告甲公司银联系统的交易记录中显示，该两笔订单收单机构为乙支付公司。乙支付公司系统交易明细显示，该笔交易收款商户为丙公司，交易模式即时到账。上述两笔转账前后间隔几分钟，皆为网银支付，在同一商户/网点号完成，乙支付公司将该两笔款项结算至丙公司在其开立的备付金账号，并根据丙公司指令将资金划至其指定的非同名银行结算账户。原告称其在操作过程中，始终未看到界面出现乙公司名称字样，也未出现特约商户的名称，且支付过程中未签订过任何协议或者注册为会员。前述两笔交易系一家建筑公司为自己出金，通过查询资金的流水，查得资金进入了案外人，而非交易平台。事后，曾向公安机关报案，但未得到立案受理，其亦未通过诉讼等方式，就本案诉争损失向平台运营公司或者相关特约商户主张并获得生效裁判。原告在诉讼中没有提交"××"平台的具体名称及相关的工商登记等反映该企业基本情况的资料。另查明，乙支付公司系持有支付许可证的第三方支付平台，丙公司与乙支付公司签订了网络支付服务协议，是乙支付公司提供资金结算服务的特约商户。2018年乙支付公司作为收单机构加入甲公司银联网络，使用"银联在线"，在网银支付业务中通过银联网银通道实现转接。2019年10月22日，中国人民银行宁波市中心支行出具行政处罚决定书，载明乙支付公司存在若干违规行为：为非法交易提供支付服务，危害支付服务市场；未按规定建立并落实收单银行结算账户管理制度；篡改、隐匿交易信息且情节严重。但审理法院认为上述违规行为所涉事项及对应时间段均与本案无关。①

笔者认为，本案最终结论究竟为何并不重要，重要的是这个案件提醒了我们应当关注第三方责任平台错误支付的法律责任及其合理分配。第三方支付主要参与主体较多，包括第三方支付的客户、支付服务提供方、清算服务提供方、认证机构等。② 但是，在涉及刑法案件时，无论是作为行为人还是作为受害人，一般很少关注支付服务提供方、清算服务提供方以及认证机构等第三方机构的法律责任。这种一刀切的方式并不一定合理。

---

① 上海金融法院民事判决书：（2021）沪74民终424号。
② 参见罗培新、吴韬：《非授权交易中第三方支付机构的法律责任》，《华东政法大学学报》2017年第3期。

(二)确定第三方支付平台责任的现实考量

首先,根据金融监管的法治原则应考虑平台的担责事由。第三方支付存在诸多风险,为了发展金融、促进公平交易,法律必须对风险进行合理分配。早在 1998—2005 年,首信易、支付宝、连连支付、快钱、财付通等第三方支付平台相继成立,开始为线上商业活动提供支付渠道。2010 年起,在网络购物、社交红包、线下扫码支付等不同时期不同推动力的作用下,第三方支付交易规模快速增长。2020 年,第三方移动支付与第三方互联网支付的总规模达到 271 万亿元。① 第三方支付平台的飞速发展与我国金融扶持政策有关。2010 年,中国人民银行发布了《非金融机构支付服务管理办法》,并向符合条件的机构颁发支付业务许可证,这些举措确认了非金融机构支付业务的合法地位,但更值得注意的是,该管理办法还在确认第三方支付平台合法性地位的同时,也将其纳入金融监管体系,规范了平台的经营,有利于保障该行业长期有序的发展。

其次,根据第三方支付平台的经营模式确定担责的现实条件。第三方支付平台的经营模式有独立支付模式和非独立支付模式之分。独立支付模式的交易流程为:买方直接到卖方网络商店中选择商品,进行订单、下单操作,卖方根据订单指示进行货物准备和运输方式等选择,第三方支付平台根据卖方支付货物提供的相关信息,按照网上支付的相关要求,反馈到指定银行,银行根据支付信息进行账目的扣账、划拨等操作,相关账目划扣信息应及时传输到买方和第三方支付平台手中,之后由第三方支付平台通知卖方账目的到账情况,卖方根据到账信息,选择向买方提供发货等服务。独立支付模式针对买卖双方的交易行为,只提供账目到账情况和相关货物运输信息,并不具备电子商务交易过程中的担保行为。非独立支付模式的交易流程为:买方在网上商店选择合适的商品,并与卖方就商品的交易达成交易共识,同时卖方将相应资金通过汇款形式转到第三方账户中,第三方通知卖方相关资金已到账应尽快安排发货,买方收到商品后,根据商品是否符合合同约定等进行评价,第三方将相关资金划拨到卖方指定账户中。卖方收到相应资金,则算交易成功;反之,则算交易失败。非独立支付模式,在整个交易流程中充当

---

① 艾瑞报告:《中国第三方支付行业研究报告(2021 年)》。

信用保障，在交易过程中主要起到暂时保管交易资金的作用。相比较而言，非独立支付模式的运用，有利于确保支付交易的安全。① 金融监管最重要的任务在于保证金融安全，这就意味着对独立支付的模式可能需要给予更多的关注。

再次，根据第三方平台与客户的法律关系可确定第三方支付平台的担责条件。一是法律关系决定了第三方支付平台担责或责任豁免的条件。在司法实践中必须明确支付服务提供方、清算服务提供方以及认证机构与第三方支付的客户（付款方和收款方）之间的法律关系，目前学界对此有不同看法。但一般倾向于认为，客户与支付服务提供方之间形成的是电子货币保管与委托收付款合同关系，合作银行与第三方支付平台之间则存在多重竞合的法律关系，第三方支付平台与清算机构之间形成委托清算服务合同法律关系。② 二是双方选择的支付方式也决定着第三方支付平台担责或责任豁免的条件。特别是在非授权支付的情境下，第三方支付平台非经付款人授权，使用商业银行账户或者第三方支付平台账户，发起支付指令，在收付款人之间实现资金转移。这种交易情形主要是因为手机丢失、支付密码丢失、收款码被修改等原因而导致的。虽然立法没有明确规定第三方支付平台非授权支付的法律责任，但是，根据安全程序规则合理界定用户与第三方支付平台的责任还是十分必要的，毕竟支付安全是第三方支付行业发展的前提性价值目标。现行保护第三方支付平台的法律策略是认为其提供的是服务而不是委托关系，如在刘某诉第三方支付平台的案件中，一审法院认为：第三方支付平台依据其与特约商户之间的网络支付服务协议，为商户提供结算所需的银行网关接口和代收款服务。电子支付用户通过特约商户网址跳转进入银行网站下达支付指令，第三方支付平台仅为该指令传输提供通道服务，其与支付用户间不构成委托法律关系。银行卡清算组织负责不同银行间的信息转接和资金清算，网络支付用户并非其直接服务对象。第三方支付平台及银行卡清算组织对用户自主完成的资金交易损失无需承担责任。③ 这种说法并非没有依据，但是其合理性还值得商榷。一是第三方

---

① 参见于秀丽：《电子商务中第三方支付的安全问题研究》，《宏观经济管理》2017 年第 1 期。

② 参见罗培新、吴韬：《非授权交易中第三方支付机构的法律责任》，《华东政法大学学报》2017 年第 3 期。

③ 上海金融法院民事判决书：（2021）沪 74 民终 424 号。

支付平台一般也是以营利为目的设立的公司，而不是从事公益活动的单位。二是即便是从事服务的企业，一般也会通过服务向被服务的对象收取费用。但是目前第三方支付平台一般对客户、商户都不收费，那么第三方支付平台的营利方案是什么？这个委托显然与第三支付业务的性质有关，也与判断第三方支付平台在错误支付中的地位有关。三是在第三方支付平台的活动中，第三方平台提供的是什么服务，这种服务是否与当事人的委托有关？

又次，根据金融技术创新的刑事政策应确定第三方支付平台担责的范畴。商户和客户使用的二维码是由第三方支付平台提供的。无论第三方支付平台是自行研究，又或者是与其他机构联合研究，都无法否定第三支付平台在其中的关键地位。第三方支付平台掌握着二维码运行的安全策略，而商户和客户由于专业差异或者其他原因，很难掌握二维码运行的安全策略。由此，就可以进一步对第三方支付平台的安全策略、方案及其保障措施提出基本必要要求，如果其达不到行业或者法定标准，就意味着要承担责任。此外，第三方支付平台应对二维码运行中可能存在的安全漏洞有比较准确的预判，并作出必要的安全防范措施；即便第三方支付平台可能没有意识到这个问题，但是随着二维码运行中收款二维码被替换问题的出现，第三方支付平台就必须认识到安全漏洞，并应迅速采取有效措施帮助商户防止收款二维码被替换。就如我们现在所看到的，商户安装一个提示设备，用户扫码支付后，设备会自动播报收款信息，这样就可以较好避免商户对是否接收到用户的应付款不知情的问题。此外，还可以在收款二维码中显示商户的信息，这样，用户也可以发现收款人与商户是否一致的问题，一旦发现二者不一致，也可以提醒商户，从而实现双重防范。

最后，根据过错原则可以确定第三方支付平台的担责根据。第三方支付中的不安全因素同时来自金融机构内部和外部。当不安全因素来自金融机构内部时，显然其应当承担由此产生的责任。导致平台应当担责的原因一是来源于银行或第三方支付平台内部，例如管理制度松懈以及网络系统的安全防御度较差；此外，第三方支付平台因为存在安全隐患而遭到外部攻击，导致客户资金损失的，如果也由客户自行承担损失，必将削弱消费者对电子支付安全性的信心，因此监管部门自然会根据行业发展的要求，要求第三方支付平台确定基本的安全标准，并建立行业安全信息共享机制，促使银行机构或者第三方支付平台建立安全操作流

429

程，提高安全交易的保障水平。① 第三方支付平台如果存在瑕疵，例如在未经授权的情况下错误发出指令的，还是有担责的余地。在上述刘某诉第三方支付平台的案件中，原告方提出的理由并非无稽之谈，其中一些理由具有现实合理性，值得立法机关和司法机关予以审查。其一，原告损害与第三方支付机构的错误支付之间存在事实上的因果关系；其二，在原告的资金被存入第三方备付金账户之际，原告与第三方支付平台之间就已经形成了委托关系，正因为这种关系成立，所以双方在无书面修改协议的情况下，可以由第三方代原告实施支付行为；其三，在原告没有发出交易指令，其资金被动交易的情况，第三方支付平台并没有按原告的本意将资金结算至"××"投资平台，而是将涉案资金结算至其他收款单位，而该行为系未经原告授权的行为，超越了委托的代付权限。此外，本案涉案的第三方支付平台此前也因系列结算违规行为受到了人民银行的行政处罚，可证明其支付环节存在过错。② 原告方据此向被告请求赔偿有一定的合理根据。

（三）确定第三方支付平台责任的理论依据

"无论是新型支付模式还是传统支付模式，意思表示依旧是交易的基础。"③换言之，只要意思表示依旧是交易的基础，就有必要对交易意思的真实性、有效性、合法性进行必要识别和审查。在数字交易的情境中，不仅应当遵循行业性规则，而且要充分考虑交易中的风险点，健全识别和审查机制，而不是对交易中可能存在的不真实、不合法、无效的意思表示放任自流。显然，在冒用他人二维码收款的情境中，必须承认商户作为真正意义上的应收款者，其并没有允许他人截留本该自己实现的债权，所以，这种交易并不是建立在其真实意思表示的基础之上。在冒用他人二维码收款案件中，第三方支付平台的支付活动建立了与未授权交易有关联的法律关系，即账户持有人在未取得账户所有人书面同意的情况下，促成了交易的实现，其是否体现了交易的真实意思？在数字金融业务中，我们可以将其中的交易方式、交易途径等因素与传统金融

---

① 参见罗培新、吴韬：《非授权交易中第三方支付机构的法律责任》，《华东政法大学学报》2017年第3期。
② 上海金融法院民事判决书：（2021）沪74民终424号。
③ 陈俊铭：《第三方支付中未授权交易法律问题分析》，《云南社会科学》2020年第6期。

业务进行还原或者进行等值性解释。

其一，数据交换是数字金融业务中通过第三方支付实现交易的有效表意手段。通过第三方支付实现交易所关联的客体、行为及场景等因素，都可以依靠数据交换得以呈现出来。数据交换具有多重含义，其表意的内容包括三点：一是体现商户与客户实现交易的意思，二是体现客户授权第三方支付平台支付资金的意思，三是体现要求第三方支付平台对资金进行定向转移的意思。数据交换所承载的具体意思虽然具有数据化、无纸化和同步化的特点，但不能否定其具有痕迹化的事实特征。所以，第三方支付平台虽然是通过智能电子设备来接受用户的意思表示，但其有义务最大限度地确保交易安全。

其二，数据交换高度依赖用户的身份信息。所以第三方支付平台对用户身份进行有效识别已然成为交易中的重要环节。为此，第三方支付平台一般要求用户在首次开通支付业务时，要提供能证明本人真实身份的姓名、身份证号、指纹甚至面部信息、银行预留手机号等数据信息，并设置支付密码，为保证支付中的主体真实的意思表示建立必要的数据库。在交易过程中，第三方支付平台及相关机构要求账号持有人提供的支付密码、指纹或面部等个人信息与首次开通支付时留存的数据进行核验，只有核验信息完全相同时，才能认为该交易是基于真正交易主体表达真实交易意思的授权交易。但是，上述防控措施并非十全十美，也存在错误交易的问题，如很多交易只需要客户提供交易密码，甚至连密码也不需要。如商户也可以通过扫码收款，只要手机支付二维码打开，商户即可扫码进账，此时，处于不利地位的不再是商户，而可能是所谓的客户，一旦某人的手机丢失，拾得者可以破解手机开机密码并打开付款码，通过手机内绑定的信用卡消费，损失自然由手机所有人承担。

其三，要结合金融政策和法治原则理解交易真实性。在数字金融业务驱动下，立法者和司法者都应秉承公平原则，充分考虑到金融机构的客户无论是技术手段还是安全意识都存在很多缺陷，当其面对复杂多样的金融创新科技时，几乎不可能具备与交易安全相匹配的注意能力和专业水平。例如，用户可能在不知情的情况下扫读了事先被编入恶意指令的二维码，又或者犯罪分子利用实时拦截支付双方信息生成的二维码，通过修改交易金额、收款对象等信息，诱导第三方支付平台进行未授权交易。如果法律将客户的能力缺陷作为其自担责任的根据，并不是基于公平原则，而是基于效率原则，这不符合法治原则。在金融创新技术发展之初，将提高安全防范的责任归之于第三方支付平台则较为合理，尽可能避免因为客户能力不足而出现交易风险，避免平台通过所谓的格式合同，不履行实质审查义务，对形式审查义务也是草草了事的不负责心态。

其四，交易平台在交易框架设计时就应充分注意可能出现的交易风险。第三方支付平台支持的交易方式很多，其中，最普遍的方式是由支付平台账户发起的即时转账交易模式。在此模式中，收付款双方依托第三方支付平台，以双方所持有的支付账户，完成双方账户之间的货币金额转移。在该交易流程中，对于用户身份识别、验证以及交易指令，都是由第三方支付平台独自完成的，银行则与具体交易过程无关。由于第三方支付平台不具有银行的审查能力和水平，因此极其容易出现未授权交易的问题。在未授权交易纠纷行为中，其所涉的法律关系发生在用户与第三方支付平台之间，因此对于未授权交易责任自然就应在第三方支付平台与用户之间进行分配。[1] 此外，还有一种支付模式。在该交易流程中，用户凭借银行账户发起交易，由银行方独立完成身份识别和验证、交易指令验证，银行通过第三方支付平台提供的支付通道，最终由银行完成转账交易。在该交易场景中，未授权交易发生的原因往往是第三方支付平台对交易指令的审查存在重大过失，即证明对交易指令的审查符合一般性规定审查即可，未授权交易责任应当在用户与银行两者间进行分配。[2]

(四)第三方支付平台的地位决定其并未取得"免责金牌"

1. 即时转账风险中的责任分配

所谓即时转账，是指买卖双方约定买卖合同项下的货款通过买方账户即时向卖方账户支付的一种支付方式。在即时转账过程中，会出现受益人错误、支付金额错误和支付指令重复发送三种错误类型。

在实践中，一些第三方支付平台试图通过与用户签订格式条款的方式规避责任。即要求用户在注册账户时，必须选择同意平台提供的服务协议。这种做法也获得了有关部门的支持，如根据我国央行 2016 年施行的《非银行第三方支付平台网络支付业务管理办法》第 7 条之规定，

---

[1] 参见陈俊铭:《第三方支付中未授权交易法律问题分析》，《云南社会科学》2020 年第 6 期。

[2] 陈俊铭:《第三方支付中未授权交易法律问题分析》，《云南社会科学》2020 年第 6 期。

第三方支付平台为客户开立支付账户的，还应在服务协议中以显著方式告知客户，并采取有效方式确认客户充分知晓并清晰理解下列内容：支付账户所记录的资金余额不同于客户本人的银行存款，不受《存款保险条例》保护，其实质为客户委托第三方支付平台保管的、所有权归属于客户的预付价值。该预付价值对应的货币资金虽然属于客户，但不以客户本人名义存放在银行，而是以第三方支付平台名义存放在银行，并且由第三方支付平台向银行发起资金调拨指令。用户与第三方支付平台签订的服务协议虽然可以作为格式合同，但其内容也应遵循合同自由与合同正义的原则，其中应合理地划分合同双方的权利与义务，对权益问题进行概述与保护。①

2. 投资理财风险中的责任分配

一些第三方支付平台还可能将用户资金用于投资理财事务。有些第三方支付平台甚至开发出一些看似风险较小的产品供客户购买，虽然这些产品在交易中出现清盘关闭的风险较小，但并不意味不会出现风险现实化问题，一旦风险现实化，平台就会面临无法支付投资者收益，甚至可能关闭等诸多不良后果。② 为了最大限度避免此类问题的发生，平台除了要严格根据经营范围进行经营，自身也应将可能出现的风险，以最简单的、最直接的方式告知当事人，避免当事人因为无法理解或者产品内容设计过于复杂、包装过多从而忽视风险。从保护消费者的立场出发，即便第三方支付平台履行了告知义务，但如果该告知过于繁杂，一般人难以理解，该告知可能构成无效的告知，平台应当承担告知失败的风险。特别是在平台对资金管理不严格，出现非法集资、信用卡套现、洗钱等形式法律风险的时候，第三方支付平台还应当承担刑事责任。③

(五) 将冒用他人二维码收款的行为认定为盗窃罪是目前最为合理的方案

在实践中，将诈骗对象和受害人混淆，进而得出本案行为构成盗窃

---

① 胡洁人、卫薇：《第三方支付平台即时转账的风险和控制研究》，《同济大学学报(社会科学版)》2018 年第 3 期。

② 王瑜：《第三方支付平台资金理财投资风险管理》，《财经问题研究》2018年第 7 期。

③ 徐博强：《论第三方支付的法律风险与刑法立场》，《税务与经济》2017 年第 5 期。

罪，这是目前认为冒用他人二维码不构成诈骗罪的普遍看法。

但个别学者认为，"二维码案"中行为人构成盗窃罪的学说已陷入无法突破的困境。① 理由在于，很多学者认为，成立诈骗罪，要求受骗人主观上具有处分意识。但是，在偷换二维码案件中，恰恰缺乏这种处分意识，无论是应当付款的客户，还是应当收款的商户，主观上都不具有将应付款项转移支付给行为人的处分意识，因而此类行为不成立诈骗罪。② 冒用他人二维码收款的行为不成立诈骗是否意味着就必然成立盗窃罪呢？对此，持盗窃罪观点的学者及法官指出行为人盗窃行为的对象是应由商户占有的债权，但是没有回答为什么钱款从未被商户占有，受损害的却是商户。也没有从正面论证行为人具体符合盗窃罪的构成要件，而是否定行为人成立诈骗罪从而得出成立盗窃罪的结论。这种否定彼罪成立此罪的论证路径显然不可取。③

一种否定成立盗窃罪的观点认为，客户自愿交付财物，不可能成为盗窃的受害人；商户对货款并无事实上的占有，也不能成为盗窃的受害人，因此盗窃说不可能成立。诈骗说将客户预设为受骗人，然而客户既未陷入刑法意义上的错误，又未遭受损失，而且其处分行为是基于自己的财产所有权而并非三角诈骗中受害者赋予的处分权，因此诈骗说也不能成立。其忽略了商户作为处分人（受骗人）的可能。之所以忽略商户受骗的可能，是因为一般认为客户并未欺骗商户，商户处分商品的意思不存在瑕疵，因而不能被认定为受骗人。然而，这样的看法仅关注到商户对商品的处分，而未注意到其对合同债权的处分。④

另外，"机器不能被骗"这一外国刑法定论在某种意义上成为论证盗窃的理由，如有观点认为第三方支付平台可以被欺骗。但是就第三方支付来说，被骗的并不是机器，而是机器后的操作人员，并不存在机器被骗的问题。⑤

---

①　蔡颖：《偷换二维码行为的刑法定性》，《法学》2020 年第 1 期。

②　周铭川：《偷换商户支付二维码获取财物的定性分析》，《东方法学》2017 年第 2 期。

③　储槐植、唐风玉：《刑民一体化视野下二维码案侵财行为定性研究》，《刑法论丛》2019 年第 3 卷。

④　蔡颖：《偷换二维码行为的刑法定性》，《法学》2020 年第 1 期。

⑤　姜涛：《网络型诈骗罪的拟制处分行为》，《中外法学》2019 年第 3 期。

　　欺骗行为的传统结构是使受骗者陷入认识错误进而处分财产。传统诈骗罪的结构建立在行为人和受害人两方之间，但是，三角诈骗在某种程度上解构了诈骗罪的结构，三角诈骗罪是行为人通过让第三人陷入错误认识，进而对受害人的财产做出错误处分。其与传统诈骗不同的是，受害人并没有陷入错误认识，也没有对财物做出处分的意思，受害人的财物被转移，相对受害人的认识和意志因素而言，皆属于意外或无可奈何之举。据此有学者认为，第三方错误支付属于三角诈骗。即第三方支付平台基于用户预设的形式条件，获得了其表示允诺的凭据，当行为人冒用商户的名义欺骗第三方支付平台，使其误以为交易发生于行为人和客户之间，并根据这种错误的支付指令和支付路线进行资金转移。这种发生在网络中的犯罪，是基于规范意义上的处分意思，如预设的交易条件，一旦该条件成立，第三方支付机构就有义务按照账户所有者(用户)的意思向他人(商户)转移资金。可见，非金融机构网络支付并没有改变三角诈骗的基本结构，财物的有权处分者已然需要有处分意识。这种观点积极论证第三方支付平台在整个支付中的地位和作用，较为有力地解释了冒用他人二维码收款行为的刑法性质。

　　可惜的是，一旦这种观点被广泛采用，也就意味着第三方支付平台应对商户的损失承担赔偿责任，但这种结论在当前还难以得到有关机构的认可。如前所述，在当前情况下，因为对于金融机构的保护措施很多，导致金融机构在冒用他人二维码收款的情况下，可以以服务协议为免责金牌。所以在司法审判中自然不会出现第三方支付平台担责的问题。因此，实践中的法律关系局限于用户、商家和行为人之间，由于相关证据不足以支持商家的意思表示和处分决定，所以，类似案件当前被认定为盗窃罪并无不可。

　　在否定盗窃罪的观点中，普遍认为其缺乏占有的转移。盗窃罪的行为在客观上要求以"秘密性"作为前提特征，行为满足了"秘密性"前提之外，还要求在被害人的利益损失与行为人的非法占有之间存在着某种关联。否定盗窃论的观点由此认为，盗窃论者忽略了盗窃罪的既定行为模式，即行为人基于财物的转移而占有该财物。如有观点提出，盗窃罪存在破旧立新的过程，"破旧是指排除财物的原权利人对财物的控制，立新是指建立行为人对财物新的控制。冒用二维码收款，仅仅取得了商户的债权人身份。商户的财产性利益虽然被侵害但本身并没有发生转移，不宜按照盗窃罪定罪处罚"。①

这种观点也不妥当。首先，行为人并没有伪造债权人身份，冒用者在第三方支付平台也取得了资金交易的资格，本身也具有债权人身份。所以，如果认为其未取得商户的债权人身份，并非合适的说法。这也不是解决问题应关注的焦点，焦点问题在于，其以不法方式改变了客户资金的合法去向，截留并占有了本不属于自己的资金。从截留资金的本意看，其可能属于侵占，也可能属于盗窃或者诈骗。

其次，一般情况下，占有必须发生占有物的转移。但是，在少数场合，占有型财产罪并非一定要通过转移占有才能形成刑法中的非法占有，关键是行为人能否排除权利人的占有且形成本人或者第三人对财物的占有，例如对不动产的占有，在伪造权利凭据的情况下，将本人或者第三人记载为所有权人，从而导致权利人丧失拥有所有权的证据，在法律上容易导致合法权利人丧失占有。此外，在行为人冒用他人二维码收款完成即时交易的场合，行为导致合法权利人对资金的占有被排除了，而行为人对资金的非法占有关系则得以建立。所以，这种行为并非不能适用盗窃的既定模式。

再次，对于第三方支付平台而言，一个完整的二维码支付带来的结果是交易数据的改变，一是数字资金从付款方流向收款方；二是付款方和收款方账户资金数额发生了减增变化。在即时支付中，第三方支付的资金流是在第三方支付平台账户的内部进行流转。商户和客户都对第三方支付平台享有债权，而第三方支付平台则实际占有并管理着账户内资金。一旦第三方平台控制下的资金通过其他途径转移到其他机构以至于第三方支付平台丧失资金管理的可能性，就意味着其可能承担不利后果。以二维码支付为代表的移动支付不仅改变了财产的表现形式，而且改变了人与人之间的交易模式。二维码本身是与银行卡绑定的，是一种财产性利益的表现形式，同时其被运用在商品的交易中，又是一种交易身份的体现。因此，更换二维码的行为毫无疑问具有侵害他人财产的性质。在被骗人与被害人产生分离时，与时俱进地建立被骗人基于合理信赖实施的行为对被害人的结果归属，从而通过诈骗罪的归责弥补盗窃罪处罚之漏洞。

最后，受害人首先必须是财物受到客观损失的人，但财产受到损失

---

① 孙杰：《更换二维码取财行为的刑法评价》，《政法论丛》2018 年第 2 期。

可能是基于客观的事实，也可能是基于法律规定。后一种情况则是规范性的损失。例如用户因为得到了与付款相匹配的商品或者服务，所以在客观上没有损失可言，其不是受害人。而在商户和第三方支付平台机构之间，目前是根据法律规定，确定商户要承担其中的损害责任，因此商户的损失首先源自法律的规定，其次才成为客观的损失。

也就是说，此类案件本身可能成立诈骗罪与盗窃罪的想象竞合犯，但因为政策使然，才导致讨论诈骗罪的空间被遮蔽，即便有所讨论，也是将讨论的方向错误地定位于商户，以至于讨论难以为继。为了实现预防的目的，司法机关才不得不以盗窃罪对类似问题定罪处罚。

第三节　转化犯与 P2P 平台融资犯罪性质变化

我国 P2P 平台大约经历短暂的膨胀发展期之后，因其内在的风险过多过大，导致国家不得不采取严监管模式，2019 年 9 月 4 日，互联网金融风险专项整治工作领导小组、网贷风险专项整治工作领导小组联合发布《关于加强 P2P 网贷领域征信体系建设的通知》，支持在营 P2P 网贷机构接入征信系统。但到了 2020 年 11 月中旬，全国实际运营的 P2P 网贷机构几乎消失。P2P 平台融资以及由此产生的社会现象已经成为历史遗迹，但是在创造财富的心理驱动下，不能由此断言在数字金融发展的时代背景下不会出现亚型 P2P 平台模型以及由此将会出现的新问题，更不能否定研究 P2P 平台融资行为的现实意义。研究 P2P 平台融资的司法争议及解决争议的方案，可以为亚型 P2P 平台行为的司法实践现实指导。

一、转化犯

所谓转化犯，是指一个犯罪转化为另外一个犯罪。我国传统转化犯就是我国《刑法》第 269 条规定的转化型抢劫。该法条规定："犯盗窃、诈骗、抢夺罪，为窝藏赃物、抗拒抓捕或者毁灭罪证而当场使用暴力或者以暴力相威胁的，依照本法第二百六十三的规定定罪处罚"，在理论上，这通常被作为转化犯概念的法律根据，并在抢劫罪中进行论述。其实，在罪数论中也存在转化犯。

根据转化犯的概念，目前对转化犯的构成特征存在诸多不同观点，结合这些观点存在的分歧，可以归纳如下：

第一，关于转化犯是否要求法律的明文规定，绝大多数学者认为，构成转化犯必须根据法律的明文规定；但是，也有极个别学者在定义转化犯时没有提出明确主张，而是认为：转化犯是行为人出于一个犯罪故意，在行为实施过程中发生了性质的转化而改变罪名的犯罪形态。

第二，关于转化犯是否必须要求两个犯罪行为，大多数学者持肯定意见，而少数学者认为，转化犯是指行为人在实施某一较轻的犯罪时，由于连带的行为又触犯了另一较重的犯罪，因而法律规定以较重的犯罪论处的情形。有的学者则认为，转化犯是指行为人在实施基本罪的危害行为过程中，由于出现特定的犯罪情节，而使基本罪的性质发生变化，转化为某一重罪，并且按照重罪定罪量刑的犯罪形态。关于上述情形，有的学者认为它既可以是犯罪行为，也可以是特定结果或者法定目的。①

第三，关于转化之前的行为是否必须构成犯罪，一般学者持肯定观点，但是也有少数学者持否定意见，认为转化犯是指某一违法行为或者犯罪行为在实施过程中或者非法状态持续过程中，由于行为人主客观表现的变化，而使整个行为的性质转化为犯罪或者转化为更为严重的犯罪，从而应以转化后的犯罪定罪或应按法律拟制的某一犯罪论处的犯罪形态。

第四，关于转化之前的犯罪行为的主观内容，大多数学者持故意犯罪的观点，如有的学者认为转化犯是指出于一个犯罪故意，在实施某一犯罪行为（前罪）的过程中，出现法定的属于另一种犯罪（后罪）构成要件的情节，使前罪的性质发生转化，刑法规定相应改变罪名和处罚的犯罪形态。② 或者如有的学者所认识的，转化犯是指行为人在实施某一犯罪过程中，由于其故意内容以及由此决定的客观行为的变化，又触犯了另一较重的犯罪，或者出现其他法定转化条件时，刑法规定以较重的犯罪定罪处刑的犯罪类型。③ 但是也有学者的概念没有反映故意的内容，而是将转化犯界定为：行为人在实施某一较轻犯罪（基本犯罪）后，由于其特定的不法行为，而使轻罪转化为某一重罪，法律明文规定以转化

---

① 韩冬：《也论转化犯——兼与金哲刚同志商榷》，《武警工程学院学报》2001 年第 3 期。

② 韩冬：《也论转化犯——兼与金哲刚同志商榷》，《武警工程学院学报》2001 年第 3 期。

③ 赵炳贵：《转化犯与结果加重犯——兼谈刑讯逼供罪的立法完善》，《中国刑事法杂志》2001 年第 1 期。

后的重罪定罪量刑的犯罪形态。

第五，关于转化之前的犯罪处于何种阶段，一般学者没有明确提出，但是少数学者认为，转化犯是指行为人在实施较轻犯罪的过程中或者犯罪预备、未遂、既遂后，由于行为人主观故意的变化，实施了特定的违法行为，使得整个行为的性质转化为更为严重的犯罪，基于刑法规定按转化后的犯罪定罪处刑的犯罪形态。①

第六，关于转化犯的形成过程，通常观点是行为人实施了特定的行为所导致，这种观点比较抽象，而有的学者从形式上对转化进行了阐释，认为转化犯是指行为人实施一个故意犯罪（本罪）的同时，或者在本罪造成的不法状态持续过程中，由于行为人实施了特定行为，而这一特定行为与基本罪行为的结合足以填充另一故意犯罪（转化罪）的构成，从而使行为人的行为符合转化罪构成，并根据刑法规定以转化罪定罪处刑的犯罪形态。② 有的则从实质上解释，认为转化犯是由于行为人主客观表现的变化，而使整个行为的性质转化为犯罪或者转化为更为严重的犯罪，从而应以转化后的犯罪定罪或应按法律拟制的某一犯罪论处的犯罪形态。③

我们从上述分歧中，可以结合立法规定和现实生活中的犯罪情形，进一步将犯罪发展过程中出现的罪质转化形态从最广泛的角度归结为：（1）基于形式的转化，即由于行为充足构成要件的不同阶段，形式上从一种性质的犯罪向另一种性质的犯罪的转化，如在盗窃时被人发现，而对他人使用暴力，其前面非法占有他人财物的行为和后面的暴力结合在一起，使行为性质从盗窃转化为抢劫；（2）基于行为的转化，即由于行为所表现的不同性质而发生的转化，如收买被拐卖的妇女又将她出卖的，行为人的行为从收买被拐卖妇女罪转化为拐卖妇女罪；（3）基于犯罪结果而发生的转化，即由于发生特别的犯罪结果，使得一个犯罪转化为另一种犯罪，如刑讯逼供致人死亡，从刑讯逼供罪转化为故意杀人罪；（4）基于行为人的主观原因，如犯罪目的的转化，即行为人在实施特定的犯罪行为时，可能导致犯罪的转化。

笔者认为，要准确科学地认识转化犯，就必须了解刑法中转化犯的

① 赵立勋：《也论转化犯》，《法学论坛》2000 年第 2 期。
② 肖中华：《论转化犯》，《浙江社会科学》2000 年第 3 期。
③ 没有特别指明出处的，请参见肖中华：《论转化犯》，《浙江社会科学》2000 年第 3 期。

立法缘由，注意转化犯在犯罪形态中的特殊构造，同时把握转化犯在形式上和实质上的构成要素。

由于我国刑法有关转化犯的讨论源自对《刑法》第 269 条的研究，所以笔者认为，关于转化犯的概念及构造特征的分析，必须结合转化抢劫罪的有关认识进行讨论。一般认为，转化型抢劫罪必须把握三个条件：其一，实施了盗窃、诈骗、抢夺的犯罪行为，但数额不大而情节严重的危害行为也可以成为转化罪的前提性行为；其二，当场实施了暴力或者以暴力相威胁；其三，当场实施暴力或者以暴力相威胁，目的是窝藏赃物、抗拒抓捕或者毁灭罪证。① 根据通说观点，在抢劫罪中的转化犯形态具备以下特点：其一，行为人实施了两个以上的行为；其二，前一个行为不必是犯罪的行为；其三，转化犯发生于特定时间和空间范围内——"当场"；其四，后一行为的发生是基于特定目的。在此，没有强调转化犯的构成必须符合法律的规定，也没有明确要求前一行为应该出于故意。因此，我们还必须结合有关理论，认识其立法的缘由。

之所以在立法中规定为转化型抢劫罪，在笔者看来，与其说是因为法律的规定，不如说是基于认识客观犯罪过程的法理要求。抢劫罪是复合的犯罪行为，它的前行为往往是暴力行为，后行为是占有财物；而转化型抢劫相反，前行为是占有财物，后行为是暴力行为，即转化型抢劫与一般抢劫存在区别。这可以说是立法规定的形式原因。而从实质上看，这种情形的犯罪是符合抢劫罪的构成特征的。后行为基于窝藏赃物、抗拒抓捕或者毁灭罪证而当场实施，可以说明，行为人还没有真正对财物加以必要控制，行为人的前行为并未有效完成，它在出现意志以外原因的情形下，可以表现为两种发展倾向：一是放弃犯罪行为的完成；二是采取其他行为促使犯罪完成。如果行为人所采取的其他行为和先行为的性质不一样，就说明前后两个犯罪行为的性质不同；但是，如果行为人在出现意志以外的原因后，采取的其他行为属于前犯罪行为的手段，就不能简单地被视为属于性质不同的行为，如行为人盗窃银行，但是不能打开保险柜，就采取爆炸的方法，结果致大楼倒塌的。

在笔者看来，能够发生转化，应当具备如下几个条件。

第一，行为时间和空间范围的密接是转化的纽带。行为时间和空间范围的密接性，说明行为人的行为始终处于未中断状态，虽然时间在持

① 参见高铭暄、马克昌主编：《刑法学》，北京大学出版社、高等教育出版社 2000 年版，第 509 页。

续、空间场所在发生位移，但是，前一行为是和后一行为行为相继发生的，而不是前一行为的犯罪已经完成之后才发生的。如果说，前一犯罪行为已经完成，而后一犯罪行为才开始，那么就隔断了转化的时空条件，行为是数罪而不是一罪。

第二，前行为是后行为的前提，后行为是前行为的事后行为。作为转化犯，至少有两个行为。这两个行为可以分别构成不同的犯罪。但是构成犯罪的后一行为是由先前行为所诱发的，所以，先前行为是后行为发生的前提，后行为是先前行为的事后行为。

第三，转化犯的转化方式有两种，包括：（1）非犯罪行为转化为犯罪行为；（2）此罪转化为彼罪。对此，由于已经取得理论共识，所以不加分析。

第四，转化行为的结合方式：（1）前行为与后行为构成某一犯罪的复合行为。这也说明，作为后行为，不能是单独构成犯罪的行为，而是必须和其他犯罪行为共同构成复合犯罪行为。这种转化以盗窃、诈骗或者抢夺转化为抢劫罪最为典型。（2）先行为成为后行为的作为义务。行为人由于自己的行为产生侵害社会法益的事实，可以构成犯罪，行为人由于该行为也应当履行一定的作为义务，当行为人不履行该义务导致另外一种不作为的犯罪时，其罪质也应当发生转化。如交通肇事后，将受害人置于荒僻的地方，受害人由于得不到及时治疗而死亡的，行为人由于交通肇事使受害人受伤，按照规定他应当对受害人进行紧急救护，但是他没有履行救护的义务而是逃逸，被害人因此死亡，说明他在主观上容忍被害人的死亡，兼之造成被害人死亡的结果是他行为的结果，所以最后他的行为更符合间接状态的故意杀人罪。

第五，先行为不要求是犯罪故意行为，但后行为必须是故意行为。即当前行为是故意时，则后行为不可能是过失；当前行为是过失时，后行为也不能是过失。因为过失犯的特定结果，必须和犯罪的行为之间有因果关系，假如不是前行为与后行为构成复合犯罪行为，则必须前过失行为成为后行为的作为义务来源，如果行为人没有采取积极的行为，那么后行为就不能认为是危害结果的原因，而危害结果仍然由前行为所导致，即后行为不是犯罪的行为。但在故意的场合则不同，由于行为人主观上存在放任的心理，那么他的不作为就与结果之间有因果关系。

可见，在 P2P 平台融资过程中，因为融资行为往往具有集合性，而且行为人以先行为圈钱，后为了占有圈到的资金，采取了非法占有的方式，完全符合转化犯的条件，应作为转化犯理解。

二、P2P 平台融资的法律问题

(一) P2P 借贷平台功能异化的管制必要性

P2P(Peer-to-Peer Landing)，即个人对个人的借贷，是 21 世纪之后随着互联网兴起而出现的一种新型网络借贷模式，因其有助于借款人和出借人在互联网平台上直接成交、点对点借贷,[①] 并且节约了诸如商业银行等金融中介机构的运作成本，得以成为互联网金融脱媒化的典型代表。最早的 P2P 金融平台是 ZOPA，由查理德·杜瓦等 4 位英国年轻人创办，2005 年 3 月开始运营，第二年就传入中国。[②] 之后更是得到快速发展，这源于经济发展中民间对于资金需求极其旺盛，传统的借贷远远难以满足商业发展的资金需要，从而催生了专门从事资金借贷的金融机构。这些专门性金融机构必须解决的问题是，促使供需双方之间的资金供需信息互通，并对资金安全和信用提供必要的保证，避免接待风险的发生或者扩大。可以看到，P2P 借贷平台作为一种金融创新模式，其中的法律关系主体更加复杂，但其具有跨空间界限和去时间限制的特征，所以，P2P 网络借贷的影响很大，传播速度很快，扩散范围很广。P2P 网络借贷的基本架构本是以互联网为媒介，撮合借款人和投资人通过平台进行借贷交易的融资服务模式。[③] 借贷双方通过 P2P 平台进行网上交易撮合，并通过一系列自助程序达成借贷合同。与此相关的法律主体也变成了借款人、贷款人和 P2P 平台三方，因此也有人把 P2P 称为是民间借贷的"网络版"。[④] 传统方式借贷抵抗信用风险的方式主要是设立保证或者抵押，其缺陷是当借款人没有相应的物品作抵押或者保证人的保证时，就无法获得急需的资金。依附于互联网技术的 P2P 网络借贷为此发挥了"类金融机构"的作用。

[①]　参见李鸿、夏昕主编：《P2P 借贷的逻辑》，机械工业出版社 2016 年版，第 3 页。

[②]　参见刘志伟：《论 P2P 网络借贷平台业务发展的合法模式选择——从〈关于促进互联网金融健康发展的指导意见〉谈起》，《中国银行法学研究会 2015 年年会论文集》，第 456~457 页。

[③]　郭大磊：《P2P 网络借贷的刑事风险分析与规制》，《犯罪研究》2016 年第 3 期。

[④]　陈静俊：《P2P 网络借贷：金融创新中的问题和对策研究》，《科技信息》2011 年第 13 期。

可见，P2P 借贷平台本身是具有积极作用的。因此，自 P2P 借贷平台一在我国出现，就迅猛发展起来。2010 年初，我国还只有不过 10 多家 P2P 网贷平台；2012 年底，就发展到 150 家；从 2013 年起，依托于国家鼓励互联网金融创新的政策，在我国科技与金融开启深度融合的大形势下，P2P 进入所谓大发展的"黄金期"；截至 2014 年底，有 2000 余家在线运营的 P2P 平台，贷款规模超过 1000 亿；① 在 2016 年，P2P 网贷机构发展到了高峰期，平台总数在 5400 家左右；② 截至 2018 年 7 月，P2P 网贷累计借款金额在 7.2 万亿元左右，满足了 2500 万左右借款人的需求。③

但是，P2P 平台的功能也在慢慢发生异化。在该经营模型设计之初，P2P 平台的定位是信息中介机构。为了规范 P2P 平台借贷行为，早在 2014 年 3 月，国家金融监管部门发布《关于办理非法集资刑事案件适用法律若干问题的意见》，明确 P2P 借贷平台不得突破四条红线：一是要明确平台的中介性质；二是要明确平台本身不得提供担保；三是不得归集资金搞资金池；四是不得非法吸收公众资金。所以，P2P 平台功能仅限于在借款人与出借人之间牵线搭桥，将投资者的资金与借款人的借贷需求相匹配，借款人获得资金、出借人获得利息，P2P 平台商可获得佣金，但不能筹资吸储和放贷，也无须承担任何贷款的信用风险。然而，我国许多融资平台在嫁接 P2P 模式后，其经营模式发生了变化，他们不再满足于获取佣金。而是在线下寻找合适的贷款需求后，将其拆分到网上发售，这种变通的操作改变了其处于信息中介的性质，并使其从信息中介异化为承担信用中介功能的主体，P2P 网络平台也异化为融资平台。④ 问题在于，这种功能异化与我国金融监管的法律政策明显冲突，所以其合法性出现了危机。更有甚者利用 P2P 网贷缺乏有效监管的情况，以开展 P2P 网贷业务为名实施非法集资活动。P2P 平台创新了融资方式，解决了常被传统借贷的高门槛和长周期拒之门外的中小微

---

① 参见朱烨东、李东荣：《中国互联网金融发展报告（2015）》，皮书数据库，访问日期：2023 年 8 月 30 日。

② 数据来源：国信宏数公司，《中国 P2P 网络借贷行业发展形势互联网大数据分析》。

③ 数据来源：零壹财经，《关键时刻：P2P 网贷危机调研报告》。

④ 郭雳：《中国式影子银行的风险溯源与监管创新》，《中国法学》2018 年第 3 期。

企业及个人的融资难题，加快了社会闲散资金的流动，促进了经济发展。但在 P2P 网络借贷技术迅猛发展的同时，却出现了部分平台为追求高额利润链而走险、违法经营的情况，更严重的问题是，一些平台负责人卷款逃跑等恶性事件也时有发生，给投资人带来了难以弥补的严重损失，社会隐患极大。① 众所周知，2013 年下半年，P2P 网贷行业就遭遇了第一波信用危机，P2P 借贷平台的最大困扰就是触及非法集资红线的风险问题。2014 年，旺旺贷、红岭创投、融金所等 P2P 平台纷纷被曝跑路、坏账、涉嫌犯罪被查等问题。2015 年发生的"e 租宝"事件更是引起了行业震动，不久泛亚、融宜宝、e 速贷、中晋到快鹿等平台又接连出现经营问题，P2P 网贷在我国被推向了舆论的风口浪尖，此类融资行为因为其并未取得许可，而且触及的利益主体数量很大，涉案资金的数额巨大、融资不当的影响范围十分广泛，最终，P2P 平台融资的违法性问题引起了社会关注。②

　　P2P 平台的功能异化本身具有违法性，2015 年 7 月，中国人民银行等十部委联合发布《关于促进互联网金融健康发展的指导意见》（银发〔2015〕221 号），首次将 P2P 借贷平台界定为民间借贷范畴，属于"个体与个体之间通过互联网平台实现的直接借贷"，同时进一步重申了个体网络借贷机构的信息中介性质，是为直接借贷双方提供信息服务，禁止其从事增信服务和非法集资，这无异于否定了 P2P 异化模式的合法性。2016 年 8 月，为规范网络借贷信息中介机构业务活动，促进网络借贷行业健康发展，银监会、工业和信息化部、公安部等部门联合发布《网络借贷信息中介机构业务活动管理暂行办法》（银监会令〔2016〕1 号）第 10 条列出不得从事或者接受委托从事的 13 项行为，包括为自身或变相为自身融资；直接或间接接受、归集出借人的资金；直接或变相向出借人提供担保或者承诺保本保息；自行或委托、授权第三方在互联网、固定电话、移动电话等电子渠道以外的物理场所进行宣传或推介融资项目；发放贷款，但法律法规另有规定的除外；将融资项目的期限进行拆分；自行发售理财等金融产品募集资金，代销银行理财、券商资管、基金、保险或信托产品等金融产品；开展类资产证券化业务或实现

---

　　① 马党库：《P2P 网贷涉罪案件判罚的异化与归正——基于 117 份判决样本的分析》，《山东社会科学》2020 年第 4 期。

　　② 肖怡：《我国 P2P 网贷平台触及非法集资犯罪红线的研究》，《法学杂志》2019 年第 1 期。

以打包资产、证券化资产、信托资产、基金份额等形式的债权转让行为；除法律法规和网络借贷有关监管规定允许外，与其他机构投资、代理销售、经纪等业务进行任何形式的混合、捆绑、代理；虚构、夸大融资项目的真实性、收益前景，隐瞒融资项目的瑕疵及风险，以歧义性语言或其他欺骗性手段等进行虚假片面宣传或促销等，捏造、散布虚假信息或不完整信息损害他人商业信誉，误导出借人或借款人；向借款用途为投资股票、场外配资、期货合约、结构化产品及其他衍生品等高风险的融资提供信息中介服务；从事股权众筹等业务；法律法规、网络借贷有关监管规定禁止的其他活动。

(二) P2P 借贷平台功能异化的刑法争议

刑法是其他法律的保障。用刑法手段处理 P2P 融资中的问题，涉及多个层面的问题：第一重问题，由于 P2P 涉及融资和集资，因此，未经许可的 P2P 平台融资是否改变了非法集资的行为本质？如王新教授就提出，非法集资在披上互联网的"外衣"之后，是否改变了其本质特征是一个重要问题。[①]

由于 P2P 平台融资具有与线下融资的不同特征，法律管制严，此类行为就可能构成犯罪；法律管制稍微宽松一点，此类行为就不构成犯罪。所以对于上述个问题，应该一分为二进行评价。即一要看行为事实，二要看相关法律要求。对于行为事实，要考察其与传统线下金融违法犯罪的差异，还要对其给社会发展带来的影响进行利弊分析，如作为信息平台 P2P 在法定范围内发挥了积极作用，但是作为融资平台，其也引发了社会问题。但是，这些问题是否可控，其不利影响是否为实质性的也有评价的必要。就法律要求而言，也有两层问题要重视，第一要遵循金融监管政策；第二要体现刑法保障法的属性，进而理解金融刑法的具体规定。在弱化金融监管的背景下，可能要立足于民法或者行政法处理相关问题；而在强化金融监管的背景下，可能需要重视运用刑法处理相关问题。

第二重问题，如何区分民事不法和刑事不法？有学者提出，"金融秩序法益判断的虚化""违法性判断的程式化"以及"'非法占有目的'司法认定的偏差"等异化现象，导致有必要就性质上如何区分民事行为和

---

① 参见王新：《指导性案例对网络非法集资犯罪的界定》，《政法论丛》2021年第 1 期。

犯罪行为进行研究。① 也有学者指出，P2P 平台集资的手法花样多，而且为了逃避打击，变化也快，这些行为中哪些应认定为非法集资犯罪，需要进行准确甄别，而数字金融恰恰导致准确定性的困难。其中，罪与非罪的界限往往难以区分，导致 P2P 平台集资行为究竟是行政违法行为还是刑事犯罪，金融监管部门与司法机关因为立场不同常常发生分歧，对于一些案件，存在着"监管机关要求定、司法机关不好定"或者相反的尴尬局面。② 在此问题中，还包括对被害人的过错如何评价的思考。如有学者提出，被害人自陷风险（危险接受）理论是否可以运用于非法集资犯罪场域的问题。③

上述观点暴露了我国司法实践中对于刑民交叉问题的处理还存在诸多分歧，但也反映出在现代化背景下，刑法应当以一种什么样的方式嵌入数字化生活的新问题。但是，P2P 业务的发展历程也说明涉案平台曾经有利于社会，所以对涉案平台的行为不宜只要形式上符合犯罪构成就认定为犯罪，一定要进行实质合理化评价。数字金融具有虚拟化的特征，所以对行为的社会危害性的评价方式到底是坚持传统还是进行创新就有深化研究的必要。例如，甲利用钓鱼网站将他人银行卡内的资金转移到自己银行账户内或者转移到第三人账户内，是否意味着受害人已经完全丧失了对银行卡内资金的控制，这个问题不仅涉及社会危害性的认定，而且涉及对犯罪是否实现的认定。受害人问题在过去或许并不十分凸显，但是随着智能手机的普及，很多人因此成为电信诈骗的受害人。但如果考察其中的种种因素，可以发现一些受害人也存在损他的心态，这种心态反而更容易被人利用，所以，受害人自陷风险理论的价值凸显出来是比较正常的。刑法学界普遍认为，被害人自陷风险的问题主要在过失犯领域进行讨论，而且仅仅针对侵犯个人法益的犯罪。④ 但是，非法集资犯罪不是典型的涉众型犯罪，其法益具有社会法益的特征，而且该犯罪属于典型的交往性犯罪，被害人（集资参与人）与行为人的互动

---

① 马党库：《P2P 网贷涉罪案件判罚的异化与归正——基于 117 份判决样本的分析》，《山东社会科学》2020 年第 4 期。

② 彭新林：《P2P 网络借贷平台非法集资行为刑事治理问题要论》，《北京师范大学学报（社会科学版）》2017 年第 6 期。

③ 董文蕙：《P2P 模式下非法集资犯罪参与人与被害人之界分》，《环球法律评论》2020 年第 1 期。

④ 参见张明楷：《刑法学中危险接受的法理》，《法学研究》2012 年第 5 期。

关系明显，自陷风险的情形具备存在可能性，将其排除在故意犯罪之外没有事实依据。①

第三重问题，P2P 平台融资即便属于非法集资，但在刑事司法中如何定性，则有广泛论和集中论之争。第一种广泛论的观点认为，P2P 网贷平台的异化行为可能涉嫌擅自设立金融机构罪、非法吸收公众存款罪、集资诈骗罪、高利转贷罪、非法经营罪、虚假广告罪等罪名。② 第二种广泛论的观点认为，利用 P2P 平台融资实施的犯罪行为，主要集中于合同诈骗罪、洗钱罪、高利转贷罪、非法经营罪、擅自设立金融机构罪、非法集资罪等互联网金融领域犯罪。③ 集中论的观点为多数学者的意见，其认为 P2P 平台融资非法集资所涉嫌的罪名主要是非法吸收公众存款罪和集资诈骗罪。还有观点认为，P2P 借贷平台异化为融资平台主要涉及的是非法集资类犯罪，它们与平台的功能、经营性质异化密切相关，无论是平台设立资金池的经营模式，还是平台自融抑或为关联方提供融资，均突破了平台中介性质的底线，客观上形成了对投资者的资金实际控制，其运作模式与非法吸收公众存款的特征高度契合。同时，在司法实践中若能够推定行为人或平台具有非法占有之目的，则最终会认定为集资诈骗罪。④

首先，要区分上游行为和下游行为。任何犯罪都可能在实行过程中分段进行，由此出现上游行为和下游行为，例如在实施诈骗之前可能需要伪造文书，诈骗后需要处理诈骗所得，但是，对伪造文书行为和处理诈骗所得行为的定性在很多时候并不能也不应妨害我们对取得财物实体行为的研究，可见在对行为进行定性时要有明确指向性，如我们关注的是目的行为还是手段行为，是原因行为还是结果行为。例如 P2P 可能会存在洗钱问题，但是，洗钱本身并不是我们通常情况下研究的 P2P 融资行为定性的焦点。我们在本体上关注的是在没有其他异常问题的情况下，利用 P2P 平台融资本身的性质。否则的话，研究将失去叫焦点，

① 董文蕙：《P2P 模式下非法集资犯罪参与人与被害人之界分》，《环球法律评论》2020 年第 1 期。

② 参见李晓明：《P2P 网络借贷的刑法控制》，《法学》2015 年第 6 期。

③ 参见肖怡：《我国 P2P 网贷平台触及非法集资犯罪红线的研究》，《法学杂志》2019 年第 1 期。

④ 马党库：《P2P 网贷涉罪案件判罚的异化与归正——基于 117 份判决样本的分析》，《山东社会科学》2020 年第 4 期。

也失去应有的意义。

其次，必须承认我国并无非法集资罪这个具体罪名，非法集资犯罪实际是对一系列可能涉嫌非法集资行为的罪名统称。根据我国《刑法》的规定，可以纳入非法集资犯罪的罪名包括：非法吸收公众存款罪，集资诈骗罪、擅自发行股票、公司、企业债券罪、非法经营罪等。这些罪名在构成上有一个共性，即行为的目的在于将散户的资金集中到某个特定主体手中，简言之就是圈钱。圈钱在金融上被称为融资，银行吸收客户存款属于间接融资，但很明确，无论是银行的融资或者其他金融机构的融资都必须获得国家金融监管机关的审核批准，P2P 网贷平台作为信息中介具有合法性，其从事一定的民间借贷行为也不会构成犯罪，但P2P 平台开展融资，必然因为涉众面广、涉及资金大，而容易踩踏非法集资犯罪的红线。

再次，事实上，最高司法机关制定的相关刑法解释，其内容也主要是针对非法吸收公众存款罪和集资诈骗罪。我国奉行金融"严监管模式"，金融从业活动稍有不慎就可能遭遇法律制裁。就 P2P 经营平台而言，任何未经批准的集资型融资活动都会出现不具备从业资质问题，很难具有"形式合法性"。另外其经营风险还有二点：其一，在 P2P 网贷模式中，P2P 网贷一般是一个借款人对应多个出借人，借款人在平台上发布的借款标是由多个有投资意愿的出借人投标而成，所以存在借款人向社会公众进行集资的可能性；其二，互联网的开放性决定了募资信息的宣传方式具有公开性，募资对象具有不特定性的特征。这些因素是刺激 P2P 网贷异化为 P2P 融资的技术途径，也是导致 P2P 融资归集为非法吸收公众存款罪和集资诈骗罪的技术滑坡途径，"典型的 P2P 网络贷款平台天然具有非法集资的性质"[①]。所以，2017 年最高人民法院发布的《关于进一步加强金融审判工作的若干意见》第 1 条明确指出："对于以金融创新名义非法吸收公众存款或者集资诈骗，构成犯罪的，依法追究刑事责任。"实践中是以非法吸收公众存款罪还是以集资诈骗罪定罪处罚，关键在于 P2P 平台融资行为的非法性和是否具有非法占有的目的。[②] 由于非法吸收公众存款罪与集资诈骗罪区别的关键是行为人主观

---

① 参见肖怡：《我国 P2P 网贷平台触及非法集资犯罪红线的研究》，《法学杂志》2019 年第 1 期。

② 参见彭新林：《P2P 网络借贷平台非法集资行为刑事治理问题要论》，《北京师范大学学报（社会科学版）》2017 年第 6 期。

上有无非法占有的目的，因此前罪主观上证明要素相对较少、证明难度较小，自然而然，实践中以非法吸收公众存款罪定罪处罚者居多。有学者研究也得出正向结论，即在涉及 P2P 犯罪的罪名判定上，非法吸收公众存款罪所占比例达到 83%，非法集资罪所占比例也将近 15%，两者合在一起所占比例竟然高达 98%。①

三、P2P 平台非法融资转化为诈骗

（一）P2P 平台融资的行为方式

根据 P2P 平台融资的真实性，可以将其分为虚假融资和真实融资两种类型。

虚假融资是一种最为简单、最为直接的诈骗犯罪方式，就是行为人以诈骗为目的设立 P2P 平台圈钱。有些人设立 P2P 平台，既不是为了在投资人和募资人之间提供信息，也不是为了设立资金池从事融资或者放贷业务，平台也没有真实的融资需求，其设立就是为了发布虚假融资信息，吸收公众资金后，非法占有公众资金，一旦占有他人资金后，平台设立者随即卷款潜逃。这种平台俗称伪平台，"伪平台是指某些从一开始便抱着'卷钱''吸金'心理的行为人，利用互联网金融的概念，而创立的所谓'平台'"②。伪平台主要包括两类：第一类是行为人为了集资诈骗而专门申请设立的 P2P 平台；第二类是平台在成立初期并无非法占有的目的，但在平台运行后行为人的意思发生了变化，不再满足于通过提供信息中介或者信用中介的方式营利，而转为直接实施集资诈骗行为。③ 如丙在未取得金融业务许可的情况下，以某平台为掩护，虚构借款人和借款标的，将非法吸收的资金转至其个人账户。所吸资金除极少部分用于返还投资人本金、利息以外，绝大部分被其挥霍或者以自己

---

①　肖怡：《我国 P2P 网贷平台触及非法集资犯罪红线的研究》，《法学杂志》2019 年第 1 期；张佩如：《P2P 网络借贷犯罪现象实证分析——以 41 份裁判文书为样本》，《人民检察》2017 年第 1 期。

②　刘宪权：《互联网金融平台的刑事风险及责任边界》，《环球法律评论》2016 年第 5 期。

③　彭新林：《P2P 网络借贷平台非法集资行为刑事治理问题要论》，《北京师范大学学报（社会科学版）》2017 年第 6 期。

或他人名义购买房产、车辆。①

P2P 平台真实融资，实质行为人设立 P2P 平台的目的是通过吸收资金从事经营活动。P2P 平台真实融资行为并不合法，其涉嫌构成非法吸收公众存款罪或者集资诈骗罪，此类融资方式一般有以下几种。

第一种是理财模式，即 P2P 平台先将债权打包拆分成理财产品在线上出售给投资者，建立资金池吸收资金，再在线下寻找筹资者，这种情况下匹配的交易会产生时间错配和金额错配，从而容易滋生犯罪;②根据融资主体的不同，这种行为的方法大体上有两种方式：P2P 平台为自己融资和 P2P 平台设立资金池为他人融资。

P2P 平台为自己融资本身是非法的，因为平台并不具有金融机构的主体资质，不能向社会公众吸收资金，但一些企业设立的 P2P 平台向社会公众吸收资金，其目的就在于用融得的资金对外投资、维持或者扩大企业的生产经营。由于这种模式缺乏金融保障，加之企业经营中存在的不确定性风险很多，也就意味着企业经营出现问题的概率很大，一旦 P2P 平台所在企业经营遇到问题，资金链很容易断裂，最终投资者或者出借人就无法收回借款本息。所以，此类行为在我国受到严格限制，刑法将此类行为界定为非法吸收公众存款罪或者集资诈骗罪。如甲非法设立一个 P2P 平台，利用网站发布虚假借款标的，以高额收益引诱投资者，吸收钟某等 40 多名借款人的资金共计人民币 800 余万元，甲将其中 200 余万元用于 P2P 平台所依托的公司的日常经营，200 余万则被用于相关酒店的装修。③ 在本案中，甲将涉案 P2P 平台非法吸收来的资金，除了用于兑付投资人高额利息之外，大部分用于行为人企业自身的经营活动及附属酒店装修，实质上是 P2P 平台为自己融资。

P2P 平台设立资金池为他人融资，目的就在于通过设立资金池，以便向其他有需求的市场主体出借资金，进而从中收取利息。由于资金池的运作和交易结构极为脆弱，其与普通的金融模式不同，一旦资金池的风险爆发，经常会演变成为系统性风险。④ 采取这种经营模式的 P2P 平

---

① 参见浙江省宁波市中级人民法院(2015)浙甬刑一初字第 119 号刑事判决书。

② 彭冰：《P2P 网贷与非法集资》，《金融监管研究》2014 年第 6 期。

③ 参见湖北省武汉市中级人民法院(2017)鄂 01 刑终 209 号刑事裁定书。

④ 郭雳：《中国式影子银行的风险溯源与监管创新》，《中国法学》2018 年第 3 期。

台实际上发展成为"影子银行"，它足以让 P2P 平台掌握并控制大额资金，轻易地操作资金池，同时逃避金融监管，隐瞒平台风险、操纵标的，所以这种行为具有严重损害投资人合法权益的可能性，并严重扰乱了金融市场秩序，由于平台往往只重视获得高利息，也没有专业能力对借款对象使用资金的信用、经营能力、市场前景等关键因素进行评估，一旦借款方出问题，就会出现资金链断裂无法归还出借人本息，或者平台所有人携款潜逃导致投资人血本无归等问题，所以该方式受到严格限制。① 第二种是庞氏骗局模式，庞氏骗局在我国又称"拆东墙补西墙"，是指把新吸收的投资人的资金用来支付到期投资债务的高额本息，以制造盈利的假象，进而吸纳更多的投资人投资。由于这种行为方式不仅涉嫌非法吸收公众存款，而且行为人的负债数额和偿还债务的能力之间往往明显不匹配，实践中存在被认定为集资诈骗罪的可能。P2P 平台很容易触及这种红线，因为其经营方式一般是：发布虚假信息募集资金，并使用新筹集的资金来归还到期投资者的所谓收益和利息。

在上述模式中，与第一种模式匹配的主要是非法吸收公众存款罪，与第二种模式匹配的很可能是集资诈骗罪，与第三种模式匹配的罪名则有一定的不确定性，实践中要看筹资者的能力、筹资规模和实际用途等因素。但值得注意的，一些研究者发现，P2P 平台的融资行为并非采取上述模式的某一种，较多案件呈现出混合型的经营模式。②

2021 年最高人民法院修订的《关于审理非法集资刑事案件具体应用法律若干问题的解释》第 3 条规定了非法吸收或者变相吸收公众存款构成犯罪的几种情形：(1)非法吸收或者变相吸收公众存款数额在 100 万元以上的；(2)非法吸收或者变相吸收公众存款对象 150 人以上的；(3)非法吸收或者变相吸收公众存款，给存款人造成直接经济损失数额在 50 万元以上的。这意味着行为人即便没有造成被吸收资金的公众的经济损失，但只要吸收资金的数额或者人数达到了法定标准，都应当被追究刑事责任。结果，在司法实践中，企业吸收资金用于正常的生产经营活动被认定为非法吸收公众存款罪的现象屡见不鲜。行为一旦满足了非法吸收公众存款罪的非法性、公开性、利诱性以及社会性这 4 个要

---

① 姜涛：《互联网金融所涉犯罪的刑事政策分析》，《华东政法大学学报》2014 年第 5 期。

② 马党库：《P2P 网贷涉罪案件判罚的异化与归正——基于 117 份判决样本的分析》，《山东社会科学》2020 年第 4 期。

求，即使所得资金是用于正常的实体经营活动，也大都会被认定为犯罪。其最直接的后果就是造成了我国 P2P 领域非法资金类罪名的频繁发生。① 这种情况显然并不合理，因为它至少没有区别对待造成损失和没有造成损失的不同情况，没有区别对待按照出资者意愿使用资金和不按照出资者意愿使用资金的不同情况。为了合理处理不同情况，上述司法解释第 6 条第 2 款有修正性的规定："非法吸收或者变相吸收公众存款，主要用于正常的生产经营活动，能够在提起公诉前清退所吸收资金，可以免予刑事处罚；情节显著轻微危害不大的，不作为犯罪处理。"王新教授指出，从刑事政策的角度，将"集资用途"和"能否及时清退"并列地设置为是否追究刑事责任的两个条件。其中，用于正常的生产经营活动之"集资用途"，表明了对行为人进行行为无价值评价时的积极因素；"能否及时清退"，观照到公众投资者的财产利益、社会稳定之维护等结果无价值评价的积极因素，两者共同地从"后端"给该罪的认定提供了一个"出罪口"。这种既有形式要素的考量，又有实质判断的理性设计，在一定程度上有助于防止非法吸收公众存款罪的扩大适用，体现了宽严相济的刑事政策。② 但是，其仅仅免于刑罚，依然以构成该罪为前提，并不能作为"出罪口"。而关键问题在于，如果行为人借款数额比较大且按照借款真实意图使用资金，却因意想不到的原因导致资金不能归还的，是否可以不认定为犯罪呢？条款中的"情节显著轻微危害不大的"是刑法的原则性规定，而该解释没有明确在哪些情况下可以认定为"情节显著轻微危害不大"，所以该条款在实践中往往不能发挥阻却犯罪的作用，存在流产之可能。所以，在数字化背景下，如果企业仅仅是未经批准向公众借款，但是对社会公众明示了借款事由，并且在经营活动中也是根据借款事由使用资金的，如果没有发生不能还款的情况，是否依然应以非法吸收公众存款罪的名义追究企业和相关人员的责任，这个问题还得根据公平原则、损害原则、罪责刑相适应等原则进一步展开研究。

(二) 非法占有的认定

行为人是否基于非法占有的目的实现了对融资款的非法占有，是区分非法吸收公众存款罪和集资诈骗的主要根据，所以，一般认为，到底

---

① 齐力纯：《P2P 借贷的刑法规制现状研究》，《法律适用》2018 年第 11 期。
② 王新：《非法吸收公众存款罪的规范适用》，《法学》2019 年第 5 期。

是以非法吸收公众存款罪定罪还是以集资诈骗罪论处，核心标准是看是否有非法占有的目的。可以说，非法占有目的既是区分集资诈骗罪和其他非法集资犯罪的关键所在，也是集资诈骗罪司法认定的难点。① 但是，任何人犯罪都不可能预设明晰的犯罪目的，并根据刑法教义的规定违反刑法的命令规范或禁止规范，通常，行为人的故意是概括的，它往往与犯罪行为实施过程的环境因素有密切关联，如果环境有利于犯罪实现，行为人一般会采取恶性程度较小的行为，如果环境不是十分有利于犯罪的实现，但行为人又不准备放弃犯罪，其自然会提升犯罪行为的强度，实施恶性程度较大的行为。例如，在 P2P 平台借贷中，行为人从信息中介向信用中介的发展，就是从无犯罪意思到犯罪意思的转化，而在从事信用中介过程中，也出现了从非法吸收公众存款罪向集资诈骗罪之间转化的情形。整体而言，一是行为人起初只是想圈钱，后来转化为想骗钱；二是圈钱后，由于情况变化，资金链断裂，行为人携款潜逃；三是圈钱后，将资金用于填补自己所负担的债务；四是圈钱后，将资金用于消费和其他挥霍；五是圈钱后，将资金用于违法犯罪行为等等。

定性为集资诈骗罪的案件，行为人基于自保的心理一般会辩称吸收资金的目的是赚利差或为自用等，否认具有非法占有的故意。② 笔者认为，集资款的实际用途及行为人的事前、事后行为等客观表现，是能否认定"以非法占有为目的"的关键。2021 年最高人民法院修订的《关于审理非法集资刑事案件具体应用法律若干问题的解释》第 7 条规定，行为人如果具有如下情形的，可以推定行为人"以非法占有为目的"：（1）集资后不用于生产经营活动或者用于生产经营活动的资金与筹集资金规模明显不成比例，致使集资款不能返还的；（2）肆意挥霍集资款，致使集资款不能返还的；（3）携带集资款逃匿的；（4）将集资款用于违法犯罪活动的；（5）抽逃、转移资金、隐匿财产，逃避返还资金的；（6）隐匿、销毁账目，或者搞假破产、假倒闭，逃避返还资金的；（7）拒不交代资金去向，逃避返还资金的；（8）其他可以认定非法占有目的的情形。

在司法实践中，行为人的行为只要符合上述情形任一种的，即可直接认定。还有观点认为还应注意区分如下情况。

----

① 参见刘为波：《〈关于审理非法集资刑事案件具体应用法律若干问题的解释〉的理解与适用》，《人民司法》2011 年第 5 期。

② 张佩如：《P2P 网络借贷犯罪现象实证分析——以 41 份裁判文书为样本》，《人民检察》2017 年第 1 期。

一是考察是否将募集资金投入到生产经营之中。行为人将募集资金是否用于生产经营是区分非法吸收公众存款和集资诈骗的一个客观因素，但不能因为其将资金投入生产经营就否定非法占有的可能性。一些平台募集资金后，制造投资经营的假象，但暗中采用过桥方式将资金抽回，大量资金并未投入市场经营当中，不排除行为人具有非法占有的目的。

二是合理确定投入生产经营的资金与募集资金的占比。有观点认为，要用于经营的资金与没有用于生产经营的资金比例，用于生产经营的资金与募集资金总额资金规模明显不成比例的，可以考虑认定具有"非法占有目的"。[①]这种看法很有意义。必须承认，行为人募集资金后，也可能将其中一部分用于其他方面，例如接待、还款、购房、购车等，但是大部分资金没有用于生产经营，而是用于其他方面，则可以推定行为人具有非法占有的目的，对此，关键的问题是合理比值是需要由最高人民法院进行相对统一的界定，还是由司法机关根据实际情况进行把握，既要考虑到领导统一界定可能产生的负面影响，也要根据案件的数量通过科学方法提取相应数值，但总的原则还是必须确立的，即行为人将部分资金没有投入生产经营影响到债务的到期清偿，至于清偿原因则可以不予考虑。

三是把握"无法退赔"的原因。"无法退赔"是且仅仅是"以非法占有为目的"的一种客观结果，但二者并不存在必然联系。"无法退赔"的原因很多，包括归还债务、投资失败、放贷未收回等。所以，"无法退赔"不是"非法占有目的"的等价推理，如因投资高风险行业造成亏损，或者放贷未收回等原因无法退赔，不能认定为以非法占有为目的。[②]对于融资款未投到集资宣传时的经营项目，而是投入其他经营项目的，即便造成亏损，也不能仅以此认定其具有非法占有目的。因为市场变化与资金利益的变化，可能导致募资者改变投资计划，关键问题是，根据当时的市场行情评估实际投资项目的收益与风险。如果投资收益高，风险可控，则不宜认为行为人具有非法占有的目的。例如行为人以城建项目开发募资，但将资金投放到居民房地产建设中，最终因楼市低迷而无法

---

①　参见张雪樵：《当前民间借贷引发刑事犯罪的调查分析——以浙江省为样本》，《中国刑事法杂志》2013 年第 9 期。

②　邓超：《互联网金融发展的刑法介入路径探析——以 P2P 网络借贷行为的规制为切入点》，《河北法学》2019 年第 5 期。

还款。对此要看投资时当地居民楼市的行情。但行为人因把资金投入收益极低、或收益很高但同时风险也很高甚至完全不可控的情况下，导致募集资金无法退赔的，可以考虑认定行为人具有"非法占有目的"。

四是携带集资款逃匿，也应考虑逃匿的动机。特别是数字金融，行为人将集资款转存在信用卡中，并与手机绑定，就可能被认定为携带集资款。如果行为人外出不明去向，虽然可能是出于逃匿并占有资金的意思，但是，也不排除其他因素。如行为人可能手机正好不在手上，或者其他原因导致他人无法联系上行为人，还有可能是受到威胁而临时躲避。例如甲从平台募资经营，但因为投资失败，导致无法按期归还借款人乙等的资金，乙等人到甲单位多次闹事，并扬言半个月后如果甲还不能还款，就要"卸掉其一只胳膊"，甲很害怕。当时甲还有一笔他人对自己的债务一个月后即到期，一旦自己的债务人还款后就可归还乙等人的债务。甲决定暂避一时，遂携带本人信用卡、手机到外地酒店约定住半个月。但乙等因为联系不上甲到公安机关报案，甲被抓获。在此案件中，甲确实存在携带集资款逃匿到外地的举动，但是其还款的意思也很明显，而且也有证据予以佐证，故此不能推定甲存在非法占有的目的。

五是合理界定违法犯罪活动的范围。违法犯罪活动范围广泛，不能因为行为人实施违法犯罪活动就武断认为其具备非法占有的目的。特别是在 P2P 平台融资后从事放高利贷的行为，例如，在甲利用乐贷通 P2P 平台非法吸收资金，但无销毁、隐匿账目等行为，且在平台资金出现提现困难后，采取积极的补救措施，辩护意见认为，其主观上无非法占有的目的，不构成集资诈骗罪。但是，法院认定甲主观上具有非法占有目的。

在理论上有观点支持法院的判决，认为对于以虚假借款标的先形成资金池再实际转贷牟利的行为，不能仅凭此得出行为人具有非法占有目的的结论，甲既不能提供资金使用人的有效线索和所吸资金的真实投资去处，而且其本人又不具有对资金缺口进行弥补的归还能力，故将甲的案件定性为集资诈骗罪是正确的。[①] 在数字金融融资模式下，行为人明显无力保证还款，从预防政策的要求出发，推定其为诈骗没有太大意义。但是，放高利贷或者不当投资并不必然意味着募资人会破产。如果

---

① 参见浙江省温州市中级人民法院（2016）浙 033 刑终 1896 号刑事裁定书；彭新林：《P2P 网络借贷平台非法集资行为刑事治理问题要论》，《北京师范大学学报（社会科学版）》2017 年第 6 期。

仅仅因为放高利贷是违法行为而推定行为人成立集资诈骗罪，显然会不当扩大集资诈骗罪的范围，因为除了此项违法行为之外，还包括非法捕猎、捕捞、采矿、生产、销售伪劣产品、走私等行为，可以看出，这些行为一般都具有低成本、高收益的特征。由此不应简单推定行为人从事此类经营就具有非法占有的目的。必须注意的是，融资活动必然存在一定风险，行为人是将所集资的款项用于实体生产经营还是将集资的款项用于货币资本证券等经营，其风险是不一样的，一般而言，前者所引发的金融风险相对较小，因为有投资人，面临的出资风险也相对较低。但是，从宏观层面来看，融资投资符合国家鼓励金融创新的政策，有利于解决个人以及中小企业的融资难题，促进融资渠道多样化；从微观层面来看，行为人将筹集来的资金用于再投资，并不符合"排除意思"的要件。如果行为人将筹集的资金进行投资交易，一般可以否定行为人主观上具有"非法占有目的"，应将其排除在刑事规制范围之外。[1] 所以对违法犯罪应做限缩性理解，即行为人所实施活动不仅违法而且犯罪。

---

[1]　马党库：《P2P 网贷涉罪案件判罚的异化与归正——基于 117 份判决样本的分析》，《山东社会科学》2020 年第 4 期。

参 考 文 献

一、中文著作

[1] 白建军：《金融欺诈及预防》，中国法制出版社 1994 年版。

[2] 陈家林：《共同正犯》，武汉大学出版社 2004 年版。

[3] 曹龙骐主编：《金融学》，高等教育出版社 2019 年版。

[4] 陈文清：《全面践行总体国家安全观》，党建读物出版社、人民出版社 2019 年版。

[5] 陈兴良：《规范刑法学》，中国人民大学出版社 2013 年版。

[6] 陈兴良：《教义刑法学》，中国人民大学出版社 2017 年版。

[7] 陈兴良：《共同犯罪论》，中国人民大学出版社 2017 年版。

[8] 陈兴良主编：《刑法方法论研究》，清华大学出版社 2006 年版。

[9] 陈子平：《刑法总论（修订版）》，中国人民大学出版社 2008 年版。

[10] 董秀红：《金融安全的刑法保护》，法律出版社 2015 年版。

[11] 方亚南、齐佳音：《数字金融安全与监管》，经济管理出版社 2021 年版。

[12] 郭华：《互联网金融犯罪概说》，法律出版社 2015 年版。

[13] 高铭暄、马克昌主编：《刑法学》，北京大学出版社、高等教育出版社 2022 年版。

[14] 黄达、张杰编著：《金融学（第五版）》，中国人民大学出版社 2020 年版。

[15] 胡启忠等：《金融犯罪论》，西南财经大学出版社 2001 年版。

[16] 黄太云：《立法解读：刑法修正案及刑法立法解释》，人民法院出版社 2006 年版。

[17] 刘超等编著：《金融监管学》，中国铁道出版社 2019 年版。

[18] 江溯：《网络刑法原理》，北京大学出版社 2022 年版。

[19] 贾宇主编：《刑法学（总论）》，高等教育出版社 2019 年版。

[20]黎宏：《刑法学总论》，法律出版社 2016 年版。

[21]黎宏：《刑法学各论》，法律出版社 2016 年版。

[22]李鸿、夏昕主编：《P2P 借贷的逻辑》，机械工业出版社 2016 年版。

[23]陆敏：《帮助型正犯研究》，人民出版社 2022 年版。

[24]梁慧星：《民法解释学》，中国政法大学出版社 2003 年版。

[25]李建军、罗明雄：《互联网金融》，高等教育出版社 2018 年版。

[26]林山田：《刑法通论(下册)》，北京大学出版社 2012 年版。

[27]梁世伟：《刑法学教程》，南京大学出版社 1987 年版。

[28]刘宪权：《金融犯罪刑法原理》，上海人民出版社 2017 年版。

[29]刘宪权：《金融犯罪刑法学新论》，上海人民出版社 2014 年版。

[30]马克昌：《犯罪通论》，武汉大学出版社 1991 年版。

[31]马克昌主编：《经济犯罪新论》，武汉大学出版社 1998 年版。

[32]马克昌：《比较刑法原理》，武汉大学出版社 2002 年版。

[33]欧阳康主编：《社会认识方法论》，武汉大学出版社 1998 年版。

[34]彭选华：《金融风险价值量化分析》，厦门大学出版社 2015 年版。

[35]齐文远、童德华主编：《互联网金融犯罪治理研究》，武汉大学出版社 2022 年版。

[36]石聚航：《刑法目的解释研究》，法律出版社 2022 年版。

[37]苏惠渔主编：《刑法学》，中国政法大学出版社 1999 年版。

[38]童德华：《外国刑法导论》，中国法制出版社 2010 年版。

[39]童德华：《规范刑法原理》，中国人民公安大学出版社 2005 年版。

[40]王凯石：《刑法适用解释》，中国检察出版社 2008 年版。

[41]王新：《金融刑法导论》，北京大学出版社 1998 年版。

[42]王利明主编：《民法学》，高等教育出版社 2022 年版。

[43]王志远：《共犯制度的根基与拓展 从"主体间"到"单方化"》，法律出版社 2011 年版。

[44]许富仁：《共犯本质研究》，世界图书上海出版公司 2013 年版。

[45]徐汉明、贾济东、赵慧：《中国反洗钱立法研究》，法律出版社 2005 年版。

[46]谢平、刘海二：《金融科技与监管科技》，中国金融出版社 2019 年版。

[47]薛瑞麟：《俄罗斯刑法研究》，中国政法大学出版社 2000 年版。

[48]杨春洗、杨敦先主编：《中国刑法论》，北京大学出版社 1998 年版。

[49]阴建峰、周加海：《共同犯罪适用中疑难问题研究》，吉林人民出版社 2001 年版。

[50]林亚刚：《刑法学教义（总论）》，北京大学出版社 2014 年版。

[51]张炳辉：《金融安全概论》，中国金融出版社 2018 年版。

[52]赵秉志主编：《刑法新教程》，中国人民大学出版社 2001 年版。

[53]赵秉志主编：《犯罪总论问题探索》，法律出版社 2003 年版。

[54]赵秉志主编：《破坏金融管理秩序犯罪疑难问题司法对策》，吉林人民出版社 2000 年版。

[55]赵长青：《经济刑法学》，法律出版社 1999 年版。

[56]周道鸾主编：《刑法的修改与适用》，人民法院出版社 1997 年版。

[57]周光权：《刑法总论》，中国人民大学出版社 2021 年版。

[58]钟宏彬：《法益理论的宪法基础》，台北元照出版公司 2012 年版。

[59]张军主编：《破坏金融管理秩序罪》，中国人民公安大学出版社 1999 年版。

[60]张开骏：《共犯解释论》，上海大学出版社 2022 年版。

[61]资琳主编：《法理、文本与案例》，中国法制出版社 2021 年版。

[62]张启飞：《网络金融犯罪若干问题研究》，中国政法大学出版社 2020 年版。

[63]张耀辉：《产业创新的理论探索 高新产业发展规律研究》，中国计划出版社 2002 年版。

[64]张明楷：《刑法学》，法律出版社 2021 年版。

[65]张明楷：《法益初论上册》（增订本），商务印书馆 2021 年版。

[66]张明楷：《外国刑法纲要》，法律出版社 2020 年版。

[67]张明楷：《刑法的基本立场》，商务印书馆 2019 年版。

[68]张伟：《帮助犯研究》，中国政法大学出版社 2012 年版。

[69]《最新意大利刑法典》，黄风译，法律出版社 2007 年版。

[70]最高人民法院司法案例研究院：《中国法院 2021 年度案例》，中国法制出版社 2021 年版。

[71]中国人民银行金融稳定分析小组编：《中国金融稳定报告（2022）》，中国金融出版社 2023 年版。

[72]《马克思恩格斯全集》第 6 卷，人民出版社 1961 年版。

[73]中共中央党史和文献研究院编：《习近平关于总体国家安全观论述摘编》，中央文献出版社 2018 年版。

[74][德]阿敏·英格兰德：《通过宪法振兴实质的法益理论》，马寅翔

译，载赵秉志、帕夫利克等主编：《当代德国刑事法研究》2016 年第 1 卷，法律出版社 2017 年版。

[75]［德］弗里德里希·卡尔·冯·萨维尼、雅各布·格林：《萨维尼法学方法论讲义与格林笔记》，杨代雄译，法律出版社 2008 年版。

[76]［德］卡尔·拉伦茨：《法学方法论》，陈爱娥译，商务印书馆 2003 年版。

[77]［德］克劳斯·梯德曼：《德国经济刑法导论》，周遵友译，《刑法论丛》（第 34 卷），法律出版社 2013 年版。

[78]［德］克劳斯·罗克辛：《德国刑法学总论》，王世洲译，法律出版社 2005 年版。

[79]［日］大谷实：《刑法讲义总论》，黎宏译，中国人民大学出版社 2008 年版。

[80]［日］大塚仁：《刑法概说》，冯军译，中国人民大学出版社 2003 年版。

[81]［日］高桥则夫：《共犯体系和共犯理论》，冯军等译，中国人民大学出版社 2010 年版。

[82]［日］前田雅英：《刑法总论讲义》，曾文科译，北京大学出版社 2017 年版。

[83]［日］西田典之：《日本刑法总论》，刘明祥、王昭武译，中国人民大学出版社 2007 年版。

[84]［日］曾根威彦：《刑法的重要问题：总论》，日本成文堂 2005 年版。

[85]［日］中山研一：《刑法的基本思想》，姜伟、毕英达译，国际文化出版公司 1988 年版。

[86]［英］以赛亚·伯林：《浪漫主义的根源》，吕梁、洪丽娟、孙易译，凤凰出版传媒集团、译林出版社 2011 年版。

[87]［法］亨利·莱维·布律尔：《法律社会学》，许钧译，上海人民出版社 1987 年版。

[88]［美］E. 博登海默：《法理学——法律哲学与法律方法》，邓正来译，中国政法大学出版社 1999 年版。

[89]［美］保罗·H. 罗宾逊：《刑法的分配原则——谁应受罚，如何量刑？》，沙丽金译，中国人民公安大学出版社 2009 年版。

[90]［美］达尔·尼夫：《数字经济 2.0：引爆大数据生态红利》，大数据文摘翻译组译，中国人民大学出版社 2018 年版。

［91］［美］迈克尔·费伯：《浪漫主义》，翟红梅译，译林出版社 2019 年版。

［92］［美］瑞恩·卡洛、迈克尔·弗兰金、［加拿大］伊恩·克尔：《人工智能与法律的对话》，陈吉栋、董惠敏、杭颖颖译，上海人民出版社 2018 年版。

［93］［美］斯蒂芬·罗宾斯、戴维·德森佐：《罗宾斯 MBA 管理学》，李资杰、赵众一、罗迪译，中国人民大学出版社 2009 年版。

［94］［韩］金日秀、徐辅鹤：《韩国刑法总论》，武汉大学出版社 2008 年版。

［95］［马来西亚］沈联涛：《十年轮回：从亚洲到全球的金融危机》，杨宇光、刘敬国译，上海远东出版社 2016 年版。

二、中文期刊

［1］巴曙松、乔若羽：《区块链技术赋能数字金融》，《金融科技时代》2021 年第 7 期。

［2］程红：《形式解释论与实质解释论对立的深度解读》，《法律科学（西北政法大学学报）》2012 年第 5 期。

［3］陈洪兵：《双层社会背景下的刑法解释》，《法学论坛》2019 年第 2 期。

［4］蔡辉恒：《金融科技与数字金融风险防控》，《中国外贸》2022 年第 14 期。

［5］陈庆安：《操纵证券、期货市场罪的历史流变、犯罪本质及刑法完善》，《现代法学》2022 年第 6 期。

［6］陈腾鹏、陈松洲：《中国数字经济的发展现状与发展趋势分析》，《肇庆学院学报》2023 年第 2 期。

［7］陈璇：《法益概念与刑事立法正当性检验》，《比较法研究》2020 年第 3 期。

［8］陈兴良：《刑法教义学中的目的解释》，《现代法学》2023 年第 3 期。

［9］陈晓平：《透视美国枪支文化的死结——消极自由和积极自由的张力与吊诡》，《湖南社会科学》2018 年第 1 期。

［10］陈忠林：《"常识、常理、常情"：一种法治观与法学教育观》，《太平洋学报》2007 年第 6 期。

［11］邓超：《互联网金融发展的刑法介入路径探析——以 P2P 网络借贷行为的规制为切入点》，《河北法学》2019 年第 5 期。

[12] 杜航、石坚:《大数据背景下互联网金融犯罪安全防范思路及对策》,《山西警察学院学报》2020 年第 4 期。

[13] 董娟、李骁原:《互联网金融领域刑法规制探究》,《东南大学学报(哲学社会科学版)》2019 年第 21 卷增刊。

[14] 邓建鹏、张夏明:《区块链金融司法治理的困境及其化解——以稳定币相关司法文书为视角》,《武汉大学学报(哲学社会科学版)》2023 年第 2 期。

[15] 邓建鹏:《区块链的法学视野:问题与路径》,《学术论坛》2023 年第 3 期。

[16] 丁骋骋:《中国金融"做对了什么":我国金融体制变迁的内在逻辑(1949—2019)》,《经济社会体制比较》2020 年第 4 期。

[17] 范从来、林键、程一江:《宏观审慎管理与微观审慎监管:金融监管政策协同机制的构建》,《学术月刊》2022 年第 9 期。

[18] 傅瑜:《互联网金融犯罪的性质、特点与罪名分析》,《长安金融法学研究》2018 年第 9 卷。

[19] 郭钏、黄娴静、覃子岳:《数字经济与数字金融耦合协调发展研究》,《现代财经(天津财经大学学报)》2023 年第 5 期。

[20] 郭春镇:《法律解释的公共性》,《中国法学》2023 年第 1 期。

[21] 郭栋磊:《形式的法益之理论基础、功能及其解释效力——从形式的法益与实质的法益之关系中展开》,《中国政法大学学报》2021 年第 1 期。

[22] 高鸿、宁昊:《金融犯罪的预防和控制分析》,《银行家》2023 年第 6 期。

[23] 郭雳:《中国式影子银行的风险溯源与监管创新》,《中国法学》2018 年第 3 期。

[24] 郭强:《总体国家安全观的理论创新》,《人民论坛》2017 年第 29 期。

[25] 关哲夫、王充:《法益概念与多元的保护法益论》,《吉林大学社会科学学报》2006 年第 3 期。

[26] 韩冬:《也论转化犯——兼与金哲刚同志商榷》,《武警工程学院学报》2001 年第 3 期。

[27] 韩贺洋、周全、韩俊华:《数字经济时代数字金融"双风险"演变机制分析》,《科学管理研究》2023 年第 3 期。

[28] 黄靖雯、陶士贵:《以金融科技为核心的新金融形态的内涵:界定、

辨析与演进》,《当代经济管理》2022 年第 10 期。

[29]黄明儒、孙珺涛:《论刑法介入互联网金融的限度》,《理论探索》2019 年第 5 期。

[30]何明升、白淑英:《在线生存:现代性的另一种呈现》,《哲学研究》2007 年第 3 期。

[31]黄硕:《刑法中主、客观解释之争及其走向》,《政法论丛》2022 年第 6 期。

[32]黄双双、黄志刚、王姗:《央行数字货币:影响及其挑战》,《广东财经大学学报》2021 年第 5 期。

[33]何小勇:《我国金融体制改革视域下非法集资罪刑事规制的演变》,《政治与法律》2016 年第 4 期。

[34]黄益平、黄卓:《中国的数字金融发展:现在与未来》,《经济学(季刊)》2018 年第 4 期。

[35]江海洋:《金融脱实向虚背景下非法吸收公众存款罪法益的重新定位》,《政治与法律》2019 年第 2 期。

[36]姜涛:《论集体法益刑法保护的界限》,《环球法律评论》2022 年第 5 期。

[37]姜涛:《我国金融刑法中的重刑化立法政策之隐忧》,《中国刑事法杂志》2010 年第 6 期。

[38]靳文辉:《数字金融公平价值的实现路径研究》,《中国法学》2023 年第 4 期。

[39]金祥义、张文菲:《互联网金融与企业出口扩张:基于 P2P 网贷模式的研究》,《兰州大学学报(社会科学版)》2023 年第 2 期。

[40]冀洋:《法益保护原则:立法批判功能的证伪》,《政治与法律》2019 年第 10 期。

[41][德]克劳斯·罗克辛:《对批判立法之法益概念的检视》,陈璇译,《法学评论》2015 年第 1 期。

[42]刘博涵:《重塑金融刑法:法理基础与实现路径》,《新疆大学学报(哲学社会科学版)》2022 年第 2 期。

[43]劳东燕:《金融诈骗罪保护法益的重构与运用》,《中国刑事法杂志》2021 年第 4 期。

[44]劳东燕:《刑法中目的解释的方法论反思》,《政法论坛》2014 年第 3 期。

［45］劳东燕：《个人数据的刑法保护模式》，《比较法研究》2020 年第 5 期。

［46］李冠煜：《论集合法益的限制认定》，《当代法学》2022 年第 2 期。

［47］刘炯：《经济犯罪视域下的刑法保护前置化及其限度》，《厦门大学学报(哲学社会科学版)》2020 年第 4 期。

［48］卢建平：《完善金融刑法 强化金融安全——〈刑法修正案(十一)〉金融犯罪相关规定评述》，《中国法律评论》2021 年第 1 期。

［49］李建伟：《总体国家安全观的理论要义阐释》，《政治与法律》2021 年第 10 期。

［50］李继尊：《关于互联网金融的思考》，《管理世界》2015 年第 7 期。

［51］刘坤、高春兴：《互联网金融犯罪的特点与侦防对策研究》，《山东警察学院学报》2015 年第 5 期。

［52］李轾、亓淑云：《互联网金融犯罪的规制路径探析》，《中国检察官》2020 年第 7 期。

［53］刘磊、朱一鸣：《民间融资与非法集资关联度实证研究》，《金融理论与实践》2015 年第 12 期。

［54］刘良强、刘梅：《从对立到融合：行为无价值论与结果无价值论的检视与抉择》，《中国刑警学院学报》2019 年第 2 期。

［55］李兰英、魏瀚申：《网络金融视阈下单位犯罪理论的反思与出路》，《武汉大学学报(哲学社会科学版)》2022 年第 3 期。

［56］李立众：《刑法解释的应有观念》，《国家检察官学院学报》2015 年第 5 期。

［57］廖明、马璐璐：《互联网金融犯罪的刑法规制》，《刑法论丛》2021 年第 1 期。

［58］刘品新、唐超琰：《穿透式取证：涉众型经济犯罪的法律应对》，《法律适用》2022 年第 1 期。

［59］李睿、张崇文：《法定数字货币的刑法保护》，《重庆邮电大学学报(社会科学版)》2023 年第 1 期。

［60］李淼：《网络帮助行为刑事处罚的规范判断》，《财经法学》2023 年第 2 期。

［61］罗世龙：《形式解释论与实质解释论之争的出路》，《政治与法律》2018 年第 2 期。

［62］罗世龙：《机能行为无价值论之提倡——兼评结果无价值论与行为无价值论》，《刑事法评论》2016 年第 2 期。

［63］李晓龙：《数字化时代的网络金融刑事合规》，《南京大学学报（哲学·人文科学·社会科学）》2021 年第 5 期。

［64］林胜超、林海珍：《非法转移加密数字货币的刑法规制》，《中国检察官》2021 年第 18 期。

［65］刘涛、戴铁浩：《互联网金融中非法吸收公众存款犯罪的界定与侦查研究》，《山东警察学院学报》2015 年第 5 期。

［66］吕桐爰：《程序化交易穿透式监管：问题检视与路径优化》，《南方金融》2023 年第 4 期。

［67］刘为波：《〈关于审理非法集资刑事案件具体应用法律若干问题的解释〉的理解与适用》，《人民司法》2011 年第 5 期。

［68］刘宪权：《论互联网金融刑法规制的"两面性"》，《法学家》2014 年第 5 期。

［69］刘宪权、林雨佳：《操纵证券、期货市场犯罪的本质与认定》，《国家检察官学院学报》2018 年第 4 期。

［70］刘宪权、李舒俊：《网络移动支付环境下信用卡诈骗罪定性研究》，《现代法学》2017 年第 6 期。

［71］蓝学友：《互联网环境中金融犯罪的秩序法益：从主体性法益观到主体间性法益观》，《中国法律评论》2020 年第 2 期。

［72］刘艳红：《网络时代刑法客观解释新塑造——"主观的客观解释论"》，《法律科学（西北政法大学学报）》2017 年第 3 期。

［73］陆一敏：《网络时代刑法客观解释路径》，《国家检察官学院学报》2022 年第 2 期。

［74］雷一鸣：《前实证主义法益概念之提倡——兼对当下通行法益概念之检讨》，《人大法律评论》2013 年第 2 期。

［75］蓝之瀚、曹风：《大数据时代互联网金融犯罪特点及防控体系构建》，《江苏警官学院学报》2017 年第 6 期。

［76］廖峥嵘：《总体国家安全观视野下的中国金融安全：挑战与思考》，《国家安全研究》2022 年第 2 期。

［77］刘志洋、马亚娜、岳琳琳：《宏观审慎监管对财富分配不平等的影响研究——兼论金融监管与共同富裕的关系》，《金融监管研究》2022 年第 12 期。

［78］马长山：《司法人工智能的重塑效应及其限度》，《法学研究》2020 年第 4 期。

［79］马春晓：《中国经济刑法法益：认知、反思与建构》，《政治与法

律》2020 年第 3 期。

[80]马春晓：《现代刑法的法益观：法益二元论的提倡》，《环球法律评论》2019 年第 6 期。

[81]梅传强、张永强：《金融刑法的范式转换与立法实现——从"压制型法"到"回应型法"》，《华东政法大学学报》2017 年第 5 期。

[82]马俊：《数据大集中——冲击银行传统模式》，《金融电子化》2019 年第 10 期。

[83]马荣春：《刑法形式与实质融合解释观的提倡——兼论刑法扩张解释与类推解释的区别》，《甘肃政法学院学报》2018 年第 6 期。

[84]皮勇、汪恭政：《网络金融平台不作为犯的刑事责任及其边界——以信息网络安全管理义务为切入点》，《学术论坛》2018 年第 4 期。

[85]屈博雅、高雅妮、俞利强：《关于法定数字货币的文献综述》，《西部金融》2022 年第 5 期。

[86]曲新久：《刑法解释的若干问题》，《国家检察官学院学报》2014 年第 1 期。

[87]钱小平：《中国金融刑法立法的应然转向：从"秩序法益观"到"利益法益观"》，《政治与法律》2017 年第 5 期。

[88]齐延平：《数智化社会的法律调控》，《中国法学》2022 年第 1 期。

[89]任怡多：《金融科技穿透式监管的逻辑机理与制度构建》，《苏州大学学报(法学版)》2022 年第 2 期。

[90]尚柏延、冯卫国：《法定数字货币的刑法问题及其立法完善》，《江淮论坛》2021 年第 1 期。

[91]孙国祥：《集体法益的刑法保护及其边界》，《法学研究》2018 年第 6 期。

[92]孙国祥：《金融犯罪的保护法益》，《国家检察官学院学报》2022 年第 6 期。

[93]宋寒亮：《风险化解目标下互联网金融监管机制创新研究》，《大连理工大学学报(社会科学版)》2022 年第 2 期。

[94]孙灵燕：《数字金融对传统金融业的变革性影响与转型路径》，《东岳论丛》2023 年第 3 期。

[95]史强：《论刑法"过程危机"的金融之维》，《学术交流》2017 年第 9 期。

[96]童德华：《刑事合规司法效果的厘定及其刑法证成》，《政治与法律》2023 年第 2 期。

［97］童德华：《犯罪本质的新诠释》，《湖北警官学院学报》2005年第3期。

［98］童德华、胡亚龙：《法益概念立法检视机能之衰落——以法益理论的流变为视角》，《湖北警官学院学报》2016年第6期。

［99］童德华、王一冰：《总体国家安全观视域下安全刑法理念的现实化路径》，《河南社会科学》2022年第9期。

［100］童德华、王一冰：《数据犯罪的保护法益新论——"数据内容的保密性和效用性"的证成与展开》，《大连理工大学学报（社会科学版）》2023年第3期。

［101］田光伟：《论互联网金融犯罪风险防控》，《哈尔滨师范大学社会科学学报》2015年第3期。

［102］田宏杰、肖鹏、周时雨：《网络虚拟财产的界定及刑法保护》，《人民检察》2015年第5期。

［103］吴波：《秘密转移第三方支付平台资金行为的定性——以支付宝为例》，《华东政法大学学报》2017年第3期。

［104］吴波：《洗钱罪的司法适用困境及出路》，《法学》2021年第10期。

［105］王保树：《金融法二元规范结构的协调与发展趋势——完善金融法体系的一个视点》，《广东社会科学》2009年第1期。

［106］魏昌东：《中国金融刑法法益之理论辨正与定位革新》，《法学评论》2017年第6期。

［107］［德］乌尔斯·金德霍伊泽尔：《安全刑法：风险社会的刑法危险》，刘国良编译，《马克思主义与现实》2005年第3期。

［108］王钢：《法益与社会危害性之关系辩证》，《浙江社会科学》2020年第4期。

［109］王海桥：《信息化背景下金融犯罪的治理结构转变》，《中州学刊》2021年第5期。

［110］王华伟：《网络时代的刑法解释论立场》，《中国法律评论》2020年第1期。

［111］王杰：《法益立法批判机能的肯定及其实现路径》，《西部法学评论》2023年第1期。

［112］王天夫：《数字时代的社会变迁与社会研究》，《中国社会科学》2021年第12期。

［113］吴晓怡、张雅静：《我国数字经济发展现状及国际竞争力》，《科

研管理》2020 年第 5 期。

[114] 韦颜秋、邱立成:《数字金融、资产规模与商业银行风险承担》，《贵州社会科学》2022 年第 6 期。

[115] 王熠珏:《"区块链+"时代比特币侵财犯罪研究》，《东方法学》2019 年第 3 期。

[116] 王桢:《我国兴奋剂行为的刑法解析——基于行为类型化的思考》，《山东体育学院学报》2018 年第 4 期。

[117] 王作富、刘树德:《非法经营罪调控范围的再思考——以〈行政许可法〉若干条款为基准》，《中国法学》2005 年第 6 期。

[118] 许多奇:《论数字金融规制的法律框架体系》，《荆楚法学》2021 年第 1 期。

[119] 邢会强:《数字经济视角下的新〈证券法〉——修订解读、实施支撑与未来展望》，《浙江工商大学学报》2020 年第 4 期。

[120] 熊亚文:《法益概念的解释论机能及其实现——兼论污染环境罪的法益判定与司法适用》，《西部法学评论》2016 年第 3 期。

[121] 肖中华:《论转化犯》，《浙江社会科学》2000 年第 3 期。

[122] 杨东:《监管科技:金融科技的监管挑战与维度建构》，《中国社会科学》2018 年第 5 期。

[123] 袁峰、许凌珠、邵祥理:《数据驱动的互联网保险产品创新风险管理研究》，《保险研究》2022 年第 3 期。

[124] 杨国亮:《对外投资合作中的政治风险:现有研究的综述及其扩展》，《经济管理》2012 年第 10 期。

[125] 于辉、李西、王亚文:《电商参与的供应链融资模式:银行借贷 VS 电商借贷》，《中国管理科学》2017 年第 7 期。

[126] 殷孟波、翁舟杰:《中国金融改革的背景与路径选择》，《财经科学》2008 年第 7 期。

[127] 姚前、汤滢玮:《关于央行法定数字货币的若干思考》，《金融研究》2017 年第 7 期。

[128] 杨其广:《加快推进数字金融建设》，《中国金融家》2021 年第 7 期。

[129] 姚万勤、蔡仕玉:《P2P 借贷平台涉罪案件实证分析与刑法规制研究》，《人工智能法学研究》2021 年第 1 期。

[130] 袁曾:《法定数字货币的法律地位、作用与监管》，《东方法学》2021 年第 3 期。

[131] 徐松林：《我国刑法应取消"非法经营罪"》，《法学家》2003 年第 6 期。

[132] 高艳东：《信息时代非法经营罪的重生——组织刷单案评析》，《中国法律评论》2018 年第 2 期。

[133] 祝天剑：《非法经营罪之法教义学限缩》，《法律适用》2022 年第 3 期。

[134] 周子简：《网络非法交易期货外汇犯罪法律适用探析》，《上海法学研究》2020 年第 23 卷。

[135] 赵炳昊：《数字时代加密货币洗钱犯罪的防治》，《中国刑事法杂志》2022 年第 5 期。

[136] 丁晓蔚：《从互联网金融到数字金融：发展态势、特征与理念》，《南京大学学报（哲学·人文科学·社会科学）》2021 年第 6 期。

[137] 皮天雷、赵铁：《互联网金融：逻辑、比较与机制》，《中国经济问题》2014 年第 4 期。

[138] 涂龙科：《P2P 网贷与金融刑法危机及其应对》，《湖南师范大学社会科学学报》2016 年第 1 期。

[139] 谢杰：《区块链技术背景下金融刑法的风险与应对——以比特币交易对外汇犯罪刑法规制的冲击为视角》，《人民检察》2017 年第 8 期。

[140] 李岚：《央行公布第五批支付牌照续展结果 4 家不予续展》，《金融时报》2018 年 1 月 5 日。

[141] 吕颖、李鹏、万志尧：《完善刑事监管促进互联网金融创新发展》，《检察日报》2017 年 8 月 7 日。

[142] 王松苗：《互联网金融犯罪规制与技术防控》，《检察日报》2020 年 9 月 3 日。

[143] 吴芳菲：《P2P 网贷平台的刑事风险及政策反思》，《东南大学学报（哲学社会科学版）》2017 年第 19 期。

[144] 蔡辉恒：《金融科技与数字金融风险防控》，《中国外资》2022 年第 14 期。

[145] 孙本雄：《出罪及其正当性根据研究》，《法律适用》2019 年第 23 期。

[146] 兰虹、熊雪明、胡颖洁：《大数据背景下互联网金融发展问题及创新监管研究》，《西南金融》2019 年第 3 期。

[147] 时延安：《互联网金融行为的规制与刑事惩罚》，《厦门大学学报

（哲学社会科学版）》2020 年第 4 期。

[148] 刘宪权：《互联网金融市场的刑法保护》，《学术月刊》2015 年第 7 期。

[149] 刘宪权：《互联网金融平台的刑事风险及责任边界》，《环球法律评论》2016 年第 5 期。

[150] 刘宪权、朱彦：《论互联网金融犯罪中的明知》，《人民检察》2019 年第 2 期。

[151] 周仲飞、李敬伟：《金融科技背景下金融监管范式的转变》，《法学研究》2018 年第 5 期。

[152] 于冲：《网络平台刑事合规的基础、功能与路径》，《中国刑事法杂志》2019 年第 6 期。

[153] 王蕊、李宗航：《金融科技助推我国互联网金融监管模式转型研究》，《西华大学学报（哲学社会科学版）》2020 年第 3 期。

[154] 全威巍：《互联网金融刑法规制扩大化的反思与限缩》，《河北法学》2021 年第 1 期。

[155] 肖中华：《经济犯罪的规范解释》，《法学研究》2006 年第 5 期。

[156] 李凤梅：《P2P 网贷的刑事法律风险及防范机制研究——兼及金融刑法的完善》，《社会科学战线》2020 年第 9 期。

[157] 黎宏：《合规计划与企业刑事责任》，《法学杂志》2019 年第 9 期。

[158] 王勇：《互联网时代的金融犯罪变迁与刑法规制转向》，《当代法学》2018 年第 3 期。

[159] 江苏省无锡市梁溪区人民检察院课题组：《互联网金融犯罪案件适用法律相关问题研究》，《人民检察》2019 年第 13 期。

[160] 李兰英、傅以：《网络金融犯罪中违法性认识错误可避免的司法判断》，《南京大学学报（哲学·人文科学·社会科学版）》2021 年第 5 期。

[161] 赵可：《"洗钱"犯罪浅议》，上海金融法制研究会编：《1995 年惩治和预防金融欺诈高级研讨会论文集》，第 140 页。

[162] 陈洪兵：《共犯处罚根据论》，载陈兴良：《刑事法评论》，北京大学出版社 2008 年版。

[163] 刘志伟：《论 P2P 网络借贷平台业务发展的合法模式选择——从〈关于促进互联网金融健康发展的指导意见〉谈起》，《中国银行法学研究会 2015 年年会论文集》，第 456~457 页。

[164] 陈兴良：《论金融诈骗罪主观目的的认定》，载姜伟主编：《刑事

司法指南》，法律出版社 2000 年第 1 辑。

［165］刘宪权、吴允锋：《论金融诈骗罪的非法占有目的》，《法学》2001 年第 7 期。

［166］毛淑玲、林驰：《司法推定的适用条件与要求》，《法学杂志》2019 年第 12 期。

［167］傅贤国：《对司法推定若干基础问题的研究》，《西南政法大学学报》2014 年第 6 期。

［168］庄绪龙：《"法益可恢复性犯罪"概念之提倡》，《中外法学》2017 年第 4 期。

［169］邢红霞、田然：《司法推定的证明方法及其限制——以集资犯罪"非法占有目的"为视角展开》，《法律适用》2019 年第 22 期。

［170］傅贤国：《对司法推定若干基础问题的研究》，《西南政法大学学报》2014 年第 6 期。

［171］［日］佐久间修：《错误论中的结果归属理论》，载福田平·大塚仁：《刑事法学的综合检讨》（上卷），日本有斐阁 1993 年版。

［172］肖乾利：《妨害信用卡管理罪若干问题之探讨：对刑法修正案（五）第一条第一款之解读》，《云南行政学院学报》2006 年第 1 期。

［173］黄祥青：《信用卡诈骗罪司法适用中的四个问题》，载陈兴良主编：《刑事法判解》第 2 卷，法律出版社 2000 年版，第 135~136 页。

［174］张明楷：《机器不能成为诈骗罪的受骗者》，载刘宪权主编：《刑法学研究》第 2 卷，北京大学出版社 2006 年版，第 84 页。

［175］江鸿泽、梁平汉：《数字金融发展与犯罪治理——来自盗窃案刑事判决书的证据》，《数量经济技术经济研究》2022 年第 10 期。

［176］王肃之：《论网络犯罪参与行为的正犯性——基于帮助信息网络犯罪活动罪的反思》，《比较法研究》2020 年第 1 期。

［177］李娜、余翔、姬文清：《产业链犯罪：分析工具与治理模式》，《科学·经济·社会》2013 年第 4 期。

［178］刘宪权：《网络黑灰产上游犯罪的刑法规制》，《国家检察官学院学报》2021 年第 1 期。

［179］陈小彪、王祥传：《网络技术服务犯罪参与的共犯归责困境及其理论重构》，《重庆邮电大学学报（社会科学版）》2023 年第 1 期。

［180］周芬：《新型网络犯罪技术行为的司法认定》，《中国检察官》2021 年第 5 期。

[181] 陈朝隆、陈烈、金丹华:《区域产业链形成与演变的实证研究——以中山市小榄镇为例》,《经济地理》2007 年第 1 期。

[182] 杜义飞、李仕明:《产业价值链:价值战略的创新形式》,《科学学研究》2004 年第 5 期。

[183] 李佳佳、王正位:《基于区块链技术的供应链金融应用模式、风险挑战与政策建议》,《新金融》2021 年第 1 期。

[184] 江鸿泽、梁平汉:《数字金融发展与犯罪治理——来自盗窃案刑事判决书的证据》,《数量经济技术经济研究》2022 年第 10 期。

[185] 何宏庆:《区块链驱动数字金融高质量发展:优势、困境与进路》,《兰州学刊》2021 年第 1 期。

[186] 秦雪娜:《区块链技术背景下参与犯的转型与刑法的体系应对》,《法律科学(西北政法大学学报)》2020 年第 5 期。

[187] 赵志华:《区块链技术驱动下智能合约犯罪研究》,《中国刑事法杂志》2019 年第 4 期。

[188] 董凡超:《获取信息手法多样 犯罪链条环环相扣》,《法治日报》2023 年 8 月 11 日。

[189] 肖扬宇:《犯罪参与体系视域下首要分子的刑事责任评价向度》,《政法学刊》2020 年第 3 期。

[190] 辛明:《集团犯罪问题探讨》,《现代法学》1981 年第 4 期。

[191] 周舟:《犯罪集团中"全部罪行"的认定》,《法学》2021 年第 1 期。

[192] 栗向霞:《论有组织犯罪的信息化和网络犯罪的有组织化》,《河南社会科学》2016 年第 11 期。

[193] 马方:《犯罪网络分析:社会网络分析在有组织犯罪研究中的应用》,《西南政法大学学报》2012 年第 2 期。

[194] 卢阳、栗英会:《信用卡领域犯罪全链条追诉的思路与方法》,《中国检察官》2023 年第 16 期。

[195] 张阳:《论犯罪集团的网络化与制裁路径》,《郑州大学学报(哲学社会科学版)》2018 年第 4 期。

[196] 喻海松:《网络犯罪黑灰产业链的样态与规制》,《国家检察官学院学报》2021 年第 1 期。

[197] 唐德权、史伟奇、凌志刚:《基于共犯网络结构的有组织犯罪集团挖掘方法》,《微型机与应用》2015 年第 12 期。

[198] 孙道萃:《犯罪主体的网络化演变动向与立法修正脉络》,《中国应用法学》2019 年第 5 期。

[199] 林丽琼、吴敬伟、刘松涛：《什么导致了中国涉众型民间债务违约事件频发？——以 354 个网络媒体报道为例》，《东南学术》2016 年第 3 期。

[200] 任怡、刘娟：《互联网+背景下涉众型经济犯罪成因与治理对策研究》，《江西警察学院学报》2018 年第 4 期。

[201] 王良顺：《惩治有组织犯罪的基本原则与立法实现路径——以反有组织犯罪法立法为背景》，《中国刑事法杂志》2021 年第 6 期。

[202] 赵长明、陈娇、薛冬妮等：《区块链金融犯罪的发展趋势与治理路径研究》，《中国管理信息化》2022 年第 17 期。

[203] 王金成、晋卫强、王尚尚：《区块链犯罪防控对策探析》，《江苏警官学院学报》2020 年第 6 期。

[204] 高源：《论链条化犯罪：界定、类型与应对》，《江苏警官学院学报》2019 年第 4 期。

[205] 张明楷：《共犯的本质——"共同"的含义》，《政治与法律》2017 年第 4 期。

[206] 胡海、陈珊珊：《以正犯为中心认定共同犯罪之倡导——以共犯本质学说为切入点》，《郑州航空工业管理学院学报（社会科学版）》2023 年第 3 期。

[207] 张明楷：《共犯的本质——"共同"的含义》，《政治与法律》2017 年第 4 期。

[208] 王志刚、高嘉品：《链条型网络犯罪中的"共同故意"证明》，《法律适用》2020 年第 15 期。

[209] 彭文华：《犯罪构成的符号学分析》，《刑法论丛》2014 年第 2 期。

[210] 米铁男：《共犯理论在计算机网络犯罪中的困境及其解决方案》，《暨南学报（哲学社会科学版）》2013 年第 10 期。

[211] 周铭川：《共同犯罪本质新论——共同故意实施犯罪说之提倡》，《上海交通大学学报（哲学社会科学版）》2011 年第 5 期。

[212] 黎宏：《共同犯罪行为共同说的合理性及其应用》，《法学》2012 年第 11 期。

[213] 马荣春：《行为共同说的法教义学批判》，《法律科学（西北政法大学学报）》2018 年第 5 期。

[214] 郭研、贾宇：《行为共同理论之提倡》，《国家检察官学院学报》2016 年第 2 期。

[215] 项婷婷：《区分制共犯体系之主张及其根据——基于刑法教义学

的立场阐析》,《刑法论丛》2017 年第 3 期。

[216]江溯:《单一正犯体系研究》,《刑事法评论》2009 年第 1 期。

[217]陈兴良:《区分制与单一制:共犯教义学的学术站位》,《上海政法学院学报(法治论丛)》2022 年第 6 期。

[218]张伟:《限制的正犯概念与二元犯罪参与体系批判》,《比较法研究》2019 年第 5 期。

[219]马聪:《论正犯与共犯区分之中国选择》,《山东社会科学》2018 年第 3 期。

[220]江溯:《区分制共犯体系的整体性批判》,《法学论坛》2011 年第 6 期。

[221]童德华:《正犯的基本问题》,《中国法学》2004 年第 4 期。

[222]刘明祥:《论犯罪参与的共同性:以单一正犯体系为中心》,《中国法学》2021 年第 6 期。

[223]张阳:《论犯罪集团的网络化与制裁路径》,《郑州大学学报(哲学社会科学版)》2018 年第 4 期。

[224]陈小彪、王祥传:《网络技术服务犯罪参与的共犯归责困境及其理论重构》,《重庆邮电大学学报(社会科学版)》2023 年第 1 期。

[225]钱叶六:《双层区分制下正犯与共犯的区分》,《法学研究》2012 年第 1 期。

[226]车剑锋:《我国刑事立法现状视域下的共犯的处罚根据》,《政法学刊》2012 年第 6 期。

[227]钱叶六:《共犯违法连带性说的合理性及其应用:基于共犯处罚根据论的探讨》,《清华法学》2014 年第 3 期。

[228]刘艳红:《帮助信息网络犯罪活动罪的司法扩张趋势与实质限缩》,《中国法律评论》2023 年第 3 期。

[229]阎二鹏、杨敏杰:《网络空间中的帮助犯:归责障碍厘清与法理重塑》,《时代法学》2022 年第 2 期。

[230]何荣功:《论实行行为的概念构造与机能》,《当代法学》2008 年第 2 期。

[231]汪红飞:《帮助型犯罪问题研究》,《浙江万里学院学报》2003 年第 5 期。

[232]刘宪权:《网络黑产链犯罪中帮助行为的刑法评价》,《法学》2022 年第 1 期。

[233]汪恭政:《论我国网络领域规范治理的法治化进程——以〈网络安

全法〉的演变为视角》,《西安电子科技大学学报(社会科学版)》2017 年第 4 期。

[234]赵小勇:《法律与技术如何相处:区块链时代犯罪治理模式的双重重构》,《探索与争鸣》2020 年第 9 期。

[235]于志刚:《网络犯罪与中国刑法应对》,《中国社会科学》2010 年第 3 期。

[236]张明楷:《网络时代的刑事立法》,《法律科学(西北政法大学学报)》2017 年第 3 期。

[237]陈小彪、王祥传:《网络技术服务犯罪参与的共犯归责困境及其理论重构》,《重庆邮电大学学报(社会科学版)》2023 年第 1 期。

[238]蔡惠芳:《P2P 网站经营者之作为帮助犯责任与中性业务行为理论之适用》,《东吴法律学报》2006 年第 2 期。

[239]刘艳红:《网络中立帮助行为可罚性的流变及批判——以德日的理论和实务为比较基准》,《法学评论》2016 年第 5 期。

[240]陈洪兵:《中立的帮助行为论》,《中外法学》2008 年第 6 期。

[241]张伟:《中立帮助行为探微》,《中国刑事法杂志》2010 年第 5 期。

[242]曹波:《中立帮助行为刑事可罚性研究》,《国家检察官学院学报》2016 年第 6 期。

[243]杜文俊、陈洪兵:《论运输行为的中立性》,《河南师范大学学报(哲学社会科学版)》2009 年第 6 期。

[244]张伟:《中立帮助行为探微》,《中国刑事法杂志》2010 年第 5 期。

[245]于冲:《帮助行为正犯化的类型研究与入罪化思路》,《政法论坛》2016 年第 4 期。

[246]张勇、王杰:《帮助信息网络犯罪活动罪的"从犯主犯化"及共犯责任》,《上海政法学院学报(法治论丛)》2017 年第 1 期。

[247]刘艳红:《网络犯罪帮助行为正犯化之批判》,《法商研究》2016 年第 3 期。

[248]魏汉涛、刘强:《帮助信息网络犯罪活动罪司法适用匡正——由 75 份二审判决书切入》,《武汉科技大学学报(社会科学版)》2023 年第 1 期。

[249]张明楷:《论帮助信息网络犯罪活动罪》,《政治与法律》2016 年第 2 期。

[250]薛铁成:《帮助信息网络犯罪活动罪规定与诈骗罪帮助犯规定的竞合争议与解决》,《河北法学》2023 年第 11 期。

[251]陆敏：《论帮助型正犯的合理界限》，《江西社会科学》2019 年第 8 期。

[252]童德华、陆敏：《帮助型正犯的立法实践及其合理性检视》，《湖南师范大学社会科学学报》2018 年第 1 期。

[253]姜敏：《法益保护前置：刑法对食品安全保护的路径选择——以帮助行为正犯化为研究视角》，《北京师范大学学报（社会科学版）》2013 年第 5 期。

[254]夏勇、罗立新：《论非共犯的帮助犯》，《法学杂志》2000 年第 3 期。

[255]蔡圣伟：《论间接正犯概念内涵的演变》，《东吴法律学报》2008 年第 3 期。

[256]瞿俊森：《正犯与正犯体系研究》，《刑事法评论》2013 年第 1 期。

[257]刘艳红：《论正犯理论的客观实质化》，《中国法学》2011 年第 4 期。

[258]［日］奥村正雄：《论实行行为的概念》，王昭武译，《法律科学（西北政法大学学报）》2013 年第 2 期。

[259]陈家林：《试论正犯的两个问题》，《现代法学》2005 年第 2 期。

[260]林亚刚：《论集合犯》，《法学研究》2001 年第 3 期。

[261]张开俊：《偷换商户支付二维码侵犯商户应收款的犯罪定性》，《上海政法学院学报（法治论丛）》2018 年第 2 期。

[262]储槐植、唐风玉：《刑民一体化视野下二维码案侵财行为定性研究》，《刑法论丛》2019 年第 3 卷。

[263]徐剑：《二维码替换案的罪名适用研究》，《法律适用》2021 年第 2 期。

[264]周铭川：《偷换商家支付二维码获取财物的定性分析》，《东方法学》2017 年第 2 期。

[265]郭月芳、刘勋：《偷换商户收款二维码侵财行为如何定性》，《检察调研与指导》2018 年第 3 辑。

[266]罗培新、吴韬：《非授权交易中第三方支付机构的法律责任》，《华东政法大学学报》2017 年第 3 期。

[267]于秀丽：《电子商务中第三方支付的安全问题研究》，《宏观经济管理》2017 年第 1 期。

[268]陈俊铭：《第三方支付中未授权交易法律问题分析》，《云南社会科学》2020 年第 6 期。

[269] 胡洁人、卫薇：《第三方支付平台即时转账的风险和控制研究》，《同济大学学报（社会科学版）》2018 年第 3 期。

[270] 王瑜：《第三方支付平台资金理财投资风险管理》，《财经问题研究》2018 年第 7 期。

[271] 徐博强：《论第三方支付的法律风险与刑法立场》，《税务与经济》2017 年第 5 期。

[272] 蔡颖：《偷换二维码行为的刑法定性》，《法学》2020 年第 1 期。

[273] 姜涛：《网络型诈骗罪的拟制处分行为》，《中外法学》2019 年第 3 期。

[274] 孙杰：《更换二维码取财行为的刑法评价》，《政法论丛》2018 年第 2 期。

[275] 郭大磊：《P2P 网络借贷的刑事风险分析与规制》，《犯罪研究》2016 年第 3 期。

[276] 陈静俊：《P2P 网络借贷：金融创新中的问题和对策研究》，《科技信息》2011 年第 13 期。

[277] 王新：《指导性案例对网络非法集资犯罪的界定》，《政法论丛》2021 年第 1 期。

[278] 彭新林：《P2P 网络借贷平台非法集资行为刑事治理问题要论》，《北京师范大学学报（社会科学版）》2017 年第 6 期。

[279] 董文蕙：《P2P 模式下非法集资犯罪参与人与被害人之界分》，《环球法律评论》2020 年第 1 期。

[280] 李晓明：《P2P 网络借贷的刑法控制》，《法学》2015 年第 6 期。

[281] 肖怡：《我国 P2P 网贷平台触及非法集资犯罪红线的研究》，《法学杂志》2019 年第 1 期。

[282] 张佩如：《P2P 网络借贷犯罪现象实证分析——以 41 份裁判文书为样本》，《人民检察》2017 年第 1 期。

[283] 刘宪权：《互联网金融平台的刑事风险及责任边界》，《环球法律评论》2016 年第 5 期。

[284] 彭冰：《P2P 网贷与非法集资》，《金融监管研究》2014 年第 6 期。

[285] 姜涛：《互联网金融所涉犯罪的刑事政策分析》，《华东政法大学学报》2014 年第 5 期。

[286] 马党库：《P2P 网贷涉罪案件判罚的异化与归正——基于 117 份判决样本的分析》，《山东社会科学》2020 年第 4 期。

[287] 齐力纯：《P2P 借贷的刑法规制现状研究》，《法律适用》2018 年

第 11 期。

[288] 王新:《非法吸收公众存款罪的规范适用》,《法学》2019 年第 5 期。

[289] 张佩如:《P2P 网络借贷犯罪现象实证分析——以 41 份裁判文书为样本》,《人民检察》2017 年第 1 期。

[290] 张雪樵:《当前民间借贷引发刑事犯罪的调查分析——以浙江省为样本》,《中国刑事法杂志》2013 年第 9 期。

[291] 赵炳贵:《转化犯与结果加重犯——兼谈刑讯逼供罪的立法完善》,《中国刑事法杂志》2001 年第 1 期。

[292] 赵立勋:《也论转化犯》,《法学论坛》2000 年第 2 期。

[293] 周刚、姜鸿:《卢曼社会系统理论视角下来华留学生群体舆情管理研究》,《常州大学学报(社会科学版)》2023 年第 3 期。

[294] 朱阁:《数字货币的概念辨析与问题争议》,《价值工程》2015 年第 31 期。

[295] 张陆洋、孔玥:《美国次贷危机大系统因素分析——对中国防范金融风险的启示》,《金融论坛》2020 年第 2 期。

[296] 臧旭恒、董婧璇:《电子银行、金融便捷及家庭消费——基于异质性消费者的角度》,《山东师范大学学报(社会科学版)》2020 年第 5 期。

[297] 赵静:《法学的科学性问题研究》,《北方法学》2022 年第 6 期。

[298] 张明楷:《论实质的法益概念——对法益概念的立法批判机能的肯定》,《法学家》2021 年第 1 期。

[299] 周详、齐文远:《犯罪客体研究的实证化思路——以传播淫秽物品罪的客体界定为例》,《环球法律评论》2009 年第 1 期。

[300] 张晓津:《金融安全的刑法保护边界》,《政法论坛》2023 年第 6 期。

[301] 张小宁:《"规制缓和"与自治型金融刑法的构建》,《法学评论》2015 年第 4 期。

[302] 曾宪文:《认定"非法吸存":刑法须兼顾商权保护》,《检察日报》2007 年 7 月 26 日第 3 版。

[303] 张晓燕、姬家豪:《金融科技与金融监管的动态匹配对金融效率的影响》,《南开管理评论》2023 年第 1 期。

[304] 张元:《金融脆弱性的自增强效应分析》,《技术经济与管理研究》2015 年第 10 期。

［305］赵志君、颜翀:《数字金融高质量发展问题研究》,《理论学刊》
　　 2023 年第 2 期。

［306］张志鹏:《论互联网金融刑事风险与犯罪侦防》,《西部学刊》2023
　　 年第 3 期。

三、外文文献

［1］Claus Roxin. Strafrecht Allgemeiner Teil, Band Ⅱ［M］. C. H. Beck,
　　 2003.

［2］See Andrew Ashworth. Principles of Criminal Law［M］. Oxford University
　　 Press, 2009.

［3］Kim,Jong-Goo. Accomplice Liability through Neutral Behavior in the US
　　 Criminal Law［J］. Journal of Criminal Law, 2012, 2.

［4］Van Der WiltHarmen. Joint Criminal EnterprisePossibilities and Limitations
　　 ［J］. Journal of International Criminal Justice, 2007, 1.